에듀윌과 함께 시작하면,
당신도 합격할 수 있습니다!

목표한 대학에 진학하기 위해
대학 입시를 준비하는 고등학생

졸업을 앞두고 취업을 하기 위해 시간을 쪼개어
KBS한국어능력시험 공부를 하는 취준생

원하는 일과 삶을 찾기 위해
회사 생활과 병행하며 이직을 준비하는 직장인

누구나 합격할 수 있습니다.
해내겠다는 '열정' 하나면 충분합니다.

마지막 페이지를 덮으면,

에듀윌과 함께
KBS한국어능력시험 합격이 시작됩니다.

KBS한국어능력시험 1위

한국어 교재 42만 부 판매 돌파
103개월 베스트셀러 1위

에듀윌이 만든 한국어 BEST 교재로
합격의 차이를 직접 경험해 보세요

KBS한국어능력시험

 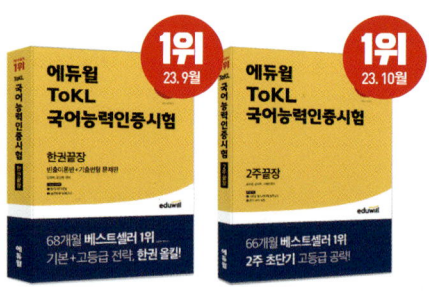 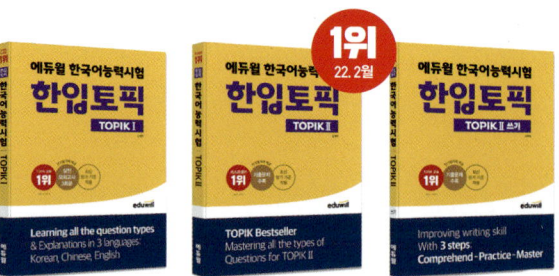

한국실용글쓰기　　　ToKL국어능력인증시험　　　TOPIK 한국어능력시험

* 에듀윌 KBS한국어능력시험 한권끝장/2주끝장/더 풀어볼 문제집, ToKL국어능력인증시험 한권끝장/2주끝장, 한국실용글쓰기 2주끝장, TOPIK한국어능력시험 TOPIK Ⅰ/Ⅱ/Ⅱ 쓰기(이하 '에듀윌 한국어 교재') 누적 판매량 합산 기준 (2014년 7월~2023년 10월)
* 에듀윌 한국어 교재 YES24 베스트셀러 1위 (2015년 2월, 4월~2023년 10월 월별 베스트. 매월 1위 아이템은 다를 수 있으며, 해당 분야별 월별 베스트셀러 1위 기록을 합산하였음) * YES24 국내도서 해당 분야별 월별, 주별 베스트 기준

에듀윌 한국어

KBS한국어능력시험
무료 강의팩 제공

무료 강의팩으로 목표 등급 빠르게 달성!

제70~65회 기출문제 해설 특강(6강)
교재에 수록된 실제 기출 6회분의 출제 경향 분석 및 주요 문제풀이를 통한 실전 풀이팁 제공

혜택받기 에듀윌 도서몰(book.eduwill.net) > 동영상강의실 > KBS 검색

어휘·어법 기초특강(2강)
저자 직강 어휘·어법 기초 완성(수강신청일로부터 7일)

혜택받기 에듀윌(eduwill.net) > 자격증 > KBS한국어/실용글쓰기 > 상단의 학습자료 탭

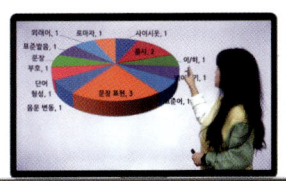

어휘·어법 BEST 기출특강(5강)
최빈출 어휘·어법 모음(수강신청일로부터 7일)

혜택받기 에듀윌(eduwill.net) > 자격증 > KBS한국어/실용글쓰기 > 상단의 학습자료 탭

* 위 내용은 서비스 개선을 위해 예고 없이 변경될 수 있습니다.

eduwill

에듀윌 KBS한국어능력시험
합격 스토리

한O희 합격생

최고난도 시험에서 전보다 향상된 등급을 받았어요!

제61회 KBS한국어능력시험을 준비하면서 기출문제에서 자주 출제된 어휘를 반복적으로 살펴보았습니다. 낯선 어휘 문제와 생소한 현대 소설 문제가 출제되어 난도가 높은 시험이었는데, 저는 2-급을 취득했습니다. 아쉽다면 아쉬운 등급이지만 처음 시험을 쳤을 때보다 에듀윌 강의를 들은 후 향상된 등급을 받아 이렇게 합격후기를 남깁니다. 앞으로 KBS한국어능력시험의 문제 유형이 더 다양해지리라고 예상합니다. 점점 더 어려워지는 KBS한국어능력시험에 대비하기 위해 에듀윌 오선희 교수님의 강의 커리큘럼을 따라가시는 것을 추천드립니다!

김O원 합격생

에듀윌 '2주 플랜' 따라 1급 취득했어요!

시험을 제대로 준비하기 위해 앞서 시험을 본 친구가 추천해 준 <에듀윌 KBS한국어능력시험 한권끝장>을 구매하였습니다. 교재 구성이 좋았는데, 특히 교재에 수록된 플래너가 한 달 플랜과 2주 플랜으로 나눠져 있다는 점이 좋았습니다. 공부 계획을 세우기 어렵다면 상황에 따라 교재에서 제시하는 대로 따라도 좋을 것 같다는 생각이 들었습니다. 저는 기본적으로는 '2주 플랜'을 따르되, 빈출이론편과 기출변형 문제편을 모두 꼼꼼히 봤습니다. 제 버킷리스트 중 하나가 'KBS한국어능력시험 2급 이상 취득하기'였는데요. 결과는, '1급'으로 기분 좋게 초과달성했습니다!

김O은 합격생

비전공자도 고등급 취득 가능해요!

저는 국어 관련 전공자가 아니고, 다른 일들과 병행하여 준비하느라 KBS한국어능력시험에 올인할 수 없었습니다. 그래서 독학보다는 인강을 듣는 게 더 효율적이라고 보았습니다. 저는 에듀윌 오선희 교수님의 KBS한국어능력시험 초단기 1급 완성반 커리큘럼을 따라 시험을 준비했습니다. 가장 도움이 되었던 부분은 고득점 특강이었는데, 소름 돋을 정도로 적중률이 좋았어요. 실제 시험에서 어휘·어법 영역을 문제당 약 10초 만에 풀어내어 다른 영역에서 풀이 시간을 활용할 수 있었습니다. 그 결과, 저는 2+급을 취득했습니다. 여러분도 모두 목표하는 등급에 도달할 수 있기를 바랍니다.

다음 합격의 주인공은 당신입니다!

에듀윌
KBS한국어능력시험
1년 6회분을 다 담은
통기출 600제
기출북

시험 소개

국가공인자격의
KBS한국어능력시험

KBS한국방송공사에서 실시하는 KBS한국어능력시험은 문화체육관광부로부터 공인민간자격을 공인 받음으로써 명실공히 우리나라를 대표하는 한국어능력 자격검정임.

- **"문화체육관광부, 국립국어원이 공공성을 인정하고 지원하는 시험"**

☑ 시행 기관: KBS한국방송 주최, KBS한국어진흥원 주관

☑ 자격증 및 성적의 유효 기간: 성적 조회 개시일로부터 만 2년

☑ 검정 기준

[자격증 예시]

등급	검정 기준
1급	전문가 수준의 뛰어난 한국어 사용능력을 가지고 있음. 창조적인 언어 사용능력의 소유자로서 언론인, 방송인, 저술가, 작가, 국어 관련 교육자, 기획 및 홍보 업무 책임자로서 갖추어야 할 언어능력을 충분히 갖추고 있음.
2+급	일반인으로서 매우 뛰어난 수준의 한국어 사용능력을 가지고 있음. 언론인, 방송인, 저술가, 작가, 국어 관련 교육자, 기획 및 홍보 업무를 수행할 언어 사용능력을 갖추고 있음.
2-급	일반인으로서 뛰어난 수준의 한국어 사용능력을 가지고 있음. 언론인, 방송인, 저술가, 작가, 국어 관련 교육자, 기획 및 홍보 업무를 수행할 기본적인 언어 사용능력을 갖추고 있음.
3+급	일반인으로서 보통 수준 이상의 한국어 사용능력을 가지고 있음. 일반 업무를 수행할 수 있는 언어 사용능력을 갖추고 있음.
3-급	국어교육을 정상적으로 이수한 일정 수준 이상의 한국어 사용능력을 가지고 있음. 일정 범위 내에서 일반 업무를 수행할 수 있는 언어 사용능력을 갖추고 있음.
4+급	국어교육을 정상적으로 이수한 수준의 한국어 사용능력을 가지고 있음. 일정 범위 내에서 일반 업무를 수행할 수 있는 기초적인 언어 사용능력을 갖추고 있음.
4-급	고교 교육을 이수한 수준의 한국어 사용능력을 가지고 있음. 일정 범위 내에서 기본 업무를 수행할 수 있는 기초적인 언어 사용능력을 갖추고 있음.
무급	한국어 사용능력을 위해 노력해야 함.

국가공인 자격증 발급 (1급 ~ 4+급)

국가공인의 검정시험

- 「자격기본법」 제19조 (민간자격의 공인) 제1항에 근거한 민간자격 국가공인 취득

  제19조【민간자격의 공인】① 주무부장관은 민간자격에 대한 신뢰를 확보하고 사회적 통용성을 높이기 위하여 심의회의 심의를 거쳐 법인이 관리하는 민간자격을 공인할 수 있다.

- 「국어기본법」 시행에 근거한 시험

  제4장 국어능력의 향상 제23조【국어능력의 검정】① 문화관광부장관은 국민의 국어능력의 향상과 창조적인 언어생활의 정착을 위하여 국어 능력을 검정할 수 있다.

☑ 응시 자격: 제한 없음.

☑ 출제 수준: 한국의 고교 수준의 국어교육을 정상적으로 받은 사람이 풀 수 있는 수준

☑ 출제 방식: 객관식 5지 선다형, 100문항

☑ 출제 배점: 문항당 균일 배점이 원칙이나 필요시 차등 배점

☑ 시험 시간: 총 120분(쉬는 시간 없음.)

　시험 당일 10:00~12:00(**반드시 09:30까지 입실 완료**)

　① 듣기 · 말하기 평가 25분(10:00~10:25)

　② 어휘 · 어법, 쓰기, 창안, 읽기, 국어 문화 평가 95분(10:25~12:00)

☑ 2024년 시험 일정(연 6회)

회차	시험일	접수 기간	성적 발표일
77회	2월경	1월~2월경	시험일 기준 열흘 뒤
78회	4월경	3월~4월경	
79회	6월경	5월~6월경	
80회	8월경	7월~8월경	
81회	10월경	9월~10월경	
82회	12월경	11월~12월경	

☑ 수험생 유의사항

- **준비물**: 수험표, 신분증, 연필, 지우개, 시계
- 문제지와 답안지 모두 성명, 수험 번호 기입/시험지 불출 엄금

KBS한국어능력시험 응시생만 아는 은밀한 수험장 Q&A

- KBS한국어능력시험은 답안을 컴퓨터용 사인펜이 아닌 연필로 기입합니다. 연필을 미리 둥글게 깎아 두면 마킹하는 시간을 줄일 수 있습니다. 잘 지워지는 지우개도 함께 준비하면 시간을 절약할 수 있습니다!

- ● 시험 중에 휴대 전화가 울리거나 기타 통신 장비를 소지하다가 발각되면 부정행위로 간주됩니다. 휴대 전화는 전원을 완전히 꺼두세요!

- ● ● 답안지 마킹에 은근히 시간이 오래 걸립니다. 시간배분을 적절히 하세요!

시험 활용처 & 시험 영역

시험 활용처

① 공무 영역	공사 지원자 및 종사자	자기점검, 임용, 승진
② 군인·경찰·소방 영역	경찰, 소방공무원, 군간부 지원자 및 종사자	자기점검, 임용, 승진
③ 교사·강사 영역	자기점검, 교원 및 강사 채용	자기점검, 교원 및 강사 채용
④ 청소년 영역	중·고등학교 학생	자기점검, 특목고 진학 및 대입 면접, 학교생활기록부 등재
⑤ 언론 영역	언론사 지원자 및 종사자	자기점검, 채용 및 승진
⑥ 직무 영역	일반회사 지원자 및 종사자	자기점검, 채용 및 승진
⑦ 외국어 영역	국내 거주 외국인	자기점검, 외국인 근로자 채용

공사/공기업/정부 기관: KBS, 경찰청, 소방청, 국민건강보험공단, 국민체육진흥공단, 근로복지공단, 도로교통공단, 동작구청, 마포구청, 한국고전번역원, 한국공항공사, 한국교육방송공사, 한국남동발전, 한국농촌경제연구원, 한국농촌공사, 한국생산성본부, 한국석유관리원, 한국수자원공사, 한국자산공사, 한국전력, 한국지도자육성학, 한국지역난방공사, 한국토지주택공사

언론사/기업: GS홈쇼핑, 국악방송, 농수산홈쇼핑, 농심기획, 머니투데이, 서울신문사, 세계일보, 스포츠서울, 우리은행, 전주방송JTV, 파워킹시스템, 한겨레신문, 한국일보, 해외한국어방송인턴십

군간부: 간부사관, 민간부사관, 여군부사관, 현병부사관, 법무부사관, 군종부사관, 군악부사관, 현역부사관, 학사사관, 여군사관, 육군부사관, 군국기무사령부 부사관 선발

대학교: 경기대, 경인교대, 경희대, 공주영상대, 군산대, 대구가톨릭대, 대구대, 대진대, 덕성여대 법학과, 동신대, 동아대, 서울대, 성균관대, 순천향대, 신라대, 아주대대학원, 안양대, 위덕대, 전주대, 청주대, 춘천교육대, 한국외대, 한양대

※ 활용처는 변경될 수 있으니, 반드시 해당 활용처의 홈페이지를 확인하세요!

1 문법 능력 (어휘·어법)

모든 국어 능력의 기초는 어휘 능력과 어법 능력이다. 이 능력은 언어의 4대 기능이라고 하는 말하기, 듣기, 읽기, 쓰기 능력의 기초가 된다. 풍부한 어휘를 정확하게 사용하고 어법을 정확하게 구사하는 문법 능력이 뛰어나면 바르고 교양 있게 말하고 듣고 읽고 쓸 수 있다.

어휘는 고유어, 한자어, 외래어에 대한 이해 및 표현 능력을 측정하며, 어법은 4대 어문 규정, 즉 ① 한글 맞춤법, ② 표준어 규정, ③ 외래어 표기법, ④ 로마자 표기법에 대한 이해 능력을 측정한다. 또한 외국어가 범람하고 어려운 전문 용어가 그대로 사용되는 오늘날의 언어 현실을 반영하여 순화어 관련 문항을 포함하고 있다. 이와 더불어 한자에 대한 이해 및 사용 능력도 측정하고 있다.

2 이해 능력 (듣기·읽기)

듣기 능력은 인간의 의사소통에 가장 기본이 되는 영역이다. 교양인은 자기 말을 앞세우기보다 상대방의 말을 주의 깊게 잘 경청하는 사람이다. 이 영역은 강의, 강연, 뉴스, 토론, 대화, 인터뷰 자료 등 다양한 구어 담화를 듣고 문제를 해결하는 방식으로 구성되어 있다.

읽기 능력은 다양한 텍스트를 제시하고 글에 대한 사실적 이해, 추론적 이해, 비판적 이해 능력을 측정한다. 텍스트는 문예 텍스트, 학술 텍스트, 실용 텍스트로 구성되어 있다.

3 표현 능력 (쓰기·말하기)

쓰기 능력은 논술 방식처럼 글쓰기를 통해 주관식으로 평가하여야 하고, 말하기 능력도 직접 말하는 것을 평가하여야 한다. 그러나 현재는 대규모 인원이 응시하여 시험 운영과 관리의 제약 때문에 객관식으로 쓰기와 말하기 능력을 측정하고 있다. 쓰기 능력은 다양한 글을 쓸 때 거치는 '주제 선정 → 자료 수집 → 개요(outline) 작성 → 집필 → 퇴고'의 일련의 과정을 잘 이해하고 실습해 본 사람이면 누구나 풀 수 있도록 쓰기 과정별로 문항이 구성되어 있다.

말하기 능력은 발표, 토론, 협상, 설득, 논증, 표준 화법(언어 예절, 호칭어와 지칭어 사용 등) 등의 다양한 말하기 상황과 관련된 능력이다. 정확한 발음과 관련하여 표준 발음법 관련 문항도 포함되어 있다. 이는 국민의 발표 능력, 토론 능력, 설득 및 협상 능력이 매우 부족하다는 지적을 반영한 것이다.

4 창안 능력 (창의적 언어 능력)

창안 능력은 넓게 보면 쓰기나 말하기 능력에서 창의적, 독창적 아이디어를 만들어 내는 능력을 말한다. 즉, 언어를 창의적으로 사용하는 능력을 측정하는 것이다. 창의적인 표어를 제작하거나, 글을 읽고 감동적이거나 인상적인 제목을 만들거나 추출할 수 있는 능력, 기타 창의적 사고력을 기반으로 각종 언어 사용에서 아이디어를 창안하는 능력, 비유법과 관련한 창의적 수사법, 고사성어와 속담 등을 활용한 표현 능력 등이 해당된다.

5 문화 능력 (국어 관련 교양 지식)

국어 문화 능력은 기존 국어 시험들에서 배제되어 온 국어와 관련된 교양 상식에 대한 이해 능력이다. 기존 국어 시험들은 듣기, 읽기 기능 중심의 평가로 이해력, 사고력 평가에 치우치고 국어 교과상의 지식들은 배제해 왔다. 그러나 본 시험에서는 국어학이나 국문학에 대한 지식들도 국어 능력의 고급 문화 능력으로 함양되어야 할 것으로 보아 이를 측정하고 있다.

시험 영역 한눈에 보기

1 문법 능력 (어휘·어법)
- 1. 어휘
  - ① 고유어 ② 한자어 ③ 순화어 ④ 외래어
- 2. 어법
  - ① 한글 맞춤법 ② 표준어 규정 ③ 외래어 표기법 ④ 로마자 표기법

2 이해 능력 (듣기·읽기)
- 1. 듣기
  - 강의, 강연, 뉴스, 토론, 대화, 인터뷰 자료 등 다양한 구어 담화
- 2. 읽기
  - ① 사실적(분석적) 이해: 실용 텍스트(기사문, 보고서, 설명서, 편지글, 다매체 텍스트)
  - ② 추론적(상상적) 이해: 문예 텍스트(문학, 정서 표현의 글)
  - ③ 비판적(논리적) 이해: 학술 텍스트(인문, 사회, 과학, 예술 등)

3 표현 능력 (쓰기·말하기)
- 1. 쓰기
  - ① 주제 선정 ② 자료 수집 ③ 개요 작성 ④ 집필 ⑤ 퇴고
- 2. 말하기
  - ① 다양한 말하기 상황과 관련된 능력(발표, 토론, 협상, 설득, 논증, 표준 화법 – 언어 예절, 호칭어와 지칭어 등)
  - ② 표준 발음법

4 창안 능력 (창의적 언어 능력)
- ① 창의적인 표어 제작
- ② 글을 읽고 감동적이거나 인상적인 제목을 만들거나 추출
- ③ 각종 언어 사용에서 아이디어 창안
- ④ 비유법과 관련한 창의적 수사법을 활용한 표현 능력
- ⑤ 고사성어와 속담을 활용한 표현 능력

5 문화 능력 (국어 관련 교양 지식)
- ① 국어학
- ② 국문학

문항배분 한눈에 보기

문항 번호	영역(출제 비중)	유형	문항 수
1~15	듣기·말하기 15%	듣기	5
		듣기+말하기(통합 문제)	10
16~45	어휘·어법 30%		
	16~30 어휘	고유어의 사전적 의미	1
		한자어의 사전적 의미	1~2
		한자어의 문맥적 의미	2~4
		고유어의 문맥적 의미	2
		어휘 간의 의미 관계	3~4
		한자어 표기(독음)	1
		속담, 한자성어, 관용구	2
		순화어	1
	31~45 어법	표준어	1~4
		띄어쓰기	1
		문장 표현	3
		음운	1
		문법 요소	1~2
		문장 부호	1
		표준 발음법	1
		표준 발음법(사이시옷)	0~1
		외래어 표기법	1
		로마자 표기법	1
46~50	쓰기 5%	글쓰기 계획	1
		자료 활용 방안	1
		개요 수정 및 상세화 방안	1
		논지 전개	1
		퇴고	1
51~60	창안 10%	시각 자료를 통한 내용 생성	3~4
		조건에 따른 내용 생성	7
61~90	읽기 30%		
	61~62 현대 시	작품의 이해와 감상	2
		시어의 의미와 기능	
		화자의 정서 및 태도	
	63~65 현대 소설	서술상의 특징 및 효과	3
		인물의 심리 및 태도	
		작품의 이해와 감상	
	66~75 학술문	추론적 이해 - 생략된 내용 추리	
		사실적 이해 - 정보 확인	4~5
		사실적 이해 - 핵심 정보	
		사실적 이해 - 전개 방식	
		추론적 이해 - 생략된 내용 추리	3~5
		추론적 이해 - 전제 및 근거 추리	
		추론적 이해 - 구체적(다른) 사례에 적용	
		비판적 이해 - 반응 및 수용	0~1
	76~90 실용문	사실적 이해 - 정보 확인	8~12
		사실적 이해 - 핵심 정보	0~2
		사실적 이해 - 글쓴이의 심리 및 태도	1 (교술에서만 출제)
		추론적 이해 - 구체적(다른) 사례에 적용	2~4
		추론적 이해 - 숨겨진 내용 추리	
		비판적 이해 - 반응 및 수용	0~1
		어휘의 문맥적 의미	0~1
91~100	국어 문화 10%	국어 생활 - 매체언어	1
		국어학 - 문법	3
		국어학 - 북한어	1
		국어학 - 중세 국어	1
		국어학 - 순화어/외래어/신조어	1
		국어학 - 수어, 점자	0~2
		국문학 - 작가	1
		국문학 - 작품	1

이 책의 구성

기출북
최다 문항으로 반복 학습 공략!

- 1년 동안 출제된 기출 6회분을 통째로 수록하여 최다 모의고사를 통한 문제 풀이 연습으로 확실하게 익힐 수 있다.
- 실제 구성의 시험지 형태로 구현하여 실제 시험 환경을 간접적으로 경험할 수 있다.

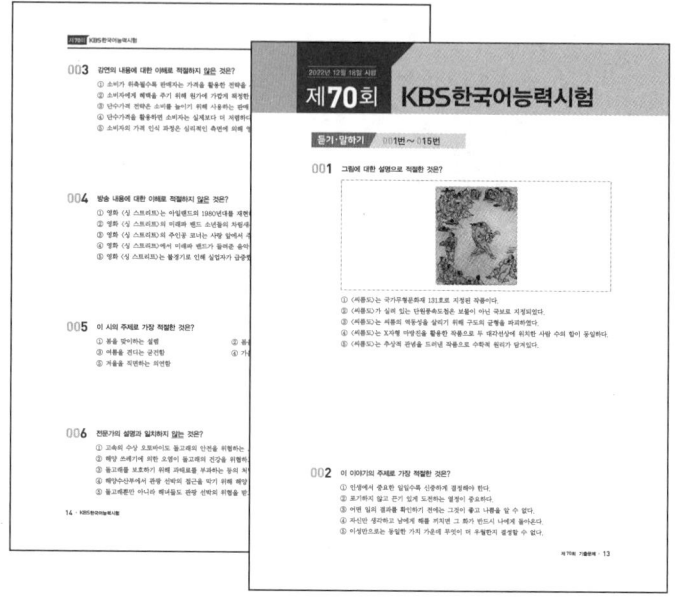

해설북
상세한 해설로 실수 제로 공략!

- 모든 문항의 시험 유형 및 출처 등을 정리하여 제시함으로써 한눈에 파악할 수 있다.
- 상세한 정답해설로 문항별 이해도를 높여 고난도 문제까지 대비할 수 있다.

OMR 답안지 & 오답노트

완벽한 연습으로 실전 대비 공략!

- OMR 답안지를 직접 작성하면서 실전 대비 연습을 할 수 있다.
- 문제 풀이 후 본인만의 오답 노트를 통해 정답률이 낮은 문제까지 확실하게 공략하여 고득점을 얻을 수 있다.

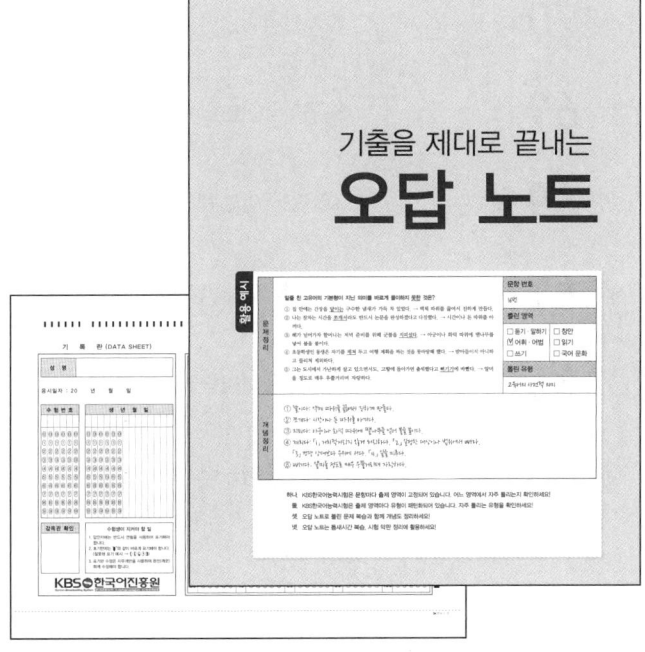

✅ 무료 강의PACK

☑ 제70~65회 기출문제 해설 특강(6강)
  혜택받기 에듀윌 도서몰(book.eduwill.net) → 동영상강의실 → KBS 검색

☑ 한국어 어휘·어법 기초특강(2강)
  혜택받기 에듀윌(eduwill.net) → KBS한국어/실용글쓰기 → 상단의 학습자료 탭

☑ 한국어 어휘·어법 BEST 기출특강(5강)
  혜택받기 에듀윌(eduwill.net) → KBS한국어/실용글쓰기 → 상단의 학습자료 탭

※ 내부 사정에 따라 예고 없이 서비스 종료될 수 있음

이 책의 차례

기출북

제 **70** 회	KBS한국어능력시험 기출문제	13
제 **69** 회	KBS한국어능력시험 기출문제	59
제 **68** 회	KBS한국어능력시험 기출문제	103
제 **67** 회	KBS한국어능력시험 기출문제	149
제 **66** 회	KBS한국어능력시험 기출문제	193
제 **65** 회	KBS한국어능력시험 기출문제	241

해설북

제 **70** 회	정답과 해설	10
제 **69** 회	정답과 해설	38
제 **68** 회	정답과 해설	64
제 **67** 회	정답과 해설	91
제 **66** 회	정답과 해설	117
제 **65** 회	정답과 해설	144

2022. 12. 18.

성 명	
수험번호	
감독관 확인	

제70회
KBS 한국어능력시험

KBS ◎ 한국방송

- 문제지와 답안지에 모두 성명, 수험 번호를 정확히 기입하십시오.
- 답안지와 함께 문제지를 반드시 제출하십시오.
- 본 시험지를 절취하는 것은 부정행위로 간주합니다.
- 본 시험의 내용을 무단으로 전재·복사·복제·출판·강의하는 행위와 인터넷 등을 통해 복원하는 행위는 저작권법에 저촉됩니다.

한국어능력시험 문항 100문항

영역	문항
듣기 · 말하기	001번~015번
어휘 · 어법	016번~045번
쓰기	046번~050번
창안	051번~060번
읽기	061번~090번
국어 문화	091번~100번

2022년 12월 18일 시행

제70회 KBS한국어능력시험

듣기·말하기 001번~015번

001 그림에 대한 설명으로 적절한 것은?

① 〈씨름도〉는 국가무형문화재 131호로 지정된 작품이다.
② 〈씨름도〉가 실려 있는 단원풍속도첩은 보물이 아닌 국보로 지정되었다.
③ 〈씨름도〉는 씨름의 역동성을 살리기 위해 구도의 균형을 파괴하였다.
④ 〈씨름도〉는 X자형 마방진을 활용한 작품으로 두 대각선상에 위치한 사람 수의 합이 동일하다.
⑤ 〈씨름도〉는 추상적 관념을 드러낸 작품으로 수학적 원리가 담겨있다.

002 이 이야기의 주제로 가장 적절한 것은?

① 인생에서 중요한 일일수록 신중하게 결정해야 한다.
② 포기하지 않고 끈기 있게 도전하는 열정이 중요하다.
③ 어떤 일의 결과를 확인하기 전에는 그것이 좋고 나쁨을 알 수 없다.
④ 자신만 생각하고 남에게 해를 끼치면 그 화가 반드시 나에게 돌아온다.
⑤ 이성만으로는 동일한 가치 가운데 무엇이 더 우월한지 결정할 수 없다.

003 강연의 내용에 대한 이해로 적절하지 않은 것은?

① 소비가 위축될수록 판매자는 가격을 활용한 전략을 사용한다.
② 소비자에게 혜택을 주기 위해 원가에 가깝게 책정한 가격이 단수가격이다.
③ 단수가격 전략은 소비를 높이기 위해 사용하는 판매 전략이다.
④ 단수가격을 활용하면 소비자는 실제보다 더 저렴하다는 느낌을 받는다.
⑤ 소비자의 가격 인식 과정은 심리적인 측면에 의해 영향을 많이 받는다.

004 방송 내용에 대한 이해로 적절하지 않은 것은?

① 영화 〈싱 스트리트〉는 아일랜드의 1980년대를 재현하기 위해서 노력하였다.
② 영화 〈싱 스트리트〉의 미래파 밴드 소년들의 차림새는 당시로서는 파격적이었다.
③ 영화 〈싱 스트리트〉의 주인공 코너는 사랑 앞에서 주저하는 소극적인 모습을 보인다.
④ 영화 〈싱 스트리트〉에서 미래파 밴드가 들려준 음악들은 힘든 현실에서 희망이 되어 주었다.
⑤ 영화 〈싱 스트리트〉는 불경기로 인해 실업자가 급증했던 당시 더블린의 사회상을 나타내고 있다.

005 이 시의 주제로 가장 적절한 것은?

① 봄을 맞이하는 설렘
② 봄을 보내는 아쉬움
③ 여름을 견디는 굳건함
④ 가을을 기다리는 기대감
⑤ 겨울을 직면하는 의연함

006 전문가의 설명과 일치하지 않는 것은?

① 고속의 수상 오토바이도 돌고래의 안전을 위협하는 요인이다.
② 해양 쓰레기에 의한 오염이 돌고래의 건강을 위협하고 있다.
③ 돌고래를 보호하기 위해 과태료를 부과하는 등의 처벌 규정을 만들어야 한다.
④ 해양수산부에서 관광 선박의 접근을 막기 위해 해양 생물 보호 구역 지정을 추진하고 있다.
⑤ 돌고래뿐만 아니라 해녀들도 관광 선박의 위협을 받고 있다.

007 진행자의 말하기 방식으로 가장 적절한 것은?

① 전문가의 주장에 반박하면서 말하고 있다.
② 전문가에게 질문을 하며 대담을 진행하고 있다.
③ 전문가와 함께 청취자를 설득하기 위해 말하고 있다.
④ 전문가에게 어려운 개념에 대한 설명을 요구하고 있다.
⑤ 전문가의 말을 요약, 정리하며 방송을 마무리하고 있다.

008 대화를 통해 알 수 있는 등장인물의 생각으로 볼 수 없는 것은?

① 여자: 평일에는 부부가 모두 바빠 그때그때 음식을 해 먹기 힘들다.
② 여자: 친정어머니와 시어머니 모두에게 공평하게 행동해야 한다.
③ 여자: 가족이 많은 집에서 자랄수록 개인적인 성향이 강하다.
④ 남자: 부모님이라고 하더라도 자식의 사생활 공간을 침해해서는 안 된다.
⑤ 남자: 부부가 없는 집에 부부 이외의 타인이 집에 드나들게 해서는 안 된다.

009 인물들의 말하기 방식에 대한 설명으로 적절하지 않은 것은?

① 남자: 상황이 못마땅하다는 의사를 돌려서 표현하고 있다.
② 남자: 질문을 통해 상대방의 행동에 대한 불만을 드러내고 있다.
③ 남자: 상대방의 의견에 공감을 표시하며 의견을 수용하고 있다.
④ 여자: 자신이 한 행동에 대한 이유를 나열하여 제시하고 있다.
⑤ 여자: 상대방의 말에 담긴 속내를 파악하기 위해 질문하고 있다.

010 강연의 내용과 일치하지 않는 것은?

① 태어날 때는 만 나이와 연 나이가 같다.
② 민방위법과 병역법에서는 연 나이를 사용하고 있다.
③ 우리나라는 이미 1962년부터 공식적으로는 만 나이를 사용하고 있다.
④ 북한은 1986년에 만 나이로 전환이 되었다.
⑤ 중국, 일본, 베트남 등에서는 세는나이를 널리 사용하고 있다.

011 이 강연의 특징에 대한 설명으로 가장 적절한 것은?

① 다양한 나이 셈법의 공통점을 부각하며 비교하고 있다.
② 동아시아의 나이 셈법의 변천 과정을 시간순으로 소개하고 있다.
③ 나이 셈법에 대해 잘못 알려진 통념을 새로운 시각에서 제시하고 있다.
④ 우리나라에서 나이 셈법이 통일되지 못하는 이유를 언어문화적으로 설명하고 있다.
⑤ 나이 셈법이 잘못 사용되는 구체적인 사례를 통해 적절한 사용법을 설명하고 있다.

012 발표의 내용과 일치하지 않는 것은?

① 한 과학자는 찬물에 면과 스프를 넣고 라면을 끓이는 방법을 소개했다.
② 인터넷상에서 벌어진 논쟁은 과학자의 방법이 더 맛있을 수 있다는 쪽으로 귀결되었다.
③ 라면 회사 기술진들은 과학자의 방법이 맛있는 이유를 상변화를 통해 설명했다.
④ 과학자의 라면 끓이는 방법은 다양한 조리 환경에 대한 변인을 통제하기 어렵다.
⑤ 끓는 물에 몇 분 끓이라는 라면 회사의 조리법은 조리 과정을 표준화하기 위한 것이다.

013 발표의 내용 구성 전략으로 가장 적절한 것은?

① 라면 조리법에 담긴 과학적, 공학적 원리를 중심으로 설명한다.
② 맛있는 라면을 조리하기 위해 고려해야 할 변수를 중심으로 설명한다.
③ SNS상에서 인플루언서의 영향력이 커지는 이유를 중심으로 설명한다.
④ 라면의 종류에 맞는 조리법을 개발해야 한다는 의견을 중심으로 설명한다.
⑤ SNS상에서 쟁점에 관한 상반된 여론이 형성되는 과정을 중심으로 설명한다.

014 대화에 대한 이해로 가장 적절한 것은?

① 최 사원은 김 팀장이 말해 준 대로 출고 날짜를 결정하였다.
② 최 사원은 김 팀장에게 보고서의 내용을 구두로 먼저 보고했다.
③ 김 팀장은 최 사원이 메신저로 보고서를 보내기를 기다렸다.
④ 김 팀장은 최 사원이 비용을 충분히 고려하지 않았다고 생각한다.
⑤ 김 팀장은 최 사원이 마케팅 기간을 충분히 잡지 않았다고 생각한다.

015 두 사람 사이에 갈등이 생긴 근본적인 원인은?

① 최 사원은 상사에 대한 예의를 지키지 않았다.
② 최 사원은 김 팀장에게 보고서를 메신저로 전송하였다.
③ 최 사원은 김 팀장에게 업무에 대해 적극적으로 묻지 않았다.
④ 김 팀장은 최 사원에게 출고 날짜를 잘못 알려 주었다.
⑤ 김 팀장은 최 사원에게 보고서 작성 기한을 알려 주지 않았다.

어휘·어법 016번 ~ 045번

016 "채소, 과일, 어물 따위가 한창 나오는 때가 되다."를 뜻하는 고유어는?

① 넌출지다
② 덩이지다
③ 이랑지다
④ 한물지다
⑤ 흐벅지다

017 한자어의 사전적 뜻풀이로 옳지 <u>않은</u> 것은?

① 미증유(未曾有): 지금까지 한 번도 있어 본 적이 없음.
② 거식증(拒食症): 음식을 병적으로 지나치게 많이 먹는 증상.
③ 선정성(煽情性): 어떤 감정이나 욕정을 북돋워 일으키는 성질.
④ 편집성(偏執性): 한쪽으로 치우친 생각을 고집하고 남의 말을 듣지 아니하는 성질.
⑤ 사자후(獅子吼): 사자의 우렁찬 울부짖음이란 뜻으로, 크게 부르짖어 열변을 토하는 연설을 이르는 말.

018 밑줄 친 고유어의 의미로 적절하지 않은 것은?

① 친구는 성격이 <u>마냥</u> 좋기만 하다.
　→ 보통의 정도를 넘어 몹시.
② 세차게 내리던 비가 거짓말처럼 <u>건듯</u> 개었다.
　→ 행동이나 상황 따위가 갑작스럽게 일어나거나 바뀌는 모양.
③ 은행나무의 나뭇잎이 많이 떨어지고 <u>더러</u> 남아 있었다.
　→ 전체 가운데 얼마쯤.
④ 나는 꽃송이에 얼굴을 <u>바투</u> 갖다 대고 향기를 맡았다.
　→ 두 사물의 사이가 꽤 가깝게.
⑤ 선생님은 이번 기말고사에서 <u>부러</u> 어려운 문제를 냈다.
　→ 특별한 의도 없이.

019 〈보기〉의 ㉠과 바꾸어 쓰기에 적절하지 않은 것은?

> **보기**
> ㉠<u>서로 오랫동안 소식이 막혔던</u> 두 사람은 서로 만나자마자 무척 반가워했다.

① 격조했던(隔阻--)　② 구조했던(久阻--)　③ 적조했던(積阻--)
④ 구활했던(久闊--)　⑤ 우활했던(迂闊--)

020 밑줄 친 한자어의 쓰임이 적절하지 않은 것은?

① 이번 사건에 대한 빠른 <u>해명(解明)</u>을 부탁드립니다.
② 주민들은 이번 사건의 진상 <u>규명(糾明)</u>을 촉구하였다.
③ 그는 친구의 무죄 <u>증명(證明)</u>을 위해서 증인으로 나섰다.
④ 그 제품은 안전하다고 <u>판명(判明)</u>이 나자마자 불티나게 팔렸다.
⑤ 그는 잘못을 뉘우치기는커녕 <u>천명(闡明)</u>을 늘어놓기에 급급했다.

021 밑줄 친 고유어의 쓰임이 적절하지 않은 것끼리 묶인 것은?

① ┌ 그와 나는 친분이 <u>두터운</u> 사이이다.
　└ 새벽에 안개가 <u>두껍게</u> 깔려있다.

② ┌ 이번 모임에는 <u>걷잡아</u> 백여 명이 참석하였다.
　└ 영화를 보고 눈물이 <u>걷잡을</u> 수 없이 흘렀다.

③ ┌ 그는 평생을 미생물 연구에 몸을 <u>바친</u> 과학자였다.
　└ 비가 많이 와서 그녀는 우산을 <u>받쳐</u> 들고 서 있었다.

④ ┌ 이번 경기는 감독의 전술이 승패를 <u>가름했다고</u> 할 수 있다.
　└ 오늘의 모임으로 정기 회의를 <u>갈음합니다</u>.

⑤ ┌ 우리는 집을 넓은 평수로 <u>늘려</u> 이사했다.
　└ 그 배우는 작품을 위해 체중을 고무줄처럼 <u>늘였다</u> 줄였다 한다.

022 밑줄 친 두 단어가 동음이의어 관계에 있는 것은?

① 친구는 미안하다는 <u>말</u>로 어렵게 <u>말</u>을 시작했다.
② <u>꿈</u> 많던 어린 시절에는 하늘을 나는 <u>꿈</u>을 자주 꾸었다.
③ 오십 <u>고개</u>를 넘어선 그가 <u>고개</u>를 숙여 인사하자 박수가 터졌다.
④ 그는 사람들의 <u>눈</u>을 피하려고 다른 사람과 <u>눈</u>을 마주치지 않았다.
⑤ 어머니께서 무거운 <u>짐</u>을 들고 가는 모습이 마음의 <u>짐</u>으로 남았다.

023 밑줄 친 부분이 〈보기〉의 ㉠과 동일한 의미로 쓰인 것은?

> **보기**
> 재미를 ㉠ <u>톡톡하게</u> 보았다.

① 김치찌개가 <u>톡톡하게</u> 되었다.
② 이번 외화벌이는 <u>톡톡하였다</u>.
③ 역할을 <u>톡톡하게</u> 잘해 내었다.
④ 집안 망신을 <u>톡톡하게</u> 시켰다.
⑤ <u>톡톡하고</u> 붉은 비단으로 옷을 지었다.

024 밑줄 친 부분을 고유어로 바꾸었을 때, 적절하지 않은 것은?

① 그는 상사에게 질타(叱咤)(→ 꾸지람)를 받았다.
② 그는 이 사고로 얼마간의 휴가(休暇)(→ 말미)를 얻었다.
③ 위장과 신장(腎臟)(→ 콩팥)도 검사했으나 이상이 없었다.
④ 이 문제는 차치(且置)하고(→ 내버려 두고) 다음으로 넘어가자.
⑤ 그는 한미(寒微)한(→ 넉넉한) 집안에서 태어나 열심히 학문을 닦아 성공했다.

025 두 어휘의 관계가 〈보기〉와 동일하지 않은 것은?

> **보기**
> 꽃 - 맨드라미

① 과일 - 사과
② 새 - 제비
③ 안경 - 안경 렌즈
④ 사람 - 남자
⑤ 물고기 - 피라미

026 속담의 의미가 올바르지 않은 것은?

① 행차 뒤에 나팔: 모든 일에는 마무리가 중요하다는 것을 비유적으로 이르는 말.
② 사람의 마음은 하루에도 열두 번: 사람의 마음이란 아주 변하기 쉬움을 이르는 말.
③ 병풍에 그린 닭이 홰를 치거든: 도저히 불가능한 일이어서 기약할 수 없음을 비유적으로 이르는 말.
④ 단단한 땅에 물이 괸다: 헤프게 쓰지 않고 아끼는 사람이 재산을 모으게 됨을 비유적으로 이르는 말.
⑤ 궁한 뒤에 행세를 본다: 어려운 일을 당하여야 비로소 그 사람의 참된 가치나 본성을 엿볼 수 있음을 비유적으로 이르는 말.

027 욕심을 경계하라는 교훈이 들어있지 않은 사자성어는?

① 견물생심(見物生心)
② 사리사욕(私利私慾)
③ 소탐대실(小貪大失)
④ 우공이산(愚公移山)
⑤ 원후취월(猿猴取月)

028 밑줄 친 관용 표현의 쓰임이 적절하지 않은 것은?

① 배탈이 난 그는 회가 동했는지 입맛이 뚝 떨어져 버렸다.
② 사람들은 소매를 걷어붙이고 어려운 이웃을 도왔다.
③ 그는 도무지 곁을 주지 않아 속마음을 알 수 없다.
④ 거짓말은 언젠가 밑이 드러나기 마련이다.
⑤ 이 소설은 판에 박힌 연애 소설이다.

029 밑줄 친 부분을 순화한 것으로 적절하지 않은 것은?

① 노견(路肩)(→ 갓길)에는 많은 차량이 주차되어 있었다.
② 마을의 음용수(飮用水)(→ 먹는 물) 공급에는 문제가 없다.
③ 농업인들이 모내기 시기를 일실(逸失)치(→ 줄이지) 않도록 해야 한다.
④ 불철주야(不撤晝夜)(→ 밤낮없이) 헌신하고 있는 장병들에게 감사한다.
⑤ 정부에서는 차년도(次年度)(→ 다음 연도) 전기차 보조금 체계를 개편할 예정이다.

030 밑줄 친 표현을 다듬은 말로 적절한 것은?

① 우리 팀은 작년에 커리어 하이(→ 우승)를 이뤄냈다.
② 선수들은 운동을 통해 벌크 업(→ 체력 단련)에 성공했다.
③ 그 연극은 인기가 많아 오픈 런(→ 개막 공연)으로 상연하기로 했다.
④ 이 노트북은 리퍼브(→ 결함 상품)이므로 정품보다 가격이 저렴합니다.
⑤ 항상 보던 풍경도 카메라의 뷰파인더(→ 보기창)를 통해 보면 다르게 보인다.

031 단어의 표준 발음을 참고할 때 밑줄 친 부분의 표기가 올바르지 않은 것은?

① [눈꼽]: 오른쪽 눈에 눈곱이 끼었어.
② [구지]: 늦은 밤인데 굳이 지금 간다고?
③ [사묻]: 내 예상과는 결과가 사뭇 다르다.
④ [무니]: 이 가구는 나무의 무늬가 살아 있다.
⑤ [짇ː꾿따]: 장난이라기에는 질문이 너무 짖궂다.

032 밑줄 친 활용형의 표기가 옳지 않은 것은?

① 서쪽에서 바람이 붑니다.
② 아이들이 바깥에서 뛰어놉니다.
③ 단풍이 들어 산이 온통 빨갑니다.
④ 우주에서 본 지구는 동그랄 거예요.
⑤ 마음에 빛이 있다면 겨울엔 하얄 거예요.

033 밑줄 친 부분의 표기가 옳은 것은?

① 오랫만에 돌아온 고향은 따뜻했다.
② 동생은 무슨 말이든 쉬지 않고 떠벌인다.
③ 객적은 농담은 그만두고 일 얘기 좀 하자.
④ 옛말에 백짓장도 맞들면 낫다는 말이 있다.
⑤ 아기의 피부가 짓물러서 연고를 발라 주었다.

034 밑줄 친 부분의 띄어쓰기가 올바른 것은?

① 이번 시상식에서는 총10명이 상을 받았다.
② 그 사람이 약속한 일을 처리했을 지가 궁금하다.
③ 오늘 저녁에 한국대 태국의 축구 국가 대항전이 있다.
④ 날이 이렇게 더운 것을 보니 조만간 비가 올 듯은 하다.
⑤ 조사 결과 우리나라 성 가운데 김 씨가 제일 많은 것으로 나타났다.

035 밑줄 친 부분의 표기가 옳은 것은?

① 동쪽 끝 울릉도로 갈꺼나.
② 이 일을 어찌하면 좋을꼬?
③ 어쩜 마음이 이리 고울쎄라.
④ 저는 지나가는 나그네올씨다.
⑤ 친구라면 믿어 의심하지 말찌어다.

036 문장 부호의 사용이 올바르지 <u>않은</u> 것은?

	문장 부호	예시
①	줄임표	비가 많이 오니 걱정이 되는데….
②	큰따옴표	"소나무"는 이 뮤지컬에서 가장 인기 있는 곡이다.
③	줄표	다음 주에는 '2차 특강─문장 부호의 사용'이 있습니다.
④	소괄호	'유엔(UN)'과 '국제 연합'은 같은 기구이다.
⑤	쌍점	일시: 2022년 12월 18일 10시

037 〈보기〉의 ㉠과 ㉡에 해당하는 것으로 올바르게 짝 지어진 것은?

> 보기
> ㉠ 'ㅣ' 역행 동화 현상에 의한 발음은 원칙적으로 표준 발음으로 인정하지 아니하되, 다만 ㉡ 다음 단어들은 그러한 동화가 적용된 형태를 표준어로 삼는다.

	㉠	㉡		㉠	㉡
①	애기	냄비	②	나부랭이	담쟁이
③	아지랭이	가랭이	④	점쟁이	환쟁이
⑤	골목쟁이	서울내기			

038 〈보기〉의 방언에 대응하는 표준어는?

> 보기
> 물에지(경남), 물외소곰치(전북), 신지(전남), 웨지시(제주)

① 짠지 ② 오이지 ③ 나박김치
④ 무말랭이 ⑤ 오이소박이

039 〈보기〉에서 밑줄 친 부분의 첫 소리가 된소리로 나는 것으로만 짝 지어진 것은?

> **보기**
> ㄱ. 갈증(渴症): 목이 말라 물을 마시고 싶은 느낌.
> ㄴ. 소수(小數): 일의 자리보다 작은 자리의 값을 가진 수.
> ㄷ. 전과(戰果): 전투나 경기 따위에서 올린 성과.
> ㄹ. 심성(心性): 타고난 마음씨.

① ㄱ, ㄴ ② ㄱ, ㄷ ③ ㄴ, ㄷ
④ ㄴ, ㄹ ⑤ ㄷ, ㄹ

040 밑줄 친 말이 외래어 표기법에 맞지 않는 것은?

① 영어의 콤마(comma)는 우리말의 쉼표에 해당한다.
② 항구에는 콘테이너(container)를 실은 트럭이 즐비하다.
③ 초행길이라 내비게이션(navigation)을 켜고 차를 운전했다.
④ 나는 어렸을 때 소시지(sausage)로 만든 반찬을 무척 좋아했다.
⑤ 회사가 어려운 상황일수록 리더십(leadership)이 더욱 중요하다.

041 문화재의 로마자 표기가 올바르지 않은 것은?

① 석굴암 Seokgulam
② 무영탑 Muyeongtap
③ 경복궁 Gyeongbokgung
④ 숭례문 Sungnyemun
⑤ 훈민정음 Hunminjeongeum

042 ㉠~㉤ 가운데 어법상 적절하지 않은 문장은?

> ㉠삶의 목표가 행복이라는 것에는 큰 이의가 없을 듯하다. 그렇다면 어떻게 살아야 행복해질 수 있을까? ㉡흔히 행복에는 높은 지위, 빛나는 명예, 많은 재산이 중요하고 행복을 가져다 줄 것이라고 생각하기 쉽다. 물론 이러한 것들이 삶의 한 부분을 차지하는 것은 사실이다. ㉢그렇지만 우리는 높은 지위와 명예, 부를 가지고도 행복하게 살지 못하는 많은 경우를 알고 있다. ㉣내가 앉는 자리와 명패, 그리고 나를 감싸는 값비싼 옷과 자동차는 짧은 순간의 만족을 줄 뿐이며 소금물처럼 끝없는 갈증을 일으킬 뿐이다. ㉤"삶은 무엇을 하느냐보다 어떻게 사느냐가 중요하고 그보다 더 중요한 것은 누구와 함께하느냐이다."라는 말이 그래서 가슴에 와 닿는다.

① ㉠
② ㉡
③ ㉢
④ ㉣
⑤ ㉤

043 밑줄 친 부분의 높임법 중 그 성격이 나머지 넷과 다른 것은?

① 교수님께서 몸이 <u>편찮으시다</u>.
② 할아버지께서는 돈이 <u>많으시다</u>.
③ 부장님, 넥타이가 <u>멋있으시네요</u>.
④ 선생님께서는 따님이 한 분 <u>있으시다</u>.
⑤ 아버지께서 아들 내외에게 안방을 <u>내주셨다</u>.

044 중의적으로 해석되지 않는 문장은?

① 오기로 한 친구들이 다 오지 않았다.
② 공을 잘못 던져 친구를 다치게 하였다.
③ 동생과 나는 사과와 배를 두 개 먹었다.
④ 우리 집 거실에는 아버지의 그림이 걸려 있다.
⑤ 다정한 옆집 아주머니의 딸이 우리 집에 떡을 가지고 왔다.

045 번역 투의 표현이 쓰이지 않은 것은?

① 그 사람과의 이별은 나를 힘들게 하였다.
② 대한민국은 우루과이와 월드컵 예선전을 가졌다.
③ 아직도 많은 이들이 도움의 손길을 필요로 한다.
④ 법률 적용에 있어서 가장 중요한 점은 무엇인가?
⑤ 신뢰는 다른 사람과 살아가는 데에 참으로 중요하다.

쓰기   046번 ~ 050번

[046~050] 다음은 '치매 용어 변경'을 주제로 작성한 초고이다. 제시된 물음에 답하시오.

'세상에서 가장 슬픈 병'이라고 불리는 '치매'는 후천적으로 기억, 언어, 판단력 등의 여러 영역의 인지 기능이 감소하여 일상생활을 제대로 수행하지 못하는 임상 증후군을 의미한다. 그런데 이 '치매'라는 용어의 뜻은 무엇일까? 바로 '어리석을 치(癡)', '어리석을 매(呆)'이다. ㉠치매와 건망증을 헷갈리는 사람도 있지만, 건망증은 잊은 내용을 곧 기억해 낼 수 있다는 점에서 치매와 다르다. 안타깝게도 우리나라의 치매 환자 수는 점점 증가하고 있는 추세이다.

최근 '치매'라는 용어를 변경해야 한다는 논의가 본격적으로 진행되고 있다. '어리석다'는 의미를 ㉡유지하고 있는 '치매'라는 용어는 환자들에 대한 차별과 편견을 담고 있기 때문이다. 치매 증상이 나타나는 것은 전반적인 뇌 기능의 손상이 나타나기 때문이지, 환자가 어리석은 것은 아니다. 심지어 '치(癡)'는 '미치다'라는 뜻도 가지고 있어 환자들에 대한 부정적 인식을 강화한다. 이러한 부정적 인식은 환자를 바라보는 제3자에게만 내재되는 것이 아니라, 환자 스스로도 질병에 대한 거부감을 ㉢갖는다. 치매가 엄연히 치료가 필요한 질병임에도 불구하고 치매에 대한 부정적 인식 때문에 환자들은 자신이 치매라는 것을 인정하지 않으려는 경향을 보이며, 이에 따라 질병의 조기 진단이 어려워지고 있다. 실제로 한국노인복지중앙회 관계자의 인터뷰에 따르면, 중증 치매 환자나 가족이 요양원 입소를 위해 상담하러 왔다가 '치매환자요양원'이라는 단어 때문에 입소를 포기하는 사례가 적지 않다고 한다.

우리나라뿐 아니라 같은 한자 문화권에 속한 여러 나라에서 치매 용어 변경과 관련된 논의가 ㉣진행되었다. 이미 1990년대부터 '치매증'이라는 용어에 대한 문제 제기가 있었던 대만은 2001년도에 '실지증'으로 명칭을 변경하였고, 일본 및 홍콩, 중국에서도 '인지증', '뇌퇴화증' 등의 용어로 명칭을 변경하였다. 한자 문화권에 속한 다른 나라들도 '치매'라는 용어를 차별적이라고 인식하고 있음을 보여 준다.

하지만 용어 변경에 반대하는 사람들도 있다. 치매라는 용어가 이미 대중에게 널리 알려져 있기 때문에 용어를 바꾸면 혼란을 초래할 수 있다는 것이다. ㉤그러므로 용어를 바꾼다고 질환 자체에 대한 인식이 변하는 것은 아니라는 의견도 있다. 물론 용어 변경에 따른 불편함도 있겠지만, 그보다는 용어로 인해 환자와 가족들이 겪는 불필요한 고통이 더 크다. 용어 변경으로 인한 혼란은 용어 변경을 적극적으로 홍보하는 방안을 마련함으로써 해결할 수 있다.

질병으로 고통받는 환자들에게 차별적 용어로 인한 낙인은 또 다른 고통이 된다. ⓐ차별적 용어를 변경하여 치매 조기 진단 및 치매 환자들의 고통을 헤아려야 한다.

046

다음은 윗글을 쓰기 전에 떠올린 글쓰기 계획이다. 윗글에 반영된 것만을 있는 대로 고른 것은?

글쓰기 계획

ㄱ. 주장의 구체성을 높이기 위해 통계 자료의 정확한 수치를 언급해야겠다.
ㄴ. 주장의 설득력을 높이기 위해 인터뷰 내용을 인용하여 근거로 제시해야겠다.
ㄷ. 글의 주제에 대한 독자의 호기심을 유발하기 위해 용어의 의미에 대한 질문을 사용해야겠다.
ㄹ. 글의 타당성을 갖추기 위해 주요 논점의 전통적 의미와 현대적 의미를 비교하여 제시해야겠다.
ㅁ. 글의 공정성을 확보하기 위해 대조되는 입장을 제시한 후 이를 절충하는 의견을 제시해야겠다.

① ㄱ, ㄷ
② ㄱ, ㄹ
③ ㄴ, ㄷ
④ ㄴ, ㄷ, ㅁ
⑤ ㄴ, ㄹ, ㅁ

047

다음은 윗글을 보완하기 위해 추가로 수집한 자료이다. 자료의 활용 방안으로 적절하지 <u>않은</u> 것은?

	자료의 내용	출처
(가)	보건복지부에서 일반 국민 1,200명을 대상으로 실시한 설문조사에 따르면 처음에 치매라는 용어를 바꾸어야 한다고 대답한 비율은 22.3%였으나, 치매라는 용어의 의미를 정확히 설명해 준 후 다시 질문하자 바꾸어야 한다는 대답이 53.1%로 늘었다.	기사
(나)	우리나라의 65세 이상 치매 환자 수는 2019년에 75만 명, 2020년에 83만 명, 2021년에 92만 명으로 늘었다. 증가 추세는 지속될 것으로 보여, 2030년이면 136만 명으로 늘어날 것으로 추정된다.	연구 보고서
(다)	사람들의 부정적 인식을 개선하기 위해 병명을 변경한 사례가 있다. '간질병'을 '뇌전증'으로, '나병'을 '한센병'으로, '정신분열증'을 '조현병'으로 변경한 것이 그것이다. 뇌전증협회 관계자는 "병명을 바꾼 지 10년이 지나면서 기존의 '간질'이라는 단어가 주는 부정적 시각이 옅어져 치료를 할 때도 불안감이나 거부감이 줄었다."라고 말했다.	전문가 인터뷰

① (가)를 활용하여 많은 사람들이 치매라는 용어가 편견을 담고 있음에 공감함을 근거로 삼아 용어 변경 주장을 강화한다.
② (가)를 활용하여 사람들이 용어의 의미를 명확히 알지 못함을 제시하여 병명의 의미를 교육해야 할 필요성에 대한 내용을 보완한다.
③ (나)를 활용하여 치매 환자 수 현황을 제시하여 우리나라의 치매 환자 수가 늘어나고 있다는 내용을 구체화한다.
④ (다)를 활용하여 우리나라에서도 병명을 바꾼 사례가 있음을 제시하여 부정적 인식으로 인해 용어를 변경해야 한다는 근거를 보완한다.
⑤ (다)를 활용하여 차별과 편견이 담긴 용어를 변경하면 병에 대한 환자들의 거부감이 완화될 수 있다는 내용을 보완한다.

048

다음은 윗글을 쓰기 전에 세웠던 글쓰기 개요이다. 윗글을 쓰는 과정에서 필자가 점검하여 반영한 내용으로 적절하지 않은 것은?

글쓰기 개요

Ⅰ. 치매의 정의와 현황
  1. 우리나라의 치매 환자 현황
  2. 치매의 정의
  3. 치매 예방법

Ⅱ. 치매 용어 변경의 필요성
  1. 근거① 환자에 대한 부정적 인식 강화
  2. 근거② 치매 용어를 변경한 다른 나라의 사례
  3. 근거③ 용어 변경으로 인한 대중의 혼란 우려

Ⅲ. 치매 용어 변경에 대한 논의
  1. 용어 변경에 대한 반대 논거
  2. 반대 논거에 대한 필자의 의견
  3. 치매 용어 변경을 위한 의학적 근거 제시

Ⅳ. 치매 용어 변경 촉구

① Ⅰ-1과 Ⅰ-2의 순서를 바꾸어 치매의 정의를 먼저 제시해야겠다.
② Ⅰ-3은 이 글의 주제와 어울리지 않는 내용이므로 삭제해야겠다.
③ Ⅱ-3은 Ⅱ의 하위 항목으로 어울리지 않는 내용이므로 Ⅲ-1의 하위 항목으로 이동해야겠다.
④ Ⅲ-2는 Ⅲ-1에 제시된 내용을 반박하는 방식으로 구성해야겠다.
⑤ Ⅲ-3은 Ⅳ의 구체적인 내용이므로 Ⅳ의 하위 항목으로 이동해야겠다.

049

윗글의 ㉠~㉤을 고쳐 쓰기 위한 방안으로 적절하지 않은 것은?

① ㉠은 통일성을 해치는 문장이므로 삭제해야겠다.
② ㉡은 문맥에 어울리지 않는 단어이므로 '내포하고'로 수정해야겠다.
③ ㉢은 문장의 주어와 호응하지 않으므로 '갖게 한다'로 수정해야겠다.
④ ㉣은 불필요한 피동 표현이므로 '진행했다'로 수정해야겠다.
⑤ ㉤은 앞뒤 맥락을 고려할 때 적절하지 않으므로 '또한'으로 수정해야겠다.

050. 윗글의 ⓐ를 〈보기〉와 같이 고쳐 썼다고 할 때, 고쳐 쓰기 과정에서 계획한 내용으로 가장 적절한 것은?

> **보기**
> 차별적 의미가 담긴 '치매'라는 용어를 변경하기 위해 치매관리법을 조속히 개정하여 시행해야 한다.

① 글의 주제를 고려하여 문제를 해결하기 위한 실질적인 방안을 제시하며 글을 마무리해야겠다.
② 예상 독자의 수준을 고려하여 어려운 한자어를 고유어로 바꾸어 설명하며 글을 마무리해야겠다.
③ 예상 독자를 고려하여 개인적 차원에서 실행할 수 있는 해결책을 제시하며 글을 마무리해야겠다.
④ 글의 목적을 고려하여 문제를 해결하면 어떤 효과가 나타날 수 있는지 설명하며 글을 마무리해야겠다.
⑤ 글의 목적을 고려하여 주장과 관련된 또 다른 사안에도 관심을 가질 것을 촉구하며 글을 마무리해야겠다.

창안   051번 ~ 060번

[051~053] '커피 가공 방식'과 '인간의 삶'을 유비(類比)하고자 한다. 다음 글을 읽고 물음에 답하시오.

커피의 가공과정

커피 열매 중에서 우리가 사용하는 것은 씨앗인 커피콩이다. ⓐ커피콩은 성장 조건과 유전자 형태에 따라 크기, 모양, 밀도가 다를 수 있다. 생두를 얻기 위해서는 수확한 열매에서 생두 외의 불필요한 과육 부분은 제거해야 한다.

과육을 제거하는 방법은 크게 건식 처리와 습식 처리로 분류된다. 건식법은 전통적인 커피 생산 방법으로, 자연 건조와 인공 건조로 나뉜다. 자연 건조의 경우 햇빛을 이용하기 때문에 별도의 설비에 대한 투자가 필요하지 않다. ㉠수확한 커피 열매 중 덜 익었거나 너무 익은 것, 손상된 것을 제거하는 선별 과정을 거친 후 건조하는 방식으로, 약 2주 정도의 시간이 필요하다. 건조 기간에는 고르게 마르도록 뒤섞어 주고, ㉡밤에는 이슬을 피하기 위해 한 곳에 모아 덮개를 씌워 준다. ㉢건조가 잘 되었을 경우 커피 열매를 흔들면 씨앗과 외과피가 부딪히는 소리가 나는데 이때 수분 함량은 약 20% 정도이다. 이렇게 건조된 열매의 과육을 제거하면 커피 생두를 얻게 되며, 이를 ㉣다시 건조하여 수분이 12~13% 정도가 되도록 한다. ㉤그 후 크기에 따라 등급을 분류하고 이물질을 제거하게 되는데, 자동화된 설비를 이용하기도 하고 수작업에 의존하기도 한다. 인공 건조는 건조탑에서 건조하며, 건조가 끝나면 자연 건조된 커피와 동일한 과정을 거쳐 생두로 가공된다.

습식법은 먼저 수확된 커피 열매를 수조에 담아 물에 뜨는 것들을 제거한 다음 외과피와 과육을 제거한다. 그다음 다시 수조에 넣고 물에 뜨는 것들을 제거한 후 ⓑ발효 과정을 거치게 되는데, 이는 펙틴이라고 불리는 끈적끈적한 점액질을 제거하는 과정으로, 커피 자체가 가지고 있는 효소와 미생물에 의해서 이루어진다. 1~2일간의 발효 후 물로 지저분한 것들을 씻어 내고 건조 과정을 거치면 내과피로 둘러싸인 생두를 얻게 된다.

051 '커피 가공 방식'을 '단순한 생활을 꾸려나가는 과정'에 비유할 때, ㉠~㉤을 통해 이끌어 낼 수 있는 내용으로 적절하지 않은 것은?

① ㉠: 소유하고 있는 물건들의 상태를 확인하고 버릴 것들을 추린다.
② ㉡: 남긴 물건들은 좋은 상태를 유지하기 위해 잘 관리한다.
③ ㉢: 남긴 물건을 따로 포장하여 필요한 다른 이에게 전달한다.
④ ㉣: 남긴 물건들을 다시 살펴보며 버릴 것들을 또다시 추린다.
⑤ ㉤: 남겨진 물건들을 필요에 따라 나누고 전문가의 도움을 받아 불필요한 것들을 없앤다.

052 〈조건〉에 맞는 공익 광고 문구로 가장 적절한 것은?

> **조건**
> ◆ '다문화 존중'과 관련하여 발휘할 수 있는 지혜를 윗글의 ⓐ를 참고하여 표현할 것.
> ◆ 비유 표현을 사용한 청유형 문장으로 제시할 것.

① 여러 원두가 모여 한 잔의 커피를 만듭니다.
② 커피콩에 따라 여러 가지 맛이 난다는 사실을 아십니까?
③ 서로 다른 우리가 모여 다양함을 존중하는 사회를 만들어 갑시다.
④ 커피콩이 각각의 특징을 가지듯, 사람들의 개성을 존중해 줍시다.
⑤ 내가 좋아하는 커피도, 친구가 좋아하는 커피도 모두 커피입니다.

053 윗글의 ⓑ를 '습관 형성'과 관련지어 이해할 때, 가장 적절한 것은?

① 고치고 싶은 습관이 있다면 주변 환경을 바꿔 보세요.
② 고치고 싶은 습관이 있다면 천천히 조금씩 횟수를 줄여 보세요.
③ 고치고 싶은 습관이 있다면 주변 사람들과 함께 도전해 보세요.
④ 고치고 싶은 습관이 있다면 자기 자신의 힘을 믿고 실천해 보세요.
⑤ 고치고 싶은 습관이 있다면 좋은 습관으로 한 단계씩 고쳐 보세요.

[054~056] 다음 그림을 보고 물음에 답하시오.

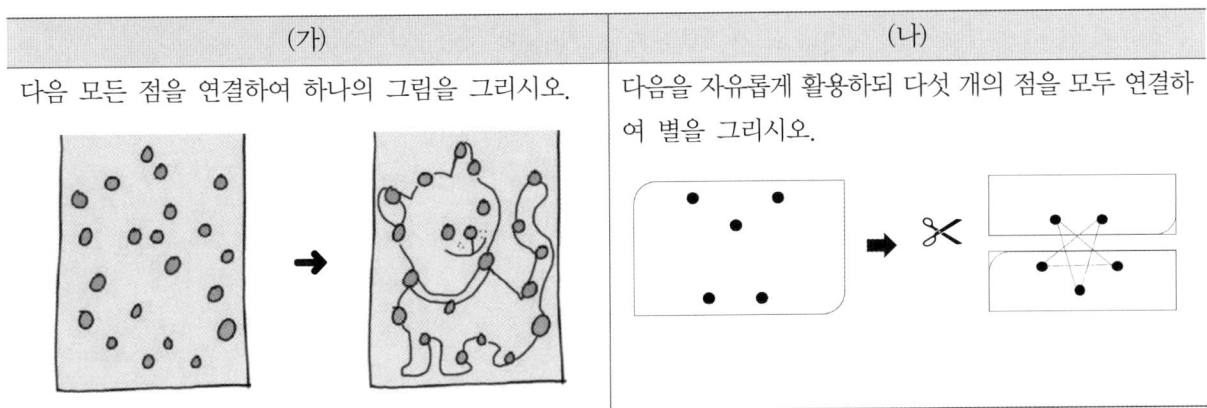

054 그림 (가)와 (나)를 동시에 활용하여 이끌어 낼 수 있는 교훈으로 가장 적절한 것은?

① 목표한 결과에 도달할 수 있다면 과정의 비합리성은 용인될 수 있다.
② 원만한 문제 해결을 위해서는 공동체가 공유하는 관습을 고려해야 한다.
③ 창의적인 사고를 독려하기 위해서는 아이디어에 대한 판단과 비판을 유보해야 한다.
④ 문제 해결을 위해서는 구성 요소를 다양한 관점에서 바라보는 유연한 사고가 필요하다.
⑤ 기존의 구성 요소뿐만 아니라 새로운 구성 요소를 도입해 활용하는 혁신적 태도가 중요하다.

055 그림 (가)와 (나)를 바탕으로 다음과 같이 분석할 때 적절하지 <u>않은</u> 것은?

	(가)	(나)
표현	무관한 점들이 하나의 그림으로 의미화되는 과정	㉠ 형식의 파격을 통해 풀기 어려운 문제를 해결하는 과정
핵심	㉡ 무질서 속의 질서를 발견해 의미를 부여하는 능력	㉢ 구성 요소를 목적에 맞게 재구성하는 능력
주제	㉣ 창의적 사고를 위해서는 구성 요소의 독립성에 대한 이해가 중요하다.	㉤ 통념에 얽매이지 않고 해결책을 도모할 수 있는 자세를 가져야 한다.

① ㉠ ② ㉡ ③ ㉢
④ ㉣ ⑤ ㉤

056 문제 해결 방식이 (나)와 가장 유사한 것은?

① 안경알의 기능을 수정하여 선글라스를 만든 사례
② 김과 밥의 구성을 바꾸어 누드 김밥을 만든 사례
③ 장미 가시와 덩굴의 모양을 응용하여 철조망을 만든 사례
④ 컵의 재질을 도자기에서 종이로 대체하여 종이컵을 만든 사례
⑤ 롤러스케이트와 신발의 구조를 합쳐 바퀴 달린 운동화를 만든 사례

[057~058] 다음 글을 읽고 물음에 답하시오.

우리 사회에는 건강기능식품들이 많이 있다. 특히, 건강기능식품들은 약물과 동등하게 소비자에게 인식될 수 있으므로 유의하여 광고를 해야 한다. 다음은 건강기능식품 인체 적용 시험 표시·광고 부적합 사례들로 건강기능식품 영업자들이 주의해야 할 사항들이다.

(가) 첫째, 건강기능식품이 질병의 예방·치료에 효능이 있는 것으로 인식될 우려가 있는 표시·광고는 부당한 표시·광고에 해당한다. 예를 들어, 해당 원료가 질병 증상 개선 등에 효과가 있다고 오인할 우려가 있는 표시·광고는 부적절하다.

(나) 둘째, 식약처장이 인정하지 않은 기능성을 나타내는 건강기능식품의 표시·광고는 부당한 표시·광고에 해당한다. 해당 기능성과 관련이 없는 사진이나 이미지 등을 함께 사용하여 효능을 오인할 우려가 있는 표시·광고는 부적절하다.

(다) 셋째, 의사, 치과 의사, 한의사, 수의사, 약사, 한약사, 대학교수 또는 그 밖의 사람이 제품의 기능성을 보증하거나, 제품을 지정·공인·추천·지도 또는 사용하고 있다는 내용의 표시·광고는 부당한 표시·광고에 해당한다. 의사 등 전문가가 기능성을 보증하여 질병의 예방·치료에 효능이 있는 것으로 인식될 우려가 있어 부적절하다. 다만, 의사 등이 해당 제품의 연구·개발에 직접 참여한 사실만을 나타내는 표시·광고는 가능하다.

(라) 넷째, 인체 적용 시험 결과는 자료를 그대로 인용하여야 하며, 편집(수정, 삭제, 보완 등)하거나 일부 유리한 부분만을 발췌 인용할 수 없다. 인체 적용 시험의 구체적인 내용 없이 규모 및 조건만을 강조하는 것은 부적절하다.

057 윗글의 (가)~(라)에 해당하는 부당한 표시·광고의 사례가 올바르게 짝 지어진 것은?

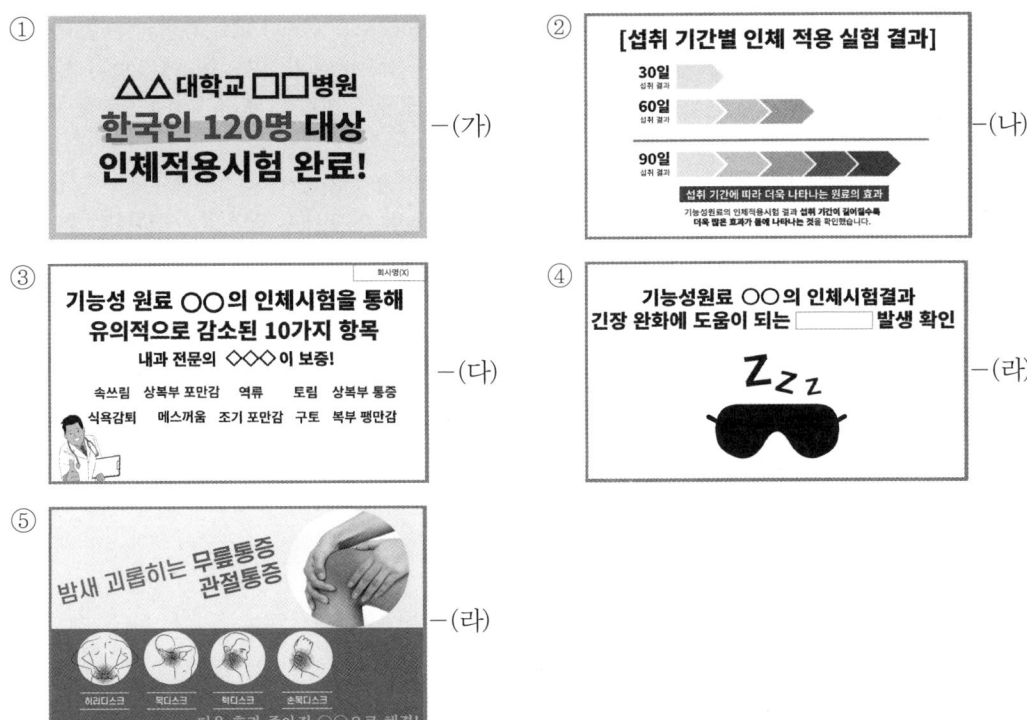

058 윗글을 참고할 때, 정직한 광고에 대한 공익 광고 문구로 가장 적절한 것은?

① 파는 사람도 사는 사람도 같은 생각입니다.
② 똑똑한 소비자가 올바른 소비문화를 만들 수 있습니다.
③ 지금은 소비자 스스로가 소비자의 권리를 찾을 때입니다.
④ 영업자와 소비자, 서로 마주 대하면 대화를 여는 문이 됩니다.
⑤ 올바른 정보 제공이 허위·과대광고로부터 소비자를 지킬 수 있습니다.

[059~060] 다음 글을 읽고 물음에 답하시오.

한 역사가는 역사를 설명하면서 다음과 같은 이야기를 한 바가 있다. 보통 북해나 베링 해협 같은 먼 바다에서 잡히는 청어는 어선이 육지에 도착하기 전에 죽어 버리기 일쑤였다. 그런데 잡은 청어가 있는 수조에 청어의 천적인 물메기 몇 마리를 함께 넣자 청어는 물메기에게 잡아먹히지 않으려고 필사적으로 움직였고, 그 결과 육지에 도착할 때까지 살아남는 청어가 늘어났다고 한다.

한 생물학자는 막 태어난 쥐 몇 마리를 21일 동안 매일 작은 우리 속에 15분 정도 격리시켰다가 다시 어미에게 보내 주는 실험을 했다. 그 결과 이 쥐들은 성장하면서 스트레스를 받아도 잘 이겨 내고, 모험을 두려워하지 않으며, 용감하게 도전했다. 반면 어미와 떨어져 혼자 있어 본 경험이 없는 쥐들은 작은 스트레스에도 민감하게 반응하며 괴로워했다.

059 윗글의 청어와 쥐의 모습에서 발견할 수 있는 공통적 특징으로 적절한 것은?

① 반복되는 행동의 패턴은 바꾸기 어렵다.
② 적절한 시련은 대상을 강인하게 만든다.
③ 스트레스는 정신 건강을 해치는 주범이다.
④ 사람과 동거하는 동물은 사람의 행동을 닮는다.
⑤ 독립의 경험은 주체성을 기르는 데 도움이 된다.

060 윗글을 통해 유추할 수 있는 내용으로 가장 적절한 것은?

① 체계적인 교육을 통해 긍정적인 행동을 이끌어 낼 수 있다.
② 아동이 성장하기 위해서는 주변의 적절한 도움이 필요하다.
③ 서로 다른 문화권에서 자라온 사람들은 시련에 대한 견해가 다르다.
④ 관찰자가 모델의 행동을 관찰하는 것만으로도 학습이 발생할 수 있다.
⑤ 인간의 문명 가운데는 환경이 척박한 곳에서 융성한 경우를 찾아볼 수 있다.

읽기 061번~090번

[061~062] 다음 글을 읽고 물음에 답하시오.

이제 어디를 가나 아리바바의 참깨
주문 없이도 저절로 열리는
자동문 세상이다
언제나 문 앞에 서기만 하면
㉠ 어디선가 전자 감응 장치의 음흉한 혀끝이
날름날름 우리의 몸을 핥는다 순간
스르르 문이 열리고 스르르 우리들은 들어간다
스르르 열리고 스르르 들어가고
스르르 열리고 스르르 나오고
그때마다 우리의 손은 조금씩 퇴화되어 간다
하늘을 멀뚱멀뚱 쳐다만 봐야 하는
날개 없는 키위 새
머지 않아 우리들은 두 손을 잃고 말 것이다
정작, 두 손으로 힘겹게 열어야 하는
그,
어떤,
문 앞에서는,
키위 키위 울고만 있을 것이다

— 유하, 「자동문 앞에서」

061 윗글에 대한 설명으로 적절하지 않은 것은?

① 음성 상징어를 반복하여 대상의 움직임에 생동감을 부여하고 있다.
② 행갈이를 통해 호흡을 조절함으로써 시적 긴장감을 조성하고 있다.
③ 상징적 소재의 특성에 착안하여 대상에 대한 전망을 드러내고 있다.
④ 옛날이야기에 등장하는 표현을 인용하여 시적 상황을 강조하고 있다.
⑤ 의도적으로 어순을 바꾸어 대상에 대한 부정적 시선을 강조하고 있다.

062 대상에 대한 시적 화자의 태도가 윗글의 ㉠과 가장 유사한 것은?

① 청무우밭인가 해서 내려갔다가는
  어린 날개가 물결에 절어서 / 공주처럼 지쳐서 돌아온다.

— 김기림, 「바다와 나비」 中

② 나는 무슨 전람회에 온 듯 / 자리를 옮겨 다니며 보고
  다시 꽃이파리 하나, 섬세하고도 / 차가운 아름다움에 취한다

— 최두석, 「성에꽃」 中

③ 바람 한 자락 불면 휙 날아갈 사랑을 위하여
  햇솜 같은 마음을 다 퍼부어 준 다음에야
  마침내 피워 낸 저 황홀 보아라

— 이형기, 「낙화」 中

④ 사과를 먹는다 / 사과나무의 일부를 먹는다
  사과꽃에 눈부시던 햇살을 먹는다
  사과를 더 푸르게 하던 장맛비를 먹는다

— 함민복, 「사과를 먹으며」 中

⑤ 현대식 교량을 건널 때마다 나는 갑자기 회고주의자가 된다
  이것이 얼마나 죄가 많은 다리인 줄 모르고
  식민지의 곤충들이 24시간을 / 자기의 다리처럼 건너다닌다

— 김수영, 「현대식 교량」 中

[063~065] 다음 글을 읽고 물음에 답하시오.

한번 뽑아낸 등골을 언제까지나 우려먹을 수는 없었어요. 지방방송과 케이블 포함해서 열일곱 번 연속으로 공채에 떨어지고 나니 어떤 식으로든 결정을 내려야 했죠. 학원생들 사이에서는 쉽지 않은 일이었고, 도전한 지 3년밖에 안 되었을 뿐인데 너무 애매한 포기에 속했어요. 그만둘 거면 진작 미련 버려야 했는데 — 실제로 학원에서 이탈하는 상당수는 초반에 몰려 있었죠 — ⓐ저는 어중간하게 올 데까지 와 버렸으니. 그렇다고 내년만, 다시 내년만 하는 식으로 허황된 ㉠꿈을 품기엔 이미 부모님의 등에는 더 이상 뽑을 뼈가 남아 있지 않았어요. 다른 응시자들에 비해 내가 떨어지는 게 도대체 뭘까, 명문대 출신이 아니어서 그런가 생각도 해봤는데, 뭔가 근본적인 이유가 따로 있다 쳐도, 거듭된 ㉡열상의 자리에 손가락을 넣어 벌리고 그것의 정체를 확인할 엄두는 안 났어요. 무엇보다 안다고 해서 내가 그것을 바꿀 수 있는 게 아니라는 선명한 예감이 들수록, 죄 없는 출신 대학에 화살을 돌리는 게 차라리 간편했어요. 어쨌거나 뒤늦게 편입 시험을 볼 엄두도 안 날뿐더러 설령 편입에 성공했다 해도 학비와 생활비는 다시 또 어쩌겠어요. 천신만고 끝에 스스로 만족할 만한 타이틀을 딴다고 해도 이미 또래들보다 몇 발자국을 더 뒤처진 다음이고요. 그 모든 일을 감내한 뒤에도 원하는 성과를 내지 못했을 때의 절망을 견디기보다는 모험을 포기하는 쪽이 생산적이었어요. 물을 준 자리에 틔운 ㉢싹이 싯누렇게 말라비틀어졌다고 해서 그 열패감을 오래 누리며 방황하는 호강도 할 처지가 못 되었어요. 죽은 꿈을 절망과 애도의 대상으로 삼기에도 내겐 시간이 턱없이 부족했어요.

한번 결정하고 나니 깨진 ㉣화분을 내다 버리는 일은 그리 어렵지 않았어요. 이력서를 동시에 네 군데 보냈는데 첫 번째로 지금 있는 카드사에 몇 단계의 시험을 거쳐 합격했어요. 제가 지원한 분야와 전혀 무관한 부서에 배치되었는데도 회사 방침이라나, 업무 파악을 위해 뭐든 기초부터 경험을 쌓아야 한다는 수상쩍고 무성의한 답변을 들은 뒤론 거기에 대한 추가 의문을 제기할 틈도 없이, 정신 차리고 보니 어느새 신입 사원 연수와 엠티를 비롯한 여남은 차례의 사내 교육 코스가 모두 끝났더라고요. ⓑ아빠는 묻지도 않은 주변 사람들한테 자꾸만 우리 딸이 대기업 들어갔다고, 첫 달 받아온 월급이 택배 수수료를 한 달 치 모은 것보다 많다고 자랑하셨어요. 대기업이…… 맞죠. 누가 물어봐서 저 어디 다녀요 하면 대한민국에 거기 모르는 사람 없으니까. 솔직히 저도 월급 명세서에 적힌 숫자만 보면, 그래도 가끔 떠오르는 포기한 꿈에 대한 아쉬움을 희열로 대체할 수 있었어요. 첫 월급으로 선물 사다 안겨 드리면서 아빠한테 불평했는데. 아빠, 고객센터일 뿐인데 자꾸 어디 가서 대기업 대기업 하지 좀 말라고, 아는 사람 들으면 겉으로나 아 예 좋으시겠어요 부럽네요 따님 잘 키우셨어요 영혼 없이 대꾸하지 속으론 비웃는다고, 창피하게. 하지만 내 심정 아랑곳도 않고 부모님은 노래를 부르고 다니죠. 고객센터라고, 계약직이라고 그 회사 사람 아니냐? 그래서 나도 모르게 튀어나오려는 걸, 아빠, H 택배 로고가 적힌 조끼를 입고 H 택배 운송장이 붙은 물건을 나른다고 아빠가 H 기업의 일원으로 인정받은 적 있어? 트럭도 아빠 거고 본사에서 기름 한 방울 지원받은 적 있냐고? 거의 목구멍에 걸렸는데 막았죠. 그냥 마음대로 생각하시게 놔뒀어요, 즐거워하시니까. 그동안 밑빠진 독에도 잠자코 물 부어주셨는데 ㉤독을 아예 깨 버린 딸이 그 정도 즐거움은 드려도 되니까…… 무엇보다 부모님도 웬만큼 알면서 나 기죽지 말라고 그렇게 호들갑을 떠시는 거라고 생각하면요. 회사의 명성이 높을수록 개인은 이루 말할 수 없이 영세해진다는 사실을, 하청 택배 7년 차인 아빠가 모를 리 없었으니까요.

- 구병모, 「어디까지를 묻다」

063 윗글의 서술상 특징으로 가장 적절한 것은?

① 지난 경험에 관한 회고를 통해 인물의 내면을 드러내고 있다.
② 사건이 발생한 순서를 거꾸로 제시하여 원인을 추적하고 있다.
③ 인물들 간의 논쟁적인 대화로 주제를 집약하고 강조하고 있다.
④ 사물을 인격화하고 희화화하는 풍자로써 교훈을 전달하고 있다.
⑤ 장면 전환이 있을 때마다 시점을 달리하여 상황을 입체적으로 그리고 있다.

064 ㉠~㉤ 중 내포하고 있는 의미가 나머지 넷과 다른 것은?

① ㉠ ② ㉡ ③ ㉢
④ ㉣ ⑤ ㉤

065 〈보기〉 중 ⓐ와 ⓑ의 관계에 대한 설명으로 적절한 것끼리 짝 지어진 것은?

> **보기**
> ㄱ. ⓐ는 자신이 ⓑ에게 지우는 부담이 당연하지 않고 지속될 수 없는 것이라고 여겼군.
> ㄴ. ⓐ는 자식인 자기에 대해 과장하여 자랑하는 ⓑ의 허위를 직접 나무라면서 이를 말렸군.
> ㄷ. ⓑ는 그의 직무가 고됨에도 보수가 적었기 때문에 ⓐ를 위한 경제적 지원을 먼저 중단해야만 했군.
> ㄹ. ⓑ는 개인이 가난해지는 것의 반대급부로 기업의 성공이 존재한다는 점을 체득하고 있으리라고 ⓐ가 짐작하고 있군.

① ㄱ, ㄴ   ② ㄱ, ㄷ   ③ ㄱ, ㄹ
④ ㄴ, ㄷ   ⑤ ㄷ, ㄹ

[066~068] 다음 글을 읽고 물음에 답하시오.

여성의 행위 주체성은 지난 수십 년 동안 활기차게 복원되었다. 여성사는 상대적으로 신사회사의 후발 주자였다. 톰슨의 노동자, 선스트롬의 보스턴 사람들, 그리고 초기 저작들이 보여 준 다양한 활동들의 주체인 농민과 수공업자 모두 남성이었다. 여성의 존재는 당연히 부정되지는 않았다. 여성의 존재와 활동을 언급하지 않고, 농가, 수공업 작업장, 식량 폭동, 혹은 공장을 제대로 연구할 수는 없다. 그렇지만 여성은 사태의 전개에 어떤 영향도 미치지 못하는 듯 보였다. 그들은 그림자에 가려 있었고, 조명은 다른 데를 비추고 있었다.

노동자의 역사를 복원하는 데 여념이 없던 1960~70년대의 급진적 역사가들 사이에서도 지난 시대의 여성들은 역사 영역의 밖에서 삶을 꾸려 나갔다는 억측이 사라지지 않았다. 즉 여성들은 기껏해야 약간의 도움을 주는 보조자로서 정치와 상관없는 사적 영역에 머물러 있었고, 생산 대신에 재생산을 담당하며 참정권 운동과 같이 드물게 짧은 기간을 제외하고는 역사의 변화를 결코 추동하지 못했다는 것이다. 여성들의 삶은 결혼, 가족, 양육, 음식과 요리, 하인, 여배우, 매춘 등을 다루는 사회사의 지엽적인 분야 영역이었다. 이러한 주제는 호기심 많은 초심자에게는 흥미로울 수도 있겠지만 권력, 갈등, 변화를 중시하는 역사가들에게는 아니었다.

주류 역사가들은 여성사의 초기 중요한 저서 중의 일부를 "여성들도 거기에 있었지요"라는 말을 확인해 주는 '보조적' 혹은 추가적인 것으로 폄하했다. 여성사의 비판론자들은 다음과 같이 질문했다. 이런 연구 성과는 재미있는 강의 혹은 교재의 추가적 장으로 활용될 수도 있겠지만 어떤 방식으로든 프랑스 혁명에 대한 우리의 근본적 이해를 변화시켰는가? 몇몇 경우에 여성사는 ⓞ 역사의 '중대 사건'의 정의 자체에 도전하기도 했다. 프랑스 혁명이 자유와 평등을 확산시키는 결과는 가져왔는가? 이에 대해 그리스와 로마의 남성성을 숭배하고 문화적 이상으로서 병사들의 '전우애'를 신성시하는 프랑스 혁명이 여성들에게는 퇴보였다는 주장도 있었다. 이러한 주장이 내포하는 바는, 여성들은 프랑스 혁명보다 왕정복고에서 얻은 것이 더 많았다는 것이다.

여성사의 중심 과제는 지배적 이데올로기가 행위자로서의 여성의 존재를 은폐할 때조차도 ⓛ 여성과 남성 사이의 관계가 과거의 모든 사회를 어떻게 형성해왔는가를 밝히는 것이었다. 일부 여성사가들은 이러한 관계의 이데올로기 차원뿐만 아니라 여성과 남성의 역사가 서로 얽혀 있는 방식을 보여 주는 '젠더사'라는 표현을 선호한다. 언어학에서 차용한 '젠더'를 다룬 가장 유명한 논의에서 역사가 조앤 스콧은 시간과 장소에 따라 변하고 고정적인 생물학적 성의 차이로 축소될 수 없는 남성성과 여성성이 사회적으로 구성된 범주라는 생각을 설명하기 위해 이 용어를 활용했다. 젠더는 또한 "권력관계를 상징하는 핵심 방식"이라고 그녀는 지적한다. 젠더 이데올로기는 동성 집단의 성원들 사이의 역학은 물론 대부분의 인간의 행동을 구조화한다. 예를 들어 미국 남부에서 짐크로법(인종분리법)이 시행되던 시절, 흑인들에 대한 비공식적 처벌 행위인 린치는 기사도의 형태로 정당화되었다. 즉 흑인 해방에 직면한 백인들의 공포와 분노가 자신들의 여성의 가치를 선제적으로 보호하기 위한 명령으로서 표출되었던 것이다.

066 윗글의 내용과 일치하는 것은?

① 노동자의 역사에서 여성이 변화의 주체로 조명되지 못한 점이 비판되어왔다.
② 여성의 행위주체성을 복원하는 여성사는 남성의 존재를 의식적으로 배제한다.
③ 농민과 수공업자를 다루는 사회사의 초기 연구에서 여성의 존재는 부정되었다.
④ 여성사 연구는 '거기에 있었던' 여성의 존재를 확인하려는 시도에서 출발하였다.
⑤ 여성사는 지배적 이데올로기가 은폐한 여성의 존재를 밝히는 것을 연구 과제로 삼는다.

067 〈보기〉를 ⊙의 관점에서 이해한 것으로 적절하지 않은 것은?

> **보기**
> 여성들에게 르네상스는 있었는가?

① 여성들에게 미친 르네상스의 영향력으로 르네상스의 의미를 재평가할 필요가 있다.
② 남성들 못지않게 여성들이 르네상스기에 적극적으로 문화와 예술 활동에 참여했다.
③ 개인을 중시하는 휴머니즘의 영향이 여성들에게는 미치지 못했다고 비판할 수 있다.
④ 서구에서 '근대적 인간'을 탄생시킨 르네상스가 여성들에게는 예외였다고 말할 수 있다.
⑤ 엘리트 남성에게 르네상스가 새로운 자유와 창의를 가능케 했다는 것이 여성에게도 적용되는 것은 아니다.

068 ⓒ에 대한 젠더사가들의 설명으로 적절한 것은?

① 여성 내부의 역학과 행동을 이해하기 위해 여성에 관한 언어를 연구해야 한다.
② 남성이 여성의 역할을 규정하고 구분하는 행위 주체성을 지니고 있다는 점에 주목해야 한다.
③ 누가 어떤 의도로 여성과 남성 관계 속에서 여성의 존재를 부각하려고 했는지 밝히는 것이 필요하다.
④ 젠더는 권력관계를 나타내는 기본적인 방식으로 인간 활동 전반에 작용하는 개념이라는 것을 기억해야 한다.
⑤ 여성과 남성의 관계에 주목하는 젠더사는 전쟁이나 정치와 같은 기존의 전통적인 영역에 대한 연구를 포함할 필요는 없다.

[069~072] 다음 글을 읽고 물음에 답하시오.

최근 한국에서는 젠트리피케이션이라는 용어가 유행처럼 사용되고 있다. 신문과 방송에서도 자주 접하는 용어가 되었다. 젠트리피케이션이란 단어는 2004년 처음 신문 기사에 등장했는데, 초기에는 젠트리피케이션이라는 원어가 그대로 사용되기보다는 '도시회춘', '도심회귀', '도심고급주택화' 등으로 번역되었다.

현재 한국의 신문 기사에서 이해하는 젠트리피케이션이 무엇인지 정리해 보면 공통점이 있다. 바로 다른 지역과 차별화된 분위기를 가진 탓에 외지인에게 소위 '뜨는' 동네로 인식된 북촌, 서촌, 경리단길, 홍대, 신촌, 이태원, 대학로, 가로수길, 성수동 등의 지역에서, 동네가 뜨는 데 기여한 임차 상인과 건물주 사이에 갈등이 일어나고, 떠난 원주민을 대신해 막강한 자본력으로 무장한 외지인과 프랜차이즈 상업 시설이 침투하는 등의 현상을 젠트리피케이션이라고 설명하고 있다. 이러한 상업 공간에서의 현지 주민과 외부인과의 갈등을 젠트리피케이션으로 명명하고, 원주민의 이주 문제, 장소성 상실, 문화의 획일화라는 부정적 측면을 부각시키면서 지역 고유성 을 보존하는 것이 중요함을 강조하고 있다.

이는 Glass(1964)가 처음 젠트리피케이션이란 단어를 사용한 이래 물리적 환경 개선을 통한 주거 계급의 상향, 즉 주거 젠트리피케이션에 대한 논의가 주를 이루었던 서구의 젠트리피케이션 담론과는 사뭇 양상이 다르다. 서촌, 북촌과 같은 역사적 동네의 한옥을 비롯한 오래된 건축물과, 홍대, 대학로처럼 예술가들이 모여 형성한 문화 공간이 트렌디한 카페와 레스토랑, 부티크숍으로 변모하며 많은 관광객을 끌어들이고 소비 공간으로 변화해 가는 데 초점을 두기 때문이다.

한편, ㉠Smith(1979)의 경우, 젠트리피케이션이 이익을 추구하는 도시재구조화 과정의 일부로 체계적으로 발생하고 있으며, 더 많은 이익을 찾아 움직이는 자본의 이동에 따른 불균등한 개발의 상징이라 이를 규정하고 비판하였다. 젠트리피케이션을 로컬 단위에서 나타나는 사회 공간적 변화에서 자본주의 체제에서 나타나는 불균등한 개발로 확대하는 Smith의 논제는 상업적 젠트리피케이션을 중심으로 하는 ⓐ한국식 젠트리피케이션의 발생과 그 특징을 이해하는 데 유의미한 출발점이 될 수 있다.

069 ㉠의 관점으로 신문 기사를 작성할 때 제목으로 적절하지 않은 것은?

① "요즘 입맛 외면하는 골목 동네 빵집, 이대로 괜찮나"
② "힘들여 상권 키워 놨더니 임대료 올리며 나가라니요"
③ "하나둘 사라지는 이웃들…… 북촌 '괴담', 머지않았다"
④ "대기업프랜차이즈 젠트리피케이션에 내쫓기는 임차상인들"
⑤ "서촌에 사람과 돈이 몰려오자…… 꽃가게 송 씨·세탁소 김 씨가 사라졌다"

070 윗글을 바탕으로 할 때 현재 한국식 젠트리피케이션을 의미하는 용어로 가장 적절한 것은?

① 도심회귀
② 둥지 내몰림
③ 도심 재활성화
④ 공공 일자리 확대
⑤ 보금자리 주택 건설

071 ⓐ에 대한 이해로 적절하지 않은 것은?

① ⓐ의 현재적 의미는 '도시회춘'과는 차이가 있다.
② ⓐ는 서구사회의 젠트리피케이션과 그 맥락이 다르다.
③ ⓐ는 주거 환경의 개선을 통한 상위 소득 계층의 이주를 의미한다.
④ ⓐ를 설명하는 데는 'Glass'의 관점보다 'Smith'의 관점이 적절하다.
⑤ ⓐ는 특정 지역이 상업화됨에 따라 나타나는 사회적·공간적 변화를 의미한다.

072 〈보기〉의 관점에서 지역 고유성 에 대해 주장하고자 할 때 적절한 것은?

> **보기**
> "우후죽순 'ㅇ리단길' 뜨는 만큼 지는 속도도 빠르다."

① 도심지역 재활성화를 통해 지역세수를 증대시켜야 한다.
② 개성 있는 작은 가게가 대를 이어 지속되도록 관심을 가져야 한다.
③ 민관합동 공유자산 마련을 통해 영세업자에게 저렴하게 임대해야 한다.
④ 우리 지역뿐 아니라 다른 지역과 연계하여 전국적 규모의 행사를 추진해야 한다.
⑤ ○○업종의 생산 공장을 우리 지역에 유치하여 청년들의 일자리를 창출해야 한다.

[073~076] 다음 글을 읽고 물음에 답하시오.

포도당으로 대표되는 단당류는 생명체에서 에너지의 근원이 되는 물질이다. 단당류는 분자식이 $C_6H_{12}O_6$인 탄소 6개, 수소 12개, 산소 6개의 원자로 만들어진 분자로서 가장 간단한 형태의 당으로 일반적으로 무색, 수용성의 결정성 고체이다. 포도당, 과당, 젖당은 모두 단당류로서 분자식은 같지만 분자를 이루는 구조는 각각 다른 이성질체이다.

자연에서 포도당은 식물의 엽록체에서 광합성으로 만들어진다. 광합성은 이산화탄소가 수소를 얻어 포도당이 되는 환원 반응과 물이 수소를 잃는 산화 반응이 일어나는데, 이 과정에서 엽록체는 물 분자 12개와 이산화탄소 분자 6개를 포도당 1개와 물 분자 6개, 산소 분자 6개로 재구성한다. 한편 포도당을 이용하여 생명 유지에 필요한 에너지를 얻는 과정을 세포 호흡이라 한다. 세포 호흡 과정에서는 포도당이 수소를 잃는 산화 반응과 산소가 수소를 얻어 물이 되는 환원 반응이 일어난다.

$C_6H_{12}O_6$의 분자식을 가지는 분자는 분자를 구성하는 구조에 따라 다른 특성을 보인다. 당류의 특성을 이해하는 데는 분자식보다 구조식이 더 중요하다. 포도당은 〈그림〉과 같이 6각형 고리 구조를 하고 있다. 하지만 모든 꼭짓점에 탄소(C)가 있는 형태는 아니고 산소(O)가 하나의 꼭짓점을 이룬다. 산소 꼭짓점을 기준으로 시계 방향으로 돌면서 탄소의 꼭짓점에 번호를 1번부터 순서대로 매기는데, 5번째 탄소의 위에 위치하는 탄소가 마지막 6번째 탄소가 된다. 1번에서 4번 탄소의 꼭짓점에는 수소(-H)와 수산기(-OH)가 하나씩 붙게 되는데, 〈그림〉과 같이 1번 탄소의 아래에 수산기가 있으면 α-포도당이라고 하고 위에 있으면 β-포도당이라고 한다.

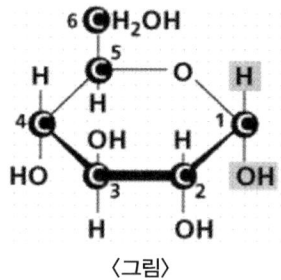
〈그림〉

㉠ 녹말은 α-포도당이 여러 개 연결된 고분자 물질인데, α-포도당의 탄소에 결합된 수산기와 다른 α-포도당의 수산기가 글리코사이드 결합을 이루고, 이것이 반복되면서 많은 포도당이 연결되는 구조를 가진다. 글리코사이드 결합이 일어나는 위치에 따라 다른 물질이 생긴다. 아밀로스는 α-포도당의 1번 탄소와 결합된 수산기와 다른 α-포도당의 4번 탄소와 결합된 수산기가 글리코사이드 결합을 이루고 있다. 반면 아밀로펙틴은 아밀로스의 6번 탄소에 있는 수산기와 다른 포도당 분자들이 결합되어 곁가지를 형성하고 있다. 아밀로스는 곧게 뻗은 선형 구조라면 아밀로펙틴은 잔가지가 많이 달린 나뭇가지와 같은 형태이다. 녹말은 아밀로스와 아밀로펙틴의 혼합물인데 쌀, 옥수수, 감자, 밀 등 우리가 주식으로 삼는 곡물에 많이 들어있다. 식물에 따라 녹말에 들어있는 아밀로펙틴과 아밀로스의 비율이 다른데, 대부분 아밀로펙틴이 아밀로스보다 두 배 정도 더 많이 포함되어 있다.

β-포도당도 아밀로스처럼 1번과 4번 탄소의 수산기가 글리코사이드 결합을 형성한다. 하지만 β-포도당은 1번과 4번의 탄소에 있는 수산기만 글리코사이드 결합을 하는데, 많은 수의 β-포도당이 반복적으로 연결된 고분자를 ㉡ 셀룰로스라고 부른다. 셀룰로스는 녹말과 달리 곁가지가 거의 없는 선형 사슬 구조로 되어 있는데, 일직선 선형 구조를 유지한 한 가닥에 있는 수산기가 이웃한 셀룰로스에 있는 수산기와 수소 결합을 하게 되고, 여러 직선이 결합된 결을 가지는 구조를 만든다. 여러 가닥의 셀룰로스가 나란히 연결되어 매우 질긴 성질을 띠는 끈이나 평면 벽을 형성하는데, 흔히 섬유질이라고 부르는 식물체 성분으로 종이나 펄프의 원료로 사용된다.

073 윗글의 내용과 일치하지 않는 것은?

① 단당류는 탄소 6개, 수소 12개, 산소 6개의 원자로 만들어진 분자이다.
② 광합성에서 수소의 출입에 따라 서로 다른 반응이 일어난다.
③ 두 이성질체는 구조는 같지만 구성 성분이 서로 다르다.
④ 녹말은 우리가 주식으로 삼는 곡물에 많이 들어 있다.
⑤ 셀룰로스는 질긴 성질을 가지는 섬유질의 성분이다.

074 윗글의 포도당에 대한 설명으로 옳은 것은?

① 6개의 탄소 원자가 선형 사슬 구조를 띠고 있다.
② 탄소 원자들이 서로 글리코사이드 결합을 하고 있다.
③ 산소와 연결된 탄소의 개수와 모양에 따라 특성이 바뀐다.
④ 광합성에서 이산화탄소가 수소를 얻는 산화 반응으로 생성된다.
⑤ 세포 호흡에서 생명 유지에 필요한 에너지를 얻는 재료로 쓰인다.

075 ㉠과 ㉡에 대한 설명으로 옳지 않은 것은?

① ㉠은 식물에 따라 구성 성분에 차이가 있다.
② ㉡은 두 고분자 사이에 수소 결합이 일어난다.
③ ㉠과 ㉡은 많은 수의 포도당이 연결된 고분자 물질이다.
④ ㉠과 ㉡을 만드는 단당류의 구조식은 서로 차이가 있다.
⑤ ㉠과 ㉡은 모두 같은 모양의 연결 구조에 의해 만들어진다.

076 윗글을 바탕으로 〈보기〉를 이해할 때 ⓐ에 대한 추론으로 옳은 것은?

보기

ⓐ글리코젠은 수많은 포도당 분자들이 많은 곁가지를 형성하여 만든 다당류로 동물성 전분이라고도 하며 동물체의 간장, 근육 등에 많이 들어있다. 동물은 먹잇감 사냥처럼 생존 활동에서 순간적으로 폭발적인 에너지가 필요할 때가 있다. 이럴 때는 분자가 하나의 긴 줄기 형태를 지닌 구조보다 곁가지가 많은 구조가 유리하다. 효소에 의해 다당류를 분해해서 포도당을 만들어 낼 때 한 번에 더 많은 포도당 분자를 생성할 수 있기 때문이다.

① ⓐ는 아밀로스보다는 아밀로펙틴에 더 가까운 모양을 띨 것이다.
② ⓐ는 녹말의 성분보다 더 길고 곧게 뻗은 선형의 모양을 이룰 것이다.
③ ⓐ는 곁가지들의 작용으로 셀룰로스보다 더 질긴 특성을 보일 것이다.
④ ⓐ를 분해하여 포도당으로 바꾸는 효소는 주로 β-포도당을 생성할 것이다.
⑤ ⓐ의 곁가지를 만들 때 1번과 4번 탄소의 글리코사이드 결합이 주로 이용될 것이다.

[077~078] 다음 글을 읽고 물음에 답하시오.

콘텐츠의 원래 의미는 '내용물'이라는 뜻으로 어떤 대상의 내용이나 목차를 의미한다. 그러나 최근에는 어떤 매체가 전달하는 정보 자체를 의미하며 우리나라에서는 저작물, 창작물이라는 의미로 더 많이 쓰인다. 콘텐츠는 컴퓨터 통신망에서 사용하기 위하여 문자·부호·음성·음향·이미지·영상 등을 디지털 방식으로 제작해 처리·유통하는 각종 정보 또는 그 내용물을 통틀어 이른다. 우리는 이미 콘텐츠의 의미를 창작물을 컴퓨터와 컴퓨터 네트워크에서 통용하기 위해 디지털 정보로 변환하여 표현하는 '데이터 꾸러미'로 받아들이고 있는 셈이다.

우리가 콘텐츠라고 생각하면 떠올릴 수 있는 가장 보편적인 것은 영화와 같이 소리와 영상이 결합한 동영상일 것이다. 콘텐츠 창작자는 자신의 생각이나 의지를 표현하기 위해 적절한 대상물을 선정하고, 콘텐츠에 담고자 하는 생각을 표현할 수 있도록 이를 사건의 흐름으로 구성한다. 그다음 대상을 영상으로 적절히 촬영하고, 소리를 담기 위해 관련 기기를 적절히 배치하고 조정하여 의도한 내용을 담는다. 그렇게 만들어진 콘텐츠는 재생 장치를 통해 다시 영상으로 복원되고 수용자에 의해 그 내용이나 생각이 전달된다.

창작자의 조정에 의해 설치된 기기는 해당 영역에 대한 데이터를 생산하고 이 데이터가 어떤 형식에 따라 적절히 재구성되어 하나의 콘텐츠로 만들어진다. 각각의 기기는 영상이나 소리를 디지털 데이터로 변환하고 일정한 형식으로 제공한다. 하지만 이 데이터가 나중에 수용자에게 재생되기 위해서는 공통된 양식을 따를 필요가 있다. 이런 형식을 콘텐츠 표준 형식이라고 하는데, 국제표준기구 등에서 서로 호환성이 유지되도록 여러 표준 규격을 정하고 있다. 우리가 널리 사용하는 사진을 전송하기 위한 형식인 JPEG나 동영상을 전송하기 위한 MPEG가 이러한 표준 형식에 해당한다.

영화와 같은 상업용 콘텐츠는 촬영과 녹음 기기뿐만 아니라 특수 효과를 내기 위한 장치나 편집 장치 등 다양한 기기를 활용하여 생산된다. 최근 자동화 기술이 점점 발달하여 창작자가 어떤 조건을 부여하는 것만으로도 스스로 콘텐츠를 생산하는 경우도 있다. 특히 '인공지능' 기법을 도입하여 사람이 직접 만들지 않고 프로그램에 의해 자동으로 콘텐츠가 만들어지기도 한다. 이런 콘텐츠는 사람의 생각이나 의도를 프로그램을 통해 간접적으로 담고 있으므로 창작성이 전혀 없다고 할 수는 없다. 다만 온전히 사람에 의해 생성된 콘텐츠는 아니므로 ㉠일반적인 저작물과 동일한 권리를 부여할 수는 없을 것이다. 이러한 사례는 지금까지는 관련 시장을 형성하거나 일반화되지 못하고 제한적인 '시도'의 수준에 머물러 있다.

077 윗글의 내용과 일치하지 않는 것은?

① 콘텐츠는 컴퓨터 네트워크의 발달로 인해 그 의미가 내용물에서 창작물로 변했다.
② 콘텐츠는 최근에는 저작물을 디지털 데이터의 형식으로 구성한 표현물을 의미한다.
③ 인공지능에 의해 자동으로 제작된 영상도 수용자에게 내용이나 의미를 전달한다.
④ 수용자에게 판매를 통해 경제적 이익을 얻기 위해 콘텐츠를 제작하기도 한다.
⑤ JPEG나 MPEG는 컴퓨터 통신망이 아닌 다른 매체에서 통용하기 위해 만든 표준 형식이다.

078 윗글을 바탕으로 할 때, ㉠의 이유로 가장 적절한 것은?

① 서로 호환성이 유지되도록 표준 규격을 따르지 않고 제작되었으므로
② 일반적인 제작도구가 아닌 사회적 수요가 적은 도구를 사용하였으므로
③ 일반적인 콘텐츠의 데이터와는 달리 창작자의 생각이 직접 담겨있지 않으므로
④ 컴퓨터 네트워크에서 거래를 위한 상업적 목적으로 제작되지 않았으므로
⑤ 관련 시장을 형성하거나 일반화되지 않은 상태에서 통용되고 있으므로

[079~082] 다음 글을 읽고 물음에 답하시오.

구조주의는 언어, 신화, 문학 작품 등의 심층에 어떤 구조가 감추어져 있다는 가정에서 출발하는 이론적 조류라고 일반적으로 이해된다. 그런데 구조는 문맥에 따라 다양한 함의를 지니기에 그것이 무엇인지 정확히 풀이하는 게 쉽지 않다. 구조를 규명하지 않는 한, 구조주의가 구조의 존재를 가정한다는 명제는 내용 없는 동어 반복으로밖에는 보이지 않을 것이다.

그렇다면 어떻게 해야 할까? 여기에서는 다의적이고 모호한 개념인 구조에 대한 질문은 일단 보류하고 구조를 ⓐ<u>X</u>로 표시하자. 이를테면 구조주의 신화학자는 겉으로 드러나지 않는 신화의 깊은 층 속에 X가 들어있다고 말할 것이다. 그런데 이 주장은 다음과 같은 반문에 부딪힐 수 있다. 당신은 어떻게 그 속에 X가 들어있음을 아는가? 신화가 어떤 상자이고, 그 상자 속에 X가 들어있다면, 신화학자는 상자의 뚜껑을 열어 보임으로써 자신의 주장을 증명할 수 있을 것이다. 또 신화가 어떤 지질 구조라면, 신화학자는 땅을 파헤쳐서 깊은 지층 속에 숨겨져 있는 X를 보여줄 수 있을지도 모른다. 그러나 신화는 그렇게 물리적으로 열거나 파헤칠 수 있는 대상이 아니다. 신화의 보이지 않는 심층이란 도대체 어디에 있는 것인가? 그리고 구조주의자는 그곳에 X가 있음을 어떻게 아는가? 구조주의의 딜레마가 여기에 있다. 그래서 ⊙<u>이러한 딜레마를 해결하기 어렵다고 보는 사람들</u>은 구조주의가 반경험적이고 형이상학적이라고 비판한다.

표층을 걷어냄으로써 심층을 드러내는 것이 불가능하다면, 대안은 표층을 통해 심층을 들여다보는 것이다. 구조주의가 상정하는 표층과 심층의 관계는 인간의 신체적 징후와 건강의 관계, 또는 표정과 마음의 관계에 차라리 가깝다. 안색이 병의 상태를 알게 해주고, 표정이 기분을 드러내듯이, 직접 관찰할 수 있는 언어나 신화의 표층은 심층에 놓여 있는 X를 드러내는 것이다. 요컨대 표층은 심층의 표현이다. 따라서 우리는 표층의 관찰을 통해 심층에 도달할 수 있는 것이다. 그렇다면 심층에 도달하려는 구조주의자의 과제는, 신체적 증상과 질병 사이의 관계를 잘 알고 있는 의사가 환자를 진단하고 그에게 병명을 말해주듯이, 관찰 가능한 표층 차원의 정보들을 일정한 규칙에 따라 심층 차원의 정보들로 번역하는 것이라고 할 수 있을지 모른다.

표층과 심층의 관계에 대한 이상의 고찰은 심층의 의미를 기묘한 방식으로 확장한다. 만일 심층이 표층으로 전환되는 데 일정한 규칙이 작용하고 있다면, 이 규칙 자체는 심층과 표층 가운데 어디에 귀속된다고 할 수 있을까? 그것 역시 심층에 속한다고 할 수밖에 없을 것이다. 심층 질서를 표층 질서로 전환하는 규칙이 표층 차원에 드러나 있을 리는 없을 것이기 때문이다. 그렇다면 심층은 결국 표층에 의해 표현되는 내용(증상에 의해 드러나는 질병)과 그러한 표현을 가능하게 하는 규칙(증상과 질병의 관계)으로 구성된다고 할 수 있다. 그리고 구조주의가 도달하고자 하는, 혹은 도달해야 하는 심층은 내용과 규칙 모두를 포괄한다. 즉 구조주의자는 표층의 관찰을 통해 그 속에 표현된 심층적 내용을 번역해야 할 뿐만 아니라, 그러한 번역의 바탕이 되는 심층-표층 전환의 규칙까지도 재구성해야 하는 것이다. 이는 구조주의자가 대상의 심층에서 발견하고자 하는 X가 '구조'라는 점에서도 어느 정도 드러난다. 구조의 명확한 정의는 아직 내리기 어렵지만, 우리는 일단 그것이 심층-표층 전환의 규칙과 관련될 것이라고 짐작해볼 수 있을 것이다.

이런 점에서 구조주의자는 일종의 암호전문가라고 할 수 있다. 암호문의 메시지를 읽어내기 위해서는 열쇠라 할 수 있는 코드를 알아야 하지만, 암호전문가가 가지고 있는 것은 오직 암호문뿐이다. 따라서 그는 ⓑ

079 ⓐ에 관한 설명으로 가장 적절한 것은?

① 표정, 징후와 같은 것들이 속한다.
② 표현되는 내용으로 말미암아 만들어진다.
③ 표층과 심층이 서로 관련을 맺고 있는 체계로 여겨진다.
④ 열어젖힌 뚜껑처럼 표층이 걷히게 되면 확인할 수 있다.
⑤ 표현되는 내용과 구분되는 표현을 가능하게 하는 원리는 설정할 수 없다.

080 윗글에 대한 감상으로 적절하지 않은 것은?

① 구조를 정의하는 일은 여간 어려운 게 아니겠군.
② 언어, 신화, 문학 작품에는 표면에 드러난 것 외의 의미가 있겠군.
③ 신화의 표층과 심층은 신화학자의 시각에 따라 달라질 수밖에 없겠군.
④ 의사가 환자의 증상들을 진단하여 질병을 판별하는 것은 번역에 비유할 수 있겠군.
⑤ 관찰할 수 없는 것을 관찰할 수 있게 하는 것이 구조주의가 해결해야 할 과제겠군.

081 ⊙의 주장으로 가장 적절한 것은?

① 구조주의자는 대상의 배후에 무언가가 있다고 공언하면서도 그것이 없는 듯이 행동한다.
② 구조주의자는 대상의 배후에 무언가가 있다고 공언하면서도 그것을 증명하는 데 실패한다.
③ 구조주의자는 대상의 배후에 무언가가 없다고 가정하지만 그것을 증명하는 데 관심이 없다.
④ 구조주의자는 대상이 배후와 겉면으로 나뉜다고 주장하면서도 다시 그것들을 뒤섞어서 다룬다.
⑤ 구조주의자는 대상이 배후와 겉면으로 나뉜다고 보면서 경험적으로 증명할 수 있다고 과장한다.

082 ⓑ에 들어갈 문장으로 가장 적절한 것은?

① 암호문을 가지고 코드와 메시지를 함께 밝혀야 한다.
② 다른 이가 메시지를 판별할 수 없도록 코드를 복잡하게 설계해야 한다.
③ 메시지가 명확할수록 코드와 암호문이 필요하지 않다는 사실에 의존해야 한다.
④ 코드와 암호문이 서로 전환될 수 있는 법칙성을 포괄하는 메시지를 확정해야 한다.
⑤ 코드가 바뀔 때마다 메시지도 달라질 수 있으므로 새로운 암호문을 확보해야 한다.

[083~085] 다음 글을 읽고 물음에 답하시오.

2022년 전 직원 온라인 폭력 예방교육 안내

1. 온라인 폭력 예방교육 프로그램 계획
   (1) 목적
   우리 사회 및 집단에서 발생할 수 있는 성희롱 방지조치, 성매매 예방교육, 성폭력 예방교육, 가정폭력 예방교육을 효과적으로 추진함으로써 건전한 성 인식 및 안전한 성 문화를 조성하고, 폭력 사건을 미연에 방지하며, 폭력 대응을 위한 인식 개선을 하고자 함.
   (2) 법적 근거
   ○ 헌법 제10조, 제37조 / 양성평등기본법 제31조 / 성매매방지 및 피해자 보호 등에 관한 법률 제5조 / 성폭력방지 및 피해자 보호 등에 관한 법률 제5조 / 가정폭력방지 및 피해자 보호 등에 관한 법률 제4조 3
   (3) 실시계획

구분	대상	교육 내용	교육 방법	실시 시기
1	일반직 사무원	영상 강의 (강연 및 퀴즈)	사이버 교육 (e-Learning System)	2022년 9월
2	연구원			2022년 10월
3	인턴 직원			2022년 11월

2. 온라인 폭력 예방교육 프로그램 내용

과목명	과정명	교육 기간
2022년 법정 필수 폭력 예방교육 (국문/영문)	① 인권 교육 ② 성평등 교육 ③ 성희롱/성폭력 예방교육 ④ 가정폭력 예방교육 ⑤ 성매매 예방교육 ⑥ 직장 내 따돌림 예방교육	2022년 9월 ~ 2022년 11월 (3개월)

3. 수강 유의사항
   (1) e-Learning System(http://learning.###.co.kr) 접속
   (2) 수강 체크를 위해 본인의 ID를 이용하여 로그인
   (3) 수강 과목에 생성된 '2022년 전 직원 폭력 예방교육' 영상 클릭
   (4) 6개의 강의를 모두 수강하되 분할 수강이 가능함.
   (5) 하나의 강의가 끝나면 퀴즈를 풀어야 하며 70점 이상이 되지 않으면 해당 강의를 재수강해야 함.
   (6) 모든 강의 진행률 100% 시 수강 완료.

4. 문의 및 설문조사
   (1) 강의 후 만족도 조사 & 설문조사 링크: https://bit.ly/3fSXT##
   (2) 조사에 참여해야 수강이 인정됩니다.

083 윗글에 대한 이해로 적절하지 않은 것은?

① 폭력 예방교육에는 인권, 성평등, 성희롱/성폭력 예방 등이 포함된다.
② 폭력 예방교육은 헌법과 법률에 기초하여 이루어지는 프로그램이다.
③ 폭력 예방교육은 직급에 따라 다른 내용으로 다른 시기에 진행된다.
④ 폭력 예방교육은 국문과 영문 중에 선택하여 수강할 수 있다.
⑤ 폭력 예방교육 후에는 만족도 조사 및 설문조사를 하여 제출한다.

084 해당 기관의 직원들이 해당 교육을 위해 취했을 행동으로 적절하지 <u>않은</u> 것은?

① 일반직에 근무하는 김 씨는 9월에 팀 프로젝트 일이 밀려 주말마다 강의를 나누어 수강했다.
② 입사한 지 얼마 되지 않아 ID가 없던 인턴 직원 이 씨는 ID를 새롭게 발급받아 강의를 수강했다.
③ 해당 교육 담당자인 박 씨는 이 교육이 자율 선택 과정임을 안내하며 직원들에게 참여 의사를 조사했다.
④ 연구원 정 씨는 10월 중 하루 날을 잡아 강의를 모두 수강하고 설문조사에 참여했다.
⑤ 직원 윤 씨는 모든 강의를 수강하였으나, 인권 강의 퀴즈에서 50점을 받아 해당 강의를 재수강했다.

085 〈보기〉는 사내 게시판에 안내된 교육 프로그램 홍보 포스터이다. 〈보기〉를 준비하기 위해 고려한 것으로 적절하지 <u>않은</u> 것은?

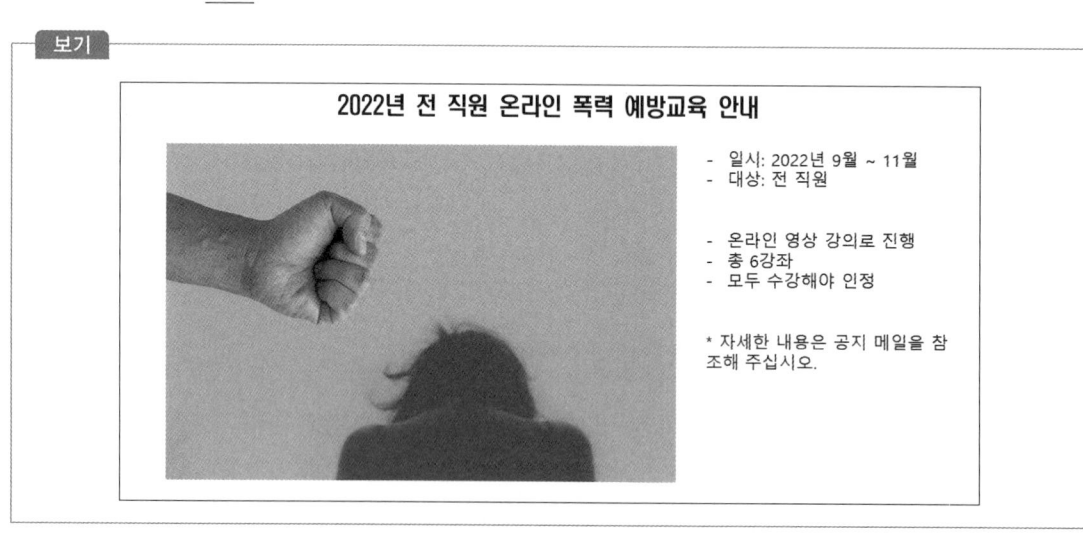

① 해당 교육의 주제를 알려줄 수 있는 이미지를 삽입한다.
② 교육 기간에 대한 정보는 중요하므로 가장 먼저 기재한다.
③ 강의 방식이 대면이 아닌 온라인으로 진행된다는 사실을 공지한다.
④ 포스터에는 많은 정보를 넣을 수 없으므로, 공지 메일 확인을 하도록 안내한다.
⑤ 사내 게시판에 안내하는 것이므로 교육 대상자의 범위에 대해서는 언급하지 않는다.

[086~087] 다음 글을 읽고 물음에 답하시오.

저널리즘과 회피의 언어

지난 5월 14일 가자 지구 경계에 모여든 팔레스타인 사람들에게 이스라엘군이 발포해 60여 명을 사살했습니다. 사건이 일어난 직후 뉴욕타임스는 트위터에 "팔레스타인인 수십 명이 주이스라엘 미국대사관 개관 계획에 항의하다 사망했다."라는 트윗을 올렸죠. 반응은 폭발적이었습니다. "늙어서 죽었다는 말인가요?"와 같은 멘션이 줄을 이었고, "#사망했다(#Havedied)" 해시태그가 순식간에 퍼져 나갔습니다.

비난은 뉴욕타임스뿐 아니라 영어 문법으로 향했습니다. 좌파 성향의 저널리스트 글렌 그린월드는 트윗을 통해 "대부분의 서구 매체들은 수년간의 연습을 통해 이스라엘의 대량 학살을 수동태로 묘사해 가해자를 숨기는 일에 매우 능숙해졌다."라고 지적했습니다. 이 트윗은 5천 번 이상 리트윗되면서 큰 반향을 일으켰죠.

문제는 뉴욕타임스의 트윗이 수동태가 아니었다는 겁니다. 트윗에서 사용된 "have died"는 "사망하다"라는 뜻을 가진 동사 "die"의 현재완료형이며 능동태입니다. 오히려 "Dozens were shot by Israeli troops.(수십 명이 이스라엘군의 총에 맞았다)"와 같이 뉴욕타임스 트윗의 대안으로 제시된 문장이 수동태인 경우가 많았죠.

이코노미스트 등 언론사의 스타일가이드를 보면 대부분 수동태 문장을 피하라고 적혀 있습니다. 수동태를 쓰면 일단 문장이 길어지고, 수동태는 학계의 글이나 관료주의적 문서에서 주로 사용되는 문장 형태이기 때문입니다. 글쓰기 경험이 부족한 사람들은 수동태를 남용하곤 하죠.

뉴욕타임스의 문장이 욕을 먹은 이유를 제대로 설명하려면 문장의 형태가 아닌 의미를 보아야 합니다. 문제가 된 "팔레스타인인들이 사망했다."는 수동태 문장이 아닙니다. "die"는 자동사로, 직접목적어와 함께 쓰일 수 없습니다. 직접목적어가 없으므로 수동태로 바꿀 수도 없죠.

뉴욕타임스가 욕을 먹은 이유는 자동사를 잘못 썼기 때문입니다. 총알이 날아갔다면 당연히 쏜 사람이 있고 맞은 사람이 있을 겁니다. 보도의 기본은 누가, 언제, 어디서, 무엇을, 왜 했는지를 기사 제목과 첫 줄에 담는 것입니다. 이 경우에는 "누가, 누구를, 언제, 어디서, 왜"가 되어야 했지요.

하지만 완전한 팩트를 정확히 보도하는 것만으로는 특정 시각을 옹호한다는 비난을 피해 갈 수 없습니다. "군인들이 다수의 집회 참여자를 사살했다."와 "다수의 집회 참여자들이 군인들에 의해 사살됐다."는 똑같은 상황을 설명하고 있지만 느낌이 다르죠. 첫 번째 문장이 정확히 군인들에게 화살을 겨누고 있는 반면, 두 번째 문장은 희생자들을 강조하는 느낌입니다.

㉠단어 선택도 빼놓을 수 없는 부분이죠. 희생자들의 입장을 반영하는 문장은 수동태로건("시위대가 군의 총에 맞아 쓰러지다."), 능동태로건("군대가 시위대를 대량학살하다.") 얼마든지 쓸 수 있습니다. 물론 이스라엘군의 입장을 담은 문장도 마찬가지입니다. "군이 폭도를 향해 발포하다."라고 능동태 문장을 쓸 수도 있고, "광란의 폭도들이 국경에서 저지되다."라고 수동태로 써도 되죠.

이렇게 수동태 문장이 명확하게 상황을 그려 내고, 능동태 문장이 회피적인 성격을 띠는 경우도 얼마든지 있습니다. 문법보다 중요한 것은 단어입니다. 사안에 대한 개인의 의견이 있더라도 보도에 모든 관련 팩트를 담아내는 것이 기자의 사명일 것입니다.

- 『뉴스페퍼민트』, 2018.06.04.(『The Economist』, 2018.05.26.)

086 윗글에 대한 이해로 적절하지 않은 것은?

① 뉴욕타임스가 욕을 먹은 건 보도의 기본을 지키지 않았기 때문이다.
② 많은 사람들이 뉴욕타임스가 트위터에 올린 문장을 수동태로 알았다.
③ 윗글의 필자는 문장 형태가 아니라 진실을 알리는 문장이 중요하다고 주장한다.
④ 서구 매체들이 수동태 문장을 피하라고 하는 이유는 수동태 문장이 사실을 가리기 때문이다.
⑤ 저널리스트 글렌 그린월드는 서구 매체들이 수동태 문장을 써서 가해자를 숨겨 왔다고 비판했다.

087 윗글을 바탕으로 할 때 ㉠에 대한 의견으로 가장 적절한 것은?

① 기사에 따라 출처를 밝히지 않는 '~라는 지적이다'의 표현이 필요할 때가 있어.
② '금일', '익일'과 같이 어려운 한자어는 '오늘', '내일'로 쓰는 것이 좋을 것 같아.
③ 'ICAO'와 같이 약자로 된 말을 쓰기보다는 우리말로 바꿔 쓰는 것이 좋을 것 같아.
④ '정리해고'를 '희망퇴직'으로 표현하는 것은 한쪽의 입장만을 대변하는 표현인 것 같아.
⑤ '사망', '별세', '타계' 등은 독자에게 혼란을 줄 수 있으니 '죽음'으로 통일하는 게 좋겠어.

[088~090] 다음 글을 읽고 물음에 답하시오.

수신   수신자 참조
(경유)
제목   미세 먼지 발생 시 조치 안내

1. 귀교의 무궁한 발전을 기원합니다.
2. ○○시교육청 체육건강과-1253(2022.04.13.), 교육부 △△△과-3852(2022.05.14.) 관련입니다.
3. 최근 들어 미세 먼지 발생일이 많아지고 있습니다. 각급 학교에서는 학생들의 건강 보호와 학업 증진을 위해 미세 먼지 상황을 ㉠모니터링 하여 다음과 같이 ⓐ조치해 주시기 바랍니다.
   가. 우리 교육청에서는 '서울시 대기환경정보' 및 '환경부 에어코리아'에 의한 대기 오염 예·경보 발령 사항 및 그에 따른 실외 활동 자제 등의 ㉡가이드라인을 각급 학교(유·초·중·고·특수학교)와 교육지원청 담당자에게 공문 및 문자 등을 통하여 공지하고 있습니다. 대기 오염 발생 시 안내된 단계별 행동 요령에 따라 주시기 바랍니다.
   나. 대기 오염 상황 발생 시 단계별 행동 요령에 따라 미세 먼지 주의보 및 경보 발령 시에는 각 학교에서 실외 체육 수업을 금지하거나 수업 단축 또는 휴교까지도 검토해 주시고, 실외 행사의 계획 변경이 불가능한 경우 반드시 마스크를 착용하고 행사 규모를 최소화하여 진행해 주시기 바랍니다.
   다. 또한, 각급 학교에서는 반드시 교장, 교감 선생님을 포함하여 최소 4인 이상 대기 오염 예·경보 문자를 수신하여 주시고, 환경부에서 개발한 '우리동네 대기질(airkorea)' ㉢모바일 앱과 '서울시 대기환경정보' ㉣홈페이지를 활용하여 각 지역의 실시간 대기 오염도를 시간대별로 ㉤체크하여 학사 운영에 활용해 주시기 바랍니다.
4. 관련 법령: 학교보건법 제4조(학교의 환경위생 및 식품위생). 끝.

○○시교육감

088 ㉠~㉤을 다듬은 말로 적절하지 않은 것은?

① ㉠ 모니터링(monitoring) → 점검
② ㉡ 가이드라인(guide line) → 지침
③ ㉢ 모바일 앱(mobile app) → 이동통신 앱
④ ㉣ 홈페이지(homepage) → 누리집
⑤ ㉤ 체크(check) → 입력

089 윗글에 대한 반응으로 적절하지 않은 것은?

① 미세 먼지 주의보가 발령되었으니 오늘 체육 수업은 실내에서 해야겠군.
② 미세 먼지 주의보 문자를 받았으니 오늘은 단축 수업을 하는 게 좋겠군.
③ 미세 먼지 경보가 발령되었으니 강당에서 열리는 토론 대회를 약식으로 해야겠군.
④ 야외 졸업식 당일 갑자기 미세 먼지 경보가 발령되었으니 마스크 착용을 의무화해야겠군.
⑤ 미세 먼지 예보상 대기 오염이 심할 것으로 예상되니 모레 체육 대회를 다음 주로 연기해야겠군.

090 ⓐ에 대한 설명으로 적절하지 않은 것은?

① 학생들의 건강 보호와 학업 증진을 위한 것이다.
② 교육청에서 안내한 단계별 행동 요령에 따라야 한다.
③ 교육지원청 담당자는 교육청의 가이드라인을 각급 학교에 공문으로 안내해야 한다.
④ 교장, 교감 선생님은 반드시 대기 오염 예·경보 문자를 수신해야 한다.
⑤ 학사 운영을 위해 환경부에서 개발한 대기 오염 관련 모바일 앱에서 대기 오염도를 체크할 수 있다.

국어 문화 091번~100번

091 〈보기〉에서 설명하는 문학 작품은?

> **보기**
> 판소리의 한마당으로 불리다가 뒤에 소설화된 작품이다. 남존여비와 개가금지라는 당시의 완고한 유교 도덕을 꿩을 의인화하여 비판·풍자한 작품이다.

① 까치전　　　② 두껍전　　　③ 서동지전
④ 장끼전　　　⑤ 황새결송

092 〈보기〉에서 설명하는 문학 작품은?

> **보기**
> 1957년 『현대문학』에 발표된 박경리의 단편 소설로 한국 전쟁 직후 전쟁의 상처를 딛고 마침내 실존을 인식하며 항거하는 새로운 인간상을 제시하고 있다. 주인공 진영은 아들 문수가 아홉 살 때, 소년병이 비참하게 죽은 꿈을 꾼 후 그다음 날 아들의 죽음을 맞는다. 진영이 아들의 죽음을 통해 현실을 자각하고 저항하는 의식의 성장 과정을 그린 이 소설은 전후 소설의 한 축을 이룬다.

① 달밤　　　② 불신시대　　　③ 순이 삼촌
④ 잉여인간　　　⑤ 학마을 사람들

093 〈보기〉에서 설명하는 작가는?

> **보기**
> 1919년에 우리나라 최초의 순수 문예 동인지 『창조』를 발간하였고, 사실주의적 수법과 문장의 혁신을 보여준 소설가이다. 주요 작품에는 단편 「약한 자의 슬픔」, 「배따라기」, 「감자」, 장편 「운현궁의 봄」 따위가 있다.

① 김동인　　　② 노천명　　　③ 서정주
④ 이광수　　　⑤ 이인직

094 〈보기〉는 일제 강점기 신문에 게재된 '조선음악전' 관련 기사이다. 이를 이해한 내용으로 적절하지 않은 것은?

> **보기**
>
> **조선음악(朝鮮音樂)의 종합적(綜合的) 대향연(大饗宴)**
>
> 예술 문화의 보존 보급 향상과 아울러 그 기업화에 힘쓰려는 뜻에서 얼마 전에 창립된 조선예흥사(朝鮮藝興社)에서는 압프로 영화, 연극, 음악, 무용, 미술 등 각 부문에 잇서서 제작, 공연, 전시 등 다각적으로 활동할 것을 약속하고 잇는데 금번 동사 창립 피로를 겸하야 우선 오는 十九, 二十일 이틀밤 부민관(府民館)에서 제一회 조선음악전(朝鮮音樂典)을 열기로 되엇다 한다. 이 음악전은 조선 음악을 체게 잇게 소개하자는 것으로 정악(正樂), 향곡(鄕曲), 민요(民謠) 三부로 나누여 잇서 이제는 현 아악부 부원인 김○선 씨와 전 아악부원 이○성 씨의 특별 출연을 비롯하여 정악전습소(正樂傳習所), 조선성악연구회(朝鮮聲樂硏究會), 조선무용연구소(朝鮮舞踊硏究所)의 전위자들과 『레코-드』 인기(人氣) 가수들이 출연(出演)하리라고 한다.
> — 『매일신보』 1940년 6월 19일 자

① 조선예흥사는 예술 문화의 기업화를 위해 힘쓰려 하고 있다.
② 조선예흥사는 부민관에서 창립 피로 행사를 진행할 예정이다.
③ 조선음악전은 조선 음악을 체계적으로 소개하려는 데 목적이 있다.
④ 조선음악전은 3부로 나누어져 있다.
⑤ 조선음악전 출연자들은 모두 음악 전문 기관에서 현재 활동하고 있다.

095 ㉠~㉤의 의미로 적절하지 않은 것은?

> **보기**
>
> **옥중화(獄中花)-춘향가 강연 中**
>
> 칠세(七歲)에 소학(小學) ㉠닑혀 수신제가화순심(修身齊家和順心)을 낫낫치 가라치니 근본(根本)이 잇는 ㉡고(故)로 내사(乃事)가 달통(達通)이라. 삼강행실인의예지(三綱行實仁義禮智) 누가 늬 쫠이라 ᄒᆞ오릿가. 늬 지벌부족(地閥不足)ᄒᆞ니 재상가부당(宰相家不當)ᄒᆞ고 상천배(常賤輩)는 부족(不足)ᄒᆞ야 상하불급혼인(上下不及婚姻)이 늣제 ㉢주야(晝夜)로 걱정이나 도령(道令)님은 양반(兩班)으로 춘절(春節) 나뷔 꼿 본 듯이 아즉 사랑 취커니와 ㉣나종의 바리시면 독숙공방소년정절(獨宿空房少年貞節) ㉤속졀업시 늘글진듸 겨인들 안이 불샹ᄒᆞ오. 전후사(前後事)를 생각(生覺)ᄒᆞ여 안키만 못ᄒᆞ오니 그런 말삼 말으시고 놀으시다 돌아가오.
> — 『매일신보』 1912년 1월 21일 자

① ㉠ 닑혀: 읽혀
② ㉡ 고(故)로: 까닭에
③ ㉢ 주야(晝夜)로: 밤낮으로
④ ㉣ 나종의: 나중에
⑤ ㉤ 속졀업시: 비할 데 없이

096

〈보기〉는 『훈민정음』 언해본의 일부이다. 이에 대한 설명으로 적절하지 않은 것은?

> 보기
> 첫소리를어울워뚫디면글ᄫᅡ쓰라乃냉終즁ㄱ소리도ᄒᆞᆫ가지라

① '글ᄫᅡ쓰라'의 의미는 나란히 쓰라는 뜻이다.
② 훈민정음 초성자와 종성자에 모두 적용된다.
③ 이 규정에 따른 표기는 '사ᄫᅵ', '아ᅀᆞ' 등이 있다.
④ 서로 같은 두 개의 자음을 쓰는 각자병서가 포함된다.
⑤ 서로 다른 두 개의 자음을 쓰는 합용병서가 포함된다.

097

〈보기〉는 남북의 어문 규범 차이를 알기 위해 조사한 자료이다. 이에 대한 의견으로 적절한 것은?

> 보기
>
> 〈조선말 규범집〉
> 제13항 말줄기의 끝소리마디 《하》의 《ㅏ》가 줄어들면서 다음에 온 토의 첫소리 자음이 거세게 될 때에는 거센소리로 적는다.
>
> | 본말 | 준말 | 본말 | 준말 |
> |---|---|---|---|
> | 다정하다 | 다정타 | 발명하게 | 발명케 |
>
> 위의 북한 규정과 남한의 한글 맞춤법을 비교하면 '섭섭하지 않다'가 줄어들 경우 북에서는 ㉠_____로, 남에서는 ㉡_____로 표기하겠군.

	㉠	㉡
①	섭섭치 않다	섭섭지 않다
②	섭섭치 않다	섭섭치 않다
③	섭섭지 않다	섭섭치 않다
④	섭섭지 않다	섭섭지 않다
⑤	섭섭치 않다/섭섭지 않다	섭섭치 않다/섭섭지 않다

098 〈보기〉는 국립국어원의 '한국 수어 사전'에 실린 자료이다. 다음의 수어가 나타내는 의미는?

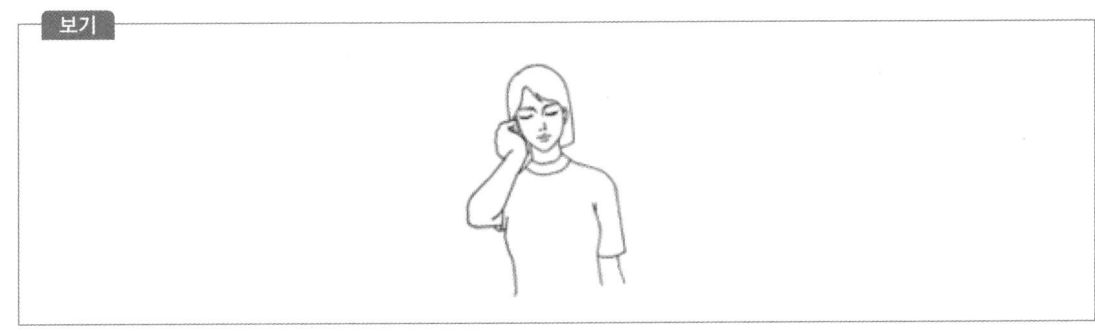

① 감다 ② 듣다 ③ 울다
④ 자다 ⑤ 기대다

099 법령에 사용된 어려운 용어를 국어답고 쉬운 용어로 정비한 예로 적절하지 않은 것은?

① 이 법에서 "발주자"란 제조·수리·시공 또는 용역 수행을 원사업자에게 도급하는 자를 말한다. (→ 하청하는)
② 의원이 사고로 인하여 국회에 출석하지 못한 때에는 그 이유와 기간을 기재한 결석계를 의장에게 제출하여야 한다. (→ 결석 신고서)
③ 주식 또는 사채를 매출하는 자가 그 매출에 관한 문서로서 중요한 사항에 관하여 부실한 기재가 있는 것을 행사한 때에도 제1항과 같다. (→ 판매하는)
④ 공항·여객부두·철도역·여객자동차터미널 등 교통 관련 시설의 대합실·승강장, 지하보도 및 16인승 이상의 교통수단으로서 여객 또는 화물을 유상으로 운송하는 것(→ 기다림방)
⑤ 경쟁계약으로 도급계약을 체결하는 경우에는 입찰에 부치기 전에 건설업자가 해당 건설공사에 관한 견적을 낼 수 있도록 대통령령으로 정하는 일정 기간을 주어야 한다. (→ 추산)

100 〈보기〉는 방송 보도 내용이다. 보도의 특성을 고려할 때 ㉠~㉤에 대해 설명한 것으로 가장 적절한 것은?

> **보기**
> 〈기자〉 어민들이 조업 대신 쓰레기 수거에 나섰습니다.
> 　　　　바다에는 버려진 ㉠그물망이며 타이어도 보입니다.
> 　　　　금세 쓰레기가 ㉡산더미처럼 쌓였습니다.
> 　　　　이날 쓰레기 수거에 나선 어선은 150여 척,
> 　　　　하루 조업이면 200만 원까지도 벌 수 있지만 포기한 ㉢겁니다.
> 〈인터뷰〉 바다에 ㉣쓰레기가 너무 …… 조업하는 데 문제가 커요. 일단은 이게 많으면 조업을 할 수가 없는
> 　　　　데 너무 많이 걸려 올라와요.
> 〈화면〉 쓰레기와 타이어 클로즈업
> 〈자막〉 ㉤바다에 쓰레기가 너무 많아서 조업하는 데 문제가 커요.
> 　　　　일단은 쓰레기가 많으면 조업을 할 수가 없는데 너무 많이 걸려 올라와요.

① ㉠: 기자의 리포트에서는 조사의 사용이 문법에 맞아야 하므로 '그물망이며'를 '그물망과'로 수정해야 한다.

② ㉡: 기자의 리포트에서는 발음에 주의해야 하므로 '산더미'를 표준 발음인 [산더미]로 정확하게 발음해야 한다.

③ ㉢: 기자의 리포트에서는 공식적인 언어를 사용해야 하므로 비표준어 '거'를 표준어 '것'으로 수정해야 한다.

④ ㉣: 인터뷰에서는 형식적인 완결성이 중요하므로 생략이 없이 성분이 모두 갖춰진 대화를 인용해야 한다.

⑤ ㉤: 보도의 특성상 자막은 인터뷰를 바탕으로 하지만 내용을 명확히 해야 할 필요가 있을 때에는 생략된 내용을 보충해야 한다.

[확인 사항]

● 문제지와 답안지에 필요한 내용을 정확히 적었는지 확인하십시오.

수고하셨습니다.

2022. 10. 16.

성　　　명	
수 험 번 호	
감독관 확인	

제69회
KBS한국어능력시험

KBS 한국방송

- 문제지와 답안지에 모두 성명, 수험 번호를 정확히 기입하십시오.
- 답안지와 함께 문제지를 반드시 제출하십시오.
- 본 시험지를 절취하는 것은 부정행위로 간주합니다.
- 본 시험의 내용을 무단으로 전재·복사·복제·출판·강의하는 행위와 인터넷 등을 통해 복원하는 행위는 저작권법에 저촉됩니다.

한국어능력시험 문항 100문항

영역	문항
듣기 · 말하기	001번~015번
어휘 · 어법	016번~045번
쓰기	046번~050번
창안	051번~060번
읽기	061번~090번
국어 문화	091번~100번

제69회 KBS한국어능력시험

2022년 10월 16일 시행

듣기·말하기 001번~015번

001 그림에 대한 설명으로 적절한 것은?

① 〈인상, 해돋이〉에서 하늘과 바다는 비슷한 푸른빛으로 그려졌지만 미세한 색채의 차이로 구분된다.
② 〈인상, 해돋이〉에서 바다를 항해하는 작은 배 두 척은 검은색으로 그려져 있다.
③ 〈인상, 해돋이〉는 세부적이고 섬세한 묘사가 두드러지는 작품이다.
④ 〈인상, 해돋이〉는 처음 등장했을 때부터 평단에서 환영받은 작품이다.
⑤ 〈인상, 해돋이〉에 대해 프랑스의 소설가 모파상이 남긴 말이 화풍의 이름으로 자리 잡았다.

002 이 이야기의 주제로 가장 적절한 것은?

① 타인에게 양보하는 자세가 중요하다.
② 상대의 속마음을 헤아릴 줄 알아야 한다.
③ 남에게 해를 끼치면 더 큰 화가 돌아온다.
④ 자신의 능력에 맞지 않는 큰 욕심을 부리면 안 된다.
⑤ 남에게 책임을 돌리기 전에 먼저 자신을 돌아보아야 한다.

003 강연의 내용에 대한 이해로 적절하지 <u>않은</u> 것은?

① 일반적으로 말하는 물가는 소비자 물가 지수를 지칭한다.
② 소비자 물가 지수 기준 연도는 5년마다 변경된다.
③ 소비자 물가 지수는 현재 시점의 물가를 100으로 놓고 기준이 되는 물가를 결정하는 지수이다.
④ 소비자 물가 지수는 정부의 재정 금융 정책이나 기업의 임금 협상 기초 자료 등에 사용된다.
⑤ 생활 물가 지수란 소비자들이 더 민감하게 느끼는 생활필수품 가격을 비교한 물가 지수를 말한다.

004 방송 내용에 대한 이해로 가장 적절한 것은?

① 틴들리 목사가 만든 〈스탠드 바이 미〉는 연인을 향한 러브송이다.
② 1911년에 만들어진 영화 〈스탠드 바이 미〉가 수십 년 뒤에 리메이크되었다.
③ 틴들리와 벤저민 얼 킹의 〈스탠드 바이 미〉는 모두 종교적 가치관을 담고 있다.
④ 1986년에 개봉했던 영화 〈스탠드 바이 미〉의 동명 주제가는 벤저민 얼 킹이 최초로 작곡했다.
⑤ 벤저민 얼 킹의 〈스탠드 바이 미〉는 원곡과 동일하게 실제 현실을 그대로 재현한 가사가 두드러진다.

005 이 시에서 '높이'가 가리키는 대상으로 가장 적절한 것은?

① 지향하는 정신적 가치
② 겨울을 만들어 가는 과정
③ 조건 없이 기다리는 마음
④ 고난 속에서 발견하는 행복
⑤ 자연의 섭리를 깨우치는 척도

006 전문가의 설명에 대한 이해로 적절하지 <u>않은</u> 것은?

① 유통 기한은 영업자 중심의 표시 제도라고 할 수 있다.
② 유통 기한은 식품 유통과 판매가 허용되는 기한을 말한다.
③ 소비 기한 표시제 도입은 국제적 추세를 반영한 결과이다.
④ 소비 기한 표시제를 도입하면 식품 폐기 손실 비용을 줄일 수 있다.
⑤ 소비 기한은 품질 변화 시점을 기준으로 할 때 유통 기한보다 기간이 짧다.

007 진행자의 말하기 전략에 대한 설명으로 적절하지 않은 것은?

① 청취자가 관심을 가질 만한 내용을 언급하면서 방송을 시작하고 있다.
② 이해하기 어려운 용어에 대해 추가 설명을 요구하고 있다.
③ 청취자의 예상 반응을 토대로 전문가에게 질문을 던지고 있다.
④ 전문가의 답변 내용을 요약하며 대담을 이어가고 있다.
⑤ 전문가의 말에 공감을 나타내면서 방송을 마무리하고 있다.

008 대화 속 인물들의 갈등이 촉발된 근본적인 원인으로 가장 적절한 것은?

① 쇼핑에 대한 시각 차이
② 직업에 대한 시각 차이
③ 행복에 대한 시각 차이
④ 젊은 세대에 대한 시각 차이
⑤ 경제적 독립에 대한 시각 차이

009 대화에 나타난 인물의 말하기 방식으로 적절하지 않은 것은?

① 딸: 미래 계획을 언급하며 자신에 대한 '아들'의 생각을 반박하고 있다.
② 아들: 자신의 생각을 '딸'과 '엄마'에게 주장하며 동의를 구하고 있다.
③ 아들: 본인의 생각에 공감하지 않는 가족에게 답답함을 나타내고 있다.
④ 엄마: '아들'의 가치관을 이해하지 못하며 '아들'을 나무라고 있다.
⑤ 엄마: '아들'의 생각에 동의하지 않으며 걱정을 드러내고 있다.

010 강연의 내용과 일치하지 않는 것은?

① 치료제가 개발된 희귀 질환은 10%도 되지 않는다.
② 유전자 가위 기술은 윤리적인 문제를 해결하였다.
③ 유전자 가위는 정밀도를 높이기 위한 연구가 지속되고 있다.
④ 유전자 가위 기술의 잠재적 가치는 수십억 달러로 전망된다.
⑤ 3세대 유전자 가위 기술이 2020년 노벨화학상에 선정된 바 있었다.

011 강연자의 말하기에 대한 설명으로 가장 적절한 것은?

① 희귀 질환 및 유전 질병에 대한 다양한 예를 제시하고 있다.
② 희귀 질환의 종류를 치료 가능 유무에 따라 나누어 제시하고 있다.
③ 1~3세대 유전자 가위 기술에 대한 각각의 장단점을 제시하고 있다.
④ 크리스퍼 기술로 완치된 희귀 질환에 대해 요약하여 제시하고 있다.
⑤ 유전자 가위 기술의 생물학적 의의와 당면한 사회적 과제를 언급하고 있다.

012 발표의 내용과 일치하지 <u>않는</u> 것은?

① 가우디의 건축물 중에는 아직 완공되지 않은 것이 있다.
② 카사 바트요는 외관 때문에 '뼈다귀의 집'으로 불리기도 한다.
③ 가우디의 건축은 도자기 타일을 활용한 모자이크 방식이 특징이다.
④ 구엘 공원의 주택은 상류층에 인기를 끌어 계획한 대로 모두 분양이 되었다.
⑤ 사그라다 파밀리아 성당은 과거부터 지금까지 기부금을 통해 지어지고 있다.

013 발표의 내용 구성 전략으로 가장 적절한 것은?

① 가우디가 지은 대표 건축물들의 차이를 중심으로 설명한다.
② 가우디의 대표 건축물의 배경과 특징을 중심으로 설명한다.
③ 가우디의 생애를 중심으로 대표 건축물을 순차적으로 설명한다.
④ 가우디가 지은 대표 건축물들의 설계 원리를 중심으로 설명한다.
⑤ 가우디가 지은 대표 건축물들의 경제적 가치를 중심으로 설명한다.

014 두 사람의 합의된 입장으로 가장 적절한 것은?

① 야간에 경비 직원이 체육 시설을 관리하기 어려우니 인력을 채용하기로 한다.
② 운동 동호회 회원 중에는 주말에만 체육 시설을 이용할 수 있는 회원들이 많다.
③ 공동 체육 시설 관리비를 모두 운동 동호회에서 부담한다.
④ 서로의 입장을 고려해 야간 개방 시간을 21시로 조정한다.
⑤ 관리에 따른 모든 문제는 입주자 대표 회의에서 결정한 대로 한다.

015 **이 협상에서 사용된 협상 전략으로 가장 적절한 것은?**

① 자신이 처한 상황에 대한 감정의 호소를 통해 상대방에게 양보를 요청한다.
② 사안의 시급성에 대해 삼고초려의 자세로 상대를 설득하여 의견 차이를 좁힌다.
③ 상대방의 주장에 비해 자신의 주장이 협상 해결에 타당함이 검증되었음을 호소한다.
④ 상대방의 요구를 존중하되 양보 가능점을 정중히 제시하여 구체적인 타협안을 찾아간다.
⑤ 자신의 이익보다는 관계를 중시하여 상대방의 대안을 경청한 후 제삼자에게 중재를 요구한다.

어휘·어법　016번~045번

016 **"몹시 지치고 고단하여 몸이 축 늘어질 정도로 아주 힘이 없다."를 의미하는 말로, 〈보기〉의 ㉠에 들어갈 말은?**

> **보기**
> 그들은 공포와 충격에 짓눌려서 흡사 야간 열차의 승객들처럼 [㉠] 늘어져 있었다.

① 추레하게　　② 초라하게　　③ 추저분하게
④ 후줄근하게　⑤ 들치근하게

017 **밑줄 친 한자어의 사전적 의미로 바르지 않은 것은?**

① 십이지장 궤양(潰瘍)으로 고생하다: 피부나 점막에 상처가 생기고 헐어서 출혈하기 쉬운 상태
② 발목을 접질려 인대(靭帶)가 늘어나다: 근육의 기초가 되는 희고 질긴 살의 줄
③ 동맥(動脈)이 끊어지면서 피가 나오다: 심장에서 피를 신체 각 부분에 보내는 혈관
④ 골절 부위에 부목(副木)을 대다: 아픈 팔다리를 고정하기 위하여 일시적으로 대는 나무
⑤ 병원에서 수액(輸液) 주사를 맞다: 쇼크, 탈수증, 영양실조 따위에, 혈액과 삼투압이 같은 다량의 액체를 주입하는 일

018 밑줄 친 고유어의 뜻풀이가 옳지 않은 것은?

① 마음을 <u>저미는</u> 안타까운 이야기에 모두 눈물을 흘렸다.
　→ 마음이나 장막 따위를 닫다.
② 어이없게 실점을 당하자 감독은 모자를 의자에 <u>패대기쳤다</u>.
　→ 물건을 거칠게 내던지다.
③ 그녀는 <u>스스러운지</u> 발아래로만 눈길을 향하고 있었다.
　→ 수줍고 부끄러운 느낌이 있다.
④ 아버지는 혼기가 찬 딸을 이웃 마을로 <u>여의자</u> 마음이 허전했다.
　→ 딸을 시집보내다.
⑤ 어머니는 옷감을 <u>마르고</u> 기워 바지저고리를 만드셨다.
　→ 옷감이나 재목 따위를 치수에 맞게 자르다.

019 밑줄 친 한자어의 쓰임이 적절하지 않은 것은?

① 철호는 당대의 최고 소리꾼에게 소리를 <u>사사(師事)</u>하였다.
② 과학자들이 문제의 원인을 <u>구명(究明)</u>하려고 노력하고 있다.
③ 영수는 후임에게 업무를 <u>인계(引繼)</u>하자마자 회사를 그만두었다.
④ 우리 회사는 전문가에게 업무 개선 방향을 <u>자문(諮問)</u>하기로 했다.
⑤ 동생은 평당 10만 원을 주고 농사를 지을 목적으로 토지를 <u>매도(賣渡)</u>하였다.

020 "모든 힘."이라는 의미를 가진 '전력(全力)'의 용례로 가장 적절한 것은?

① <u>전력</u>으로 싸웠지만 끝내 지고 말았다.
② 그의 <u>전력</u>을 알게 된 회사는 합격을 취소했다.
③ <u>전력</u>을 키우기는 했지만 여전히 상대에 비해 열세였다.
④ 그가 사기꾼임은 그의 화려했던 <u>전력</u>에서 쉽게 알 수 있다.
⑤ 적은 수의 병사로 대규모 적을 물리친 <u>전력</u>은 아무나 쌓을 수 없다.

021 "하찮은 일에도 쓸쓸하고 슬퍼져서 마음이 상함. 또는 그런 마음."을 의미하는 '감상(感傷)'의 용례로 가장 적절한 것은?

① 가을은 아무래도 낙엽으로 이런저런 감상에 젖기 쉽지.
② 2교시는 음악 감상 시간이니 음악실로 모여 주시기 바랍니다.
③ 최근의 영화 한 편을 골라 영화 감상을 작성하라는 과제가 있었다.
④ 그 책을 읽은 후 나의 감상을 말하자면 그것은 한마디로 '행복하다'였다.
⑤ 워크숍이 끝난 직후 여러분들의 감상이 어떠했는지 간략하게 표현해 주셨으면 합니다.

022 〈보기〉의 ㉠~㉢에 해당하는 한자로 올바르게 묶인 것은?

> **보기**
> - 이번 일로 손해 본 금액의 ㉠보전은 내가 책임질게.
> - 지구 온난화에 대비하여 환경 ㉡보전을 위한 대책 마련이 필요하다.
> - 대대손손 내려온 집안의 문집도 한국 문화의 ㉢보전이다.

	㉠	㉡	㉢		㉠	㉡	㉢
①	補塡	保全	寶典	②	補塡	寶典	保全
③	寶典	補塡	保全	④	寶典	保全	補塡
⑤	保全	補塡	寶典				

023 밑줄 친 단어의 쓰임이 적절하지 <u>않은</u> 것은?

① 고대 끝난 이야기를 나더러 또 하란 말이냐.
② 선생님의 설득이 주요했는지 학생은 고개를 끄덕였다.
③ 오늘 회식이 있기로 한 날이지. 한데 회식 장소는 어디지?
④ 자식들은 취직하여 도시로 나갔고 할머니만 외따로 살고 계신다.
⑤ 아빠는 막내아들에게 바투 다가앉아 슬쩍 용돈을 주머니에 찔러 주었다.

024 밑줄 친 고유어 '오르다'에 대응하여 쓸 수 있는 한자어로 적절하지 않은 것은?

① 종로 3가에서 버스에 올랐다. (→ 탑승(搭乘)했다)
② 선수들의 사기가 크게 올랐다. (→ 격분(激忿)했다)
③ 심한 뱃멀미 끝에 뭍에 올랐다. (→ 상륙(上陸)했다)
④ 매상이 다달이 꾸준하게 올랐다. (→ 증가(增加)했다)
⑤ 직급이 과장에서 차장으로 올랐다. (→ 승진(昇進)했다)

025 〈보기〉의 밑줄 친 '켜다'와 다의어 관계에 있지 않은 것은?

> **보기**
> 톱으로 통나무를 켜서 오두막을 지었다.

① 예전에는 고치를 켜서 실을 자았다.
② 동생은 취미로 바이올린을 켜곤 했다.
③ 어머니는 갱엿을 켜서 흰 엿으로 만들었다.
④ 흥부가 박을 켜자 박 속에서 쌀이 쏟아져 나왔다.
⑤ 전기가 나가자 어머니는 초를 찾아서 촛불을 켜셨다.

026 밑줄 친 속담을 사용한 표현이 적절하지 않은 것은?

① 그들은 가마솥에 든 고기인지라 세상을 보는 눈이 좁기만 하다.
② 낡은 건물에 간판만 번지르르하니 그야말로 가게 기둥에 입춘인 셈이다.
③ 전에 일했던 사람에게서 해결책이 나오는 것을 보니 구관이 명관이라는 말이 맞네.
④ 귀신도 빌면 듣는다는데, 이렇게 비는 나를 봐서라도 친구를 용서해 주면 안 될까?
⑤ 남의 말도 석 달이니 그릇된 소문에 일일이 대응하지 말고 시간이 가기를 기다렸으면 해.

027 "옥이나 돌 따위를 갈고 닦아서 빛을 낸다는 뜻으로, 부지런히 학문과 덕행을 닦음을 이르는 말"을 의미하는 사자성어는?

① 분골쇄신(粉骨碎身)   ② 자강불식(自强不息)
③ 절차탁마(切磋琢磨)   ④ 절치부심(切齒腐心)
⑤ 주마가편(走馬加鞭)

028 관용 표현에 사용된 밑줄 친 단어의 풀이가 바르지 않은 것은?

① 제 친구는 고등학교에서 <u>교편</u>을 잡고 있습니다.
　→ 교편(教鞭): 학교를 상징하는 무늬를 새긴 휘장.
② 독기를 품은 그의 얼굴을 떠올릴 때마다 <u>모골</u>이 송연해진다.
　→ 모골(毛骨): 털과 뼈를 아울러 이르는 말.
③ 이 물건은 필요는 없지만 <u>구색</u>을 맞추기 위해 진열했습니다.
　→ 구색(具色): 여러 가지 물건을 고루 갖춤.
④ 차를 급히 세우지 않았으면 크게 사고가 날 뻔해서 <u>간담</u>이 서늘했다.
　→ 간담(肝膽): 간과 쓸개를 아울러 이르는 말.
⑤ 이번 사고는 우리 사회에 <u>경종</u>을 울리는 계기가 되었다.
　→ 경종(警鐘): 위급한 일이나 비상사태를 알리는, 종이나 사이렌 따위의 신호.

029 밑줄 친 말을 쉬운 말로 바꾸어 쓴 것으로 적절하지 않은 것은?

① 절취(切取)하다: 가위로 신청서의 하단을 <u>절취하였다</u>(→ 잘랐다).
② 목도(目睹)하다: 어린 나이에 비참한 광경을 <u>목도했다</u>(→ 직접 보았다).
③ 해태(懈怠)하다: 공직자는 자신의 임무를 <u>해태해서는</u>(→ 착각해서는) 안 된다.
④ 불하(拂下)하다: 민간에 <u>불하한</u>(→ 팔아넘긴) 정부 당국에 더 큰 책임이 있다.
⑤ 수수(授受)하다: 금품을 <u>수수한</u>(→ 주고받은) 의혹에 대해 불기소 처분을 내렸다.

030 밑줄 친 표현을 순화한 말로 적절하지 않은 것은?

① <u>블라인드</u>(→ 정보 가림)로 면접을 진행하는 회사가 늘고 있다.
② <u>체크 리스트</u>(→ 점검표)를 만들어서 꼼꼼하게 확인하기 바랍니다.
③ 우리 매장은 와인 1병당 <u>콜키지</u>(→ 주류 구입비)가 2만 원입니다.
④ 시에서는 고속도로에 <u>램프</u>(→ 연결로)를 추가로 건설하겠다고 밝혔다.
⑤ 한국의 화장품이 인기를 끌면서 <u>로드숍</u>(→ 거리 매장)이 빠르게 늘어나고 있다.

031 밑줄 친 용언의 표기가 올바르지 않은 것은?

① 하늘이 눈이 부시게 푸르렀다.(← 푸르다)
② 가을걷이를 앞둔 벌판이 온통 노라네.(← 노랗다)
③ 이사를 하고 방을 예쁜 벽지로 발랐다.(← 바르다)
④ 올 가을에는 어쩜 이렇게 단풍이 빨갛니?(← 빨갛다)
⑤ 처음 해 보는 일이라 아직은 무척 서툴었다.(← 서투르다)

032 밑줄 친 한자어의 한글 표기가 올바르지 않은 것은?

① 책을 읽는 목소리가 낭랑(朗朗)하다.
② 모두들 피곤한 기색이 역력(歷歷)하다.
③ 동생은 보기와 달리 녹록(碌碌)하지 않다.
④ 무슨 일이 있는지 분위기가 냉냉(冷冷)하다.
⑤ 하찮은 일에 연연(戀戀)하지 말고 현실을 직시하자.

033 〈보기〉의 맞춤법 규정에 따른 표기와 근거가 옳지 않은 것은?

보기

제23항 '하다'나 '거리다'가 붙는 어근에 '이'가 붙어서 명사가 된 것은 그 원형을 밝히어 적는다.

표기	근거
① 뻐꾸기	'뻐꾹거리다'가 쓰인다.
② 더펄이	'더펄거리다'가 쓰인다.
③ 꿀꿀이	'꿀꿀거리다'가 쓰인다.
④ 살살이	'살살거리다'가 쓰인다.
⑤ 홀쭉이	'홀쭉하다'가 쓰인다.

034 〈보기〉의 ㉠~㉤에 대한 설명으로 올바르지 않은 것은?

보기

나는 ㉠너만큼 ㉡그 일이 ㉢이루어지도록 하고 싶어도, 몸이 건강하지 않아서 도저히 ㉣시도해볼 엄두도 ㉤낼 수가 없다.

① ㉠: '만큼'이 조사이므로 '너'와 '만큼'은 반드시 붙여 써야 한다.
② ㉡: 관형사가 명사를 수식하고 있으므로 '그'와 '일이'는 반드시 띄어 써야 한다.
③ ㉢: 동사와 어미가 결합한 구성이므로 '이루어지'와 '도록'은 반드시 붙여 써야 한다.
④ ㉣: 본용언과 보조 용언이 결합되었으므로 '시도해'와 '볼'은 반드시 붙여 써야 한다.
⑤ ㉤: 관형어 '낼'이 의존 명사를 수식하므로 '낼'과 '수가'는 반드시 띄어 써야 한다.

035 다음 한자에 대한 한글 표기가 올바르지 않은 것은?

	한자	한글 표기		한자	한글 표기
①	承諾	승낙	②	困難	곤란
③	五六月	오유월	④	十月	시월
⑤	初八日	초파일			

036 〈보기〉의 ㉠, ㉡에 들어갈 문장 부호가 올바르게 짝 지어진 것은?

보기

하천 수질의 조사(㉠)분석이 매우 중요하며(㉡) 이에 기반한 수질 관리가 절실히 요구된다.

	㉠	㉡		㉠	㉡
①	줄표	쉼표	②	가운뎃점	가운뎃점
③	가운뎃점	쉼표	④	쉼표	가운뎃점
⑤	쉼표	줄표			

037 다음 중 표준어인 것은?

① 깡총깡총
② 사둔어른
③ 부줏돈
④ 오똑하다
⑤ 주춧돌

038 밑줄 친 방언과 대응하는 표준어가 올바르게 짝 지어진 것은?

① 반가우요. 어지께보톰 어째 좀 달부다(다르다) 싶드만이라. (전라)
② 한잔 술에 갑북(빨리) 취해 나는 홍당무가 된 얼굴로 길을 나섰다. (충청)
③ 머 엄동 시안에 객광시럽게(사치스럽게) 잉어 먹고 잪다, 죽순 먹고 잪다. (전라)
④ 누가 씨름허자고 허먼 늬가 기양(먼저) 졌다고 항복히 뻗지고 … 알었지?(강원)
⑤ 논흘리 쪽에서 소개해연 온 사람들도 건줌(모두) 백 명은 되여시니까. (제주)

039 다음 중 겹받침의 발음이 나머지 넷과 다른 하나는?

① 넓다 ② 얇다 ③ 밟다
④ 짧다 ⑤ 핥다

040 밑줄 친 외래어의 표기가 올바른 것은?

① 디지탈(digital) 시대의 꽃은 인공지능 기술이다.
② 요즘 현장을 누비는 스탭(staff)은 정말 열정적이다.
③ 감기에는 비타민 씨(vitamin C)를 먹으면 좋다던데?
④ 그 선수는 반칙을 해서 옐로카드(yellow card)를 받았다.
⑤ 암호 화폐는 블럭체인(blockchain) 기술을 바탕으로 개발되었다.

041 다음 중 로마자 표기가 옳지 않은 것은?

① 경국사: Gyeongguksa
② 덕룡산: Deongnyongsan
③ 만덕사지: Mandeoksaji
④ 백련사: Baekryeonsa
⑤ 익산쌍릉: Iksan Ssangneung

042 〈보기〉의 ㉠~㉤ 가운데 어법상 적절하지 않은 것은?

> **보기**
>
> ㉠지구상에서 가장 신비로운 존재는 고래이며, 지구의 먼 대양을 항해하는 장거리 여행자이다. 울산 암각화에 그려진 고래 그림에서 ㉡우리는 한 동물의 생애가 인간의 생애, 더 나아가 지구의 생애와 맞닿아 있음을 확인한다. 언제부터 푸른 동해에는 귀신고래가 귀신처럼 신출귀몰했던 걸까? ㉢고깃배를 따라오는 돌고래 무리는 우리에게 무엇을 속삭이고 있는 걸까? ㉣이들은 바다의 넓이만큼이나 긴 시간을 살아 왔고, 견뎌 온 만큼 바다의 깊이만큼이나 속 깊은 마음을 지녔다. ㉤바닷속에 저 고래가 우리에게 주는 위안과 공감은 이 순간에도 깊은 어딘가에서 그들이 우리와 함께 숨 쉬고 있다는 존재 그 자체에서 비롯한다.

① ㉠ ② ㉡ ③ ㉢
④ ㉣ ⑤ ㉤

043 다음 중 높임법의 설명으로 적절하지 않은 것은?

① 아버지, 밥 드세요.
   (설명: 듣는 사람을 높이기 위해서 '밥'을 '진지'로 고쳐야 한다.)
② 손님, 이 제품은 5만 원이세요.
   (설명: 주체가 아니라 객체를 높이기 위해서 '5만 원입니다'로 고쳐야 한다.)
③ 주말에 할머니 데리고 단풍놀이 가자.
   (설명: 객체를 높이기 위해서 '데리고'를 '모시고'로 고쳐야 한다.)
④ 내일 부모님께 꼭 물어보고 나에게 전달해 다오.
   (설명: 객체를 높이기 위해서 '물어보고'를 '여쭤보고'로 고쳐야 한다.)
⑤ 병수야, 선생님께서 교무실에 잠깐 들르시라고 하시더라.
   (설명: '들르다'의 주체가 '병수'이므로 '들르라고'로 고쳐야 한다.)

044 〈보기〉의 문장과 중의성의 원인이 동일한 것은?

> **보기**
>
> 아름다운 새들의 노랫소리가 들린다.

① 영희가 원피스를 입고 있다.
② 그는 음식을 다 먹지 않았다.
③ 민우와 현아의 엄마는 산책을 즐긴다.
④ 아버지께서 사과와 귤 두 개를 주셨다.
⑤ 오랜 역사를 간직한 불국사의 다보탑을 보았다.

045 밑줄 친 번역 투의 문장을 잘못 고친 것은?

① 두 나라는 정상회담을 <u>가질</u>(→ 할) 예정이다.
② 나는 전산 업무를 담당하고 <u>있는 중이다</u>(→ 있다).
③ <u>승진에 있어서</u>(→ 승진에서) 남녀를 차별해서는 안 된다.
④ 비용을 <u>고려에 넣는다면</u>(→ 고려한다면) 저렴한 숙소를 찾는 것도 방법이다.
⑤ 특정한 <u>계급에 한하여</u>(→ 계급이) 투표권을 갖는 것이 당연한 시절도 있었다.

쓰기　046번 ~ 050번

[046~050] 다음은 '혐오 표현 규제 방안 마련 촉구'를 주제로 작성한 초고이다. 제시된 물음에 답하시오.

　혐오 표현을 단순히 혐오감을 담은 감정적 표현이나 욕설이라 생각할 수 있다. 하지만 혐오 표현은 장기간 축적돼 지배적인 관념으로 고착된 부정적 편견과 차별 의식에 기반한 적대적인 표현으로, 특정 속성으로 묶을 수 있는 집단을 표적으로 삼는다. 헌법 제21조 제1항에서 개인적 또는 집단적 표현의 자유를 포괄적으로 보장하고 있다는 점에서 혐오 표현을 권리의 행사로 보느냐, 개인과 집단의 존엄성을 부정하는 규제의 대상으로 보느냐에 대한 논의가 활발하다. 그렇다면 혐오 표현 규제에 대해 우리는 어떤 입장을 취해야 할까?
　혐오 표현 규제를 반대하는 로날드 드워킨(Ronald Dworkin)의 주장과, 그의 주장에 반박하며 혐오 표현 규제를 옹호하는 제레미 월드론(Jeremy Waldron)의 주장을 먼저 비교해 보자. 드워킨은 혐오 표현을 소수자에 대한 불평등한 내용을 담은 표현 전체로 ㉠<u>예상하고</u>, 특정한 윤리적 신념을 정부가 채택하여 이에 반대하는 시민의 표현을 막거나 그 신념을 수용하도록 강요하는 것은 타당하지 않다고 본다. ㉡<u>마찬가지로</u> 월드론의 경우 혐오 표현이 갖는 문제를 행위자의 감정이나 태도의 문제가 아닌 청자와 사회 전체에 미치는 효과나 산물의 문제로 보고, 혐오 표현은 개인의 존엄성과 이를 유지시키는 정의의 근본적 사안에 대한 침해라 주장한다.
　우리는 후자의 입장에서 혐오 표현 규제의 필요성을 논할 필요가 있다. 왜냐하면 혐오 표현은 개인의 존엄성 확보를 위한 사회적 기반을 ㉢<u>위협하기 때문이다</u>. 개인의 존엄성은 혼자만의 자율적 노력만으로 이루어지는 것이 아니기 때문에 혐오 표현은 개인의 존엄성 확보를 어렵게 한다. 따라서 상호 간의 상대에 대한 존중의 의무가 요구된다. ㉣<u>또한 옳거나 그르다고 생각하는 개인의 의견은 중립적으로 취급되어야 할 각자의 신념이므로 이를 막아서는 안 된다.</u>
　다음으로 인터넷과 SNS를 통해 상호 작용을 할 수 있게 되면서 타인이나 집단, 특정 신념에 대한 혐오 표현물이 쉽게 유통된다는 점도 규제의 이유가 된다. 온라인상에서 특정 집단을 향한 적대적인 표현을 무비판적으로 수용하거나, 내가 속한 집단에 대한 차별적인 표현으로 인해 상처를 받은 적이 있지 않은가? 혐오 표현은 개인이나 집단을 향한 적대적이거나 왜곡된 편견을 확산시키고 피해를 초래하므로 온라인상의 혐오 표현 규제는 더욱 ㉤<u>강화되어져야 한다</u>.
　혐오 표현이 반복적으로 이루어질 경우 해당 집단에 대한 피해가 지속되고 비난 가능성 또한 증대될 수 있다. ⓐ<u>따라서 개인의 권리를 수호하고 질서 있는 사회를 만들기 위해서 스스로 자신의 언어생활을 돌아보아야 한다.</u>

046 다음은 윗글을 쓰기 전에 떠올린 글쓰기 계획이다. 윗글에 반영된 것을 있는 대로 고른 것은?

> **글쓰기 계획**
> ㄱ. 널리 알려진 통념을 글의 첫머리에 소개하고 이를 반박하는 이론을 제시해야겠다.
> ㄴ. 상반되는 관점을 먼저 제시하고 그 중 하나의 입장에서 글을 전개해야겠다.
> ㄷ. 문제가 되는 현상의 원인을 개인적, 사회적 차원에서 각각 진단해야겠다.
> ㄹ. 주장의 근거로 관련 법률을 인용하여 근거의 타당성을 확보해야겠다.
> ㅁ. 주장을 효과적으로 강조하기 위해 독자의 경험을 환기하는 질문을 사용해야겠다.

① ㄱ, ㄷ   ② ㄷ, ㄹ   ③ ㄴ, ㅁ
④ ㄱ, ㄴ, ㄹ   ⑤ ㄴ, ㄹ, ㅁ

047 다음은 윗글을 보완하기 위해 추가로 수집한 자료이다. 자료에 대한 활용 방안으로 적절하지 <u>않은</u> 것은?

	자료의 내용	자료의 출처
(가)	표현의 자유는 다른 기본권과 충돌할 때 결코 제한될 수 없는 절대적 기본권이 아니라 경우에 따라 제한될 수 있는 상대적 기본권이므로 표현의 자유가 타인의 인격권이나 평등권을 침해하는 경우 제한될 수 있어야 한다.	도서
(나)	20△△년 한 해 동안 방송통신심의위원회에 고발, 접수된 혐오 표현 건수는 1,059건이었으며 시정 요구는 833건으로 전년도에 비해 약 20% 증가하였다. 최근 1~2년 사이 인터넷 및 모바일 등에서 여성 혐오, 남성 혐오, 지역 혐오, 세대 간 혐오 등 그 대상과 범위가 확대되고 일상화되어 문제가 되고 있다.	신문 기사
(다)	"일상에서 자신이 배제되지 않을 것이라는 확신, 그런 확신이 두려움을 줄이고 자율적이고 독립적인 개체로서 자긍심을 갖게 합니다. 타인으로부터 지속적으로 존재가 부정당할 때 그러한 확신의 확보는 불가능하죠."	전문가 인터뷰
(라)	"인터넷에서 특정 집단을 차별하고 모욕하는 욕설을 하는 경우가 많아요. 사람들은 비난에 동조하면서 재미를 느끼는 것 같아요. 단지 ○○아파트에 산다는 이유만으로 알지도 못하는 사람들에게 기피 대상이 된 것 같아 큰 상처를 받았어요."	학생 인터뷰

① (가)를 활용하여 혐오 표현 규제에 반대하는 의견의 반박 근거로 삼아 혐오 표현 규제의 타당성을 보강한다.
② (나)를 활용하여 혐오 표현의 사용 실태를 제시하여 혐오 표현 규제에 관한 논의의 필요성을 드러낸다.
③ (다)를 활용하여 상대에 대한 존중의 의무가 있다는 견해의 근거로 개인의 존엄성은 타인과의 관계에서 확보된다는 내용을 보완한다.
④ (라)를 활용하여 온라인 소통 규제의 근거로 청소년기 욕설 사용이 정서에 미치는 영향에 대한 설명을 보강한다.
⑤ (나)와 (라)를 활용하여 온라인상에서의 혐오 표현 규제 강화의 근거로 혐오 표현 확산 현황과 피해의 심각성을 부각한다.

048 다음은 윗글을 쓰기 전에 세웠던 글쓰기 개요이다. 윗글을 쓰는 과정에서 필자가 점검하여 반영한 내용으로 가장 적절한 것은?

> **글쓰기 개요**
>
> Ⅰ. 혐오 표현과 그 규제
>   1. 혐오 표현의 의미
>   2. 혐오 표현 규제에 대한 논쟁
>
> Ⅱ. 혐오 표현 규제에 대한 찬반론
>   1. 혐오 표현 규제 반대 논거
>   2. 혐오 표현 규제 찬성 논거
>   3. 국내 혐오 표현 규제 사례
>
> Ⅲ. 혐오 표현 규제의 필요성
>   1. 근거①
>   2. 근거②
>   3. 혐오 표현에 관한 새로운 관점
>
> Ⅳ. 혐오 표현 규제 방안 마련 촉구

① Ⅰ-1을 다루기 전에 혐오 표현 사용 실태를 먼저 제시해야겠다.
② Ⅱ-2는 Ⅲ의 내용과 중첩되므로 Ⅲ의 하위 항목으로 이동하여 서술해야겠다.
③ Ⅱ-3은 Ⅱ의 하위 항목으로 어울리지 않는 내용이므로 삭제해야겠다.
④ Ⅲ-1과 Ⅲ-2는 모두 Ⅱ-1을 반박하는 방식으로 서술해야겠다.
⑤ Ⅲ-3은 상위 항목에 포함되지 않으므로 Ⅳ의 하위 항목으로 이동하여 서술해야겠다.

049 다음은 윗글의 ㉠~㉤을 고쳐 쓰기 위한 필자의 메모이다. '점검한 내용'과 '수정 사항'이 모두 적절한 것은?

	점검한 내용	수정 사항
①	㉠은 어떤 정황을 가정적으로 생각하여 단정한다는 의미를 나타내기 위해 단어를 수정해야겠다.	'상정'으로 수정
②	㉡은 앞뒤 맥락을 고려할 때 적절하지 않으므로 수정해야겠다.	'게다가'로 수정
③	㉢은 문장 내 부사어와 호응이 되지 않으므로 수정해야겠다.	'위협한다.'로 수정
④	㉣은 통일성을 해치는 문장이므로 수정해야겠다.	앞 문장과 순서 교체
⑤	㉤은 사동 표현이 중복되어 사용되었으므로 수정해야겠다.	'강화되어야'로 수정

050
윗글의 ⓐ를 〈보기〉와 같이 고쳐 썼다고 할 때, 고쳐 쓰기 과정에서 점검한 내용으로 가장 적절한 것은?

> **보기**
> 따라서 혐오 표현의 강도나 피해 정도를 고려하여 혐오 표현을 금지하고 처벌하는 형사적 제재, 또는 손해 배상을 청구할 수 있도록 하는 민사적 제재 등의 방안이 구체적으로 마련되어야 한다.

① 예상 독자의 수준을 고려하여 주제와 관련된 법률 용어를 쉽게 풀어 설명하며 글을 마무리해야겠다.
② 글의 목적을 고려하여 예상 독자의 관심을 촉구하는 표현으로 글을 마무리해야겠다.
③ 글의 유형을 고려하여 글을 쓴 필자의 소감을 밝히며 여운을 남기는 방식으로 마무리해야겠다.
④ 글의 주제를 고려하여 문제 해결을 위한 개인 스스로의 노력을 강조하며 마무리해야겠다.
⑤ 글의 주제를 고려하여 사회적 차원에서 필요한 규제 방안을 구체적으로 제시하면서 마무리해야겠다.

창안 051번 ~ 060번

[051~053] '세탁의 과정'과 '인간의 삶'을 유비(類比)하고자 한다. 다음 글을 읽고 물음에 답하시오.

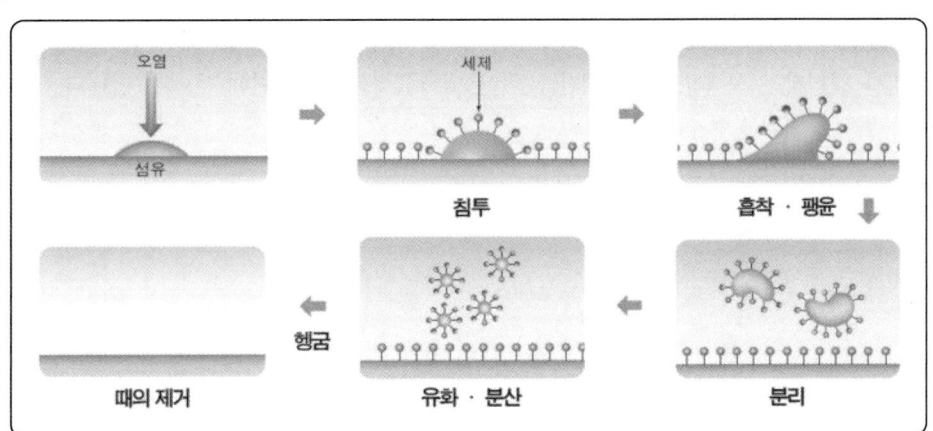

세탁은 의류에 묻어 있는 오물이나 더러운 때를 세제의 화학 작용으로 씻어 내는 작용이다. ㉠오염이 붙어 있는 섬유를 물에 넣고 세제를 풀면, ㉡세제가 물에 녹아 섬유와 오염 사이로 침투한다. ㉢침투한 세제 분자는 섬유 표면과 오염 표면에 흡착하며 오염을 부풀어 오르게 한다. 이 과정에서 ㉣섬유와 오염의 결합력이 약해지며 쉽게 분리 가능한 상태가 되는데, 이러한 현상을 팽윤이라 한다. 이후 물리적인 힘이 작용하면 오염이 섬유로부터 분리되고, ㉤세제의 성분인 계면 활성제에 의해 유화되며 작은 입자로 분산된다. 이를 헹구어 내면 때가 완전히 제거되는데, ⓐ헹구어 내는 시간이 오래 걸리면 오염 물질이 다시 섬유에 붙을 수 있으므로 유의해야 한다. ⓑ또한 물을 많이 받아서 한 번에 많이 헹구는 것보다 여러 차례 나누어 헹구는 것이 오염 제거 효과가 좋다.

051 '세탁의 과정'을 '비합리적 신념을 가진 내담자를 상담하는 과정'에 비유할 때, ㉠~㉤을 통해 이끌어낼 수 있는 내용으로 적절하지 않은 것은?

① ㉠ – 비합리적 신념을 가지고 고통을 겪고 있는 내담자
② ㉡ – 상담자가 대화를 통해 내담자가 가진 비합리적 신념에 접근함.
③ ㉢ – 내담자에게 고착되어 있는 비합리적 신념을 직면하여 인식하게 함.
④ ㉣ – 비합리적 신념을 논박하여 내담자가 인식하는 신념의 강도가 점차 약화되게 함.
⑤ ㉤ – 비합리적 신념이 완전히 사라지고 합리적 신념으로 전환하게 됨.

052 〈조건〉에 맞는 공익 광고 문구로 가장 적절한 것은?

> **조건**
> '조직의 문제 해결 과정'과 관련하여 발휘할 수 있는 지혜를 윗글의 ⓐ에 빗대어 표현할 것.

① 점진적 해결을 추구하는 태도는 문제의 본질 파악을 저해합니다.
② 문제 해결 국면에서는 의사 결정자가 신속한 행동을 취해야 합니다.
③ 구성원을 모두 만족시킬 수 있는 단일한 해결책을 모색하는 것이 좋습니다.
④ 구성원의 요구가 긴급하더라도 관리자는 신중하게 판단하여 결정해야 합니다.
⑤ 의사 결정자는 문제의 재발 방지를 위한 대책을 사전에 마련해 두어야 합니다.

053 윗글의 ⓑ를 '책읽기의 방법'과 관련지어 이해할 때, 내용상 가장 가까운 것은?

① 눈으로 빠르게 읽어라.
② 필요한 부분을 골라서 읽어라.
③ 함께 모여 의견을 나누며 읽어라.
④ 내용을 숙지하며 꼼꼼하게 읽어라.
⑤ 이미 읽었던 것을 반복해서 읽어라.

[054~056] 다음 그림 (가)와 (나)를 보고 물음에 답하시오.

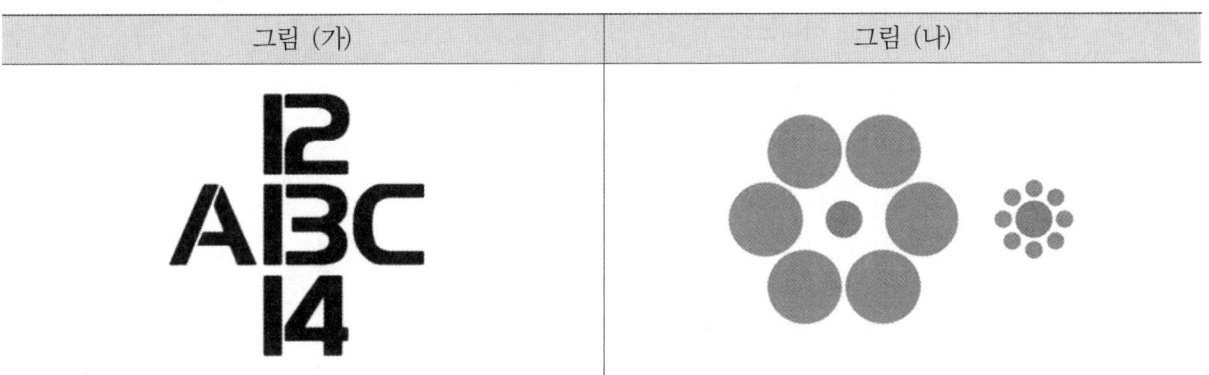

| | 그림 (가) | 그림 (나) |

054 (가)와 (나)를 바탕으로 다음과 같이 분석할 때 적절하지 <u>않은</u> 것은?

	(가)	(나)
현상의 본질	㉠ 문자 또는 숫자	크기가 같은 두 개의 원
현상에 대한 해석	㉡ 상황에 따라 숫자 또는 문자로 읽힘.	㉢ 왼쪽 원은 크기가 비교적 작게 보이고, 오른쪽 원은 크기가 비교적 크게 보임.
시사점	㉣ 대상의 해석은 주변의 맥락 속에서 결정해야 함.	㉤ 주변 상황을 고려하면 본질을 정확하게 파악할 수 있음.

① ㉠ ② ㉡ ③ ㉢
④ ㉣ ⑤ ㉤

055 (가)를 활용하여 사회 현상을 연구하는 방법론을 설명할 때 이끌어낼 수 있는 내용으로 가장 적절한 것은?

① 전통적 관점에 의거한 연구만이 최적의 연구 방법이다.
② 관찰에 의한 객관적 수치 기록이 가장 타당한 연구 방법이다.
③ 반복적인 경험에 의해 수집된 자료는 높은 타당성을 보증한다.
④ 객관적 수치로 계량화할 수 있는 자료만을 대상으로 연구해야 한다.
⑤ 연구와 관련된 요소를 엄밀하게 통제해야 정확한 결과를 얻을 수 있다.

056

〈보기〉는 (나)를 활용하여 '인생을 살아가는 자세'에 대해 논할 수 있는 내용이다. (나)를 해석하는 관점이 나머지와 <u>다른</u> 하나는?

보기

ㄱ. 귤이 회수를 건너면 탱자가 된다.
ㄴ. 물고기도 큰 강물에서 노는 놈이 더 크다.
ㄷ. 너 자신이 가장 빛날 수 있는 환경으로 가렴.
ㄹ. 변하지 않는 나만의 심지를 만들기 위해 노력해야 한다.
ㅁ. 맹자의 어머니는 맹자의 교육을 위해 세 번이나 이사를 했다.

① ㄱ   ② ㄴ   ③ ㄷ
④ ㄹ   ⑤ ㅁ

[057~058] 다음 〈보기〉를 보고 물음에 답하시오.

보기

달걀 껍데기에는 정보가 담겨 있는 코드가 찍혀 있다. 앞쪽부터 시작되는 4자리 숫자는 산란 일자를 표기하는 것으로 산란한 월과 날짜를 알려 준다. 그 뒤에 이어지는 5자리의 영문과 숫자들은 생산자 고유번호이다. 생산자 고유번호란 가축사육업 허가·등록증에 기재된 고유번호를 의미한다. 그리고 맨 끝자리의 숫자는 사육 환경 번호를 나타낸다. 사육 환경 번호는 1~4번으로 나타내며 닭 한 마리당 주어지는 면적이 좁을수록 큰 번호를 부여받아 (가)~(라)에서 제일 넓은 경우는 1, 제일 좁을 경우는 4가 된다. 예를 들어, 산란일이 5월 12일이고 생산자 고유번호가 M3FDS이며, 닭 한 마리당 주어지는 면적이 0.1㎡이라면 '0512M3FDS2'와 같이 표기 된다. 이러한 코드를 통해 달걀의 생산 환경을 알 수 있다.

057

〈보기〉를 참고할 때, 산란일이 10월 16일이고, 생산자 고유번호가 'AB38E'라면, (라)와 같은 환경에서 사육된 닭이 산란한 달걀에 표기될 코드로 적절한 것은?

① 1016AB38E1   ② 1016AB38E4   ③ 1016AB38E3
④ AB38E10163   ⑤ AB38E10164

058 〈보기〉를 참고할 때, 동물 복지에 대한 공익 광고 문구로 적절하지 않은 것은?

① 닭에게 날개를 펼 공간을 주세요.
② 행복한 닭이 건강한 달걀을 낳습니다.
③ 건강한 소비 우리는 어떻게 해야 할까요?
④ 동물을 위한 복지가 곧 사람을 위한 복지입니다.
⑤ 철창 속에 갇힌 삶, 동물에게도 불행이 있습니다.

[059~060] 식물의 특징과 인간의 삶을 유비(類比)하고자 한다. 다음 글을 읽고 물음에 답하시오.

팽나무에는 크랜베리 비슷한 열매가 흐드러지게 맺히곤 한다. 그러나 열매를 눌러 보면 돌멩이만큼 딱딱하다. 그렇게 딱딱한 것은 바로 그 열매가 돌이기 때문이다. 열매의 붉은 겉껍질 바로 밑에는 굴 껍데기보다 더 단단한 속껍질이 있다. 돌을 방불케 하는 이 껍질 덕분에 팽나무씨는 눈과 비를 견디고, 몇 년에 거친 무자비한 곰팡이의 공세를 이겨내고 싹을 틔울 수 있다.

한편, 덩굴씨들은 싹은 쉽게 틔우지만 뿌리를 내리는 일은 드물다. 유연하고 녹색을 띤 이 덩굴 싹은 의지해서 자랄 수 있는 틀을 미친 듯이 찾는다. 자신은 전혀 가지고 있지 않은 힘을 제공해 줄 틀을 찾는 것이다. 그들은 숲의 규칙에 따르지 않는다. 덩굴들은 공생 관계에 들어가는 대신 기회가 닿는 대로 크게 자란다. 감고 올라가는 틀이 죽는지 사는지 별 상관이 없다. 그들은 나무만큼 크게 자라기를 절박하게 원하지만, 그것을 고상하게 실현하는 데 필요한 빳빳함을 가지고 있지 못하다. 담쟁이덩굴 한 그루는 무엇이든 감싸고 달라붙도록 프로그램된 수천 개의 초록색 덩굴손을 가지고 있다. 그들은 누구도 흉내 낼 수 없을 정도의 변신술을 지닌 변절자들이다. 덩굴 식물이 사악하거나 해로운 존재는 아니다. 다만 말릴 수 없을 정도로 야심찰 뿐이다. 그들은 지구상에서 가장 열심히 일하는 식물들이다.

059 팽나무의 모습에서 삶의 태도를 연상한 내용으로 가장 적절한 것은?

① 타인에게 친절을 베푸는 것이 자신의 영향력을 키우는 일이다.
② 자신의 내면을 단단히 만드는 것이 외부에서 오는 역경을 이겨낼 수 있는 힘이다.
③ 사람들이 자신을 보고 예상하는 것과 다른 매력을 보여 주어야 사람들의 이목을 끌 수 있다.
④ 모든 가능성을 열어 두고 대비책을 미리 세워 두어야 예기치 못한 상황의 피해를 줄일 수 있다.
⑤ 겉으로는 유연하게 행동하되 속으로는 자신만의 신념을 가지고 있어야 어떤 환경 속에서도 적응할 수 있다.

060 덩굴의 특징으로 사람의 모습을 빗대어 설명할 때 적절하지 않은 것은?

① 성취를 빠르게 이루어 내지만 내공이 부족한 사람
② 자신의 목표하는 바에 도달하기 위해 다양한 모습으로 변화할 수 있는 사람
③ 사회의 원칙보다는 자신의 이득을 위한 행동을 통해 성공할 수 있다고 믿는 사람
④ 도움이 되는 상대는 자신의 발전을 위해 곁에 두고 챙겨 주어야 한다고 생각하는 사람
⑤ 자신의 성장을 위해 자신과는 전혀 다른 능력을 가지고 있는 사람을 적극적으로 찾는 사람

읽기 061번~090번

[061~062] 다음 글을 읽고 물음에 답하시오.

> 어머님,
> 제 예닐곱 살 적 겨울은
> 목조 적산 가옥 이층 다다미방의
> 벌거숭이 유리창 깨질 듯 울어 대던 외풍 탓으로
> 한없이 추웠지요, 밤마다 나는 벌벌 떨면서
> 아버지 가랑이 사이로 시린 발을 밀어 넣고
> 그 가슴팍에 ㉠<u>벌레처럼</u> 파고들어 얼굴을 묻은 채
> 겨우 잠이 들곤 했었지요.
>
> 요즈음도 추운 밤이면
> 곁에서 잠든 아이들 이불깃을 덮어 주며
> 늘 그런 추억으로 마음이 아프고,
> 나를 품어 주던 그 가슴이 이제는 ㉡<u>한 줌 뼛가루</u>로 삭아
> 붉은 흙에 자취 없이 뒤섞여 있음을 생각하면
> 옛날처럼 나는 다시 아버지 곁에 눕고 싶습니다.
>
> 그런데 어머님,
> 오늘은 영하의 한강교를 지나면서 문득
> 나를 품에 안고 추위를 막아 주던
> 예닐곱 살 적 그 겨울밤의 아버지가
> ㉢<u>이승의 물</u>로 화신해 있음을 보았습니다.
> 품 안에 부드럽고 여린 물살은 무사히 흘러
> 바다로 가라고,
> ㉣<u>꽝 꽝 얼어붙은 잔등</u>으로 혹한을 막으며
> 하얗게 ㉤<u>얼음</u>으로 엎드려 있던 아버지,
> 아버지, 아버지……
>
> — 이수익, 「결빙의 아버지」

061 윗글에 대한 설명으로 가장 적절한 것은?

① 명령형으로 문장을 종결하여 주제 의식을 강조하고 있다.
② 시각적 심상을 활용하여 자연의 아름다움을 부각하고 있다.
③ 구체적 청자에게 말을 건네는 방식으로 시상을 전개하고 있다.
④ 반어적 표현을 통해 현실에 대한 비판적 태도를 강조하고 있다.
⑤ 시간의 변화를 통해 이상 세계의 도래에 대한 희망을 나타내고 있다.

062 윗글의 ㉠~㉤ 중, 의미하는 바가 다른 것은?

① ㉠   ② ㉡   ③ ㉢
④ ㉣   ⑤ ㉤

[063~065] 다음 글을 읽고 물음에 답하시오.

[앞부분의 줄거리] '나'는 전쟁 난민촌의 폭력배 아이들에게 끌려간 친구가 당하는 폭력의 현장을 은밀히 훔쳐보기 위해 한참이나 우회해서 몸을 숨긴 채 조심스레 폭력의 현장을 엿본다.

그제야 나는 번쩍 정신이 났다. 친구가 보이지 않는다. 그렇다면 사정은 명백했다. 그 상투적인 폭력의 과정이 죄다 끝나서 내 친구는 이미 그들의 손에서 놓여났다는 얘기일 것이었다. 나의 우회가 얼마나 큰 각도였던가를 나는 비로소 깨달았다. 그 각의 크기가 바로 나의 비겁의 정도일 것이었다. 그 순간의 기분을 무슨 말로 표현할 수 있으랴. 자신의 가장 내밀한 구석을 불시에 집중조사(集中照射)당한 것 같은 수치심 때문에 얼굴이 홧홧하게 달아올랐고, 그 먼 우회로를 되짚어 오는 발걸음은 더없이 허둥거렸다.

우리의 친구는 말짱한 모습이었다. 부서진 자존심 때문에 형편없이 구겨져 있는 나에 비해 그의 모습은 차라리 늠름하고 의연하였다. 그들은 나를 기다리고 있었음이 분명했다. ㉠내가 다가가기까지 그들은 말 한 마디 없이 나의 거동을 빤히 지켜보고 있었다. 사람의 시선이 얼마나 날카롭고 무자비한가를 달리 절감한 적이 내게는 없다. 그들의 시선은 예리한 쇠꼬챙이처럼 비겁자의 혼을 꿰뚫었을 뿐만 아니라, 피 흘리며 비틀거리는 제물을 끈질기고도 잔인하게 끝까지 놓아주지 않았다. ㉡단 한 마디의 변명도 할 수가 없었다. 나는 말없이 책가방을 받아 쥐었고, 우리 일행이 다시 귀가를 서둘렀을 때 그들의 맨 꽁무니에서조차도 결코 얼굴을 들지 못하였다.

그해 여름이던가, 아니면 그 다음해쯤이 되리라. 어디서 먼저 시작되었는지는 모를 일이나, 그 무렵 한동안 마을 아이들을 온통 사로잡은 놀이가 있었다. 그 놀이란, 어두운 밤거리를 떼지어 어슬렁거리고 다니다가 아무나 한 녀석을 골라잡아 일제히 몰매를 주는 일이었다. ㉢우리가 흔히 '사냥'이라고 불렀던 그 놀이에 유독 우리 마을 아이들만 탐닉했던 것은 아니었다. 밤거리에서 자칫 방심했다가는 우리 자신들도 다른 패거리들에게 사냥당하는 경우가 드물지 않았기 때문이다. 말하자면 그 놀이는 하나의 유행병처럼 우리 도시의 아이들 사이에 온통 뜨겁게 만연돼 있었던 것이다. ⓐ그 이유로서는 아무래도 전후의 거칠고 삭막한 환경을 먼저 꼽아야 하리라. 사실 어른들의 세계도 다를 것이 없었다. 어쩌면 그쪽이 보다 더 정도가 심하지 않았던가 싶다. 법은 멀고 주먹은 가깝다고, 이 만고불변의 경험적 진실을 우리에게 남겨 준 시대였던 것이다. ㉣이런 사정을 감안한다면 우리의 놀이는 차라리 순수한 동심의 산물이었는지도 모를 일이다.

인간 사냥의 그 거칠고 무자비한 놀이에 나야말로 얼마나 깊고 뜨겁게 탐닉했던지…… 그날의 사냥이 성공적으로 수행되었을 때의 쾌감이란 참으로 엄청난 것이었다. ⓑ그 시절, 다른 무엇이 이를 대신할 수 있었으랴. 피투성이의 포획물을 어둠 속 길바닥에다 팽개쳐 둔 채 손 털고 돌아설 때의 그 힘과 확신, 든든히 대지를 딛고 서 있는 건각의 기쁨, 튀어오르듯 하는 가뿐한 발걸음, 매번 가슴을 가득히 채우고 남던 그 빛나는 희열…… 지금도 그 독한 맛이 찌릿찌릿 되살아나는 듯하다. [A]

사냥의 흥을 높이기 위해 우리는 때때로 보다 극적인 상황을 연출하기도 하였다. 떼거리로 휩쓸고 다니면서 닥치는 대로 쥐나 개나 사냥하는 것이 아니라, 보다 선별적으로 상대를 선택하고 또 자연스럽게 덫에 걸려들도록 유도하는 일이 그것이었다. 이 연출에는 당연히 기교가 요구되었다. 나의 재능은 이 점에서 정평이 나 있었다. 나에게 맡겨진 역을 단 한 번의 실패 없이 해냈기 때문이다. 우리 패거리들이 어둠 속으로 뿔뿔이 흩어져서 재주껏 몸들을 숨긴 후에 나는 홀로 제왕처럼 밤거리를 거니는 것이다. 그러다가 행인들 중에서 적절한 인물을 점찍은 다음 슬슬 접근한다. 상대는 열이면 열 다 나의 정체를 간파하지 못한다. 그래서 겁없이 깐죽거리는 나의 트집과 갈수록 방자해지는 언행에 그만 주먹을 휘두르고 마는데 바로 이 대목이야말로 어사 출두의 극적 장면이 연출되는 순간이다. ㉤어둠 속에 몸을 숨긴 채 은인자중 사태를 관망하고 있던 우리 패거리들은 그 대목에서 일제히 뛰어나와 약자를 괴롭히는(?) 무뢰한에게 정의의 이름으로 무자비한 응징을 가하는 것이다. 아, 이런 순간이면 발바닥까지 쩌릿쩌릿 타고 흐르는 고압의 전류에 나는 매번 의식조차 아득해지곤 하였다. ㉥내 안에서 뜨겁게 미쳐 날뛰던 그 피톨들의 아우성을 지금도 생생하게 기억한다.

ⓓ나는 결국, 저 앞의 상처를 그런 식으로 보상받고 있었는지도 모른다.

— 이동하, 「폭력 연구」

063 [A]의 서술상 특징으로 가장 적절한 것은?

① 비속어를 활용하여 인물의 성격을 제시하고 있다.
② 풍자적 어조를 활용하여 시대의 문제를 조명한다.
③ 공간적 배경의 변화를 통해 인물 간의 갈등을 심화한다.
④ 자연에 대한 감각적 묘사를 통해 향토성을 부각하고 있다.
⑤ 회상의 형식을 통해 과거의 행위가 수반하는 감정을 떠올리고 있다.

064 ㉠~㉢에 대한 이해로 적절하지 않은 것은?

① ㉠: '나'를 못마땅하게 여기는 '그들'의 태도가 드러난다.
② ㉡: 곤란한 처지에 맞닥뜨리게 된 '나'의 내면이 드러난다.
③ ㉢: 폭력 '놀이'가 만연된 당시의 시대상이 드러난다.
④ ㉣: 폭력 '놀이'로 인해 갖게 된 죄책감 때문에 괴로워하는 '나'의 심리가 드러난다.
⑤ ㉤: 폭력 '놀이'의 기억이 '나'에게 깊게 각인되어 있었음이 드러난다.

065 〈보기〉 중 윗글에 대한 감상으로 적절한 것끼리 짝 지은 것은?

보기

ㄱ. ⓐ로 보아, 폭력 '놀이'는 '전후'와 같은 시대 환경과 관련을 맺고 있군.
ㄴ. ⓑ로 보아, '나'는 폭력을 대체 불가능한 '놀이'로 인식하고 있었군.
ㄷ. ⓒ로 보아, '나'는 정의를 구현하기 위해서는 '폭력'이 불가피하다고 여기고 있군.
ㄹ. ⓓ로 보아, 폭력은 대가 없는 희생을 강요하는 행위로군.

① ㄱ, ㄴ ② ㄱ, ㄷ ③ ㄱ, ㄹ
④ ㄴ, ㄷ ⑤ ㄷ, ㄹ

[066~068] 다음 글을 읽고 물음에 답하시오.

E. H. 카 는 『역사란 무엇인가』의 1장에서 자신이 제기한 '역사란 무엇인가'라는 질문에, 역사란 "역사가와 그의 사실들의 상호 작용의 과정, 현재와 과거의 끊임없는 대화"라는 답변을 제시하였다. 그의 문제 제기는 1960년대 초 일부 역사가를 포함한 지식인 사회에 팽배했던 회의주의와 비관주의를 비판하기 위한 것에서 비롯하였다. 그렇다면 카는 그 회의주의와 비관주의를 어떻게 해결하고자 하였는가? 카는 그것을 경험주의적 역사학에 대한 비판에서 출발한다. 그가 보기에 경험주의 역사학이야말로 역사적 비관주의와 회의주의의 출처이며, 따라서 올바른 역사학이 아니었기 때문이다.

카는 경험주의 역사학의 사실에 대한 인식론적 특징은 사실을 인식하는 주체와 그 주체의 인식 대상인 사실의 완전한 분리를 전제한다는 데에 있다고 말한다. 이 같은 경험주의 인식론에 대한 카의 반대 논리는 무엇인가? 그는 모든 사실이 '역사적 사실'이 되는 것은 아니라고 전제하면서 그 이유를 이렇게 말한다. 첫째, 역사가는 모든 역사가에게 똑같이 취급되는 기초적 사실에 관심을 갖는 것이 아니다. 둘째, 기본적인 사실을 확정할 필요성은 역사가의 선험적 결정, 즉 역사가의 선택에 좌우된다. 카는 자신의 주장을 뒷받침하기 위해 스톨브릿지 웨이크스 사건의 예를 들면서 그 사건이 역사적 사실로서의 지위를 갖느냐 여부는 어디까지나 역사가의 해석에 달려 있다고 말한다. 역사가의 해석은 모든 역사적 사실에 개입하는 것이며 따라서 역사는 곧 해석을 의미한다. 이 해석을 위해 역사가는 사실에 대한 상상적 이해가 필요하며, 현재의 눈을 통해서만 과거를 이해할 수 있다는 것이다. 카 자신은 이 같은 해석 행위 혹은 과거 사실에 대한 역사가의 개입을 ㉠ 이라고 표현한다.

그러나 카의 이 같은 반대 논리가 과연 경험주의 역사학에 대한 적절한 논박이 될 수 있을까? 카는 경험주의 역사학이 주체와 객체, 역사가와 사실을 완전히 분리하는 인식론에 빠져 있다고 주장하지만 중요한 것은 주체와 객체가 완전히 분리할 수 있는 것인가 아닌가의 문제가 아니다. 왜냐하면 카 자신도 경험주의 역사가들과 마찬가지로 역사 인식에서 주체와 객체라는 이분법적 구조를 답습하고 있으며, 그 구조 안에서 해석이라는 형태로 이루어지는 역사가의 능동적인 주체적 역할을 강조하고 있을 뿐이기 때문이다. 따라서 그가 말하는 해석이란 주체와 객체의 기계적 변증법이라고 할 수 있다.

엠마누엘 레비나스는 데카르트 이래의 서양 근대 철학의 이분법적 인식론 하에서 주체와 객체, 자아와 타자에 관한 존재론을 문제 삼으면서, 그 이분법적 존재론에서 타자는 주체에 의해 그 타자성을 상실하고 주체에 의해 전유되며, 주체와 타자의 위계적 지배 관계는 ㉡주체에로의 타자의 동화에 의해 완성된다고 말한다. 그는 그것을 일종의 존재론적 제국주의 혹은 권력의 철학이자 주체의 에고이즘이라고 부르고 있다. 이 같은 레비나스의 지적처럼 역사가가 과거의 사실을 인식하는 순간, 사실은 이미 그 타자성을 잃고 역사가에 의해 전유된 사실이 된다. 즉 주체에 의해 통합된 타자로서만 존재하게 되며 역사가의 지배 하에 들어가게 된다. 그러므로 이 이분법적 구조 하에서 역사가와 과거의 동등한 대화는 불가능하다.

066 E. H. 카 의 역사에 대한 관점으로 적절한 것은?

① 경험주의적 역사학을 지향한다.
② 역사는 역사가의 해석을 배제한다.
③ 과거의 사실 모두가 역사적 사실은 아니다.
④ 경험주의 역사학은 역사적 비관주의와 회의주의와 관계없다.
⑤ E. H. 카의 역사 인식에는 주체와 객체의 경계가 부재한다.

067 ㉠에 들어갈 말로 가장 적절한 것은?

① 상대성
② 객관성
③ 절대성
④ 상징성
⑤ 보편성

068 ⓒ의 의미로 가장 적절한 것은?

① 과거의 사실이 역사가에 의해 동화되지 않는다.
② 주체에 의한 타자성의 실종을 인정하지 않는다.
③ 자아와 타자에 근거한 존재론의 한계를 극복한다.
④ 역사가와 과거의 대등한 대화를 위해서 필요불가결하다.
⑤ 주체와 타자를 구분하는 이분법적 입장이 전제되어 있다.

[069~072] 다음 글을 읽고 물음에 답하시오.

우리는 자주 ㉠다수결의 원리를 말한다. 더 많은 사람이 찬성하는 쪽으로 결정하자는 것이다. 사안에 관해 의견이 갈려 ㉡만장일치를 이뤄낼 수 없을 때 자주 이용하는 의사 결정 방법이다. 민주 국가의 의회에서는 대체로 참석 의원 과반수의 찬성으로 안건의 통과 여부를 결정한다. 이런 다수결이 꼭 합리적 결론을 보장하는가를 생각해 보도록 하는 고전 영화로 〈열띤 열두 사람〉(12 Angry Men)이 있다. 이 영화에서 열두 사람은 극중에서 형사 피고인에 대해 유·무죄를 판단하게 된 배심원들이다. 이들 대부분은 이 사건을 따질 것도 없는 명백한 살인 사건이라 생각한다. 먼저 표결을 해 보는데, 딱 한 표가 무죄이다. 누구냐며 분위기가 좋지 않다. 사실 그 한 표도 무죄를 확신했기 때문이라기보다는, 한 사람의 목숨을 논의도 해 보지 않고 5분 만에 결정하는 데 대한 문제 제기로서 취한 방편이었다.

다수결이라 해서 꼭 옳진 않겠지만 다수의 의사를 무시하고 생떼를 쓰는 데 대하여는 더욱 좋지 않게 보며, 대개는 결정에 승복하도록 요구한다. 이에 대한 근거로는 뜻밖에도 자유와 평등의 이념을 든다. 표결 이전에 꼭 자유롭고 평등한 의견 교환을 거치도록 하는 절차적 규율이 다수결에서의 필수 요건으로 달려 있기 때문이다. 토론 과정에서 어느 것이 더 합리적인 결정인지에 대해 납득 가능한 설명이 이루어지고 그 결과 참여자들의 지지율에 변동이 생길 가능성이 깔려 있어야 한다. 또한 타협과 조정을 통해 새 선택지가 나오거나 대립하는 의견이 상호 수렴할 여지도 있어야 한다. 이처럼 평등한 주체들이 자유롭게 대화하고 토론하여 타협하고 조정하는 절차를 거치는 것이 다수결을 정당화하는 중요한 근거인 것이다. ㉢ 을 근거로 들기도 하지만, 그것은 적을지언정 다수결이 타당하지 않은 경우가 있다고 스스로 인정하는 말이기도 하다. 따라서 그보다는 절차적 정당성의 확보에서 근거를 찾는 쪽이 적당해 보인다.

영화에서 판사는 만장일치로 결정해야 한다고 새겨준다. 영화는 그것이 토론을 통한 합리적 설득을 강제하는 모습을 보여준다. 사실은 다수결에 이끌려 다니는 사회가 오히려 정치적으로 나태한 사회이다. 자신과 다른 의견을 가진 사람들과의 치열한 논쟁이나 의견 조정을 회피하고 표결의 결과에만 의존하기 때문이다. 다수결은 토론이나 토의, 대화와 타협, 설득, 양보 등을 거치고도 합의점에 이르지 못한 때에 하는 마지막 수단이다. 단지 한 사람이 많았다는 이유로 대부분의 사안을 독단하고 반수 가까운 다른 구성원을 무시해 버린다면 다수의 횡포가 아닐 수 없다. 중요한 건 다수결이 아니라 민주주의라는 사실을 잊어서는 안 된다. 단 한 명의 반대자가 있더라도 나머지 다수는 밀어붙일 게 아니라 설득해야 한다는 것을 만장일치제라는 제도로 강제하려는 것이다.

영화에서는 결국 그 한 명의 의견을 나머지 다수가 받아들여 마음을 바꾸었다. 이는 한 사람의 막무가내 억지에 모두가 굴복한 것이 아니다. 소수의 억지로 전체가 나아갈 길에 걸림돌을 만드는 것은 다수의 횡포보다도 더욱 부적절한 행태이다. 토론의 장이 마련됨으로써 소수 의견에 대한 타당성에 대해서도 논의를 할 수 있게 된 것이다. 그리고 그것이 받아들여지게 된 것은 언변의 힘이 아니다. 그에 내재되어 있는 논리적 옳음이다. 한 사람이 하고 있는 합리적 의심의 타당성이 가능하게 하였던 것이다. 다수의 힘이 횡행할 때에 옳음으로 그에 맞설 수 있는 거의 유일한 도구로서 법을 떠올릴 수 있다. 뿐만 아니라 다시 법은 그 옳음을 판단하는 기준이 되기도 한다. 의회가 다수결로 통과시킨 법률을 소수의 법률가들로 구성된 헌법재판소가 무효화 할 수 있도록 하는 법적·제도적 근거를 이런 원리에서 찾기도 한다.

069 윗글을 이해한 내용으로 적절하지 않은 것은?

① 다수결의 원리가 민주주의 원칙에 우선할 수 없다.
② 다수결에의 지나친 의존은 정치적 역동성을 떨어뜨린다.
③ 위헌법률심사제도는 다수의 횡포에 대한 견제 수단으로도 기능한다.
④ 자유로운 의견 교환의 장을 마련하는 일은 올바른 논리가 도출될 수 있도록 하는 수단이다.
⑤ 타협과 양보를 통해 합의를 이루어냈을 때에 다수결로 그 정당성을 확인하는 것이 원칙이다.

070 영화 〈열띤 열두 사람〉에 대한 설명으로 적절하지 않은 것은?

① 피고인에 대하여 무죄의 평결이 이루어졌다.
② 인권을 보장하는 배심 제도의 기능을 보여 준다.
③ 한 사람이 가진 굳은 의지로 다수의 횡포를 이겨내는 결말을 구성한다.
④ 토론은 참여자들의 지지율이 변화할 가능성이 열려 있어야 한다는 것을 전제한다.
⑤ 만장일치가 다수결보다 신속하지 못하기는 하지만 순기능이 있다는 점을 부각한다.

071 ㉠과 ㉡에 대한 평가로 적절한 것은?

① ㉠은 ㉡보다 다수의 횡포를 방지하는 기능이 강하다.
② ㉠에 승복하지 않을 수 있는 정당성은 ㉡에서 확보된다.
③ ㉠과 ㉡은 모두 자유와 평등의 이념을 바탕으로 하고 있다.
④ ㉠에는 ㉡과 달리 소수 의견의 피력이 필수적으로 보장되어 있지 않다.
⑤ ㉠과 ㉡은 모두 영화 〈열띤 열두 사람〉에서 사안을 결정하는 수단으로 이용된다.

072 ㉢에 들어갈 말로 적절한 것은?

① 다수의 결정이 옳은 결과를 낳을 확률이 높다는 것
② 다수의 논의로써 합리적 의심을 배제할 수 있다는 것
③ 의회에서 일반적으로 채택하는 방식이 다수결이라는 것
④ 토의 없이 다수결로만 결정하지 못하는 원리가 있다는 것
⑤ 다수결이 소수의 희생에 대하여 해명하는 도구가 된다는 것

[073~075] 다음 글을 읽고 물음에 답하시오.

들고 있던 공을 손에서 놓으면 밑으로 떨어지게 되고 축축한 곳에 있는 못은 녹이 슬게 된다. 하지만 떨어진 공이나 녹이 슨 못은 아무리 시간이 지나도 저절로 원래의 상태로 돌아가지는 않는다. 이러한 예에서 알 수 있는 것은 변화에는 어떤 방향성이 있다는 것이다. 공이 떨어지거나 녹이 스는 것과 같은 과정은 자발적으로 일어난다고 말한다. 즉 자발적 과정이란 외부의 어떤 도움 없이도 스스로 일어날 수 있는 과정을 뜻한다. 위의 사례는 경험적으로 알 수 있지만 화학 반응은 경험적으로 알기가 어렵다. 그렇다면 자발적으로 어떤 변화, 과정, 공정이 일어나는 것을 경험에 의존하지 않고도 판단할 수 있는 방법은 무엇일까?

1876년 기브스(Gibbs)는 어떠한 반응이나 과정 등이 일정한 온도와 압력에서 자발적으로 진행될지 예측하기 위해 자유에너지라는 개념을 제시하였다. 이를 기브스의 이름을 기려 기브스 자유에너지(G)라 부르는데 기브스 자유에너지란 어떤 계에서 최대한으로 뽑아낼 수 있는 에너지의 양이다. 그리고 G는 엔탈피(H)라는 에너지에서 절대 온도(T)와 엔트로피(S)의 곱을 뺀 값으로 정의된다. 따라서 일정 온도 압력 조건에서 기브스 자유에너지 변화(ΔG)는 엔탈피 변화(ΔH)에서 절대 온도와 엔트로피 변화(ΔS)의 곱을 뺀 값이 된다. 절대 온도는 도씨 온도에 273.15를 더한 값으로 항상 양의 값을 갖는다. 여기서 엔탈피 변화란 일정 온도 압력 조건에서, 어떤 반응이 일어날 때, 계가 얻은 열 또는 잃은 열을 의미하며 반응열이라 불린다. 가령 대기압에서 0℃에서 물이 얼음이 되면 일종의 반응인 상변화에 따라 일정량의 반응열을 방출하게 되는데 이러한 경우를 발열이라 하고 계에서 반응열만큼이 방출되었으므로 엔탈피 변화는 음의 값을 갖게 된다. 이와 달리 열을 흡수하는 반응은 흡열 반응이라 하며 엔탈피 변화는 양의 값이 된다. 엔트로피는 무질서한 정도를 뜻하므로 운동이 활발할수록 그 양이 커지게 된다. 따라서 기체, 액체, 고체의 순으로 엔트로피가 크다. 화학 반응에서는 반응에 의해 분자의 수가 늘어나는 반응이면 무질서도가 커지므로 엔트로피가 증가하며 반면 분자의 수가 줄어드는 반응은 엔트로피가 감소하게 된다.

열역학적으로 에너지가 낮은 상태가 큰 상태보다는 안정된 상태이기 때문에 기브스 자유 에너지가 낮아지는 상태로 가는 것이 자발적인 변화의 과정이다. 따라서 어떤 반응이나 과정과 같은 변화가 자발적인지 비자발적인지를 판단하기 위해서는 변화에 따른 엔탈피 변화와 엔트로피 변화를 따져보면 된다. 어떤 변화를 예측할 때 엔탈피 변화(ΔH)에서 절대 온도와 엔트로피 변화(ΔS)의 곱을 뺀 값이 음수가 된다면 기브스 자유에너지가 작아지는 방향이므로 이 변화는 자발적으로 일어난다. 가령 엔탈피 변화가 양수이고 엔트로피 변화도 양수인 반응은 온도에 따라 자발적인 반응의 방향이 바뀌게 된다.

기브스 자유에너지의 부호는 반응의 방향성을 알려주지만 반응의 속도에 대한 정보는 주지 못한다. 가령 철이 산소에 의해 녹스는 반응은 상온 상압에서 기브스 자유에너지 변화가 음이 되는 반응이어서 자발적으로 일어나지만 그 속도가 매우 느려 굉장히 많은 시간이 필요하다. 또한 상온 상압에서 다이아몬드가 흑연으로 변화하는 반응 또한 기브스 자유에너지가 음이지만 그 속도가 너무나 느려 우리가 영원히 살기 전에는 관찰할 수가 없다.

073 윗글의 내용 전개 방식으로 가장 적절한 것은?

① 변화의 자발성을 판단하기 위한 기브스 자유에너지 의미 변화를 통시적으로 고찰하고 있다.
② 자발성에 관련한 의문문을 여러 번 사용하며 이에 대해 답하는 구조로 서술하고 있다.
③ 자발성을 판단할 수 있는 자유에너지 개념을 설명한 후 이의 적용 한계에 대해 설명하고 있다.
④ 기브스 자유에너지를 유사한 다른 에너지와 비교하며 두 개념의 장단점을 지적하고 있다.
⑤ 기브스 자유에너지에 영향을 미치는 온도와 압력의 상호 관계에 대해서 규명하고 있다.

074 윗글에 대한 이해로 가장 적절한 것은?

① 복잡한 화학 반응의 방향성은 경험에 의지해야 한다.
② 절대 온도와 엔트로피를 곱한 값은 에너지의 단위를 갖는다.
③ 기브스는 다른 과학자에 의해 제시된 자유에너지의 개념을 지지하였다.
④ 기브스 자유에너지 변화를 통해 반응의 속도를 추측할 수 있다.
⑤ 물의 엔트로피가 수증기의 엔트로피보다 크다.

075 윗글을 읽은 학생의 반응으로 적절한 것만을 〈보기〉에서 있는 대로 고른 것은?

보기

상온 상압에서 흑연이 다이아몬드로 변화하는 반응의 엔탈피 변화는 몰당 +2000 J이다. 흑연보다 다이아몬드가 더 정렬된 원자 구조를 가지므로 흑연의 엔트로피가 다이아몬드보다 크다.

◎ 학생의 반응
ㄱ. 흑연이 다이아몬드로 변하는 반응은 비자발적인 반응이다.
ㄴ. 온도를 변화시켜도 흑연이 다이아몬드로 변화하는 반응은 항상 비자발적인 반응이다.
ㄷ. 흑연이 다이아몬드로 변화하는 반응은 흡열 반응이다.

① ㄱ ② ㄴ ③ ㄱ, ㄴ
④ ㄴ, ㄷ ⑤ ㄱ, ㄴ, ㄷ

[076~078] 다음 글을 읽고 물음에 답하시오.

아인슈타인의 상대성 이론이 나옴으로써, 시간과 공간에 대한 기존의 인식이 바뀌었다. 뉴턴 역학에서는 시간과 공간을 서로 전혀 다른 독립된 것으로 보았지만 이와 달리 시간과 공간은 따로 분리된 독립된 개념이 아니라 옷감의 씨줄과 날줄처럼 얽혀 있는 것이다. 아인슈타인은 3차원 공간과 1차원의 시간을 하나로 간주해 '4차원 시공간'이라 하였다. 어떤 사물의 위치를 정하는 데 공간적 좌표뿐만 아니라 시간이 필요하다. 그러므로 우주는 곧 4차원 시공간인 셈이다.

아인슈타인이 1905년 특수상대성 이론을 발표하자 민코프스키는 이를 수학적으로 해석하여 4차원 시공간 좌표를 도입했다. 1차원은 선 좌표 (x), 2차원 평면 좌표 (x, y), 3차원은 공간 좌표 (x, y, z)로 표현할 수 있으므로, 민코프스키는 3차원 공간 좌표에 시간 t를 첨가하여 4차원 시공간 좌표를 (x, y, z, t)로 표현했다. 이 좌표의 물리적인 의미는 어떤 공간(x, y, z)에서 어떤 시간(t)에 일어난 사건을 의미한다. 이때 중요한 것이 거리의 개념이다. ⊙3차원 공간에서의 거리와는 달리, ⓒ4차원 시공간에서의 거리는 시간 축이 고려되어야 한다. 피타

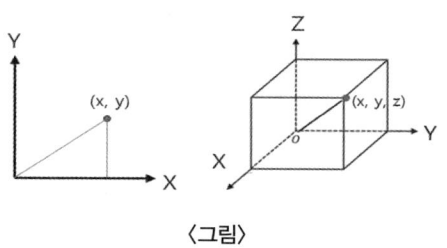

〈그림〉

고라스의 정리에 의해 〈그림〉과 같이 2차원 좌표계에서 원점 (0, 0)과 점 (x, y) 간의 거리 L은 x^2과 y^2의 합의 양의 제곱근인 $\sqrt{x^2+y^2}$ 이 되고 3차원 공간에서의 원점 (0, 0, 0)과 점 (x, y, z)과의 거리는 x^2, y^2, z^2의 합의 제곱근인 $\sqrt{x^2+y^2+z^2}$ 이 된다. 만약 4차원 공간이라면, 4차원 좌표계의 원점 (0, 0, 0, 0)과 점 (x, y, z, t) 간의 거리 L은 $L=\sqrt{x^2+y^2+z^2+t^2}$ 이라 생각할 수 있지만 거리 x, y, z의 단위(cm, m, km)와 시간 t의 단위(시, 분, 초)는 서로 다르기 때문에 거리와 시간의 단위를 통일해야만 계산이 가능하다.

빛의 속도로 1시간 거리에 있는 행성이 폭발했다고 가정하고 위의 문제를 생각해 보자. 지구에서 망원경으로 그 사건을 관측한 것이 오전 11시 30분이었다면 폭발은 사실 1시간 전인 10시 30분에 일어난 것이다. 지구의 좌표가 원점, 행성의 3차원 공간상에서의 좌표가 (x, y, z)라 할 때, 지구에서의 관측과 행성의 폭발 사건을 4차원 시공간 좌표계에 표시하면 각각 (0, 0, 0, 11시 30분)과 (x, y, z, 10시 30분)이 된다. 민코프스키는 이 두 사건이 4차원 시공간에서의 거리가 0이 되도록 시간을 거리로 환산하였다. 즉 제곱하면 −1이 되는 허수 i와 광속 c를 곱한 ic를 시간 t에 곱하고 피타고라스의 정리를 확장하여 4차원 거리를 구했다. 즉 거리 $L=\sqrt{x^2+y^2+z^2+(ict)^2}=\sqrt{x^2+y^2+z^2-(ct)^2}$ 이 되며, 이 식을 보면, 3차원 공간상에서 두 점 간의 거리($\sqrt{x^2+y^2+z^2}$)와 빛이 t초 동안 가는 거리($\sqrt{(ct)^2}$=ct)가 같으면 두 점 간의 거리는 0이 된다. 이처럼 거리 L이 0이 되면 두 사건은 4차원 시공간에서 '동시(同時)'가 된다.

공간과 시간으로 이루어진 이러한 4차원 시공간을 민코프스키 공간이라고도 부르며 이러한 4차원 시공간의 기하학적 관점은 아인슈타인의 일반 상대성 이론의 형성에도 중요한 역할을 하였다.

076 윗글을 읽고 알 수 있는 내용으로 적절하지 않은 것은?

① 일반 상대성 이론의 형성은 4차원 시공간의 기하학적 관점에 영향을 받았다.
② 아인슈타인은 민코프스키의 4차원 시공간 좌표계를 이용하여 특수 상대성 이론을 도입하였다.
③ 민코프스키는 3차원 공간 좌표에 시간 좌표를 도입하여 4차원 시공간 좌표를 제안하였다.
④ 2차원 및 3차원 좌표계에서 두 점 사이의 거리는 피타고라스 정리로 구할 수 있다.
⑤ 4차원 시공간은 3차원 공간과 시간을 서로 독립적인 것으로 간주하지 않는다.

077 ㉠과 ㉡에 대한 설명으로 가장 적절한 것은?

① ㉠에는 좌표에 시간이 표시된다.
② ㉠은 일반 상대성 이론에 의해 도입되었다.
③ ㉡은 거리를 시간의 단위로 환산하여 계산한다.
④ ㉠과 달리 ㉡은 사건이 동시인지를 판별할 수 있게 해준다.
⑤ ㉠과 ㉡ 모두 특수 상대성 이론을 해석하기 위해 생겨난 개념이다.

078 윗글을 바탕으로 할 때, 〈보기〉에 대해 탐구한 내용 중 적절한 것을 모두 고른 것은?

> **보기**
> ○○ 천문대에서 2022년 10월 15일 저녁 9시 정각에 지구로부터 광속으로 각각 한 시간과 네 시간의 거리에 있는 두 행성 α와 β의 표면에서 큰 폭발의 빛을 관측할 수 있었다. 이때 ○○ 천문대의 좌표를 원점으로 하여 4차원 시공간 좌표계로 표시하면 (0, 0, 0, 9시)가 된다. 행성 α와 β의 3차원 공간 좌표를 각각 (x_1, y_1, z_1), (x_2, y_2, z_2)라 하자.

> **탐구 내용**
> ㄱ. 행성 α의 폭발 사건을 4차원 좌표계에 표시하면 (x_1, y_1, z_1, 8시)가 된다.
> ㄴ. 행성 β의 폭발 사건을 4차원 좌표계에 표시하면 지구와 같은 (x_2, y_2, z_2, 9시)로 표시할 수 있다.
> ㄷ. 행성 α와 β의 표면에서 큰 폭발은 3차원 공간의 관점에서 말하면 동시에 일어난 사건이다.
> ㄹ. 지구의 천문대에서의 관측과 두 행성 α와 β의 표면에서 큰 폭발 사건은 4차원 시공간에서 동시이다.

① ㄱ, ㄴ ② ㄱ, ㄷ ③ ㄱ, ㄹ
④ ㄴ, ㄷ ⑤ ㄴ, ㄹ

[079~082] 다음 글을 읽고 물음에 답하시오.

어떤 존재에게 '도덕적 지위'가 있다는 것은 그 존재를 도덕적으로 고려해야 하고 그 존재에게 도덕적인 의무를 진다는 뜻이다. 도덕적 지위는 다시 '직접적인 도덕적 지위'와 '간접적인 도덕적 지위'로 나눌 수 있다. 인간은 직접적인 도덕적 지위를 가진다는 점에 아무도 이의를 제기하지 않을 것이다. 도덕적 지위가 직접적으로 있다는 뜻을 이해하기 위해서는 간접적인 도덕적 지위가 무엇인지 살피면 된다.

길가의 돌멩이는 발로 차도 도덕적으로 문제가 된다고 생각하는 사람은 아무도 없다. 이 말은 그 돌멩이에는 도덕적 지위가 전혀 없다는 뜻이다. 그러나 같은 돌멩이지만 누군가의 정원에 있는 돌은 함부로 발로 차면 안 된다고 다들 생각한다. 누군가의 소유물인 정원석은 도덕적 지위가 직접적으로는 없어도 누군가의 소유물이기 때문에 간접적으로는 있는 것이다.

문제가 되는 것은 동물에게 도덕적 지위가 있느냐이다. 있다고 하더라도 그 도덕적 지위가 직접적인가, 간접적인가 하는 것이다. 대부분의 사람들은 동물을 학대하면 양심의 가책을 느끼고 그런 행동을 보면 옳지 못하다고 생각한다. 그것을 보면 동물에게 도덕적 지위가 있는 것 같다. 그러나 그 도덕적 지위가 동물에게 직접으로 있는가, 아니면 다른 이유 때문에 있는가?

동물에게 간접적 도덕적 지위가 있다고 주장한 철학자로 데카르트와 칸트가 있다. 이들 모두 동물을 학대하면 안 된다고 주장했는데, 그 이유는 다르다. 데카르트는 동물은 즐거움이나 고통을 경험할 수 없다고 주장한 철학자로 유명하다. 그는 동물이 맞았을 때 내는 소리는 태엽을 감은 자동인형이 움직일 때 째깍거리는 소리와 같다고 주장했다. 그렇다고 해서 그에게서 동물을 학대해도 된다는 결론은 나오지 않는다. 그것은 누군가가 소유한 물건을 허락 없이 훼손하는 것이나 마찬가지이기 때문이다. 그러나 데카르트의 이런 주장은 우리의 상식과 어긋난다. 그에 따르면 주인 없는 동물은 학대해도 되기 때문이다.

칸트는 동물을 학대하면 인간의 품성에 나쁜 영향을 끼치기 때문에 옳지 않다고 주장한다. 동물에게 친절한 사람은 사람에게도 친절하게 대할 것이고, 동물에게 잔인한 사람은 사람에게도 잔인하게 대할 것이라고 생각하는 것이다. 칸트의 입장에서 동물은 이렇게 인간에게 끼치는 영향 때문에 간접적으로 도덕적 지위를 갖게 되어, 이런 이유는 동물이 누군가의 소유물이 아니더라도 함부로 대하면 안 되는 이유를 제시해 주기는 한다. ㉠하지만 그의 주장은 지구에 마지막으로 남았다고 가정되는 한 사람이나 다른 사람과 전혀 교류하지 않는 사람의 경우에는 적용되지 않는 문제가 생긴다.

동물에게 간접적인 도덕적 지위가 있다는 주장에 문제가 있다면 동물에게는 도덕적 지위가 아예 없다고 해야 하거나 아니면 직접적인 도덕적 지위가 있다고 결론을 내려야 한다. 그런데 동물을 학대하는 행동을 보고 옳지 않다고 생각하는 것이 우리의 상식이기에 동물에게 도덕적 지위가 전혀 없다는 주장은 유지될 수 없다. 그렇다면 동물에게 직접적인 도덕적 지위가 있다는 주장이 힘을 얻게 된다. 이런 결론은 직접적인 도덕적 지위가 있는 인간을 노예로 삼거나 실험 대상으로 삼는 것이 허용되지 않는 것처럼, 동물을 가두어 기르고 잡아먹거나 실험동물로 쓰는 관행을 다시 생각하게 만든다. [A]

079 도덕적 지위 에 대한 설명으로 가장 적절한 것은?

① 간접적 도덕적 지위는 없다가 생길 수도 있다.
② 상식은 동물과 길가의 돌멩이의 도덕적 지위를 똑같이 취급한다.
③ 어떤 존재라도 직접적으로든 간접적으로든 도덕적 지위를 갖는다.
④ 도덕적 지위가 있는 존재를 학대하더라도 도덕적 비난을 받지 않을 때도 있다.
⑤ 어떤 존재에게 간접적 도덕적 지위가 없다면 도덕적 지위가 아예 없다고 해야 한다.

080 '데카르트'와 '칸트'의 입장으로 적절하지 <u>않은</u> 것은?

① 데카르트는 길가의 주인 없는 돌멩이는 도덕적 지위가 없다고 생각한다.
② 데카르트는 동물이 주인이 있느냐 없느냐에 따라 고통을 느끼는지가 달라진다고 생각한다.
③ 칸트는 주인이 있는 동물이든 없는 동물이든 모두 도덕적 지위가 있다고 생각한다.
④ 데카르트와 달리 칸트는 주인 없는 동물도 도덕적 지위가 있다고 생각한다.
⑤ 데카르트와 칸트는 모두 주인 있는 동물은 도덕적 지위가 있다고 생각한다.

081 ㉠의 이유로 가장 적절한 것은?

① 동물을 학대하더라도 양심의 가책을 느끼지 않을 것이므로
② 그런 사람들은 더 이상 동물과도 교류를 하지 않을 것이므로
③ 그런 사람들은 동물뿐만 아니라 사람의 도덕적 지위도 인정하지 않을 것이므로
④ 잔인한 품성이 생긴다고 하더라도 잔인하게 대할 다른 사람이 없으므로
⑤ 동물에게 잔인하다고 해서 꼭 사람에게 잔인할 것이라고 말할 수 없으므로

082 [A]에 대한 비판으로 적절하지 <u>않은</u> 것은?

① 동물을 학대하는 행동을 보고 도덕적이지 않은 의미에서 옳지 않다고 생각할 수 있다.
② 데카르트와 칸트 외에 동물에게 간접적 도덕적 지위가 있다는 다른 이론이 있을 수 있다.
③ 직접적인 도덕적 지위가 있더라도 그 정도가 다르다면 허용할 수 있는 관행이 달라질 수 있다.
④ 동물을 학대하는 행위가 비도덕적이라는 상식은 검토되어야 할 대상이지 무조건 받아들일 수는 없다.
⑤ 간접적인 도덕적 지위만 있는 인간이라도 실험 대상으로 삼으면 안 되는 것처럼 동물이 간접적인 도덕적 지위만 있더라도 실험 대상으로 쓰면 안 된다.

[083~084] 다음 글을 읽고 물음에 답하시오.

외국 국적 농어업인 건강 보험료 지원 제도 안내

내국인에게만 적용되었던 농어업인 지원이 2022년도 1월부터 내국인과 외국인의 형평성을 위해 외국인 전체를 대상으로 확대되었습니다.

○ 농어업인 지원
  - 대상: 주소지가 농어촌 및 준농어촌 지역에 해당하면서 농업, 어업, 축산, 임업에 종사하는 자
  - 지원 내용: 보험료 부과 점수에 따라 건강 보험료의 0~28% 경감(타 경감과 합산하여 최대 50%까지 적용)
  - 신청 방법
    1. 농어업 경영체에 등록된 자: 농어업인 건강 보험료 지원 신청(확인)서 제출
       ※주소지가 읍·면 지역인 경우 유선 신청 가능
    2. 농어업 경영체 미등록자: 농산물품질관리원(농업, 축산업), 지방산림청(임업), 지방해양수산청(어업)에서 농(어)업인 확인서 발급하여 제출

농어업인 지원은 본인 신청에 의해서 적용 가능하며, 제도 시행 월 이후의 건강 보험료 납부 내역에 대해서 ㉠소급 적용을 받을 수 있습니다. 최대 소급 기간은 신청 월 포함 6개월입니다. 농어업에 종사 중인 외국인께서는 요건 확인하셔서 신청해 주시기 바랍니다.

083 윗글의 내용과 일치하지 않는 것은?

① 2022년도 1월부터 내국인과 외국인 모두에게 농어업인 지원이 적용된다.
② 주소지가 농촌에 해당하면서 농업에 종사하는 사람은 농어업인 지원의 대상이 된다.
③ 농어업인 건강 보험료 지원 제도는 타 경감과는 별개로 적용된다.
④ 농어업 경영체에 등록된 자 중 주소지가 읍·면 지역일 경우 유선 신청이 가능하다.
⑤ 농어업인 건강 보험료 지원은 본인이 신청하여야 적용된다.

084 윗글을 바탕으로 할 때 ㉠의 적용 사례로 적절하지 않은 것은?

		농어업 종사 시작월	농어업인 지원 신청월	소급 지원 적용 기간 (신청월 포함)
①	A	2021년 12월	2022년 5월	6개월
②	B	2021년 10월	2022년 6월	6개월
③	C	2022년 1월	2022년 6월	6개월
④	D	2022년 4월	2022년 7월	4개월
⑤	E	2022년 5월	2022년 8월	4개월

085 다음 공익 광고가 전달하고자 하는 내용으로 가장 적절한 것은?

① 여유로운 삶의 태도를 가져야 한다.
② 물건을 아껴 쓰는 버릇을 들여야 한다.
③ 환경을 위해 생활 습관을 바꾸어야 한다.
④ 건강 관리는 건강할 때부터 열심히 해야 한다.
⑤ 쓰레기를 줄이기 위한 사회적 노력이 필요하다.

[086~087] 다음 글을 읽고 물음에 답하시오.

'심심한 사과'를 아시나요?

　얼마 전 어떤 인터넷 카페에서 벌어진 논란이 전국적인 관심을 받은 일이 있었다. 회원들에게 사과하는 공지를 올리면서 '심심한 사과 말씀드립니다.'라는 표현을 쓴 것이 발단이었다. 이 글을 읽은 회원들이 '제대로 된 사과를 해도 모자랄 판에 심심하게 사과를 하다니 말이 되냐'며 화를 내는 댓글을 단 것이 화제가 된 것이다. 그렇지 않아도 최근 젊은 세대가 '십분', '금일', '병역' 같은 한자어를 제대로 이해하지 못해서 벌어지는 해프닝들이 잦아진 터라 이번 일을 계기로 문해력이 부족한 청년들을 질타하는 목소리가 커지기도 했다.

　그런데 이 논란을 보면서 나는 문득 '사과'는 한자로 뭐였더라 하는 엉뚱한 궁금증을 갖게 되었다. 돌이켜 보니 자주 쓰는 말이면서도 정작 이 말이 어떤 뜻이었는지는 제대로 몰랐던 것이다. 한자를 찾아보니 '사례할 사(謝)'에 '지날 과(過)', 그러니까 '지나간 일에 사례하는 것'이라는 뜻이다. 미안하다는 의미를 지닌 단어에 '감사'와 같은 한자가 쓰였다는 것에 잠시 놀랐다. 생각은 꼬리를 물고 이어졌다. 그럼 먹는 '사과'는 한자로 뭐지? '사과'는 '모래 사(沙)'에 '과일 과(果)'라고 한다. 사과가 모래질의 토양에서 잘 자라서 이런 이름이 붙었다는 설명이 있는데 어쨌든 사과가 '모래 과일'이라는 뜻일 거라고는 한 번도 생각해 본 적이 없었다. 게다가 사과와 같은 뜻인 줄 알았던 '능금'은 사과와 다른 별도의 과일이고 심지어 한자로는 '임금(林檎)'으로 쓴다고 한다. 하나같이 난생 처음 듣는 이야기들이다.

　돌이켜 보면 기성세대들도 그런 혼동과 착각을 적지 않게 겪으며 살아왔다. 나는 모래 폭풍으로 농장을 잃은 미국 농민들이 66번 도로를 따라 캘리포니아로 떠나는 여정을 그린 존 스타인벡의 소설 '분노의 포도'에서 설마 '포도'가 정말 먹는 '포도(葡萄)'일 거라고는 꿈에도 모르고 소설 속의 '포장도로'를 줄인 말일 거라고 생각했었다. 아일랜드의 시인 예이츠의 유명한 시 '이니스프리의 호도(湖島)'가 먹는 호도가 아니고 '호수 섬'이라는 것을 뒤늦게 아신 분들도 적지 않을 것이다. 따지고 보면 '심심하다'라는 말이 '심할 심(甚)', '깊을 심(深)'이라서 '심하게 깊다'라는 뜻이라는 걸 알고 있던 분들은 얼마나 될까 싶다. '그것도 모르나'라고 으쓱거리기에 기성세대들도 맥락과 경험을 통해 대충의 의미는 알고 있지만 정확하게 무슨 뜻인지 모르고 사용하던 말들도 적지 않다는 것이다.

　이 모든 지식들을 다 알 수도 없고 전부 알 필요도 없다. 다만 중요한 것은 자세의 문제다. '심심' 논란의 핵심은 유식과 무식의 문제가 아니라, 우리가 서로 소통하는 것이 점점 어려워질 거라는 두려움일 것이다. 그렇다면 '그런 잘 쓰지도 않는 한자어 모르면 뭐 어때서?'라고 뻗대거나 '이런 것도 모르는 게 말이 되나?'라고 윽박지르는 태도 모두 '대화와 공감'을 포기한 태도라는 점에서 문제라고 할 것이다. 뒤집어 보자면 기성세대 역시 젊은 세대들이 자주 사용하는 용어들 가운데 무슨 의미인지 전혀 모르는 것들이 많지 않을까? 서로를 타박하기에 앞서 힘써 배우고 이해하려 노력하는 마음이 앞서야 할 것이다. 우리가 진정으로 안타까워하는 게 '소통'의 문제라면, 그를 위한 기본적인 전제는 서로에 대한 '존중'이라는 점을 잊지 않았으면 좋겠다.

086 윗글의 내용과 일치하지 않는 것은?

① '사과(謝過)하다'의 의미는 '지나간 일에 사례한다'는 뜻이다.
② '사과(沙果)'라는 과일 이름은 재배 환경에서 비롯되었다.
③ '분노의 포도'에서 '포도'는 한자어가 아니라 고유어이다.
④ '이니스프리의 호도(湖島)'는 '이니스프리의 호수 섬'이라는 뜻이다.
⑤ '심심(甚深)한 사과(謝過)를 표한다'는 말은 곧 '깊이 사과한다'는 뜻이다.

087 윗글을 읽은 독자들의 반응으로 적절하지 않은 것은?

① '심심' 논란은 세대 간 갈등과도 무관하지 않군.
② '심심' 논란을 통해 교양 지식의 중요성을 알 수 있군.
③ '심심' 논란은 젊은 세대들만의 문제라 볼 수는 없겠군.
④ '심심' 논란을 해결하려면 서로에 대한 존중이 필수적이겠군.
⑤ '심심' 논란은 앞으로 사회적 소통이 어려워질 것이란 걸 보여 주는군.

[088~090] 다음 글을 읽고 물음에 답하시오.

남부지방산림청 공고 제2022-01호/○○군청 공고 제2022-02호

숲길 조성 계획 공고

'맑은숲길' ㉠트레일 조성 사업에 대하여 이해관계인(토지 소유자 포함)에게 알리고 의견 수렴하고자 「산림문화·휴양에 관한 법률」제23조 및 같은 법시행령 제11조의3 규정에 따라 다음과 같이 공고합니다.

2022년 1월 1일
남부지방산림청장
○○군수

1. ⓐ숲길 지정 대상지 ㉡브리핑

숲길 명칭	노선 거리(km)	위치
맑은숲길 100구간	20.1	○○군 □□면 △△리 1-23 외 300필

2. 숲길 노선의 지정 목적: 경북 동서부 권역의 다양한 역사 문화 자원 등을 연계한 장거리 트레킹 ㉢네트워크 구축을 통해 산림 복지 서비스 확대
3. 지정 기간: 2022년 3월(지정 고시일)~숲길 운영 종료 시까지
4. 공고 기간: 공고일로부터 20일간
5. 이해관계인(토지 소유자 포함)은 사업 시행 동의 여부 및 사업 시행에 대한 이의를 본 공고 기간 내 의견서로 제출하여 주시기 바랍니다.
6. 기타 상세한 사항은 아래의 전화로 문의하시거나, 국유림관리소의 ㉣헬프 데스크로 문의하시기 바랍니다.

구분	전화번호	비고
남부지방산림청 산림경영과	054-123-1234	국유림 숲길 노선
○○군 국유림관리소	054-321-4321	
○○군청	054-567-5678	공·사유림 숲길 노선

붙임 1. 숲길 노선 지정 내역 및 위치도 각 1부.
    2. 의견서(㉤포맷) 1부. 끝.

088 ㉠~㉤을 다듬은 말로 적절하지 <u>않은</u> 것은?

① ㉠ 트레일(trail) → 탐방로
② ㉡ 브리핑(briefing) → 정보
③ ㉢ 네트워크(network) → 연결망
④ ㉣ 헬프 데스크(help desk) → 도움 창구
⑤ ㉤ 포맷(format) → 서식

089 ⓐ에 대한 설명으로 가장 적절한 것은?

① 2022년 1월부터 숲길로 지정될 예정이다.
② 전화로 문의할 수 있는 곳은 두 군데이다.
③ 숲길 지정에 대한 공고는 한 달간 이루어진다.
④ 숲길에 포함될 토지의 소유자가 이의가 있을 경우 의견서를 제출해야 한다.
⑤ 붙임 자료를 확인하면 숲길로 지정될 지역의 토지 소유 관계를 알 수 있다.

090 윗글을 바탕으로 할 때, 〈보기〉에 대한 반응으로 적절하지 <u>않은</u> 것은?

> **보기**
> • 숲길 지정 대상지의 땅을 소유한 ○○군민 A 씨
> • 자신의 땅이 숲길로 지정되는 것을 반대하는 의견서를 제출할 예정인 B 씨
> • 숲길 지정의 이해관계자는 아니지만 숲길 조성을 찬성하는 C 씨
> • 숲길 조성 업무를 담당하는 ○○군청 직원 D 씨

① A 씨는 자신의 토지가 숲길로 지정되는 데에 동의한다면 의견서를 제출하겠군.
② B 씨가 가진 토지 중에는 숲길로 지정될 위치에 있는 땅도 있나 보군.
③ C 씨는 숲길 지정 사업에 동의하는 의견서를 제출하겠군.
④ D 씨는 공·사유림 숲길 노선 관련 업무를 진행하겠군.
⑤ A 씨가 숲길 지정 사업에 대해 자세히 알고자 한다면 D 씨에게 문의하겠군.

국어 문화 091번~100번

091 〈보기〉에서 설명하는 문학 작품은?

> **보기**
> 조선 중기에 허난설헌이 지은 규방 가사. 남편의 사랑을 받지 못하고 규방에서 속절없이 눈물과 한숨으로 늙어 가는 여인의 애처로운 정한(情恨)을 노래하였다. 일설에는 허균의 첩인 무옥이 지었다고도 한다.

① 규원가 ② 한중록 ③ 봉선화가
④ 시집살이 노래 ⑤ 조침문

092 〈보기〉에서 설명하는 문학 작품은?

> **보기**
> 계용묵의 대표작 중 하나로, 선량하지만 불행과 고통 속에서 살아갈 수밖에 없는 인물의 이야기이다. 순수하지만 선천적인 장애와 물질적인 탐욕으로 인해 불행한 삶을 살게 되는 인물을 그리고 있다. 이 같은 인물의 등장은 일제 강점기 당시의 사회적 불구성을 반영한 것으로 평가할 수 있다.

① 치숙 ② 홍염 ③ 화수분
④ 물레방아 ⑤ 백치 아다다

093 〈보기〉에서 설명하는 작가는?

> **보기**
> 일제 강점기에 작품 활동을 한 소설가로 불과 2년 남짓한 작가 생활을 통해 30여 편의 작품을 남길 정도로 왕성하게 활동하였으나 30세에 요절하였다. 구인회의 일원이었으며, 특히 이상과 교분이 두터웠다. 그의 문학 세계는 본질적으로 희화적이며 따뜻하고 희극적인 인간미가 넘치는 특징을 가지고 있다. 비참한 현실을 해학적으로 그려 냄으로써 비애를 동반하는 해학의 미적 특질을 보여 준다. 대표작으로는 〈봄봄〉, 〈금 따는 콩밭〉 등이 있다.

① 김동리 ② 김유정 ③ 박태원
④ 이태준 ⑤ 이효석

094 〈보기〉는 1920년대 신문에 게재된 연극 광고이다. 〈보기〉의 내용과 일치하지 않는 것은?

> 보기
>
> 동경류학싱 극단 토월회(土月會)의 뎨일회 공연극은 이십칠일부터 단성사에셔 하랴든 예뎡이엿섯스나 스정으로 인하야 명일부터 됴션극장에서 긔연하게 되얏는대 입장권은 특등과 일등에 한하야 예약 판미도 한다 하며 지금은 무대의 빅경과 기타의 제반 준비도 츙분히 되야 긔연 당야에는 만도인스의 열광뎍 환영을 밧지 은이하면 마지 안이흘 의긔 이라더라.
>
> 『매일신보』, 1923년 6월 28일

① 토월회는 동경유학생들이 만든 극단이다.
② 토월회의 첫 번째 공연이다.
③ 공연 장소가 변경되었다.
④ 공연날짜는 다음 달인 7월 29일이다.
⑤ 입장권은 예약 판매도 한다.

095 〈보기〉의 ㉠~㉤의 의미로 적절하지 않은 것은?

> 보기
>
> 사흘 굶은 흥보가, 헛인사를 한 번 하여, "저러하신 선동네가, 나 같은 사람을 보려고, 그 먼 데서 오셨다가, 아무리 ㉠염반(鹽飯)이나, 점심 요기해야지." 동자 웃고 대답하되, "세상 사람이 아니기로, 시장하면 구전단, 목마르면 감로수, 연화식(煙火食)을 못 하오니, 염려치 마옵소서." ㉡인홀불견(因忽不見)이라. (중략) 동자를 보낸 후에, "어허 괴이하다." ㉢박적 속을 또 굽어보니, ㉣목물(木物)들이 놓였는데, 하나는 반달이 농만 하고 하나는 벼룻집만 한데, 주홍 외챌(倭漆)을 곱게 하고, 용 거북 자물쇠를, 단단히 채고서, 초록 당사 벌매듭에, 열쇠 달아 옆에 걸고, 둘 다 뚜껑 위에, 황금 정자가 쓰였는데, '박흥보 ㉤개탁(開坼)'이라.
> -「흥보가」

① ㉠ 염반: 반찬이 변변하지 못한 밥
② ㉡ 인홀불견: 언뜻 보이다가 갑자기 없어짐
③ ㉢ 박적: '바가지'의 방언
④ ㉣ 목물: 나무로 만든 물건
⑤ ㉤ 개탁: 짐 따위를 요구하는 장소까지 배달해 주는 일

096 〈보기〉의 '훈민정음' 서문에서, ㉠~㉤과 의미상 서로 대응하는 한자가 아닌 것은?

> 보기
>
> 나랏 말쏘미 中國에 달아 文字와로 서로 스뭇디 아니홀씨 이런 젼츠로 ㉠어린 百姓이 니르고져 홇 배 이셔도 무춤내 제 쁘들 시러 ㉡펴디 몯홇 노미 ㉢하니라. 내 이룰 爲호야 어엿비 너겨 새로 스믈여듧 字룰 ㉣밍ㄱ노니 사롬마다 힝뼈 수비 니겨 날로 ㉤뿌메 便安킈 호고져 홇 ᄯᆞᄅᆞ미니라.

① ㉠: 愚
② ㉡: 伸
③ ㉢: 多
④ ㉣: 制
⑤ ㉤: 書

097 〈보기〉는 남북의 어문 규범 차이를 알기 위해 조사한 자료이다. ㉠에 들어갈 말로 적절한 것은?

> **보기**
>
> 〈조선말 규범집〉
> 제10항 일부 형용사, 동사에서 말줄기와 토가 어울릴때에 말줄기의 끝소리가 일정하게 바뀌여지는것은 바뀐대로 적는다. ……
> • 말줄기의 끝을 ≪ㅎ≫으로 적거나 적지 않는 경우
>   벌겋다 – 벌겋고, 벌겋지, 벌거오, 벌거니, 벌겁니다, 벌개서
>   허옇다 – 허옇고, 허옇지, 허여오, 허여니, 허엽니다, 허애서
>
> 위의 '벌개서, 허엽니다, 허애서'는 한글 맞춤법에 따르면 '＿＿㉠＿＿'로 적어야 한다.

① 벌개서, 허엽니다, 허애서
② 벌개서, 허엽니다, 허예서
③ 벌개서, 허옇습니다, 허애서
④ 벌게서, 허옇습니다, 허애서
⑤ 벌게서, 허옇습니다, 허예서

098 〈보기〉를 바탕으로 할 때 점자 표기가 적절하지 <u>않은</u> 것은?

> **보기**
>
> 겹받침으로 쓰인 'ㄳ, ㄵ, ㄶ, ㄺ, ㄻ, ㄼ, ㄽ, ㄾ, ㄿ, ㅀ, ㅄ'은 각 자음자의 받침 표기를 이용해 어울러 적는다.
>
> | 자음
(종성) | ㄱ | ㄴ | ㄹ | ㅁ | ㅈ | ㅎ |
> |---|---|---|---|---|---|---|
> | | ⠂⠂ | ⠒⠂ | ⠂⠒ | ⠲⠂ | ⠂⠖ | ⠲⠒ |
> | 모음 | ㅏ | ㅗ | ㅣ | 약자 | 다 | |
> | | ⠁⠅ | ⠉⠂ | ⠂⠊ | | ⠊⠂ | |
>
> * 'ㅇ'이 첫소리 자리에 쓰일 때에는 이를 표기하지 않는다.

① 읽다
② 앉다
③ 않다
④ 잃다
⑤ 옮다

099 밑줄 친 법률 문장을 수정한 것으로 적절한 것은?

> **보기**
> • "설계자"라 함은 자기 책임하에 설계도서를 작성하고 그 설계도서에 의도한 바를 해설하며 <u>지도·자문하는 자</u>를 말한다. (건축법)

① 지도와 자문을 찾는 사람
② 지도와 자문에 알맞은 사람
③ 지도와 자문에 응하는 사람
④ 지도와 자문을 거부하는 사람
⑤ 지도와 자문을 요청하는 사람

100 〈보기〉는 뉴스 보도의 일부이다. ㉠~㉢에 대한 설명으로 적절하지 <u>않은</u> 것은?

> **보기**
> 태풍이 몰고 온 비구름의 영향으로 제주도와 남해안에는 빗줄기가 ㉠<u>이어지고 있습니다</u>. 밤사이 한라산에 ㉡<u>200밀리미터</u>가 넘는 폭우가 내리면서 오전 6시 기준으로 탐방로의 입산이 전면 통제될 것으로 보입니다. 열대 고기압의 영향으로 태풍이 한반도를 빠져나가는 데 많은 시간이 소요될 것으로 ㉢<u>전망됩니다</u>. ㉣<u>한편 기상청의 예보 분석관은 "2일 밤에서 3일 오전 사이에 태풍 강도나 이동 경로의 변동성이 매우 큰 편이다. 이 시점을 지나면 어느 정도 불확실성이 해소될 것으로 본다."라고 말했습니다.</u> 이처럼 태풍 진로가 매우 유동적일 것으로 ㉤<u>예상되는데요</u>, 시청자 여러분께서도 이에 대비하여 최신 기상 정보를 꾸준히 확인하는 것이 좋겠습니다.

① ㉠: 진행을 나타내는 표현을 사용하여 현재 날씨 상황을 생생하게 전달하고 있다.
② ㉡: 구체적인 수치를 활용하여 정보를 객관적으로 전달하고 있다.
③ ㉢: 미래 상황에 대한 확신을 전달하기 위해 피동 표현을 사용하고 있다.
④ ㉣: 전문가의 견해를 인용하여 정보의 신뢰성을 높이고 있다.
⑤ ㉤: '하십시오체' 대신 '해요체'를 사용하여 시청자에 대한 친근감을 드러내고 있다.

2022. 08. 21.

성 명	
수험번호	
감독관 확인	

제68회
KBS한국어능력시험

KBS 한국방송

- 문제지와 답안지에 모두 성명, 수험 번호를 정확히 기입하십시오.
- 답안지와 함께 문제지를 반드시 제출하십시오.
- 본 시험지를 절취하는 것은 부정행위로 간주합니다.
- 본 시험의 내용을 무단으로 전재·복사·복제·출판·강의하는 행위와 인터넷 등을 통해 복원하는 행위는 저작권법에 저촉됩니다.

한국어능력시험 문항 100문항

영역	문항
듣기 · 말하기	001번~015번
어휘 · 어법	016번~045번
쓰기	046번~050번
창안	051번~060번
읽기	061번~090번
국어 문화	091번~100번

제68회 KBS한국어능력시험

2022년 08월 21일 시행

듣기·말하기 001번~015번

001 그림에 대한 설명으로 적절한 것은?

① 렘브란트는 〈진주 귀걸이를 한 소녀〉를 북유럽의 모나리자라고 높게 평가했다.
② 〈진주 귀걸이를 한 소녀〉 속 소녀의 눈과 입술은 흰색과 분홍색으로 섬세하게 강조되어 있다.
③ 〈진주 귀걸이를 한 소녀〉는 인물의 성격이나 표정보다 대상의 정확성을 우선시하는 트로니 회화 장르에 속한다.
④ 베르메르는 〈진주 귀걸이를 한 소녀〉와 같은 상반신 인물화를 유난히 많이 그렸던 화가로 당시에 알려져 있었다.
⑤ 〈진주 귀걸이를 한 소녀〉에는 강조하고자 하는 대상에 반사된 빛을 물감으로 얇게 칠하는 임파스토 기법이 사용되었다.

002 이 이야기의 주제로 가장 적절한 것은?

① 걱정이 많으면 일을 그르치기 마련이다.
② 타인을 비방하면 결국 자신에게 돌아온다.
③ 잘 알지 못하는 분야에 대해 잘난 체하면 안 된다.
④ 현재에 얽매이지 않고 미래 지향적으로 살아야 한다.
⑤ 게으름 피우지 않고 성실하게 노력하는 자세가 중요하다.

003 이 강연의 내용에 대한 이해로 적절하지 <u>않은</u> 것은?

① 메소포타미아인들은 겨울철에 흔한 얼음을 잘 보관하여 여름에 이용하는 지혜가 있었다.
② 항아리 냉장고는 고대 이집트인들이 이용했던 '증발 냉각 효과'를 실생활에 응용한 것이다.
③ 항아리 냉장고 덕분에 아프리카 농촌 아이들은 매일 더 많은 채소를 시장에 팔 수 있게 되었다.
④ 저개발국에서 여러 세대가 함께 사는 가정의 경우, 빨래의 양이 너무 많아서 가사 노동을 맡은 여성들에게 큰 부담이 되고 있다.
⑤ 페달 세탁기는 기존 세탁기와 거의 비슷한 원리로 만들어진 것으로, 자원을 절약하면서 가사 노동의 시간도 줄일 수 있는 발명품이다.

004 이 방송의 내용에 대한 이해로 적절하지 <u>않은</u> 것은?

① 영화 『미술관 옆 동물원』은 젊은이들의 사랑을 상쾌하고 상큼하게 그린 영화라고 할 수 있다.
② 영화 『미술관 옆 동물원』 속 주인공 춘희는 처음에는 인공을 짝사랑했지만 점점 철수와 가까워지게 된다.
③ 영화 『미술관 옆 동물원』 속에 나오는 엘가의 〈사랑의 인사〉는 엘가가 사랑하는 아내 앨리스를 위해 만든 곡이다.
④ 영화 『미술관 옆 동물원』 속 〈사랑의 인사〉는 사랑에 상처받고 힘들어하는 사람들에게 도움이 되는 곡이다.
⑤ 영화 『미술관 옆 동물원』에서 철수가 고물차를 몰고 춘희의 집 앞으로 등장할 때 나오는 엘가의 〈사랑의 인사〉는 웅장한 클래식 풍으로 편곡된 것이다.

005 이 시에서 묘사하고 있는 대상은?

① 봄   ② 새싹   ③ 아기
④ 강아지   ⑤ 개구리

006 전문가가 설명한 내용으로 적절하지 <u>않은</u> 것은?

① 화면해설작가는 방송물의 대본을 재작성하는 업무를 한다.
② 화면해설작가는 묶음 구간 동안의 상황을 글로 표현해 주는 역할을 한다.
③ 화면해설작가가 되는 데 특정한 자격 조건이 필요한 것은 아니다.
④ 화면해설작가 양성 교육 과정에 참여하여 기본 교육을 수료하면 바로 활동할 수 있다.
⑤ 화면해설작가로서 역량을 키우기 위해서는 화면의 내용을 글로 적어 보는 경험이 도움이 된다.

007 진행자의 말하기 전략에 대한 설명으로 적절하지 <u>않은</u> 것은?

① 지난 방송 내용을 언급하며 방송을 시작하고 있다.
② 상대방의 경험에 대해 질문을 하며 대화를 이어가고 있다.
③ 자신이 이해한 내용이 맞는지 질문을 통해 확인하고 있다.
④ 청취자가 궁금해할 법한 내용을 전문가에게 질문하고 있다.
⑤ 전문가의 답변 내용을 자신의 말로 요약하여 정리하고 있다.

008 대화에 대한 이해로 가장 적절한 것은?

① 아버지의 결혼에 대해 아들은 아버지의 건강 때문에 반대한다.
② 며느리는 시아버지의 결혼에 대해 조건부 찬성 의견을 드러낸다.
③ 자식들은 아버지의 결혼 상대를 호적에 올려야 한다고 주장한다.
④ 아버지는 결혼을 반대하는 자식들의 생각을 부분적으로 수용한다.
⑤ 아들은 다른 자식들도 아버지의 결혼을 반대할 것이라고 예상한다.

009 대화에 나타난 갈등 상황을 고려할 때, 마지막에 이어질 아버지의 말로 적절하지 <u>않은</u> 것은?

① "너희들이 뭐래도 난 결혼한다!"
② "너희들이 그러고도 내 자식이냐?"
③ "죽은 너희 엄마도 내 심정을 이해할 거다."
④ "너희도 내 처지였다면 나처럼 결정했을 거다."
⑤ "가족 모두가 반대한다면 내가 결혼은 포기하마."

010 강연의 내용과 일치하지 <u>않는</u> 것은?

① 중국의 파오차이는 쓰촨성의 대표 발효 음식이다.
② 파오차이는 김치와 달리 가능한 한 물기가 없도록 만든다.
③ 김치는 두 단계의 발효 과정을 거치는 독특한 방법으로 조리한다.
④ 중국 정부는 2010년부터 쓰촨 김치를 중국 브랜드화하려 하고 있다.
⑤ 김치의 어원인 '딤칫'의 한자 표기는 중국의 고문헌에서도 찾아볼 수 있다.

011 이 강연의 특징에 대한 설명으로 가장 적절한 것은?
① 김치 조리법의 변화 양상을 중심으로 설명하고 있다.
② 파오차이의 역사적 변화 과정을 중심으로 설명하고 있다.
③ 김치와 파오차이의 영양학적 특성을 중심으로 설명하고 있다.
④ 전 세계의 채소 절임 식품을 조리법을 중심으로 설명하고 있다.
⑤ 김치와 파오차이의 차이를 조리법의 차이를 중심으로 설명하고 있다.

012 발표 내용에 대한 이해로 적절하지 않은 것은?
① 소년 범죄에 대한 언론 보도는 왜곡된 부분이 있다.
② 소년들이 범죄를 저지르는 요인에 관심을 가져야 한다.
③ 소년 보호 재판의 목적을 촉법소년의 교화에 두어서는 안 된다.
④ 촉법소년의 연령 기준을 낮추는 것은 소년 범죄 예방에 실효성이 없다.
⑤ 정치권은 소년 범죄 해결책으로 촉법소년 연령 기준 하향을 내세우고 있다.

013 발표의 내용 구성 전략으로 가장 적절한 것은?
① 소년 범죄 발생의 맥락을 제시하면서 반론을 펼치고 있다.
② 촉법소년 당사자를 인터뷰하여 문제의 핵심에 접근하고 있다.
③ 언론 보도 내용을 활용하여 소년 범죄의 심각성을 알리고 있다.
④ 소년 범죄 예방을 위한 새로운 방법의 장단점을 비교하고 있다.
⑤ 전문가의 견해를 직접 인용하여 자신의 견해를 뒷받침하고 있다.

014 대화에 대한 이해로 적절하지 않은 것은?
① 두 패널 모두 반려견 안전관리 대책에 문제가 있음을 지적한다.
② 남성 패널은 개 물림 사고의 원인이 목줄 미착용에 있다고 생각한다.
③ 여성 패널은 개 물림 사고의 원인이 입마개 미착용에 있다고 생각한다.
④ 남성 패널은 대형견 입마개 의무화와 견주의 권리는 관계가 없다고 생각한다.
⑤ 여성 패널은 대형견 입마개 착용으로, 개를 키우지 않는 이들의 권리를 보호할 수 있다고 본다.

015 뒤에 이어질 사회자의 발화로 가장 적절한 것은?

① 네, 대형견 입마개 의무화에 대한 팽팽한 입장 차이는 갈등이 만연한 우리 사회의 단면을 잘 보여 줍니다.
② 네, 다수에게 불편함이 된다면 소수가 불편함을 감수하는 것이 공익을 위해서 바람직한 방향이 아닐까 싶습니다.
③ 네, 전문가의 의견 반영이 부재하고 사회적 합의가 결여된 탁상행정식 해결 방안이 계속해서 문제가 되고 있습니다.
④ 네, 반려견을 키우지 않는 시민과 반려견을 키우는 시민 모두 안전한 사회를 이루고자 하는 데는 같은 생각일 것입니다.
⑤ 네, 동물과 인간이 공존하는 건강한 사회를 이루기 위해서는 반려동물의 유기나 동물 학대 등의 문제에도 관심을 가져야 할 것입니다.

어휘·어법   016번 ~ 045번

016 신체와 관련된 말의 의미가 바르게 제시된 것은?

① 꼭뒤: 머리 위의 숫구멍이 있는 자리.
② 회목: 손목이나 발목의 잘록한 부분.
③ 오금: 다리에서 무릎 관절 위의 부분.
④ 궁둥이: 볼기의 윗부분.
⑤ 종아리: 무릎 아래에서 앞 뼈가 있는 부분.

017 밑줄 친 한자어의 사전적 뜻풀이로 바르지 않은 것은?

① 천추(千秋)의 한: 오래고 긴 세월.
② 굴지(屈指)의 실업가: 매우 뛰어나 수많은 가운데서 손꼽힘.
③ 공전(空前)의 대성황: 이전에 경험했던 현상이나 상황이 되풀이됨.
④ 금일봉(金一封)을 하사하다: 금액을 밝히지 않고 종이에 싸서 봉하여 주는 돈.
⑤ 기선(機先)을 제압하다: 상대편의 세력이나 기세를 억누르기 위하여 먼저 행동하는 것.

018 밑줄 친 고유어의 의미로 적절하지 않은 것은?

① 친구의 태도가 지난번과 사뭇 달라 놀랐다. → 특별한 목적이나 이유 없이.
② 후배는 일껏 마련해 준 기회를 마다했다. → 모처럼 애써서.
③ 동생의 말에 아버지는 짐짓 놀라는 표정을 지으셨다. → 마음으로는 그렇지 않으나 일부러 그렇게.
④ 회사에서는 이번 신상품에 대한 기대가 자못 크다. → 생각보다 매우.
⑤ 내가 이 일에서 얻은 성과는 이루 말하기 어렵다. → 여간하여서는 도저히.

019 밑줄 친 한자어의 쓰임이 적절하지 않은 것은?

① 국민들은 사건의 진실 규명(糾明)을 촉구하였다.
② 지역 문화 창달(暢達)을 위해 박물관을 건립하였다.
③ 민심 이반(離反)에 대처하기 위한 정치 개혁이 필요하다.
④ 기업의 경쟁력 제고(提高)를 위해서는 기술 개발이 필요하다.
⑤ 생산품의 품질 계량(計量)을 위해 새로운 공장을 건설하였다.

020 '기운이나 기세가 끓어오를 듯이 성하다'라는 뜻으로 쓰이는 '발발(勃勃)하다'의 용례로 적절한 것은?

① 임진년에 이르러 왜란이 발발했다.
② 화재가 발발하자 곧바로 소방차가 출동했다.
③ 또 다른 감염병이 발발하면서 방역이 재개되었다.
④ 신입생들은 생기가 발발해서 구김살은 하나도 없어 보인다.
⑤ 새로운 예술이 발발하게 일어나면서 문예 부흥의 꽃이 피었다.

021 〈보기〉의 ㉠~㉢에 해당하는 한자로 올바르게 묶인 것은?

> **보기**
> - ㉠관용 차량을 이용하여 출퇴근을 한다.
> - 넓은 아량으로 ㉡관용을 베푸는 것이 좋다.
> - 이 말은 오래전부터 ㉢관용적으로 써 오던 용어이다.

	㉠	㉡	㉢		㉠	㉡	㉢
①	慣用	寬容	官用	②	慣用	官用	寬容
③	官用	寬容	慣用	④	官用	慣用	寬容
⑤	寬容	慣用	官用				

022 〈보기〉의 ㉠~㉤을 다의어끼리 짝지은 것으로 적절한 것은?

> **보기**
> - 일이 너무 ㉠돼서 조금만 일해도 지친다.
> - 반죽이 ㉡되니 물을 조금 더 넣는 게 좋겠다.
> - 시간이 흐르면 올챙이는 개구리가 ㉢될 것이다.
> - 그 사람이 가지고 온 쌀을 ㉣되니 정확한 양이었다.
> - 일이 원활하게 ㉤되려니까 주위 사람들이 모두 도와준다.

① ㉠-㉡, ㉢-㉤ ② ㉠-㉡, ㉣-㉤ ③ ㉠-㉢, ㉡-㉣
④ ㉡-㉣, ㉢-㉤ ⑤ ㉠-㉢, ㉣-㉤

023 밑줄 친 단어의 쓰임이 적절하지 않은 것은?

① 빛이 들지 않는 그늘진 곳은 음전하고 추웠다.
② 이 마을은 산과 강으로 둘려 있어 경치가 아름답다.
③ 철수는 남들에 비해 귀가 크고 귓밥이 두툼한 편이다.
④ 형은 친구들에게 조금씩 빌렸던 돈을 한목에 다 갚았다.
⑤ 이 향내는 남자의 얼굴에 발려 있는 화장품에서 나는 듯하다.

024 밑줄 친 한자어에 대응하는 고유어로 적절하지 않은 것은?

① 원금에 이자를 가(加)해서(→ 더해서) 갚아라.
② 어머니의 사랑을 어디에다 비(比)하랴(→ 견주랴)?
③ 지금 회사가 부도의 위기에 처(處)해(→ 놓여) 있습니다.
④ 인삼은 기를 보(補)하는(→ 모으는) 약재로서 그 효능이 뛰어나다.
⑤ 사고는 부주의로 인(因)해서(→ 말미암아서) 일어나는 경우가 대부분이다.

025 "물에 젖은 옷이 몸에 착착 감긴다."에 사용된 '착착'과 같은 의미는?

① 아침에 일어나면 먼저 이부자리를 착착 개킨다.
② 형과 동생은 손발이 착착 맞아 일이 거침이 없다.
③ 이번 행사는 모든 준비가 착착 순조롭게 되고 있다.
④ 출연자가 어려운 질문에도 착착 거침없이 대답한다.
⑤ 그릇에 담긴 찰떡이 서로 착착 붙어 잘 떨어지지 않는다.

026 밑줄 친 속담을 사용한 표현이 적절하지 않은 것은?

① 말은 할 탓이라고, 말 좀 예쁘게 하면 안 되겠니?
② 말 안 하면 귀신도 모른다는데, 속 시원하게 털어놔 보렴.
③ 쓸데없는 이야기 주워섬기지 말아라. 말이 많으면 쓸 말이 적다고 했다.
④ 소문만 믿고 그렇게 큰돈을 투자하다니, 아이 말 듣고 배 따는 셈이구나.
⑤ 말 많은 집은 장맛도 쓰다고, 듣기 싫은 소리가 삶에 교훈이 되는 법이다.

027 사자성어의 풀이가 바르지 않은 것은?

① 걸견폐요(桀犬吠堯): 걸왕의 개가 요임금을 향하여 짖는다는 뜻으로, 각자 자기의 주인에게 충성을 다함을 이르는 말.
② 과유불급(過猶不及): 정도가 지나쳐도 원하는 데 미치지 못한다는 뜻으로, 아무리 많아도 부족함을 이르는 말.
③ 일모도원(日暮途遠): 날은 저물고 갈 길은 멀다는 뜻으로, 늙고 쇠약한데 앞으로 해야 할 일은 많음을 이르는 말.
④ 촌철살인(寸鐵殺人): 한 치의 쇠붙이로도 사람을 죽일 수 있다는 뜻으로, 간단한 말로도 남을 감동하게 하거나 남의 약점을 찌를 수 있음을 이르는 말.
⑤ 한우충동(汗牛充棟): 짐으로 실으면 소가 땀을 흘리고 쌓으면 들보에까지 찬다는 뜻으로, 가지고 있는 책이 매우 많음을 이르는 말.

028 밑줄 친 관용 표현의 의미가 적절하지 않은 것은?

① 그 사람은 감투를 쓰더니, 사람이 완전히 변했어.
  → 감투를 쓰다: 벼슬자리나 높은 지위에 오르다.
② 공원을 산책하는데 귀에 익은 노랫소리가 들려왔다.
  → 귀에 익다: 들은 기억이 있다.
③ 뜸 들이지 말고 빨리 본론을 이야기해라.
  → 뜸 들이다: 일이나 말을 할 때에, 쉬거나 여유를 갖기 위해 서둘지 않고 한동안 가만히 있는 경우.
④ 친구가 오늘따라 유독 심사가 꿰져 나와 자주 싸웠다.
  → 심사가 꿰지다: 잘 대하려는 마음이 틀어져서 심술궂게 나가다.
⑤ 누군가에게 내 심사를 털어놓고 홀가분해지고 싶다.
  → 심사를 털어놓다: 어떤 일에 대한 관심이나 생각 따위를 버리고 돌아보지 아니하다.

029 밑줄 친 표현을 쉬운 말로 바꾼 것으로 적절하지 않은 것은?

① 현재 병원 가료(加療)(→ 입원) 중이니 멀리서나마 쾌유를 빌어 주세요.
② 19년째 고정된 직장인 식대(食代)(→ 식비) 비과세 한도가 올라갈 전망이다.
③ 소란스러웠던 극장 안이 임석(臨席)(→ 현장 참석) 경찰관의 도움으로 다시 조용해졌다.
④ 이번 민원 처리는 수범(垂範) 사례(→ 모범 사례)로 널리 공유할 수 있었으면 좋겠습니다.
⑤ 주최 측은 모든 참가자들에게 등산용 양말 2족(足)(→ 켤레), 생수 등을 기념품으로 제공한다.

030 밑줄 친 표현을 순화한 말로 적절하지 않은 것은?

① 로컬 푸드(→ 지역 먹을거리) 직매장 출하 규정을 일원화해 안전성을 강화한다.
② 주민들이 혁신 기술을 체험하고 개선에 참여하는 리빙 랩(→ 농촌 체험실)이 문을 열었다.
③ 경제 활력을 잃은 폐광 지역을 살리기 위해 유니콘 기업(→ 거대 신생 기업)이 나선다.
④ 외식 업계가 생존을 위해 테이크아웃(→ 포장 판매)과 배달에 나섰다.
⑤ 외국의 의료 관광객을 유치하기 위해 팸 투어(→ 초청 홍보 여행)를 기획했다.

031 단어의 표기가 올바르지 않은 것은?

① 곧장 ② 얻셈 ③ 섣달
④ 사흗날 ⑤ 반짇고리

032 사이시옷의 표기가 올바른 것은?

① 댓가 ② 뒷집 ③ 윗층
④ 햇님 ⑤ 뒷풀이

033 밑줄 친 부분의 표기가 옳지 않은 것은?

① 모두 목을 기다랗게 빼고 형을 기다렸다.
② 높다란 나무 꼭대기에 보름달이 걸려 있다.
③ 산 위에는 짧다란 나무들이 자라고 있었다.
④ 불합격 소식에 모두 깊다란 침묵에 잠겨 버렸다.
⑤ 동생은 웃을 때마다 눈가에 잗다랗게 주름이 잡힌다.

034 밑줄 친 부분의 띄어쓰기를 수정한 결과가 올바른 것은?

① 부부간에도 지켜야 할 예의가 있다. (→ 부부 간에도)
② 앞으로 어떻게 해야 할지를 모르겠어. (→ 할 지를)
③ 유학을 간 동생이 몇 년만에 돌아왔다. (→ 몇 년 만에)
④ 시간이 지날수록 지난 시절이 그리워진다. (→ 지날 수록)
⑤ 내가 지난번에 말했듯 일에는 순서가 있다. (→ 말했 듯)

035 비표준어를 표준어로 수정한 것으로 적절하지 않은 것은?

① 자네는 내 말이 그렇게 시덥잖게(→ 시답잖게) 들리는가?
② 부모님의 가이없는(→ 가없는) 사랑에 모두 눈물을 흘렸다.
③ 농번기에는 일손이 딸려서(→ 달려서) 다들 힘을 모아야 한다.
④ 이름은 고깃국이지만 고기 건데기(→ 건덕지) 하나 없는 멀건 국이었다.
⑤ 하계 훈련을 마친 선수들은 모두 거무틱틱하게(→ 거무튀튀하게) 그을었다.

036 쉼표의 쓰임에 대한 설명과 그 예를 짝지은 것으로 옳지 않은 것은?

① 이웃하는 수를 개략적으로 나타낼 때 쓴다. 예 7, 8세기
② 짝을 지어 구분할 때 사용한다. 예 사람은 음식물을 섭취, 소화, 배설하며 살아간다.
③ 열거의 순서를 나타내는 어구 다음에 쓴다. 예 마지막으로, 무엇보다 마음이 편해야 한다.
④ 같은 자격의 어구를 열거할 때 그 사이에 쓴다. 예 근면, 검소, 협동은 우리 겨레의 미덕이다.
⑤ 같은 말이 되풀이되는 것을 피하기 위하여 일정한 부분을 줄여서 열거할 때 쓴다. 예 아침에는 사과를, 저녁에는 수박을 먹었다.

037 밑줄 친 말이 어문 규범에 맞는 것은?

① 이 마을은 옛스러운 정취가 있다.
② 요즘 얼굴에 붓기가 빠지지 않는다.
③ 여야 대치로 정국이 안갯속에 빠졌다.
④ 이 일은 처음에 번짓수를 잘못 짚었다.
⑤ 태어날 아기를 위해 배넷옷을 준비했다.

038 짝지어진 단어가 복수 표준어가 아닌 것은?

① 늦장-늑장   ② 살쾡이-삵   ③ 서럽다-섧다
④ 우레-천둥   ⑤ 아주-영판

039 〈보기〉에 대한 설명으로 가장 적절한 것은?

보기

닭장[닥짱], 뻗대다[뻗때다], 넓죽하다[넙쭈카다]

① 받침소리 'ㄱ, ㄷ, ㅂ' 뒤에서 일어나는 경음화의 예이다.
② 어간 받침 소리 'ㄴ, ㅁ' 뒤에서 일어나는 경음화의 예이다.
③ 한자어의 'ㄹ' 받침 소리 뒤에서 일어나는 경음화의 예이다.
④ 관형사형 어미 '-(으)ㄹ' 뒤에서 일어나는 경음화의 예이다.
⑤ 관형격 기능의 사이시옷에 의해 일어나는 경음화의 예이다.

040 밑줄 친 말이 외래어 표기법에 맞는 것은?

① 저 집 마당에는 불독(bulldog) 한 마리가 늘 버티고 앉아 있다.
② 컴퓨터로 영상 회의에 참석하려면 헤드세트(headset)가 필요하다.
③ 이번에 볼 영화는 영상미가 돋보이고 굉장히 스릴(thrill)이 있다고 한다.
④ 유출된 기름의 확산을 막기 위해서는 서둘러 오일휀스(oil fence)를 쳐야 한다.
⑤ 그동안 테니스를 너무 열심히 했더니 엘보우(elbow)가 와서 요새 팔이 많이 아프다.

041 국어의 로마자 표기법이 옳지 않은 것은?

① 다보탑(Dabotap)   ② 반구대(Bangudae)
③ 낙화암(Nakhwaam)   ④ 낙동강(Nakdonggang)
⑤ 몽촌토성(Mongchontosung)

042 문장이 어법상 적절하지 <u>않은</u> 것은?

① 이번 일은 도저히 묵과할 수 없다.
② 나는 네 말에 절대로 동의할 수 있다.
③ 용서를 빌어야 할 하등의 이유가 많다.
④ 이 음식은 도무지 무슨 맛인지 모르겠다.
⑤ 그러니까 도대체 네가 하고 싶은 일이 무엇이냐?

043 다음 문장에 실현된 높임법에 대한 설명으로 적절하지 <u>않은</u> 것은?

① 얘야, 할아버지 집에 계시니?
 → 특수 어휘 '계시다'를 사용하여 주체인 '할아버지'를 높이고 있다.
② 아버지, 선생님께서는 어디까지 가신답니까?
 → 종결어미 '-ㅂ니까'를 사용하여 주체인 '선생님'을 높이고 있다.
③ 철수야, 이 책을 옆집 아저씨께 드리고 오너라.
 → 조사 '께'를 사용하여 객체인 '옆집 아저씨'를 높이고 있다.
④ 어버이날에는 부모님께 전화라도 한 통 드리세요.
 → 특수 어휘 '드리다'를 사용하여 객체인 '부모님'을 높이고 있다.
⑤ 어머니께서는 언제나 밝은 미소로 우리를 맞아 주신다.
 → 선어말 어미 '-시-'를 사용하여 주체인 '어머니'를 높이고 있다.

044 중의적으로 해석되지 <u>않는</u> 문장은?

① 철수와 영희는 결혼하지 않았다.
② 심사위원들이 다 참석하지 않았다.
③ 모든 남자들이 한 여자를 사랑했다.
④ 그는 성실한 모습을 언제나 보여 왔다.
⑤ 나는 어제 나와 이름이 같은 친구의 형을 만났다.

045 다음 문장의 번역 투 표현을 고친 것으로 적절하지 않은 것은?

① 국회의사당은 영등포구에 위치해 있다.
→ 국회의사당은 영등포구에 있다.
② 사람과 유리된 예술은 허상에 다름 아니다.
→ 사람과 유리된 예술은 허상과 다르지 않다.
③ 이 호텔은 수많은 편의 시설을 소유하고 있다.
→ 이 호텔은 수많은 편의 시설을 가지고 있다.
④ 갑작스레 내린 비가 우리를 그곳에 머무르게 했다.
→ 갑작스레 내린 비 때문에 우리는 그곳에 머무르게 되었다.
⑤ 그는 우리 문화가 다른 나라의 그것보다 우수하다고 생각한다.
→ 그는 우리 문화가 다른 나라의 문화보다 우수하다고 생각한다.

쓰기 046번~050번

[046~050] '인터넷 개인 방송 규제'를 소재로 글을 작성하려고 한다. 제시된 물음에 답하시오.

최근 각종 동영상 플랫폼을 바탕으로 한 인터넷 개인 방송이 문화 산업의 변화를 이끌고 있다. 인터넷 개인 방송이란 1인 또는 여러 사람이 인터넷을 활용하여 영상을 실시간 또는 VOD 방식으로 제공하는 서비스를 말한다. 그런데 얼마 전 한 인터넷 개인 방송 창작자가 방송 구독자 수를 ㉠향상하고자 하는 욕심에 경찰서에 들어가 엉뚱한 행동을 하며 업무를 방해한 사건이 일어나 논란이 되었다. 이처럼 근래 인터넷 개인 방송 창작자들이 부적절한 내용을 방송하는 사건이 많아지고 있다. 이에 나는 인터넷 개인 방송의 바람직한 발전을 위해 인터넷 개인 방송을 대상으로 한 법률적 규제 지침을 마련해야 함을 주장한다.

인터넷 개인 방송의 법률적 규제 지침이 필요한 이유는 첫째, 창작자의 ㉡자율적인 자정이 이루어지기 어려운 개인 방송의 수익 구조 때문이다. 대부분의 개인 방송 플랫폼은 창작자가 일정 수의 구독자를 얻어야 방송을 통한 수익 창출이 가능하며, 구독자의 증가에 따라 수익이 늘어난다. ㉢한편 인터넷 개인 방송 창작자들은 구독자 수 증가를 위해 점점 더 자극적인 내용으로 시청자들의 흥미를 유발하고자 하는 것이다. 이러한 상황을 창작자들의 자정에만 맡기기에는 한계가 있다.

둘째, 10대의 인터넷 개인 방송 1인 평균 시청 시간은 다른 연령대보다 훨씬 길며, 10대 창작자도 늘어나고 있다. ㉣그런데 10대들은 성인에 비해 외부 자극에 민감하며 쉽게 영향을 받을 수 있다는 점이다. 그래서 다른 인터넷 개인 방송 창작자가 하는 자극적인 행동을 무분별하게 따라하거나 비슷한 내용을 담은 방송을 창작하기도 한다. 실제로 청소년 대부분이 사용하는 인터넷 개인 방송 창작자의 유행어 중에서는 미성년자에게 적절하지 않은 단어나 욕설이 포함되어 있는 경우도 있다. 인터넷 개인 방송이 미치는 파급력이 큰 만큼, 10대에게 미치는 부정적 영향도 빠르게 확산될 것이다.

인터넷 개인 방송 규제를 반대하는 사람들은 인터넷 개인 방송에 규제의 잣대를 적용하면 문화 산업 발전을 저해할 수 있다는 점을 우려할 것이다. 그러나 어떤 분야의 문화 산업이든 내용적 측면의 질적 저하가 ㉤이루어진다면 기대하기 어렵다. 자율적 책임을 넘어 합리적인 법률적 규제 지침이 마련된다면 건전하고 창의적인 방향으로의 성장이 이루어질 것이다.

046 다음은 윗글을 작성하기 전에 떠올린 계획이다. 윗글에 반영되지 않은 것은?

글쓰기 계획
ⓐ 소재에 대한 독자의 이해를 돕기 위해 '인터넷 개인 방송'의 개념을 제시해야겠다.
ⓑ 인터넷 개인 방송의 수익 구조를 알지 못하는 사람들을 위해 이를 구체적으로 설명해야겠다.
ⓒ 인터넷 개인 방송의 법률적 규제 지침 마련으로 실현할 수 있는 긍정적 전망을 제시해야겠다.
ⓓ 독자의 관심을 불러일으키기 위해 최근 인기를 얻는 인터넷 개인 방송의 콘텐츠 유형을 설명해야겠다.
ⓔ 부적절한 내용을 방송하는 인터넷 개인 방송의 사례를 들어 주장의 배경을 드러내야겠다.

① ⓐ ② ⓑ ③ ⓒ
④ ⓓ ⑤ ⓔ

047 다음은 초고를 보완하기 위해 추가로 수집한 자료이다. 자료의 활용 방안으로 적절하지 않은 것은?

글쓰기 자료

(가) 학생 인터뷰
"얼마 전 평소 즐겨 보던 인터넷 개인 방송의 창작자가 심한 욕설을 하는 모습에 놀랐어요. 사회 현상에 대해 자신의 의견을 논리적으로 주장하는 모습이 멋졌는데, 점점 구독자들의 입맛에 맞춰 도가 넘는 표현을 사용하는 모습이 보였어요. 곧바로 사이트의 '신고하기' 버튼을 눌렀지만 신고 처리가 빠르게 이루어지지 않아 방송이 중단되지 않았어요."

(나) 연구 보고서
10대들은 인정 욕구와 모방 심리가 강해 자극적인 개인 방송을 시청하면 자신도 그와 같은 방송을 찍어 인기를 얻고 싶다는 유혹에 빠지기 쉽다.

(다) 신문 기사
독일은 2018년 1월부터 혐오 표현, 가짜 정보 등 형법에 규정된 21개의 불법 요소가 담긴 게시물 및 영상을 24시간 이내에 신속하게 삭제하지 않은 사이트에 대해 벌금을 부과하는 네트워크 법을 시행했다. 이에 6개월 동안 한 사이트에서만 삭제된 영상이 10만 건에 이른다.

① (가)를 활용하여 인터넷 개인 방송 창작자들이 수익을 창출하기 위해 부적절한 행위를 하는 사례가 있음을 제시한다.
② (나)를 활용하여 인터넷 개인 방송의 10대 시청자가 방송에 영향을 크게 받게 되는 심리적 원인을 제시해 내용을 보완한다.
③ (다)를 활용하여 다른 나라에서는 이미 인터넷 개인 방송에 대한 법률적 규제가 시행되는 선례가 있다는 내용을 추가한다.
④ (가)와 (다)를 활용하여 법률적 규제를 통해 현재 각 인터넷 개인 방송 사이트에서 시행하는 자율 규제의 한계를 극복할 수 있음을 보여 주는 내용을 추가한다.
⑤ (나)와 (다)를 활용하여 구독자에 대한 이해가 부족한 10대 인터넷 개인 방송 창작자를 대상으로 한 교육이 필요함을 해결책으로 제시한다.

048 윗글에 사용된 글쓰기 방법으로 가장 적절한 것은?

① 묻고 답하는 방식을 활용하여 전달하려는 내용을 강조하고 있다.
② 비유적 표현을 활용하여 글의 결론을 인상적으로 드러내고 있다.
③ 예상되는 반론을 언급하고 이를 재반박하여 주장을 강화하고 있다.
④ 여러 해결 방안의 장단점을 비교하여 최선의 대안을 도출하고 있다.
⑤ 통계 자료의 구체적 수치를 제시하여 객관적인 정보를 제시하고 있다.

049 윗글의 ㉠~㉤을 수정하기 위한 방안으로 적절하지 않은 것은?

① ㉠: 의미상 맞지 않으므로 '늘리고자'로 바꾼다.
② ㉡: '자정'과 의미상 유사한 부분이 있으므로 삭제한다.
③ ㉢: 문맥상 흐름을 고려해 '또한'으로 바꾼다.
④ ㉣: 주어와 서술어의 호응이 맞도록 '있다는 점이다'를 '있다'로 수정한다.
⑤ ㉤: 문맥상 목적어를 보충하기 위해서는 '발전을'을 추가한다.

050 윗글을 보완할 수 있는 방안으로 가장 적절한 것은?

① 글의 신뢰성을 높이기 위해 활용한 정보의 출처를 밝힌다.
② 글의 타당성을 높이기 위해 인터넷 개인 방송이 주목받는 이유를 삽입한다.
③ 글의 일관성을 높이기 위해 인터넷 개인 방송 10대 시청자들의 인터뷰를 삽입한다.
④ 글의 공정성을 높이기 위해 구독자 증가에 따른 수익의 증가를 수치로 구체화한다.
⑤ 글의 효용성을 높이기 위해 법률적으로 규제해야 할 콘텐츠 유형을 분류하여 제시한다.

창안   051번~060번

[051~053] 감시의 눈[目] 효과와 인간 사회를 유비(類比)하고자 한다. 다음 글을 읽고 물음에 답하시오.

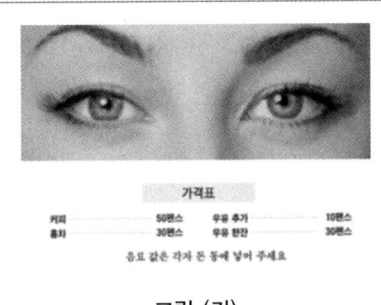

그림 (가)

영국의 한 대학교 연구팀은 휴게실에 커피, 우유, 차 등의 음료 자율 계산대를 설치하고, 메뉴판 윗부분에 일주일은 사람 눈 사진을 붙이고 다음 일주일에는 꽃 사진을 붙였다. 실험 결과는 유의미한 차이가 있었다. 꽃 사진을 붙여놨을 때보다 사람 눈 사진을 붙여놨을 때 돈이 약 2.8배나 더 걷힌 것이다. 누군가 직접 지켜보지 않더라도 눈[目]이 그려져 있는 사진만으로 유사한 효과를 낸다는 것을 보여 주는 실험이었다.

그림 (나)

한국도로공사는 화물차 후미 추돌 사고를 예방하는 '잠 깨우는 왕눈이' 스티커를 개발해 보급 확대에 나서고 있다. 이는 눈[目] 모양의 반사지 스티커로, 주간에는 후방 차량 운전자의 시선을 자연스럽게 스티커로 유도하고, 야간에는 전조등 빛을 약 200m 후방까지 반사시켜 전방 주시 태만 및 졸음운전을 예방한다. 고객 체험단을 대상으로 시범 운영한 결과 '안전 운전을 유도해 추돌 사고 예방에 도움이 된다'라는 긍정적인 평가가 있었다고 밝혔다.

두 예시처럼, 누군가 직접 지켜보지 않더라도 시선이 느껴지는 상황을 통해 유사한 효과를 낼 수 있다. ㉠사람들은 외부에 존재하는 누군가의 시선에 무의식적으로 심리적 압박을 받아 자신의 행동을 조절하게 되기 때문이다. 연구자들은 이러한 현상을 '감시의 눈[目] 효과'라고 표현하기도 한다. 또한 ㉡이 효과를 활용하면 다른 노력을 들이지 않아도 사람들의 반사회적 행동을 줄이거나 사회적 행동을 개선할 수 있을 것이라고 주장한다.

051 윗글의 ㉠과 관련지어 주장할 수 있는 논리로 가장 적절한 것은?

① 인간은 타인을 의식하는 사회적 존재이기보다 독립적 존재에 가깝다.
② 인간의 이타주의는 외재적 동기가 아닌 내재적 동기에 더 큰 영향을 받는다.
③ 사회 규칙은 외부의 시선과 관계없이 개인의 양심적 판단으로 더 잘 지켜진다.
④ 심리적 압박은 자신이 속한 집단의 바람직한 행동 양식에서 벗어나지 않도록 유도한다.
⑤ 인간은 자신이 자율적인 존재임을 자각할 때 행동이 변화하는 탈사회적 모습을 보인다.

052 윗글의 ⓒ의 예로 제시하기에 적절하지 <u>않은</u> 것은?

① 쓰레기 무단 투기를 막기 위해 감시 카메라 녹화 중이라는 경고 문구를 붙여 놓아야겠군.
② 무임승차 방지를 위해 지하철 요금을 받는 곳에 역무원을 본뜬 등신대를 설치해야겠군.
③ 사고 예방을 위해 차량의 과속이 잦은 고속도로 위치에 경찰차 모형을 세워 놓아야겠군.
④ 원자력 발전소에 원자로의 이상 유무를 확인하기 위해 무인 감시 카메라를 설치해야겠군.
⑤ 원격 수업 시 학생들의 참여와 집중력을 높이기 위해 카메라를 의무적으로 켜게 해야겠군.

053 공익광고 문구를 〈조건〉에 맞게 창작한 것으로 가장 적절한 것은?

> **조건**
> CCTV 확대 설치에 반대하는 입장을 '감시의 눈[目]' 속성에 빗대어 표현할 것.

① 카메라의 눈보다 양심의 눈이 필요할 때입니다.
② 카메라에 담긴 모습이 모두 진실인 것은 아닙니다.
③ 현재를 보는 눈보다 미래를 향한 눈이 필요합니다.
④ 사각지대 없는 카메라가 우리의 안전을 보장합니다.
⑤ 카메라가 지켜보는 삶에는 거짓이 머물 곳이 없습니다.

[054~056] 다음 그림 (가)와 (나)를 보고 물음에 답하시오.

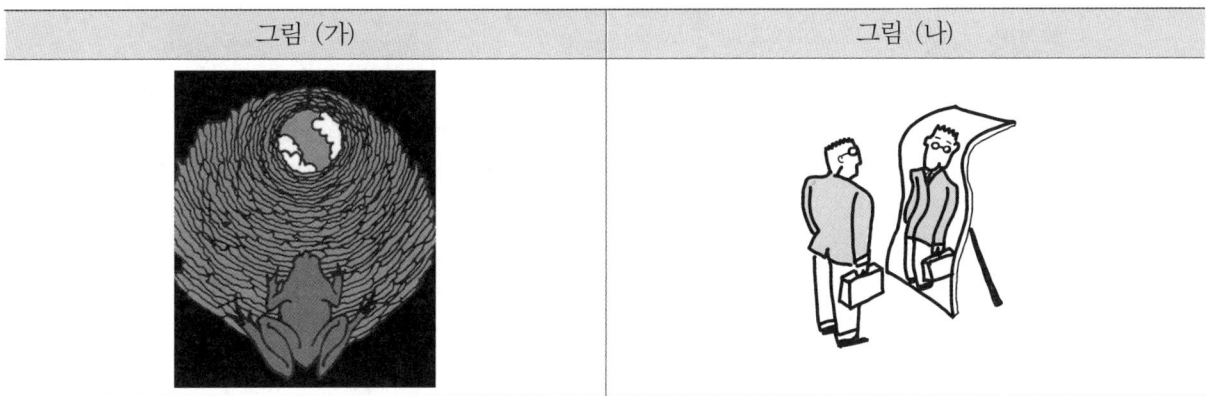

054 다음은 그림 (가)와 (나)를 분석한 표이다. 적절하지 <u>않은</u> 것은?

	(가)	(나)
표현	㉠ '좌정관천'을 그림으로 표현	빛의 반사를 이용하여 물체의 모양을 비추어 보는 거울
핵심	㉡ 견문이 매우 좁고 세상 물정을 모른다.	㉢ 거울은 현실을 왜곡해서 보여 주기도 한다.
주제	㉣ 자신의 생각만이 옳다고 고집부리지 말자.	㉤ 자신이 실제로 경험한 것만을 믿는 태도가 필요하다.

① ㉠   ② ㉡   ③ ㉢
④ ㉣   ⑤ ㉤

055 현대 사회를 살아가는 데 필요한 능력에 대한 글을 쓰려고 한다. 그림 (가)와 (나)를 모두 활용하여 이끌어낼 수 있는 내용으로 가장 적절한 것은?

① 보이는 대로 믿기보다는 넓은 시야로 본질을 파악해야 한다.
② 다양한 현상의 인과 관계를 논리적으로 추론할 수 있어야 한다.
③ 사건의 옳고 그름을 판단하여 비판적으로 사고할 수 있어야 한다.
④ 상대의 입장을 고려하여 자신의 의사를 상황에 맞게 표현할 수 있어야 한다.
⑤ 기존의 지식이나 경험을 바탕으로 새로운 결과물을 만들어낼 수 있어야 한다.

056 그림 (나)를 활용하여 〈보기〉의 밑줄 친 인물에게 할 수 있는 조언으로 가장 적절한 것은?

> **보기**
>
> <u>왕비</u>는 늘 "거울아, 거울아. 세상에서 누가 제일 예쁘니?"라고 물었다. 그때마다 거울은 늘 "왕비님이 세상에서 가장 아름다우십니다."라고 대답했다. 백설공주가 7살이 되던 해의 어느 날 왕비는 여느 때처럼 자신의 아름다움을 확인받으려 거울에게 질문을 하지만, 거울은 "왕비님도 아름다우시지만, 백설공주가 더 아름답습니다."라고 대답을 한다. 이에 엄청난 질투를 느낀 왕비는 사냥꾼에게 백설공주를 숲으로 데려가 죽이라고 명령한다.

① 타인의 시선과 평가를 수용하는 것은 사회적 존재인 인간의 숙명이다.
② 타인이 바라보는 '나'와 자신이 바라보는 '나'가 일치하도록 노력해야 한다.
③ 타인과 갈등 상황에 처했을 때, 거울을 보는 것처럼 자신을 성찰하는 것이 필요하다.
④ 타인이 보는 자신의 모습을 인식하고 타인의 기대에 부합하는 방식으로 행동해야 한다.
⑤ 타인의 시선이 무조건 진실이라고 하기 어려우므로, 타인의 평가에 휘둘리지 말아야 한다.

[057~058] 다음 그림을 보고 물음에 답하시오.

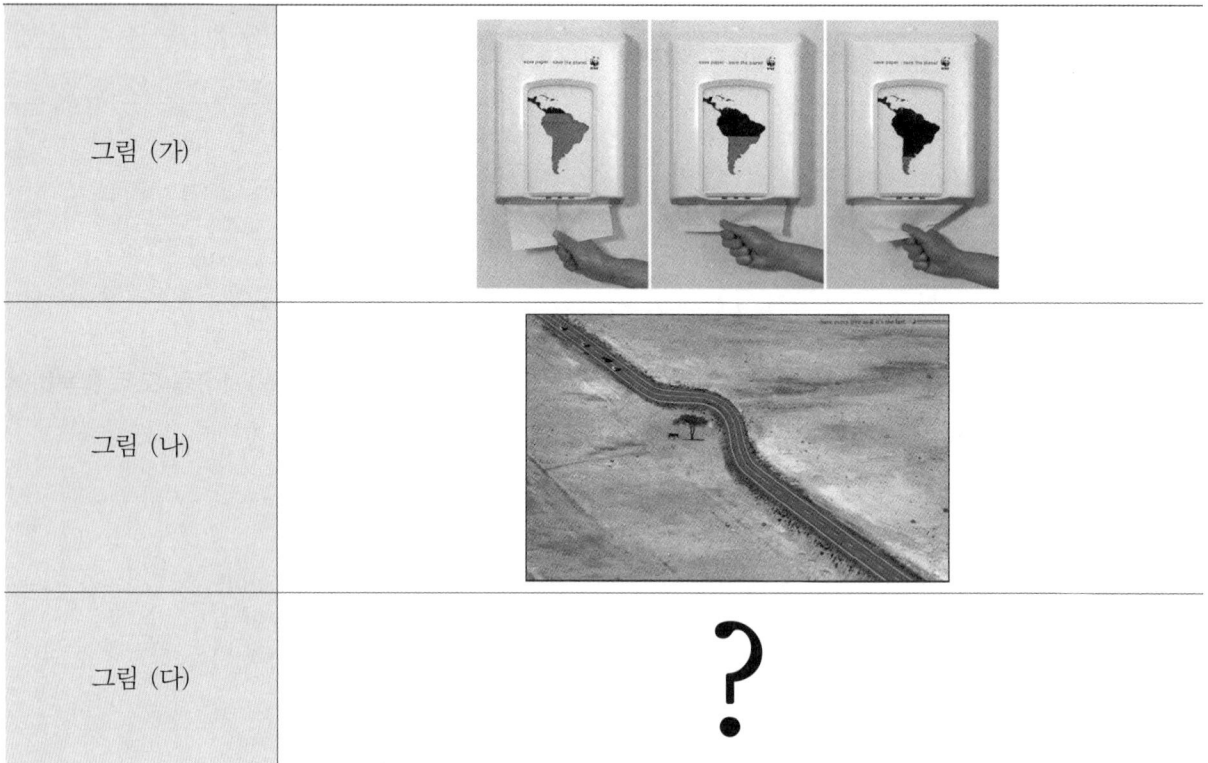

057 (가), (나), (다)가 동일한 주제의 그림이라 할 때, (다)에 들어갈 그림으로 적절한 것은?

058 그림 (가)~(다)가 나타내는 교훈이 필요한 곳으로 가장 적절한 것은?

① 에코백을 판매하는 가게
② 친환경 농법을 활용하는 농촌
③ 남은 음식물이 많이 버려지는 뷔페
④ 채식 위주의 식단을 실천하는 가정
⑤ 아이들이 소란스럽게 뛰어다니는 식당

[059~060] 다음 글을 읽고 물음에 답하시오.

'악화(惡貨)가 양화(良貨)를 몰아낸다'라는 말이 있다. 품질이 떨어지는 악성 화폐와 질 좋은 화폐가 동일한 가치를 인정받는다면, 사람들은 값어치 나가는 질 좋은 화폐는 지갑에 넣어두고 질 낮은 화폐로만 물건값을 지불한다. 두 화폐 모두 동일한 가치를 지니므로 결국 좋은 화폐는 유통되지 못하고 질 낮은 화폐만 유통된다는 것이다. 이 말은 원래 경제학적 의미로 활용되었지만, ㉠최근에는 공정한 규칙이 제시되지 않거나 규칙 자체가 명확하지 않은 경우 나쁜 것이 좋은 것을 몰아낸다는 관용적인 의미로 쓰인다.

059 윗글의 ㉠과 유사한 사례가 아닌 것은?

① 불법 복제 프로그램을 단속하지 않자 아무도 정품을 사지 않는다.
② 원작 영화에 비해 리메이크된 영화가 더 큰 인기를 누리게 되었다.
③ 저작권이 보장되지 않자 원작을 표절한 작품들이 다수 탄생하였다.
④ 건설 현장의 감리가 느슨해지자 덤핑으로 인한 부실 공사가 늘고 있다.
⑤ 농산물 원산지 단속이 허술해지자 값싼 수입산을 사용하는 식당이 늘고 있다.

060 윗글을 리더십과 관련지어 유추할 수 있는 내용으로 가장 적절한 것은?

① 조직의 성장을 위해 도전 의식을 고취해야 한다.
② 조직의 장단점을 고려하여 사업을 선정해야 한다.
③ 조직의 발전을 위해 합리적인 체계를 제시해야 한다.
④ 조직의 혁신을 위해 구성원의 의견을 경청해야 한다.
⑤ 조직의 성과를 위해 업무의 우선순위를 정렬해야 한다.

읽기　061번~090번

[061~062] 다음 글을 읽고 물음에 답하시오.

무너지는 ㉠꽃 이파리처럼
휘날려 발 아래 깔리는
㉡서른 나문 해야

구름같이 피려던 뜻은 날로 굳어
한 금 두 금 곱다랗게 감기는 ㉢연륜(年輪)

갈매기처럼 꼬리 떨며
산호 핀 바다 바다에 나려앉은 ㉣섬으로 가자

비취빛 하늘 아래 피는 꽃은 맑기도 하리라
무너질 적에는 눈빛 파도에 적시우리

초라한 경력을 ㉤육지에 막은 다음
주름 잡히는 연륜마저 끊어버리고
나도 또한 불꽃처럼 열렬히 살리라

– 김기림, 「연륜」

061 윗글에 대한 설명으로 가장 적절한 것은?

① 직유법을 활용하여 대상의 속성을 드러내고 있다.
② 명사로 시상을 마무리하여 주제를 강조하고 있다.
③ 후각적 심상을 활용하여 화자의 정서를 구체화하고 있다.
④ 명령형 어미를 반복하여 자연 친화적 태도를 나타내고 있다.
⑤ 대조의 방식을 활용하여 암울한 현실에 대한 저항을 부각하고 있다.

062 ㉠~㉤ 중, 〈보기〉의 ⓐ와 관련된 것은?

보기
　이 작품에는 자신의 지나온 삶을 성찰하며 ⓐ앞으로의 삶을 열정적으로 살겠다는 화자의 다짐이 드러나 있다.

① ㉠　　　　　　　　② ㉡　　　　　　　　③ ㉢
④ ㉣　　　　　　　　⑤ ㉤

[063~065] 다음 글을 읽고 물음에 답하시오.

한산 통제영에서 장계를 쓰던 임진년의 여름밤은 달이 밝았다. 나는 내 무인된 운명을 깊이 시름하였다. 한 자루의 칼과 더불어 나는 포위되어 있었고 세상의 덫에 걸려 있었지만, 이 세상의 칼로 이 세상의 보이지 않는 덫을 칠 수는 없었다. 한산 통제영에서 그리고 그 후의 여러 포구와 수영에서 나는 자주 식은땀을 흘렸고, 때때로 가엾고 안쓰러워서 칼을 버리고 싶었다.

명량 전투에 관한 소문은 내가 보낸 장계의 범위를 넘는 것이었다. 그 소문은 명나라 총병부의 정탐들이 퍼뜨리는 것 같았다. 나는 등골이 으스스했다.

명량의 장계를 보낸 지 두 달 만에 논공행상이 내려왔다. 선전관은 오지 않고, 조정의 명을 받들어 도원수부가 시행했다. 거제 현령 안위가 정삼품 통정대부의 품계를 받았고 전투에 참가했던 여러 읍진 수령과 군관들이 승진했다. 나에게는 상금으로 은전 스무 냥을 보내왔다. 스무 냥의 무게와 질감은 섬뜩했다. 그 스무 냥 속에서 남쪽 바다를 들여다보는 임금의 눈은 가늘게 번뜩이고 있었다. [A]

스무 냥이 내려온 지 이틀 뒤에, 임금이 보낸 선전관 이원길이 목포 앞바다 고하도 수령에 도착했다. 이원길은 수하를 거느리고 병영 막사 공사장까지 나를 찾아왔다. 서울 출신 문관인데, 바다를 평생 처음 본다고 했다. 몸매가 가냘팠고 흰 손가락이 길었다. 먼 길을 온 사람 같지 않게 그의 의관이 반듯했고 여독의 기색이 없었다. 수군 병영의 온갖 너저분한 풍경에 그는 자주 눈살을 찌푸렸다. 나는 공사장 천막에서 그를 맞았다. 나는 인사했다.

―객고가 크시겠소. 전하께서 수군을 이처럼 염려하여 주시니 감읍할 뿐이오.
―전하의 근심이 실로 깊소이다. 달아난 배설 말이오.

명량 전투 직전에 탈영 도주한 경상 우수사 배설을 체포해서 끌고 가는 것이 임무라고 그는 밝혔다. 그가 데리고 온 부하들 중에는 무관들이 섞여 있었다. 배설은 이미 수군에서 도망쳤는데, 배설을 체포하는 일로 선전관이 남해의 수군 수영까지 온다는 것은 이해할 수 없는 일이었다.

―배설은 이미 달아났지 않소? 배설을 잡으려면 이리로 오실 게 아니라 그의 본가 마을로 가셔야 하지 않겠소? 경상도 성주 말이오.
―통제공, 그게 그리 간단치가 않소이다. 성주에도 군사들을 보냈으나 잡지 못했소. 배설이 성주에 들어온 흔적도 찾지 못했소. 배설이 비록 달아났다 하나 본래 담력 있는 무장이었소. 따르는 장졸들도 많았던 것으로 아오. 이자가 달아나서 대체 무슨 짓을 하려는 것인지, 전하의 근심이 실로 여기에 있는 것이오.

나는 겨우 알았다. 임금이 수군통제사를 의심하고 있는 것이다.

명량 싸움의 결과가 임금은 두려운 것이다. 수영 안에 혹시라도 배설을 감추어놓고 역모의 군사라도 기르고 있는 것이 아닌지, 그것이 임금의 조바심이었다.

이원길은 열흘 동안 수영에 머물렀다. 이원길은 데리고 온 수하들을 풀어 병영 안을 모두 뒤졌고 수영 인근 백성들의 마을 헛간까지 뒤졌다. 이원길은 명량 전투 이전과 이후의 장졸들의 숫자를 점검했고 각 읍진의 탈영자 숫자를 확인했다. 이원길의 수하들이 수영의 모든 군관들을 불러서 배설의 탈영 경위와 탈영 직전 상황을 수사했다. 이원길의 수사의 초점은 배설이 수영에서 탈영했느냐 아니냐에 맞추어져 있었다. 이원길은 귀로에 우수영, 벽파진, 삼가원까지 뒤지고 돌아갔다.

나는 돌아가는 이원길을 전송하지 않았다. 이원길이 돌아가는 날짜를 나는 알지 못했다. 그날 나는 목수들을 데리고 앞섬의 산속으로 들어가 신축 막사에 쓸 재목을 실어내고 있었다. 산속 가파른 비탈에서 목수 한 명이 굴러내리는 나무에 깔려 죽었다. 내 종사관 김수철이 돌아가는 이원길 일행에게 점심을 차려내고 건어물을 싸주어 보냈다.

이원길이 돌아간 지 보름 뒤에 임금이 보낸 ㉠면사첩(免死帖)을 받았다. 도원수부의 행정관이 면사첩을 들고 왔다. '면사' 두 글자뿐이었다. 다른 아무 문구도 없었다. 조정을 능멸하고 임금을 기만했으며 임금의 기동출격 명령에 따르지 않은 죄에 대하여 죽음을 면해주겠다는 것이었다. 면사첩을 받던 날은 하루 종일 비가 내렸다. 나는 '면사' 두 글자를 오랫동안 들여다보았다. 죄가 없다는 것도 아니고 죄를 사면해 주겠다는 것도 아니고 다만 죽이지는 않겠다는 것이었다.

너를 죽여 마땅하지만 죽이지는 않겠다고 임금은 멀리서 그렇게 말하고 있었다. '면사' 두 글자 속에서, 뒤척이며 돌아눕는 임금의 해소 기침 소리가 들리는 듯했다. 글자 밑의 옥새는 인주가 묻어날 듯이 새빨갰다. 칼을 올려놓은 시렁 아래 면사첩을 걸었다. 저 칼이 나의 칼인가 임금의 칼인가. 면사첩 위 시렁에서 내 환도 두 자루는 나를 베는 임금의 칼처럼 보였다.

― 김훈, 『칼의 노래』

063 [A]의 서술상 특징으로 가장 적절한 것은?

① 구체적인 사건과 대상을 활용하여 개인의 내면을 부각한다.
② 장면에 따라 서술자를 달리하여 상황을 다각적으로 분석한다.
③ 역순행적 구성을 활용하여 사건이 일어난 연유를 구체화한다.
④ 현학적인 표현을 빈번하게 사용하여 이상적인 삶의 모습을 드러낸다.
⑤ 서로 무관한 사건들의 병치를 통해 인물의 다양한 면모를 보여 준다.

064 윗글의 ㉠에 대해 이해한 내용으로 적절하지 않은 것은?

① '면사첩'에 따르면, '임금'은 '나'에게 시혜를 베푼 존재이다.
② '면사첩'에 따르면, '나'의 죄는 조정을 능멸한 대역죄와 관련된다.
③ '면사첩'에 따르면, '임금'은 '나'의 죄를 사면할 마음은 갖고 있지 않았다.
④ '면사첩'에 따르면, 명량 전투 이후 '나'에 대한 임금의 의혹은 해소되었다.
⑤ '면사첩'에 따르면, 임금은 '나'의 생사를 주관할 수 있는 절대적인 존재이다.

065 〈보기〉를 참조하여 윗글을 감상한 내용으로 적절하지 않은 것은?

> **보기**
>
> 『칼의 노래』는 개인을 고통스럽게 내모는 부정적 현실이나 특정의 역사적 상황과 대면한 '나'(이순신)의 고뇌와 결단의 과정이 '회상'의 형식을 통해 서사화된다. 주목할 만한 사실은 '나'는 유가적 이념만을 체화한 영웅의 인물 형상이 아닌, 자기 연민에 빠진 인물로 형상화되기도 한다는 것이다.

① '나'가 '장계를 쓰던 임진년의 여름밤'에 '무인된 운명을 깊이 시름'하는 장면에서 '나'의 고뇌가 회상의 형식을 통해 드러나는군.
② '나'가 세상의 덫에 걸린 스스로를 '가엾고 안쓰러워'하는 장면에서 자기 연민에 빠진 내면을 가진 인물 형상이 부각되는군.
③ '나'가 '명나라 총병부의 정탐들'의 행위에 대해 '으스스' 떠는 장면에서 특정의 역사적 상황과 대면한 '나'의 고독한 내면이 서사화되는군.
④ '이원길'이 수군 수영에 내려와 수사를 하는 장면에서 '나'를 고통스럽게 하는 부정적 현실이 드러나는군.
⑤ '나'가 '이원길을 전송하지 않'는 장면에서 유가적 이념이 소거된 인물 형상이 제시되고 있음을 알 수 있군.

[066~068] 다음 글을 읽고 물음에 답하시오.

　성직자들은 성서에도 사람을 죽인 동물은 유죄이며 불결하기 때문에 죽여야 한다고 적혀 있다고 강조했다. 「출애굽기」에는 "남자나 여자를 죽인 황소는 돌로 쳐 죽여야 하고 그 고기를 먹어서는 안 된다. 그러나 소의 주인은 죄가 없다"라는 구절이 있다. 그래서 중세에는 적지 않은 기독교 작가들이 동물한테도 스스로 저지른 행동에 대한 책임이 어느 정도는 있다고 생각했다. 모든 살아 있는 존재가 그러하듯이 동물도 영혼을 지니는데, 생명의 숨결인 그것은 죽은 뒤 신에게 돌아간다. 영혼은 생육을 하며, 식물의 경우와 마찬가지로 그것은 영양·성장·재생의 근원이다. 영혼은 감지를 하며, 그것은 모든 감각의 근원이자 인간과 유사한 정도로 고등하다고 판단되는 동물들이 지닌 지성의 근원이기도 하다. 그래서 많은 작가들이 동물도 꿈을 꾸고 식별하며 추론하고 기억하며, 새로운 습성을 지닐 수 있다고 보았다.

　그러나 동물이 인간처럼 사고의 원천과 영적인 원천을 지니고 있는지가 문제시되었다. 토마스 아퀴나스는 이 두 성질은 인간만이 지닌 고유한 것이라고 밝혔다. 고등한 동물은 분명히 감각적인 인식 능력과 어떤 종류의 실천적 지성을 갖추고 있고, 어떤 감정 상태에 이를 수도 있다. 하지만 비물질적인 것을 지각할 수는 없다. 자신에게 친숙한 '집'을 분간할 수는 있지만, '집'이라는 추상 관념에 이를 수는 없다는 것이다. 알베르투스 마그누스는 동물이 어떻게 추론 능력을 지니고 있는지를 보여 주면서 다른 능력의 한계를 제시했다. 그는 지능이 높은 동물에게도 신호는 그 자체로 머물러 있을 뿐, 결코 오늘날 상징이라고 부르는 것이 되지는 않는다고 강조했다.

　이 두 개의 근본적인 차이가 인간과 동물 사이에 뛰어넘을 수 없는 벽을 세운다고 볼 수 있다. 동물은 실체가 없는 것을 지각하지 못한다. 모든 종교적·도덕적 관념과 추상적 관념은 동물에게 금지된다. 그래서 토마스 아퀴나스는 동물을 재판에 부치는 것에 반대했다. 동물은 사물의 숫자, 나아가 신호까지도 인식할 수 있지만 선악을 구분하지는 못한다는 이유에서였다. 그렇지만 스콜라 신학은 동물의 내세와 현세에 관해 수많은 물음을 던지고 동물을 도덕적인 책임이 있는 존재로 다룰 수 있을지를 계속해서 물었다. 그리고 토마스 아퀴나스의 권위에도 불구하고 중세 말의 신학자들과 법학자들은 대부분 그 물음에 계속 긍정적으로 답했다.

　하지만 17세기가 되면서 상황이 변화했다. ㉠　　　　　　　 철학자들이 등장했다. 예컨대 데카르트에게 동물은 영혼을 가지고 있지 않으며 이성적 능력도 없는 존재였다. 동물은 오롯이 ㉡기계론적 기관이었다. 얼마 뒤 라메트라는 이러한 이론을 인간에게까지 넓혀 적용하였다. 말브랑슈에 따르면, 동물은 번민을 알지 못한다. 번민은 원죄가 가져온 것이고, 동물은 원죄와는 관련이 없기 때문이다. 동물을 도덕적이고, 책임이라는 관념을 지니고, 선으로 향하는 것이 가능한 존재라고 생각하는 것에 대해 점점 더 많은 작가들이 터무니없다고 여기게 되었다. 라신은 『소송광』이라는 희곡 작품에서, 당뎅 판사가 식용 닭을 훔친 개에게 갤리선으로 보내 노를 젓게 하는 형벌을 내린 판결을 우스갯거리로 다루었다.

066 윗글을 이해한 내용으로 적절하지 않은 것은?

① 근대 사상가들은 동물 재판을 부정했다.
② 스콜라 철학자들은 동물의 도덕적 책임에 대해 논의했다.
③ 중세에는 동물도 영혼이 있는 존재라고 여기는 작가들이 있었다.
④ 토마스 아퀴나스는 동물이 추상 관념을 이해할 수 있다고 보았다.
⑤ 토마스 아퀴나스와 중세 말 많은 사상가들은 동물의 도덕적 책임에 대한 견해가 달랐다.

067 ㉠에 들어갈 말로 가장 적절한 것은?

① 기존의 종교관에 반대하는
② 기존의 내세관에 반대하는
③ 기존의 동물 개념에 반대하는
④ 기존의 선악 개념에 반대하는
⑤ 기존의 영혼 개념에 반대하는

068 ⓛ의 의미로 가장 적절한 것은?

① 동물은 추론하고 기억할 수 있다.
② 동물에게 선악 개념을 적용하기 어렵다.
③ 원죄의 개념이 동물에게도 적용될 수 있다.
④ 동물에게 도덕적 책임을 묻는 게 가능하다.
⑤ 동물의 생명 현상과 기계를 유비적으로 이해할 수 없다.

[069~072] 다음 글을 읽고 물음에 답하시오.

지식은 어떤 사건 또는 사물의 인과 관계에 대한 기억에서 출발한다. 사물의 특성이나 사건의 흐름을 관찰하고 경험한 것은 하나의 기억으로 남는다. 이러한 경험들이 남긴 기억에서는 어떤 사물들에 공통으로 나타나는 특질들, 어떤 사건의 전후 관계로 일어나는 공통적 요소들을 발견하는 추상화 과정이 진행되고, 그러면서 지식은 규칙이나 법칙으로 구체화된다. 지능은 알고 있던 지식을 적용하는 방법이다. 그리고 지능을 일으키는 원천은 바로 지식이다. 지식을 활용하는 추론, 추리 과정을 통해 지능은 관찰하거나 경험하지 못한 것에 대한 인과를 끌어낼 수 있다. 그러므로 지능의 의미는 지식의 추론을 통한 새로운 지식의 창출 활동이라고 할 만하다. 따라서 지능 활동은 추론이나 추리 과정이라 볼 수 있다.

전통적으로 정보를 지식으로 바꾸는 과정은 사람만이 할 수 있었다. 인간은 지식을 담아내는 수단도 함께 만들었는데, 우리가 쓰는 말, 문자, 그림 따위가 지식을 기록하고 저장하기 위한 대표적인 것이다. 인간의 사상 또는 감정을 표현한 창작물은 저작물이라 하여 법에서 저작권의 대상으로 보호한다. 현대에 들어서는 디지털 정보 기술이 급격히 발달하면서 컴퓨터가 우리의 일상생활에 꼭 필요한 필수 요소로 자리 잡았다. 창작물을 저장하고 이용하는 수단 또한 디지털 정보 기술을 활용하게 되었다. 가상 현실, 게임과 같은 새로운 형식도 출현하고 있다. 이들은 글이나, 말, 음악, 영상의 요소가 디지털 데이터로 변환된 것으로 본질적으로 전통적 표현 형식을 크게 벗어났다고까지 할 것은 아니다. 다만 사람의 생각이나 의도를 담을 수 있도록 구성된 장치들이 활동하면서 여러 데이터를 생성할 수 있다는 것이고, 그리하여 이들도 사람의 창작물로 인정될 여지가 있다는 것이다.

어떤 제품을 생산하는 과정에 대해서는 일반적으로 사람의 생각이나 의도를 담아내는 공정은 아니라고들 여긴다. 사람은 제품을 생산하기 위해 여러 기기를 모아서 제조 과정을 구성하고, 정해진 순서에 따라 그 기기들을 조작한다. 이 과정에서 특정한 조절 요소를 조화롭게 설정할 경우, 그로 말미암아 품질의 개선이나 생산량의 확대가 뒤따른다. 그것을 우리는 '노하우'라고 부른다. 이것을 창작의 산물이 아니라 보기도 하지만, 노하우는 생산 현장의 지식이며 그 가치 또한 인정되는 것이 사실이다. 만일 노하우와 같은 생산 현장의 지식을 전통적인 형식, 즉 언어적 저작물, 촬영 영상, 그래프 등으로 표현하게 된다면, 이 또한 창작물의 범주에 넣어 관리할 수 있는 여지가 있다.

특히 디지털 정보 기술을 적용한 생산 과정에서는, 이 과정에 따라 발생한 데이터를 모두 모아 콘텐츠의 형식으로 표현할 수 있다. 이런 노하우의 가치가 담긴 콘텐츠 데이터를 어떤 규칙이나 알고리즘으로 처리하면, 마찬가지로 새로운 현장에 '재현'하거나 '적용'할 수 있는 지식이 된다. 이는 새로운 형태의 저작물이 될 수 있지 않을까? 이들은 전통적인 형식의 표현 수단이 아니라 '데이터'라는 새로운 기호 매체를 이용하고 있으며, 담고 있는 내용도 직접 드러나지 않고 어떤 처리 과정을 거쳐야만 발현되도록 내재되어 있는 형태를 가진 산물이다. 오늘날 지식 환경의 변화는 이들도 저작물의 범주에 넣는 과제를 고려하도록 하는 상황이라 하겠다.

069 윗글의 내용과 일치하는 것은?

① 정보를 지식으로 바꾸는 과정은 사람만이 수행할 수 있는 특성이다.
② 사람은 추리와 추론을 수행할 수 있기에 지능을 가졌다고 할 수 있다.
③ 지식을 통해 새로운 지식을 창출하는 데 가장 중요한 요소는 추상화 과정이다.
④ 규칙은 지능의 구체적 작용으로서 일정한 범주에 있는 사항들에 공통적으로 적용될 수 있다.
⑤ 디지털 기반의 새로운 표현 형식인 가상 현실은 전통적인 문자 표현과는 본질적으로 다르다.

070 윗글에 나타난 서술 방식으로 가장 적절한 것은?

① 상반된 관점의 주장을 절충하여 대안을 제시한다.
② 어려운 개념을 익숙한 대상에 비유하여 이해를 돕는다.
③ 일반적인 사회 통념에 대해 근본적인 문제를 제기한다.
④ 대상에 대한 인식의 변화를 상황의 변화에 따라 제시한다.
⑤ 대상과 관련된 다양한 이견의 장단점을 구체적으로 설명한다.

071 윗글에 나타난 글쓴이의 태도에 해당하지 <u>않는</u> 것은?

① 저작권의 대상이 되는 것은 인간의 생각이나 의도에 기반한 것이어야 한다고 본다.
② 산업 현장에서의 노하우도 창작물로 인정받을 수 있는 방안이 마련되어야 한다고 본다.
③ 제품의 생산 과정 자체는 창작의 산물로 보지 않는다는 것이 일반적인 인식이라고 인정한다.
④ 컴퓨터와 같은 새로운 기술의 등장으로 종래 인정되지 않던 지식도 새롭게 저작권의 대상이 될 수 있음을 인정한다.
⑤ 생산 과정에서 품질의 개선이나 생산량의 확대를 가져오는 설정 방법은 그 자체가 저작물로 인정되어야 한다고 본다.

072 윗글에 비추어 〈보기〉를 이해한 것으로 적절하지 <u>않은</u> 것은?

> **보기**
>
> 인공 지능은 사람의 지적 활동을 기계 장치가 흉내 내거나 대신할 수 있도록 만들어진 것을 일컫는다. 대부분 컴퓨터 장치를 이용해서 만들어지므로 컴퓨터 프로그램을 의미하는 경우가 많다. 인공 지능을 그대로 사람의 지능 활동과 연결하면 기계 학습을 통해 축적된 지식을 활용하여 학습하지 않은 영역의 데이터에 대해 어떤 처리를 하는 것이 된다.

① 컴퓨터가 기억하는 정보는 지식에 견줄 수 있다.
② 컴퓨터가 처리하는 지식은 데이터로 저장된 정보가 그 원천이 된다.
③ 컴퓨터가 기억하는 정보를 활용하여 추론하는 과정을 사람의 지능에 견주어 인공 지능이라 한다.
④ 컴퓨터가 저장하는 정보는 언어와 음악의 형태를 가질 수도 있다는 점에서 인간의 지능 활동과 유사하다.
⑤ 컴퓨터가 학습하는 지식을 통해 아직 배우지 않은 내용까지 알아내는 능력이 없다면 인공 지능이라 할 수 없다.

[073~076] 다음 글을 읽고 물음에 답하시오.

양자 역학에서 EPR 역설은 물리량의 측정 문제를 제기한 사고 실험이다. 사고 실험이란 머릿속에서 생각으로 진행하는 실험으로 실험에 필요한 장치와 조건을 가정한 후 이론을 바탕으로 일어날 결과를 예측한다. 1935년 ⓐ아인슈타인(Einstein)은 포돌스키(Podolsky), 로젠(Rogen)과 함께 양자 역학이 논리적으로 완전하지 않음을 보이기 위해 이 역설을 발표했으며, EPR은 그들의 이름을 딴 것이다. 이 역설은 양자 역학의 주류인 코펜하겐학파의 해석에 대한 문제 제기에서 시작한다. 코펜하겐학파의 해석에 의하면 전자(電子)는 파동함수로 표현할 수 있는데, 여러 가지 상태가 확률적으로 겹쳐있으며, 관측을 하면 그와 동시에 파동함수가 붕괴되어 더 이상 겹침 상태가 아니라 단 하나의 상태로 결정된다. EPR 역설은 코펜하겐학파 해석에서 여러 상태가 확률적으로 겹쳐있다는 양자 중첩의 개념을 반박하고자 제시되었다. 이를 이해하기 위해서는 국소성 개념의 이해가 필요하다.

물리학에서는 국소성 이론이 통용되는데, 국소성이란 어떤 물체가 주변에 주는 물리적 영향은 바로 인접한 영역으로만 전파된다는 성질을 말하며, 공간을 뛰어넘어 순간적으로 영향을 미칠 수 없다는 뜻이다. 이는 물리적 영향을 매개하는 무엇인가가 존재하여 그것을 통하여 그 영향이 차례차례 전달된다는 것이다. 아인슈타인의 상대성 이론에 따르면, 매개물을 통한 영향의 전달에는 유한한 시간이 걸리며 그 속도는 진공 중의 빛의 속도를 넘을 수 없다. 따라서 떨어진 두 물체 사이에서 국소성이란 빛보다 빠른 영향의 전달이 불가능함을 의미한다.

EPR 역설을 이해하기 위해 검은색 공과 하얀색 공이 들어있는 상자가 각각 있다고 가정해보자. 어떤 색의 공이 들어있는 상자인지 모른 채 두 상자를 수십 광년 떨어뜨려 놓은 후 한쪽 상자에 들어있는 공의 색을 관찰하면 다른 상자에 들어있는 공의 색을 알 수가 있다. 즉 한쪽 상자를 열어 색을 관찰하면 다른 쪽 상자를 열어서 관측하지 않고도 그 색을 알 수 있다는 것이다. 그런데 이 두 가지 색의 공들은 서로 국소성의 원리가 작용하지 않을 만큼 먼 거리에 있으며 빛보다 빠른 존재가 있을 수 없음에도 불구하고 다른 한쪽의 상태를 알 수 있는, 달리 말해 광속보다 빠른 원격 작용이 일어나는 셈이라는 것이다. 아인슈타인은 이러한 EPR 역설을 통해 양자 역학이 예측하는 바가 ㉠유령 같은 원격 작용이라고 지칭하며 양자 중첩의 개념을 부정하고자 했다.

양자 역학은 확률적이다. 우리는 무엇인가 정확하게 알지 못하는 것이 있을 때 확률로 표현한다. 하이젠베르크는 불확정성 원리로 그 이유를 설명했다. 운동량과 위치를 동시에 정확히 측정할 수 없기 때문에 확률의 개념이 필요하다는 것이다. 하지만 아인슈타인이 주도한 EPR 역설은 여기에 의문을 제기한다. 아인슈타인은 우리는 원칙적으로 자연에 대해 완벽하게 알 수 있으나 단지 지금 우리가 알지 못하는 '무언가'가 있는데, 그것 때문에 양자 역학에서 확률의 개념인 양자 중첩이 나오는 것이라고 보았다. 그 알지 못하는 '무언가'를 알게 되었을 때, 양자 역학에서 확률은 제거된다는 것이다. 그 '무언가'를 숨은 변수라 하며, 원자 수준의 실제 실험을 통해 오늘날 대부분 과학자는 숨은 변수는 없고, 아인슈타인이 틀렸다고 생각한다.

073 윗글에 대한 설명으로 가장 적절한 것은?

① 다양한 이론을 분류하는 새로운 기준을 제시하고 있다.
② 현상을 설명하는 한 이론의 장점과 한계점을 지적하고 있다.
③ 가상 실험을 통해 특정 이론을 반박한 내용을 소개하고 있다.
④ 존재하는 대상과 존재하지 않는 대상의 사례를 제시하고 있다.
⑤ 유사한 범주의 대상을 비교하여 공통적 속성을 추리하고 있다.

074 윗글의 내용과 일치하는 것은?

① 코펜하겐학파는 양자 중첩의 개념을 반박하였다.
② 실제 실험을 통해 숨은 변수가 무엇인지 밝혀졌다.
③ 불확정성의 원리는 측정의 한계 때문에 확률의 개념을 도입한다.
④ 측정을 하면 전자의 파동함수는 붕괴되어 겹침의 상태로 존재한다.
⑤ 국소성 이론에 의하면 물체가 인접하지 않은 영역에 순간적으로 영향을 미칠 수 있다.

075 윗글의 ㉠에 대한 이해로 가장 적절한 것은?

① 불확정성의 원리를 증명하는 작용
② 진공 속의 빛의 속도보다 빠른 작용
③ 숨은 변수가 존재함을 입증하는 작용
④ 사고 실험이 가치 없음을 반증하는 작용
⑤ 여러 가지 상태가 겹쳐있는 것을 인정하는 작용

076 〈보기〉의 '반응' 중 ⓐ의 관점에 부합하는 것을 모두 고른 것은?

> **보기**
>
> **어떤 과학자의 주장**
> 양자와 같은 미시 세계의 입자가 정지해 있다가 두 개의 입자로 붕괴되는 경우가 있다. 이때 두 입자는 정확하게 반분되고 두 입자의 속도는 크기는 같고 방향은 반대이다. 따라서 입자의 운동량의 절댓값은 서로 같다. 이 경우 멀리 떨어진 상태에서 한 입자의 운동량을 측정하면 다른 입자의 위치와 운동량을 자동으로 알 수 있게 된다.
>
> **반응**
> (가) 두 입자의 운동 속도는 빛의 속도를 넘을 수 없다.
> (나) 하나의 입자가 두 입자로 붕괴되는 것은 숨은 변수의 작용 때문이다.
> (다) 한 입자의 운동량 측정을 통해 다른 입자의 운동량을 알게 되는 것은 국소성 이론을 위배한다.
> (라) 붕괴한 입자 중 하나의 입자의 운동량을 측정하기 전까지는 다른 입자의 운동량을 알 수 없다.

① (가), (나) ② (가), (다) ③ (나), (다)
④ (나), (라) ⑤ (다), (라)

[077~078] 다음 글을 읽고 물음에 답하시오.

힘을 받은 용수철은 일정 길이만큼 순간적으로 순식간에 늘어난다. 재료에 가해지는 힘의 방향과 수직인 면의 단위 면적당 받는 힘을 응력이라 하는데, 추를 제거하여 응력이 없어지면 용수철은 곧바로 원래의 길이로 돌아간다. 이처럼 가한 힘에 상응하여 순간적으로 변형이 일어나고 힘을 제거하면 원래의 위치로 돌아가는 성질을 탄성이라 한다. 탄성을 갖는 물체도 탄성 한계를 넘는 변형을 시키면 가해준 힘을 제거해도 원래의 상태로 돌아가지 않는 영구적인 변형이 생긴다. 탄성 한계에서는 변형과 응력은 정비례의 관계를 갖는다. 이에 반해 물이나 물렁물렁한 엿과 같은 물질은 힘을 가하면 시간에 따라 물체가 흐르며 변형이 생기고, 응력을 제거하여도 원래의 위치로 돌아가지 않는데 이러한 성질을 점성이라 한다. 액체와 같이 점성을 갖는 물체의 변형은 탄성을 갖는 물체와 달리 즉각적이지 않고 영구적이다.

탄성과 점성을 동시에 갖는 물체를 점탄성체라고 하는데 대부분의 고분자 물질들은 점탄성체이다. 점탄성체에서 관찰할 수 있는 대표적인 현상이 응력 완화와 크리프이다. 고분자 물질인 기타 줄의 음고(音高)는 기타 줄의 장력에 비례하여 커지는데, 기타 줄을 일정 길이 만큼 늘려 음고를 고정한다. 이때 장력이란 일정 길이만큼 늘릴 때 가해준 힘에 대해 즉각적으로 변형이 일어나는 탄성의 성질을 나타낸다. 그러나 변형이 고정된 후 시간이 많이 지나면 기타 줄에 걸린 장력이 떨어져 음고가 낮아진다. 이처럼 탄성 한계 내에서 점탄성체의 변형을 일정하게 유지했을 때 응력이 시간에 따라 줄어드는 현상을 응력 완화라고 한다. 응력 완화가 일어나는 이유는 점탄성체를 이루는 분자들이 응력을 완화하는 상태로 천천히 재배열하면서 응력이 줄어들기 때문이다.

이와 달리 크리프는 점탄성체에 고정된 응력을 받게 했을 때 물체가 서서히 영구적인 변형이 일어나는 것을 일컫는다. 플라스틱 재질의 책 선반에 일정한 무게의 책을 올려놓으면 책 선반이 아래로 즉각적으로 휘게 되는데, 책을 선반에서 제거하면 원래의 위치로 바로 돌아온다. 원위치로 선반이 바로 돌아온다는 것은 탄성 한계 이내의 탄성 변형이라는 것을 의미한다. 그런데 같은 무게의 책을 선반에 올린 상태에서 오랜 시간 동안 관찰하면 선반이 천천히 아래로 휘게 되고 ㉠책을 제거하여도 선반은 원래의 위치로 돌아오지 않는다. 이처럼 어떤 물체에 일정한 힘을 가해 주었을 때 시간이 지남에 따라 물체가 천천히 변형되는 현상을 크리프라 한다. 크리프 역시 점탄성체를 구성하는 분자들이 응력에 의해 재배열하면서 변형이 서서히 일어나는 것이다. 점탄성체가 갖는 탄성과 점성 중 어느 것이 더 많이 발현되는가는 온도에도 크게 의존한다. 온도가 높을수록 점탄성체 분자의 유동이 원활해져서 크리프와 응력 강화가 가속화된다.

077 윗글의 ㉠의 의미와 가장 가까운 것은?

① 응력이 제거되어도
② 탄성 한계를 넘어서도
③ 시간이 지나지 않아도
④ 분자들이 재배열 되어도
⑤ 가한 힘에 상응하지 않아도

078 윗글을 바탕으로 할 때, 〈보기〉의 '관찰'에 대한 (가)~(라)의 '이해' 중 적절한 것을 있는 대로 고른 것은?

보기

◎ 관찰
- 두 나무 사이에 플라스틱 재질의 빨랫줄을 5cm만큼 늘려서 묶었다가 바로 다시 풀었을 때 원래의 길이로 되돌아가지 않았다. 이번에는 다시 새 빨랫줄을 2cm만큼 늘려서 묶었다가 풀어주니 원래의 길이로 되돌아갔다. 이후 빨랫줄을 2cm만큼 늘려 묶고 며칠이 지난 후 살펴보았더니 줄의 처짐은 없었으나 빨랫줄이 받는 힘은 처음보다 작았다.

◎ 이해
(가) 빨랫줄을 5cm만큼 늘리는 과정에서 빨랫줄의 변형과 응력은 정비례 관계를 보이지 않겠군.
(나) 빨랫줄의 장력이 낮아지는 현상은 크리프가 일어났다고 할 수 있겠군.
(다) 빨랫줄이 받는 힘이 작아진 것은 빨랫줄을 구성하는 분자의 재배열이 일어나지 않았기 때문이군.
(라) 빨랫줄이 받는 힘을 빨랫줄의 겉면적으로 나눈 값이 빨랫줄이 받는 응력에 해당하겠군.

① (가)   ② (가), (라)   ③ (나), (다)
④ (나), (라)   ⑤ (가), (나), (라)

[079~082] 다음 글을 읽고 물음에 답하시오.

고장 난 전차 문제는 영국 철학자인 필리파 풋이 1967년에 처음 제시한 철학 문제이다. 브레이크가 고장 난 전차가 가던 선로에는 5명의 사람이 있는데, 지선(支線)에는 1명의 사람이 있다. 이때 당신이 전차의 기관사라면 가던 쪽으로 계속 갈 것인가, 아니면 지선으로 방향을 틀 것인가?

만약 전차가 고장 난 채로 계속 가도록 내버려 둔다면, 5명의 사람이 죽게 된다. 만약 방향을 틀게 된다면 1명의 사람이 죽게 된다. 방향을 틀지 않으면 더 많은 사람이 죽게 되는데, 살릴 수 있는 더 많은 사람을 죽게 했다는 비난을 받을 것이다. 반면에 방향을 틀게 되면 더 적은 사람이 죽게 된다. 그러나 이것은 기관사가 그 사람을 일부러 죽인 것이다. 방향을 틀지 않아 죽게 된 5명은 기관사가 의도적으로 죽인 것이 아니라 고장 난 기관차에 의해 죽게 된 것이다. 기관사는 5명이 죽도록 내버려 둔 것뿐이다. '죽이는 것'은 '죽게 내버려 두는 것'보다 도덕적으로 나쁘다는 것이 사람들의 직관이다. 따라서 방향을 틀지 않아도, 틀어도 비난을 받게 된다.

이 딜레마 를 일반인에게 물어보면 ⓐ방향을 틀어야 한다고 생각하는 사람이 많다. 철학자 중에서는 '이중 효과의 원리'로 방향을 틀어야 한다는 쪽을 옹호하는 사람들이 있다. 어떤 행동에서 좋은 결과와 나쁜 결과가 모두 발생하는데 나쁜 결과를 직접 의도한 것이 아니라면 그 행동은 허용 가능하다는 주장이다. 예컨대 남에게 고통을 주면 안 된다는 것은 기본적인 윤리 원칙이지만 의료진이 주사를 놓는 행위를 비난하지 않는다. 주사를 놓은 행위는 치료라는 좋은 결과를 위해 부수적으로 따르는 나쁜 결과이기 때문이다. 마찬가지로 고장 난 전차의 방향을 튼 것은 5명을 살리겠다는 좋은 결과를 의도했지만 1명이 죽었다는 나쁜 결과가 생겼다는 것이다.

그러나 이런 답변에는 나쁜 결과가 생길지 뻔히 아는데도 의도하지 않았다고 말할 수 있느냐는 비판이 제기된다. ㉠장기 탈취 사고 실험이 그것이다. 서로 다른 장기가 손상되어 이식을 받지 않으면 곧 죽을 환자 5명 있다고 하자. 한 명이 건강 검진을 받으러 왔는데 이 사람은 5명에 적합한 장기를 모두 가지고 있다. 이 사람을 마취해 장기를 탈취하고서, 그 사람이 죽은 것은 5명을 살린다는 좋은 결과를 위해 생긴 부수적인 나쁜 결과라고 주장할 수 있을까? 1명이 죽는다는 것은 누구나 예측할 수 있는데 말이다. 이 사례는 고장 난 전차 딜레마와 같은 상황이다.

방향을 틀어야 한다는 직관은 엄격하지 않다는 비판도 받는다. 위 사고 실험이 변형된 ㉡'육교 사고 실험'이 있다. 똑같이 전차의 브레이크가 고장 난 상황인데 전차가 가는 선로의 육교 위에 한 사람이 서 있다. 이 사람은 덩치가 커서 선로로 떨어뜨리면 전차를 멈추게 할 수 있고, 그러면 5명이 살게 된다고 하자. 이때 그를 밀어뜨려야 할까? 위 전차 사고 실험에서는 방향을 틀어야 한다고 주장한 사람들은 이 실험에서는 밀어서는 안 된다는 의견이 많았다. ⓑ육교 위의 사람을 미나 전차의 방향을 트나 5명을 살리기 위해 적극적인 행동을 한 것은 똑같은데 말이다. 이것은 사람들의 직관이 그리 일관되지 못함을 보여 준다.

079 윗글의 딜레마 에 대한 설명으로 가장 적절한 것은?

① 1명이 죽거나 1명을 살리거나.
② 5명이 죽거나 5명을 살리거나.
③ 5명을 죽이거나 1명을 죽도록 내버려 두거나.
④ 더 많은 사람이 죽거나 사람을 일부러 죽이거나.
⑤ 좋은 결과를 주는 행동을 하거나 나쁜 결과를 주는 행동을 하거나.

080 윗글의 취지에 따를 때 ⓐ가 취해야 하는 일관된 태도는?

① ㉠에서는 장기 탈취에 찬성하고, ㉡에서는 사람 미는 것에 찬성한다.
② ㉠에서는 장기 탈취에 찬성하고, ㉡에서는 사람 미는 것에 반대한다.
③ ㉠에서는 장기 탈취에 반대하고, ㉡에서는 사람 미는 것에 찬성한다.
④ ㉠에서는 장기 탈취에 반대하고, ㉡에서는 사람 미는 것에 반대한다.
⑤ ㉠에서는 장기 탈취에, ㉡에서는 사람 미는 것에 동시에 찬성하거나, 또는 동시에 반대한다.

081 윗글을 바탕으로 할 때, 〈보기〉의 ㄱ~ㄷ을 평가한 것으로 옳지 <u>않은</u> 것은?

> **보기**
> ㄱ. 굶는 사람에게 먹을 것을 원조하지도 않지만 독약이 든 먹을 것을 주지도 않는다.
> ㄴ. 산모의 건강이 심각하게 위험하여 태아를 죽였다.
> ㄷ. 의사는 환자의 고통을 줄이기 위해 다량의 모르핀을 주입했는데 환자는 죽었다.

① ㄱ을 옹호하는 것은 죽이는 것이 죽게 내버려 두는 것보다 도덕적으로 나쁘다는 것을 보여 준다.
② ㄴ에서 태아가 죽은 것은 이중 효과의 원리에 의해 옹호된다.
③ ㄷ을 이중 효과의 원리로 옹호한다면 환자가 죽은 것은 의도하지 않은 나쁜 결과이다.
④ 전차의 방향을 틀어야 한다고 주장하는 사람은 방향을 트는 것이 ㄷ의 모르핀 주입과 같다고 생각한다.
⑤ 전차의 방향을 틀지 말아야 한다고 주장하는 사람은 5명이 죽는 것이 ㄱ에서 굶는 사람에게 독약이 든 먹을 것을 주는 것과 같다고 생각한다.

082 ⓑ에 대한 반론으로 가장 적절한 것은?

① 육교 위의 사람이나 선로 위의 1명 모두 5명을 위해 희생된 것이다.
② 육교 위의 사람을 민 사람은 방향을 튼 사람과 달리 전차의 관계자가 아니다.
③ 육교 위의 사람은 직접 죽인 것이지만, 선로 위의 1명은 부수적으로 죽은 것이다.
④ 육교 위의 사람을 민 사람이나 방향을 튼 사람이나 죽이려는 의사는 똑같이 있었다.
⑤ 육교 위의 사람은 전차를 멈추게 했지만, 전차의 방향을 튼 것은 전차를 멈추게 하지 못했다.

[083~084] 다음 글을 읽고 물음에 답하시오.

공공 마이데이터 서비스 안내서

1. ⊙ 공공 마이데이터 서비스란?
   행정 정보를 가지고 있는 기관이 국민의 요구에 따라 국민이 원하는 곳에 행정 정보를 제공해 주는 서비스입니다. 재외 국민과 외국인은 서비스가 제한됩니다.

2. 공공 마이데이터 서비스의 활용
   1) 건강·의료
      ◦ 이전엔 만 14세 미만 자녀의 1년 이내 투약 이력을 조회하기 위해 법정 대리인의 증빙 서류 제출이 필요했으나, 이제는 증빙 서류 제출 없이 휴대폰 인증만으로 법정 대리인 정보를 자동으로 확인할 수 있습니다.
   2) 창업·고용
      ◦ 정책 자금 신청을 위해 소상공인진흥공단에 제출해야 했던 18종의 구비 서류를 하나의 행정 정보 묶음으로 일괄 제출할 수 있도록 지원합니다.
      ◦ 구비 서류를 일일이 준비해 제출하느라 최장 5일이 걸리던 소요 시간을 4시간 이내로 단축했습니다.
   3) 생활·안전
      ◦ 긴급 상황에서 응급 환자에 대한 병력, 투약 이력을 확인할 수 없었던 과거와 달리, 개인 병력 이력 등 응급 환자에 대한 필수 확인 정보를 119 구급대원이 한 번에 확인할 수 있습니다.
      ◦ 개인 정보가 변경됐을 때 변경 사항이 자동으로 업데이트되어 국민이 직접 수정하지 않아도 최신 정보를 제공할 수 있게 되었습니다.

3. 공공 마이데이터 서비스의 활용 예시

서비스명	활용 행정 정보
은행 신용 대출	• 소득금액증명 • 건강·장기요양보험료납부확인서(직장가입자)
아동 급식 신청	• 주민등록표등·초본 • 국민기초생활수급자증명서
소상공인 확인	• 사업자등록증명 • 폐업사실증명

---

083 윗글의 내용과 일치하지 <u>않는</u> 것은?

① 정책 자금을 신청하려면 구비 서류를 제출해야 한다.
② 개인 정보가 변경되었다면 국민이 직접 변경 사항을 수정해야 한다.
③ 공공 마이데이터 서비스를 이용하면 정책 자금 신청을 준비하는 데 걸리는 시간이 4시간 이하이다.
④ 공공 마이데이터 서비스를 이용하면 구급대원은 응급 환자의 투약 이력을 한 번에 확인할 수 있다.
⑤ 공공 마이데이터 서비스를 활용하지 않을 때는 만 14세 미만 자녀의 투약 이력을 조회하려면 법정 대리인의 증빙 서류가 있어야 한다.

084 윗글을 바탕으로 할 때 ㉠이 활용될 수 있는 사례로 적절하지 않은 것은?

① 신용 대출을 받기 위해서 소득금액증명원을 제출해야 하는 직장인
② 자녀의 급식을 신청하기 위해서 주민등록등본을 제출해야 하는 학부모
③ 전세 대출을 받기 위해서 건강보험료납부확인서를 제출해야 하는 외국인
④ 무료 급식을 신청하기 위해서 국민기초생활수급자증명서를 제출해야 하는 초등학생
⑤ 소상공인 폐업 지원금을 신청하기 위해서 폐업사실증명서를 제출해야 하는 식당 사장님

085 다음 공익 광고가 전달하고자 하는 내용으로 가장 적절한 것은?

① 소외된 이웃에게 공동체가 관심을 가져야 한다.
② 이웃 간의 소통을 위해 직접 마주 보며 대화해야 한다.
③ 공동주택에서 일하는 근로자를 존중하고 배려해야 한다.
④ 아이를 안전하게 키우기 위한 공동주택 환경을 조성해야 한다.
⑤ 공동주택에서 발생하는 이웃 간의 문제는 소통으로 해결할 수 있다.

[086~087] 다음 글을 읽고 물음에 답하시오.

[삶과 문화] '알아야 면장' …면장이 그 면장이 아니라고?

한국어는 유래나 어원이 밝혀지지 않은 말이 많다. 민간 어원도 뒤죽박죽 섞여서, 예컨대 훈몽자회(1527)에 이미 '행주'가 나옴에도 '행주치마'가 행주대첩(1593)에서 유래한다고 잘못 알려지기도 했다. 붓, 먹, 배추 등 언뜻 고유어 같지만 사실은 중국어 귀화어이거나 '김치'처럼 한국 한자어가 변한 말도 있고 '생각'처럼 취음자 '生覺' 탓에 한자어 느낌이 드는 말도 있다.

㉠'알아야 면장'이 알고 보니 '面長'이 아니고 '面牆(담을 마주 대하듯 앞이 안 보임, 견문이 좁음)을 피하다'의 '면면장(免面牆)'에서 왔다는 설은 2000년대 들어서부터 퍼졌다. 통념을 뒤집으니 일단 왠지 그럴싸해 보이기도 한다. 그러나 다시 들여다보면 뭔가 석연치 않다. 일상에서 잘 안 쓰는 말에 한자 한 자가 더 붙었다가 다시 빠져 속담이 됐다? 다들 '面長'으로 알고 뜻도 잘 통하는데, 검증 없이 억지스레 갖다 붙인 느낌이다. 주로 ㉡한문에서 유래하는 고사성어와 달리 ㉢속담은 민간에서 전해지는 말이 대다수다.

'면장(面牆)'은 중국어, 일본어 사전들에서 서경(書經), 후한서(後漢書) 등이 출처로 언급된다. 그런데 한국 사이트나 기사, 책에서는 논어(論語)의 양화(陽貨)에 공자가 아들 백어에게 공부를 강조하며 하는 말로 나오나, 정작 '면면장(免面牆)'이라는 구절은 없다.

人而不爲 '周南', '召南', 其猶正牆面而立也與?(사람이 '주남'과 '소남'을 배우지 않는다면 담장을 마주하고 서 있는 것 같지 않겠는가?)

배우지 않으면 담에 가로막혀 앞도 안 보이고 한 발짝도 못 나가는 것이나 다름없다는 취지는 어쨌든 같지만, 논어 구절은 '면장'도 아닌 '장면(牆面)'이며 '면할 면(免)'도 없고, 중국어든 일본어든 '免面牆'이나 '免牆'이라는 숙어나 관용어도 안 쓴다. 한문을 좀 아는 호사가들한테 논어부터 떠올라서 그랬겠지만 굳이 후한서나 서경을 출처로 언급하지 않고 '免面牆'도 지어낸 데서 신빙성은 더 떨어진다.

'알아야 면장'이 조선시대부터 쓰였다는 증거도 없다. 면장이라는 관직은 1910년 생겼다. 이 속담은 1962년 민중서관에서 펴낸 '속담사전'에 나오고, 매일경제 1966년 12월 26일 자 '알아야 面長을 해'라는 제목의 기사를 볼 때, 아무리 일러야 1940~50년대쯤부터 퍼진 걸로 짐작된다. 그때부터 퍼진 속담에 뜬금없이 논어든 다른 한문이든 영향을 미치긴 어렵다.

어원이 좀 알쏭달쏭하다고 여겼는지 표준국어대사전은 속담이 '면장(面長)'과 '면장(面牆)' 항목에는 없고 '알다'에 있다. 다만 '알아야 면장을 하지'의 뜻풀이가 '어떤 일이든 그 일을 하려면 그것에 관련된 학식이나 실력을 갖추고 있어야 함을 비유적으로 이르는 말'이듯이 '면장(面長)'을 넌지시 드러낸다.

북한의 조선말대사전은 '면장'과 '알다' 항목에 '배워야 면장이라'와 '알아야 면장(도 하지)'이 있고, 속담 풀이는 '그래도 얼마간의 지식이라도 있어야 면장 노릇을 한다는 뜻으로 아무것이나 다 그 방면의 지식이 있어야 해당 일을 맡아 할 수 있음을 비겨 이르는 말'이라 나온다.

종합하면 '알아야 면장'이 '免面牆/免牆'이라는 설은 하나만 알고 둘은 몰라 생긴 가짜 어원일 가능성이 높다. 통념이나 통설을 깨려면 제대로 깨야 한다. 통념을 깨는 재미에만 몰두해 별다른 근거도 없이 꾸며내는 우를 범하면 안 된다. 꼭 통념을 깨야 한다는 것도 일종의 통념이다.

086 ㉠을 반박하는 논리로 적절하지 <u>않은</u> 것은?

① '면장(面長)'의 어원이라고 주장하는 '면면장(免面牆)'은 문증되지 않는다.
② '면장(面牆)'이 문증되는 문헌보다 '면장(面長)'은 훨씬 후대에 출현하는 말이다.
③ '논어'에는 '장면(牆面)'으로 되어 있어 '면장(面長)'과는 어형의 차이가 적지 않다.
④ 속담은 한문에서 유래하는 고사성어와는 달리 주로 민간에서 전해지는 경우가 많다.
⑤ '표준국어대사전'에 속담 '알아야 면장'은 '면장(面長)'이 아닌 '알다' 아래에 실려 있다.

087 ⓛ과 ⓒ이 같은 의미로 연결되지 않은 것은?

① 등하불명(燈下不明) - 등잔 밑이 어둡다
② 고장난명(孤掌難鳴) - 외손뼉이 소리 날까
③ 계란유골(鷄卵有骨) - 달걀에도 뼈가 있다
④ 동가홍상(同價紅裳) - 같은 값이면 다홍치마
⑤ 순망치한(脣亡齒寒) - 이가 없으면 잇몸으로 산다

[088~090] 다음 글을 읽고 물음에 답하시오.

	한국산업안전보건공단

수신   수신자 참조
제목   '폭염 재난예방 대책설비' 보조 지원 사업 안내

　최근 전국적으로 여름철 폭염이 지속될 것으로 예상됨에 따라 공단은 안전하고 건강한 일터를 조성하고 사망 사고를 예방하기 위해 '폭염 재난예방 대책설비' 구입 비용의 일부를 지원하고자 합니다.

ⓐ 1. 지원 안내
　○ 지원 대상: 폭염 재난의 ㉠<u>리스크</u>가 큰 작업을 보유한 50명 미만인 모든 업종 사업장 (단, 산업재해보상보험에 가입한 근로자 수 기준)
　　※ 참여 제한: 다음의 어느 하나에 해당하는 경우 신청이 불가하며, 사업에 선정된 이후라도 참여 제한 ㉡<u>이슈</u>가 발견되는 경우 선정이 취소됨

> ▶ 산업안전보건법 제158조 제4항(보조금 부당수급 등)에 따른 제한 기간 중인 사업장
> ▶ 최근 3년 이내 근로자의 산업재해보상보험을 체납한 이력이 있는 사업장

　○ 지원 품목: 이동식 에어컨, 그늘막(모두 신품에 한함)
　　※ 사업장 자체적으로 지원 품목을 ㉢<u>모니터링</u>하여 적합한 제품 및 공급 업체를 선정할 것

　○ 지원 한도: 사업장 당 2,000만 원
　　※ 추가 ㉣<u>가이드라인</u>: 제품의 ㉤<u>브랜드</u>, 성능, 소재 차이에 따른 초과 금액은 사업장 자체 예산으로 충당할 것

ⓑ 2. 추가 지원 안내
　○ 추가 지원 대상 사업장 선정 기준: 100순위까지 추가 1,000만 원 지원

> ▶ 우선 순위 가산점(최대 5점)
> 　- 10명 미만 소규모 사업장(1.5점)
> 　- 폭염 취약 계층 근로자(산재보험 가입 만 50세 이상) 5명 이상 고용 사업장(1점)
> 　- 폭염 재난 취약 작업 사업장(1.5점): 건설업, 농업 및 어업
> ▶ 최우선 선정 대상(가산점과 관계없이 최우선으로 선정함)
> 　: 고용노동부 노사문화 대상 기업, 직업계고 현장실습 참여 기업

088 ㉠~㉤을 다듬은 말로 적절하지 않은 것은?

① ㉠ 리스크(risk) → 위험
② ㉡ 이슈(issue) → 사고
③ ㉢ 모니터링(monitoring) → 점검
④ ㉣ 가이드라인(guideline) → 지침
⑤ ㉤ 브랜드(brand) → 상표

089 ⓐ에 대한 설명으로 가장 적절한 것은?

① 사업장의 산재보험 가입자 수가 50명이면 보조 지원을 신청할 수 있다.
② 최대한 많은 사업장을 지원하기 위해 지원 품목에는 중고품이 포함된다.
③ 공단이 특정 제품과 공급 업체 목록을 정리하여 지원 품목을 사업장에 제공한다.
④ 작년에 근로자의 산재 보험을 체납한 이력이 있는 사업장은 지원 대상에서 제외된다.
⑤ 상위 성능과 소재의 제품 선택으로 초과 금액 발생 시 공단이 추가 예산을 지원한다.

090 ⓑ와 〈보기〉를 고려하였을 때 윗글에 대한 반응으로 적절하지 않은 것은?

보기

운영 특징 사업장	사업장 규모	만 50세 이상 산재보험 가입 근로자 수	업종	비고
A	20명	6명	건설업	특이 사항 없음
B	7명	2명	농업	5년 전 산재보험 체납 이력
C	45명	0명	철강제조업	직업계고 현장실습 참여 기업

① 사업장 'A'는 2.5점의 가산점으로 추가 지원을 신청할 수 있겠군.
② 사업장 'B'는 사업장 'A'보다 추가 지원 대상 순위가 더 높겠군.
③ 사업장 'B'는 체납 이력이 있더라도 지원 신청을 할 수 있겠군.
④ 사업장 'C'는 폭염 재난 취약 작업 사업장에 해당하지 않겠군.
⑤ 사업장 'A', 'B', 'C' 중 사업장 'C'의 추가 지원 대상 순위가 가장 낮겠군.

국어 문화 091번~100번

091 〈보기〉에서 설명하는 문학 작품은?

> **보기**
> 김시습이 지은 전기(傳奇) 소설. 주인공이 부모의 허락을 얻어 몰래 만나던 최랑(崔娘)과 혼인을 하지만 홍건적의 무리가 최랑을 죽이는 바람에 현세에서의 사랑을 다하지 못하여 죽은 최랑의 영혼과 사랑을 나누다가 최랑이 저승으로 돌아간 후 주인공도 병이 들어 죽는다는 내용으로, ≪금오신화≫에 실려 있다.

① 〈남염부주지〉 ② 〈이생규장전〉 ③ 〈만복사저포기〉
④ 〈용궁부연록〉 ⑤ 〈취유부벽정기〉

092 〈보기〉에서 설명하는 문학 작품은?

> **보기**
> 이인직이 지은 우리나라 최초의 신소설. 청일전쟁 때 평양 모란봉의 참상을 시발점으로 하여, 그 뒤 10년간의 세월 동안 옥련 일가가 겪어야 했던 기구한 운명과 개화기의 시대상을 한국·일본 및 미국을 무대로 그린 작품이다. 문명사회에 대한 동경과 신교육, 여권 신장과 같은 새 시대의 기준을 제시하고 있다.

① 〈무정〉 ② 〈자유종〉 ③ 〈추월색〉
④ 〈혈의 누〉 ⑤ 〈금수회의록〉

093 〈보기〉에서 설명하는 작가는?

> **보기**
> 1931년 ≪동광≫에 시 〈나의 꿈〉을 발표하면서 등단했다. 1940년에 첫 단편집인 ≪늪≫을 펴낸 후 소설 창작에 집중하였다. 작가 특유의 시적이고 서정적인 문체를 통해 높은 예술적 성과를 거두었다. 주요 작품으로는 〈목넘이 마을의 개〉, 〈별과 같이 살다〉, 〈카인의 후예〉, 〈독 짓는 늙은이〉, 〈일월〉 등이 있다.

① 황순원 ② 김동리 ③ 오상원
④ 김동인 ⑤ 이효석

094 〈보기〉는 일제 강점기 신문에 게재된 연극 광고이다. 이에 대한 설명으로 적절하지 <u>않은</u> 것은?

> **보기**
>
> **토월회(土月會) 기념(紀念) 흥행(興行)**
> **금야(今夜)부터 개연(開演)**
>
> 긔보한 바와 가티 토월회에서는 동회 일주년 기념 흥행으로 금 십삼일 밤부터 일개월 동안을 조선 극장에서 여러 가지 자미스러운 예제로 흥행할 터인바 료금은 전과 갓흐며 첫날 예제는 비극 두 막과 최후의 일순간이라는 것 두 막과 일반과 남자에게 큰 호평으로 환영을 밧는 사랑과 죽엄이라는 것 한 막이라는데 관객의 편의를 도모하고자 좌석도 정돈되엇스며 무대와 출연자들도 일신하게 되엇다 한다
> — 『시대일보』, 1924년 6월 13일 광고

① 토월회의 1주년 기념 공연이다.
② 공연은 오늘부터 한 달 동안 열린다.
③ 공연의 장소는 조선 극장이다.
④ 첫날 공연될 작품은 총 두 작품이다.
⑤ 공연 환경이 새롭게 정비되었다.

095 〈보기〉에 쓰인 ㉠~㉤의 의미로 적절하지 <u>않은</u> 것은?

> **보기**
>
> 박씨 화교에서 내려 계화를 앞세우고 청루에 올라, 모든 부인과 ㉠<u>예필(禮畢)</u> 후 각각 좌정하여 동서로 앉았으니, 각 댁 공후부인(公侯夫人)의 고운 얼굴과 선명한 의복 단장이 일대 선녀가 ㉡<u>요지(瑤池)</u>에 오른 듯 광채 찬란한지라. 그중에 박씨 옥 같은 얼굴과 달 같은 태도로 ㉢<u>위의(威儀)</u> 거룩하고 풍채(風采) 정정하니, 아무리 인간 인물인들 ㉣<u>선범(仙凡)</u>이 같을소냐. 좌중이 한 번 보매 도리어 경신흠앙(敬信欽仰)하여 감히 언어를 통치 못하겠더라. 이윽하여 ㉤<u>배반(杯盤)</u>이 낭자하더니, 술이 박씨에게 미치매, 박씨 잔을 잡아 짐짓 치마에 기울이니 치마가 젖는지라.
> — 「박씨전」

① ㉠ 예필: 인사를 끝마침
② ㉡ 요지: 신선이 살았다는 못
③ ㉢ 위의: 위엄이 있고 엄숙한 태도나 차림새
④ ㉣ 선범: 신선 세계에 산다는 상상의 사람
⑤ ㉤ 배반: 술상에 차려 놓은 그릇

096 다음은 원본 『훈민정음』(1446)의 일부분이다. 이에 대한 설명으로 적절하지 <u>않은</u> 것은?

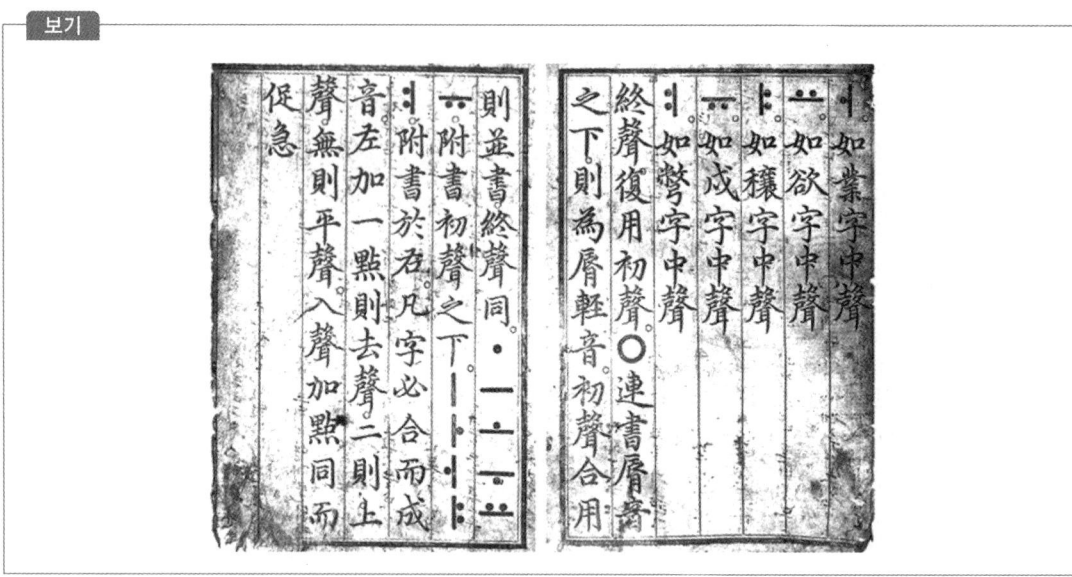

① 연서법은 순경음과 관련된 신문자 운용법이다.
② 모음자의 음가 설명이 끝나면 바로 종성에 대한 규정이 등장한다.
③ 병서법은 중성자를 합쳐서 쓸 경우에 나란히 쓰라는 쓰기 규정이다.
④ 성음법은 글자는 모름지기 합쳐져야 소리를 이룬다는 음절 규정이다.
⑤ 위의 본문에 기술된 신문자 운용법 중에서는 지금 사용하지 않는 규정도 있다.

097 〈보기〉는 남북의 자모 배열 순서의 차이를 보인 것이다. ㉠에 들어갈 말로 알맞은 것은?

보기

남북한의 자모 배열 순서의 차이는 다음과 같다.
〈남한〉
사전에 올릴 적의 자모 순서는 다음과 같이 정한다.
자음: ㄱ ㄲ ㄴ ㄷ ㄸ ㄹ ㅁ ㅂ ㅃ ㅅ ㅆ ㅇ ㅈ ㅉ ㅊ ㅋ ㅌ ㅍ ㅎ
모음: ㅏ ㅐ ㅑ ㅒ ㅓ ㅔ ㅕ ㅖ ㅗ ㅘ ㅙ ㅚ ㅛ ㅜ ㅝ ㅞ ㅟ ㅠ ㅡ ㅢ ㅣ   (한글 맞춤법 제4항)
〈북한〉
자음: ㄱ, ㄴ, ㄷ, ㄹ, ㅁ, ㅂ, ㅅ, (ㅇ), ㅈ, ㅊ, ㅋ, ㅌ, ㅍ, ㅎ, ㄲ, ㄸ, ㅃ, ㅆ, ㅉ
모음: ㅏ, ㅑ, ㅓ, ㅕ, ㅗ, ㅛ, ㅜ, ㅠ, ㅡ, ㅣ, ㅐ, ㅒ, ㅔ, ㅖ, ㅚ, ㅟ, ㅢ, ㅘ, ㅝ, ㅙ, ㅞ
* (   ) 안의 자모는 받침의 경우에만 해당된다.   (조선말대사전 일러두기)

이 자모 배열 순서에 따라, 남한의 사전에서는 '도깨비, 딸기, 메꽃, 모래, 호박'의 순서로, 북한의 사전에서는
'_____㉠_____'의 순서로 사전에 오르게 된다.

① 도깨비, 딸기, 메꽃, 호박, 모래   ② 도깨비, 모래, 메꽃, 딸기, 호박
③ 도깨비, 모래, 메꽃, 호박, 딸기   ④ 도깨비, 메꽃, 모래, 딸기, 호박
⑤ 도깨비, 메꽃, 모래, 호박, 딸기

098 〈보기〉를 바탕으로 할 때, 다음 수어가 나타내는 의미는?

> **보기**
>
> 수어에서는 둘 이상의 단위가 모여 하나의 의미를 나타낼 수 있다. 예를 들어 '여름'은 '계절'과 '덥다'를 나타내는 수어가 결합하여 만들어진 단어이다.

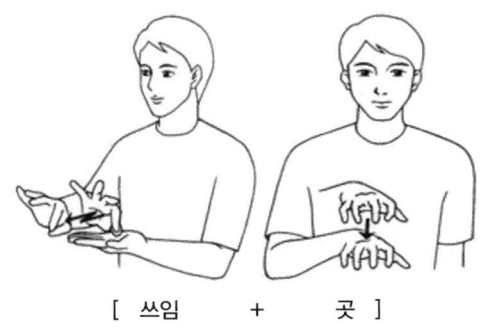

[쓰임 + 곳]

① 필요   ② 용도   ③ 사용
④ 방법   ⑤ 이용

099 밑줄 친 법률 문장을 수정한 것으로 적절한 것은?

> **보기**
>
> • 사단법인은 <u>사원이 없게 되거나 총회의 결의로도</u> 해산한다. (민법)

① 사원이 없으면 총회의 결의로도
② 사원이 없을 경우 총회의 결의로도
③ 사원이 없게 되거나 총회의 결정으로도
④ 사원의 부재나 총회에서 해산을 결의한 경우에도
⑤ 사원이 없게 되거나 총회에서 해산을 결의한 경우에도

100 기사문에 나타난 문장에 대해 설명한 내용으로 적절하지 않은 것은?

① 일회용품 사용이 날로 늘어남에 따라 각종 사회적 문제가 발생하고 있다.
→ '~고 있다'를 활용하여 기사에서 언급한 내용이 진행 중임을 나타내고 있다.

② '1인 미디어 규제가 필요하다.'라고 응답한 비율은 무려 78%에 달한다.
→ 부사 '무려'를 사용하여 1인 미디어 규제가 필요하다고 응답한 비율이 높음을 강조하고 있다.

③ 개인의 이익보다는 공공의 이익이 중요하다는 사회적 분위기가 만들어져야 한다고 밝혔다.
→ 피동 표현을 활용하여 행위의 대상인 '사회적 분위기'보다는 행위의 주체에 초점을 두어 서술하고 있다.

④ 학생들이 진로에 대한 정보를 얻을 수 있는 기회가 부족하여 진로 탐색에 어려움을 겪는 것으로 나타났다.
→ 연결 어미 '-여'를 사용하여 앞 절의 내용과 뒤 절의 내용을 인과 관계로 연결하고 있다.

⑤ ○○고 2학년 박 모 학생은, 청소년 체험 학습 프로그램에 참여해 보니 프로그램 내용이 다양하지 못하여 아쉬웠다고 하였다.
→ 인용 표현을 활용하여 청소년 체험 학습 프로그램을 경험한 학생의 소감을 전달하고 있다.

[확인 사항]
● 문제지와 답안지에 필요한 내용을 정확히 적었는지 확인하십시오.

수고하셨습니다.

2022. 06. 19.

성 명	
수험번호	
감독관 확인	

제67회
KBS 한국어능력시험

KBS ◎ 한국방송

- 문제지와 답안지에 모두 성명, 수험 번호를 정확히 기입하십시오.
- 답안지와 함께 문제지를 반드시 제출하십시오.
- 본 시험지를 절취하는 것은 부정행위로 간주합니다.
- 본 시험의 내용을 무단으로 전재·복사·복제·출판·강의하는 행위와 인터넷 등을 통해 복원하는 행위는 저작권법에 저촉됩니다.

한국어능력시험 문항 100문항

영역	문항
듣기·말하기	001번~015번
어휘·어법	016번~045번
쓰기	046번~050번
창안	051번~060번
읽기	061번~090번
국어 문화	091번~100번

2022년 06월 19일 시행

제67회 KBS한국어능력시험

듣기·말하기 001번 ~ 015번

001 그림에 대한 설명 중 언급되지 <u>않은</u> 것은?

① 작품 창작 배경
② 작품의 크기 및 소장처
③ 작품에 표현된 구체적 대상
④ 같은 주제를 다룬 다른 작품
⑤ 작품의 분위기에 영향을 미친 요소

002 마지막에 스님이 할 말로 가장 적절한 것은?

① 나를 낮추면 부딪치는 법이 없지요.
② 아픔을 겪어야 성숙해지는 법이지요.
③ 욕심을 버려야 입신양명하는 법이지요.
④ 마음을 수양하면 아픔을 견디는 법이지요.
⑤ 헤어질 때는 인사부터 해야 하는 법이지요.

003 강연의 내용과 일치하지 <u>않는</u> 것은?

① 첫인상 효과는 초두 효과의 다른 명칭이다.
② 외모가 어휘보다 첫인상 결정에 큰 영향을 미친다.
③ 부정적인 인상을 바꾸기 위해서는 많은 정보량이 필요하다.
④ 처음에 제시된 정보는 나중에 제시된 정보의 간섭을 받는다.
⑤ 상대에 대한 호감도를 결정하는 데 뇌의 편도체가 작용한다.

004 이 방송을 듣고 이해한 내용으로 적절하지 않은 것은?

① 박인수 교수는 이동원의 듀엣 제안을 흔쾌히 받아들였다.
② 가수 이동원 이전에도 '향수'를 노래로 만든 사례가 있었다.
③ 정지용은 시 '향수'를 학생 때 학교 교지에 처음 발표하였다.
④ 작곡가 김희갑은 시에 곡을 붙이는 데에 1년 가까운 시간을 들였다.
⑤ 노래 '향수'는 시에 곡을 붙여서 대중적으로 성공한 유일한 사례이다.

005 이 시에서 묘사하고 있는 대상은?

① 어깨
② 얼굴
③ 손등
④ 목덜미
⑤ 머리카락

006 전문가가 설명한 내용으로 적절하지 않은 것은?

① 동물원은 최근 자연 보존의 역할을 수행하고 있다.
② 지리산의 반달가슴곰 복원은 동물원에서 시작되었다.
③ 곰에게 꿀을 줄 때에는 일부러 나무 속을 파서 넣어준다.
④ 동물사를 리모델링해 동물에게 풍부화 활동을 유도하고 있다.
⑤ 관람객들의 잘못된 행동으로 동물들이 월요병에 시달리고 있다.

007 진행자의 말하기 방식으로 적절하지 않은 것은?

① 전문가에게 자신의 직접적 경험과 연관된 질문을 하고 있다.
② 전문가의 당부에 공감을 표시하며 인터뷰를 마무리하고 있다.
③ 전문가가 말한 내용을 다시 반복해 말하며 내용을 강조하고 있다.
④ 전문가에게 여러 화제를 차례로 질문하며 인터뷰를 진행하고 있다.
⑤ 동물원의 여러 역할 중 하나에 대해 자세한 설명을 요청하고 있다.

008 대화를 통해 알 수 있는 팀장의 생각으로 적절하지 않은 것은?

① 아이들을 진심으로 사랑하는 일이 짧게 끝나서는 안 된다.
② 아이들이 선생님의 기대만큼 변하고 좋아지는 것은 아니다.
③ 아이들은 자신이 사랑받고 있다는 사실을 깨달아야 변할 수 있다.
④ 아이들을 더 잘 돕기 위해 선생님은 자기 상태를 점검할 시간이 필요하다.
⑤ 아이들에게 마음을 많이 주지 않아야 아이들과 적절하게 거리를 둘 수 있다.

009 인물들의 말하기 방식으로 가장 적절한 것은?

① 선희: 질문을 통해서 팀장이 자신에게 한 조언의 의도를 확인하고 있다.
② 선희: 팀장의 조언대로 행동할 경우 발생할 수 있는 문제점을 지적하고 있다.
③ 선희: 문제 상황의 원인에 대해 자신의 관점에서 분석한 내용을 나열하고 있다.
④ 팀장: 공통의 관심사를 발견하자 선희의 말에 맞장구를 치며 대화를 이어나가고 있다.
⑤ 팀장: 청소년 상담에 대해 선희가 잘못 알고 있는 내용을 비교의 방식으로 설명하고 있다.

010 강연의 내용으로 적절하지 않은 것은?

① 논, 연못, 갯벌이 습지에 포함된다.
② 생산자에는 식물, 조류, 남세균이 있다.
③ 우리나라에서는 습지의 1차 생산성이 가장 높다.
④ 습지의 바닥에는 동물들의 잔존물들이 가라앉아 있다.
⑤ 습지가 배출하는 이산화 탄소는 기후 변화를 완화한다.

011 강연자의 말하기 방식으로 가장 적절한 것은?

① 환경 전문가의 인터뷰를 직접 인용하고 있다.
② 시각 자료를 제시하여 청중의 관심을 끌고 있다.
③ 발표하게 된 소감을 밝히며 발표를 시작하고 있다.
④ 설문 결과를 활용하여 내용의 신뢰도를 높이고 있다.
⑤ 전체 강연 내용을 요약하며 발표를 마무리하고 있다.

012 발표의 내용으로 적절하지 <u>않은</u> 것은?

① 왜그더도그 마케팅은 본 상품의 질 향상에 중점을 둔다.
② 왜그더도그 마케팅은 꼬리가 몸통을 흔든다는 의미를 담고 있다.
③ 레트로 마케팅은 각 세대에게 서로 다른 의미를 부여한다.
④ 레트로 마케팅은 과거의 제품을 현대에 맞게 재해석하여 판매한다.
⑤ 레트로 마케팅은 과거의 인지도를 활용해 홍보 비용을 절감할 수 있다.

013 발표의 내용 구성 전략으로 가장 적절한 것은?

① 감정에 호소하는 내용으로 청중의 반응을 이끌어내고 있다.
② 통계 자료를 활용하여 발표 내용의 근거를 제시하고 있다.
③ 발표자의 실제 경험을 제시하여 발표의 신뢰도를 높이고 있다.
④ 다양한 매체 자료를 제시하여 청중의 흥미를 불러일으키고 있다.
⑤ 청중의 이해를 돕기 위해 마케팅 방식을 구체적으로 설명하고 있다.

014 두 사람의 입장에 대한 이해로 가장 적절한 것은?

① 최 대리는 박 과장이 제안한 새로운 방식이 기존 방식과 다르지 않다고 생각한다.
② 박 과장은 기존에 수출을 담당하던 업체의 일처리 방식이 효율적이지 않다고 생각한다.
③ 최 대리는 박 과장이 제안한 업무 처리 방식을 따르다가는 업무의 신속성이 떨어질 수 있다고 생각한다.
④ 박 과장은 최 대리가 업무를 할 때 근거 자료를 남기지 않았기 때문에 그동안 실수를 자주 했다고 생각한다.
⑤ 박 과장은 최 대리가 이전의 상사인 김 과장과 자신을 비교하며 자신의 능력을 낮게 평가하고 있다고 생각한다.

015 두 사람의 갈등을 조정하기 위한 본부장의 설득 전략으로 가장 적절한 것은?

① 박 과장에게, '구관이 명관이다'라는 격언을 소개한다.
② 박 과장에게, 최 대리의 구두 보고 방식의 문제점을 설명한다.
③ 최 대리에게, 새로운 상사인 박 과장의 의견을 따를 것을 통보한다.
④ 박 과장에게, 최 대리와 업무 처리 방식을 사전에 정할 것을 권한다.
⑤ 최 대리에게, 박 과장에게 문서 결재를 받아야 할 특이한 상황에 대해 설명한다.

어휘·어법 016번~045번

016 '반복'의 의미가 들어 있지 <u>않은</u> 단어는?

① 반짝대다 ② 반짝반짝 ③ 반짝이다
④ 반짝거리다 ⑤ 반짝반짝하다

017 밑줄 친 한자어의 사전적 뜻풀이로 적절하지 <u>않은</u> 것은?

① <u>질곡(桎梏)</u>의 세월: 무척 긴 시간을 비유적으로 이르는 말.
② <u>미증유(未曾有)</u>의 사태: 지금까지 한 번도 있어 본 적이 없음.
③ <u>전거(典據)</u>를 밝히다: 말이나 문장의 근거가 되는 문헌상의 출처.
④ <u>천착(穿鑿)</u>을 거듭하다: 어떤 원인이나 내용 따위를 파고들어 알려고 함.
⑤ <u>휘발성(揮發性)</u> 물질: 보통 온도에서 액체가 기체가 되어 날아 흩어지는 성질.

018 밑줄 친 고유어의 의미로 적절하지 <u>않은</u> 것은?

① 일이 너무 얽혀서 <u>가리사니</u>를 잡을 수가 없다.
 → 사물을 분간하여 판단할 수 있는 실마리.
② 속이 <u>징건해서</u> 점심을 먹을 생각이 나지 않는다.
 → 먹은 것이 소화가 잘 되지 않아 더부룩하다.
③ 얇은 여름 옷차림이 여윈 당나귀같이 <u>가년스러웠다</u>.
 → 으스스하고 음산한 듯한 느낌이 있다.
④ 그는 아궁이에서 <u>불잉걸</u>을 하나 가져 와서 불을 붙였다.
 → 불이 이글이글하게 핀 숯덩이.
⑤ 그는 탐탁스럽지 않다는 듯 <u>뜨악한</u> 얼굴로 나를 쳐다보았다.
 → 마음이 선뜻 내키지 않아 꺼림칙하고 싫다.

019 밑줄 친 한자어의 쓰임이 적절하지 않은 것은?

① 신예 작가의 소설이 문단에 큰 반향(反響)을 불러일으켰다.
② 반추(反芻)의 태도를 버리고 신중하게 접근하는 자세가 필요하다.
③ 선거 막판에 아무도 예상하지 못한 커다란 반전(反轉)이 발생했다.
④ 정부의 정책이 발표되자 시민 단체에서 반박(反駁) 성명을 발표했다.
⑤ 상대를 배려하지 않은 독단은 상대에게 반감(反感)을 유발하기 마련이다.

020 '일체/일절(一切)'의 쓰임이 적절하지 않은 것은?

① 이곳의 출입은 일절 금지한다.
② 그는 지인들과 연락을 일절 끊었다.
③ 걱정은 일체 털어 버리고 즐겁게 지내자.
④ 이번 일은 제가 일체의 책임을 지겠습니다.
⑤ 아무도 이번 일은 일체 입 밖에 내지 않았다.

021 밑줄 친 단어의 쓰임이 옳지 않은 것은?

① 창틀에 먼지가 두껍게 쌓여 있었다.
② 동생은 사업에 성공하여 재산을 늘렸다.
③ 그는 스승의 학설을 좇아 학문에 정진했다.
④ 시곗바늘이 오후 3시를 가리키고 있었다.
⑤ 카메라에 초점을 잘 맞혀야 사진이 선명하게 나온다.

022 밑줄 친 단어가 나머지 단어와 다의어 관계에 있지 않은 것은?

① 날이 맑아서 빨래가 잘 마른다.
② 달리기를 했더니 목이 몹시 마른다.
③ 객지에서 고생했는지 이전보다 말랐다.
④ 이 우물은 심한 가뭄에도 마르지 않는다.
⑤ 재단사는 치수를 재고 옷감을 마르기 시작했다.

023 ㉠, ㉡이 올바르게 짝지어지지 않은 것은?

> **보기**
> 어떤 말보다 일반적이고 포괄적인 뜻이 있는 말을 ㉠'상의어'라고 하고, 어떤 말보다 구체적이고 자세한 뜻이 있는 말을 ㉡'하의어'라고 한다.

	㉠	㉡		㉠	㉡
①	먹다	마시다	②	좋다	자다
③	느끼다	춥다	④	만들다	조립하다
⑤	움직이다	펄럭이다			

024 밑줄 친 한자어를 고유어로 바꾸어 쓸 때 가장 적절한 것은?

> **보기**
> 철학자는 끊임없는 성찰과 사유 끝에 가장 합리적인 결론에 도달한다.

① 내닫는다 ② 다다른다 ③ 뒤따른다
④ 뒤잇는다 ⑤ 들어맞는다

025 '거두다'가 '좋은 결과나 성과 따위를 얻다'의 의미로 사용된 것은?

① 학생회장이 친구들의 과제물을 거두었다.
② 노점상들이 단속반을 피해 점포를 거두었다.
③ 건강을 위해 운동을 했더니 체중 감량의 효과를 거두었다.
④ 순이가 쳐다보자 영이는 얼른 순이에게서 눈길을 거두었다.
⑤ 전황이 불리하게 전개되자 사령관은 적진에서 군사를 거두었다.

026 일을 쉽게 처리하는 상황에 사용하기에 적절하지 않은 속담은?

① 냉수 먹고 이 쑤시기 ② 누워서 떡 먹기 ③ 땅 짚고 헤엄치기
④ 손 안 대고 코 풀기 ⑤ 주먹으로 물 찧기

027 문맥상 사자성어의 쓰임이 적절하지 않은 것은?

① 탐관오리의 가렴주구(苛斂誅求)로 백성들이 도탄에 빠졌다.
② 내 친구는 은퇴해서 강호지락(江湖之樂)을 누리며 살고 있어.
③ 친구가 떠난 지금 나는 고립무원(孤立無援)의 상태에 놓여 있다.
④ 나와 그 아이는 만날 때마다 다투는 금란지의(金蘭之誼) 사이다.
⑤ 김 선생님은 전공 분야의 격물치지(格物致知)의 경지에 도달하셨어.

028 밑줄 친 관용 표현의 쓰임이 적절하지 않은 것은?

① 그렇게 손이 떠서야 제시간에 끝마칠 수가 있겠니?
② 모두 일이 바쁘니 너도 함께 손을 맺고 일을 도우렴.
③ 그는 어려서부터 손이 거칠었다더니 절도범으로 체포되었다.
④ 동생은 직장 생활을 하면서 손이 나는 대로 학업에 매진했다.
⑤ 이것으로 손이 떨어진 줄 알았는데 또 다른 일이 아직 남아 있다.

029 밑줄 친 한자어를 맥락에 맞게 순화한 표현으로 바르지 않은 것은?

① 우리나라 영해를 침범한 선박을 나포(拿捕)했다. → 붙잡았다
② 난국을 타개할 계책에 모두 부심(腐心)하고 있다. → 마음이 썩고
③ 회사는 동의서를 징구(徵求)하기 위해 협의를 시작했다. → 걷기
④ 나는 우체국의 소인(消印)이 없는 한 통의 편지를 받았다. → 날짜 도장
⑤ 그의 주장은 여러 가지 논리적 모순을 노정(露呈)하고 있다. → 드러내고

030 밑줄 친 표현을 다음은 말로 적절하지 않은 것은?

① 이 회사는 전형적인 페이퍼 컴퍼니(→ 지주 회사)입니다.
② 우리 부서의 성과로 인센티브(→ 성과급) 상승이 이루어졌다.
③ 우리 동네 오픈 마켓(→ 열린 시장)에서는 컴퓨터를 대폭 할인한다.
④ 이번 재난의 컨트롤 타워(→ 지휘 본부)는 우리 부서가 맡기로 했다.
⑤ 우리 학교 클러스터(→ 산학 협력 지구)에서는 이번 과제를 수주했다.

031. 두음 법칙과 관련하여 ㉠~㉤에 들어갈 표기로 적절하지 않은 것은?

	녀, 뇨, 뉴, 니	랴, 려, 례, 료, 류, 리	라, 래, 로, 뢰, 루, 르
어두/비어두	여자/(㉠)	(㉡)/개량	낙원/극락
의존 명사	몇 년, (㉢)	몇 리, 그럴 리가	
합성어	남부여대	(㉣)	사상누각
고유 명사	(㉤)	신흥이발관	서울나사

① ㉠: 남녀
② ㉡: 양심
③ ㉢: 2000 년대
④ ㉣: 회계연도
⑤ ㉤: 대한여성회

032. 밑줄 친 명사형의 표기가 옳지 않은 것은?

① 무뎌진 부엌칼을 <u>갊</u>.
② 바닷가에서 신나게 <u>놂</u>.
③ 지하철에서 사람들이 <u>밂</u>.
④ 슬픈 영화에 나 혼자 <u>욺</u>.
⑤ 돌아가는 길을 친구에게 <u>물음</u>.

033. 밑줄 친 부분의 표기를 수정한 결과가 옳지 않은 것은?

① 바닷물에 손을 <u>담궈</u> 보아라. → 담가
② 어제 만난 친구는 잘 <u>있던</u>? → 있든
③ 고향에서 일주일 동안 <u>머물었다</u>. → 머물렀다
④ 정전이 되면 <u>어떡해</u> 할지 난감하다. → 어떻게
⑤ 아직 운전이 <u>익숙치</u> 않아서 조심스럽다. → 익숙지

034. 밑줄 친 부분의 띄어쓰기가 옳지 않은 것은?

① 산에 자주 <u>오를수록</u> 건강해 집니다.
② 부모 <u>자식간에도</u> 지켜야 할 게 있다.
③ 도와주지는 <u>못할망정</u> 방해하지는 말자.
④ 앞으로 어떻게 살아야 <u>할지를</u> 모르겠다.
⑤ 하던 <u>것처럼만</u> 하면 아무 문제 없을 거야.

035 밑줄 친 부분의 표기가 올바른 것은?

① 날이 추워서 <u>귓대기</u>가 빨갛게 얼었다.
② 싱싱하고 <u>맷갈</u> 좋은 채소들이 즐비하다.
③ 쑥스러움에 <u>겸연적은</u> 표정을 지어 보았다.
④ 그는 농촌으로 귀농하여 <u>농삿군</u>이 되었다.
⑤ 술 취한 <u>주정배기</u>의 역할을 맡은 배우가 연기를 잘한다.

036 밑줄 친 부분의 문장 부호 사용이 올바르지 <u>않은</u> 것은?

① 시장에서 <u>사과, 배·조기, 명태</u>를 샀다.
② 특히 <u>중·서부</u> 지역의 가뭄이 심한 편이다.
③ 회의 자료를 <u>수정, 보완</u>하여 다시 제출했다.
④ 예방 주사는 모든 <u>병, 의원에서</u> 맞을 수 있다.
⑤ 모든 곤충의 몸은 <u>머리·가슴·배로</u> 구분할 수 있다.

037 밑줄 친 말이 표준어인 것은?

① 그 사람은 성격이 <u>강퍅하여</u> 만날 때마다 긴장이 된다.
② 우리는 과수원에서 사과를 따서 <u>광우리</u>에 잔뜩 담았다.
③ 문화해설사에게서 경복궁 근정전의 <u>주초</u>에 관해 설명을 들었다.
④ 경포대에 올라 달을 보며 바람을 맞으니 <u>싯귀</u>가 절로 떠오른다.
⑤ 여름 장마에 대비하여 미리 논밭의 <u>물곬</u>을 정비하여 두는 게 좋다.

038 방언과 그에 대응하는 표준어가 올바르게 짝지어지지 <u>않은</u> 것은?

	방언	표준어		방언	표준어
①	눈곱쟁이	눈곱	②	남싸다	날쌔다
③	귀영머리	댕기머리	④	깝깝하다	갑갑하다
⑤	똑바라지다	똑바르다			

039 표준어를 표준 발음법에 따라 발음할 때 나타나는 현상에 대한 설명으로 옳은 것은?

① '쌓는'의 발음에서는 한 번의 음운 현상이 나타난다.
② '값있다'의 발음에서 '값'의 겹받침은 둘 다 발음된다.
③ '여덟을'의 발음에서는 겹받침 중 어느 하나의 탈락이 나타난다.
④ '낮 한때'의 발음에서는 7개 자음 중 하나만이 받침소리로 쓰이는 현상이 포함되어 있다.
⑤ '앉소'의 발음에서는 /ㅎ/이 탈락하고 난 후에 어간 받침 /ㄴ/ 때문에 된소리되기가 나타난다.

040 밑줄 친 외래어의 표기가 올바르지 않은 것은?

① 교토(京都)는 일본의 옛 수도였다.
② 지난 해 도쿄(東京)로 여행을 갔다.
③ 황허(黃河)는 중국에서 두 번째로 큰 강이다.
④ 푸켓(Phuket)은 해안이 아름답기로 유명한 관광지이다.
⑤ 버밍엄(Birmingham)은 영국 잉글랜드에 있는 수륙 교통의 중심지이다.

041 국어의 로마자 표기가 바르게 연결된 것은?

① 속리산 – Songnisan
② 낙성대 – Naksseongdae
③ 석빙고 – Seokbbinggo
④ 극락전 – Geukrakjeon
⑤ 한려수도 – Hanryeosudo

042 밑줄 친 문장 표현이 어법상 적절하지 않은 것은?

① 최근 들어 폭우와 가뭄이 교차되는 일이 빈번하게 나타나서 기상 이변에 대한 우려가 적지 않다.
② 이런 현상은 지구의 온난화와 관계가 있다고 생각되지만 원인도 대책도 뚜렷하지 않다는 점이 우리를 불안하게 한다.
③ 동토의 해빙과 빙하가 무너져 내리는 일찍이 겪지 못한 기상 이변의 시간은 이미 시작되었다.
④ 더욱 두려운 것은 이러한 기후 변화가 인간에게 어떤 영향을 끼치는지 예상하기조차 어렵다는 점이다.
⑤ 어쩌면 우리에게 주어진 시간이 얼마 되지 않을 수 있다는 경고는 결코 빈말이 아니다.

043 ㉠~㉤ 가운데 어법상 적절하지 않은 것은?

> 보기
>
> ㉠전쟁의 참혹함은 이루 말할 수가 없을 정도다. ㉡전쟁은 고도로 계산된 정치 행위에 불과하며 어떤 명분을 내세워도 전쟁의 비인간성이 달라지지는 않는다. ㉢무력을 통해 상대를 굴복시키려는 생각은 정당화할 수 없는 추악한 욕망일 뿐이다. ㉣전쟁의 본능이 인간에게 내재된 것이라 주장하는 것은 도덕의 관점에서 허용될 수 없다. 전쟁에 열광하는 이 세상에 환멸을 느끼는 것은 과도한 반응이 아니다. ㉤인간의 또 다른 이름은 동물이며, 인간다움의 양심을 버리고 역사에서 교훈을 얻지 못하는 어리석은 존재이다.

① ㉠
② ㉡
③ ㉢
④ ㉣
⑤ ㉤

044 중의적으로 해석되지 않는 문장은?

① 난 매우 단 음식을 좋아한다.
② 민수는 어제 철수와 영희를 만났다.
③ 젊은 남자와 여자가 길을 걷고 있다.
④ 담임 선생님이 보고 싶은 학생이 많다.
⑤ 철수의 동생이 백일장에서 대상을 받았다.

045 번역 투를 고친 것으로 적절하지 않은 것은?

① 이 부상으로 인해 수술을 받은 사실을 밝혔다. → 부상으로
② 향후 계획 등에 대하여 반복적으로 질문이 제기되었다. → 에 관하여
③ 약 257억 원의 예산 절감 효과가 있을 것으로 전망되어진다. → 전망된다
④ 텃밭을 운영함에 있어 어려운 점은 작물을 관리하는 것이다. → 운영하면서
⑤ 신뢰를 악용하여 행해져 온 불법 방문 판매 관행에 제동을 걸었다. → 악용한

쓰기   046번~050번

[046~050] '문해력'을 소재로 글을 작성하려고 한다. 제시된 물음에 답하시오.

사회적으로 학생들의 '문해력 저하'가 문제로 대두됨에 따라 문해력 교육에 대한 관심이 늘고 있다. '문해력'이란 글을 읽고 해석하는 능력으로, 사회인으로 다른 사람들과 제대로 소통하기 위한 기본적인 역량이기도 하다. 공식적인 문서는 대부분 글로 쓰이고 자신의 생각을 제대로 전달하기 위해서는 결국 글이 동원되는 경우가 많다. 그러므로 문해력은 글쓴이의 생각을 이해하고 이를 비판적으로 제대로 수용하기 위한 기본적인 역량이라고 할 수 있다.

문해력 저하 현상의 원인으로 늘어나는 디지털 기기의 사용을 꼽고 있다. 어린 나이부터 스마트폰을 갖게 되면서 학생들이 글을 통해 차분하게 문해력과 사고력을 키울 수 있는 시간을 확보하기 어려워진 탓이다. 스마트폰으로 짧고 쉽고 자극적인 영상을 보며 자라다 보니, 생각을 해야 이해할 수 있는 글들과는 자연스레 멀어지게 된 것이다.

교육부에 따르면 2020년 학업성취도평가 시행에서 중학교 3학년 중 국어 기초학력 미달 학생 비율은 6.4%로 2017년 2.6%에 비해 두 배 이상 늘었다. 디지털 미디어 환경의 ㉠전파로 학생들의 '읽기' 경험이 부족해지면서 학생들의 국어 능력이 크게 저하된 것이다.

문해력을 키우기 위해서는 부지런히 독서와 글쓰기를 해야 한다. 폭넓은 독서는 문해력을 키우는 가장 좋은 방법이다. 어휘력과 배경지식, 이해력을 동시에 상승시킬 수 있기 때문이다. 시중에 문해력을 올리기 위한 문제집도 많지만 문제집은 '영양제'이고 독서는 '식사'라고 할 수 있다. 단시간에 효과를 볼 수 있는 것은 영양제일지 몰라도 결국 긴 시간을 두고 볼 때 문해력을 성장시키고 기본 역량을 기르게 하는 것은 '식사'라고 할 수 있는 독서이다. ㉡부족한 식사를 보충해 줄 수 있는 영양제는 골고루 섭취해야 하므로 다양한 종류로 구비해 두어야 한다. ㉢다만, 유의해야 할 점은 독서량보다는 독서 방식에 주의를 기울이는 것이다. 무작정 읽는 독서는 문해력을 기대만큼 빨리 키울 수 없다. 독서를 하더라도 효율적인 방식으로 독서할 필요가 있다. 문해력은 단순히 독서량으로 키우는 것이 아니라 사고와 추론, 재구성이 필요한 능동적 독서 방식으로 키우는 것이기 때문이다.

㉣이러한 개념들은 현대의 문해력이란 문자뿐 아니라 음성, 영상, 이미지 같은 다양한 미디어 형식과 문화에 기반한 의미 구성 과정이라는 전제에서 출발한다. 위에서 논의한 전통적 문해력과 더불어 요즘에는 '미디어 문해력', '시각적 문해력', '복합 문식성' 같은 디지털 문해력이 주목받고 있다. 미디어 문해력은 세계 시민을 위한 핵심 역량으로 ㉤강조한다. 미디어에 접근하고, 의미를 비판적으로 읽어 내고, 사회 문화적 맥락과 함께 사유하며, 시민 의식을 가지고 미디어를 활용하는 것이 평등하고 지속 가능한 삶의 역량으로 중요하기 때문이다. 디지털 정보 중에서도 수많은 사회관계망서비스(SNS) 플랫폼에 올라오는 글은 모두 디지털 문해력과 밀접한 관계가 있다. 하루에도 엄청난 양의 지식과 정보가 흘러넘치고 있는데 그 모든 글을 제대로 이해하기란 쉬운 일이 아니다.

결론적으로 문해력은 개인이 세계를 비판적으로 읽고 사회의 권력 관계를 이해하며 그것을 바탕으로 문제를 해결하고 사회에 참여하는 실천적 역량으로, 사회적 맥락 안에서 의미를 구성하는 역량으로, 또는 전반적 역량으로 그 의미가 다변화하고 확장되어 왔지만 삶에 있어 매우 중요한 역량이라는 점은 분명하다.

046 다음은 윗글을 작성하기 전에 떠올린 계획이다. 윗글에 반영되지 않은 것은?

> **글쓰기 계획**
> ⓐ 학생들의 문해력 수준 실태를 제시하여 '문해력 저하'에 대한 독자들의 관심을 환기해야겠다.
> ⓑ 문해력 저하를 예방하기 위해 스스로 자신의 문해력 수준을 진단할 수 있는 방법을 제시해야겠다.
> ⓒ 문해력 저하의 원인과 학생들의 국어 능력 수준의 연관성을 제시해야겠다.
> ⓓ 문해력 향상을 위한 방법에 대해 설명해야겠다.
> ⓔ 요즘 사회에서도 문해력이 필요한 이유를 설명해야겠다.

① ⓐ ② ⓑ ③ ⓒ ④ ⓓ ⑤ ⓔ

047 다음은 초고를 보완하기 위해 추가로 수집한 자료이다. 자료의 활용 방안으로 적절하지 않은 것은?

(가) 통계 자료

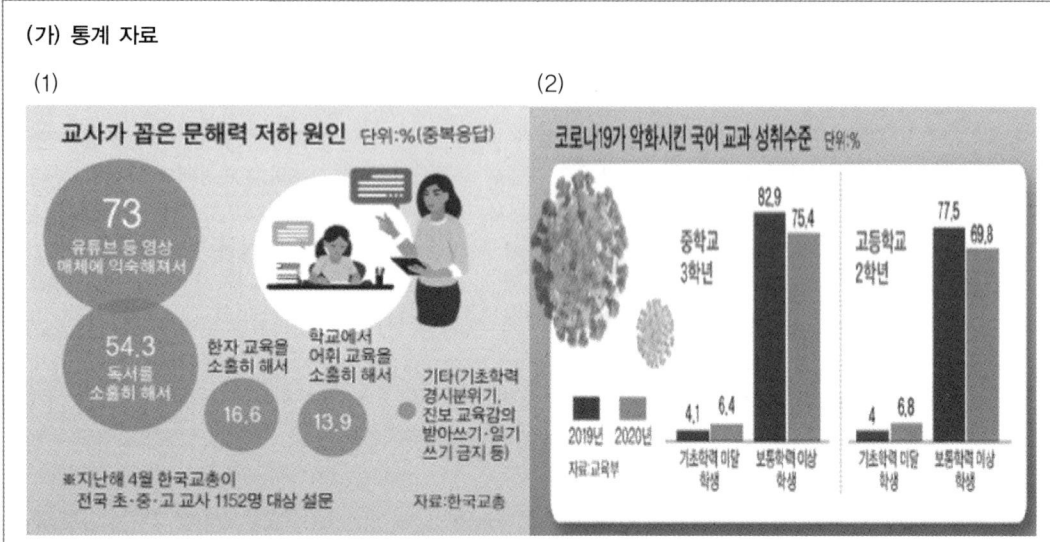

(나) 인터뷰

　초등학교의 교사 이○○ 씨는 "독서가 천연 재료라면, 유튜브는 조미료"라며 "이미 유아 때부터 유튜브라는 조미료 맛을 본 아이들에게 천연의 맛이 느껴질 리 없다."고 말했다. 그는 "책을 읽지 않고 영상만 보게 되면서 단어의 문맥상 의미를 해석하지 못하고 어휘력이 많이 부족해졌다."고 분석했다. 서울 소재 고등학교 교사 박○○ 씨도 "화면 전환이 빠르고, 대화 호흡이 짧은 영상에 익숙하다 보니 줄글로 된 자료를 이해하지 못하고, 요약해주길 바라는 경우가 많다."고 말했다.

(다) 신문 기사

> □□ 신문
>
> 　문해력을 높이는 가장 좋은 방법은 독서다. 하지만 독서 습관이 없는 학생들은 책이 익숙하지 않을 뿐만 아니라 필요를 못 느낀다. 단기간에 해결할 수 있는 문제가 아닌 만큼 우선 읽고, 말하고, 쓰는 데에 흥미를 느끼는 게 중요하다. 따라서 학생들이 부담 없이 글을 재밌게 읽을 수 있는 경험을 제공할 필요가 있다. 또한, 문장으로 의견을 쓰고 말하는 것도 중요하기 때문에 그러한 기회를 만들어 주어야 한다.

① 학생들의 문해력 저하 원인을 뒷받침하는 자료로 (가)-(1)을 제시한다.
② 학생들 문해력 저하의 심각성을 부각하는 자료로 (가)-(2)와 (나)를 제시한다.
③ 문해력 수준 하락 원인이 코로나19 상황과 관련이 있음을 뒷받침하는 자료로 (가)-(2)를 제시한다.
④ (가)-(1)의 교사가 꼽은 문해력 저하의 가장 큰 원인을 부각하는 자료로 (나)를 제시한다.
⑤ 문해력 향상을 위한 실천 방법의 구체적 사례로 (다)를 제시한다.

048 윗글에 사용된 글쓰기 방법으로 가장 적절한 것은?

① 비유법을 통해 문해력 향상 방법을 독자들에게 효과적으로 전달하고 있다.
② 정확한 수치를 통해 학생들과 성인들의 문해력 저하 실태를 보여주고 있다.
③ 문해력 저하 현상의 여러 원인을 분류하여 인과관계를 구체적으로 설명하고 있다.
④ 전통적 문해력을 지칭하는 용어들을 나열하여 문해력의 개념을 구체적으로 설명하고 있다.
⑤ 사회 변화에 따른 문해력 의미의 확장을 바탕으로 문해력의 가치를 점층적으로 설명하고 있다.

049 ㉠~㉤을 수정하기 위한 방안으로 적절하지 않은 것은?

① ㉠: 문맥을 고려할 때, 적절한 단어의 사용이 아니므로 '확산으로'로 수정한다.
② ㉡: 문단의 내용을 고려할 때, 통일성에 어긋나는 문장이므로 삭제한다.
③ ㉢: 앞뒤 문장의 관계를 고려할 때, 조건을 덧붙이는 내용이므로 '그래서'로 수정한다.
④ ㉣: 지칭어를 고려할 때, 문장의 흐름이 이어지지 않으므로 뒤 문장과 순서를 바꾼다.
⑤ ㉤: 주어와 서술어의 호응을 고려할 때, 피동의 의미를 가지므로 '강조된다'로 수정한다.

050 윗글을 보완하기 위한 방안으로 가장 적절한 것은?

① 글의 내용이 신뢰성을 갖추도록 정보의 출처를 명확히 밝힌다.
② 글의 효용성을 높이기 위해 디지털 문해력 향상 방법도 제안한다.
③ 글에 제시된 내용의 객관성을 높이기 위해 구체적인 수치들을 제시한다.
④ 내용의 적절성을 확보하기 위해 문해력 향상이 필요한 대상들을 밝힌다.
⑤ 글의 타당성을 높이기 위해 문해력이 현대 사회에서 중요한 이유를 추가한다.

창안 051번~060번

[051~053] '매듭법'을 인간 사회에 유비(類比)하고자 한다. 다음 글을 읽고 물음에 답하시오.

매듭법은 용도에 따라 매우 다양하다. 처음부터 한꺼번에 여러 가지 매듭법을 익히려고 하는 것보다 각 용도에 맞는 매듭법 한두 가지 정도만 정확히 익히는 것이 필요하다. ㉠매듭법은 평소에 눈을 감고도 할 수 있을 정도로 충분히 연습해야 실전에서 당황하지 않고 실수 없이 사용할 수 있다. 방향을 바꾸어 매는 법도 연습하여, 다른 사람에게도 매듭을 해 줄 수 있어야 한다. 다음은 실생활에서 유용하게 사용되는 두 가지 매듭법이다.

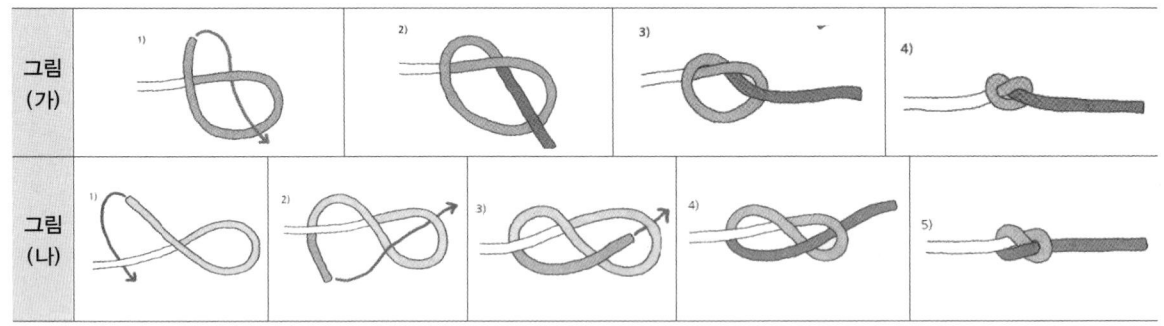

그림 (가)는 '오버핸드 매듭'으로 모든 매듭의 기본이 되는 매듭법이다. 누구나 가장 쉽게 익힐 수 있는 매듭법이다. 제일 간단하고 빠른 방법이기에 강도가 약하다는 단점이 있으나, 오버핸드 매듭을 연속해 매면 강도가 높아진다. 그림 (나)는 '8자 매듭'으로 기본적인 매듭법보다는 연습이 필요하지만, 한 번 익혀두면 매듭의 강도가 뛰어나 캠핑이나 등반 시 유용하게 사용된다. 이 매듭은 튼튼한 것이 장점이지만 매듭이 강하게 조여지거나 물에 젖을 경우 풀기 어렵다는 단점이 있다.

한편 모든 매듭은 완성되기까지의 가닥이 꼬이지 않게 차근차근 매는 것이 중요하다. 모든 가닥의 자리가 잘 잡혀야 강도가 높아져 단단한 매듭이 완성된다. 매듭을 지은 후에는 끝부분에 남는 부분이 적당히 여유가 있어야 한다. 너무 짧으면 매듭 부분이 힘을 받았을 때 풀어질 수 있고, 여유가 있어야 매듭이 끊어져도 남는 부분에 다른 줄을 이을 수 있기 때문이다. 또한 매듭을 쓰는 중에도 매듭의 안전성을 자주 점검해야 하며, 어떤 매듭을 한 다음에 끝처리로 오버핸드 매듭을 지어 매듭이 풀리는 것을 예방할 수 있다.

051 문맥상 윗글의 ㉠의 의미와 가장 가까운 사자성어는?

① 명경지수(明鏡止水)   ② 사리사욕(私利私慾)   ③ 아전인수(我田引水)
④ 절차탁마(切磋琢磨)   ⑤ 주마간산(走馬看山)

052 그림 (가)와 (나)의 매듭법에 대한 설명을 활용하여 주장할 수 있는 논리로 가장 적절한 것은?

① (가): 진입 장벽이 높은 업무에 도전할 때 개인의 경쟁력을 키울 수 있다.
② (가): 미진한 부분에 대한 대비책을 준비하며 업무의 완성도를 높일 수 있다.
③ (나): 처음에 서툴러도 시간이 흐르면 자연스레 업무에 능숙해질 수 있다.
④ (나): 여럿보다는 뛰어난 리더 혼자일 때 업무의 효율성을 높일 수 있다.
⑤ (나): 빠른 업무 처리 방식을 통해 돌발적으로 발생하는 문제에 대응할 수 있다.

053 윗글을 통해 추론할 수 있는 '조직의 발전'을 위한 자세로 적절하지 않은 것은?

① 조직의 운영이 안정기로 접어들어도 안주하지 않는 자세
② 보이지 않는 과정보다 겉에 드러나는 성과를 중시하는 자세
③ 새로운 상황에 대처할 수 있도록 변화 가능성을 허용하는 자세
④ 구성원들의 개별 능력을 분석하여 적합한 업무를 분장하는 자세
⑤ 일을 원활히 진행하는 것 못지않게 일을 꼼꼼하게 마무리하는 자세

[054~056] 꽃다발과 화분을 인간 사회에 유비(類比)하고자 한다. 다음 그림을 보고 물음에 답하시오.

그림 (가)　　　　　　　　　그림 (나)

054 꽃다발의 구성이 목적에 따라 달라진다고 할 때, 그림 (가)에 빗대어 설명할 수 있는 논지로 가장 적절한 것은?

① 전체를 이루는 요소가 많을수록 전체의 외연은 확장이 된다.
② 전체의 화합을 위해서는 개별 요소를 희생하는 자세가 필요하다.
③ 개별 요소의 본질보다는 화려한 외장이 전체의 가치를 결정한다.
④ 서로 다른 특성을 지닌 다양한 요소가 어우러질 때 전체가 빛난다.
⑤ 개별 요소의 역할을 명확히 설정해야 전체의 의도가 제대로 드러난다.

055 그림 (가)와 (나)를 바탕으로 다음과 같이 분석할 때 적절하지 <u>않은</u> 것은?

	(가)	(나)
표현	만개한 꽃을 모아 놓은 꽃다발	㉠ 꽃이 막 피려는 화분
핵심	㉡ 가장 아름다운 순간의 꽃들을 한데 모아 하나를 이룸	㉢ 정성을 들여 꽃을 피우는 성취를 이룸
주제	㉣ 지금은 미약하지만 언젠가 반드시 성취를 이룰 날이 온다.	㉤ 시간이 걸리더라도 정성을 들인다면 성과를 얻을 수 있다.

① ㉠ ② ㉡ ③ ㉢
④ ㉣ ⑤ ㉤

056 (가)를 부정적, (나)를 긍정적 상황에 빗댈 때, (가)와 (나)를 모두 활용하여 이끌어 낼 수 있는 내용으로 가장 적절한 것은?

① 화려할수록 빠르게 시드는 꽃다발처럼, 내실이 없는 관계는 빠르게 몰락한다.
② 한 가지 꽃만 자라는 화분보다 여러 꽃이 있는 꽃다발처럼, 친구들도 한 명보다 여러 명이 만날 때 더 즐겁다.
③ 짧게 즐거운 순간만 함께하는 꽃다발 같은 친구보다 오랜 시간 희로애락을 함께 하는 화분의 꽃 같은 친구가 좋다.
④ 화분의 꽃이 잘 자라기 위해서 좋은 자양분이 필요한 것처럼 훌륭한 인재를 기르기 위해서는 좋은 교육이 필요하다.
⑤ 아름답게 포장된 꽃다발이든 소박한 화분이든, 선물하는 사람의 진심만 담겨 있다면 받는 사람에게 즐거움을 줄 수 있다.

[057~058] 다음 그림을 보고 물음에 답하시오.

057
위의 그림 (가), (나), (다)가 동일한 주제를 나타낸다고 할 때, (다)의 빈칸에 들어갈 그림으로 가장 적절한 것은?

①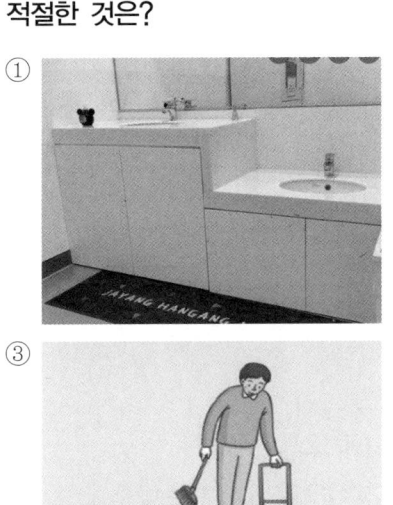

②

③

④

⑤

058 위의 그림을 보여 주기에 가장 적절한 사람은?

① 자신의 삶에 비관적인 사람
② 타인에 대한 험담을 일삼는 사람
③ 자신의 감정을 드러내지 않는 사람
④ 타인이 처한 어려움을 살필 줄 모르는 사람
⑤ 타인의 생각을 무비판적으로 수용하는 사람

[059~060] 다음 글을 읽고 물음에 답하시오.

'아 해 다르고 어 해 다르다'는 말은 언어를 사용하는 방식에 따라 전달되는 의미가 다르다는 것을 말해 준다. 이처럼 언어는 대상을 늘 있는 그대로 보여 주는 것은 아니다. '인력 재배치', '자원 방출', '경력 전환 프로그램', '반자의적 탈퇴', '전직 기회', '포괄적 효율성 제고' 등은 무슨 뜻일까? 이 말은 '해고'를 다른 말로 표현한 것으로, 이러한 언어적 사용을 '언어 성형'이라고 한다는 것은 언어가 지닌 특성이 무엇인지 생각하게 한다.

059 윗글에서 나타난 사례와 유사한 사례가 아닌 것은?

① 침략 전쟁을 정당화하기 위해 '자유 전쟁'이라 이름 붙인다.
② '부자 증세'를 반대하기 위해 '징벌적 증세'라는 용어를 쓴다.
③ 결손 가정에 대한 편견을 없애기 위해 '한 부모 가정'이라는 용어를 쓴다.
④ 사람들이 기억하고 지키기 쉽도록 법 이름에 'ㅇㅇㅇ법'처럼 사람 이름을 붙인다.
⑤ 세금에 대한 국민의 불만을 줄이기 위해 '탄소세' 대신 '공해 유발 부담금'을 사용한다.

060 윗글을 통해 유추할 수 있는 내용으로 가장 적절한 것은?

① 언어를 바꾸면 대상의 본질이 바뀐다.
② 언어를 통제하는 사람이 정신을 통제할 수 있다.
③ 원하는 것을 이루려면 이상을 담은 언어를 사용해야 한다.
④ 현상의 본질은 사람이 사용하는 언어로 정확히 포착하기 어렵다.
⑤ 상대방의 언어로 표현할 때 상대방에게 공감을 이끌어낼 수 있다.

읽기 061번~090번

[061~062] 다음 글을 읽고 물음에 답하시오.

> 붉은 이마에 ㉠ 싸늘한 달이 서리어
> ㉡ 아우의 얼굴은 슬픈 그림이다.
>
> 발걸음을 멈추어
> 살그머니 ㉢ 앳된 손을 잡으며
> "늬는 자라 무엇이 되려니"
> "㉣ 사람이 되지"
> 아우의 설운 진정코 ㉤ 설운 대답이다.
>
> 슬며시 잡았던 손을 놓고
> 아우의 얼굴을 다시 들여다본다.
>
> 싸늘한 달이 붉은 이마에 젖어
> 아우의 얼굴은 슬픈 그림이다.
>
> — 윤동주, 「아우의 인상화」

061 윗글에 대한 설명으로 가장 적절한 것은?

① 행의 길이를 조절하여 동적인 이미지를 부각한다.
② 대화체를 사용하여 경건한 분위기를 조성하고 있다.
③ 수미 상관의 방식을 통해 시적 상황을 강조하고 있다.
④ 반어적 표현을 사용하여 현실의 암울함을 비판하고 있다.
⑤ 공감각적 심상을 활용하여 화자의 심리 변화를 묘사하고 있다.

062 ㉠~㉤ 중, 〈보기〉의 ⓐ에 해당하는 것은?

> **보기**
> 「아우의 인상화」는 화자가 아우의 얼굴에서 느낀 인상을 표현한 작품으로, ⓐ냉혹한 현실을 모르는 천진한 아우에 대한 연민의 정을 노래하고 있다.

① ㉠ ② ㉡ ③ ㉢
④ ㉣ ⑤ ㉤

[063~065] 다음 글을 읽고 물음에 답하시오.

개펄을 잃게 된 영세어민들도 바다로 나가는 건 아녀자와 아이들뿐, 가장이나 장정들은 죄 제방공사장에 붙어 돈벌이를 하고 있었다. 어차피 하루 세끼니 목구멍 풀칠하기에 숱날 없던 그네들이었음에 구태여 바다에만 매달려 살아가란 법이 없는 일이기도 했다. 애초 어디 가 무슨 짓을 해서건 굶지만 않으면 사람 구실을 하는 것으로 알았고, 조그만 끄나풀이 한 가닥만 잡힌대도 얼싸 좋다고 살던 고장을 등질 심사던 사람들이었으나 굳이 제방공사를 원수삼을 까닭도 있을 수 없는 형편이었던 것이다.

다만 ㉠조등만 자신만이 그렇질 못한 것 같았다. 그는 정말 그럴 수가 없었다. 어차피 배가 유실되고부턴 손발을 동여맨 거나 다름없던 그였건만, 아무리 생각해도 바다만은 등질 수가 없었던 거였다. 제방쌓기가 끝나면 바다소리도 들리지 않기 마련이겠고, 다른 일에 손을 대기로 그까짓 식생활이야 해결 못하랴 하면서도 바다에서 떠나기가 싫은 것은 어쩔 도리가 없던 거였다.

어협(漁協)으로 찾아가 진정하자는 사람도 없지 않아 잦았다. 도나 중앙 요로에 탄원을 하고, 아무런 대책도 세워주지 않은 정부 산하 기관 쪽을 규탄하자며 찾아온 사람도 한둘이 아니었었다. 그때마다 조등만은 고개를 저었었다. 조등만은 정말 진심으로 설득하고 싶었다. 우리는 바다만 믿고 살아왔다는 것, 쌀과 의복을 바다에서 건져 먹은 것이라고 일렀고 비록 개펄은 잃었을지언정 아직도 하늘보다 더 넓은 바다가 남아 있음을 상기시켰던 거였다. 물론 바다에서 먹고 살자던 고달픔이 두세 갑절로 늘며 따라서 생활고가 가중될 건 당연한 이치요, 제격에 맞아 떨어진 결말이라고 할 수밖엔 없었다. 그러나 그럴수록 좌절을 해선 안 된다고 조는 누누이 당부해야 했고 또한 자기가 그 본때를 본보이기로 솔선해 나서고자 했던 것이다.

먼저 조등만이 착수한 일은 어살을 맨 일이었다. 십여 리 밖 제방 너머 뱃길 건너편 개펄에다 어살[漁箭]을 매기로 작정했던 건 배를 유실하고부터 새겨뒀던 계획이기도 했다. 그것은 욱기로 제집을 불지르고 남의 집 추녀 끝에 한둔하게 된 신세와 조금도 다를 게 없을 심정이기도 했다. 자식들도 매한가지던가 보았다.

"아버지, 지발덕분 집어 침시다유, 집어쳐유, 암만허면 우리가 굶기야 헐規, 남뵈기 챙피시럽게스리 이게 뭣이냔 말유"
작은 아들 요상이가 대살 엮을 대오리를 쪼개다 말고 투덜거린 것도 한두 차례랄 수 없었다.

"청승맞어 못보겠단께유"
그러나 조등만은 못들은 척했고 더러는

"니가 무신 말을 워치기 헐라구 허는 소린지는 모르겄다마는 이전버텀 뒷짐 찌구 밥먹었다는 사람 못봤다. 굼벵이두 꿈지럭그려야 먹구 사는 게 원측인디 너는 언제나 철이 들래?"

"그래두 이거 원...... 참 내......"

사실 조등만은 혼잣생각만이 처량할 따름, 남의 눈은 있어도 아무렇지 않을 것 같았다. 언제까지나 상처만 들여다보며 아파할 순 없는 노릇이었다. 전엔 몸이 귀찮을 만치나 무슨 훈장처럼 주렁주렁 매달고 다녔던 하잘 것 없는 허울들...... 어업조합장, 사포곶수산고등학교 사친회장, 번영회 부회장, 사포곶국민학교 기성회 이사, ○○당 지구당 자문위원 따위 먹잘 것 없이 명함만 지저분해진 명칭들을, 그는 애써 잊고 박차버린지 오래였던 것이다.

"배가 읎으면 그물질을 허야구, 그물이 읎걸랑 낚시질이래두 허야는 법인겨...... 갯가에 사는 어부가 살[箭]을 매는 게 그리 숭될 거는 읎다이거여....."

조등만이 솔선해 개펄에 뛰어들어 손 안닿은 개펄을 새로 개척하자 그와 처지가 어슷비슷한 사람들도 앞을 다퉈 뒤를 따랐다.

— 이문구,「해벽」

063 윗글에 대한 이해로 적절하지 않은 것은?

① '개펄'과 '제방공사'는 어촌마을에 불어닥친 변화를 상징하는 공간이다.
② '-거였다'와 같은 종결 표현을 사용하여 사건을 요약적으로 전달하고 있다.
③ 어촌마을에서는 자신들이 처한 상황에 대해 공적인 대책이 필요하다는 의견이 대두되었다.
④ 급격한 근대화 과정에서 겪는 어촌마을 사람들의 심리를 간결하고 리듬감 있는 문체로 묘사하고 있다.
⑤ 어촌마을 주민들은 바다에 매달려 살아가는 방법이 막히자 제방공사에 나서는 등 경제적 곤란을 해결하고 있다.

064 윗글에 나타난 등장인물 ㉠의 태도로 가장 적절한 것은?

① 제방공사에 참여하는 주민들을 비난하고 있다.
② 자신의 행적을 되돌아보며 변화하는 현실을 수용하는 관조적 태도를 보여준다.
③ 퇴락해가는 어촌 현실에 맞서는 방안을 놓고 전통을 고수하는 아들과의 갈등을 드러내고 있다.
④ 자신의 배가 유실되고 난 후 마을에서 진행된 개펄 개척에 뒤늦게 참여하여 재기의 발판을 마련하고 있다.
⑤ 산업화, 근대화로 인한 어촌마을의 변화 속에서 바다를 떠나 살 수 없는 자신의 처지와 실천 의지를 고민하고 있다.

065 〈보기〉를 활용하여 윗글을 비평한 것으로 적절하지 않은 것은?

> **보기**
> 방언(사투리 혹은 지역어)은 사람살이의 깊은 속내를 터득하도록 도와주고, 감정의 밑바닥을 자극하여 새로운 영감을 고취시키기도 한다. 방언에는 감정과 생각의 어떤 극한이 있다. 혈연과 지연에서 비롯한 원시적 정서의 탄력을 받고 불쑥 튀어나온 한마디 말이 특별한 이유도 없이 사람을 웃게도 하고 울게도 한다.

① 사투리의 활용 정도는 작품의 가독성과 독자의 몰입 정도에 영향을 미치는 요인이 될 수 있다.
② 사투리의 적극적인 활용은 혈연과 지연이 없는 독자들에게도 정서적 공감을 얻기 수월할 것이다.
③ 사투리를 적극 활용한 대화 구성은 등장인물의 성격과 특징을 실감 나게 하는 효과를 거두고 있다.
④ 적극적인 사투리 활용은 표준어 위주 문학작품에 대한 언어적 도전이자 문학 언어의 지평을 확장한 사례라 할 만하다.
⑤ 사투리로 표현할 때는 효과를 발휘했던 대화나 문장을 표준어로 바꿔놓으면 인물이나 정황 묘사에 허점이 드러날 수도 있을 것이다.

[066~068] 다음 글을 읽고 물음에 답하시오.

어떤 방법론을 이해하는 과제에서 해당 방법론 자체의 논리를 파악하는 일 못지않게 그것이 비판하는 대상이 무엇인지, 그 비판이 어떤 논리에 기초하고 있는지를 살펴볼 때 더 분명해지는 것이 있다. 지성사 연구자로서 언어맥락주의자들은 역사 연구에서 ㉠'잘못된 보편성'을 전제하는 것을 거부하며 텍스트, 맥락, 시대를 역사적으로, 다시 말해 특수한 대상으로 간주해야 한다는 입장을 고수해왔다. 지성사 연구가 무엇을 비판하며 어떤 입장을 주장하는지 살펴보도록 하자.

지성사 연구는 특정한 문제의식을 모든 시공간에 통용되는 보편적인 문제인 것으로 전제해서는 안 되며, 우리 자신의 시대를 포함해 각각의 시공간을 서로 다른 것으로 구별해야 한다고 전제한다. 물론 그렇다고 해서 각각의 시공간을 모두 고립된 대상으로 보아야 한다고 주장하는 것은 아니다. 그보다는, 모든 사람이 그 시대에 고유한 맥락과 문제의식을 지니고 살아가는 만큼, 아무런 근거 없이 서로 다른 시공간이 동일한 문제의식을 공유한다는 듯 여기거나, 우리에게 중요한 관심사를 모든 시대를 관통하는 보편적인 주제로 여겨서는 안 된다는 것이다. 따라서 보편적인 논쟁이나 맥락을 상정하고서 텍스트를 거기 끼워 맞추듯 읽고 해석하는 방식이 정당화될 수 없다.

오늘날 우리에게 중요한 저자의 텍스트라는 이유로 그것이 해당 시대의 의견 혹은 '정신'을 대표한다고 전제해서는 안 된다. 물론 어떤 저자와 텍스트가 당시에 가장 널리 통용되던 의견을 주장할 수는 있다. 그러나 이는 충분한 역사적 근거를 바탕으로 당시의 구체적인 맥락을 복원할 때만 도출할 수 있는 사실이지, 별다른 근거 없이 전제로 삼을 수 있는 사항은 아니다. 마찬가지로 이후 정전(正傳)으로 자리 잡은 텍스트라고 해서 당시의 시대적 변화를 대표해 보여 준다고 성급하게 추정해서는 안 된다. '시대정신의 대변인'만 연구해도 그 시대의 본질을 알 수 있다고 믿는 사람들에게는 유감스러운 사실이지만, 우리가 지금 살아가는 세계를 비롯해 그 어떤 시공간도 단일한 저자와 텍스트의 입장이 충분히 대변할 수 있을 만큼 단순하지 않다.

마르크스주의적 해석이나 여러 유사 경제결정론, 혹은 모든 것을 '사회구조 변동'의 산물로 보는 시각이 그러하듯이, 과거 어느 시기 중요한 사회적·물질적 경향이 존재했다고 해서 그 시기의 논쟁과 텍스트가 그런 경향을 필연적으로 '반영'하거나 의식하리라 전제해서는 안 된다. 좀 더 일반적으로 말하자면 ㉡특정한 영역이나 맥락에 나타나는 변화가 다른 영역이나 맥락에 자연스럽게 반영되어 있으리라는 전제는 비판받아야 한다. 가령 19세기 영국 사회가 거대한 경제적인 변화를 겪었다고 해서, 구체적인 근거 없이 당시의 모든 텍스트·논쟁이 그 변화를 따라 '시대적인 전환' 혹은 '구조적 변화'에 동참했으리라는 식으로 주장할 수는 없다. 18세기 계몽주의 역사 서술에 대한 포콕의 ≪야만과 종교≫ 연작이 잘 보여 주었듯, 애초에 인간 사회의 모든 면이 문명·사회의 '구조'에 따라 뒤바뀌게 되어 있다는 논리 자체가 특정한 시기에 확산된 믿음으로, 우리가 그 믿음을 무비판적으로 따라야 할 이유는 없을 것이다.

066 윗글에 대한 이해로 가장 적절한 것은?

① 지성사 연구는 다른 연구의 방법론을 포괄하는 특징을 지닌다.
② 지성사 연구자는 특정한 문제의식이 특정 시공간에 좌우된다고 본다.
③ 지성사 연구자는 중요한 저자의 텍스트를 통해 그 시대를 대표하는 정신을 연구한다.
④ 지성사적 관점에서는 현재 우리에게 중요한 관심사를 기준으로 과거를 살펴보아야 한다고 본다.
⑤ 지성사적 관점에서는 정전으로 자리 잡은 텍스트를 통해 그 시대의 본질을 알 수 있다고 전제한다.

067 밑줄 친 ㉠의 의미로 적절하지 않은 것은?

① 텍스트 및 맥락과 무관한 보편성을 추구한다.
② 보편적인 논쟁 속에 텍스트를 위치시켜 이해한다.
③ 중요한 저자의 저작은 해당 시대의 의견을 대표한다.
④ 구조적 변화 시기의 모든 논쟁은 그 변화를 대변한다.
⑤ 각각의 시공간을 서로 다른 것으로 구별해야 한다고 전제한다.

068 밑줄 친 ⓒ의 입장에서 주장할 수 있는 것으로 적절하지 않은 것은?

① 모든 것을 사회구조 변동의 산물로 보는 시각은 한계가 있다.
② 인간 사회의 모든 면이 문명·사회의 구조에 따라 변화한다고 볼 수는 없다.
③ 경제 변화로 다른 영역의 변화를 설명할 수 있다고 보는 견해는 특정한 시대의 믿음일 뿐이다.
④ 거대한 경제적 변화 시기의 모든 텍스트가 그러한 구조적 변화를 반영하고 있다고 볼 수는 없다.
⑤ 특정 시기의 주요 논쟁은 공통적으로 그 당시의 사회경제적 변화를 반영하며 시대적 전환을 이끌었다.

[069~072] 다음 글을 읽고 물음에 답하시오.

성격은 쉽게 변하지 않는 심리적 구조이지만 세월의 흐름에 따라 변화하기도 한다. 나이가 증가함에 따라 성격이 변하는 원인은 무엇인가? 성격은 외부적 요인에 의해 변하는 것일까? 아니면 연령의 증가에 따른 내부적 요인에 의해서 변하는 것일까? 이러한 물음에 대해서 두 가지의 상반된 입장, 즉 본질주의자와 맥락주의자의 입장이 존재한다.

㉠본질주의자의 관점은 나이에 따른 성격의 변화가 유전적으로 정해진 내재적 성숙에 의한 것이라는 입장이다. 본질주의자에 따르면, 성격이 연령의 증가와 함께 변화하는 것은 환경적 요인에 의한 것이 아니라 생물학적인 성숙에 의한 발달적인 변화다. 따라서 성인기에 속한 사람들은 대체로 동일한 내재적 성숙이 일어나기 때문에 성격 특질에 있어서 그들이 나타내는 순위에 유의미한 변화가 나타나지 않는다. 성격의 구조와 기능이 변화하는 데에는 유전과 기질, 뇌의 구조와 신경화학적 상태, 호르몬 분비, 신체적 발달 및 노화와 같은 다양한 생물학적 요인들이 영향을 미친다. 특히 유전이 성격과 밀접하게 관련되어 있다는 점은 많은 연구를 통해서 알려진 사실이다. 또한 여러 문화권에 살고 있는 남자들과 여자들은 나이에 따른 비슷한 성격 변화 추세를 나타내고 있다. 특히 사춘기에서 성인기로 전환하는 과정에서 매우 유사한 성격 변화가 나타나는데 이것은 다음 세대의 번식을 촉진하기 위한 내재적인 성숙에 의한 것이라고 볼 수 있다.

맥락주의자는 본질주의자와 달리 성격의 변화가 환경적인 요인에 의한 것이라고 주장한다. 모든 사회에서는 구성원의 연령과 발달 단계에 따라 사회적 역할과 적응 과제가 변화한다. 이러한 사회적 요구에 적응하는 과정에서 성격이 나이와 함께 변화한다는 것이 맥락주의자의 주장이다. 인생의 발달 단계에서 주어지는 사회적 역할은 성격 변화의 주요한 요인으로 알려져 있다. 예컨대, 결혼하여 가정을 꾸리는 일, 첫아이를 출산하는 일, 부모가 되는 일, 첫 직업을 갖는 일과 같이 인생의 전환기에 겪게 되는 사회적 역할의 변화는 성격의 변화를 유발할 수 있다. 특히 취업에 따른 사회적 역할은 성격을 변화시키는 중요한 요인으로 알려지고 있다. 지속적인 환경의 변화도 성격 변화를 유발할 수 있다. 반복적인 부정적 생활 사건, 장기적인 곤경, 피폐화된 삶의 질 등을 경험하게 되면, 개인의 신경과민성이 지속적으로 증가하는 것으로 알려져 있다. 반면에 긍정적 생활 사건이나 삶의 질의 향상은 신경과민성을 감소시킨다. 성격의 형성과 변화에 대한 유전적 요인과 환경적 요인의 영향을 밝히는 것은 매우 어려운 일이다. 최근의 연구 결과들은 나이에 따른 성격의 변화가 유전과 환경 모두에 기인하는 것이라는 점을 시사하고 있다.

한편 본질주의자와 맥락주의자의 논쟁은 개인과 환경이 서로 영향을 주고받는다는 상호작용주의자의 관점으로 발전하게 되었다. 성격과 생활 사건이 서로에게 영향을 미치는 상호작용의 과정은 선택 기제와 사회화 기제로 설명할 수 있다. 선택 기제는 개인이 자신의 성격에 적합한 환경을 선택함으로써 성격의 안정성을 유지하는 과정을 말한다. 개인은 성격에 따라서 선호하는 환경, 환경의 일부 측면이나 전체를 자신의 성격에 적합하도록 변화시킨다. 사회화 기제는 개인이 생활 사건과 사회적 요구에 적응하기 위해서 자신을 변화시키는 과정을 말한다. 사회적 역할의 기대와 요구에 의해서 개인의 행동이 변하고, 이러한 행동 변화에 대한 자기 지각과 다른 사람들의 피드백에 의해서 성격 변화가 유발될 수 있다. 개인-환경 상호작용 모델은 내재적인 성숙뿐만 아니라 사회적 역할과 주요한 생활 사건에 초점을 맞추어 전 생애에 걸친 성격의 변화를 설명한다.

069 윗글의 내용에 대한 이해로 가장 적절한 것은?

① 본질주의자는 태어날 때 결정된 성격이 변화하지 않는다고 설명한다.
② 선택 기제는 성격의 변화 과정에 대한 맥락주의자의 설명을 뒷받침한다.
③ 상호작용주의자의 관점은 유전과 환경이 서로 영향을 미친다고 설명한다.
④ 맥락주의자의 관점은 이혼 전과 후의 성격 변화를 설명하는 데 유용하다.
⑤ 본질주의와 맥락주의는 성격의 안정성과 변화 중 어느 것을 강조하는지에 따라 구분된다.

070 ㉠을 뒷받침하는 연구 결과로 적절하지 않은 것은?

① 형제자매 사이보다 쌍둥이 사이에 성격의 유사성이 더 높았다.
② 충격적인 외상을 경험하고 난 후 뚜렷한 성격의 변화가 관찰되었다.
③ 10년 간격을 두고 두 번 측정한 성격 검사 결과 사이에 상관이 높게 나타났다.
④ 환경에 특별한 변화가 없었던 개가 늙어가면서 자극 추구 성향이 현저하게 저하되었다.
⑤ 서로 다른 문화권에서 청소년기에서 성인기로 전환하는 발달적 변화 추세가 유사하게 나타났다.

071 윗글에서 추론할 수 있는 내용으로 적절하지 않은 것은?

① 성격은 생물학적 요인에 의해 영향을 받는다.
② 성격은 안정성과 유동성의 양면성을 지니고 있다.
③ 성격 특질의 안정성은 나이가 많아짐에 따라 증가한다.
④ 성격은 사회적 요구와 생활 사건에 의해서 변화될 수 있다.
⑤ 성격의 형성과 변화는 환경에 적응하기 위한 과정과 밀접하게 관련된다.

072 윗글을 바탕으로 할 때 〈보기〉의 내용과 가장 밀접한 개념은?

> **보기**
> 외향성이 높은 사람들은 그렇지 않은 사람들에 비해 긍정적인 생활 사건을 더 자주 경험하는 경향이 있다.

① 맥락주의
② 본질주의
③ 선택 기제
④ 내재적 성숙
⑤ 사회화 기제

[073~076] 다음 글을 읽고 물음에 답하시오.

우리가 볼 수 있는 빛은 파장이 400~700nm 사이에 속하는 전자기 파동이다. 우리 눈은 빛의 세기에 따라 밝기를 구분하고 파장에 의해 색깔을 구분하는데, 망막에 분포하는 간상체와 추상체의 두 종류의 시세포를 통해 이것을 감지한다. 간상체는 초록색을 띠는 500nm 파장의 빛을 가장 잘 흡수하는 색소만 있지만 추상체는 세포에 따라 419, 531, 558nm 파장의 빛을 가장 잘 흡수하는 3종류의 색소 중 하나를 포함하고 있다. 따라서 단일 파장의 빛에 대해 간상체는 모두 같은 반응을 보이지만 추상체는 각 세포에 포함된 색소에 따라 그 반응하는 정도가 서로 다르다. 간상체나 추상체 모두 색소에 대응하는 파장의 빛에 가장 잘 반응하고 파장이 더 짧아지거나 길어지면 민감도가 떨어진다. 추상체는 단파장을 흡수하는 세포의 수가 상대적으로 적으므로 전체 추상체의 파장에 대한 민감도 곡선은 주로 중파장 및 장파장 색소에 의해 결정되어 전체적으로 붉은색에 가까운 560nm 부근에서 가장 민감하다. 추상체는 주로 망막 전반에 걸쳐 분포하며 간상체는 망막에서 상이 맺히는 중심와를 제외한 나머지 영역에 분포한다.

간상체도 파장에 대해 반응하는 정도가 다르므로 빛의 파장을 구별할 수 있지 않을까? 밝기가 같지만 파장이 500nm와 600nm로 서로 다른 두 빛에 간상체가 반응하는 경우를 생각해 보자. 간상체는 500nm에 비해 600nm의 빛에는 반응 정도가 상대적으로 낮으므로 반응의 차이로 인해 두 파장을 구별할 수 있다. 하지만 만일 600nm의 세기를 높여 반응 정도를 500nm의 경우와 같게 만들면 반응의 차이가 없어져 두 파장을 구별할 수는 없다. 이 때문에 두 빛의 세기 차이가 있다는 것을 미리 알지 못하면 한 가지의 색소를 가진 간상체만으로는 두 개의 파장을 구분할 수 없다. 이것이 조명이 어두워서 간상체 색소만이 시각을 통제하는 상황에서는 우리가 밝기 차이만 보게 되는 이유이다. 예컨대 색소가 서로 달라 정반대로 반응하는 두 종류의 간상체가 존재한다고 하자. 이럴 경우에는 빛의 세기가 달라지더라도 두 수용기가 반응하는 비율은 반대로 유지되므로 한 종류의 간상체만 있을 때와는 달리 두 빛을 구별할 수 있게 된다. 우리 눈의 망막에는 색소가 서로 다른 3가지 추상체가 있어서 보다 많은 수의 색을 볼 수 있다. 태양광 모든 파장의 빛이 고르게 분포되어 있으면 모든 추상체가 동일하게 반응하므로 백색으로 감지되며 특정 파장을 더 많이 함유한 빛을 보면 색상을 감지할 수 있다. 하지만 추상체가 반응하는 파장 대역이 서로 겹쳐있어 단일 파장의 빛이라도 밝기가 아주 강하면 3가지 추상체가 모두 동일하게 반응할 수도 있다.

우리가 두 색을 함께 볼 때 어떤 색의 대비가 다른 색의 대비에 비해 두드러지는 경우가 있다. 가령 녹색은 청색보다 적색에 대해 대비를 강하게 느낀다. 이런 현상은 시세포가 아니라 시세포와 뇌를 연결해주는 신경 세포의 연결 구조 때문에 일어난다. 대부분의 추상체는 1:1로 신경세포를 통해 뇌로 연결된다. 하지만 두 종류 이상의 추상체가 함께 하나의 신경 세포를 통해 뇌와 연결되는 회로도 발견된다. 단파장 추상체(청색)는 시신경의 신경절에 흥분성 신호(+)를 보내고 중파장 추상체(녹색)와 장파장 추상체(적색)는 합해져서 신경절에 억제성 신호(−)를 보낸다. 이 연결이 (청+황−) 대립형 회로를 만들어 낸다. 또 다른 회로는 중파장 추상체는 흥분성 신호를 그리고 장파장 추상체는 억제성 신호를 신경절로 보낸다. 이 결과 (녹+적−) 대립 회로가 만들어진다. 이 회로들은 두 색이 대비될 때 한쪽은 억제하고 한쪽은 강조하게 되므로 상대적으로 그 차이가 더 커 보이게 만든다. 가령 (녹+적−) 대립 신경 세포는 녹색과 적색이 인접하여 보이면 대비가 없을 때보다 적색은 더 어둡게 녹색은 더 밝게 보이게 만든다.

대립 신경 세포에는 연결 구조는 같지만 흥분성 신호와 억제성 신호가 반대로 연결된 회로도 존재하는데, 각각의 회로는 더 밝고 더 어둡게 보이게 만드므로 다른 색의 대비에 비해 그 차이가 더 크게 보인다. ㉠이 대비 회로의 반응성은 수용기들이 가장 잘 반응하는 파장이라는 요인과 흥분성 연접과 억제성 연접의 배열이라는 두 가지 요인에 의해 결정된다. ㉡색채 지각 처리는 두 단계를 거쳐 일어난다. 먼저 수용기들이 파장에 대해 각기 다르게 반응하면, 그 이후에 있는 신경 세포들이 수용기로부터 온 흥분성 신호와 억제성 신호를 통합한다.

073 윗글의 내용과 일치하지 않는 것은?

① 추상체는 포함된 색소에 따라 반응하는 파장이 다르다.
② 시세포는 반응하는 빛의 세기 차이로 명암을 구별한다.
③ 망막에 분포하는 시세포의 개수는 종류에 따라 다르다.
④ 색체 지각의 과정에는 시세포와 신경 세포가 함께 관여한다.
⑤ 신경절이 대립형 신경세포로 보내는 신호의 형식은 일정하다.

074 ㉠에 대한 설명으로 적절한 것은?

① 3개의 추상체가 함께 반응해야 작동한다.
② 단색이지만 밝기가 다른 대비의 경우에도 작동한다.
③ 흥분성 연결과 억제성 연결이 바뀌어도 강조되는 색은 같다.
④ 연결된 추상체가 잘 반응하는 파장의 빛이 대비될 때 커진다.
⑤ 대비되는 두 색의 파장의 차이에 대해 반응 정도가 비례한다.

075 ㉡에 대한 이해로 적절한 것은?

① 간상체 시세포는 색상을 구별할 수 있다.
② 중심와는 적색 빛보다 녹색 빛에 더욱 민감하다.
③ 모든 파장의 빛이 있어야 백색을 지각할 수 있다.
④ 중심와를 벗어난 망막에서는 색상을 구분할 수 없다.
⑤ 2종류의 추상체 세포만으로도 색상을 구별할 수 있다.

076 윗글의 내용을 바탕으로 〈보기〉를 이해할 때 A와 B에 들어갈 적절한 단어로 짝지어진 것은?

> **보기**
>
> 디지털 컬러 TV는 화소를 가로 세로로 2차원 배열하여 화면을 구성한다. 한 화소에는 RGB 3개의 광원이 있는데 3개 광원이 각각 만드는 빛의 비율을 조절하여 화소가 표시하는 ☐ A ☐ 을(를) 결정하고 3개 화소의 발광 비율을 유지하면서 밝기를 조절하여 ☐ B ☐ 을(를) 표시한다.

	A	B		A	B
①	색상	명암	②	색상	대비
③	대비	색상	④	명암	색상
⑤	명암	대비			

[077~078] 다음 글을 읽고 물음에 답하시오.

사람이 사는 집은 온도와 습도가 적당해야 한다. 온도는 난방으로 해결할 수 있지만 습도는 습도 조절 장치가 없는 이상 통풍을 이용해 해결할 수밖에 없다. 한국의 기후 조건에서는 가습보다는 제습에 집중해야 한다. 한국에서 석굴이 보급되지 않는 가장 큰 원인도 습기 때문이다. 인도 석굴과 중국 동굴식 살림집인 요통이 널리 애용될 수 있었던 것은 건조한 기후 조건 때문이다. 대개 이러한 유적이 분포한 곳은 덥지만 일교차가 크고 건조한 사막 지역이다.

초기의 가옥의 형태는 지역에 따라 형태가 다른데, 기온이 낮은 북쪽 추운 지역은 지열을 이용하기 위해 지면보다 아래로 땅을 파고 내려간 형태인 움집이 주를 이루었다. 움집의 문제점은 바닥이 지면보다 낮아서 습기를 피할 수 없다는 것이다. 움집은 지열을 이용한다고 해도 춥다. 그래서 차츰 집안 난방을 위해 초기 형태의 구들인 ㅡ자나 ㄱ자 고래 구들을 집안에 들여놓게 되었다. 하지만 초기 구들은 지면보다 낮아 습기 때문에 불을 지피기 어려웠다. 그래서 구들이 점점 지상화하고 이에 따라 방바닥도 높일 필요가 생겼다. 이로 인해 구들 위에 방바닥을 두는 온돌 바닥 형식이 생겨났.

원시 움집은 대부분 기둥을 땅에 박는 굴립주 건축이었다. 굴립주 건축은 지면 습기로 인해 기둥이 썩는 단점이 있다. 기둥을 지상으로 올리고 기둥 밑에 초석을 놓으면 지면 습기를 차단할 수 있고 통풍이 원활해져 기둥이 썩지 않고 오래간다. 이렇게 기둥을 초석 위에 올릴 수 있었던 것은 연장의 발달로 기둥 상부를 튼튼하게 잡아 줄 수 있는 목가구 구조법이 발달했기 때문이다. 그러므로 건물의 지상화는 구들 보급과 목조 기술의 발달에 따른 것이라고 할 수 있다.

살기 좋은 집의 조건 중 또 다른 중요한 것은 채광이다. 집이 낮으면 어둡고 높으면 밝아진다. 한옥은 지붕을 외벽보다 바깥으로 길게 낸 처마를 두고 있는데, 처마가 깊어 마당에 떨어진 반사광을 간접적으로 받아들이는 한옥의 채광 방식에는 마당과 집의 높이가 중요한 요소이다. 통풍에 가장 좋은 방법은 지면의 습기를 피해 건물을 높여주는 것이고, 이것은 채광에도 도움이 되므로 ㉠한옥의 건축에서 자연스레 기단이 도입되었다.

기단은 지면으로부터 집을 높여주는 역할을 한다. 그래야 저면의 습기를 피할 수 있고 햇빛을 집안에 충분히 받아들여 밝게 생활할 수 있다. 기단은 한국 건축에서 잘 발달되어 있으며 중국이나 일본보다 높은 편이다. 기단의 높이는 건물 규모와 여건에 따라서 차이가 있지만 보통 1미터 내외로 한다. 기단의 내밀기는 보통 처마보다 안쪽으로 둬서 빗물이 기단 위로 떨어지지 않도록 한다. 중국의 기단이 권위성을 표현하기 위해 만들어진 데 반해, 한국의 기단은 쾌적한 생활 환경을 위해 도입되었다.

077 윗글의 내용과 일치하는 것은?

① 원시 움집의 단점 때문에 기둥 밑에 초석을 놓게 되었다.
② 난방을 위해 도입된 초기 고래 구들은 지면 위에 설치되었다.
③ 한국의 건축은 습도 조절보다는 온도 조절에 영향을 더 받았다.
④ 움집의 바닥이 지면보다 높은 이유는 통풍에 유리하기 때문이다.
⑤ 한옥은 처마가 있어 반사광보다는 직사광을 통해 집안으로 채광한다.

078 ㉠의 효과를 설명한 것으로 적절한 것은?

① 기단의 도입으로 온돌바닥의 형식이 발생하였다.
② 기단의 도입은 목가구 구조법의 발달을 불러왔다.
③ 기단은 기둥을 지상으로 올려 건물의 수명을 늘렸다.
④ 기단을 지붕보다 바깥으로 설치하여 습기의 침투를 낮추었다.
⑤ 기단은 마당에서 한옥의 위치를 높여 채광을 유리하게 하였다.

[079~082] 다음 글을 읽고 물음에 답하시오.

과거에 연구자들은 뇌가 대체로 외부 세계의 자극에 대해 반응하는 것이라고 생각했다. 시각과 읽기를 관장하는 뉴런(neuron) 무리는 소설책을 펼칠 때 "스위치가 켜지지"만 눈을 감을 때는 켜지지 않는다고 말이다. 그러나 21세기에 들어설 무렵, 과학자들은 사람들이 아무것도 하지 않을 때 가장 활동적인 뇌 영역을 발견했다. 수수께끼 같은 일이었다. 자연은 무자비할 정도로 효율을 중시하고, 뇌는 많은 에너지를 소비한다. 그런데 왜 빈둥거리고 앉아 있는데 에너지를 낭비하는 걸까?

알고 보니 빈둥거리며 앉아 있는 것은 우리가 하는 중요한 일 중 하나였다. 손이 한가하면 말썽거리를 찾아내기 마련이라지만, 한가한 뇌는 자유롭게 몽상한다. 계획을 세우고, 회상하고, 상상하는 것이다. 이 수수께끼 같은 뇌 영역들은 ㉠ 시간에서 풀려나기의 조종 시스템이다. 외부 세계에 반응하는 것이 아니라, 우리를 과거와 미래로, 심지어 대안적 현실로 쏘아 보내는 것이다.

이 뇌 영역들은 공감에도 결정적인 역할을 한다. 아주 그럴듯한 것이, 공감도 일종의 시간에서 풀려나기이기 때문이다. 당신이 지난번에 보낸 메일에 대해 어머니가 어떻게 생각할지 상상하거나, 얼마 전 있었던 집단 충격 사건의 피해자들이 어떤 감정일지 상상할 때, 당신은 그들의 세상 속으로 정신적 여행을 떠나는 것이다. 뇌의 풀어 주기 시스템을 더 많이 사용할수록 그들의 세상으로 더 깊이 들어갈 수 있고, 다른 사람들이 어떤 생각 혹은 감정을 갖고 있는지 더 잘 이해할 수 있다.

이는 그 대상이 상상의 인물일 때도 똑같이 적용된다. 풀려나기는 기이하고도 유서 깊은 인간 여가 활동의 핵심을 차지한다. 사람들은 아늑한 불가에 최초로 둘러앉았을 때부터 서로 이야기를 들려주었다. 처음에는 소리를 내어서, 지금은 종이와 화면에 쓴 글자로 말이다. 진짜 사람들에게 둘러싸여 있으면서도 우리는 자유로운 시간의 상당 부분을, 존재한 적 없는 사람들이 일어난 적 없는 일을 경험하는 것을 상상하며 보낸다.

최근 심리학자들은 이야기와 관련한 새로운 이야기를 들려주기 시작했다. 이야기 즉 서사예술은 단순한 오락을 넘어 아주 오래된 기술이며, 풀려나기를 더 잘하게 해주는 약물 같은 것이라고 말이다. 이야기는 우리 조상들이 다른 삶을 상상하고, 가능한 미래를 계획하며, 문화적 규준에 합의하도록 도왔다. 현대 세계에서는 새로운 방식으로 도움을 준다. 이야기는 공감이 풍경을 평평하게 만들어, 멀리 떨어진 타인이 그 거리를 더 가깝게 느끼도록, 그리고 서로를 염려하기 쉽도록 만든다.

079 윗글의 중심 내용으로 가장 적절한 것은?

① 공감은 인간의 뇌 영역 활동에 따라 선천적으로 타고나는 능력이다.
② 공감은 인간의 뇌 영역 활동에 따라 자동적으로 일어나는 반사 작용이다.
③ 인간의 뇌는 아무것도 하지 않을 때조차 많은 에너지를 소모하며, 가장 창의적인 활동을 수행한다.
④ 서사예술은 인간의 뇌 영역 활동이 만들어 낸 여가 활동의 핵심이며, 뇌의 효율적인 에너지 소비에 의한 산물이다.
⑤ 서사예술은 인간의 뇌 영역 활동을 통해 세계와 반응하는 기술이며, 기억, 상상, 공감과 동일한 뇌 영역을 활성화 한다.

080 ㉠과 관련한 설명으로 적절하지 않은 것은?

① 시간에서 풀려나는 일은 자기도 모르게 일어날 수 있다.
② 시간에서 풀려나는 일은 감정을 배제한 정신적 여행을 가능하게 한다.
③ 시간에서 풀려나는 일은 예전에 겪은 최악의 사건으로 빠져들게 할 수 있다.
④ 시간에서 풀려나는 일은 아직 해 본 적이 없는 실수를 예상하거나 실수에 대처할 수 있게 한다.
⑤ 시간에서 풀려나는 일은 타인 혹은 현실과 다른 시공간을 상상하는 강력한 간접 체험 기술이 될 수 있다.

081 윗글을 읽고 추론할 수 있는 내용으로 적절하지 않은 것은?

① 연극을 통해 공감 능력을 키울 수 있다.
② 문학 작품은 다른 사람의 삶을 이해하게 해 준다.
③ 라디오 드라마로 집단 트라우마를 치유할 수 있다.
④ 독서 모임을 통해 범죄자의 삶의 변화를 이끌어 낼 수 있다.
⑤ 영화의 장르에 따라 뇌의 풀어주기 시스템 활성화 정도가 다르다.

082 〈보기〉를 참조하여 윗글에 제시된 '공감' 개념을 이해한다고 할 때, 구체적인 활용 사례에 해당하지 않는 것은?

> **보기**
>
> 공간 사회적 갈등이 증폭되고 있는, 그래서 공동체의 존재 자체가 위협받고 있는 상황에서 '공감' 개념은 주목할 만하다. 제레미 리프킨에 따르면, 인류 문명의 발달과정은 곧 공감의 확장과정으로도 이해할 수 있다. 즉 시기에 따라 극단적인 형태의 사건들이 인류의 존재를 위협하기도 했으나 이에 대한 반성이 공감 능력의 확장으로 이어짐으로써 이후 비슷한 일의 발생을 막아왔다는 것이다.

① 범죄를 저지른 사람과 희생자를 화해시킨 '진실화해위원회' 사례
② 원자력 발전을 신재생에너지로 편입하는 '녹색분류체계(green taxonomy)' 사례
③ 전통적인 커리큘럼 이외에 '정서적 지능(emotion intelligence)'을 추가한 교육과정 사례
④ 범죄자가 피해자를 직접 만나 용서를 구하는 '회복적 사법(restorative justice)' 사례
⑤ 소프트웨어 프로그래밍과 코드로 곤란을 겪는 시장에 전문가의 기술력을 공유하기로 한 '오픈 소스(open source) 체제' 사례

[083~084] 다음 글을 읽고 물음에 답하시오.

해외입국자 PCR 음성확인서 제출 관련 안내

1. PCR 음성확인서 소지 및 제출 의무화
   ○ 모든 해외입국자는 입국 시 PCR 음성확인서를 제출하여야 하며, 아래 기준의 음성확인서가 없는 경우 항공편 탑승이 제한됩니다.

2. PCR 음성확인서 적합 기준

   ① 검사 방법
   ▶ **유전자 증폭 검출(RT-PCR, LAMP, TMA, SDA, NEAR 등)에 기반한 검사일 것**
   * 항원(Antigen, AG)·항체(Antibody) 검출검사(RAT, ELISA 등)는 인정하지 않음
   * 검사기법과 상관없이 검체 채취를 스스로 실시하는 경우는 인정하지 않음
   ② 검사 및 발급 시점
   ▶ **출발일 기준 48시간(2일) 이내 검사한 음성확인서일 것**
   * (예시) 2022.01.22. 10시 출발 시 2022.01.20. 10시 이후 검사한 것으로 확인된 PCR 음성확인서만 인정
   ③ 검사 결과
   ▶ **검사 결과가 '음성'일 것**
   * 검사 결과 기재 사항이 '미결정', '양성' 등인 경우 인정하지 않음

   ※ 입국 전 관할 재외공관 홈페이지(http://overseas.mofa.go.kr)에서 해당 국가별 입국절차 정보 등을 반드시 확인하여 주시기 바랍니다.

3. ㉠ "PCR 음성확인서" 제출 예외 대상
   ○ 만 6세 미만(입국일 기준) 영·유아(동반 일행이 전원 음성확인서를 제출한 경우에 한함)
   ○ 인도적(장례식 참석)·공무출장 목적의 격리면제서 소지자
   ○ 항공기 승무원
   ○ 한국에서 출국하였으나 상대국에서 입국 불허 등으로 해외 공항에서 입국 절차를 거치지 않고 귀국한 경우(본인입증책임)
   ○ 싱가포르에서 입국한 내국인 선원("대한민국 선원수첩" 소지자에 한함)
   ○ 우크라이나에서 입국한 내국인, 내국인의 외국적 배우자와 그 직계 존속·비속

4. 미제출 또는 기준 미달 음성확인서 제출 시 조치
   ○ PCR 음성확인서 미소지 또는 기준 미달 음성확인서 소지 시 항공기 탑승 불허
   ※ 'PCR 음성확인서 제출 예외 대상'은 음성확인서 미소지(기준 미달 포함) 시에도 항공기 탑승 가능

---

083 윗글의 내용과 일치하는 것은?

① 자가 진단 키트로 스스로 검체를 채취한 경우에도 인정된다.
② PCR 양성확인서를 제출한 경우에도 항공기 탑승이 가능하다.
③ 출발일 기준 48시간 이내 실시한 PCR 음성확인서만 인정된다.
④ 기준 미달 음성확인서 제출 시 항공기 탑승이 허가되지 않는다.
⑤ 모든 해외입국자는 예외 없이 PCR 음성확인서를 제출해야 한다.

084 윗글을 바탕으로 할 때 ㉠에 해당하지 않는 사례는?

① 직업으로 해외에 다녀오는 비행기 승무원
② 아버지 장례식 참석 목적의 격리면제서 소지자
③ 동반한 일행이 모두 음성확인서를 제출한 중학생
④ 공적인 업무를 위해 출장을 다녀온 격리면제서 소지자
⑤ 우크라이나에서 입국한 내국인의 외국적 배우자의 부모

085 다음 기사에 대한 비판으로 적절하지 않은 것은?

디스크 환자 80% 착용 일주일 만에 고통서 해방 의료기기 화제

디스크 환자의 고통을 경감하는 데 효과적인 의료기기가 한국○○병원과 의료 전문 기기 회사 □□에서 개발되었다. 디스크△△는 의료 전문가가 인정하는 뛰어난 치료 효과로 주목을 받았으며, 지속적으로 착용하면 몸의 근육을 강화해 디스크를 완치로 이끌 수 있다. 2020년 4월부터 2022년 4월까지 2년간 한국○○병원이 해당 기기를 임상 실험 한 결과 환자의 80%가 착용한 지 일주일 만에 고통에서 해방되었다는 결과를 공개했다. 디스크△△은 국내 및 미국, 일본 등 6개국에서 특허를 출원 중이며, 환자 맞춤형으로 제작되어 환자의 키와 체형에 따라 A, B, C의 선택형을 출시하였다. 한국○○병원의 디스크 전문 의사 김◇◇ 박사는 "이 기기로 수핵 통로를 영구히 막아 디스크를 발본색원할 수 있다는 점에서 치료에 효과가 있다."고 밝혔다.

－○○신문

---

① 기사의 형식을 띠고 있으나 사실과 기자의 의견이 구별되지 않고 있다.
② 실험의 결과의 객관적인 검증 결과를 기사에서 다루고 있지 않다.
③ '특허 출원'은 '특허 획득'과 혼동될 우려가 있다.
④ '맞춤'과 '선택'의 용어를 같은 의미로 사용함으로써 독자에게 혼란을 주고 있다.
⑤ '발본색원'이라는 비객관적인 용어를 사용함으로서 독자에게 제품의 효과를 과장하고 있다.

[086~087] 다음 글을 읽고 물음에 답하시오.

코로나 감염 확산 막았지만… 정신 질환 치료엔 손 놓았던 격리 시설

"하루에도 몇 번씩 죽을 것 같은 기분이었어요."

충북 진천군 국가공무원인재개발원에서 2주간의 격리 생활을 끝내고 지난 15일 경기 평택역에 도착한 버스에서 내린 A(44)씨의 얼굴에는 피로감과 불안감이 배어 있었다. 공황장애를 앓고 있지만 격리 시설에서는 처방이 불가능해 어쩔 수 없이 약 복용량을 반으로 줄인 영향이었다. A씨는 회사 업무차 출국한 후 지난 11월부터 이달 초 정부의 전세기 편으로 귀국하기 전까지 신종 코로나바이러스 감염증(코로나19) 발원지인 중국 후베이성 우한에 머물렀다. 공황장애 약은 출장길에 오르기 전 챙긴 3개월분이 전부였다.

정신적으로 쇠약해진 상태에서 시작된 진천에서의 격리 생활 중 약은 바닥을 보였다. 시설에는 정신과 전문의들이 있어 상담은 가능했지만 약은 구할 수 없었다. 향정신성의약품은 엄격하게 관리되는데 파견 나온 의사라 전산화된 처방 프로세스에 접근할 수 없었기 때문이다. A씨는 "아침 저녁으로 두 알 복용해야 할 약을 반만 먹으며 힘겹게 버텼다"며 "전면 봉쇄된 우한에서도 그랬고, 격리 시설에도 극심한 공포에 시달렸다"고 말했다.

19일 코로나19 통합심리지원단에 따르면 우한에서 입국해 2주일가량 충남 아산시 경찰인재개발원과 진천군 공무원인재개발원에 격리됐다가 퇴소한 교민 700여 명 중 179명은 총 332차례에 걸쳐 심리 지원을 받았다. 우한에서부터 몸과 마음이 지친 교민 상당수가 격리 생활 중에도 불안함과 답답함을 겪었다는 의미다.

심리 지원은 국립정신의료기관에서 파견된 정신과 전문의와 전문 요원으로 구성된 통합심리지원단이 아산에 4명, 진천에 3명 배치돼 제공했다. 하지만 이들은 파견이라 자신이 근무하는 병원에서 의사면허번호를 입력해야 하는 처방 프로세스에는 접근하지 못했다.

우울증, 공황장애 같은 정신 질환은 한국표준질병사인분류표에 정신 질환을 의미하는 'F코드'로 분류된다. F코드는 △의료법 △건강보험법 △개인정보보호법 등으로 엄격하게 보호되는데, 되레 이 엄격성이 비상 상황에 약 반출을 원천적으로 불가능하게 만든 셈이다. 반면 지난 12일 3차 전세기를 타고 경기 이천시 국방어학원에 격리된 148명은 통합심리단에 배속된 군의관을 통해 처방을 받을 수 있었다. 100% 전산화된 일반 병원과 달리 군의관은 수기 처방이 가능하다.

신종 코로나로 우한에 갇힌 교민들을 데려와 2주간의 잠복기를 무사히 넘기고 퇴소까지 마친 정부의 조치에도 허점이 있었다. A씨처럼 당장 정신 치료가 필요한 사람들을 치료해 줄 방법이 없었던 것이다. 때문에 정신 치료가 필요한 특수한 상황에서는 유연한 제도 운영이 필요하다는 주장이 나온다. 우한 교민들의 정신 건강 상담과 교육을 총괄하는 국립정신건강센터 국가트라우마부 부장은 "단기적이고 집중적인 치료가 필요한데 치료가 이뤄지지 않으면 오히려 병을 키우고 더 큰 사회적 비용을 초래한다"면서 "재난과 같은 특수한 상황에서는 제한적인 F코드 제외가 현실적 조치가 될 수 있다"고 말했다.

- ○○일보

086 윗글을 〈보기〉에 따라 분석한 내용으로 가장 적절한 것은?

> **보기**
>
> 신문 기사는 구성에 따라 역피라미드형, 피라미드형, 혼합형 등으로 나뉜다. 이 중 가장 대표적인 내용 구성 유형은 역피라미드형 구성으로 중요한 내용을 전문(前文)에서 먼저 요약적으로 제시한 후 사건이나 상황 등 구체적인 사실은 이어서 제공한다. 피라미드형은 역피라미드형과는 반대로 뒤로 갈수록 중요한 내용이 제시된다. 주로 서두에서 사건을 설명하는 도입부가 제시되고, 마지막으로 결론이 나온다. 혼합형 구성은 역피라미드형과 피라미드형 구성이 혼합되어 중요 내용이 처음과 마지막에서 반복되는 구성이다.

① 이 기사는 제목과 전문만 읽어도 주요 정보는 알 수 있다는 장점이 있다.
② 이 기사가 A씨의 사례로 시작하는 것은 혼합형 구성과 공통점이라고 할 수 있다.
③ 내용의 중요도를 도형으로 나타낸다고 할 때, 이 기사는 아래 부분의 면적이 가장 넓다.
④ 이 기사는 신문 기사에서 가장 많이 쓰이는 구성이어서 독자에게 신선한 느낌을 주기는 어렵다.
⑤ 사건을 자세히 다루거나 사건의 배경이나 원인을 제시하기 위해서는 기사의 구성을 바꿔야 한다.

087 이 기사를 읽은 독자의 반응으로 적절하지 않은 것은?

① 형평성에 어긋나는 정책으로 환자들이 더 고통받지 않았을까?
② 호미로 막을 수 있는 것을 가래로 막는 상황은 막아야 하지 않을까?
③ 특수한 상황이라도 의료법이나 건강보험법을 완화하는 것은 부작용이 있지 않을까?
④ 환자들에게 원칙만을 강요하는 것보다는 임시적으로라도 배려를 보여주는 정책이 필요하지 않을까?
⑤ 어떤 상황에서도 환자들이 본인의 건강을 스스로 지킬 수 있도록 철저한 준비가 필요하지 않을까?

[088~090] 다음 글을 읽고 물음에 답하시오.

|  | 경기도교육청 |

수신   수신자 참조
(경유)
제목   지속가능발전교육 교원직무연수(교사과정 2기) 참가 신청 알림

1. 관련: 과학직업교육과 – 1100(2022.01.16.)호
2. 지속가능발전교육에 대한 교원의 이해도를 제고하고자 아래와 같이 교원직무연수를 개설하여 운영하고자 합니다.

　가. 연수명: 2022년 지속가능발전교육 교원직무연수(교사과정 2기)
　나. 주최 및 주관: 경기도교육청
　다. 연수 기간: 2022년 8월 8일(월)~8월 11일(목)[4일간]
　라. 연수 장소: 경기과학고등학교 과학영재연구센터[수원시 소재]
　마. 연수 형태: 비합숙 직무연수 30시간
　　※ 25시간 이상 이수 시 수료증 발급(1기와 동일 기준)
　바. 연수 비용: 무료(경기도교육청에서 부담)
　사. 연수 대상: 초·중등 교원 80명 내외(초등 40명, 중등 40명)
　　[단, 지속가능발전교육 관련 집합 연수 15시간 이상 이수자는 제외]
　아. 연수 내용: 붙임 파일 참조
　자. 운영 방법

구분		강의식	참여식				기타	합계
		강의	사례	실습, 토의, 발표	체험	소계	행정시간	
교과 과정	시간	12	5	5	8	29	1	30
	비율(%)	40	16	16	25	97	3	100

　차. 참가 신청
　　1) 신청 기간: 2022년 7월 4일(월)~7월 15일(금) [인원 충족 시 기한 전 마감 예정]
　　2) 신청 방법: 자료집계시스템에 아래 양식에 의거 신청

연번	소속	직위	성명	연수 지명번호	나이스 개인번호	연락처		
						이메일	사무실	핸드폰(연수 안내 희망자만 기입)

　　※ 자료집계시스템 주소 및 신청 절차는 붙임 파일 참조
　　3) 연수 대상자 선정 방법: 선착순 접수
　　　※ 우선 선정 대상자: 지속가능발전교육 미래형 융합교실, 선도학교, 시범학교 소속교원, 지속가능발전교육 지원단 등(그 외 우선선정 대상자 소속은 붙임 파일 참조)
　카. 연수 대상자 명단 통보: 공문발송 및 도교육청 홈페이지 공지

㉠붙임 1. 2022년 지속가능발전교육 교원직무연수(교사과정 2기) 운영계획 1부.

088 윗글을 이해한 내용으로 가장 적절한 것은?

① 연수 비용은 경기도청에서 부담한다.
② 신청 시 핸드폰 번호를 반드시 기입해야 한다.
③ 2022년 지속가능발전교육 1기 수료자도 신청할 수 있다.
④ 신청자가 80명이 될 경우 7월 15일 이전에 마감될 수 있다.
⑤ 경기과학고등학교 과학영재연구센터에서 합숙으로 연수한다.

089 ㉠에 포함될 내용으로 적절하지 않은 것은?

① 자료집계시스템의 웹페이지 주소
② 경기과학고등학교 과학영재연구센터 주소
③ 4일 간의 진행될 연수 내용과 각 내용별 연수 시간
④ 우선 선정 대상자가 될 수 있는 교사의 소속 기관 목록
⑤ 자료집계시스템에 접속한 이후 신청 페이지로 이동해 신청하는 절차

090 윗글에 추가로 제시되어야 할 정보로 적절한 것은?

① 경기도교육청 주소
② 도내 초·중등학교 명단
③ 연수 대상자 명단 통보 일정
④ 연수 대상자 명단 통보 방법
⑤ 2022년 지속가능발전교육 1기 이수자 명단

국어 문화 091번~100번

091 〈보기〉에서 설명하는 문학 작품은?

> **보기**
> 고려 후기 임춘이 지은 가전 작품으로 술을 의인화하고 있다. 임춘은 이 작품에서 인간이 술을 좋아하게 된 것과 때로는 술 때문에 타락하고 망신하는 형편을 풍자하고 있다.

① 〈공방전〉 ② 〈국순전〉 ③ 〈수성지〉
④ 〈옥단춘전〉 ⑤ 〈청강사자현부전〉

092 〈보기〉에서 설명하는 문학 작품은?

> **보기**
> 손창섭의 작품으로 전쟁의 후유증으로 인하여 무기력한 삶을 살아가는 등장인물의 우울한 내면 심리와 허무 의식을 다룬 전후 소설이다. 작가는 신체적, 정신적 장애를 가진 남매의 모습을 이들이 살아가는 전후의 상황 등과 결합하여 작품의 독특한 분위기를 조성하고 있다.

① 〈장마〉 ② 〈탈향〉 ③ 〈사하촌〉
④ 〈비 오는 날〉 ⑤ 〈병신과 머저리〉

093 〈보기〉에서 설명하는 작가는?

> **보기**
> 집안 대대로 이어진 가난, 고학, 노동, 생활인으로서의 고달픈 삶 등 개인적 체험을 바탕으로 많은 시를 창작했다. 그러한 개인적 체험을 일제 강점기에 삶의 터전을 잃고 떠도는 사람들의 참담한 삶으로 녹여 내어 보편성을 획득했다는 평가를 받는다. 시집 『분수령』, 『낡은 집』, 『오랑캐꽃』이 있다.

① 백석 ② 박두진 ③ 이상화
④ 이용악 ⑤ 신석정

094 〈보기〉는 일제 강점기 신문에 게재된 연극 광고이다. 이에 대한 설명으로 알맞지 <u>않은</u> 것은?

> **보기**
>
> **토월회(土月會) 공연 금야 칠시반부터 시내 단성사에서**
>
> 조선극계(劇界)에 공로가 만흔 토월회(土月會)에서는 금 이십삼일부터 사일 동안을 두고 오후 칠시마다 시내 단성사(團成社)에서 제오회공연(第五回公演)을 연다는데 각본은 『톨스토이』씨의 명작인 『산송장』이라 하며 조선극계에 유명한 배우들이 모다 출연하겟슴으로 매우 자미스럽겟다 한다.
> – 시대일보, 1924년 4월 23일 광고

① 4일 동안 공연을 총 다섯 번 진행한다.
② 공연 시작일은 23일부터이다.
③ 극단의 명성에 대해 언급하고 있다.
④ 작품과 배우들의 유명세를 언급하고 있다.
⑤ 극이 재미있을 것이라고 예측하고 있다.

095 〈보기〉에 쓰인 ㉠~㉤의 의미로 적절하지 <u>않은</u> 것은?

> **보기**
>
> 화주승이 허허 웃고,
> "여보시요 딕의 ㉠<u>가세</u>를 살펴보니 삼빅석을 무신 슈로 ㅎ것소?"
> 심봉사 ㉡<u>홰씸</u>의 ㅎ는 말리,
> "여보시요 언의 쇠아들놈이 부체님게 적어 노코 ㉢<u>빈말</u>ㅎ것소? 눈 쓸나다가 ㉣<u>안진빅이</u>되게요. 사름만 ㉤<u>업수이 여기난고</u>? 염에 말고 적의시요."
> – 「심청전」

① ㉠ 가세: 집안 형편
② ㉡ 홰씸: 홧김
③ ㉢ 빈말: 헛된 말
④ ㉣ 안진빅이: 앉은뱅이
⑤ ㉤ 업수이 여기난고?: 어눌하게 여기는가?

096

<보기>는 『훈민정음』 언해본의 일부분이다. 이에 대한 설명으로 적절하지 <u>않은</u> 것은?

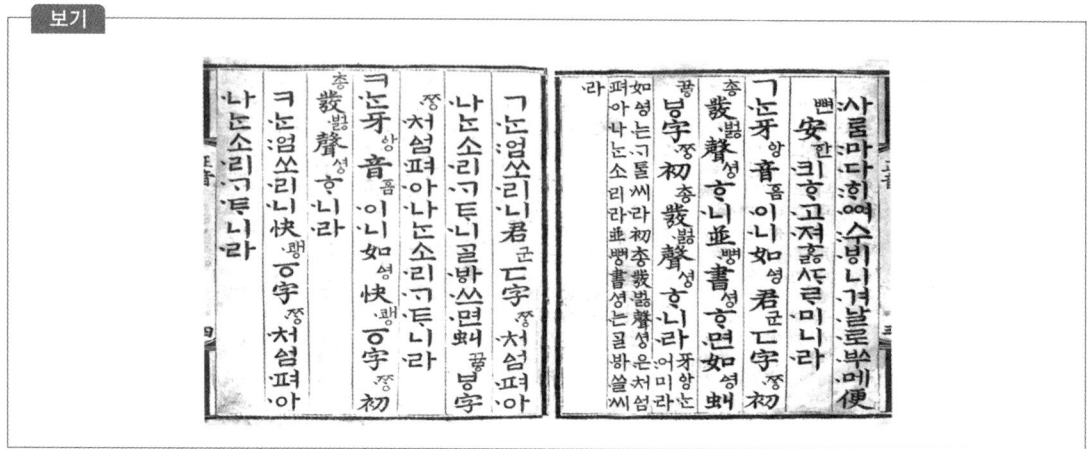

① 이 언해본은 어제서문(御製序文)에 이어 초성자 'ㄱ'부터 그 음가를 설명하고 있다.
② 이 언해본에서는 초성자 'ㄱ'과 'ㅋ'을 어금니 소리로 규정하면서 같은 계열의 음으로 설명하고 있다.
③ 이 언해본에 등장하는 '君군ㄷ字ᄍᆞ', '快쾡ᇹ字ᄍᆞ' 등의 표기에서는 당시 현실음을 반영한 동국정운식 한자음 표기가 포함되어 있다.
④ 이 언해본에 등장하는 '並書ᄒᆞ면'은 'ᄀᆞᆲ밧쓰면'으로 번역되며, '나란히 쓰면'의 의미로 해석된다.
⑤ 이 언해본에서는 순경음 표기, 반치음 표기 등의 중세국어의 표기를 보여주고 있다.

097

<보기>는 남북의 맞춤법 차이를 보인 것이다. 남북의 표기가 올바르게 짝지어지지 <u>않은</u> 것은?

보기

- 어간의 끝음절 모음이 'ㅏ, ㅗ'일 때는 어미를 '-아'로 적고, 그 밖의 모음일 때는 '-어'로 적는다. (한글 맞춤법 제16항)
- 말줄기의 모음이 ≪ㅣ, ㅐ, ㅔ, ㅚ, ㅟ, ㅢ≫인 경우에는 ≪여≫로 적되, 말줄기의 끝소리마디에 받침이 있을 때는 ≪어, 었≫으로 적는다. (조선말 규범집 11항)

용언	남	북		용언	남	북
① 길다	길어	길어		② 베다	베어	베여
③ 쥐다	쥐어	쥐여		④ 짓다	지어	지여
⑤ 희다	희어	희여				

098 〈보기〉를 바탕으로 할 때 점자 표기가 적절하지 않은 것은?

보기

〈자음 초성〉				〈모음〉		
ㄱ	ㅅ	ㅇ	ㅈ	ㅏ	ㅗ	ㅣ
○●	○○	●●	○●	●○	●○	●○
○○	○○	●●	○○	●○	○○	○●
○○	○●	○○	○●	○●	●●	●○

※ 'ㅇ'이 첫소리 자리에 쓰일 때에는 이를 표기하지 않는다.

① 가지   ② 오이

③ 고소   ④ 사이

⑤ 고기

099 다음은 국립국어원의 '한국 수어 사전'에 실린 자료이다. 다음의 수어가 나타내는 의미는?

보기

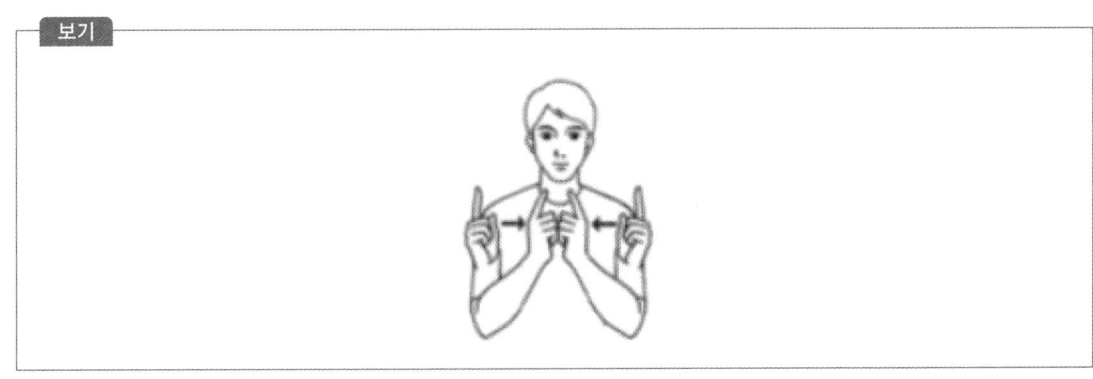

① 보다　　② 똑같다　　③ 만나다
④ 바꾸다　　⑤ 좋아하다

100 보도문에서 나타난 문장의 문제점을 설명한 것으로 적절하지 <u>않은</u> 것은?

① 식약처가 커피 전문점에서 사용하고 있는 얼음을 검사했더니 233곳 가운데 41곳이 부적합으로 나타났고 해당 매장의 제빙기 사용을 중단시켰습니다.
→ '부적합으로 나타난 사실'과 '제빙기 사용을 중단한 일'은 인과 관계이기 때문에 이를 잘 나타낼 수 있는 '이에 따라'를 사용하여 앞 문장과 뒤 문장을 연결하여야 한다.

② 인터넷에서는 방탄소년단 기획사에 해명을 요구하는 쪽과 암표 등을 막기 위해 잘한 조처라며 갑론을박이 벌어지고 있습니다.
→ '해명을 요구하는 쪽'이라는 명사구와 '잘한 조처라며'라는 절이 연결되어 비문이 되었기 때문에 '해명을 요구하는 쪽'과 '잘한 조처라는 쪽' 또는 '잘한 조처라고 주장하는 쪽' 등 동일한 형태가 연결되도록 고쳐야 한다.

③ 법이 동물을 생명이 아니라 물건으로 보는 게 문제라서 우리나라는 재물로 보고 있습니다.
→ 앞 문장과 뒤 문장은 인과 관계로 연결된 것이 아니고, 뒤 문장에서 내용을 보충하여 설명하고 있기 때문에 '문제라서'를 '문제인데'로 바꾸어야 한다.

④ 무능도 모자라 사건을 조작까지 하는 군이라는 비판이 거세지고 있습니다.
→ '무능'과 '사건을 조작'이 접속되어 있는데, '무능'은 '무능한 것'으로 바꾸어 두 성분을 대등한 유형으로 고쳐야 한다.

⑤ 이번엔 180억 원을 추가로 들여 철로와 전동차를 전면 교체했고, 이르면 오는 9월 정식 개통됩니다.
→ 앞 문장은 능동문이고 뒤 문장은 피동문이기 때문에 서술어의 형태를 일치시켜서 '교체했고'를 '교체됐고'로 바꾸고 철로와 전동차를 전면 교체한 주어를 밝혀야 한다.

[확인 사항]
● 문제지와 답안지에 필요한 내용을 정확히 적었는지 확인하십시오.

수고하셨습니다.

2022. 04. 17.

성 명	
수 험 번 호	
감독관 확인	

제66회
KBS 한국어능력시험

- 문제지와 답안지에 모두 성명, 수험 번호를 정확히 기입하십시오.
- 답안지와 함께 문제지를 반드시 제출하십시오.
- 본 시험지를 절취하는 것은 부정행위로 간주합니다.
- 본 시험의 내용을 무단으로 전재·복사·복제·출판·강의하는 행위와 인터넷 등을 통해 복원하는 행위는 저작권법에 저촉됩니다.

한국어능력시험 문항 100문항

영역	문항
듣기 · 말하기	001번~015번
어휘 · 어법	016번~045번
쓰기	046번~050번
창안	051번~060번
읽기	061번~090번
국어 문화	091번~100번

듣기·말하기   001번~015번

001 그림에 대한 설명의 핵심 내용으로 가장 적절한 것은?

① 〈모나리자〉에 사용된 기법
② 〈모나리자〉의 미술사적 가치
③ 〈모나리자〉가 대표하는 여성
④ 〈모나리자〉가 아름다운 이유
⑤ 〈모나리자〉의 문화사적 가치

002 이 이야기의 마지막 질문에 대한 답으로 가장 적절한 것은?

① 타인의 평가는 선택적으로 받아들일 필요가 있다.
② 개별 작품에 따라 평론가는 작가를 다르게 평가할 수 있다.
③ 타인과의 끝없는 비교는 결국 자신의 삶을 잃어버리게 한다.
④ 전문성이 있는 타인의 평가는 적극적으로 수용할 필요가 있다.
⑤ 평론가는 윤리적인 책임 의식을 바탕으로 작품을 평가해야 한다.

003 강연의 내용과 일치하지 않는 것은?

① 알츠하이머성 치매는 급격하게 진행된다는 특징이 있다.
② 치매는 나이가 들며 생기는 자연스러운 변화가 아니라 질병이다.
③ 치매가 아닌 기억력 감퇴는 경험한 것의 한 일부를 잊어버릴 뿐이다.
④ 알츠하이머성 치매는 초기 단계에서 최근 일에 대한 기억력 감퇴를 보인다.
⑤ 뇌 속의 베타 아밀로이드 플라크를 영상으로 확인해 치매를 조기 진단할 수 있다.

004 이 방송을 듣고 이해한 내용으로 적절하지 않은 것은?

① 싱잉볼은 종의 일종으로 명상할 때 활용하면 효과적이다.
② 싱잉볼의 표면을 문지르거나 두드리면 울림 파장을 만들 수 있다.
③ 싱잉볼의 소리와 울림은 감정 완화와 자기 조절력에 도움을 준다.
④ 싱잉볼 소리를 들으며 스스로 편안한 소리를 찾는 경험을 할 수 있다.
⑤ 싱잉볼은 오감을 자극하는 치유 도구로 북인도에서 전통적으로 전해져 왔다.

005 이 글의 제목으로 가장 적절한 것은?

① 고백　　② 침묵　　③ 이야기
④ 속삭임　　⑤ 군소리

006 전문가의 설명과 일치하지 않는 것은?

① 상습적인 불면증의 원인으로 불규칙한 생활을 들 수 있다.
② 불면증을 방치하게 되면 성장 부진과 근력 저하를 초래한다.
③ 불면증 중에서 자는 도중에 잘 깨는 것을 조조각성이라고 한다.
④ 자다 깨서 다시 잠드는 데 30분 이상 걸리면 불면증일 수 있다.
⑤ 스트레스뿐만 아니라 걱정을 지나치게 하는 것도 정상적인 수면을 방해한다.

007 진행자의 말하기 방식으로 가장 적절한 것은?

① 개인적인 경험을 소개하여, 인터뷰 분위기를 부드럽게 이끌고 있다.
② 자신의 생각과 차이가 있을 경우, 추가 질문을 통해 궁금증을 해소하고 있다.
③ 청취자가 궁금해할 만한 내용을 질문하여 구체적인 대답을 이끌어 내고 있다.
④ 전체 인터뷰 내용을 요약하고 정리하는 방식으로 청취자들의 이해를 돕고 있다.
⑤ 청취자의 수준과 입장을 고려하여 의학 용어의 전문적인 의미를 설명하고 있다.

008 대화를 통해 알 수 있는 두 사람의 생각으로 적절하지 않은 것은?

① 입주민: 공동 주차장에서는 특정인이 특정한 자리를 독점하면 안 되죠.
② 입주민: 동 대표는 주민들의 불편함이 없도록 희생정신을 가져야 해요.
③ 동 대표: 동 대표는 예기치 못한 일이 일어날 경우에 대비해야 해요.
④ 동 대표: 입구에서 가장 가까운 주차 구역에는 동 대표가 주차해야 해요.
⑤ 동 대표: 경비 아저씨는 입구 주차 자리가 누가 주차할 자리인지 알고 있어요.

009 두 사람의 말하기 방식으로 적절하지 않은 것은?

① 동 대표: 자신의 주장을 정당화할 구체적 상황을 나열한다.
② 동 대표: 두 사람 모두 만족할 수 있는 타협안을 제시한다.
③ 입주민: 상대의 주장을 뒷받침하는 근거가 있는지 확인한다.
④ 입주민: 상대의 말을 도중에 끊으며 자신의 의견을 표현한다.
⑤ 입주민: 원칙을 내세워 자신의 행위에 문제가 없음을 강조한다.

010 강연의 내용과 일치하지 않는 것은?

① 슈브뢸은 색채의 대비에 대해 연구하였다.
② 빛의 혼합은 혼합할수록 밝아지는 감산 혼합이다.
③ 루드의 「현대 색채론」은 쇠라의 미술에 영향을 주었다.
④ 쇠라는 각각의 색점을 화면 위에 찍는 방법을 생각해 내었다.
⑤ 인상주의 화가들은 눈에 보이는 순간의 감흥을 표현하려고 하였다.

011 이 강연의 말하기 방식으로 가장 적절한 것은?

① 점묘법이 등장하게 된 배경을 소개하고 있다.
② 점묘법에 대한 장점과 단점을 각각 비교하고 있다.
③ 점묘법이 지닌 미술사적 의의와 한계를 제시하고 있다.
④ 점묘법이 나타난 이후의 변화 과정을 통시적으로 밝히고 있다.
⑤ 점묘법에 대해 이전에 잘못 알고 있었던 통념을 비판하고 있다.

012 발표의 내용과 일치하지 않는 것은?

① 대부분의 유치원 차량이나 스쿨버스의 색은 노란색이다.
② 국내에서 판매된 차량 가운데 흰색 차량은 32%를 차지한다.
③ 파란 물체는 망막보다 뒤쪽에 상이 맺혀 실제보다 더 크게 보인다.
④ 파란색, 녹색 차량의 사고율이 노란색, 밤색 차량의 사고율보다 높다.
⑤ 색상별 차량 사고율에 영향을 미치는 요인은 눈의 굴절률과 초점 기능이다.

013 발표의 내용 구성 전략으로 적절하지 않은 것은?

① 색상과 관련된 사고율을 비교, 대조하였다.
② 시각 자료와 구체적 통계 수치를 활용하였다.
③ 청자의 경험을 환기하는 질문 방식을 사용하였다.
④ 전문가의 말을 인용하여 발표 내용을 뒷받침하였다.
⑤ 연도별 통계를 활용해 사고율의 변화를 설명하였다.

014 대화를 듣고 이해한 내용으로 적절하지 않은 것은?

① 밴드부와 관악부는 각각 다른 요일에 음악실을 사용해 왔다.
② 밴드부와 관악부가 동시에 음악실을 사용하는 것은 불가능하다.
③ 음악실을 관악부와 밴드부가 1시간씩 나누어 사용하기로 합의하였다.
④ 음악 선생님은 밴드부와 관악부가 음악실 사용 기준을 협의하기를 요구했다.
⑤ 관악부는 밴드부보다 인원이 많아 음악실 외 다른 장소에서 연습할 수 없다.

015 문제 상황을 해결하기 위한 관악부 부장의 말하기 방식으로 가장 적절한 것은?

① 상대의 의견에 객관적인 근거가 없음을 논리적으로 비판하고 있다.
② 상대의 입장에 공감하며 미안하다는 의사를 반복적으로 표현하고 있다.
③ 상대보다 자신이 도덕적 우위에 있음을 구체적 수치를 들어 제시하고 있다.
④ 상대에게 감사함을 표하며 자신의 의견이 상대에게 이득이 됨을 설명하고 있다.
⑤ 상대가 처한 상황에 역지사지의 태도를 보이며 상대의 의견을 적극 수용하고 있다.

어휘·어법   016번~045번

016 듣는 사람을 불편하게 만들 수 있는 말을 하는 행위를 나타내지 않는 것은?

① 게두덜거리다   ② 구시렁거리다   ③ 깨지락거리다
④ 시부렁거리다   ⑤ 이기죽거리다

017 밑줄 친 한자어의 사전적 의미가 올바르지 않은 것은?

① 강보(襁褓)에 싸인 아이 → 어린아이의 작은 이불.
② 과문(寡聞)의 탓인지 몰라도 → 보고 들은 것이 많음.
③ 기염(氣焰)을 토하다 → 불꽃처럼 대단한 기세.
④ 납량(納凉) 특집 → 여름철에 더위를 피하여 서늘한 기운을 느낌.
⑤ 담소(談笑)를 나누다 → 웃고 즐기면서 이야기함. 또는 그런 이야기.

018 밑줄 친 고유어의 의미가 올바르지 않은 것은?

① 그는 웃으면서 말실수를 눙치려고 했다.
  → 남을 은근히 비웃는 태도로 놀리려고.
② 잔소리 좀 했다고 너무 고까이 여기진 말게.
  → 섭섭하고 야속하여 마음이 언짢게.
③ 그는 모두가 반대하는 일을 뱃심으로 밀고 나갔다.
  → 염치나 두려움이 없이 제 고집대로 버티는 힘.
④ 그는 나에게 아직도 젊다고 싱겁게 겉말하곤 한다.
  → 마음으로는 그렇지 않으면서 겉으로만 꾸며 말하곤.
⑤ 외출복이 마음에 맞갖잖아서 옷장 앞에서 한참 망설였다.
  → 마음이나 입맛에 맞지 않아서.

019 밑줄 친 한자어의 쓰임이 적절하지 않은 것은?

① 지금의 환경 문제는 인간이 야기(惹起)한 것이다.
② 품질 문제에 안일(安逸)하게 대응한 대가가 크다.
③ 서로를 원망하고 탓하는 격양(激揚)된 태도는 삼가야 한다.
④ 그는 여행에서 돌아와 자기 집에서 유숙(留宿)하고 있었다.
⑤ 청문회에서 장관 후보자는 집중적으로 난타(亂打)를 당했다.

020 "깨끗이 정리되어 가지런하다"는 의미를 가진 '단정(端整)하다'의 용례로 적절한 것은?

① 한복을 차려입은 어머니의 모습이 단정했다.
② 백화점 진열대에 여러 물건들이 단정하게 놓여 있었다.
③ 부장이 잘못한 일인데도 사장은 사원들 잘못이라고 단정하였다.
④ 위 학생은 성적이 우수하고 품행이 단정하므로 이 상장을 줍니다.
⑤ 시간이 흘러도 청년은 자세를 흐트리지 않고 단정하게 앉아 있다.

021 〈보기〉의 ㉠~㉢에 해당하는 한자로 올바르게 묶인 것은?

보기
- ㉠단신으로 적진에 뛰어든 장수는 많은 적을 베고 장렬하게 전사했다.
- 저 선수는 비록 ㉡단신이지만 키 큰 선수들을 제치고 주전으로 뛰었다.
- 내가 좋아하는 연예인에 관한 기사는 ㉢단신이라도 빠짐없이 읽는다.

	㉠	㉡	㉢		㉠	㉡	㉢
①	單身	短信	短身	②	單身	短身	短信
③	短身	短信	單身	④	短身	單身	短信
⑤	短信	短身	單身				

022 밑줄 친 단어들이 동음이의어로 짝지어진 것은?

① ─ 장난감을 주자 아이는 울음을 뚝 그쳤다.
   ─ 자주 연락이 오던 친구에게서 소식이 뚝 끊어졌다.

② ─ 그는 산불 피해 소식을 듣자마자 거금을 척 기부했다.
   ─ 그는 노련하게 예민한 질문을 망설임 없이 척 받아넘겼다.

③ ─ 아이들은 맨 책뿐인 이곳을 별로 좋아하지 않는다.
   ─ 산의 맨 꼭대기에는 나무가 전혀 없었다.

④ ─ 갓 결혼한 직장 동료는 퇴근하면 곧바로 집으로 간다.
   ─ 이제 갓 스물이 된 청년은 앳된 소년의 모습이 남아 있다.

⑤ ─ 어머니는 화를 참으려고 입술을 꾹 깨물었다.
   ─ 작가는 정성스럽게 글자를 꾹 눌러 썼다.

023 밑줄 친 어휘의 쓰임이 적절하지 않은 것은?

① 빈칸에 필요한 게재 사항을 빠짐없이 적으시오.
② 사람은 옳고 그른 일을 구별할 줄 알아야 한다.
③ 정해진 기한 내에 의견을 제기해 주시기 바랍니다.
④ 이는 국가 이미지 제고에 도움이 될 것으로 예상된다.
⑤ 문학은 현실에 바탕을 두지만 있는 그대로의 모사는 아니다.

024 밑줄 친 한자어에 대한 고유어의 대응으로 적절하지 않은 것은?

① 한반도를 남북으로 관통(貫通)하는(→ 꿰뚫는) 도로가 개통되었다.
② 설빔으로 곱게 단장(丹粧)한(→ 꾸민) 아이들의 모습이 참 깜찍하다.
③ 이 소설은 현실을 핍진(逼眞)하게(→ 성글게) 그린 것으로 유명하다.
④ 연예인은 요즘 청소년들이 가장 선망(羨望)하는(→ 바라는) 직업이다.
⑤ 여기저기 산개(散開)했던(→ 흩어졌던) 사람들이 한곳으로 모여들었다.

025 "오랫동안 공부에 손을 놓았더니 머리가 녹슨 것 같았다."에 사용된 '머리'와 가장 유사한 뜻으로 쓰인 것은?

① 할머니는 동생의 머리를 쓰다듬으셨다.
② 그는 민첩한 데다가 머리까지 뛰어났다.
③ 형은 우리 모임의 머리 노릇을 사양했다.
④ 머리도 끝도 없이 일이 뒤죽박죽이 되었다.
⑤ 주머니에서 술병이 비죽이 머리를 내밀었다.

026 속담을 사용한 표현이 적절하지 않은 것은?

① 너는 더 나아지지 않고 개미 쳇바퀴 돌듯 하는구나.
② 이도 아니 나서 콩밥을 씹는다더니 하는 일마다 척척 해내는구나.
③ 하늘도 끝 갈 날이 있다니 이 힘든 시간이 지나면 다들 행복해질 거야.
④ 물도 가다 구비를 친다니 지금만 잘 참아내면 틀림없이 좋은 기회가 온다.
⑤ 그 일은 지극히 어려워서 산 넘어 산이니 미리 마음을 더 굳게 다잡아 둘 필요가 있다.

027 '친구 사이의 두터운 사귐'을 나타내는 사자성어가 아닌 것은?

① 관포지교(管鮑之交)
② 금란지교(金蘭之交)
③ 단금지교(斷金之交)
④ 문경지교(刎頸之交)
⑤ 춘하지교(春夏之交)

028 신체의 부분을 가리키는 단어를 이용한 관용 표현이 아닌 것은?

① 덜미를 잡히다
② 복장이 터지다
③ 오금이 저리다
④ 오지랖이 넓다
⑤ 죽지가 처지다

029 밑줄 친 부분을 쉬운 말로 표현한 것으로 적절하지 않은 것은?

① 국유지를 싼 값에 불하(拂下)한다는(→ 매각한다는) 공고가 나왔다.
② 나머지 할부 대금의 불입(拂入)(→ 분납)이 완료되는 대로 명의를 이전한다.
③ 복무 중 가료(加療)(→ 치료)를 받고자 하면 병원에 입원 의뢰서를 제출한다.
④ 맡아 진행하던 일이 잘못되어 회사에 시말서(始末書)(→ 경위서)를 제출했다.
⑤ 업무를 담당하면서 지득(知得)한(→ 알게 된) 정보는 외부에 공개해서는 안 된다.

030 밑줄 친 표현의 순화어로 올바르지 않은 것은?

① 건강한 삶을 위한 케어 팜(→ 유기농 농장)이 큰 호응을 얻고 있다.
② 자율 주행 자동차의 반도체 파운드리(→ 조립 생산) 수요 확대가 예상되고 있다.
③ 협상이 결렬되어 양측은 협상 전략을 제로 베이스(→ 원점)에서 재검토하고 있다.
④ 거대 자본과 네임 밸류(→ 지명도)를 내세운 해외 기업들이 국내 시장을 잠식할 기세다.
⑤ 국격은 단순히 경제력이나 군사력 같은 하드 파워(→ 물리적 영향력)만의 문제가 아니다.

031 밑줄 친 부분의 표기가 올바르지 않은 것은?

① 무턱대고 밀어붙인다고 되는 일이 아니야.
② 농부들은 소매를 걷어붙이고 일을 시작했다.
③ 증거도 없이 죄 없는 사람을 몰아붙이지 마라.
④ 삶의 굴레를 벗어붙이고 내면의 목소리를 들어라.
⑤ 병사는 장교를 보자 절도 있게 경례를 올려붙였다.

032 밑줄 친 '본딧말/준말'의 짝이 올바르지 않은 것은?

① 빗소리를 들으면 마음/맘이 평화롭다.
② 어제저녁/엊저녁에 잠을 못자서 피곤하다.
③ 다음 회의는 내일모레/낼모레로 잡혔습니다.
④ 아이들이 막대기/막대를 휘두르며 야구를 한다.
⑤ 비바람에 너울/널이 심해서 출항을 할 수가 없다.

033 밑줄 친 부분의 표기가 올바르지 않은 것은?

① 봄에 피어난 꽃이 참으로 고왔다.
② 짐이 무거워 허리가 아직 뻐근하다.
③ 하늘이 뿌예서 산이 잘 보이지 않는다.
④ 버스가 정류장에 잠시 머물었다가 곧 출발했다.
⑤ 경기 시작 무렵에 터진 골이 이 날의 승부를 갈랐다.

034 밑줄 친 보조 용언의 띄어쓰기가 하나라도 올바르지 않은 것은?

① ┌ 아이가 아까부터 울어∨쌓는다. (원칙)
  └ 아이가 아까부터 울어쌓는다. (허용)

② ┌ 늑장을 부리다가 기차를 놓칠∨뻔했다. (원칙)
  └ 늑장을 부리다가 기차를 놓칠뻔했다. (허용)

③ ┌ 겉으로는 좋은∨척했지만 내키지 않았다. (원칙)
  └ 겉으로는 좋은척했지만 내키지 않았다. (허용)

④ ┌ 하늘을 보니 내일부터 비가 올∨듯싶었다. (원칙)
  └ 하늘을 보니 내일부터 비가 올듯싶었다. (허용)

⑤ ┌ 옷깃을 여미는 걸 보니 밖이 추운가∨보다. (원칙)
  └ 옷깃을 여미는 걸 보니 밖이 추운가보다. (허용)

035 비표준어를 표준어로 수정한 것으로 적절하지 않은 것은?

① 인간이 이런 버러지(→ 벌레) 같은 짓을 하다니.
② 뜻밖의 상황에 모두 저으기(→ 적이) 당황해했다.
③ 이 자리를 빌어(→ 빌려) 감사의 말씀을 드립니다.
④ 우리도 여늬(→ 여느) 가족들처럼 소박하게 살았다.
⑤ 일을 노다지(→ 언제나) 해도 살림은 좀체 나아지지 않았다.

036 밑줄 친 부분의 문장 부호 사용이 올바르지 않은 것은?

① 그러므로, 우리는 환경을 보호해야 한다.
② 김소월(한국의 시인)의 시는 모두가 좋아한다.
③ 시장했는지 다들 도시락을 맛있게 먹{는/었}다.
④ 시집 '진달래꽃'에는 100여 편의 시가 수록되었다.
⑤ 우리나라가 올림픽 양궁에서 금·은·동메달을 휩쓸었다.

037 짝 지어진 말이 모두 표준어인 것은?

① 둘째-두째
② 멋쟁이-멋장이
③ 사글세-삭월세
④ 소고기-쇠고기
⑤ 깡충깡충-깡총깡총

038 방언과 그에 대응하는 표준어가 올바르게 짝 지어지지 않은 것은?

	방언	표준어		방언	표준어
①	솔	부추	②	여시	여우
③	옥시기	옥수수	④	진감자	고구마
⑤	호콩	땅콩			

039 경음화가 일어나는 환경이 나머지 넷과 다른 하나는?

① 국수[국쑤]
② 길가[길까]
③ 눈동자[눈똥자]
④ 문고리[문꼬리]
⑤ 술잔[술짠]

040 ㉠~㉢의 외래어 표기가 모두 올바른 것은?

보기
- 그는 탁구를 칠 때 (㉠) 기술을 자주 구사한다.
- 올 여름에는 (㉡) 머리가 유행할 것이다.
- 그 감독은 배우들의 연기가 마음에 들지 않아 (㉢) 하고 외쳤다.

	㉠	㉡	㉢		㉠	㉡	㉢
①	컷	커트	컷	②	컷	커트	커트
③	커트	커트	컷	④	커트	컷	컷
⑤	커트	컷	커트				

041 다음 국어의 로마자 표기에 대한 설명으로 올바르지 않은 것은?

① 묵호(Mukho): 체언에서 'ㄱ, ㄷ, ㅂ' 뒤에 'ㅎ'이 따를 때에는 'ㅎ'을 밝혀 적어야 하므로, '묵호'는 'Mukho'로 적는다.
② 법(beop): 'ㄱ, ㄷ, ㅂ'은 모음 앞에서는 'g, d, b'로, 자음 앞이나 어말에서는 'k, t, p'로 적어야 하므로 '법'은 'beop'로 적는다.
③ 신라(Silla): 'ㄹ'은 모음 앞에서는 'r'로, 자음 앞이나 어말에서는 'l'로 적으므로 '신라[실라]'는 'Silla'로 적는다.
④ 팔당(Paldang): 된소리되기는 표기에 반영하지 않으므로, '팔당'은 'Paldang'으로 적는다.
⑤ 희망(huimang): 'ㅢ'는 'ㅣ'로 소리 나더라도 ui로 적어야 하므로, '희망'은 [히망]으로 발음해도 'huimang'으로 적는다.

042 다음 중 자연스럽지 않은 문장은?

세속적인 권력을 쥔 자들은 늘 암호를 애용했다. ㉠암호로 된 서신을 은밀히 교환하고, 권력을 위협하는 세력의 암호문을 해독하려고 안간힘을 썼다. ㉡1628년 위그노 교단은 남프랑스의 레알몽 시를 손에 넣었으나 국왕의 가톨릭 군대에 둘러싸여 봉쇄된 처지였다. ㉢그러나 국왕 군대와의 평화적 협상이나 항복을 하는 등의 생각은 전혀 하지 않았다. ㉣그러던 어느 날 위그노 교도 한 사람이 국왕 군대에 붙잡혔는데, 그는 가까운 지역에 있는 다른 위그노 교단에 편지를 배달하러 가던 도중이었다. ㉤급하게 암호 연구가를 불러다 해독을 시켰더니, 포탄이 거의 다 떨어져 가는 중이니 되도록 빨리 탄약을 지원해 주기 바란다는 내용이었다.

① ㉠ ② ㉡ ③ ㉢
④ ㉣ ⑤ ㉤

043 높임 표현이 자연스럽지 않은 문장은?

① 다들 들어와서 자리에 앉으시게.
② 손님께서 주문한 물건이 도착했습니다.
③ 어머니, 이제 그 일을 그만 좀 하시지요.
④ 어머니께서 선생님을 모시고 오라십니다.
⑤ 아버지께서 할아버지께 약주를 따라 드리셨다.

044 중의적으로 해석되지 않는 문장은?

① 그는 모두에게 책을 주지 않았다.
② 영희가 보고 싶은 친구들이 많았다.
③ 영수가 무례하게 선생님께 질문을 했다.
④ 친구의 착한 강아지가 나를 무척 따른다.
⑤ 어머니께서는 막냇동생에게 보약을 먹이신다.

045 번역 투 문장을 수정한 결과로 적절하지 않은 것은?

① 아무리 어려워도 오늘 중으로 그 계산을 끝내지 않으면 안 된다. → 끝내야 한다.
② 19세기 중엽부터 여러 계층의 구성원들에게 투표권이 주어지게 되었다. → 투표권이 주어졌다.
③ 이 전쟁은 폭력을 막기 위한 것이지만 또 다른 폭력의 시작과 다름 아니다. → 다름이 있다.
④ 산에 오르기 전에 준비 운동을 요하는 이유를 자세히 설명했다. → 운동을 해야 하는
⑤ 과수원에서는 사과가 빨갛게 익고 있는 중이다. → 익고 있다.

쓰기 046번~050번

[046~050] 다음은 '간접흡연'을 소재로 한 글이다. 제시된 물음에 답하시오.

> 간접흡연은 흡연자 주위에서 비흡연자가 흡연자의 담배 연기를 들이마시게 되는 것을 말한다. 남이 피우는 담배 연기에 노출되는 것이기 때문에 간접흡연을 '강요된 흡연' 또는 '강제적 흡연'이라고 말하기도 한다.
> 흡연 시에 주변 공기는 그중의 80% 정도는 담배가 타면서 담배 끝에서 나오는 부류연에 해당하고, 나머지 20% 정도가 흡연자가 흡입한 뒤 내뿜는 주류연이다. 따라서 간접흡연을 하는 사람은 주류연과 부류연이 혼합된 연기, 그중에서도 발암 물질과 유해 화학 물질이 더 높은 농도로 포함된 연기인 부류연에 노출되게 된다. 하지만 흡연으로 인해 형성된 연기는 경과한 시간과 이동 거리에 따라 특성과 농도가 변하기 때문에 구체적인 정량을 정의 내리기는 어렵다. 간접흡연 노출 지표 중 니코틴 농도의 경우 흡연 특이적인 지표이기는 하나 측정 결과가 공기 흐름이나 온도, 습도에 영향을 받는다.
> 간접흡연을 할 경우 250여 종 이상의 발암성 혹은 독성 화학 물질에 노출되게 되어 영유아 및 청소년의 경우에는 상기도 감염, 삼출성 중이염, 영아 돌연사 증후군, 천식 악화, 기관지염, 폐렴, 성장발달 장애, 폐 기능 감소 등의 질환이, 성인의 경우에는 주로 폐암과 후두암, 관상동맥 질환이 발생한다. 특히 3차 간접흡연으로 인한 아동의 피해는 매우 심각하다고 할 수 있다. 폐 기능이 정상적으로 발달하는 것을 막고, 만성 또는 급성 호흡기 질환을 일으키는 주된 원인이기도 하며, 주의력결핍과잉행동장애(ADHD)를 일으키기도 하기 때문이다.
> 위와 같은 간접흡연은 공공장소, 직장뿐 아니라 가정의 실내에서도 이루어진다. 간접흡연의 위험성을 알고 제도적 차원에서 이를 예방하려는 노력이 있다. 2012년 이후 지속적으로 금연 구역을 확대하여 간접흡연 노출률에 변화를 가져왔다. 또 간접흡연 노출 최소화를 위해 흡연자 및 비흡연자의 교육 홍보도 정부 주도하에 진행되고 있다. 간접흡연의 위험성을 통해 알 수 있듯이 ⓐ금연은 자신만을 위한 것이 아니라 가족과 우리 사회 구성원 모두를 위한 실천이다.

046 다음은 윗글을 작성하기 전에 떠올린 계획이다. 윗글에 반영되지 <u>않은</u> 것은?

> **글쓰기 계획**
> • 글의 서두에서 간접흡연의 정의를 먼저 제시해야겠다. ················· ㉠
> • 간접흡연 노출 지표와 측정 방법에 대해 설명해야겠다. ················· ㉡
> • 간접흡연 피해가 발생하는 장소에 대해 언급해야겠다. ················· ㉢
> • 간접흡연으로 인한 건강 문제에 대해 예를 들어 제시해야겠다. ················· ㉣
> • 간접흡연으로 인한 피해를 예방하기 위한 노력에 대해 언급해야겠다. ················· ㉤

① ㉠ ② ㉡ ③ ㉢
④ ㉣ ⑤ ㉤

047 윗글에 사용된 글쓰기 방법으로 가장 적절한 것은?

① 간접흡연 경험 비율을 제시할 때 비교의 방식을 사용하였다.
② 간접흡연이 신체에 영향을 미치는 과정을 단계별로 제시하였다.
③ 간접흡연으로 인해 노출되는 독성 화학 물질의 종류를 열거하였다.
④ 간접흡연으로 인한 피해 사례를 여성과 남성으로 분류하여 제시하였다.
⑤ 간접흡연이 유발하는 질환의 종류를 성인과 성인이 아닌 경우로 나누어 나열하였다.

048 다음은 윗글을 작성하기 위해 수집한 자료 목록 중 일부이다. 자료를 〈기준〉에 따라 판단한 내용으로 적절한 것은?

자료 목록

자료	내용	출처 및 연도
〈1〉	간접흡연이 미치는 건강상의 위해	보건복지부(2021)
〈2〉	간접흡연이 기저 질환자에게 미치는 영향	개인 블로그(2020)
〈3〉	흡연으로 형성된 연기가 확산되는 범위 연구	WHO 보고서(2021)
〈4〉	공공장소 흡연 규제 법령	국민건강증진법(1995)
〈5〉	센서를 활용한 호흡기 질환의 진단 방법	과학기술정보통신부 발표자료(2020)
⋮	⋮	⋮

기준

기준	내용
(ㄱ)	글의 목적에 부합하는 자료인가?
(ㄴ)	자료의 정보원이 신뢰할 만한가?
(ㄷ)	자료가 최근의 정보를 담고 있는가?

자료	(ㄱ)	(ㄴ)	(ㄷ)
① 〈1〉	○	×	○
② 〈2〉	○	○	×
③ 〈3〉	○	○	○
④ 〈4〉	×	○	×
⑤ 〈5〉	×	×	○

049 다음 〈자료〉를 활용하여 윗글을 보완한다고 할 때 적절하지 않은 것은?

자료

(가) 칼럼

담배를 직접 피우는 것을 1차 흡연이라 한다면, 흡연자가 피우는 담배 연기를 근처에서 들이마시는 경우를 2차 간접흡연이라 하고, 담배 연기를 직접 맡지는 않지만 몸, 옷, 카펫, 커튼 등에 묻어 있는 담배의 화학 물질에 노출되는 경우를 3차 간접흡연이라 부른다. WHO에 의하면 간접흡연으로 사망하는 사람은 전 세계적으로 연간 약 60만 명에 이른다고 한다. 흡연자의 82%는 남성이지만 간접흡연으로 인해 사망하는 사람들 중 47%는 여성, 28%는 아동이다.

(나) 통계 자료 '간접흡연 노출률 수준'

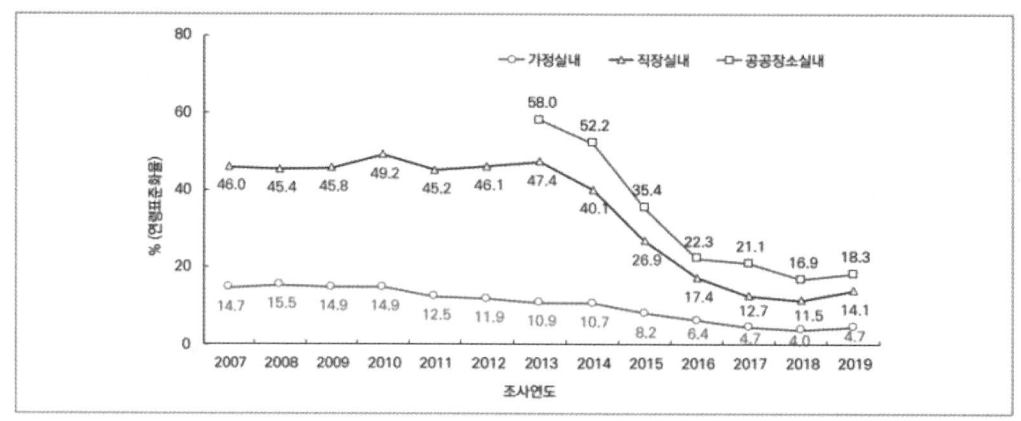

(다) 전문가 인터뷰

6~11세 어린이 31,584명을 대상으로 조사한 결과, 3차 간접흡연에 노출된 아이의 경우 부모가 담배를 피우지 않는 아이에 비해 야간 기침을 20%, 만성 기침 18%, 발작적 연속기침은 20%가량 더 많이 하는 것으로 나타났습니다. 아이를 키우는 가정의 경우 간접흡연 문제에 더욱 경각심을 갖고 환기 등을 통해 피해를 예방할 필요가 있습니다.

① '흡연자가 흡입'하는 담배 연기의 위험성에 대한 설명이 부족하므로, (가)와 (나)를 활용하여 공공장소에서의 1차 흡연 문제가 심각함을 강조한다.
② '3차 간접흡연'이 무엇인지 글에서 정의하지 않았으므로, (가)를 활용하여 2차 간접흡연과 3차 간접흡연의 차이를 설명한다.
③ '간접흡연 노출률에 변화를 가져왔다'는 서술의 객관적 근거가 부족하므로, (나)를 활용하여 직장과 공공장소 실내의 간접흡연 노출률 수준의 감소 경향을 구체적으로 제시한다.
④ '아동의 피해는 매우 심각'이라는 서술이 주관적 판단으로 해석될 여지가 있으므로, (다)를 활용하여 객관적인 수치 근거를 제시한다.
⑤ '가정의 실내'에서 간접흡연에 노출되는 경우에 대한 설명이 부족하므로, (나)와 (다)를 활용하여 가정의 실내 간접흡연 실태와 예방 대책을 제안한다.

050 ⓐ가 〈보기〉를 고쳐 쓴 것이라 할 때, 그 이유로 가장 적절한 것은?

보기
금연은 자신을 보호할 수 있는 가장 효과적이고 중요한 방법이다.

① 금연과 간접흡연의 인과적 관계를 강조하기 위함이다.
② 금연의 영향이 여러 대상에 미침을 강조하기 위함이다.
③ 금연이 사회적 행위보다는 개인적 행위임을 강조하기 위함이다.
④ 금연을 위해서는 사회적 합의가 우선되어야 함을 강조하기 위함이다.
⑤ 금연을 위한 교육이 제도적으로 시행되어야 함을 강조하기 위함이다.

창안 051번~060번

[051~053] 곤포 사일리지를 인간 사회에 유비(類比)하고자 한다. 다음을 읽고 물음에 답하시오.

추수가 끝난 때쯤 논이 있는 외곽 지역을 지날 때 마시멜로와 비슷하게 생긴 거대한 무언가가 여기저기 널브러져 있는 것을 본 적이 있으신가요? 지름은 약 1m, 무게는 약 500kg 정도 되는 이 물체의 정식 명칭은 '곤포 사일리지'라고 합니다. 겨울에 하는 김장처럼 곡식을 추수하고 남은 볏짚을 발효시켜 가축용 사료로 만들기 위해 하얀 비닐로 둘러싼 것이지요. ㉠ 추수 후 1~2일 이내에 수분 함량이 60~70% 정도의 볏짚에 첨가제를 뿌려 곰팡이가 나지 않게 45~60일간 발효시키면 영양가 높은 가축의 사료가 됩니다. 농가에서 곤포 사일리지를 만드는 이유는 기계화가 쉬워서 부족한 인력으로도 대량으로 만들 수 있고, 사료의 값을 절약하거나 팔아서 부가 수익을 낼 수 있기 때문입니다. ㉡ 하지만 장점만이 있는 것은 아닙니다. 곤포 사일리지 제조를 위해 볏짚을 모두 거둬들이면 겨울 철새를 비롯한 야생 동물의 먹이가 부족해질 수 있고, 토양에 거름이 되는 볏짚이 줄어들어 토양의 비옥도가 떨어지게 됩니다. 이는 해당 농지에서 자란 작물의 품질에도 부정적 영향을 줄 수 있습니다. 또한 사용하고 남은 비닐은 환경 오염을 일으킬 수 있습니다. 따라서 곤포 사일리지를 제조할 때에는 사람과 자연이 공존할 수 있도록 보완점을 찾는 부수적인 노력이 필요합니다.

051 윗글의 ㉠을 활용하여 '취업을 준비하는 후배에게 당부하는 글'을 쓰고자 할 때, 연상한 내용으로 적절하지 않은 것은?

	대상	의미	연상 내용
①	수분	적정 수분 함량이 뒷받침되어야 이상적인 발효가 진행된다.	목표 달성에 필요한 기초 역량을 갈고닦아 놓아야 한다.
②	첨가제	볏짚에 첨가하는 좋은 균은 발효가 잘 이루어지도록 돕는다.	목표 달성을 위해 외부의 도움을 받는 것이 필요할 때가 있다.
③	곰팡이	발효 시간 동안 곰팡이가 발생하면 사료의 기능을 상실한다.	목표 달성에 방해되는 요소를 차단하는 노력을 기울일 필요가 있다.
④	발효	볏짚이 가축의 사료로 만들어지기 위해 적정 발효 시간이 필요하다.	목표 달성을 위한 준비 기간은 성장을 위한 시간이다.
⑤	사료	볏짚이 영양가 높은 가축의 사료라는 새로운 쓰임으로 활용된다.	목표 달성에 필요한 계획을 세분화할 필요가 있다.

052 윗글의 ㉡의 의미와 문맥상 가장 가까운 사자성어는?

① 아전인수(我田引水)　② 일거양득(一擧兩得)　③ 일단일장(一短一長)
④ 양두구육(羊頭狗肉)　⑤ 좌고우면(左顧右眄)

053 공익 광고 문구를 〈조건〉에 맞게 창작한 것으로 가장 적절한 것은?

> **조건**
> '조직의 혁신'이 필요한 상황에서 발휘할 수 있는 지혜를 '사람과 자연이 공존할 수 있는 곤포 사일리지 제조 노력'에 빗대어 표현할 것.

① 새로운 가치 창출을 위해 변화에 뒤처진 기존 가치의 희생은 불가피합니다.
② 새로운 가치 창출의 기회는 기존 가치를 벗어난 범위에서 실현될 수 있습니다.
③ 새로운 가치 창출과 기존 가치는 양립할 수 없으므로 하나만 선택해야 합니다.
④ 새로운 가치 창출을 목표로 할 때 기존 가치를 잃지 않도록 유의해야 합니다.
⑤ 새로운 가치 창출을 위해 기존 가치를 뒤돌아보지 않는 전력 질주가 필요합니다.

[054~056] 지우개와 수정 테이프를 인간 사회에 유비(類比)하고자 한다. 다음을 보고 물음에 답하시오.

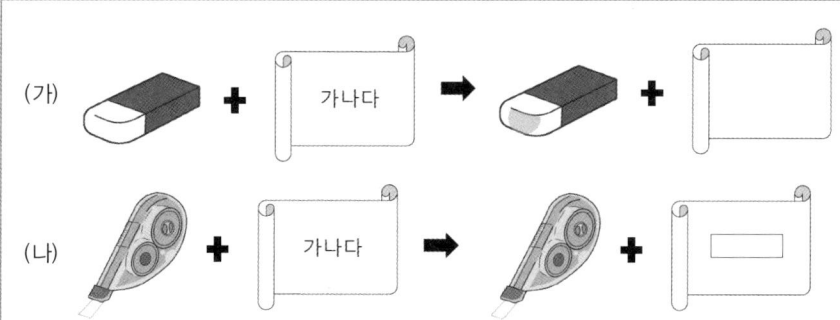

글씨를 지우기 위해 흔히 사용하는 도구인 지우개와 수정 테이프의 속성을 비교해 보면 재미있는 차이점을 확인할 수 있다. (가)의 지우개는 마찰을 통해 흑연 가루를 종이로부터 떼어내며 지우는 방식이다. 이러한 방식을 통해 종이의 글씨를 흔적 없이 지울 수 있지만, 글씨를 지운 흔적이 지우개에 ㉠얼룩으로 남는다. 반면 (나)의 수정 테이프는 글씨를 지우는 과정에서 얼룩이 묻지는 않지만, 테이프를 접착하여 지우는 방식이기 때문에 글씨를 지운 흔적이 종이에 남는다.

054 '글씨를 지우는 일'을 '비리를 은폐하는 일'에 착안했을 때, ㉠을 통해 주장할 수 있는 논리로 가장 적절한 것은?

① 기업 비리의 내부 고발자에 대한 보호를 강화해야 한다.
② 개인의 숭고한 희생을 통해 사회의 비리를 시정할 수 있다.
③ 잘못된 일은 은폐할 수 있지만 내면의 양심은 숨길 수 없다.
④ 비리의 은폐를 막기 위해서는 정보의 투명한 공개가 중요하다.
⑤ 비리가 발생한 사회 부문의 재건에 대한 치열한 논의가 필요하다.

055 윗글을 통해 이끌어낼 수 있는 내용으로 가장 적절한 것은?

① 모든 노력에는 결실이 뒤따르기 마련이다.
② 돌이키고자 해도 돌이킬 수 없는 일이 있다.
③ 깊이 후회한다는 것은 새로운 삶을 사는 것이다.
④ 누구나 자신의 인생에서 지우고 싶은 순간이 있다.
⑤ 중요한 결정은 눈에 띄지 않게 진행하는 것이 안전하다.

제66회 KBS한국어능력시험

056 (나)를 활용하여 공익 광고 문구를 〈조건〉에 맞게 창작한 것으로 가장 적절한 것은?

> **조건**
> • '악성댓글의 근절'을 주제로 대상의 특성과 연관 지을 것.
> • 대조의 방법을 활용할 것.
> • 평서문의 종결 방식을 활용할 것.

① 악성 댓글 없는 세상 함께 만들어 가요.
② 댓글은 지워도 상처는 지울 수 없습니다.
③ 댓글 한 줄, 회복할 수 없는 상처가 됩니다.
④ 당신이 지운 댓글, 당신이 지우지 못한 상처.
⑤ 사람을 위한 도구가 사람을 죽이는 흉기가 됩니다.

[057~058] 다음 그림을 보고 물음에 답하시오.

	A		B		C
그림 (가)	디지털 기기	+	거치대	=	디지털 기기와 거치대
그림 (나)	마스크		줄		마스크와 줄

057 그림 (가)와 (나)에서 B에 해당하는 것으로 가장 적절한 것은?

①
헬리콥터의 프로펠러

②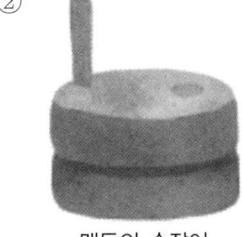
맷돌의 손잡이

③
자전거의 보조 바퀴

④
운동화의 끈

⑤
시계의 바늘

058 C가 A와 B로 분석된다고 할 때, C를 표현한 것으로 가장 적절한 것은?

① 부분과 전체
② 객관과 추상
③ 이론과 실천
④ 본질과 수단
⑤ 실제와 가상

[059~060] 다음 글을 읽고 물음에 답하시오.

> 안개꽃은 한해살이풀로 한창 꽃이 피어날 때 하얗고 작은 꽃들의 모습이 안개가 서린 것처럼 희뿌옇게 된다고 하여 그 이름이 붙었다. 안개꽃은 크고 화려하지는 않지만 튀지 않는 은은함과 소소함의 매력을 가진 꽃이다. 특히 꽃다발에서 다른 꽃들을 한층 돋보이게 꾸며 주고, 다른 꽃과 자연스럽게 어우러져 꽃다발을 더욱 화사하게 빛내 주는 ㉠ 배경의 역할을 한다.

059 안개꽃의 속성에서 이끌어 낼 수 있는 리더십으로 가장 적절한 것은?

① 구성원의 책임을 분산하는 리더십
② 구성원의 자유를 우선하는 리더십
③ 구성원의 참여를 중시하는 리더십
④ 구성원의 개성을 통제하는 리더십
⑤ 구성원의 성장을 도모하는 리더십

060 밑줄 친 부분의 역할이 ㉠과 가장 가까운 것은?

① 연필과 연필깎이
② 사막과 모래
③ 밤하늘과 별
④ 항구와 배
⑤ 도화지와 물감

읽기 061번~090번

[061~062] 다음 글을 읽고 물음에 답하시오.

> 평상이 있는 국숫집에 갔다
> 붐비는 국숫집은 삼거리 슈퍼 같다
> 평상에 마주 앉은 사람들
> 세월 넘어온 친정 오빠를 서로 만난 것 같다
> 국수가 찬물에 헹궈져 건져 올려지는 동안
> 쯧쯧쯧쯧 쯧쯧쯧쯧,
> 손이 손을 잡는 말
> 눈이 눈을 쓸어 주는 말
> 병실에서 온 사람도 있다
> 식당 일을 손 놓고 온 사람도 있다
> 사람들은 평상에만 마주 앉아도
> 마주 앉은 사람보다 먼저 더 서럽다
> 세상에 이런 짧은 말이 있어서
> 세상에 이런 깊은 말이 있어서
> 국수가 찬물에 헹궈져 건져 올려지는 동안
> 쯧쯧쯧쯧 쯧쯧쯧쯧,
> 큰 푸조나무 아래 우리는
> 모처럼 평상에 마주 앉아서
>
> — 문태준, 「평상이 있는 국숫집」

061 윗글에 대한 설명으로 가장 적절한 것은?

① 동일한 시구를 반복하여 운율을 형성하고 있다.
② 명사로 시상을 마무리하여 시적 여운을 드러내고 있다.
③ 공간의 이동에 따라 화자의 정서 변화를 나타내고 있다.
④ 대조의 방식을 활용하여 자연 친화적 태도를 부각하고 있다.
⑤ 설의적 표현을 활용하여 현실 극복의 의지를 강조하고 있다.

062 윗글에 대한 이해로 적절하지 않은 것은?

① '평상이 있는 국숫집'은 '평상에 마주 앉은 사람들'이 '우리'라는 동질감을 느끼게 되는 공간이군.
② '세월 넘어온 친정 오빠'는 '평상에 마주 앉은 사람들'에게서 느끼는 단절감을 드러내는군.
③ '병실에서 온 사람', '식당 일을 손 놓고 온 사람'은 고단한 일상을 살아가는 사람들을 의미하는군.
④ '먼저 더 서럽다'는 '마주 앉은 사람'의 서러움에 대해 공감하고 있음을 드러내는군.
⑤ '쯧쯧쯧쯧 쯧쯧쯧쯧'은 소리를 흉내 내는 말로, 상대방에 대한 위로와 공감을 드러내는군.

[063~065] 다음 글을 읽고 물음에 답하시오.

이것이 군산(群山)이라는 항구요, 이야기는 예서부터 실마리가 풀린다.
그러나 항구라서 하룻밤 맺은 정을 떼치고 간다는 마도로스의 정담이나, 정든 사람을 태우고 멀리 떠나는 배 꽁무니에 물결만 남은 바다를 바라보면서 갈매기로 더불어 운다는 여인네의 그런 슬퍼도 달코롬한 이야기는 못 된다.
　　　　　　……
농사면 농사, 노동이면 노동을 해먹고 사는 사람들과 마찬가지로, '오늘'이 아득하기는 일반이로되, 그러나 그런 사람들과도 또 달라 '명일(明日)'이 없는 사람들…… 이런 사람들은 어디고 수두룩해서 이곳에도 많이 있다.
㉠ 정 주사(丁主事)도 갈 데 없이 그런 사람이다.
㉡ 정 주사는 시방 미두장(米豆場: 米穀取引所, 期米市場) 앞 큰길 한복판에서, 다 같은 '하바꾼(절치기꾼)'이로되 나이 배젊은 애송이한테, 멱살을 당시랗게 따잡혀 가지고는 죽을 봉욕을 당하는 참이다.
시간은 오후 두시 반, 후장(後場)의 대판시세 이절(大阪時勢二節)이 들어오고 나서요, 절기는 바로 오월 초생.
싸움은 퍽 단출하다. 안면 있는 사람들이 없는 바는 아니지만, 누구 하나 나서서 말리지도 않는다.
지나가던 상점의 심부름꾼 아이 하나가 자전거를 반만 내려서 오도카니 바라보고 섰는 것이 그림의 첨경(添景) 같아 더욱 호젓하다.
휘둘리는 정 주사의 머리에서, 필경 낡은 맥고모자가 건뜻 떨어져 마침 부는 바람에 길바닥을 대그르르 굴러간다. 미두장 정문 앞 사람 무더기 속에서 웃음 소리가 와아 하고 터져 나온다.
미두장은 군산의 심장이요, 전주통(全州通)이니 본정통(本町通)이니 해안통(海岸通)이니 하는 폭넓은 길들은 대동맥이다. 이 대동맥 군데군데는 심장 가까이, 여러 은행들이 서로 호응하듯 옹위하고 있고 심장 바로 전후 좌우에는 중매점(仲買店)들이 전화줄로 거미줄을 쳐놓고 앉아 있다.
정 주사는 자리하고도 이런 자리에서 봉변을 당하는 참이다.
그러나 미두장 앞에서 일어난 싸움이란 빤히 속을 알조다. 그런 싸움은 하루에도 으레 한두 패씩은 얼려 붙는다.
소위 '총을 놓았다'는 것인데, 밑천 없이 안면만 여겨 돈을 걸지 않고 '하바'를 하다가 지고서 돈을 못 내게 되면, 그래 내라거니 없다거니 하느라고 시비가 되어, 툭탁 치고 받고 한다. 촌이라면 앞뒷집 수탉끼리 암컷 샘에 후두둑후두둑하는 닭싸움만치나 예삿일이다.
해서 아무리 이런 큰길바닥에서 의관깨나 한 사람들끼리 멱살을 움켜잡고 얼러붙은 싸움이라도 그리 할 일이 없어서 심심한 사람이 아니면 별반 구경하는 사람도 없다.
㉢ 다 알고 지내는 같은 '하바꾼'들은 싸움을 뜯어말리기커녕, 중매점 처마 밑으로 미두장 정문 앞으로, 넌지시 비켜 서서, 흰머리가 희끗희끗 장근 오십의 중늙은이 정 주사가 자식뻘밖에 안 되는 애송이한테 그런 해거를 당하는 것을 되레 고소하다고 빈정거리기만 한다.
"밑천도 없어 가지고 구성없이 덤벼들어, 남 골탕 멕이기 일쑤더니, 그저 잘꾸사니야!"
"㉣ 주산지 고무래주산지 인제는 제발 시장 근처에 오지 말래요."
"저 영감님 저러다가는 생죽음하겠어!"
"어쩔라구들 저래!"
"두어 두게. 제 일들 제가 알아서 할 테지. 때애가면 둘 다 콩밥인걸."
㉤ 정 주사는, 멱살을 잡은 애송이의 팔목에 가 대롱대롱 매달려 발돋움을 친다. 목을 졸려서 얼굴빛은 검푸르게 죽고, 숨이 막혀 캑캑 기침을 배앝는다.
낡은 맥고모자는 아까 벌써 길바닥에 굴러 떨어졌고, 당목 홑두루마기는 안팎 옷고름이 뜯어져서 잡아 나는 대로 주정뱅이처럼 펄럭거린다.

　　　- 채만식, 「탁류」

063 윗글의 서술상 특징으로 가장 적절한 것은?

① 작중 인물인 서술자가 자신의 체험을 직접 드러내고 있다.
② 전지적 서술자가 특정 인물이 처한 상황을 드러내고 있다.
③ 액자식 구성을 통해 현실의 문제를 입체적으로 드러내고 있다.
④ 서술자의 교체를 통해 사건의 이면을 다각도로 드러내고 있다.
⑤ 환상 공간을 제시하여 사건의 비현실적 면모를 드러내고 있다.

064 윗글의 내용에 대한 이해로 적절하지 않은 것은?

① '군산(群山)'의 이야기는 남녀의 정다운 내용을 담은 이야기는 아니다.
② '군산(群山)'의 이야기는 도처에 흔한 '명일(明日)'이 없는 사람들의 이야기이다.
③ '정 주사'가 '봉변'을 당한 곳은 '군산(群山)'의 후미진 변두리이다.
④ '미두장' 주변에서 싸움이 일어나는 것은 흔한 일이다.
⑤ '미두장' 주변에서 일어나는 싸움에 대해 사람들은 별반 관심이 없다.

065 윗글에서 〈보기〉의 ⓐ에 해당하는 부분으로 적절하지 않은 것은?

보기

「탁류」는 전통적인 가족 제도와 자본주의 근대에 대한 작가의 비판적 성찰을 드러내는 바, ⓐ풍자와 조롱의 대상으로 타자화된 인물에 대한 냉소적 시선을 통해 작품의 주제의식은 더욱 예각화된다.

① ㉠   ② ㉡   ③ ㉢
④ ㉣   ⑤ ㉤

[066~068] 다음 글을 읽고 물음에 답하시오.

1933년 2월 권좌에 오른 아돌프 히틀러는 독일군 참모부에 자신의 계획을 알렸다. 그는 독일의 굴욕을 멈추고 동쪽으로 새로운 레벤스라움(생존 공간 또는 생활권)을 확보할 생각이었다. 히틀러는 이 계획을 즉시 실행에 옮겼다. 1933년 3월에 징병제를 부활했다. 1933년 5월에는 헤르만 괴링에게 재무장 정책을 위임했다. 1936년 3월 독일군은 먼저 라인강 왼쪽 기슭의 비무장 지역에 군대를 진주시켰다. 이에 대해 자유 진영 국가들은 말로 항의하는 데 그쳤다. 독일이 에스파냐에서 일어난 반공화주의 쿠데타를 지원하는 데 대해서도, 1938년 3월 독일이 오스트리아를 병합할 때도 마찬가지였다. 이들의 방관적 태도는 1938년 9월 체코슬로바키아 분할을 결정한 뮌헨 조약 때 정점을 이루었다.

자유 진영 국가들의 복지부동에 직면한 소련 지도부는 독일의 다음 표적은 자신이 될 것이라 확신했다. 1920년대부터 나치당이 내세운 명분은 볼셰비키주의에 맞선 십자군 전쟁이었다. 1935년부터 스탈린은 이러한 목표가 히틀러의 전술적 노선을 의미한다는 증거를 보유하고 있었다. 그는 영국과 프랑스, 미국 정부를 상대로 집단 안보 체제의 필요성을 제기했으나 그들을 설득하는 데 실패했다. 1939년 4월 프랑스 및 영국 대표단과 모스크바에서 가진 회담에서도 결론을 내지 못했다. 처칠은 전쟁 회고록에서 "의심할 여지없이, 그리고 뒤늦게라도 소련의 제안을 수락하고 삼국이 동맹을 맺었어야 했다."라고 언급했다.

그사이 독일 정부는 회담을 방해할 목적으로 외교관을 보내 소련과 조약을 체결하려 들었다. 경제 협상이 연기되는 동안 1939년 5월 독일은 스탈린에게 정치적 타협을 제안했다. 이어 소련 지도부는 독일 외무부 장관이 1939년 8월에 제시한 '불가침 조약' 초안에 우호적으로 답했으며, 곧이어 양국은 조약을 체결했다. 조약은 10년간 유효하며, 스탈린의 요청에 따라 당사국 간 절대 비밀 엄수라는 내용이 추가되었다. 이후 몇 차례에 걸쳐 조인된 비밀 의정서에는 폴란드 분할과 발트 3국에 대한 소련의 권한을 인정한다는 내용을 담고 있었다. 조약 체결 소식을 접한 서구 정부들은 [㉠]. 한편 공산주의 인터내셔널 지도자들이 소련국 보호 지침을 내림에 따라 유럽 공산당 내부는 큰 혼란이 일었다.

1940년 12월 히틀러와 독일 참모부가 독일의 소련 침공 작전 초안에 해당하는 바르바로사 작전 계획을 세웠으며, 열흘 뒤 복사본이 스탈린에게 전달되었다. 하지만 스탈린은 어떠한 예방적 성격의 조치도 지시하지 않았다. 소련 국민 입장에서 1941년 6월 독일의 침공은 놀라울 따름이었다. 1945년부터 1989년까지 소련 지도부는 비밀 의정서를 철저히 부인했다. 마침내 1991년 12월 원본이 발견되면서 ㉡발트 3국이 임의 병합의 희생자였음이 밝혀졌다.

그러나 제2차 세계대전의 원인을 독소 불가침 조약 탓으로만 돌릴 수 있을까? 만약 그렇다면 나치즘의 특성을 왜곡할 뿐 아니라 소련에 일부 책임을 돌림으로써 나치 독일의 책임을 최소화하게 된다. 사실상 제2차 세계대전의 시작인 폴란드 침공이 이미 1939년 1월 말부터 독일 국방군 수뇌부에 의해 계획되었다. 이는 독소 불가침 조약이 체결되기 7개월 전의 일이었다.

066 윗글을 이해한 내용으로 적절하지 않은 것은?

① 소련은 독일의 선제공격에 대해 준비하지 않았다.
② 뮌헨 조약을 통해 체코슬로바키아의 분할이 결정되었다.
③ 나치당은 대소련 공략의 명분으로 공산주의 팽창 저지를 들었다.
④ 1939년 4월에 소련, 영국, 프랑스가 동맹을 결성하려고 시도하였다.
⑤ 1939년 8월의 독소 불가침 조약의 항목에 폴란드 분할 내용이 포함되었다.

067 ㉠에 들어갈 말로 가장 적절한 것은?

① 미국에 지원을 요청하며 전쟁 준비에 나섰다
② 조약 체결을 옹호하며 나치즘 반대운동을 추동하였다
③ 조약 체결을 옹호하며 공산주의 반대운동을 전개하였다
④ 히틀러와 스탈린 사이의 동맹을 규탄하며 나치즘 반대운동을 펼쳤다
⑤ 히틀러와 스탈린 사이의 동맹을 규탄하며 공산주의 반대운동을 추진하였다

068 ⓒ의 의미로 가장 적절한 것은?

① 발트 3국의 동의가 없었기에 잘못된 병합이었다.
② 발트 3국은 소련이 아니라 독일에 병합되었어야 했다.
③ 발트 3국이 아니라 폴란드가 분할 병합되었어야 했다.
④ 2차 세계대전 후 냉전체제의 갈등하에서 발생한 희생양이었다.
⑤ 비밀 의정서가 무효화되었기 때문에 법적 효력이 없는 병합이었다.

[069~072] 다음 글을 읽고 물음에 답하시오.

소송에서 양당사자가 서로 대립하는 사실을 주장하는 일은 흔하다. 대체로 어느 쪽의 말이 옳다고 판정되는지에 따라 성패가 갈라진다. 하지만 법관은 원고와 피고의 주장 가운데 어느 쪽이 사실에 부합하는지 아무리 생각해도 알기 어려운 상황을 맞이하는 일이 생긴다. 이런 경우에도 법원은 판결을 내릴 수 있다. 입증책임이라는 것이 있기 때문이다. 그것은 주장한 사실에 대한 증명이 이루어지지 않았을 때 그런 사실이 없는 것으로 판단하게 되어 입는 불이익을 말한다. 이러한 불이익을 어느 쪽에 부담시킬지 정하는 것이 입증책임의 분배 문제이다. 먼저 입증책임을 지는 쪽이 자신의 주장 사실에 대한 증명이 성공하면 상대방은 그에 맞서는 사실을 주장하여 증명해야 되는 상황에 놓이게 된다.

일반적으로 어떤 사실이 있었다는 증명이 그런 일이 없었다고 증명하는 것보다는 훨씬 쉽다. A가 B에게 빌려간 돈을 갚아야 한다고 주장할 때에는 대개 A가 금전을 대여한 사실을 입증한다. 돈 꾼 적이 없다는 것을 B가 증명하지 못하는 한 금전 대여의 사실은 당연히 인정된다고 주장한다면, 대부분의 사람들은 어이없다는 반응을 보일 것이다. 하기 쉬운 쪽에 책임을 지우는 것이 공평하다. 그래서 먼저 사실을 꺼내 들어 문제를 삼는 쪽이, 소송으로 보면 원고 쪽이 자기의 주장 사실에 대하여 납득할 만한 근거를 제시하여야 한다는 것이다. 다시 말해 원고에게 먼저 입증책임이 있으며, 그에 따른 증명이 성공하기 전까지는 피고에게 입증책임이 생기지 않는다. 그러나 오로지 이러한 원칙만 고집하다가는 오히려 부당한 결과가 생기는 경우가 있다. 이를 보완하는 원리들도 있다.

우선 주의할 점은, 먼저 주장하는 쪽에 입증책임이 생긴다는 말이 아니라는 것이다. C가 사람의 길흉화복을 정해주는 귀신은 없다고 주장하자 D는 그것을 증명해 보일 것을 요구하면서 그런 귀신이 있다고 주장하는 상황에서는 C에게 입증책임이 있다고 보지 않는다. 그것은 D의 주장이 일반적인 상식과 어긋나기 때문이다. 사회의 보편적인 경험법칙과 다른 주장을 하는 쪽이 그에 관한 사실의 증명을 해야 하는 것이다. 또 공장 주변의 환경 오염이나 대기업 제품의 흠에 따른 피해에서 일반 소비자에게 오염이나 흠의 원인이 기업 쪽에 있다고 충분히 납득될 만큼 다 증명하라고 한다면 사실상 가혹한 일이고 정의롭지도 못하다. 더구나 대기업은 사회적 강자인 데다가 오히려 관련된 정보와 기술을 다 갖고 있다는 점을 생각하면, 강한 어깨에 더 무거운 짐을 지워야 한다는 사회 상식에도 어긋나는 일이다.

현대 사회에는 의료, 공해, 제조물 등과 같이 피해자가 원고로서 원인을 입증하기 어려운 사건들이 많다. 이런 경우에는 원고에게만 모든 것을 증명하라고 하는 것은 사회 정의에 합당하지 않다. 그래서 입증책임을 지는 피해자가 좀 더 용이하게 입증할 수 있게 하는 방안이 강구된다. 예를 들면, 위법한 행위와 피해가 입증되면 인과 관계까지 추정되도록 하는 입법을 하여 기업이 명백히 무관하다는 사실을 증명해야 책임을 면할 수 있도록 만들기도 한다. ㉠추정을 받는 사실에 대하여는 그것을 부정하는 쪽이 입증해야 한다는 사정을 이용하는 것이다. 또 위해에 대한 안전은 무엇보다도 중요하므로, 위험의 개연성이 드러난 경우에는 위험이 없다고 주장하는 쪽에게 무해하다는 증명을 하도록 요구하는 것을 당연하게 여긴다. 이처럼 언뜻 입증책임의 기본 원칙과 달라 보이는 원리가 제기되고 관련 입법도 이루어지는 것은 그렇게 해야 공정한 결과를 낳는다고 사회적으로 인정되었기 때문이다.

069 윗글에서 사용된 설명 방식으로 가장 적절한 것은?

① 어려운 개념을 익숙한 예를 들어 해설한다.
② 상반된 견해에 대하여 절충적 대안을 제시한다.
③ 논의된 내용을 종합하면서 새로운 주장을 제기한다.
④ 중심 대상과 다른 대상들의 공통점과 차이점을 대비한다.
⑤ 일반적으로 알려진 상식을 논리적으로 분석하여 수정한다.

070 윗글에 대한 이해로 적절하지 <u>않은</u> 것은?

① 소송에서 원고와 피고에 대한 입증책임 분배는 공평과 정의의 원리가 작용한다.
② 소송에서 원고가 소를 제기한 이유로 삼은 사실을 증명하지 못하면 원고는 패소한다.
③ 소송에서 원고가 자신에게 입증책임이 있는 사실에 대한 증명에 성공하면 입증책임은 피고에게로 넘어간다.
④ 소송에서 원고가 주장한 금전 대여의 사실이 증명되지 않으면 피고는 갚았다는 주장에 대한 증명을 하지 않아도 된다.
⑤ 소송에서 원고와 피고가 주장한 사실의 진위를 판단할 수 없을 때 법원은 입증책임의 분배 원칙에 따라 신뢰할 사실을 결정한다.

071 윗글을 바탕으로 ㉠을 이해한 것으로 적절하지 <u>않은</u> 것은?

① 법률에 관련 규정을 두어 증명의 어려움을 해소하는 수단으로 이용할 수 있다.
② 명확하지 않은 사실을 일단 있는 것으로 정하여 법률 효과를 발생시키는 것이다.
③ 피고인의 무죄추정의 원칙이란 유죄 사실에 대해 검사가 입증책임을 지는 것이라 이해할 수 있다.
④ 추정되는 사실에 맞서는 사실에 대한 증명이 있어도 추정의 효과가 지속되어 사회적 약자를 보호할 수 있다.
⑤ 위암 수술 후의 엑스레이 촬영에서 수술용 가위가 뱃속에 있는 것이 보였다면 의료과실이 없다는 데 대해 의사에게 입증책임이 있다.

072 윗글에 따라 〈보기〉의 대화를 평가한 내용으로 적절하지 <u>않은</u> 것은?

> **보기**
> 갑: 이런 공공장소에서 담배를 피우고 계시면 안 되지요.
> 을: 왜 안 되지요? 근거를 말해 보세요. 흡연은 금지된 행위가 아니고, 담배는 편의점에서도 팝니다.

① 주장에는 납득할 만한 근거가 필요하다고 할 때 을은 나름대로 근거를 제시하고 있다고 볼 수 있다.
② 간접흡연의 위험성이 공식적으로 확인된 상황에서는 을이 담배를 피워도 된다는 근거를 대야 한다고 볼 수 있다.
③ 공공장소에서의 흡연을 몰상식한 행위라 여기는 사회에서는 을에게 자기 주장에 대한 입증책임이 있다고 볼 수 있다.
④ 먼저 사실을 꺼내 들어 문제 삼는 쪽에서 근거를 제시해야 한다는 원칙을 고수하지 않는 한 을의 주장은 타당하다고 볼 수 있다.
⑤ 담배는 비흡연자를 곁에 있지 못하게 하는 무기가 될 수 있다고 보면 강자라 할 을에게 입증책임을 부담시켜야 한다고 볼 수 있다.

[073~075] 다음 글을 읽고 물음에 답하시오.

가스를 감지하는 가스 센서에는 산화물 반도체식 가스 센서가 많이 사용된다. 산화물 반도체식 가스 센서의 원리는 가스가 산화물 반도체 표면에 흡착하면서 산화물 반도체의 저항 변화가 생기는 데 이러한 저항 변화를 이용하여 가스를 감지하는 것이다. 센서의 구조는 〈그림〉과 같이 기판 위에 두 개의 전극이 위치하고 두 전극을 반도체 물질이 연결하고 있는 구조이다. 기판 아래에 위치한 히터는 센서의 온도를 조절할 수 있다.

대표적인 산화물 반도체 물질은 SnO_2, ZnO 등이 있는데, SnO_2가 상용화된 센서에 많이 사용된다. SnO_2는 n형 반도체 물질로서 밴드갭이 3.6eV로 실리콘보다 매우 커서 와이드 밴드갭 물질로 분류된다. 전류가 정공에 의해서 흐르는 p형 반도체 물질과 달리 SnO_2는 n형 반도체이기 때문에 전자에 의해 전류가 흐른다.

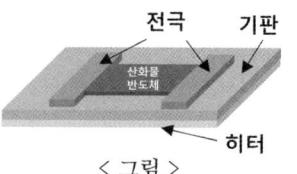
< 그림 >

반도체식 가스 센서가 감지할 수 있는 가스는 산화성 가스와 환원성 가스로 나눌 수 있는데, 산화성 가스는 반도체 물질 표면에 흡착하면서 반도체 물질로부터 전자를 받는다. 따라서 SnO_2와 같은 n형 반도체는 전자를 빼앗기면서 저항이 커지고 전기전도도가 감소한다. 반면 환원성 가스는 반도체 표면에 흡착하면서 전자를 반도체 물질에 주게 되는데 이러한 전자를 공급받음에 따라 SnO_2는 저항이 작아지고 전기전도도는 커진다.

가스 센서의 성능을 평가하는 지표는 여러 가지가 있는데 그중 하나가 민감도이며 민감도가 클수록 좋다. 민감도란 공기 중에 노출되어 있던 센서가 특정 가스에 노출되었을 때 얼마나 큰 전기적 신호값을 보여 주는가를 의미한다. 대표적인 환원성 가스인 CO(일산화탄소)를 감지하는 경우를 통해 민감도에 대해 알아보자. 공기 중에서 일정한 저항값을 나타내던 센서는 CO가 SnO_2 표면에 흡착하면서 CO 분자로부터 전자를 받게 되는데 CO의 흡착량이 늘어감에 따라 점점 저항값이 작아진다. 하지만 어느 정도 시간이 지나면 흡착과 탈착의 속도가 같아지는 흡착 평형이 이루어져서 더 이상 흡착량이 늘어나지 않고 일정한 저항값을 보이게 된다. CO 노출 전 공기 중에서 저항값을 Rair, 흡착 평형이 되었을 때의 저항값을 Rgas라 한다면 CO 가스에 대한 센서의 민감도는 양의 부호를 갖도록 Rair와 Rgas차이의 절댓값을 Rair로 나눈 값으로 정의된다.

센서의 반응 시간도 중요한 성능지표다. 산화물 반도체식 가스 센서의 반응 시간이란 얼마나 빨리 흡착 평형을 이루어서 저항값이 일정해지는가를 의미하며 가스의 흡착 평형에 도달하기까지의 시간이 짧을수록 우수한 센서이다. 선택도 또한 센서의 성능지표의 하나인데 센서가 어떤 가스인지를 감지해 낼 수 있는 능력을 말한다. 가령 H_2(수소)와 CO는 모두 환원성 가스인데 센서의 저항 변화를 보고 이것이 H_2인지 CO인지 분간해 낼 수 있느냐를 말한다. 민감도가 비슷한 가스들의 경우 선택도가 매우 낮게 된다. 다른 원리를 이용하는 가스 센서에 비해 산화물 반도체식 센서의 선택도가 낮은 편이다. 하지만 잠재적으로 어떤 가스가 발생할 수 있는지 알 수 있는 환경에서는 선택도는 크게 문제가 되지 않는다. 마지막으로 센서는 반복해서 사용하기 때문에 회복 시간 또한 중요하다. 회복 시간이란 한번 가스를 검출한 후 히터를 통해서 가열하여 흡착된 가스를 탈착시켜 원래대로 공기만 있는 상황의 저항값으로 돌아오는 데 필요한 시간을 말한다. 산화성 가스의 경우에도 위에 설명한 것과 마찬가지로 가스 센서의 성능 지표가 정의된다.

073 윗글을 읽은 독자의 반응으로 적절하지 <u>않은</u> 것은?

① 산화물 반도체식 가스 센서의 구조를 알게 되었다.
② 산화물 반도체식 가스 센서의 성능지표를 알게 되었다.
③ 산화물 반도체식 가스 센서에 있는 히터의 역할을 알게 되었다.
④ 산화물 반도체식 가스 센서에 흡착하면서 전자를 주는 가스를 알게 되었다.
⑤ 산화물 반도체식 가스 센서에 쓰이는 반도체 물질들 간의 물성 차이를 알게 되었다.

074 윗글의 내용과 일치하는 것은?

① 실리콘의 밴드갭은 산화물 반도체 SnO_2의 밴드갭보다 크다.
② p형 반도체와 n형 반도체 모두 전자에 의해서 전류가 흐른다.
③ 흡착 평형에 도달했을 때의 가스는 흡착과 탈착을 하지 않는다.
④ 가스 종류의 식별은 산화물 반도체식이 타 방식의 센서보다 우수하지 않다.
⑤ 민감도는 가스의 종류에 따라 부호가 양과 음 두 가지 중 하나이다.

075 윗글을 바탕으로 할 때 〈보기〉의 학생의 반응 중 적절한 것을 있는 대로 고른 것은?

보기

〈실험〉
각기 다른 n형 산화물 반도체를 이용하여 가스 센서 A와 B를 만들어 성능을 측정하였다. 공기 중에서 두 센서 모두 100Ω의 전기 저항을 보였으며 가스 X에 노출한 후 센서 A와 B는 저항값이 점점 감소하였으며 각각 60Ω과 30Ω에서 일정하게 유지되었다. 두 센서 모두 히터로 공기 중에서 가열하였더니 처음의 저항값으로 돌아왔다. 두 센서 A, B를 다시 가스 Y에 노출하였더니 이번에는 저항값이 각각 140Ω과 120Ω까지 올라간 후에 안정화 되어 일정한 값을 나타내었다.

〈학생 반응〉
ㄱ. 센서 A, B의 저항값이 변화하는 양상을 볼 때 가스 X는 환원성 가스이며 가스 Y는 산화성 가스이겠군.
ㄴ. 센서 A, B가 가스 Y에 노출되었을 때 시간에 따른 저항값의 기울기가 같다면 반응 시간은 센서 A가 센서 B보다 길겠군.
ㄷ. 센서 A, B의 가스 X의 실험에서, 감소 후 유지되는 저항값이 센서 A가 더 큰 것으로 보아 센서 A가 센서 B보다 민감도가 더 크겠군.
ㄹ. 센서 A, B가 가스 Y에 노출되었을 때, 저항값이 증가하다가 안정화된 값이 각각 140Ω과 120Ω보다 훨씬 크다면 센서 A, B의 선택도는 더욱 커진다고 할 수 있겠군.

① ㄱ, ㄴ
② ㄱ, ㄷ
③ ㄴ, ㄷ
④ ㄴ, ㄹ
⑤ ㄴ, ㄷ, ㄹ

[076~078] 다음 글을 읽고 물음에 답하시오.

열전 현상은 그 이름에서 알 수 있듯이 열에너지를 전기에너지로 바꾸거나, 전기에너지를 열에너지로 바꿀 수 있는 모든 현상을 의미하는데 전자를 제벡(Seebeck) 효과, 후자를 펠티어(Peltier) 효과라고 지칭한다. 열전 현상은 1800년대 초 제백에 의해 발견되었는데 그는 비스무트와 구리를 연결하고 그 사이에 나침반을 배치하였다. 이때 나침반이 움직이게 되는데 비스무트 쪽을 뜨겁게 가열하면 두 금속 사이의 온도 차가 생기게 되고 이러한 온도차가 두 금속 사이에 전류가 흐르도록 유도한다. 이때 유도 전류에 의한 자기장이 형성되어 나침반이 움직이게 된다는 것을 알게 되었다. 이러한 현상은 제벡 효과라고 명명되었다. 제벡 현상의 발견 10년 후 렌즈(Lenz)가 두 개의 금속을 접합한 후 접합 부위에 물방울을 놓고 전류를 흘렸을 경우 전류의 방향에 따라 물방울이 얼기도 하고, 얼었던 물방울이 녹기도 하는 현상을 발견하였는데 이는 펠티어 현상이라고 명명되었다.

열전 현상을 에너지 변환기기에 실제로 적용하고자 하는 노력은 1950년대가 지나서야 시작되었다. 이 시기에 들어서 과학자들은 도핑된 반도체의 제벡 상수가 금속에 비해서 100배 정도가 큰 것을 알게 되었기 때문이다. 제벡 상수는 단위 온도 차당 발생되는 전압 차를 의미한다. 열전 에너지 변환 기기에서의 효율은 제벡 상수의 제곱에 비례하게 되는데 이에 따라 도핑된 반도체를 사용하게 되면 금속으로 만든 에너지 변환기기에 비하여 효율이 10,000배 정도 커질 수 있음을 보여준 것이다. 열전 효율을 가늠하는 지표로는 ZT 값이 사용되는데 이는 제벡 상수의 제곱, 그리고 전기전도에 비례하며, 열전도도에 반비례하는 특성이 있다. 따라서 ZT 값은 제백 상수의 제곱과 전기전도도를 곱한 값을 열전도도로 나눈 값에 비례하게 된다. 따라서 제벡 상수가 클수록 우수한 열전 재료이며, 전기전도도가 크면서 동시에 열전도도가 작은 재료가 우수한 열전 재료라고 할 수 있다.

같은 반도체 물질에서도 도핑에 의한 전자나 정공과 같은 캐리어의 양이 증가할수록 전기전도도와 열전도도는 증가하지만 제벡 상수 값은 감소한다. 따라서 특정 캐리어 농도에서 ZT 값은 최고치를 갖게 된다. 통상 열전도도가 높은 물질들은 거의 모두가 전기전도도 또한 높다. 가령 구리와 같은 금속의 예를 들어 보자면 구리는 열을 잘 전달할 뿐만 아니라 전기도 잘 통하는 물질이며 반도체 물질 또한 그러한 특성들을 가지고 있다. 따라서 열전 기술과 경쟁하는 다른 기술들보다 성능을 더 높이고 경제성을 크게 하기 위해서는 ZT 값을 더욱 향상시켜야만 하며 이를 위해서는 열전도도와 전기전도도의 상호 연관성에 지배를 받지 않는 신물질의 개발이나 열전 소자 구조의 새로운 설계 기법이 필요하다. 2000년대에 들어 ZT값이 1근처까지 올라간 우수한 열전 재료들이 개발되었으며 열전 소자에 Bi_2Te_3와 같은 합금 반도체가 많이 쓰이고 있다. 현재는 다양한 합금 재료와 도핑을 최적화하여 ZT 값이 1.7~1.8정도까지 향상된 열전 소자들이 보고되고 있다.

076 윗글에 대한 설명으로 적절하지 않은 것은?

① 특정 현상의 발견과 이의 기기로의 응용을 통시적으로 설명하고 있다.
② 특정 현상을 에너지 전환의 방향성 측면에서 두 가지로 분류하고 있다.
③ 특정 현상을 이용하는 기기에 쓰이는 재료의 구체적인 예를 제시하고 있다.
④ 특정 현상에 기반한 에너지 변환의 효율에 영향을 미치는 요소들을 소개하고 있다.
⑤ 특정 현상이 그 이전에 알려졌던 현상과 원리적으로 같음을 과학적으로 설명하고 있다.

077 윗글의 내용과 일치하지 않는 것은?

① 구리와 마찬가지로 비스무트는 반도체가 아니라 금속이다.
② 펠티어 현상이 제벡 현상보다 역사적으로 후에 발견되었다.
③ 도핑을 통해 반도체의 캐리어 농도를 증가시킬수록 ZT값은 커진다.
④ 열전 현상을 에너지 변환기기에 실제로 적용하고자 한 것은 20세기이다.
⑤ 펠티어 현상은 전류의 방향에 따라 발열과 흡열 현상 두 가지 모두가 일어난다.

078 윗글을 바탕으로 〈보기〉의 기사에 대한 반응 중 적절한 것을 있는 대로 고른 것은?

보기

〈기사〉
　A 연구자는 기존의 열전 재료를 나노 선의 형태로 만들면 제벡 상수를 증가시킴과 더불어 전기전도도는 유지하면서도 열전도도를 크게 낮출 수 있음을 보이고 나노 선 기반의 우수한 열전 소자를 제작하였다.

〈반응〉
ㄱ. A 연구자가 보고한 제벡 상수는 온도를 전압으로 나눈 단위를 갖겠군.
ㄴ. A 연구자의 연구는 전기전도도와 열전도도의 기존의 상호 연관성과 다르군.
ㄷ. A 연구자의 연구에서 기존에 비해 제벡 상수가 2배 커지고 열전도도가 1/2로 줄었다면 이론적으로 ZT 값은 8배 증가하겠군.

① ㄴ　　　　　　　　② ㄱ, ㄴ　　　　　　　③ ㄱ, ㄷ
④ ㄴ, ㄷ　　　　　　⑤ ㄱ, ㄴ, ㄷ

[079~082] 다음 글을 읽고 물음에 답하시오.

　물레방아가 돌아가고 백조가 유유히 떠다니는 전원 풍경을 그린 그림이나 새끼들에게 젖을 물리는 어미 돼지를 그린 그림이 있다. 이런 식으로 양식적으로 조야하며 통속적 이데올로기를 담고 있는 흔한 싸구려 그림을 키치(kitsch)라고 한다. 이런 그림이 예전에는 이발소에 많이 걸려 있어서 키치를 '이발소 그림'이라고도 부른다. 키치는 저급의 싸구려 예술이라는 인식을 받고 전문가들 사이에서도 예술로 인정을 받지 못하고 있음에도 불구하고 분명 대중적 호소력을 갖고 있다. ㉠그런 대중적 호소력은 어디에서 오는가?

　키치는 작가의 개성이나 특이성의 표출보다는 보는 이들의 즉각적인 정서적 반응을 목표로 한다. 이런 그림을 바라보는 사람들은 혼란되기보다는 쉽게 일체감과 편안함을 느끼며 아름답고 평온하다는 즉각적인 정서적 반응을 보이게 된다. 키치의 작가는 자신이 의도하는 효과를 획득하기 위해서 사람들에게 익숙해진 양식적 관습들에 의존하게 된다. ⓐ즉각적인 일체감은 그 시대에 가장 관습적이고 이미 시도되어 검증을 거친 조형적 규범에 의해서 쉽고 자연스럽게 달성될 것이기 때문이다. 키치는 예술적 특성으로 간주되는 독창성이나 예술적 혁신을 피하고, 새로움이 평범함이 된 연후에 그 선두 마차에 뛰어오르는 것이다.

　그런데 위에서 설명한 것으로 키치를 정의 내린다면, 우리는 미술사 속에 등장하는 작품들 중 무수히 많은 작품들을 키치로 불러야 할 것이다. 예컨대 마네의 〈폴리 베르제르 바〉는 바(술집), 물병, 바에 있는 바텐더, 거울에 비친 모습 따위의 익숙한 소재들이 등장하고, 그것들이 우리가 익숙하게 생각하는 재현적 관습에 의해 그려져 있다. 그렇다면 우리는 마네의 그림을 키치로 받아들여야 할까? 에커만은 이 그림의 소재들은 세속적인 성격을 상실하고 있으며 작가의 지각적 지성에 의해 마술적 이미지로 변형되었다고 말한다. 이 그림이 가진 미적 호소력은 일상생활에서 전에는 주목하지 않고 지나쳐 버렸던 것들을 강조하고 ⓑ강렬화함으로써 실제적인 우리의 일상생활을 보다 가치 있게 만든 데 있다는 것이다. 키치가 익숙한 주제를 익숙한 방식으로 다룸으로써 대중적 호소력에만 의존한다면, ㉡진지한 예술은 예술적인 변형을 통해 그것들을 한 단계 높이고 익숙한 주제를 미적 호소력을 갖는 새로운 대상으로 만들어 내는 것이다.

　키치는 ⓒ비관례성이 성공을 거두어 상투적 문구가 되어버린 후 그것을 모방함으로써 미적 경험의 독특성을 버리고 예술을 판매 소비의 대상으로 만들어버린다. 그러면 1960년대 미술의 형식 세계에 새로운 활력을 불어 넣은 팝아트는 당시 대중문화 속에 등장하는 만화, 광고 디자인, 상업적 이미지 등을 예술 작품 속에 끌어들였는데, 이러한 시도들도 키치라고 불러야 할까? 팝아트는 익숙한 이미지와 익숙한 조형 방법이라는 키치의 두 가지 속성을 사용하고 있다는 점에서 키치와 관련이 있다. 그러나 앞서 마네의 〈폴리 베르제르 바〉가 키치가 아닌 이유를 팝아트도 가지고 있기에 팝아트는 키치와 구분이 된다. 리히텐시타인이 만화 이미지를 사용한 작품을 예로 들어 보면, 이 작품은 관람자들이 만화나 상품 광고에서 익숙하게 보아온 주제와 방법으로 나타내져 있다. 그렇지만 리히텐시타인 작품 속의 소재들은 만화 이미지의 단순한 반영이 아니라 새롭게 해석한 것이고, 기존의 이미지들을 차용하여 ⓓ재맥락화한 것이다.

　팝아트는 키치와 달리 미술사의 맥락에서 존재한다는 특징이 있다. 키치는 경쟁이라는 것을 허용하지 않는 미술의 영역 밖에 존재하지만, 팝아트의 등장은 잭슨 폴록의 추상 표현주의 작품에 대한 반발과 저항 또는 마크 로스코의 정적인 형식에 대한 반발을 통해 나타났다는 점에서 반발과 저항 그리고 경쟁적인 양식들의 전개라는 미술사 맥락에서 이해될 수 있는 것이다. 또 키치는 만화 속에 있는 대상에 관해서 말하지만, 리히텐시타인은 만화를 이용해서 만화 그 자체, 즉 키치에 관해서 언급하고 있다. 팝아트는 우리를 향해 물음을 던지고 있고, 그런 점에서 ⓔ해석을 필요로 하지만, 키치는 결코 그 어떤 물음도 제시하지 않으며 해석을 필요로 하지 않는다.

079 윗글에 대한 이해로 가장 적절한 것은?

① 팝아트는 구체적인 맥락에서 키치와 구분되지 않는다.
② 감상자의 보편적인 정서를 자극할수록 작가의 개성이 드러난다.
③ 새로움이나 독창성보다 대중적 호소력이 더 중요한 예술적 가치일 수 있다.
④ 익숙한 양식으로 익숙한 소재를 다루더라도 전문가들 사이에서 예술로 인정받을 수 있다.
⑤ 마네와 리히텐시타인의 작품은 관람자에게 편안함을 느끼게 해 준다는 점에서 미술사적 가치가 있다.

080 ㉠에 대한 대답으로 적절하지 않은 것은?

① 익숙한 주제들을 이용하기에.
② 평범한 소재의 세속적인 성격을 드러내기에.
③ 관습적이고 이미 검증된 조형 방법을 사용하기에.
④ 양식적으로 조야하며 통속적 이데올로기를 담고 있기에.
⑤ 일상적 경험을 통해 호소력 있는 새로운 대상을 만들기에.

081 ⓐ~ⓔ 중 ㉡이 갖추어야 할 조건으로 적절하지 않은 것은?

① ⓐ ② ⓑ ③ ⓒ
④ ⓓ ⑤ ⓔ

082 윗글의 견해를 비판한다고 할 때 가장 적절한 것은?

① 키치는 저급한 싸구려 예술과 고급문화의 경계를 허무는 작업이다.
② 예술적 가치는 새로운 미적 경험에만 있는 것이 아니라 즐거움에도 있다.
③ 키치가 대중적인 호소력을 얻는 것은 대중들이 정서적으로 공감하기 때문이다.
④ 나쁜 예술과 진지한 예술의 구분을 허무는 것도 예술의 중요한 가치 중 하나이다.
⑤ 키치 작가들이 익숙한 양식적 관습에 의존하는 것은 예술의 재창조를 위한 것이다.

[083~084] 다음 글을 읽고 물음에 답하시오.

출고 및 배송 안내

○ **직배송**: 직영 매장의 배송 기사를 통해 출고 당일 저녁~자정 사이 문 앞 수령
○ **택배 배송**: 택배 일정에 따라 출고 1~3일 후 수령
○ **직배송 지역**: 수도권(서울 전체, 경기도 및 인천시 일부) 지역에 한해 가능
○ **직배송 유의 사항**
 - 출고 당일 저녁~자정에 배송되므로 배송 메모에 '공동 현관 비밀번호'의 유무 및 비밀번호를 기재해야 합니다.
 - 공동 현관 비밀번호의 유무 및 비밀번호가 기재되지 않은 주문 건은 지역 관계없이 택배로 출고됩니다.
○ **배송일 관련 안내**
 - 주문일 다음날 생산하여 당일 출고합니다. (15시 00분 이전 주문 시)
 - 15시 00분 이후 주문 건: 이틀 후 출고
 - 주말과 공휴일에는 생산 및 출고가 없습니다.
 - 주말 주문 건은 월요일 15시 이전 주문 건과 함께 생산됩니다.
○ **예약 배송 안내**
 - 결제 시 배송요청란에 '0월 0일 생산분으로 배송해 주세요'라고 기재해 주세요.
 - 예약 배송은 주문일 포함 5일 이내 날짜만 지정이 가능합니다.
 (월요일 주문 시 그 주 금요일 생산분까지 지정 가능)
 - 5일 이후 예약일 지정 주문은 안내 없이 지정 가능한 가장 마지막 생산일로 출고됩니다.

083 윗글을 이해한 내용으로 적절하지 않은 것은?

① 직배송의 경우 수도권, 평일 기준 오후 3시 이전 주문 건은 생산일, 출고일, 수령일이 모두 동일하다.
② 직배송의 경우 수도권, 평일 기준 오후 3시 이전 주문 건은 주문한 다음날에 받을 수 있다.
③ 택배 배송의 경우 지역 관계없이 공동 현관 비밀번호가 없어도 된다.
④ 부산에서 주문할 경우 택배 배송만 가능하다.
⑤ 화요일에 예약 가능한 마지막 배송일은 토요일이다.

084 윗글과 아래의 달력을 참고로 할 때, 주문 일시와 출고 날짜가 올바르게 연결된 것은?

5월						
일	월	화	수	목	금	토
1	2	3	4	5(어린이날)	6	7
8	9	10	11	12	13	14
15	16	17	18	19	20	21
22	23	24	25	26	27	28
29	30	31				

주문 일시	출고 날짜		주문 일시	출고 날짜
① 4일 14시	5일		② 7일 16시	9일
③ 15일 23시	17일		④ 18일 10시	18일
⑤ 27일 9시	28일			

085 〈보기〉의 공익 광고에 대한 반응으로 적절하지 <u>않은</u> 것은?

보기

내레이션: 대한민국 듣기평가. 잘 듣고 풀어보세요.

[상황1]
팀원: 팀장님, 제 의견 한번만 들어봐 주세요. 뒤에랑 이쪽 패턴을 바꾸고……
팀장: 됐어. 이 일은 내가 더 잘 알아.

[상황2]
엄마: 네 말만 하지 말고 엄마 말도 좀 듣고 그래.
딸: 아, 잔소리 좀 그만 해.
엄마: 이게 무슨 잔소리야? 다 너한테 도움 돼서 하는…… 엄마 말 듣고 있어?
딸: 됐어. 알아서 할게.

내레이션: 문제는 바로 듣기!
세상 대부분의 문제는 잘 들으면 다 풀 수 있는 문제.
말이 통하는 사회, 듣기에서 시작됩니다.

① '듣기 평가 문제지'는 듣기에 문제가 있음을 암시하는군.
② 소통하려면 말하기보다 듣기가 먼저라는 의미를 담고 있군.
③ 토끼 귀는 상대를 배려하는 말이 잘 들린다는 점을 강조하고 있군.
④ 광고에서 제시한 상황은 모두 상대방의 말을 경청하지 않는 상황이군.
⑤ 광고에서는 듣기 평가의 문제와 정답을 모두 시청자에게 제시하고 있군.

[086~087] 다음 글을 읽고 물음에 답하시오.

우크라이나 전쟁, '정치의 계속' 인가

**美, 나토 동진 않겠다고 약속하고
러, 포위되면 개입한다고 예측돼
전쟁 발발 예견된 국제정치 실패**

영국의 사학자 에릭 홉스봄은 지난 세기를 '짧은' 20세기라고 했다. 그것은 일종의 3부작 같은 것이었다고 했다. 1914년 1차대전에서 시작해 1945년 2차대전 종전까지의 '파국의 시대', 1945년에서 1970년대 초까지의 냉전, 그리고 1989년까지, 즉 사회주의 붕괴까지의 시기로 이어져 '단기' 20세기는 수명을 마쳤다.

이 '극단의 시대'의 극단인 1989년 마침 나는 베를린 장벽이 무너지는 것을 현장에서 볼 수 있는 행운을 누렸고, 또 그 광경을 알리느라 열심히 배경을 추적하기도 했다. 독일 통일에 소련의 동의를 매수하기 위해 얼마나 많은 돈이 흘러가는지도 궁금했고, 새로운 세계 질서에서 소련의 안보 이익도 관심이었다. 미국 뉴욕타임스 출신 언론인 크리스 헤지스의 최근 기사를 읽으면서 그때의 기억을 되살려 봤다.

당시 미 레이건 행정부는 소련에 대항하기 위해 만든 나토가 기존 국경선을 넘어 확장하는 일은 없을 것임을 소련의 지도부에 약속했다. 여기에는 당연히 당시 서독은 물론이고 영국도 프랑스도 다 동의한 바 있다. 헤지스 기사에 따르면 그 이후 클린턴 행정부는 1997년 '상호관계, 협력 및 안보에 관한 기본 협정'에서 다시금 동구권에 지상군을 주둔시키지 않을 것임을 약속했다. 하지만 미국은 2014년 당시 친러 성향 빅토르 야누코비치 우크라이나 대통령을 축출한 쿠데타를 배후에서 지원했다.

특히 흥미로운 점은 위키리크스를 통해 폭로된 2008년 2월 1일자 모스크바발 비밀 전문이다. 미 합참, 국방, 국무장관, 국가안전보장회의(NSC), 나토·유럽연합 협의기구 등에 보낸 전문은 "러시아 측은 나토에 의한 포위와 러시아의 역내 영향력 축소 시도를 인지할 뿐만 아니라 러시아의 안보 이익을 심각하게 침해할지도 모를 예측 불가능하고 통제되지 않은 결과들을 우려하고 있다"고 전한다.

전문은 또 "전문가들이 말하기를 러시아는 특히 러시아 소수민족 공동체 대부분이 반대하고 있는 나토 가입을 둘러싼 우크라이나의 심각한 분열이 폭력 사태와 최악의 경우 내전을 동반한 영토 분할로 귀결될지도 모른다는 점을 무엇보다 우려하고 있다. 만에 하나 그런 일이 일어나면 러시아는 개입 여부를 결정해야 할지 모르며, 이는 러시아로선 직면하고 싶지 않은 결정이 될 것"이라고 강조한다. 덧붙여 나토 가입 문제가 장기적으로 볼 때 미러 관계의 최대 불안 요소이며, 양국을 '전형적인 대결 태세'로 가져갈 수 있을 거라고 보고 있다.

프랑스 육군의 뱅상 데포르트라는 장군 또한 최근 이런 말을 한다. "나토는 유럽에서 계속 긴장을 키워 왔다. 나토의 목표는 계속 유지되는 것이다. 그래서 나토는 계속해서 적을 만들어 왔다. … 우크라이나는 나토 가입을 원한다. 그러나 우크라이나가 바로 가입할 수 없다는 것은 여러분도 동의할 것이다. 소련 해체 시점에 나토의 서방 지도자들은 러시아에 나토가 동진하지 않을 것을 약속했다."

러시아 침공 이후 주변에서 이해하기 힘든 도덕적 흥분의 범람을 목격한다. 평화를 말하지만, 멀지 않은 과거 이라크, 아프가니스탄, 그 외 중동 곳곳에서 수많은 시민들이 폭격에 죽어 갈 때 과연 우크라이나 사태만큼의 정서적 공감을 가져본 적이 있는지 의아하다. 평화도 '선택적'이란 말일까. 평화도 오리엔탈리즘에 포획된 것일까.

전쟁의 수단성에 대한 강력한 비판에도 불구하고 ㉠'전쟁은 다른 수단에 의한 정치의 계속'이라는 명제는 다시 입증됐다. 그렇다. 우크라이나 전쟁은 훨씬 전부터 예측 가능했고, 피할 수 있었다. 하지만 국제정치는 실패했다. 나토의 동진이 멈추지 않는 한 전쟁은 계속될 것이다. 최대의 피해자는 우크라이나 시민들이며, 최대의 수혜자는 나토 동진 뒤에 도사려 대박을 치고 있는 전쟁 산업이다.

— ○○신문

086 윗글에 대한 반응으로 적절하지 않은 것은?

① 누구의 이익을 위한 전쟁인지를 생각하게 하네.
② 어느 전쟁에서든 평화와 반전을 말하는 태도는 똑같아 보여.
③ 전쟁으로 경제적 이익을 얻는 곳은 나토의 동진을 바라겠지.
④ 우크라이나 전쟁을 서양의 시각에서 보는 것을 경계하고 있어.
⑤ 우크라이나 전쟁을 보면 전쟁이 정치의 한 부분이라는 말에 동의하게 돼.

087 ㉠에 대한 이해로 적절한 것은?

① 전쟁의 최대 수혜자가 누구인지 알 수 없다는 의미이다.
② 우크라이나 전쟁은 예측 불가능하고 불가피했다는 의미이다.
③ 여러 정치적 목적을 달성하기 위한 수단이 전쟁이라는 의미이다.
④ 우크라이나 전쟁이 나토의 동진을 가속화하는 촉매가 된다는 의미이다.
⑤ 세계의 평화에 대한 정서적 편향성이 이번 전쟁의 원인이라는 의미이다.

[088~090] 다음 글을 읽고 물음에 답하시오.

2022년도 상반기 전기자동차 민간 보급 사업 공고

○○시는 온실가스 감축 및 대기 환경 개선을 위해 전기자동차 상반기 민간 보급 사업을 다음과 같이 공고합니다.

1. 사업 개요
   - 보급 대수: 전기자동차 6,300대
   - 보급 기간: 2022.02.01.(화)~06.30.(목)   ※보급 대수 소진 시 조기 마감
   - 배정 물량: 개인 3,800대, 법인 2,500대

2. 지원 자격 및 대상
   - 공통 자격
     - 구매 지원 신청서 접수일 기준 연속하여 ○○시에 30일 이상 거주하거나, ○○시에 30일 이상 주 사무소로 사업자 등록을 한 자
   - 지원 대상별 기준
     - (개인) ○○시에 주소를 둔 만 18세(자동차 운전면허 시험 자격 최소 연령) 이상
     - (개인사업자) 개인 물량에 접수
       ・ 1대: 대표자의 등본상 주소가 ○○시
       ・ 2대 이상: 대표자 주소지와 사업장 주소지가 모두 ○○시
     - (법인) ○○시에 주소를 둔 사업자

3. 보조금
   - 구매 보조금 (단위: 만 원/대)

대상 차종	계	국비 보조금	시비 보조금
전기승용	900	700	200

4. 구매 지원 신청
   - 신청 일시: 2022.02.01.(화). 10:00~ ※ 보급 대수 소진 시 조기 마감
   - 구매 가능 대수
     - 개인: 1대, 개인 사업자 및 법인(㉠렌털 업체 포함): 제한 없음
   - 지원 가능 차종: 붙임 서류의 ㉡카탈로그 참조
   - 신청 방법
     - 구매자가 제작·수입사와 구매 계약을 체결하고, 자격 부여일로부터 3개월 이내에 출고·등록이 가능할 경우 구매 지원 신청서를 작성하여 제출
     - 환경부 통합 누리집 내 ㉢그린 카 구매 보조금 지원 시스템(㉣팝업 창을 통해 접속)에 제출
     - 기타 증빙 자료는 신청서 상단에 기재된 ㉤이메일로 제출

---

088 ㉠~㉤을 다듬은 말로 적절하지 않은 것은?

① ㉠ 렌털(rental) → 대여
② ㉡ 카탈로그(catalogue) → 전단지
③ ㉢ 그린 카(green car) → 친환경 차
④ ㉣ 팝업(pop-up) 창 → 알림 창
⑤ ㉤ 이메일(e-mail) → 전자 우편

089 윗글에 대한 이해로 가장 적절한 것은?

① 개인 사업자는 최대 2대까지 지원받을 수 있다.
② 주소지가 타 지역인 법인 사업자는 1대만 지원받을 수 있다.
③ 개인이 지원받기 위해서는 구매 계약을 먼저 체결해야 한다.
④ 2022년 1월 1일부터 ○○시에 거주한 사람은 신청할 수 없다.
⑤ 차량 출고 및 등록이 완료되어야 구매 지원 신청서를 제출할 수 있다.

090 윗글을 바탕으로 〈보기〉를 이해한 내용으로 적절하지 않은 것은?

> **보기**
>
> **추가 보조금 지급 계획**
>
> ○ 구매 보조금과 별도로 해당자의 신청에 의거하여 추가 지원
> - 【국 비】
>   ‣ 차상위 이하 계층이 구매 시 국비 지원액의 10% 추가 지원
> - 【시 비】 아래 사항에 해당할 경우
>   단, 지원 요건 중복 시 최대 200만 원 한도 내에서 지급
>   ‣ 배출 가스 5등급 차량을 전기자동차로 대체 구매 시: 70만 원/대
>   ‣ ○○시 녹색 교통 지역 거주자(사업자)가 배출 가스 5등급 차량을 전기자동차로 대체 구매 시
>   : 100만 원/대
>   ‣ 취약 계층 등 100만 원 추가 지원(1인당 1회 한정): 국가 유공자, 장애인, 다자녀 가구

① 차량 1대당 시비 보조금은 최대 400만 원까지 받을 수 있겠군.
② 차상위 이하 계층이 차량 1대를 구매할 경우 받을 수 있는 국비 보조금은 총 770만 원이겠군.
③ 배출 가스 5등급 차량을 전기자동차로 대체 구매할 경우 거주 지역에 따라 보조금이 달라지는군.
④ 배출 가스 5등급 차량 2대를 전기자동차로 대체 구매할 경우 받을 수 있는 시비 추가 보조금은 최소 140만 원이겠군.
⑤ 국가 유공자인 개인 사업자가 배출 가스 5등급 차량을 전기자동차로 대체 구매할 경우 시비 추가 보조금은 최대 270만 원을 받을 수 있겠군.

국어 문화 091번~100번

091 〈보기〉에서 설명하는 문학 작품은?

> **보기**
> 조선 광해군 때에 박인로가 지은 가사. 이덕형이 사는 형편을 묻자 답하기 위해 지은 작품으로 현실은 가난하고 누추하지만 자신의 본분을 지키고 안빈낙도하려는 심정을 드러내고 있다.

① 선상탄　② 누항사　③ 태평사
④ 상춘곡　⑤ 속미인곡

092 〈보기〉에서 설명하는 문학 작품은?

> **보기**
> 이광수가 지은 장편 소설로 부유한 가정을 이룬 주인공이 사회적인 지위·재산을 다 버리고 농촌과 농민 속에서 이상과 참된 인간성을 찾는 과정을 그리고 있다. 농촌 계몽 운동을 소재로 한 농민 문학의 대표작이다.

① 흙　② 무정　③ 유정
④ 개척자　⑤ 젊은 그들

093 〈보기〉에서 설명하는 작가는?

> **보기**
> 1930년대 모더니즘 계열의 대표적 시인으로, 신석초, 서정주 등과 동인지 『자오선』, 『시인 부락』에서 활약하였으며 온건하고 회화적인 시풍이 특징이다. 대표적인 시로 「와사등」, 「설야」, 「외인촌」, 「추일서정」 등이 꼽힌다.

① 이육사　② 유치환　③ 김기림
④ 김광균　⑤ 조지훈

094 〈보기〉는 근대 계몽기 신문에 게재된 논설이다. 이에 대한 설명으로 가장 적절한 것은?

> **보기**
>
> 근일에 쇼셜짓는 쟈의 츄셰를 볼진딕 사름으로 ㅎ여곰 대경쇼괴 홀 쟈 불일ㅎ도다. 이 쇼셜도 음풍이오 뎌 쇼셜도 음풍이라 여인의 아릿다온 틱를 그려내며 남즈의 호통한 모양을 식여내여 혼 번 보미 음심이 싱기고 두 번 보미 음심이 방탕케 ㅎ느니 오흐라 쇼셜은 국민에게 지남침과 굿흔 쟈 드물며 쏘 보기됴와 아니ㅎ는 쟈 업느니 그럼으로 쇼셜이 국민을 강흔 딕로 인도ㅎ면 국민이 강ㅎ여지고 쇼셜이 국민을 약흔 대로 인도ㅎ면 국민이 약ㅎ여지며 쇼셜이 국민을 정대흔 딕로 인도ㅎ면 국민이 정대ㅎ여지고 쇼셜이 국민을 샤특흔 딕로 인도ㅎ면 국민이 샤특ㅎ여지느니 쇼셜을 짓는 쟈들은 맛당히 깁히 숨가홀 바로다
>
> ─『대한매일신보』1908년 8월 12일

① 소설의 의의에 대해 예측하고 있다.
② 소설의 내용에 대해 안내하고 있다.
③ 소설의 전망에 대해 제시하고 있다.
④ 소설가의 역할에 대해 주장하고 있다.
⑤ 소설가의 자격에 대해 추측하고 있다.

095 ㉠~㉤의 의미로 적절하지 않은 것은?

> **보기**
>
> 별주부는 물가에서 용궁으로 돌아와 용왕을 ㉠알현하였다. 용왕은 급히 일어나며 가장 먼저 "토선생은 어찌되었느냐? 간을 구해왔느냐?"라고 물었다. 별주부 대성통곡하며 "토선생이 이러구러 하여 주상과 소인을 ㉡비방하여 ㉢왈 '인간 세상에 어찌 오장육부를 출입하는 이가 있겠는가?' 하고 오히려 소인을 죽이려 하였기에 몹시 두려워 울면서 돌아왔습니다."라고 말했다. 용왕은 크게 진노하여 "그놈이 짐을 ㉣기롱함이 이와 같은 까닭은 응당 별주부가 중도에 뇌물을 받았기 때문일 것이다."라고 말하며 이에 형벌 세례를 가하고 동정호 칠백 리에 ㉤정배를 보내버렸다.
>
> ─「토끼전」

① 알현: 일정한 임무를 띠고 가는 사람을 따라감.
② 비방: 남을 비웃고 헐뜯어서 말함.
③ 왈: 말하기를.
④ 기롱: 남을 속이거나 비웃으며 놀림.
⑤ 정배: 멀리 귀향을 보내는 것.

096 ㉠~㉤의 현대어 역으로 올바르지 않은 것은?

보기

나랏 말싼미 中國에 달아 文字와로 서르 ㉠ᄉᆞᄆᆞᆺ디 아니홀ᄊᆡ 이런 젼ᄎᆞ로 어린 百姓이 니르고져 홇 배 이셔도 ᄆᆞ춤내 제 ᄠᅳ들 ㉡시러 펴디 몯홇 노미 ㉢하니라. 내 이를 爲ᄒᆞ야 ㉣어엿비 너겨 새로 스믈여듧 字를 ᄆᆡᇰᄀᆞ노니 사ᄅᆞᆷ마다 ᄒᆡ여 수빙 ㉤니겨 날로 ᄡᅮ메 便安킈 ᄒᆞ고져 홇 ᄯᆞᄅᆞ미니라.

— 「훈민정음 서문」

① ㉠: 통하지   ② ㉡: 실어서   ③ ㉢: 많으니라
④ ㉣: 가엾게   ⑤ ㉤: 익혀

097 〈보기〉는 단어의 유래에 대한 북한의 설명이다. ㉠~㉤에 대한 설명이 틀린 것은?

보기

옛날 어느 왕이 란리가 일어나 동해안지역에 가있었는데 먹을것이 떨어져 며칠째 배를 ㉠굻고있었다. 그러던 어느날 신하들이 바다에서 메기를 잡아 왕에게 ㉡료리를 만들어 대접했더니 그 맛이 아주 좋다고 하면서 란리를 만나 고생하던 때에 자기에게 은혜를 베푼 고기라고 그 이름을 ≪은어≫라고 부르도록 하였다. 란리가 평정된 후 왕궁에 돌아온 왕은 동해안지방에 갔을 때 맛있게 먹던 고기생각이 나서 은어를 다시 찾았다. 신하들이 은어를 잡아다가 잘 가공하여 올렸지만 그것을 먹어본 왕은 란리때에 먹던 은어는 맛이 대단히 좋았는데 왜 이 물고기는 맛이 없는가고 하였다. ≪태평세월≫에 온갖 진수성찬이 차례지는 왕궁에서 은어 ㉢같은것이 어떻게 별미로 되겠는가? 왕은 음식맛이 자기 처지에 따라 달라진다는 진리를 몰랐던것이다. 왕은 얼굴을 찡그리며 이제부터 이 물고기를 ≪은어≫라고 하지 말고 도루 ≪메기≫라고 하라고 령을 내렸다. 그리하여 동해에서 사는 메기의 이름이 은어로 ㉣되였다가 다시 ㉤≪도루메기≫로 되였다고 한다.

① ㉠: 한글 맞춤법에서는 보조 용언은 앞말과 띄어 쓰는 것이 원칙이나 이때는 붙여 쓰는 것도 가능하다.
② ㉡: 한글 맞춤법에서는 두음법칙을 표기에 반영하여 '요리'로 쓴다.
③ ㉢: 한글 맞춤법에서는 의존명사도 앞말에 띄어 쓰므로 '같은 것이'로 써야 한다.
④ ㉣: 한글 맞춤법에서는 어간 '되-'에 어미 '-었다가'가 결합하므로 '되었다가'로 써야 한다.
⑤ ㉤: '도루메기'는 '도루묵'과 같은 말이다.

098 〈보기〉의 ㉠에 들어갈 말로 가장 적절한 것은?

> **보기**
>
> 수어는 문화의 영향을 받는다. 예의를 갖추거나 존경의 태도를 갖추고자 할 때에는 자연스럽게 동작이 위로 향하게 된다. 다음은 수어 〈주다〉의 동작을 나타내는 것이다. 화자를 기준으로 하여 위쪽을 향하여 수어 〈주다〉를 이동시키면 수어 〈 ㉠ 〉이/가 된다.
>
> 　　
>
> 　　수어 〈주다〉　　　　　수어 〈 ㉠ 〉

① 드리다　　② 높다　　③ 크다
④ 내밀다　　⑤ 뛰다

099 〈보기〉를 바탕으로 할 때, '버섯'의 점자 표기로 알맞은 것은?

보기

ㄱ	ㅂ	ㅅ	ㅓ	ㅜ
○●	○●	○○	○●	●●
○○	○●	○○	●○	○○
○○	○○	○●	●○	●○

첫소리 글자의 점형이 오른쪽 줄에만 있는 자음의 경우, 받침으로 쓸 때는 해당 점형을 왼쪽으로 이동한 모양으로 점형을 만들었다. 예시로, '국어'의 점형은 다음과 같다.

○● ●● ●○ ○●
○○ ○○ ○○ ●○
○○ ●○ ○○ ●○

① ○● ○● ●○ ○● ○●
　 ●○ ●○ ●○ ●○ ○○
　 ○○ ○○ ○○ ○● ○○

② ○● ○● ○○ ○● ○○
　 ●○ ●○ ○○ ●○ ○○
　 ○○ ○○ ○○ ●○ ●○

③ ○● ○○ ○● ○● ○●
　 ●○ ○○ ●○ ●○ ●○
　 ○○ ●○ ○● ●○ ●○

④ ○● ○● ○● ○● ○●
　 ●○ ●○ ●○ ●○ ●○
　 ○○ ●○ ○○ ○● ●○

⑤ ○● ●● ○○ ○● ○●
　 ●○ ○○ ○○ ●○ ○○
　 ○○ ●○ ○● ●○ ○○

100 ㉠~㉤에 대한 수정 권고 내용으로 적절하지 <u>않은</u> 것은?

> **보기**
>
> 앵커: 이번에는 지진으로 인한 피해 소식 알아보겠습니다. ○○○ 기자!
> 기자: 네, 이번 지진은 강도가 매우 커서 약 7초 이상 건물이 심하게 흔들리는 것을 느낄 수 있었습니다. ㉠<u>바다 건너 지역 일대에서도</u> 건물 흔들림이 감지됐습니다. ㉡<u>현재까지 당사에 걸려온 신고 전화만 수만 건에 달하고 있습니다.</u> 1시간여 차이로 두 번의 지진이 잇따르자 ㉢<u>A시 곳곳에서 주민들이 비명을 지르며 아파트 밖으로 뛰쳐나왔고 KTX는 속력을 줄이고 거북이처럼 조심스럽게 운행하고 있습니다.</u>
> 한편, 지진 발생 직후부터 ○○메신저가 불통 상태에 빠지면서 문의 전화가 빗발치고 있습니다. 지진으로 장비의 이상이 생긴 건지 ㉣<u>트래픽</u>이 갑작스럽게 폭주해 생긴 문제인지 원인을 파악하고 있습니다.
> A시 등 각 지자체는 피해 상황을 점검하는 가운데 ㉤<u>국민안전처는 아직 공식적인 피해 집계는 이루어지지 않았으며 전국에 진동 발생 신고가 1만여 건 들어왔다고 밝혔습니다.</u>

① ㉠: 지진이 발생한 구체적인 지명을 밝혀 재난에 대비하게 한다.
② ㉡: '국민안전처'에 접수된 신고 건수로 교체하여 자료의 신뢰성을 높인다.
③ ㉢: 국민의 불안감을 부추기는 묘사적인 표현을 객관적인 표현으로 수정한다.
④ ㉣: 국민이 이해하기에 좀 더 쉬운 말인 '통화량'으로 단어를 교체한다.
⑤ ㉤: 진동 발생 신고 건수를 근거로 공식적인 피해 건수가 1만여 건임을 밝힌다.

[확인 사항]

● 문제지와 답안지에 필요한 내용을 정확히 적었는지 확인하십시오.

수고하셨습니다.

2022. 02. 19.

성 명	
수험번호	
감독관 확인	

제65회
KBS한국어능력시험

KBS 한국방송

- 문제지와 답안지에 모두 성명, 수험 번호를 정확히 기입하십시오.
- 답안지와 함께 문제지를 반드시 제출하십시오.
- 본 시험지를 절취하는 것은 부정행위로 간주합니다.
- 본 시험의 내용을 무단으로 전재·복사·복제·출판·강의하는 행위와 인터넷 등을 통해 복원하는 행위는 저작권법에 저촉됩니다.

한국어능력시험 문항 100문항

영역	문항
듣기 · 말하기	001번~015번
어휘 · 어법	016번~045번
쓰기	046번~050번
창안	051번~060번
읽기	061번~090번
국어 문화	091번~100번

제65회 KBS한국어능력시험

2022년 02월 19일 시행

듣기·말하기 001번~015번

001 그림에 관한 설명에서 다루지 않은 것은?

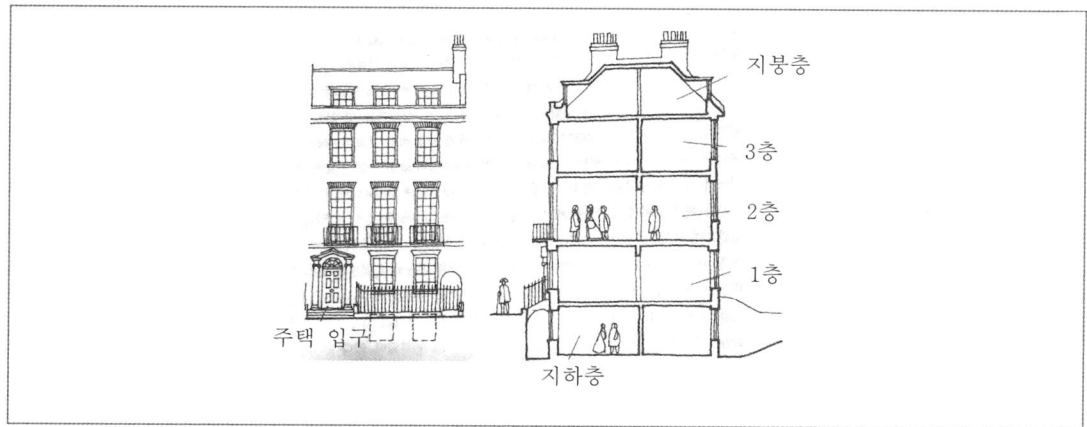

① 주택의 층별 사용 목적
② 주택 외관에 사용된 건축 양식
③ 이러한 주택 유형이 지어진 시기
④ 이러한 주택 유형이 등장한 배경
⑤ 이곳에 거주하는 이들의 사회적 지위

002 이 이야기에서 얻을 수 있는 교훈으로 가장 적절한 것은?

① 자신을 보호하기 위해서는 동료의 도움이 필요하다.
② 약자의 희생으로 공동체의 문제를 해결해서는 안 된다.
③ 공동체의 문제를 해결할 때에는 원칙의 적용이 중요하다.
④ 공동체의 발전을 위해서는 구성원의 일관된 행동이 중요하다.
⑤ 말은 어떠한 관계 속에서 오가느냐에 따라 다른 결과를 가져온다.

003 강연의 내용과 일치하지 않는 것은?

① 부활초는 환경에 따라 형태가 바뀐다.
② 폐어 중 일부 종은 유도 동면을 할 수 있다.
③ 부활초와 폐어는 습한 환경에서 휴면 상태를 유지한다.
④ 부활초의 물질대사 원리를 알면 식량 문제 해결에 적용해 볼 수 있다.
⑤ 식물보다 동물이 생존에 물이 더 필수적일 것이라고 생각하는 경향이 있다.

004 이 방송을 듣고 이해한 내용으로 적절하지 않은 것은?

① 이 음악은 장르 혼합의 성격을 가진다.
② 이 노래의 가사는 전통적인 판소리를 기반으로 한다.
③ 이날치 밴드의 노래는 한국을 세계에 알리는 데 사용되었다.
④ 오늘날 이날치 밴드의 인기는 무대의 시각화와도 관련이 있다.
⑤ 조선 시대 이날치도 여러 명으로 이루어진 소리꾼 집단이었다.

005 이 시에서 말하는 내용으로 가장 적절한 것은?

① 행복은 마음가짐에 달려 있다.
② 행복하게 사는 사람들을 본받자.
③ 대세를 따르며 사는 것이 행복이다.
④ 운명을 따른다고 행복해질 수는 없다.
⑤ 행복하게 사는 것이 인생의 목적이다.

006 전문가가 설명한 내용과 일치하는 것은?

① 감귤의 적정 보관 온도는 1℃ 이하이다.
② 사과는 수확된 후에 에틸렌 가스를 생성하기 시작한다.
③ 감은 에틸렌에 민감한 토마토의 성숙과 노화를 촉진한다.
④ 양상추와 달리 당근은 사과와 함께 보관하여도 품질이 저하되지 않는다.
⑤ 에틸렌을 적게 발생시키기 위한 산소 농도 조건과 이산화 탄소 농도 조건은 서로 다르다.

007 진행자의 말하기 방식에 대한 설명으로 적절하지 않은 것은?

① 통계 자료를 인용하여 질문하고 있다.
② 소장이 답변한 내용과 관련된 추가 질문을 하고 있다.
③ 진행자 자신이 경험한 내용을 활용하여 질문하고 있다.
④ 진행자 자신이 알고 있는 지식을 활용하여 질문하고 있다.
⑤ 청취자가 궁금해할 내용을 제시하며 소장에게 정보를 요청하고 있다.

008 두 사람의 갈등이 발생한 원인으로 가장 적절한 것은?

① 새벽에 난 소음이 용인되는지 여부에 대한 시각 차이
② 새벽에 난 소음이 실제로 발생했는지 여부에 대한 시각 차이
③ 새벽에 소음이 삼 일 내내 발생했는지 여부에 대한 시각 차이
④ 새벽에 소음을 유발한 것이 게임 때문인지 여부에 대한 시각 차이
⑤ 새벽에 난 소음이 남자 집에서 발생했는지 여부에 대한 시각 차이

009 이 대화에서 알 수 있는 '남자'와 '여자'의 입장으로 적절하지 않은 것은?

① 남자: 밤 열 시 전에 소파를 옮기는 정도의 소음은 괜찮을 줄 알았습니다.
② 남자: 가구를 옮겨서 이웃에 피해를 끼친 것은 우리 잘못입니다.
③ 여자: 며칠 동안 계속 밤 열 시까지 시끄러워서 참지 못했어요.
④ 여자: 새벽에 시끄러운 건 남자가 이사 온 후부터 시작되었어요.
⑤ 여자: 밤 열 시경은 늦은 시간이니 이웃에 시끄럽지 않게 해야지요.

010 강연의 내용과 일치하지 않는 것은?

① 대기 혼합고는 밤보다 낮에 높다.
② 대기 혼합고는 여름철보다 겨울철에 낮다.
③ 대기 혼합고는 대기가 연직으로 혼합될 수 있는 높이이다.
④ 대기 혼합고는 미세먼지가 희석될 수 있는 대기 부피를 결정한다.
⑤ 대기 혼합고가 낮아져야 대기 중 오염물질이 서로 만날 확률이 낮아진다.

011 이 강연의 특징에 대한 설명으로 가장 적절한 것은?

① 미세먼지 현상에 대처하는 방법을 계절별로 소개하고 있다.
② 미세먼지 현상을 대기 혼합고로 설명하는 이론의 한계를 지적하고 있다.
③ 미세먼지 현상에 대해 잘못 알려진 통념을 새로운 시각에서 해석하고 있다.
④ 가상의 상황을 활용하여 대기 혼합고와 미세먼지 농도의 관련성을 설명하고 있다.
⑤ 미세먼지 현상이 겨울철에 집중되는 이유를 지리적 특징을 중심으로 설명하고 있다.

012 발표의 내용과 일치하지 않는 것은?

① 사기범들은 피해자들을 안심시키기 위해 '전혀'를 쓴다.
② 사기범들은 일반인보다 '혹시'와 '일단'을 더 많이 쓴다.
③ 사기범들은 '지금'과 '이제'라는 부사를 가장 많이 쓴다.
④ 사기범들은 피해자들을 유혹하기 위해 부사를 활용한다.
⑤ 사기범들은 피해자들을 유혹하기 위해 문턱을 설정한다.

013 발표의 내용 구성 전략으로 가장 적절한 것은?

① 전문가의 말을 인용하여 예방법을 소개한다.
② 분석의 대상이 되는 자료의 출처를 명시한다.
③ 실제로 일어난 피해 사례를 유형별로 제시한다.
④ 특정 이론을 활용하여 필수적인 자료를 분류한다.
⑤ 발표에서 핵심적인 단어의 사전적 의미를 소개한다.

014 양측 입장에 대한 이해로 가장 적절한 것은?

① 학교 측은 관리비보다 체육 시설 관리에 더 큰 부담을 느끼고 있다.
② 동호회 측은 체육 시설 관리는 반드시 학교 측에서 해야 한다고 생각한다.
③ 학교 측은 강당 개방 시간을 이전보다 늘리는 것은 불가능하다고 생각한다.
④ 동호회 측은 강당 이용 시간이 줄면 불만을 가진 회원이 많아질 것이라고 생각한다.
⑤ 동호회 측은 동호회 회원들의 직업 특성상 매일 동호회 활동을 해야 한다고 생각한다.

015 양측이 협상을 통해 조정한 내용으로 적절하지 않은 것은?

① 체육 시설 관리 업무는 학교 측에서 계속 담당하도록 한다.
② 동호회 측은 앞으로 관리 비용의 반 정도를 부담하기로 한다.
③ 강당을 밤 8시까지 개방하던 학교 측은 밤 9시까지 강당을 개방하도록 한다.
④ 강당을 매일 이용하던 동호회 측은 매주 수요일은 강당을 이용하지 않도록 한다.
⑤ 파손된 체육 시설의 보수에 관여하지 않던 동호회 측은 보수 비용 전액을 부담하도록 한다.

어휘·어법 016번~045번

016 "받고자 하는 대우를 받지 못할 때 내는 심술"을 의미하는 고유어는?

① 깜냥　　　② 몽니　　　③ 부아
④ 변죽　　　⑤ 아양

017 한자어의 사전적 뜻풀이가 적절하지 않은 것은?

① 재원(才媛): 재주가 뛰어난 젊은 여자.
② 주재(主宰): 어떤 일을 중심이 되어 맡아 처리함.
③ 게재(揭載): 글이나 그림 따위를 신문이나 잡지 따위에 실음.
④ 흠결(欠缺): 일정한 수효에서 부족함이 생김. 또는 그런 부족.
⑤ 결재(決裁): 증권 또는 대금을 주고받아 매매 당사자 사이의 거래 관계를 끝맺는 일.

018 밑줄 친 고유어의 뜻풀이가 적절하지 않은 것은?

① 내가 불쑥 나타나자 친구는 적이 당황했다. → 꽤 어지간한 정도로.
② 영희는 친구의 합격 소식에 못내 기뻐하였다. → 내키지 않지만 어쩔 수 없이.
③ 집을 나선 아이는 딱히 갈 곳이 없어서 공원을 서성였다. → 정확하게 꼭 집어서.
④ 중간에 그만둘 것이라면 숫제 하지 마라. → 처음부터 차라리. 또는 아예 전적으로.
⑤ 친구 생일을 축하하는 자리인데 거저 갈 수는 없지. → 아무것도 가지지 않고 빈손으로.

019 밑줄 친 한자어의 쓰임이 적절하지 <u>않은</u> 것은?

① 정부는 중소기업 육성에 관한 특별법 시행령을 <u>공포(公布)</u>했다.
② 이제는 군의 정치 <u>간여(干與)</u>가 더 이상 이루어져서는 안 된다.
③ 엄벌주의식 형벌보다는 <u>교정(矯正)</u> 위주의 교육 프로그램이 절실하다.
④ 그는 대립하고 있는 두 세력의 중재자를 <u>자처(自處)</u>하고 협상에 나섰다.
⑤ 저 <u>묘령(妙齡)</u>의 중년 부인이 누구인지 회의에 참석한 모두가 궁금해했다.

020 사자성어와 속담의 연결이 의미상 적절하지 <u>않은</u> 것은?

① 풍전등화(風前燈火) – 바람 앞의 등불
② 생구불망(生口不網) – 산 입에 거미줄 치랴
③ 오비이락(烏飛梨落) – 까마귀 날자 배 떨어진다
④ 당랑거철(螳螂拒轍) – 사마귀가 수레를 버티는 셈
⑤ 계란유골(鷄卵有骨) – 말 속에 뜻이 있고 뼈가 있다

021 〈보기〉의 ㉠~㉢에 해당하는 한자로 올바르게 묶인 것은?

> **보기**
> • 회사는 예산의 ㉠<u>부정</u> 사용을 방지하기 위한 대책을 마련했다.
> • ㉡<u>부정</u>을 탈까 두려워 사람들은 집 밖 출입을 삼갔다.
> • 그 일을 알고 있었는지 물었지만 그는 긍정도 ㉢<u>부정</u>도 하지 않았다.

	㉠	㉡	㉢		㉠	㉡	㉢
①	不淨	不正	否定	②	否定	不正	不淨
③	否定	不淨	不正	④	不正	不淨	否定
⑤	不正	否定	不淨				

022 짝지은 문장의 밑줄 친 단어들의 관계가 나머지와 다른 하나는?

① ┌ 물이 흐르지 않으면 물레방아가 안 돌지?
   └ 경기가 좋지 않아 시중에 돈이 돌지 않는다.

② ┌ 가마 안에는 벌겋게 단 숯이 잔뜩 쌓여 있었다.
   └ 손님이 돌아서자 몸이 단 주인은 덤을 주겠다고 했다.

③ ┌ 아이는 고운 목소리로 노래를 부르기 시작했다.
   └ 우리 선생님은 누구보다도 마음씨가 고운 분이시다.

④ ┌ 학생들은 선생님이 부르는 단어를 공책에 썼다.
   └ 영희는 이번에 새로운 사회 현상을 분석한 논문을 썼다.

⑤ ┌ 겨울이 오기 전에 김장독을 땅에 묻고 짚으로 덮었다.
   └ 이번 인터뷰에서 묻고 싶은 것이 있으면 모두 질문하세요.

023 밑줄 친 단어의 쓰임이 적절하지 않은 것은?

① 쌍둥이도 얼굴이 다르기 마련이다.
② 친구는 귀향해서 동네에 식당을 벌렸다.
③ 그는 합격 발표를 기다리며 마음을 졸였다.
④ 그는 심한 독감에 들려 며칠째 고생을 하고 있다.
⑤ 그는 학교 근처에도 못 갔지만 스스로 한글을 깨쳤다.

024 밑줄 친 말에 해당하는 한자어가 옳게 제시된 것은?

① 생전에 우리 아버지께서 너를 참 아끼셨지. = 춘장(椿丈)
② 우리 어머니께서 네게 안부를 전하라 하셨어. = 자당(慈堂)
③ 산의 가파른 길을 따라 우리는 이동을 하였다. = 협로(狹路)
④ 그 일을 보고서는 쓴웃음을 짓지 않을 수 없다. = 조소(嘲笑)
⑤ 좋은 옷을 지으려면 옷감 마름질을 잘해야 한다. = 재단(裁斷)

025 밑줄 친 단어 중에서 "살림을 불리는 재미에 힘든 줄도 몰랐다."에 사용된 '불리다'와 같은 뜻으로 쓰인 것은?

① 이 마을은 예전에는 '밤골'이라고 불렸다.
② 음악 선생님은 학생들에게 단소를 불렸다.
③ 이번에는 지난 강연보다 10분 정도 분량을 불리기로 했다.
④ 반장이 선생님에게 불려 갔으니 곧 이유를 알게 될 것이다.
⑤ 반찬은 없지만 밥이라도 넉넉히 지어 사람들 배라도 불립시다.

026 밑줄 친 속담이 문맥상 적절하지 않은 것은?

① 망건 쓰자 파장이라고 하니 여유를 가지고 신중하게 준비하자.
② 바늘 가는 데 실 간다는 말처럼 두 사람은 일생을 변함없이 함께했다.
③ 이번에도 약방에 감초처럼 인터넷에서 '지구 멸망설'이 널리 퍼지고 있다.
④ 프로 야구 구단들은 울며 겨자 먹기로 웃돈을 얹어 선수를 영입할 수밖에 없었다.
⑤ 누구나 다람쥐 쳇바퀴 돌듯 반복되는 일상에서 벗어나 자연으로 회귀하는 삶을 꿈꾼다.

027 의미가 나머지 넷과 다른 사자성어는?

① 갑남을녀(甲男乙女)
② 동량지재(棟梁之材)
③ 장삼이사(張三李四)
④ 초동급부(樵童汲婦)
⑤ 필부필부(匹夫匹婦)

028 다음 관용구의 의미가 적절하지 않은 것은?

① 사람들의 눈총을 맞으며 사는 것이 괴롭다. → 남의 미움을 받다.
② 그는 믿었던 친구에게 발등을 찍히고 말았다. → 남에게 배신을 당하다.
③ 아무리 머리를 쥐어짜도 뾰족한 수가 나오지 않았다. → 몹시 애를 써서 궁리하다.
④ 그가 빈정대던 소리를 생각하면 배알이 꼴리고 열이 올랐다. → 비위에 거슬려 아니꼽다.
⑤ 너는 발이 짧은 것을 보니 먹을 복이 없는 거로구나. → 부끄러움이 많아 사람을 만나기를 꺼려한다.

029 밑줄 친 부분을 쉬운 말로 바꾼 것으로 적절하지 않은 것은?

① 금번 태풍은 내륙을 통과할 것으로 예상됩니다. → 이번
② 서류 신청 마감 기일을 꼭 지켜 주시기 바랍니다. → 날짜
③ 수수료를 체납하면 필요한 절차가 진행되지 않습니다. → 미루면
④ 산불을 미연에 방지하기 위한 대책을 수립했습니다. → 물샐틈없이
⑤ 소관 부서에서는 구체적인 계획을 수립하여 주시기 바랍니다. → 담당

030 밑줄 친 표현을 순화한 내용으로 적절하지 않은 것은?

① 이번에 새로 장만한 나들이옷이 참 간지가 난다(→ 멋지다).
② 학교에서는 교육 나눔 프로그램에 참여할 멘티(→ 상담원)를 모집한다.
③ 코로나의 장기화로 언택트(→ 비대면) 서비스를 제공하는 업체가 늘었다.
④ 요즘 그때 그 시절의 감성을 자극하는 레트로(→ 복고) 마케팅이 유행이다.
⑤ 뉴스에서 범죄자에게 가스라이팅(→ 심리적 지배)을 당한 사건이 보도되었다.

031 단어의 표기가 올바르지 않은 것은?

① 곱빼기 ② 깍두기 ③ 뚝배기
④ 재떨이 ⑤ 쪽집게

032 밑줄 친 본딧말과 준말의 표기가 모두 올바른 것은?

① 간섭하지 말고 좀 놓아두렴/놔두렴.
② 이 길은 삼 년 전에 트이었다/틔였다.
③ 시원한 바람을 쏘이고/쐬고 나니 상쾌하다.
④ 곤하게 잠든 아기를 침대에 누이었다/뉘였다.
⑤ 과적 차량으로 도로의 곳곳이 파이어/패여 있다.

033 밑줄 친 부분이 어문 규범에 맞지 않는 것은?

① 피곤해서 업무 시간에 <u>졺</u>.
② 저축한 돈으로 컴퓨터를 <u>삶</u>.
③ 입맛이 없어 밥을 미역국에 <u>맒</u>.
④ 퇴근길 지하철에서 사람들이 <u>밂</u>.
⑤ 슬픈 영화를 보고 하루 종일 <u>욺</u>.

034 밑줄 친 말의 띄어쓰기가 모두 올바르지 않은 것은?

① ┌ <u>생각대로</u> 밀고 나가자.
　└ <u>생각한∨대로</u> 밀고 나가자.

② ┌ 친구가 언제 <u>오는지</u> 모르겠네.
　└ 이곳에 <u>머문∨지도</u> 보름이 지났다.

③ ┌ 음식은 <u>이만큼</u> 준비했으면 충분하다.
　└ 잔칫집에서 <u>먹을∨만큼</u> 배불리 먹었다.

④ ┌ 아기는 부모를 빼다 <u>박은∨듯</u> 닮았다.
　└ 하늘은 곧 폭우가 <u>쏟아질∨듯</u> 어두웠다.

⑤ ┌ 이 일은 내키지 않지만 할 <u>수∨밖에</u> 없다.
　└ 자식이 속을 썩이니 어머니가 이리 <u>늙으실∨밖에</u>.

035 〈보기〉와 같이 새롭게 추가된 표준어에 해당하는 것은?

보기

'나래'는 '날개'의 비표준어였지만 '희망의 나래'처럼 문학적 표현에 널리 쓰이면서 새롭게 표준어로 추가되었다.

① <u>센바람</u>에 나뭇가지가 부러졌다. ('강풍'의 문학적 표현)
② 나는 고향의 <u>내음</u>에 옛 추억에 잠겼다. ('냄새'의 문학적 표현)
③ 어릴 적 함께 뛰놀던 <u>동무</u>가 무척 그립다. ('친구'의 문학적 표현)
④ <u>가을걷이</u>가 끝난 들판은 무척 쓸쓸해 보인다. ('추수'의 문학적 표현)
⑤ 밤하늘에 <u>별똥별</u> 하나가 획을 그으며 떨어져 내렸다. ('유성'의 문학적 표현)

036 밑줄 친 부분의 문장부호 쓰임이 적절하지 않은 것은?

① 우리는 대한민국(大韓民國)에 살고 있다.
② 우리말 낱말[단어]의 쓰임을 적어 보세요.
③ 학생들이 모두 집{에, 으로, 까지} 걸어갔다.
④ 광개토(대)왕은 고구려의 전성시대를 열었다.
⑤ 어린이날이 제정되었다.(윤석중 전집(1988) 참조)

037 〈보기〉의 밑줄 친 ㉠에 해당하지 않는 것은?

> **보기**
> 표준어 규정
> 제9항 'ㅣ' 역행 동화 현상에 의한 발음은 원칙적으로 표준 발음으로 인정하지 아니하되, 다만 다음 단어들은 ㉠<u>그러한 동화가 적용된 형태를 표준어로 삼는다</u>.

① 풋내기
② 아지랭이
③ 소금쟁이
④ 담쟁이덩굴
⑤ 동댕이치다

038 짝지어진 두 단어가 모두 표준어인 것은?

① 가뭄 – 가물
② 귀밑머리 – 귓머리
③ 부스러기 – 부스럭지
④ 빈대떡 – 빈자떡
⑤ 샛별 – 새벽별

039 밑줄 친 단어의 발음이 올바르지 않은 것은?

① 그는 결국 자리에 앉고야[안꼬야] 말았다.
② 그는 어제의 기억을 더듬고[더듬꼬] 있다.
③ 그는 나쁜 짓을 일삼기도[일ː삼끼도] 했다.
④ 그는 아이에게 신을 신기지[신끼지] 않았다.
⑤ 그는 평생을 이 직장에 몸담고[몸담꼬] 있다.

040 밑줄 친 말이 외래어 표기법에 맞는 것은?

① 이곳에서 맘모스(mammoth)의 화석이 발견되었다.
② 이 프로그램의 내레이터(narrator)는 유명한 성우이다.
③ 인생은 길게 보면 코메디(comedy)에 가깝다는 말이 있다.
④ 이번 심포지움(symposium)은 온라인으로 진행될 예정이다.
⑤ 유명 피아니스트의 앵콜(encore) 공연에 많은 관객이 몰렸다.

041 로마자 표기가 적절하지 않은 것은?

① 묵호(Mukho)
② 죽변(Jukbyeon)
③ 영화교(Younghwagyo)
④ 촉석루(Chokseongnu)
⑤ 퇴계로(Toegyero)

042 ㉠~㉤ 중 문법적으로 적절하지 않은 문장은?

소모성 질환은 대개 유아가 모유를 떼는 순간부터 시작된다. ㉠모유에는 유아의 전염병 예방에 도움이 되는 주요한 영양분이 포함되어 있다. ㉡모유를 대신하는 음식에는 종종 성장하는 아이의 보호와 양육에 필요한 충분한 영양분이 담겨 있지 않다. ㉢모유의 영양 성분은 아기에게 꼭 필요하며 건강한 성장을 위해 반드시 섭취해야 하는 음식이다. ㉣만약 출생 첫해가 지나기 전에 아기에게 영양실조가 발생한다면 육체적, 정신적 장애는 돌이킬 수 없게 된다. 영양이 부족한 어머니로부터 태어난 아이들은 출생 순간부터 선천적인 문제가 있을 가능성이 있다. ㉤또한 부족한 영양 때문에 출생 후에도 아기는 뇌세포 성장 장애에 시달릴 수 있다.

① ㉠
② ㉡
③ ㉢
④ ㉣
⑤ ㉤

043 문장 성분의 호응이 자연스러운 문장은?

① 구름에 해가 가려서 모두 해를 볼 수 없었다.
② 나는 결코 국가의 정책에 묵묵히 따르는 시민이다.
③ 내가 지각을 한 이유는 너무 피곤해서 늦잠을 잤다.
④ 차에 열쇠를 꽂아 두는 것은 누구라도 운전할 가능성이 있다.
⑤ 비록 두 국가가 합의를 이룬다면 올해 말까지 휴전이 성립될 것이다.

044 중의적으로 해석되지 않는 문장은?

① 나는 하루 종일 일하지 않는다.
② 철수는 책 한 권을 저녁마다 읽는다.
③ 영희는 맛있는 사과와 배를 먹고 있다.
④ 선생님이 보고 싶은 졸업생이 참 많다.
⑤ 민아와 영희는 힘을 합쳐 사업을 꾸려 나간다.

045 밑줄 친 번역 투의 문장을 잘못 고친 것은?

① 그런 행위는 범죄에 다름 아니다. → 범죄와 다르지 않다.
② 어제부터 장맛비가 계속 내리고 있는 중이다. → 내리고 있다.
③ 생각할 시간을 가지고 10분 후에 다시 얘기해 보자. → 생각해 보고
④ 승진에 있어서 남녀를 차별하는 회사는 제재를 받는다. → 승진에 대하여
⑤ 단지 소수의 필요에 의해서 소량 생산되는 제품들도 있습니다. → 필요에 따라

쓰기   046번~050번

[046~050] '사막화'를 소재로 글을 작성하려고 한다. 제시된 물음에 답하시오.

046 〈글쓰기 계획〉의 내용으로 적절하지 <u>않은</u> 것은?

> **글쓰기 계획**
>
> - 주제: 사막화의 심각성과 사막화 방지를 위한 노력
> - 목적: 사막화 문제 해결에 대한 관심을 촉구하기 위한 정보 전달과 설득
> - 글의 내용
>   - 사막화의 의미가 무엇인지 설명한다. ······································ ①
>   - 사막화 진행 실태를 구체적인 수치를 근거로 들어 제시한다. ·········· ②
>   - 사막화가 나타난 국가나 지역의 예를 다양하게 제시한다. ··············· ③
>   - 사막화의 유형과 장단점에 대해 균형 있게 제시한다. ····················· ④
>   - 사막화 방지를 위한 노력을 사례를 들어 제시한다. ······················· ⑤

047 〈글쓰기 자료〉에 제시된 자료의 활용 방안으로 적절하지 <u>않은</u> 것은?

> **글쓰기 자료**
>
> **(가) 연구 논문**
> 　사막화로 말미암아 전 세계의 약 10억 명의 인구가 심각한 피해를 겪고 있다. 최근에 발표된 '세계 사막화율'을 살펴보면 아시아의 사막화율이 37%로 가장 높았고, 아프리카가 32%로 그 뒤를 잇고 있다. 아시아 대륙 중에서도 가장 큰 피해를 입고 있는 나라는 몽골이다. 국토의 90%에서 사막화가 일어나고 있으며 지난 30년 동안 몽골의 목초지 감소와 농지의 유실은 심각하다.
>
> **(나) 신문 기사**
> 　사막화 문제가 본격적으로 대두되면서 사막화 방지를 위한 노력이 계속되고 있다. 국가 간의 사막 녹지화를 위한 노력의 일환으로는 1994년 제49차 유엔 총회에서 채택한 '사막화 방지 협약'이 있다. 국제적 노력을 통해 사막화를 방지하고 사막화와 토지 황폐화를 겪는 개발 도상국을 재정적·기술적으로 지원하는 것을 목표로 한다. 이후 매년 6월 17일을 사막화 방지의 날로 정해 협약 당사국들은 이날을 기념한다.
>
> **(다) 전문가 인터뷰**
> 　사막화가 심해지면 물이 말라 쓸모없는 토양이 늘어나면서 농경지의 생산력이 떨어져 농작물의 수확이 크게 감소합니다. 또 황사로 인한 피해를 겪기도 합니다. 이는 가뭄과 같은 자연적인 요인으로 인한 결과이기도 하지만 과도한 경작이나 방목, 산업화와 같은 인간의 욕심이 만들어 낸 결과이기도 합니다.

① (가)를 활용하여 사막화 피해를 입고 있는 지역의 사례를 들면서 사막화의 심각성을 부각한다.
② (나)를 활용하여 사막화 방지를 위한 국제적인 차원의 노력이 이루어지고 있음을 제시한다.
③ (다)를 활용하여 사막화로 인한 피해를 예를 들어 설명하고, 사막화의 원인을 제시한다.
④ (가)와 (나)를 활용하여 전 세계적인 사막화 현상을 해결하기 위해서 국가 간 협력적인 노력이 이루어지고 있음을 제시한다.
⑤ (나)와 (다)를 활용하여 사막화 방지 협약은 자연적인 요인에 의한 사막화 현상을 방지하기 위한 국제적 노력임을 강조한다.

048 위의 계획과 자료를 바탕으로 〈글쓰기 개요〉를 작성하였다. 〈글쓰기 개요〉의 수정 방안으로 적절하지 않은 것은?

글쓰기 개요

Ⅰ. 사막화 현상
  1. 사막화의 의미
  2. 녹지화를 위한 나무 심기 ··· ㉠

Ⅱ. 사막화로 인한 피해와 극복 ··· ㉡
  1. 사막화로 인한 농업 생산량 감소
  2. 사막화로 인한 황사

Ⅲ. 사막화 방지를 위한 노력
  1. 사막화 방지 협약을 통한 국제적 노력 ····················· ㉢
  2. 사막화 현상의 원인 ·· ㉣

Ⅳ. 사막화 원인 규명에 대한 관심 촉구 ····························· ㉤

① ㉠은 상위 항목과 맞지 않으므로 Ⅲ의 하위 항목으로 옮긴다.
② ㉡은 글의 논리적 흐름과 하위 항목을 고려하여 '사막화로 인한 피해'로 바꾼다.
③ ㉢은 글의 맥락상 적절하지 않으므로 글의 통일성을 위해 삭제한다.
④ ㉣은 상위 항목과의 연관성을 고려하여 Ⅰ의 하위 항목으로 옮긴다.
⑤ ㉤은 글의 맥락을 고려하여 '사막화 문제 해결에 대한 관심 촉구'로 수정한다.

[049~050] 위의 글쓰기 계획, 자료, 개요를 토대로 작성한 글의 일부를 읽고 물음에 답하시오.

　사막화란 오늘날 사막 주변의 건조·반건조 지역에서 많이 일어나는데, 이전에 사막이 아니던 곳이 점차 사막으로 변해 가는 현상을 말한다. 오랜 가뭄과 토양의 건조화 등과 같은 자연적 요인뿐만 아니라, 무분별한 경작이나 산업화와 도시화로 인한 지표수, 지하수의 고갈, 과다한 방목 등으로 인해 삼림 초원이 파괴되어 토지가 황폐화되는 등 ㉠천연적 요인도 사막화의 원인이 된다. ㉡그중에서도 국토의 41%가 고비 사막인 몽골의 경우는 국토의 90%에서 사막화가 일어나고 있어 그 정도가 심각하다. 유엔사막화방지회의의 자료에 따르면 사하라 사막 주변은 연평균 10km의 속도로 사막이 확장되고 있으며, 해마다 전 세계적으로 600만 ha의 광대한 토지가 사막화되고 있다고 한다.
　이렇게 사막화 현상이 진행되면 숲이나 초원이 사라지면서 산소 공급이 감소하고 이산화 탄소 양은 증가해 지구 온난화를 가속화하는 요인이 된다. ㉢또한 관개지에 물이 말라 농경지의 생산력과 농작물 수확이 크게 감소하여 기근과 기아로 인한 재난을 겪을 수 있다. 이 외에도 황사 역시 사막화로 인한 피해라 할 수 있다. 황사란 바람으로 하늘 높이 올라간 미세한 모래 먼지가 대기 중에 퍼졌다가 서서히 떨어지는 현상을 말한다. ㉣역사적으로는 황사를 잘못된 정사에 대한 하늘의 응징으로 보았다. 황사 현상이 심해지면 호흡기 질환이나 알레르기가 유발되기도 하고, 강물이나 토양이 중화되는 등 여러 피해가 발생한다.
　이러한 사막화 현상을 방지하기 위한 국제적 노력으로 사막화 방지 협약이 있다. 이 협약은 무리한 개발로 인한 사막화를 방지하고 사막화 현상으로 어려움을 겪는 개발 도상국을 지원하는 것을 목표로 한다. 또한 나무 심기를 통한 녹지화를 이루기 위해 노력하는 것도 사막화 방지를 위한 방안이다. 중국이나 몽골 지역 등을 중심으로 ㉤황폐화되어진 토지를 비옥한 토양으로 바꾸기 위한 노력이 이어지고 있다. 따라서 우리는 지구 사막화의 심각성을 인식하고 사막화 방지를 위한 노력에 관심을 가질 필요가 있다.

049 ㉠~㉤을 수정하기 위한 방안으로 적절하지 않은 것은?

① ㉠: 문맥을 고려할 때 의미상 적절하지 않은 단어이므로 '인위적'으로 바꾼다.
② ㉡: 앞뒤 문맥상의 흐름을 고려하여 뒤 문장과 순서를 바꾼다.
③ ㉢: 앞 문장과의 관계를 고려하여 '하지만'으로 바꾼다.
④ ㉣: 글의 맥락을 고려할 때 통일성을 해치므로 삭제한다.
⑤ ㉤: 피동 표현이 중복되어 사용되었으므로 '황폐화된'으로 바꾼다.

050 윗글에 대해 〈보기〉와 같은 평가를 받았다. 평가 내용을 반영하여 윗글을 보완할 수 있는 방안으로 가장 적절한 것은?

> 보기
> 〈평가〉: 사막화 방지를 위한 국가적 노력 외에도, 사막화 방지를 위한 민간의 노력 사례도 추가하면 좋겠다.

① 사막화의 심각성에 대한 개인의 인식 차이에 대한 정보를 추가로 서술한다.
② 사막화의 심각성 인식을 촉구하는 내용을 추가하여 정보 전달의 목적을 부각한다.
③ 기업의 난개발이 지구 온난화 및 사막화의 원인이 되는 실태를 사례를 들어 제시한다.
④ 사막화 지역에 식수 작업 및 방풍림 건설에 앞장서는 기업과 사회단체의 사례를 제시한다.
⑤ 사막화 방지를 위한 세계적 노력 중 하나인 사막화 방지 협약 채택 과정에 대해 구체적으로 제시한다.

창안 051번~060번

[051~053] '동조 현상'과 인간 사회를 유비(類比)하고자 한다. 다음 글을 읽고 물음에 답하시오.

미국의 심리학자인 솔로몬 애쉬(Solomon Asch)는 대학 캠퍼스에서 '동조 현상'을 확인하기 위한 실험 참가자를 모집했다. 그들에게는 시력 검사를 한다고 말했다. 애쉬는 팀당 6명의 피실험자를 초대하여 실험을 진행했다. 그중 5명은 모두 애쉬와 짜 맞춘 바람잡이였고 오직 한 명만 진짜 실험 대상이었다. 실험이 시작된 후 애쉬는 세로줄이 그려진 카드 한 장을 가지고 와 이 세로줄과, 다른 카드 위에 있는 3개의 세로줄 중에서 어느 줄이 같은지 선택하게 했고, 이러한 선택은 18번씩 진행되었다. 사실 이 선들의 길이 차이는 보통 사람들이 쉽고 정확하게 판단할 수 있을 정도로 뚜렷했다. 두 번 정도 정상적으로 선을 선택한 후 5명의 바람잡이들은 일부러 틀린 답을 이구동성으로 말했다. 이에 따라 진짜 피실험자는 미혹되기 시작했고 무려 75%의 피실험자가 5명의 바람잡이의 영향으로 적어도 한 번은 잘못된 선택을 하는 결과를 보여 주었다. ㉠자신의 마음속으로는 부정확한 답이라고 여기면서도 바람잡이 때문에 수동적으로 행동하게 된 것이다. 이 실험은 집단의 힘 앞에서 개인이 이성적인 판단을 포기하고 대중의 추세만을 좇는 사회 심리학 현상을 보여준다.

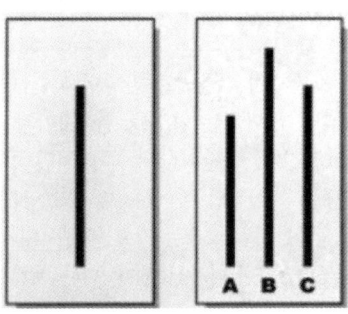

051 '동조 현상'에 영향을 받은 사람으로 적절하지 않은 것은?

① 버려진 음료 캔들 옆에 자신의 캔을 두고 가는 사람
② 차례로 줄을 선 모습을 보고 새치기를 포기하는 사람
③ 무리에서 소외되지 않기 위해 뒷담화에 동참하는 사람
④ 부서 사람들이 시키는 음식과 같은 음식을 시키는 사람
⑤ 유행하는 패딩을 사러 갔다가 마음에 드는 모자를 산 사람

052 윗글의 밑줄 친 ㉠과 같은 행동을 개선하기 위해 주장할 수 있는 논리로 가장 적절한 것은?

① 자신의 안목보다 대중의 안목을 믿어야 할 때가 있다.
② 대중의 행동을 모방하기 전에 객관적인 시각으로 판단한다.
③ 때론 잘못된 선택이 집단의 구성원들을 긍정적으로 이끈다.
④ 우유부단한 태도의 개선을 위해서는 집단의 압력이 필요하다.
⑤ 사람들은 손해를 보더라도 자신이 확실히 아는 것을 선택한다.

053 공익 광고 문구를 〈조건〉에 맞게 창작한 것으로 가장 적절한 것은?

> **조건**
> '바람직한 인터넷 댓글 문화'를 조성하기 위한 교훈을 '동조 현상'에 휘둘리는 모습에 착안하여 표현할 것.

① 말 한마디에 천 냥 빚도 갚는다는 옛말이 있습니다.
② 바르고 고운 말을 쓰는 것, 인격을 지키는 길입니다.
③ 나의 말 한마디가 누군가의 마음을 겨누고 있지는 않습니까?
④ 컴퓨터 앞에서 당신은 스스로 괴물이 되어가고 있지 않습니까?
⑤ 다른 사람들을 따라 생각 없이 누른 '좋아요'가 무기가 될 수 있습니다.

[054~056] 향수를 인간 사회에 유비(類比)하고자 한다. 다음을 읽고 물음에 답하시오.

향수는 향기의 생성에서부터 소멸까지 단계별로 발향이 되는 특징을 가지고 있으며, 조향사는 발향의 세 단계를 고려하여 향수를 제작한다. 첫 단계는 향수를 뿌리자마자 바로 맡을 수 있는 향기이며, 시향지 또는 피부에 뿌렸을 때 즉각적으로 느껴진다. 중간 단계는 즉각적인 첫 향기가 끝난 후 나오는 향기이며, 향수의 본질적인 개성을 가장 잘 나타내는 핵심적인 향이다. 마지막 단계는 향수의 마지막 잔향을 말하며, 피부나 옷에 은은하게 머무르는 향이다. ㉠이처럼 향수는 각 단계에서의 여러 가지 향의 조합과 비율의 차이에 따라 각기 다른 향기를 만들어 낼 수 있다. 또한 다음과 같이, 다른 재료들과 함께 새로운 방향제로 활용될 수 있다.

[재료]
향수, 소독용 에탄올
유리 공병, 나무 막대

[특징]
나무 막대의 개수를 많이 꽂으면 향기의 강도가 짙어진다.

그림 (가)

[재료]
향수, 양초
유리 공병, 심지

[특징]
향초를 오래 피우면 향기의 강도가 짙어진다.

그림 (나)

054 (가)의 나무 막대 개수와 (나)의 초를 피우는 시간을 '타인에게 자신의 속마음을 개방하는 것을 선호하는 정도'에 빗대고자 할 때, 설명할 수 있는 논지로 가장 적절한 것은?

① 향기의 강도는 상황에 따라 개인이 조절할 수 없다.
② 강한 향기를 좋아하는 사람일수록 공적인 관계를 선호한다.
③ 향기의 적정 강도는 타인과의 관계에 따라 달라질 수 있다.
④ 향기를 선호하지 않는 사람은 매사에 진솔한 대화를 추구한다.
⑤ 향기가 약할수록 자신의 속마음을 솔직하게 드러내는 상태이다.

055 윗글에 제시된 '향수'를 '사람'에 빗대고자 한다. '단계별 발향의 특징'을 사람의 '성품이나 특성'과 관련지어 이끌어 낼 수 있는 내용으로 적절하지 <u>않은</u> 것은?

① 첫 단계의 향이 강하게 느껴지는 향수는 '보자마자 열정과 에너지가 넘치는 강렬한 사람'에 비유할 수 있습니다.
② 첫 단계보다 이후 향이 좋게 느껴지는 향수는 '만날수록 점차 매력을 발휘하는 사람'에 비유할 수 있습니다.
③ 중간 단계의 향의 개성이 확실한 향수는 '매사에 긍정적으로 행동하는 사람'에 비유할 수 있습니다.
④ 마지막 단계의 잔향이 길게 남는 향수는 '사람들 사이에서 오랫동안 기억되는 사람'에 비유할 수 있습니다.
⑤ 마지막 단계까지 좋은 향기를 이끄는 향수는 '원만한 대인관계를 유지할 줄 아는 사람'에 비유할 수 있습니다.

056 윗글의 밑줄 친 ㉠을 '삶의 향기'에 착안하여 〈보기〉의 공익 광고 문구를 제작하였다. 〈보기〉와 관련 지어 떠올릴 수 있는 표현으로 가장 적절한 것은?

보기
삶의 경험과 생각의 방식에 따라 각자의 삶의 향기가 달라질 수 있습니다.

① 인생은 만들어 가기 나름이다.
② 인생은 멀리서 보면 희극이다.
③ 인생은 흘러가는 구름과 같다.
④ 인생은 침묵에서부터 시작한다.
⑤ 인생은 고난과 역경의 연속이다.

[057~058] (가)의 그림과 (나)의 광고 포스터를 보고 물음에 답하시오.

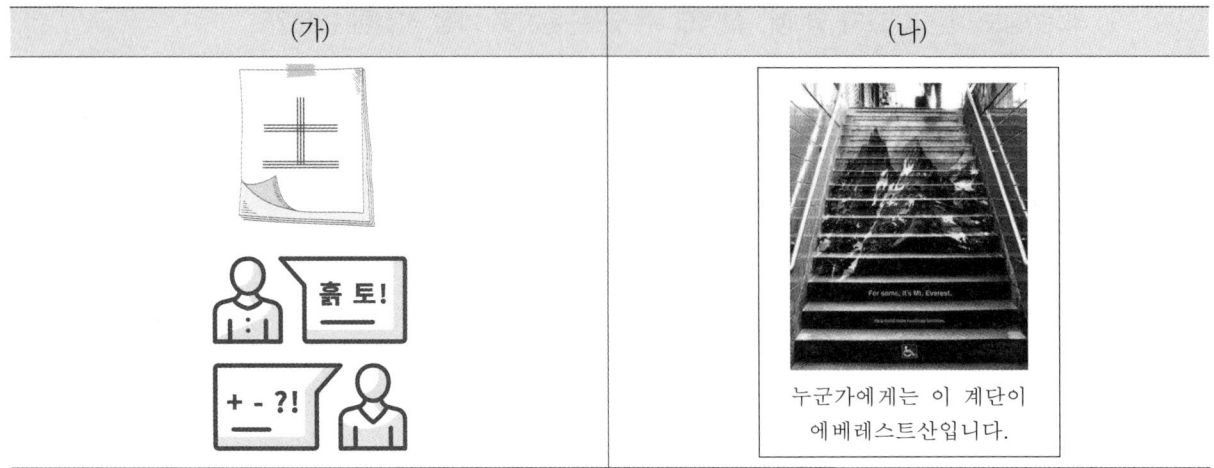

057 다음은 (가)와 (나)를 분석한 표이다. 적절하지 <u>않은</u> 것은?

	(가)	(나)
표현	사람에 따라 다르게 보일 수 있는 그림을 제시(흙 토, 플러스마이너스).	① 계단에 에베레스트산의 사진을 붙여 놓음.
핵심	② 사람들은 자신의 경험이나 관심사에 기대어 세상을 이해한다.	③ 계단을 오르내리는 것이 누군가에게는 에베레스트산을 등반하는 것처럼 힘들 수 있다.
주제	④ 자신의 신념을 바꾸지 않는 삶의 태도가 필요하다.	⑤ 교통 약자의 보행권을 보장해 주는 사회 환경 개선이 필요하다.

058 (가)와 (나)를 활용하여 지도자의 자질에 관한 글을 쓰려고 한다. 공통으로 이끌어 낼 수 있는 내용으로 가장 적절한 것은?

① 좋은 인재를 선택할 수 있는 안목을 가져야 한다.
② 알맞은 인재를 적절한 자리에 배치할 수 있어야 한다.
③ 구성원의 다양한 관점과 상황을 폭넓게 이해해야 한다.
④ 정확한 정보와 신속한 실행력으로 위기를 극복할 수 있어야 한다.
⑤ 구성원 개개인의 능력을 발휘할 수 있도록 동기 부여를 할 수 있어야 한다.

[059~060] 다음 글을 읽고 물음에 답하시오.

지구의 역사를 생각해 볼 때 인간은 지구의 생명체 중 막내라 할 수 있다. 또한 ㉠<u>인간만이 가지고 있는 능력</u>이라 생각하는 것도 자세히 들여다보면 다른 동물들에게서도 찾을 수 있는 능력인 것들이 많다. 지구의 역사와 지구상의 생명체들을 살펴볼 때면 인간과 동물을 경계 짓고 인간만을 특별한 존재로 생각할 이유가 없다는 것을 깨닫게 된다.

059 밑줄 친 ㉠에 해당하는 사례로 보기에 적절하지 <u>않은</u> 것은?

① 가위개미는 수백 종의 식물과 꽃 중에서 필요한 것들만 따로 골라 땅속에서 균류를 재배한다.
② 고래는 몸이 불편하거나 다친 동료가 있을 경우 여럿이 모여 아픈 고래를 떠받치고 숨을 쉴 수 있게 돕는다.
③ 꿀벌은 비행의 각도와 속력을 사용하여 의사소통을 하고 범고래나 돌고래도 그들만의 언어로 다양한 의사소통을 한다.
④ 침팬지는 도구를 사용해 단단한 과일의 껍질을 벗겨 먹기도 하고 그들의 도구 사용 방법을 새끼들에게 전수하기도 한다.
⑤ 말미잘에 둥지를 틀고 사는 흰동가리는 암컷이 죽으면 함께 사는 여러 마리 가운데 가장 큰 수컷이 암컷으로 전환해서 번식한다.

060 윗글을 통해 인간이 자연에 대해 가져야 할 태도를 유추한 것으로 가장 적절한 것은?

① 생명이 있는 한 희망이 있다.
② 동물의 삶이 인간의 삶보다 우월하다.
③ 대자연 앞에서 인간은 나약한 존재일 뿐이다.
④ 새것 앞에 옛것이 물러나는 것은 자연의 이치이다.
⑤ 모든 생명을 귀하게 여기며 겸손한 자세를 가져야 한다.

읽기   061번~090번

[061~062] 다음 글을 읽고 물음에 답하시오.

> 조금 전까지 거기 있었는데
> 어디로 갔나,
> 밥상은 차려 놓고 어디로 갔나,
> 넙치지지미 맵싸한 냄새가
> 코를 맵싸하게 하는데
> 어디로 갔나,
> 이 사람이 갑자기 왜 말이 없나,
> 내 목소리는 메아리가 되어
> 되돌아온다.
> 내 목소리만 내 귀에 들린다.
> 이 사람이 어디 가서 잠시 누웠나,
> 옆구리 담괴가 다시 도졌나, 아니 아니
> 이번에는 그게 아닌가 보다.
> 한 뼘 두 뼘 어둠을 적시며 비가 온다.
> 혹시나 하고 나는 밖을 기웃거린다.
> 나는 풀이 죽는다.
> 빗발은 한 치 앞을 못 보게 한다.
> 왠지 느닷없이 그렇게 퍼붓는다.
> 지금은 어쩔 수가 없다고,
>
> — 김춘수, 「강우」

061 윗글에 대한 설명으로 가장 적절한 것은?

① 수미상관의 방식을 통해 주제를 강조하고 있다.
② 계절적 배경을 활용하여 화자의 의지를 부각하고 있다.
③ 색채 대비를 활용하여 자연 친화적 태도를 나타내고 있다.
④ 동일한 시구를 반복하여 화자가 처한 상황을 드러내고 있다.
⑤ 의인화된 대상에게 말을 건네는 방식을 통해 친밀감을 높이고 있다.

062 〈보기〉를 참고하여 윗글을 이해한 것으로 적절하지 않은 것은?

> **보기**
> 「강우」는 아내의 죽음으로 인한 화자의 안타까움과 그리움이 담긴 작품이다. 또한 이 시는 아내의 부재로 인해 드러나는 존재의 절실함을 보여 주고 있다.

① '조금 전'은 아내의 부재로 인해 상실감을 느끼는 시간을 의미한다.
② '내 목소리만 내 귀에 들린다.'는 아내가 부재하는 상황을 드러낸다.
③ '이번'은 아내의 부재를 절실히 깨닫게 되는 순간을 의미한다.
④ '밖'은 아내를 찾아보기 위해 기웃거리지만 아내의 부재를 확인하게 되는 공간을 의미한다.
⑤ '빗발'은 아내의 죽음으로 인한 화자의 슬픔을 드러낸다.

[063~065] 다음 글을 읽고 물음에 답하시오.

윤직원 영감은 먼저에는 몽치로 뒤통수를 얻어맞은 것같이 멍했지만, 이번에는 앉아 있는 땅이 지함을 해서 수천 길 밑으로 꺼져 내려가는 듯 정신이 아찔했습니다.

그러나 그것은 결단코 자기가 믿고 사랑하고 하는 종학이의 신상을 여겨서가 아닙니다.

[A]
┌ 윤직원 영감은 시방 종학이가 사회주의를 한다는 그 한 가지 사실이 진실로 옛날의 드세던 부랑당패가 백길 천길로 침노하는 그것보다도 더 분하고, 물론 무서웠던 것입니다.
│ 진(秦)나라를 망할 자 호(胡: 오랑캐)라는 예언을 듣고서 변방을 막으려 만리장성을 쌓던 진시황, 그는, 진나라를 망
└ 한 자 호가 아니요, 그의 자식 호해(胡亥)임을 눈으로 보지 못하고 죽었으니, 오히려 행복이라 하겠습니다.

"사회주의라니? 으응? 으응?"

윤직원 영감은 사뭇 사람을 아무나 하나 잡아먹을 듯 집이 떠나게 큰 소리로 포효(咆哮)를 합니다.

"……으응? 그놈이 사회주의를 허다니! 으응? 그게, 참말이냐? 참말이여?"

"허긴 그놈이 작년 여름방학에 나왔을 때버틈 그런 기미가 좀 뵈긴 했어요!"

"그러머넌 참말이구나! 그러머넌 참말이여, 으응!"

윤직원 영감은 이마로, 얼굴로 땀이 방울방울 배어 오릅니다.

"……그런 쳐 죽일 놈이, 깎어 죽여두 아깝잖을 놈이! 그놈이 경찰서장 허라닝개루, 생판 사회주의허다가 뎁다 경찰서에 잽혀? 으응……? 오—사 육시를 헐 놈이, 그놈이 그게 어디 당헌 것이라구 지가 사회주의를 히여? 부자놈의 자식이 무엇이 대껴서 부랑당패에 들어?"

아무도 숨도 크게 쉬지 못하고, 고개를 떨어뜨리고 섰기 아니면 앉았을 뿐, 윤직원 영감이 잠깐 말을 그치자 방 안은 물을 친 듯이 조용합니다.

"……오죽이나 좋은 세상이여? 오죽이나……."

윤직원 영감은 팔을 부르걷은 주먹으로 방바닥을 땅— 치면서 성난 황소가 영각을 하듯 고함을 지릅니다.

"화적패가 있너냐아? 부랑당 같은 수령(守令)들이 있더냐……? 재산이 있대야 도적놈의 것이요, 목숨은 파리 목숨 같던

[B]
┌ 말세넌 다 지내가고오…… 자 부아라, 거리거리 순사요, 골골마다 공명한 정사(政事), 오죽이나 좋은 세상이여……
│ 남은 수십만 명 동병(動兵)을 히여서, 우리 조선놈 보호히여 주니, 오죽이나 고마운 세상이여? 으응……? 제 것 지니
│ 고 앉어서 편안허게 살 태평세상, 이걸 태평천하라구 허는 것이여, 태평천하……! 그런디 이런 태평천하에 태어난
│ 부자놈의 자식이, 더군다나 왜 지가 떵떵거리구 편안허게 살 것이지, 어찌서 지가 세상 망쳐 놀 부랑당패에 참섭을
└ 헌담 말이여, 으응?"

땅— 방바닥을 치면서 벌떡 일어섭니다. 그 몸짓이 어떻게도 요란스럽고 괄괄한지, 방금 발광이 되는가 싶습니다. 아닌 게 아니라 모여 선 가권들은 방바닥 치는 소리에도 놀랐지만, 이 어른이 혹시 상성이 되지나 않는가 하는 의구의 빛이 눈에 나타남을 가리지 못합니다.

"……착착 깎어 죽일 놈……! 그놈을 내가 핀지히여서, 백 년 지녁을 살리라구 헐걸! 백 년 지녁 살리라구 헐 테여…… 오냐, 그놈을 삼천 석 거리는 직분(分財)하여 줄라구 히였더니, 오—냐, 그놈 삼천 석 거리를 톡톡 팔어서, 경찰서으다가 사회주의허는 놈 잡어 가두는 경찰서다가 주어 버릴걸! 으응, 죽일 놈!"

마지막의 으응 죽일 놈 소리는 차라리 울음 소리에 가깝습니다.

"……이 태평천하에! 이 태평천하에……."

쿵쿵 발을 구르면서 마루로 나가고, 꿇어앉었던 윤주사와 종수도 따라 일어섭니다.

"……그놈이, 만석꾼의 집 자식이, 세상 망쳐 놀 사회주의 부랑당패에, 참섭을 히여. 으응, 죽일 놈! 죽일 놈!"

연해 부르짖는 죽일 놈 소리가 차차로 사랑께로 멀리 사라집니다. 그러나 몹시 사나운 그 포효가 뒤에 처져 있는 가권들의 귀에는 어쩐지 암담한 여운이 스며들어, 가뜩이나 어둔 얼굴들을 면면상고, 말할 바를 잊고, 몸둘 곳을 둘러보게 합니다. 마치 장수의 죽음을 만난 군졸들처럼…….

— 채만식, 「태평천하」

063 [A]의 서술상 특징으로 가장 적절한 것은?

① 서술자의 논평을 통해 등장인물의 내면이 제시된다.
② 추측을 포함한 요약적 진술로 인물의 과거 내력을 드러낸다.
③ 공간에 따라 서술자를 달리하여 사건의 다층적 면모를 보여 준다.
④ 등장인물의 외양을 묘사하여 인물의 탐욕스러운 면모를 부각한다.
⑤ 이야기 내부의 인물을 서술자로 채택하여 등장인물의 삶을 성찰한다.

064 [B]의 서사적 기능으로 가장 적절한 것은?

① 인물의 탈속적 삶을 비판하는 기능을 한다.
② 인물이 지닌 현실 인식의 한계를 부각한다.
③ 인물이 처한 암울한 현실을 연민하게 한다.
④ 시대 변화에 무감한 인물의 처세를 부각한다.
⑤ 풍자의 대상이 된 인물의 삶을 연민하게 한다.

065 윗글에 대한 감상으로 적절하지 않은 것은?

① '윤직원 영감'이 받은 충격이 '땅'이 '꺼져 내려가는 듯'하다는 비유적 표현을 통해 드러나고 있군.
② "그게 어디 당헌 것이라구 지가 사회주의를 히여?"라는 표현에서, 사회주의 사상에 대해 거부감을 갖고 있는 '윤직원 영감'의 태도를 엿볼 수 있군.
③ '종학'이 '부랑당패'와 어울리는 것을 안타까워하는 데서, 부유층의 사회적 책무를 중시하는 '윤직원 영감'의 인식을 엿볼 수 있군.
④ 자신의 재산을 "경찰서다가 주어 버릴걸!"이라며 한탄하는 데서, '종학'에 대한 실망감을 드러내는 '윤직원 영감'의 모습을 엿볼 수 있군.
⑤ '윤직원 영감'의 '포효'가 집안의 '가권들'에게는 '암담한 여운이 스며'든 것으로 다가온 데서, '윤직원 영감' 가문의 몰락이 암시되고 있군.

[066~068] 다음 글을 읽고 물음에 답하시오.

　　세계보건기구(WHO)는 2020년 3월 11일 114개 국가에서 118,000명이 확진 판정을 받고 4,291명이 사망한 시점에서 코로나19의 확산이 세계적으로 이루어지고 있음을 인정하며 '팬데믹'을 선언했다. 우리말로 '세계적 유행병'으로 번역되는 팬데믹은 질병이 국경을 넘어 광범위한 지역에 걸쳐 발생하여 더 많은 사람들에게 영향을 미치는 상태로 정의되며, 특정 지역이나 사회에 과도하게 발생하는 국지적 감염병을 뜻하는 에피데믹과 지리적 확산의 규모에서 차별된다. 따라서 사망률이 높은 감염병일지라도 전파 규모가 세계적이지 않으면 팬데믹으로 분류되지 않는다. 2002~2003년 중국과 홍콩에서 창궐했던 사스(SARS), 2015년 사우디아라비아에서 발병하여 중동 지역 일대로 확산되었고 우리나라에서도 확진자가 나왔던 메르스(MERS)의 경우 각각 10%와 35%라는 높은 사망률을 보였다. 그럼에도 팬데믹으로 선언되지 않은 것은 바로 이런 이유에서였다.

　　코로나19 창궐 이전, 세계보건기구의 팬데믹 목록에는 20세기에 발병했던 '스페인 독감', '아시아 독감', '홍콩 독감'과 2009년의 '신종플루'가 있다. 그런데 세계보건기구가 설립되기 이전에도 팬데믹은 존재했다. 팬데믹을 야기했던 시대별 질병의 종류는 연구자들의 입장에 따라 차이가 있지만 흑사병이 가장 파괴력이 컸다는 데 공감한다. 흑사병은 14세기 중반 이래로 유럽을 비롯하여 서아시아, 북아프리카 일대에서 창궐했으며 익히 알려져 있듯이 페스트균이 원인이 되어 발병했다. 이 역병은 유럽이라는 지리적 공간에서는 1346년 처음 발생했고 이후 수차례에 걸쳐 반복적으로 창궐했다. ㉠논란의 여지는 있지만 첫 번째로 발병했던 1346~1353년 사이 최소 유럽 인구의 1/3 이상이 사망한 것으로 여겨진다. 흑사병은 높은 치사율과 확산의 지역적 규모 때문에 인간 사회에서 창궐했던 대표적인 팬데믹으로 거론된다.

　　14세기에 창궐했던 흑사병은 유사 이래 처음으로 창궐했던 페스트균에 의한 감염병이 아니며 또한 최초의 팬데믹도 아니다. 중세 흑사병 창궐 이전에도 페스트균이 야기한 팬데믹이 존재했다. 비잔티움 제국의 유스티니아누스 황제 통치 시기에 처음 발생했기 때문에 후대인들이 그의 이름을 따 '유스티니아누스 역병'으로 부르는 재난이 그것이다.

　　㉡유스티니아누스 역병은 541년 여름 나일 강 삼각주 동부에 위치한 이집트의 항구 도시 펠루시움에서 시작한 것으로 알려진다. 이 역병은 다른 지역으로 확산하여 542년이 되면 비잔티움 제국의 수도인 콘스탄티노폴리스를 비롯하여 안티오크, 일루리쿰, 북아프리카 및 이베리아 반도로까지 퍼져갔다. 543년에는 시리아를 비롯하여 소아시아, 그리스와 이탈리아 반도 그리고 오늘날의 북부 이탈리아 및 프랑스·벨기에 일대를 지칭하는 갈리아 지역으로 번졌다. 지중해 권역 전체에 페스트 장막이 쳐진 것이다. 이후 이 역병은 지리적으로 더 확산되어, 서쪽으로는 아일랜드와 잉글랜드, 동쪽으로는 사산조 페르시아까지 퍼져갔다. 동쪽으로의 확산세는 심지어 중국에까지 미쳐, 7세기 초 중국에서 페스트균에 의한 감염병이 창궐하기도 했다. 결국 유스티니아누스 역병은 700년대 중반까지 비잔티움 제국과 북아프리카, 레반트 지역, 소아시아 및 이베리아 반도를 포함한 지중해 전 권역과 갈리아 지역, 영국제도, 사산조 페르시아 (혹은 중국을 포함하는) 등 광대한 지역에서 간헐적이면서 반복적으로 창궐했다.

066 윗글을 이해한 내용으로 적절하지 않은 것은?

① WHO 설립 이전에도 팬데믹은 창궐하였다.
② 흑사병은 유사 이래 최초의 팬데믹이 아니다.
③ 사스와 신종플루는 팬데믹 여부에서 차이가 있다.
④ 사망률의 정도는 팬데믹 여부를 판단하는 척도이다.
⑤ 흑사병은 치사율과 규모의 면에서 대표적인 팬데믹에 속한다.

067 ㉠의 진술이 전제하고 있는 내용으로 가장 적절한 것은?

① 역사가에게 역사적 상상력은 불필요하다.
② 제한된 자료를 통한 역사적 추정은 불가피하다.
③ 역사가는 자료를 대할 때 자신의 해석을 배제한다.
④ 사망 정도를 정확히 확인할 수 있는 기록이 존재한다.
⑤ 역사에 대한 진술은 명확한 자료에 기반을 두어야 한다.

068 ㉡에 대한 이해로 적절하지 않은 것은?

① 병인은 페스트균이었다.
② 200여 년 동안 지속되었다.
③ 동쪽과 서쪽 양방향으로 모두 확산되었다.
④ 현재의 관점으로 볼 때 펜데믹에 해당한다.
⑤ 비잔티움 제국의 수도에서 처음 시작되었다.

[069~072] 다음 글을 읽고 물음에 답하시오.

　대한민국 헌법의 전문(前文)은 "유구한 역사와 전통에 빛나는 우리 대한국민은"으로 시작하여 하나의 문장으로 끝나는 제법 긴 글이다. 도입부의 표현은 미국 헌법에서와 유사하다. 거기서는 "우리 미합중국 사람들은"이라 번역될 수 있는 말로 시작한다. 그에 해당하는 우리 헌법의 표현이 '대한국민'이다. 이 '국민'의 의미를 되새겨 보는 데에는 '인민'과의 비교가 유용할 수 있다.

　인민은 개화기부터 사람이란 뜻으로 등장한 한자어이다. 사실 '인'과 '민'은 다 사람이란 의미가 있다. 그런데 '인'은 대우받을 만큼 신분, 지위가 높은 사람을 가리키는 경우가 많은 데 반해, '민'은 무리로서의 사람인 데다가 격을 낮춰 보는 대상을 지칭할 때 많이 쓰인다. 예를 들면, 하층민이라 하지 하층인이라 하지 않는다. 이들이 난리를 일으키면 민란이라 하고, 인란이라고 부르지는 않는다. 인민은 인과 민을 동격으로 결합하여 차별을 없앤 용어로서 자연스럽게 쓰이게 되었다.

　임시 정부의 모든 헌법 문서에는 사람의 뜻으로 인민을 썼다. 뿐만 아니라 유진오가 작성한 제헌 헌법의 초안에도 "유구한 역사와 전통에 빛나는 우리들 조선 인민은"이라 되어 있다. 그런데 국회의 심의 과정에서 인민은 국민으로 바뀌게 되고 이것이 지금까지 이어져 오고 있다. ㉠유진오의 회고는 다음과 같이 그 경위를 설명하며 아쉬움을 나타낸다.

　인민이란 용어에 대하여 후에 국회 본회의에서 윤치영 의원은 "인민이라는 말은 공산당의 용어인데 어째서 그러한 말을 쓰려 했느냐, 그러한 말을 쓰고 싶어 하는 사람의 '사상'이 의심스럽다."고 공박하였지만, 인민이라는 말은 구 대한제국 절대 군권하에서도 사용되던 말이고, 미국 헌법에서도 인민(people, person)은 국가의 구성원으로서의 시민(citizen)과는 구별되고 있다. 국민은 국가의 구성원으로서의 인민을 의미하므로 국가 우월의 냄새를 풍기어, 국가라 할지라도 함부로 침범할 수 없는 자유와 권리의 주체로서의 사람을 표현하기에는 반드시 적절하지 못하다. 결국 우리는 좋은 단어 하나를 공산주의자에게 빼앗긴 셈이다.

　이런 연유로 우리 헌법에서의 국민이라는 말은 ㉡혼재된 의미를 갖는다. 곧, 사전적 의미라 할 수 있는, 대한민국 국적을 가진 사람이란 뜻으로만 한정되지 않는 것이다. 예를 들면, 외국인이라도 사람이라면 당연히 갖게 되는 우리 헌법상 국민의 권리로 되어 있는 기본적 인권을 누린다. 예를 들면, "모든 국민은 종교의 자유를 가진다."라는 헌법 제20조 제1항은 외국 국적자도 누려야 할 권리이다. 생명·신체·사상의 자유와 적법 절차의 요청도 마찬가지이다. 하지만 투표를 하는 데는 제한을 받을 수 있고, 국가적 사회 보장의 우선순위에서도 밀릴 수 있다. 이러한 구별에서 혼란을 불러일으킨다는 점 때문에 헌법 개정의 논의가 일 때는 용어를 구별해서 규정하자는 의견이 제시되기도 한다.

069 윗글을 통해 알 수 있는 내용으로 적절하지 <u>않은</u> 것은?

① 사전적 의미에서의 국민은 국적에 따라 결정되는 것이다.
② 인민이라는 말은 공산당이 주로 쓴다는 이유로 잘 쓰지 않게 되었다.
③ 인민에서 '인'과 '민'은 다 사람을 의미하는데 '민'은 무리라는 뜻을 가질 때도 있다.
④ 한국으로 나포되어 온 소말리아 해적은 우리 헌법에서 정하는 국민의 권리를 누릴 여지가 없다.
⑤ 대한민국 헌법 전문에서의 '국민'은 미국 헌법 전문의 '사람들'과 같은 의미를 갖는다고 볼 수 있다.

070 ㉠을 이해한 내용으로 적절한 것은?

① 인민은 공산주의자들이 만든 용어이다.
② 국민은 인민을 포함하는 넓은 의미를 갖는다.
③ 국민이라는 말은 미국 헌법상의 인민보다는 시민에 가깝다.
④ 현행 헌법 전문에서의 국민은 인민으로 대체할 수 없는 말이다.
⑤ 국가의 우월성을 표현하기 위하여 인민 대신 국민이 채택되었다.

071 ㉡에 대한 설명으로 적절한 것은?

① 헌법에 인민이라 규정하려던 것을 국민으로 바꾼 것이 원인이다.
② 헌법에서의 국민은 인간 자체라는 뜻을 갖지 못하게 된 것을 지적한다.
③ 인민이라는 말이 갖는 본래의 의미가 국민이라는 말에 변형되어 들어갔다는 뜻이다.
④ 공산주의적 의미에서의 국민과 현행 헌법상 국민이 갖는 의미의 차이에서 비롯한다.
⑤ 현행 헌법상의 국민의 의미는 대한제국 시대의 국민과 다르다는 설명을 하려는 것이다.

072 윗글의 취지에 맞게 〈보기〉와 같이 '국민'을 '사람'으로 바꾸어 썼을 때 적절하지 않은 것은?

> **보기**
>
> 〈현행 헌법〉
> ㄱ. 제11조 제1항 모든 국민(→ 사람)은 법 앞에 평등하다.
> ㄴ. 제12조 제1항 모든 국민(→ 사람)은 신체의 자유를 가진다.
> ㄷ. 제19조 모든 국민(→ 사람)은 양심의 자유를 가진다.
> ㄹ. 제24조 모든 국민(→ 사람)은 법률이 정하는 바에 의하여 선거권을 가진다.
> ㅁ. 제27조 제1항 모든 국민(→ 사람)은 헌법과 법률이 정한 법관에 의하여 법률에 의한 재판을 받을 권리를 가진다.

① ㄱ ② ㄴ ③ ㄷ
④ ㄹ ⑤ ㅁ

[073~076] 다음 글을 읽고 물음에 답하시오.

일상생활에서 우리가 물체의 위치가 어디에 있는지 혹은 물체가 어떻게 움직이는지를 ㉠관찰할 수 있는 방법은 그 물체를 직접 만져 보거나 눈으로 보는 것이다. 우리가 물체를 만지는 경우 물체에 힘이 가해져 물체가 움직이게 되므로 물체에 운동량이 전달되어 물체의 운동량이 바뀌게 된다. 반면, 물체를 눈으로 ㉡본다는 것은 빛이 물체와 충돌한 후에 산란이 된 빛이 시각 기관인 눈으로 들어온 것을 감지하는 것이다. 이때 우리는 빛이 물체에 충돌하며 어떠한 영향을 ㉢끼치는가를 전혀 감지할 수 없다. 물체의 위치나 운동량을 측정하는 행위는 우리가 감지하든 못 하든 엄밀히 말해서 어떤 형태로든 물체에 영향을 주지 않을 수 없다.

일상의 크기인 물체를 우리가 보는 경우 물체의 질량이 광자*의 질량에 비해 너무 크기 때문에 물체에 광자가 부딪힐 때 광자가 물체에 미치는 힘은 물체에 아무런 영향을 주지 못한다고 볼 수 있다. 그러나 원자를 구성하고 있는 전자와 같은 크기를 가진 입자의 경우 단 하나의 광자와의 충돌에도 큰 영향을 받아 입자의 위치가 변화하게 된다. 더불어 입자의 질량과 속도의 곱인 운동량도 큰 영향을 받게 된다.

물체의 위치를 측정할 때 정확도를 높이기 위해서는 되도록 짧은 파장의 빛을 사용하여야 하는데 파장이 짧을수록 파가 가지는 에너지는 커진다. 따라서 측정 중 광자에 의해 입자에 전해지는 운동량은 커진다. 반면에 긴 파장의 광자를 사용하는 경우 입자에 전해지는 운동량은 적으나 위치 측정의 정확도가 떨어진다. 결과적으로 물체를 ㉣관측하는 과정에서 물체의 위치나 운동량에 불확실성이 생기게 된다. 이러한 관점에서, 전자와 같이 크기가 작은 물체의 미시적 세계에서의 측정에는 항상 물체의 위치나 운동량에 불확실성이 생기게 된다. 즉 위치를 정확히 측정하려면 운동량의 불확실성이 커지고, 운동량을 정확히 측정하고자 하면 위치의 불확실성이 커진다. 이것이 하이젠베르크가 정립한 불확정성의 원리이다. 불확정성의 원리에 따르면 중요한 두 물리량인 위치와 운동량 측정에서 위치 측정의 불확실성과 운동량 측정의 불확실성의 곱은 프랑크 상수를 4π로 나눈 값 이상의 불확실성이 존재한다.

우리가 일상에서 접하는 거시적 세계와 달리, 원자 크기의 미시적 세계에서 생기는 불확정성 때문에 이를 기반으로 하는 양자 역학은 뉴턴의 고전 역학과 근본적으로 다르다. 뉴턴의 고전 역학 체계에서는 특정 시간에 물체의 속도와 위치가 확정적이다. 그리고 물체에 가해지는 힘을 알면 물체의 위치와 속도를 정확히 예측하여 확정할 수 있다. 그러나 양자 역학에서는 특정 시간에 물체의 위치와 속도를 예측할 수 없고, 불확정성 때문에 단지 물체를 특정 지점에서 ㉤발견할 수 있는 확률을 알 수 있을 뿐이다.

* 광자: 빛을 입자로 보았을 때의 이름

073 윗글의 설명 방식에 대한 이해로 적절하지 <u>않은</u> 것은?

① 두 물리량을 예로 들어 특정 이론을 설명하고 있다.
② 특정 인물이 정립한 이론이 갖는 문제점을 제시하고 있다.
③ 일상의 경험과 관련하여 물리적 이론에 대하여 설명하고 있다.
④ 전자에 대한 측정을 예로 들어 특정 원리에 대해서 설명하고 있다.
⑤ 미시적 세계와 거시적 세계에서 측정의 속성이 서로 다름을 제시하고 있다.

074 윗글을 이해한 내용으로 적절하지 <u>않은</u> 것은?

① 우리가 물체에 힘을 가하면 물체의 위치나 운동량에 변화가 생긴다.
② 위치 측정의 불확실성과 운동량 측정의 불확실성의 곱은 최솟값이 있다.
③ 눈으로 물체를 볼 때 물체의 위치를 파악하기 위해서는 광자가 필요하다.
④ 전자의 위치 측정을 정확히 할수록 전자의 운동량 측정은 더욱 정확해진다.
⑤ 양자 역학은 고전 역학과 달리 물체의 위치를 특정 지점에서의 확률로 나타낸다.

075 윗글을 바탕으로 할 때 〈보기〉에 대한 반응으로 적절한 것은?

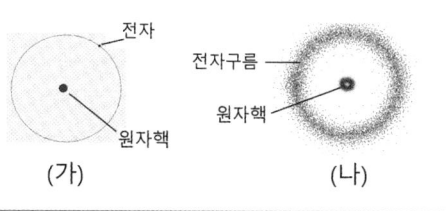

> **보기**
> 보어의 원자 모형에서는 오른쪽 그림의 (가)에 나타낸 것처럼 전자가 원자 주변의 명확한 궤도에 존재하나, 이후 제시된 모형에서는 (나)와 같이 원자핵 주변의 공간에 전자가 존재할 수 있는 확률을 표시하는 전자구름으로 나타낸다.

① 전자를 많은 점들이 산재해 있는 전자구름의 그림으로 나타내는 것은 전자의 수가 많음을 표현한 것이겠군.
② 전자를 한 점이 아닌 명확한 궤도에 존재하는 것으로 표시하는 것은 전자의 위치 측정의 불확정성 때문이겠군.
③ 전자가 궤도에 존재하는 것으로 나타내는 것은 전자의 운동량이 측정에 의해 변화하는 것을 반영하는 것이겠군.
④ 전자구름과 같은 모형으로 표현한 것은 불확정성 원리에 근거하여 전자를 궤도에 나타냄으로써 불확정성을 많이 해소한 것이겠군.
⑤ 더 긴 파장의 광자를 이용하여 전자의 운동량을 측정한다면 전자구름으로 표현한 모형에서 전자의 운동량의 불확정성은 더 줄어들겠군.

076 문맥을 고려할 때 ㉠~㉤ 중 그 의미가 나머지 넷과 <u>다른</u> 것은?

① ㉠   ② ㉡   ③ ㉢
④ ㉣   ⑤ ㉤

[077~078] 다음 글을 읽고 물음에 답하시오.

> 정보 과학 분야에서 정보 엔트로피의 개념은 1940년대 말 미국의 수학자 섀넌의 제안으로 도입되었으며, 정보 엔트로피는 어떤 사건에 대한 불확실성과 밀접한 관계를 가지며 불확실성은 어떤 사건에 대한 정보와 직접적인 관련이 있다. 이를 이해하기 위해 먼저 두 가지 사건에 대한 정보를 생각해 보자. 첫 번째는 '내일이 복날인데 비가 온다.'이고 다른 하나는 '내일이 복날인데 눈이 온다.'이다. 우리는 내일 눈이 온다는 사실에 더 놀라워한다. 더 놀랍다는 것은 일어날 확률이 더 작은 일이 일어났다는 것이며 더 많은 정보를 제공해 준다. 따라서 정보량은 어떤 사건의 발생에 대한 놀라움의 정도이며 사건이 일어날 확률에 반비례한다.
>
> 이번에는 주사위 던지기와 동전 던지기를 생각해 보자. 주사위 던지기에서 일어나는 한 사건의 확률은 동전 던지기에서 일어나는 한 사건의 확률보다 작다. 즉 한 사건에 대해 주사위 던지기는 동전 던지기와 비교할 때 더 많은 정보량을 갖는다. 어떤 사건이 일어날 확률이 작은 것은 불확실함을 의미하고 정보량이 많다는 의미이다. 어떤 사건의 정보량은 음수의 값이 될 수 없으며, 어떤 사건의 확률에 밑이 2인 로그를 취하고 마이너스 부호를 붙임으로써 산출할 수 있다. 가령 동전을 던져 앞면이 나오는 사건과 주사위를 던져 1이 나오는 사건의 정보량을 각각에 대해 구하면 $-\log_2(1/2)=1$과 $-\log_2(1/6)=2.5849$로 정보량의 대소가 직관적인 생각과 일치한다. 따라서 주사위를 던져서 1이 나오는 사건이 동전을 던져 앞면이 나오는 사건보다 정보량이 많다.
>
> 섀넌에 의하면 정보 엔트로피란 동전 던지기와 주사위 던지기와 같은 시행의 평균 정보량이 된다. 동전 던지기의 경우 동전을 한 번 던질 때 앞면과 뒷면이 동시에 나올 수 없으므로 기댓값의 개념을 가지고 생각해야 한다. 기댓값은 사건이 일어날 확률에 정보량을 곱해서 얻는데 동전 던지기의 경우 기댓값은 1/2(앞면이 나올 확률)×1(앞면이 나오는 경우의 정보량) + 1/2(뒷면이 나올 확률)×1(뒷면이 나오는 경우의 정보량)=1이 된다. 많이 찌그러져서 앞면이 나올 확률이 1/4이고 뒷면이 나올 확률이 3/4인 동전이 있다고 해 보자. 이 경우 동전을 던졌을 때 앞면과 뒷면이 나오는 사건의 정보량은 각각 $-\log_2(1/4)=2$와 $-\log_2(3/4)=0.415$가 되고 기댓값으로 표현되는 평균 정보량은 0.811이 된다. 즉 비정상적인 동전 던지기는 정상적인 동전 던지기보다 결과의 예측 가능성이 높아서 불확실성이 해소되는 양이 적다. 따라서 비정상적인 동전 던지기가 정상적인 동전 던지기보다 정보 엔트로피가 작다. 따라서 불확실성이 없다면 정보 엔트로피는 0이 되며, 불확실성 즉 정보량이 증가할수록 정보 엔트로피는 커진다.

077 윗글을 이해한 내용으로 적절한 것은?

① 정보량은 어떤 사건의 발생이 확실한 정도에 비례한다.
② 가위바위보 게임이 동전 던지기에 비해 정보 엔트로피가 크다.
③ 정보량은 사건이 일어날 확률이 작으면 음숫값을 가질 수 있다.
④ 사건에 대한 개별 정보량의 산술적인 합은 평균 정보량과 같은 값이다.
⑤ 우리나라에서 내일 강에 얼음이 어는 사건에 대한 정보량은 가을과 겨울에 같다.

078 윗글을 바탕으로 할 때, 〈보기〉의 반응 중 적절한 것만을 있는 대로 고른 것은?

> **보기**
>
> 〈신문 기사〉
> ㅇㅇㅇㅇ년 올림픽 축구 경기에서 16강 진출을 결정하기 위해 한국과 일본이 맞붙게 되었다. 한 통계 분석 사이트는 경기 전날 한국이 일본에 승리할 확률을 64%로 예측했고, 일본이 한국에 승리할 확률을 16%로 예측하였다. 또한 승부를 결정하는 승부차기가 없으므로 두 팀은 비길 수 있으며 비길 확률은 20%로 예측했다.
> * 신문 기사의 분석에 따른 한일전 평균 정보량은 1.30이며, $-\log_2(1/3) = 1.58$이다.
>
> 〈반응〉
> ㄱ. 한국의 승, 한국의 패, 비김의 세 사건의 확률이 모두 1/3일 때의 평균 정보량은 신문 기사에서 제시한 확률의 평균 정보량보다 작겠군.
> ㄴ. 신문 기사의 내용에 따르면 16강 진출을 위한 경기에서 일본이 한국에 승리하는 경우가 비기는 경우보다 정보량이 더 크겠군.
> ㄷ. 한국과 일본의 경기에 앞서, 다른 두 팀의 승부 결과로 한국과 일본이 자동으로 16강 진출이 확정되었다면 한일 두 나라의 16강 진출에 대한 정보량은 0이 되겠군.

① ㄱ ② ㄴ ③ ㄱ, ㄴ
④ ㄴ, ㄷ ⑤ ㄱ, ㄴ, ㄷ

[079~082] 다음 글을 읽고 물음에 답하시오.

㉠'다른 사람의 마음 문제'란 우리는 자신의 마음만을 직접 알 수 있기에 다른 사람의 마음을 알 수 있는 합리적 근거가 없다는 철학적 문제이다. 우리는 가령 손가락이 베였을 때 아프다는 느낌을 직접 안다. 직접 안다는 것은 내가 아프다는 것을 나의 말이나 행동 따위를 보고 추론해서 아는 것이 아니라는 뜻이다. 이에 비해 다른 사람이 아프다는 느낌은 직접 알지 못한다. 내가 다른 사람의 느낌을 직접 들여다보거나 경험할 수는 없기에 그의 아프다는 말이나 몸을 움츠리는 행동 따위를 근거로 추론하는 것이다.

이런 추론에는 유비 논증이 사용되고 있다. 유비 논증은 ⓐ설명하려고 하는 대상이 ⓑ이미 알고 있는 대상과 ⓒ몇 가지 점에서 비슷하다는 사실이 확인된 것을 토대로, 그것들이 ⓓ다른 측면에서도 비슷하리라고 추론하는 논증이다. 내가 아프다는 느낌이 있을 때 특정한 말이나 행동이 생기는 것을 보고, 다른 사람도 똑같은 말이나 행동을 하니 그도 역시 같은 마음을 가지고 있을 것이라고 추론하는 것이다. 유비 논증은 이미 알고 있는 전제에서 새로운 결론을 도출한다는 점에서 유용하다. 이때 전제가 충분해야 그 논증의 개연성이 높아진다. 예컨대 우리는 담배를 피우는 사람들은 폐암에 걸릴 가능성이 높으니, 담배를 피우는 저 사람도 폐암에 걸릴 가능성이 높다고 추론한다. 이때 담배를 피우는 사람들을 많이 관찰할수록 이 추론의 개연성은 높아지는 것이다.

그러나 다른 사람에게 마음이 있다는 추론은 나의 마음이라고 하는 단 하나의 사례를 토대로 하고 있다는 점에서 개연성이 약한 유비 논증이다. 철학자 비트겐슈타인은 이를 수많은 사람들이 똑같이 생긴 종이 상자를 들고 있는데, 그중 내 상자에 딱정벌레가 들어 있으니 다른 상자들에도 딱정벌레가 들어 있으리라고 추론하는 것에 ㉡비유한다. 이 추론은 단 하나의 사례에 근거한 매우 빈약한 논증이다. 다른 사람의 마음을 추론하는 것도 이와 마찬가지로 빈약한 것이다.

다른 사람의 마음 문제는 다른 사람이 마음을 가지고 있다는 우리의 지식을 의심하는 회의론이다. 다른 사람도 나처럼 마음을 가지고 있다는 것을 사람들은 의심하지 않는데, 다른 사람의 마음 문제는 그런 믿음이 근거가 없다는 것을 보여주니 당황스럽다. ㉢우리의 행동이 곧 마음이라고 주장하는 행동주의를 받아들이면 이 당혹스러움을 쉽게 해결할 수 있다. 행동주의에 따르면 우리가 관찰할 수 있는 다른 사람의 행동이 곧 마음이므로 다른 사람이 마음을 가지고 있는지 고민할 이유가 없기 때문이다.

079 ㉠에 대한 설명으로 옳지 않은 것은?

① 회의론 논증이다.
② 행동주의를 받아들이면 해결된다.
③ 자신의 마음에는 적용되지 않는다.
④ 나의 마음에만 근거한 빈약한 논증이다.
⑤ 다른 사람의 마음을 직접 알 수 없기에 생긴다.

080 다른 사람의 마음 문제에서 ⓐ~ⓓ에 해당하는 것으로 바르게 짝지은 것은?

	ⓐ	ⓑ	ⓒ	ⓓ
①	나	다른 사람	특정한 말이나 행동	다른 사람의 마음
②	나	특정한 말이나 행동	다른 사람의 마음	다른 사람
③	다른 사람	나	다른 사람의 마음	특정한 말이나 행동
④	다른 사람	나	특정한 말이나 행동	다른 사람의 마음
⑤	다른 사람	특정한 말이나 행동	다른 사람의 마음	나

081 ㉡에 대한 설명으로 옳지 않은 것은?

① 똑같이 생긴 종이 상자는 똑같은 말과 행동을 비유한다.
② 다른 사람의 상자 속은 절대 볼 수 없다는 가정을 하고 있다.
③ 내 상자에 딱정벌레가 많이 들어 있다면 개연성이 높아질 것이다.
④ 내 상자의 딱정벌레는 유비 논증에서 이미 알고 있는 전제에 해당한다.
⑤ 다른 사람에게도 마음이 있다고 추론하는 것은 개연성이 낮은 유비 논증임을 보여 준다.

082 ㉢을 비판한다고 할 때 가장 적절한 것은?

① 배가 고프면 모두가 허겁지겁 밥을 먹지 않는가?
② 손을 베였을 때는 누구나 "아얏!" 하고 손을 움츠리지 않는가?
③ 겉으로 관찰하는 행동이 어떻게 복잡한 마음과 동일시될 수 있겠는가?
④ 다른 사람의 마음은 겉으로 드러나는 행동을 통해 관찰할 수밖에 없지 않은가?
⑤ 내가 아플 때 하는 행동과 비슷한 행동은 수많은 사람들을 통해 관찰할 수 있지 않은가?

[083~084] 다음 글을 읽고 물음에 답하시오.

**출입국·외국인정책본부 사칭
보이스 피싱(전화 사기) 주의 안내**

최근 ARS(자동 응답 시스템) 전화를 이용하여 법무부 출입국·외국인정책본부를 사칭해 보이스 피싱(전화 사기)을 시도하는 사례들이 발생하고 있습니다. 안내문을 참고하시어 피해 사례가 발생하지 않도록 각별히 주의해 주시기 바랍니다.

□ 보이스 피싱 사례

① 국제 전화번호(006으로 시작)로 ARS 전화를 발신하여 음성 안내로 "미국 출입국 기관에서 귀하에게 우편물을 보냈으나 부재로 인해 전달을 못 하여 인근 출입국 관리소에서 보관 중입니다. 상세 확인을 원하시면 0번을 누르세요."라는 안내를 합니다.
② 0번을 누르면 상담원과 연결되며, 상담원이 휴대 전화 기종에 대해서 물어본 후 바로 전화를 끊습니다.

□ 유의 사항

위 전화에 응할 시 개인 정보가 유출되어 2차 범죄에 이용되거나, 휴대 전화가 악성 코드에 감염되어 금전 피해가 발생할 수도 있으니 각별히 주의해 주시기 바랍니다.
○ 출입국·외국인정책본부는 우편물 발송 관련 ARS 서비스를 운영하고 있지 않으며, 민원인에게 전화할 때 국제 전화번호를 사용하지 않습니다.
○ 핸드폰 기종을 비롯하여 주민 등록 번호, 계좌 번호 등의 개인 정보를 묻지 않습니다.
○ 출처가 불분명한 번호로 전화가 걸려 올 때 응하지 마시고, 상대방이 요구한 어플 등을 설치하거나 링크를 클릭하지 마시기 바랍니다.
※ 어플을 설치하거나 링크를 클릭할 시 악성 코드에 감염될 우려가 있습니다.

□ 피해 사실 신고

○ 보이스 피싱이 의심되는 경우 즉시 수사 기관(경찰청 112, 검찰청 1301)에 신고해 주시기 바랍니다.
○ 사기 문자를 받았거나 악성 코드 감염 등이 의심되는 경우 국번 없이 118 상담 센터(한국인터넷진흥원 해킹, 스팸 개인 정보 침해 신고)로 자세한 사항을 문의하시기 바랍니다.

---

083 출입국·외국인정책본부 사칭 보이스 피싱의 사례에 대한 이해로 맞는 것은?

① 0번을 누르면 상담원이 바로 전화를 끊는다.
② 전화를 받으면 바로 상담원이 안내를 해 준다.
③ 상담원이 휴대 전화 기종을 바꾸라고 설득한다.
④ 006으로 시작되는 국제 전화번호로 전화가 걸려 온다.
⑤ 출입국 관리소에서 우편물을 보관 중인 것을 알고 전화를 걸어 온다.

084 윗글에 대한 반응으로 적절하지 않은 것은?

① 출입국·외국인정책본부 사칭 보이스 피싱으로 금전적 피해가 발생할 수 있겠군.
② 보이스 피싱 전화 발신자가 권하는 어플을 설치하거나 링크를 클릭하지 말아야겠군.
③ 출입국·외국인정책본부 사칭 보이스 피싱 전화를 받으면 118 상담 센터에 신고해야겠군.
④ 출입국·외국인정책본부라고 하면서 계좌 정보 등 개인 정보를 묻는다면 보이스 피싱이라고 볼 수 있겠군.
⑤ 출입국·외국인정책본부라고 하면서 국제 전화번호로 걸려 오는 ARS 전화는 보이스 피싱인지 의심해 봐야겠군.

085 다음 글을 이해한 내용으로 적절하지 않은 것은?

「아름다운 이야기할머니」가 되어 주세요

한국국학진흥원은 '아름다운 이야기할머니' 사업에 함께할 14기 이야기할머니를 모십니다.

1. 선발 인원: 1,000명
   - 수도, 강원, 경상, 충청, 전라, 제주 등 권역별 210개 시·군·구
   ※ 이야기할머니 지원자는 공고일(2022.01.05.) 전일 주민 등록상 주소지로 응시해야 하며, 공고일 이후 전입자 및 선발 제외 지역(19개 시·군·구) 거주자는 지원이 불가함.

2. 응시 자격: 만 56세~만 74세(대한민국 국적 여성)
   - 주민 등록상 기준: 1948년 1월 1일~1966년 12월 31일 출생

3. 접수 방법 및 기간

방법	접수 기간	주소
우편	01.05.(수)~01.28.(금)	경상북도 안동시 도산면 퇴계로 1234
온라인	01.24.(월)~01.28.(금)	https://kbsklt.or.kr

4. 제출 서류
   가. 공통 사항(필수)
      o 지원서: 응시 지원서, 자기소개서, 개인 정보 수집·이용·제공 동의서 각 1부
      o 기타 서류: 주민 등록 초본 1부(선발 공고일 이후 발급분, 전입 일자 표기)
   나. 우대 사항: 고정된 직업이 없는 분에게 가산점 부여

① 고정된 직업이 없는 사람을 우대한다.
② 대한민국 여성이면 누구나 신청할 수 있다.
③ 온라인 접수는 우편 접수보다 늦게 시작한다.
④ 전입 일자가 표기된 주민 등록 초본을 제출해야 한다.
⑤ 주민 등록상 주소지와 다른 지역에는 신청할 수 없다.

[086~087] 다음 글을 읽고 물음에 답하시오.

'미망인', '학부형', '정상인'…. 일상생활에서 무심코 써 왔지만 성별이나 장애 유무에 따른 차별적 의미가 담겨 있는 단어들이다. 국립국어원 표준국어대사전에 따르면 '미망인(未亡人)'이란 "춘추좌씨전 장공편"에 나오는 말로 '남편을 여읜 여자'를 가리킨다. 하지만 이 단어를 풀이하면 '남편이 세상을 떠날 때 같이 죽었어야 했는데, 미처 그러지 못하고 아직 세상에 남아 있는 사람'이라는 뜻으로, 양성평등의 관점에서 적절하지 않다는 지적이 많았다. '미망인'을 대신하는 말은 '고(故) ○○○ 씨의 부인'이다.

'학부형(學父兄)'이라는 단어도 마찬가지다. 학부형은 '학생의 아버지나 형으로 학생의 보호자를 이르는 말'이지만, 한자 조어는 '아버지'와 '형'만 들어 있어 여성이 배제돼 있다. 대체어는 '학부모(學父母)'이다.

또한 장애인과 대비되는 의미로 '정상인'을 쓴다면 장애인이 정상이 아니라는 차별을 전제하게 되므로 ㉠객관적인 말인 '비장애인'이라고 하는 것이 바람직하다.

— ○○신문

086 언어 표현에 대한 윗글의 관점으로 가장 적절한 것은?

① 차별어는 교양이 없는 계층에서 주로 사용한다.
② 오랫동안 사용한 표현은 사회적으로 합의된 말이다.
③ 완벽한 대체어가 나올 때까지는 기존의 용어를 써야 한다.
④ 언어를 사용할 때 전제된 의미가 무엇인지 살펴볼 필요가 있다.
⑤ 같은 말이라도 화자의 의도에 따라 차별 여부가 달라질 수 있다.

087 ㉠의 관점에서 언어 표현을 수정한 내용으로 적절하지 않은 것은?

① 이 제품은 출시되자마자 효자(→ 인기) 상품이 되었다.
② 올림픽에 처녀(→ 처음) 출전한 선수가 메달을 획득했다.
③ 수도권의 주요 대학(→ 명문 대학)에서 입시 요강을 발표했다.
④ 결손 가정(→ 한부모 가정)에 대한 지원을 강화할 필요가 있다.
⑤ 우리 팀의 성적은 용병(→ 외국인 선수)의 활약 여부에 달려 있다.

[088~089] 다음 글을 읽고 물음에 답하시오.

○○시 고시 제123호

도로명 주소 부여 고시

도로명주소법 제11조 및 같은 법 시행 규칙 제23조에 따라 건물 등에 부여한 도로명 주소를 다음과 같이 고시합니다.

2022.03.01.

○○시장

○ 도로명 주소 부여: 총 5건

연번	종전 주소	도로명 주소	도로명 주소 효력 발생일	도로명 부여 사유
1	양류리 123	버들길 12	2022.03.02.	예부터 지형이 버드나무 가지가 뻗어 있듯이 잔잔한 산맥이 뻗어 있다고 하여 '버들마을'로 칭하던 것을 반영함.
2	다암동 23-4	다암길 55	2022.03.03.	마을에 유난히 바위가 많아 '바위가 많다'는 뜻에서 '다암동'으로 불리던 것을 반영함.
3	주우리 98-7	개나리길 581	2022.03.03.	마을에 개나리꽃이 많이 피어 예부터 '개나리마을'이라고 칭하던 것을 반영함.
4	사찰동 741-25	사찰길 58	2022.03.04.	이 길은 새싹공원 옆을 지나 사찰로 이어지는 길임을 나타내도록 도로명을 부여함.
5	청소리 77	삼삼길 35	2022.03.05.	이 길의 전체 길이가 33km임을 상기시키기 위하여 '삼삼길'로 도로명을 명명함.

※ 고시 내용 및 기타 자세한 사항은 시청 토지과(☎ ㉠핫라인 번호: 02-123-4567)에 문의하거나 시청 ㉡홈페이지에서 ㉢가이드북을 ㉣다운로드하여 열람하시기 바랍니다.
※ 도로명 주소가 부여된 해당 지역에는 일정 기간 동안 고시하기 위하여 ㉤플래카드를 설치할 수 있습니다.

○ 도로명 주소 공부상 주소 전환
  - 공공 기관에서 비치·관리하고 있는 각종 공부상 주소는 해당 기관에서 도로명 주소로 변경합니다.
○ 도로명 주소 변경 등
  - 도로명은 『도로명주소법 제8조 제2항』에 의거 당해 도로명이 고시된 날부터 3년이 지난 후에 변경할 수 있습니다.
○ 참고 사항
  - 공동 주택의 경우 도로명 주소로 공부상 주소를 전환하되, 종전 주소의 공동 주택명은 그대로 유지할 수 있습니다.

088 ㉠~㉤을 다듬은 말로 적절하지 않은 것은?

① ㉠ 핫라인(hotline) → 직통 전화
② ㉡ 홈페이지(homepage) → 누리집
③ ㉢ 가이드북(guidebook) → 고시문
④ ㉣ 다운로드(download)하여 → 내려받아
⑤ ㉤ 플래카드(placard) → 현수막

089 윗글을 읽고 파악한 내용으로 가장 적절한 것은?

① 공동 주택은 공부상 주소를 도로명 주소로 전환하지 않는다.
② 윗글에서 고시한 도로명 주소는 2023년 2월 28일부터 변경할 수 있다.
③ 윗글에서 고시한 도로명 주소 5건은 모두 동일한 날부터 효력이 발생한다.
④ 각종 공부상 주소는 해당 기관에서 직접 도로명 주소로 수정하여야 한다.
⑤ 도로명 주소 부여와 관련하여 더 궁금한 점은 시청 도로과에 전화하여 알아볼 수 있다.

090 윗글에서 도로명 주소를 부여하기 위해 아래의 법령에 따라 한 기초조사의 내용에 해당하지 않는 것은?

> 도로명주소법 제6조(기초조사 등)
> ① 행정안전부장관, 시·도지사 및 시장·군수·구청장은 기초번호, 도로명 주소, 국가기초구역, 국가지점번호 및 사물주소의 부여·설정·관리 등을 위하여 도로 및 건물 등의 위치에 관한 기초조사를 할 수 있다.

① 해당 지역의 지형
② 해당 도로의 길이
③ 해당 지역의 자연환경
④ 해당 도로가 이어지는 방향
⑤ 해당 지역에 전해 내려오는 설화

국어 문화 091번~100번

091 〈보기〉의 내용에 대한 이해로 적절하지 <u>않은</u> 것은?

보기

남편과 아내 사이의 일반적인 호칭은 남북이 크게 다르지 않지만, 신혼 초, 아이가 생긴 이후, 노년의 부부 호칭은 약간의 차이를 보인다.

	일반적 호칭어	신혼 초	아이가 생긴 뒤	노년
남한	여보	○○ 씨	○○[자녀] 아버지/어머니, ○○[자녀] 아빠/엄마	영감/임자
북한	여보	○○ 동무	○○[자녀] 아버지/어머니	령감/로친네

① 부부간에 서로를 부르는 말은 남북한 모두 '여보'이다.
② 남한에서는 신혼 초에 부부간에 '○○ 씨'라고 부를 수 있다.
③ 북한에서는 노년의 남편이 아내를 '로친네'라고 부를 수 있다.
④ 북한에서는 신혼 초에 부부간에 '○○ 동무'라고 부를 수 있다.
⑤ 북한에서는 자녀의 이름을 넣어 '○○ 아빠', '○○ 엄마'라고 부를 수 있다.

092 〈보기〉에서 제시한 규정에 어긋나는 '방송 언어' 사례에 해당하지 <u>않는</u> 것은?

보기

방송심의에 관한 규정 제13조(대담·토론프로그램 등)
− 대담·토론프로그램 및 이와 유사한 형식을 사용한 시사프로그램에서의 진행자 또는 출연자는 타인(자연인과 법인, 기타 단체를 포함한다. 이하 같다)을 조롱 또는 희화화하여서는 아니 된다.

① "어린아이들도 병정놀이할 때는 이러지 않는다는 걸 모르세요?"
② "예전에는 정말 일본과의 경기는 목숨을 걸고 한다는 말이 있었습니다."
③ "저는 지금의 말씀은 정말 속이 꽉 막히는 고구마 같은 느낌이 듭니다."
④ "교수님은 혹시 다른 전공이 아니신가요? 원자력에 대해서 너무나 잘못 알고 계신데."
⑤ "자꾸 뻐꾸기처럼 일방적으로 말씀하시는데 저는 그런 주장에는 절대 동의할 수 없습니다."

093 〈보기〉의 ㉠에 들어갈 말로 가장 적절한 것은?

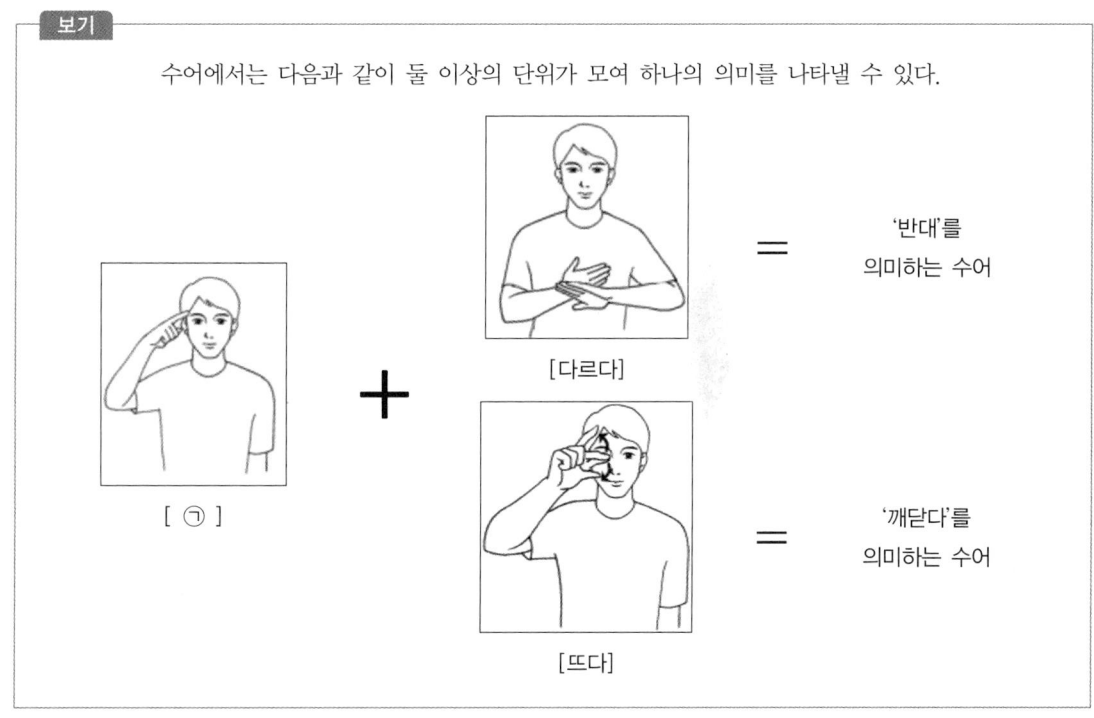

① 머리 ② 기억 ③ 생각
④ 기분 ⑤ 이유

094 〈보기〉를 바탕으로 할 때 점자 표기의 연결이 적절하지 않은 것은?

보기

한글을 점자로 표기할 때 'ㅇ'이 첫소리 자리에 쓰이는 경우에는 이를 표기하지 않는다.

① 여우
② 우유
③ 임무
④ 미움
⑤ 잉여

095 〈보기〉에 따라 '훈민정음 초성자'의 제자 원리를 조사한 내용으로 적절하지 <u>않은</u> 것은?

> **보기**
> '훈민정음' 초성자의 기본자는 발음되는 조음 기관의 모양을 본떠서 만들었다.

	초성자	조음 기관의 모양
①	ㄱ	혀뿌리가 목구멍을 막는 모양
②	ㄴ	혀끝이 아랫잇몸에 닿는 모양
③	ㅁ	입의 모양
④	ㅅ	이의 모양
⑤	ㅇ	목구멍의 모양

096 〈보기〉에서 설명하는 문학 작품은?

> **보기**
> 조선 선조 때에 송강 정철이 지은 기행 가사로, 작자가 강원도 관찰사로 부임하여 강원도 지역의 절경을 돌아보면서 선정을 베풀고자 하는 심정을 읊은 작품이다.

① 〈관동별곡〉　　　　　　② 〈사미인곡〉
③ 〈속미인곡〉　　　　　　④ 〈면앙정가〉
⑤ 〈훈민가〉

097 〈보기〉에서 설명하는 문학 작품은?

> **보기**
> 현진건이 지은 단편소설로, 암담한 식민지 사회에서 지식인은 주정꾼 노릇밖에 할 일이 없다는 풍자적인 내용을 담고 있다. 일제 탄압하의 지식인이 느끼는 무기력함을 주제로 하였으며, 3·1 운동 직후의 시대 상황과 사회 현실을 단적으로 드러낸다.

① 〈빈처〉　　　　　　　　② 〈무영탑〉
③ 〈운수 좋은 날〉　　　　④ 〈술 권하는 사회〉
⑤ 〈B사감과 러브레터〉

098 〈보기〉에서 설명하는 작가는?

> **보기**
> 해방 이후의 대표적인 극작가로, 풍자성을 강조한 희극 형식을 시도하고 서사적 기법을 도입하였다. 부조리극의 대표적인 작가로 꼽히며, 〈원고지〉, 〈아벨만의 재판〉, 〈국물 있사옵니다〉 등의 작품을 발표하였다.

① 이근삼
② 이강백
③ 나도향
④ 유치진
⑤ 주요섭

099 〈보기〉는 일제 강점기 신문에 게재된 연극 광고이다. 〈보기〉에서 알 수 있는 내용이 아닌 것은?

> **보기**
> 극예술연구회에서는 7월 17일이 창립 제2주년 기념일임으로 이를 기념코자 6월 27, 28 량일간 매야 오후 8시부터 시내 장곡천정 공회당에서 극예술연구회 창립 2주년 기념공연을 한다는데 상연목록은 저간 동양방문 당시에 일반에게 열광적 환영을 바든 영국의 풍자문호 버-너드 쇼 작 김광섭 장긔제 박룡철 공역 『무긔와 인간』(3막)이라 하며 동 회원들은 방금 공연을 압두고 회원이 총동원되여 공연 연습과 준비에 분망 중이라 한다. 관극료는 백권 70전 청권 50전 학생권 30전이고 배역은 다음과 갓다.
> 『조선중앙일보』 1933년 6월 21일 자

① 공연을 여는 의의
② 공연 장소
③ 공연 작품
④ 공연 관람료
⑤ 공연 후원 단체

100 〈보기〉에 쓰인 ㉠~㉤의 의미로 적절하지 <u>않은</u> 것은?

> **보기**
>
> 우리 쌀 심쳥이는 함아 거의 오련만은 무슴 일이 골몰ᄒ여 못 오고 날 져무넌 쥴도 모르넌가 부인게 줍피여셔 못 오난가 길의 오다가 욕을 보아 못 오난가 ㉠<u>풍셜</u>은 뒤작ᄒᆞᆫ디 몸이 치워셔 못 오난가 나무입만 써러져셔 우슈슈 ᄒ여도 심쳥이 네가 오난야 아모리 기다려도 젹막한 빈 집 안의 ㉡<u>인젹</u>이 읍셔시니 심봉ᄉ 답답ᄒ여 집힁막뒤 것더 집고 ᄉ립문 밧 ᄂ오다가 빙판의 믹기러져셔 ㉢<u>한 길이</u>ᄂ 남은 기쳔 아리 밋친드시 써러지니 면숭의넌 진흑이요 이복의넌 어름이라 드들소락 더 쌰지고 나오랴 즉 ㉣<u>믹그러져셔</u> 두 눈이 번득 일신슈 죡니 벌벌 썰며 이고 이고 죽건니 허푸 허푸 ᄒ며 ㉤<u>할일읍시</u> 죽게 되어 아모리 소릭한덜 일모도궁 ᄒ여시니 뉘라셔 건져닉랴
>
> – 「심쳥젼」

① ㉠ 풍셜: 눈과 함께, 또는 눈 위로 불어오는 차가운 바람
② ㉡ 인젹: 사람의 발자취
③ ㉢ 한 길: 사람들이 다니지 않는 길
④ ㉣ 믹그러져셔: 미끄러져서
⑤ ㉤ 할일읍시: 하릴없이

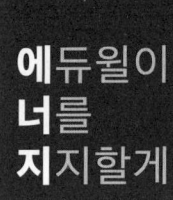

잘 시작하는 것은 중요합니다.
잘 마무리하는 것은 더 중요합니다.

– 조정민, 『사람이 선물이다』, 두란노

꿈을 현실로 만드는 에듀윌

공무원 교육
- 선호도 1위, 신뢰도 1위! 브랜드만족도 1위!
- 합격자 수 2,100% 폭등시킨 독한 커리큘럼

자격증 교육
- 7년간 아무도 깨지 못한 기록 합격자 수 1위
- 가장 많은 합격자를 배출한 최고의 합격 시스템

직영학원
- 직영학원 수 1위, 수강생 규모 1위!
- 표준화된 커리큘럼과 호텔급 시설 자랑하는 전국 27개 학원

종합출판
- 4대 온라인서점 베스트셀러 1위!
- 출제위원급 전문 교수진이 직접 집필한 합격 교재

어학 교육
- 토익 베스트셀러 1위
- 토익 동영상 강의 무료 제공
- 업계 최초 '토익 공식' 추천 AI 앱 서비스

콘텐츠 제휴 · B2B 교육
- 고객 맞춤형 위탁 교육 서비스 제공
- 기업, 기관, 대학 등 각 단체에 최적화된 고객 맞춤형 교육 및 제휴 서비스

부동산 아카데미
- 부동산 실무 교육 1위!
- 상위 1% 고소득 창업/취업 비법
- 부동산 실전 재테크 성공 비법

공기업 · 대기업 취업 교육
- 취업 교육 1위!
- 공기업 NCS, 대기업 직무적성, 자소서, 면접

학점은행제
- 99%의 과목이수율
- 15년 연속 교육부 평가 인정 기관 선정

대학 편입
- 편입 교육 1위!
- 업계 유일 500% 환급 상품 서비스

국비무료 교육
- '5년우수훈련기관' 선정
- K-디지털, 4차 산업 등 특화 훈련과정

에듀윌 교육서비스 **공무원 교육** 9급공무원/7급공무원/경찰공무원/소방공무원/계리직공무원/기술직공무원/군무원 **자격증 교육** 공인중개사/주택관리사/감정평가사/노무사/전기기사/경비지도사/검정고시/소방설비기사/소방시설관리사/사회복지사1급/건축기사/토목기사/직업상담사/전기기능사/산업안전기사/위험물산업기사/위험물기능사/도로교통사고감정사/유통관리사/물류관리사/행정사/한국사능력검정/한경TESAT/매경TEST/KBS한국어능력시험·실용글쓰기/IT자격증/국제무역사/무역영어 **어학 교육** 토익 교재/토익 동영상 강의/인공지능 토익 앱 **세무/회계** 회계사/세무사/전산세무회계/ERP정보관리사/재경관리사 **대학 편입** 편입 교재/편입 영어·수학/경찰대/의치대/편입 컨설팅·면접 **공기업·대기업 취업 교육** 공기업 NCS·전공·상식/대기업 직무적성/자소서·면접 **직영학원** 공무원학원/경찰학원/소방학원/공인중개사 학원/주택관리사 학원/전기기사학원/세무사·회계사 학원/편입학원/취업아카데미 **종합출판** 공무원·자격증 수험교재 및 단행본 **학점은행제** 교육부 평가인정기관 원격평생교육원(사회복지사2급/경영학/CPA)/교육부 평가인정기관 원격 사회교육원(사회복지사2급/심리학) **콘텐츠 제휴·B2B 교육** 교육 콘텐츠 제휴/기업 맞춤 자격증 교육/대학 취업역량 강화 교육 **부동산 아카데미** 부동산 창업CEO과정/실전 경매 과정/디벨로퍼과정 **국비무료 교육 (국비교육원)** 전기기능사/전기(산업)기사/소방설비(산업)기사/IT(빅데이터/자바프로그램/파이썬)/게임그래픽/3D프린터/실내건축디자인/웹퍼블리셔/그래픽디자인/영상편집(유튜브)디자인/온라인 쇼핑몰광고 및 제작(쿠팡, 스마트스토어)/전산세무회계/컴퓨터활용능력/ITQ/GTQ/직업상담사

교육문의 1600-6700 www.eduwill.net

• 2022 소비자가 선택한 최고의 브랜드 공무원·자격증 교육 1위 (조선일보) • 2023 대한민국 브랜드만족도 공무원·자격증·취업·학원·편입·부동산 실무 교육 1위 (한경비즈니스) • 2017/2022 에듀윌 공무원 과정 최종 환급자 수 기준 • 2022년 공인중개사 직영학원 기준 • YES24 공인중개사 부문, 2023 공인중개사 심정욱 필살키 최종이론&마무리100선 민법 및 민사특별법 (2023년 10월 월별 베스트) 그 외 다수 교보문고 취업/수험서 부문, 2020 에듀윌 농협은행 6급 NCS 직무능력평가+실전모의고사 4회 (2020년 1월 27일~2월 5일, 인터넷 주간 베스트) 그 외 다수 YES24 컴퓨터활용능력 부문, 2024 컴퓨터활용능력 1급 필기 초단기끝장(2023년 10월 3~4주 주별 베스트) 그 외 다수 인터파크 자격서/수험서 부문, 에듀윌 한국사능력검정시험 2주끝장 심화 (1, 2, 3급) (2020년 6~8월 월간 베스트) 그 외 다수 • YES24 국어 외국어사전 영어 토익/TOEIC 기출문제/모의고사 분야 베스트셀러 1위 (에듀윌 토익 READING RC 4주끝장 리딩 종합서, 2022년 9월 4주 주별 베스트) • 에듀윌 토익 교재 입문~실전 인강 무료 제공 (2022년 최신 강좌 기준/109강) • 2022년 종강반 중 모든 평가항목 정상 참여자 기준, 99% (평생교육원, 사회교육원 기준) • 2008년~2022년까지 약 206만 누적수강학점으로 과목 운영 (평생교육원 기준) • A사, B사 최대 200% 환급 서비스 (2022년 6월 기준) • 에듀윌 국비교육원 구로센터 고용노동부 지정 "5년우수훈련기관" 선정 (2023~2027) • KRI 한국기록원 2016, 2017, 2019년 공인중개사 최다 합격자 배출 공식 인증 (2023년 현재까지 업계 최고 기록)

에듀윌 KBS한국어능력시험
1년 6회분을 다 담은
통기출 600제

목표 등급 달성팩

1 많이 풀수록 점수는 UP! 한 해의 기출을 통째로 담은 600제 수록
  산출근거 YES24 국어 외국어 사전 한국어 능력시험 분야 최다 문항 수록 기출문제집 (2023년 11월 28일 기준)

2 기출분석을 토대로 상세한 정답해설과 오답풀이 제공
  자세한 기출 해설을 통해 아는 내용은 다시 확인, 부족한 부분은 추가 학습!

3 기출의 모든 것을 분석한 기출 해설 무료특강 제공!
  출제 경향 및 기출의 핵심포인트를 짚어 주는 제70회~65회 기출 해설 특강 무료 제공
  혜택받기 에듀윌 도서몰(book.eduwill.net) ▶ 동영상강의실 ▶ KBS 검색

2023, 2022, 2021 대한민국 브랜드만족도 KBS한국어능력시험 교육 1위 (한경비즈니스)
2020, 2019 한국브랜드만족지수 KBS한국어능력시험 교육 1위 (주간동아, G밸리뉴스)

고객의 꿈, 직원의 꿈, 지역사회의 꿈을 실현한다

펴낸곳 (주)에듀윌 **펴낸이** 양형남 **출판총괄** 오용철 **에듀윌 대표번호** 1600-6700
주소 서울시 구로구 디지털로 34길 55 코오롱싸이언스밸리 2차 3층   **등록번호** 제25100-2002-000052호
협의 없는 무단 복제는 법으로 금지되어 있습니다.

에듀윌 도서몰
book.eduwill.net
• 부가학습자료 및 정오표: 에듀윌 도서몰 > 도서자료실
• 교재 문의: 에듀윌 도서몰 > 문의하기 > 교재(내용, 출간) / 주문 및 배송

합격자 수가 **선택**의 **기준**!

에듀윌 KBS 한국어능력시험
1년 6회분을 다 담은 통기출 600제

2023 대한민국 브랜드만족도
KBS한국어능력시험 교육 1위
(한경비즈니스)

제70, 69, 68, 67, 66, 65회
해설북

KBS한국어진흥원 지음

KBS 공식인증 기출문제집

KBS한국어진흥원 X 에듀윌
가장 많은 기출과 함께 목표 등급 달성! 산출근거 후면표기

제70회 빠른 정답 확인

문항번호	정답	문항번호	정답	문항번호	정답	문항번호	정답	문항번호	정답
1	④	21	②	41	①	61	⑤	81	②
2	⑤	22	③	42	②	62	⑤	82	①
3	②	23	②	43	⑤	63	①	83	③
4	③	24	⑤	44	②	64	②	84	③
5	①	25	③	45	⑤	65	③	85	⑤
6	③	26	①	46	③	66	①	86	④
7	②	27	④	47	②	67	②	87	④
8	③	28	①	48	⑤	68	④	88	⑤
9	③	29	③	49	④	69	①	89	③
10	⑤	30	⑤	50	①	70	②	90	③
11	④	31	⑤	51	③	71	③	91	④
12	③	32	③	52	④	72	②	92	②
13	①	33	⑤	53	④	73	③	93	①
14	④	34	④	54	④	74	⑤	94	⑤
15	③	35	②	55	④	75	⑤	95	⑤
16	④	36	②	56	②	76	①	96	③
17	②	37	①	57	③	77	⑤	97	①
18	⑤	38	②	58	⑤	78	③	98	④
19	⑤	39	②	59	②	79	③	99	①
20	⑤	40	②	60	⑤	80	③	100	⑤

제69회 빠른 정답 확인

문항번호	정답	문항번호	정답	문항번호	정답	문항번호	정답	문항번호	정답
1	①	21	①	41	④	61	③	81	④
2	①	22	①	42	⑤	62	①	82	⑤
3	③	23	②	43	②	63	⑤	83	③
4	③	24	②	44	⑤	64	④	84	①
5	①	25	⑤	45	⑤	65	①	85	③
6	⑤	26	①	46	③	66	③	86	③
7	②	27	③	47	④	67	①	87	②
8	③	28	①	48	③	68	⑤	88	②
9	②	29	③	49	①	69	⑤	89	④
10	②	30	③	50	⑤	70	③	90	③
11	⑤	31	⑤	51	⑤	71	③	91	①
12	④	32	④	52	②	72	①	92	⑤
13	②	33	①	53	⑤	73	③	93	②
14	④	34	④	54	⑤	74	②	94	④
15	④	35	③	55	⑤	75	⑤	95	⑤
16	④	36	③	56	④	76	②	96	⑤
17	②	37	⑤	57	②	77	④	97	⑤
18	①	38	①	58	③	78	③	98	③
19	⑤	39	③	59	②	79	①	99	③
20	①	40	④	60	④	80	②	100	③

제68회 빠른 정답 확인

문항번호	정답	문항번호	정답	문항번호	정답	문항번호	정답	문항번호	정답
1	②	21	③	41	⑤	61	①	81	⑤
2	④	22	①	42	③	62	④	82	③
3	③	23	①	43	②	63	①	83	②
4	⑤	24	④	44	④	64	④	84	③
5	②	25	⑤	45	③	65	⑤	85	⑤
6	④	26	⑤	46	④	66	④	86	⑤
7	②	27	②	47	⑤	67	⑤	87	⑤
8	⑤	28	⑤	48	③	68	②	88	②
9	⑤	29	①	49	③	69	②	89	④
10	⑤	30	②	50	①	70	④	90	⑤
11	⑤	31	②	51	④	71	⑤	91	②
12	③	32	②	52	④	72	④	92	④
13	①	33	③	53	①	73	③	93	①
14	④	34	③	54	⑤	74	③	94	④
15	④	35	④	55	①	75	②	95	④
16	②	36	②	56	⑤	76	②	96	③
17	③	37	③	57	①	77	①	97	③
18	①	38	⑤	58	③	78	①	98	②
19	⑤	39	①	59	②	79	④	99	⑤
20	⑤	40	③	60	③	80	①	100	③

제67회 빠른 정답 확인

문항번호	정답	문항번호	정답	문항번호	정답	문항번호	정답	문항번호	정답
1	④	21	⑤	41	①	61	③	81	⑤
2	①	22	⑤	42	③	62	①	82	②
3	④	23	②	43	⑤	63	④	83	③
4	⑤	24	②	44	⑤	64	⑤	84	③
5	②	25	③	45	②	65	②	85	④
6	④	26	①	46	②	66	②	86	③
7	①	27	④	47	⑤	67	⑤	87	⑤
8	⑤	28	②	48	①	68	⑤	88	④
9	①	29	②	49	③	69	④	89	②
10	⑤	30	①	50	②	70	②	90	③
11	②	31	④	51	④	71	③	91	②
12	①	32	④	52	②	72	③	92	④
13	⑤	33	②	53	②	73	⑤	93	④
14	③	34	②	54	⑤	74	④	94	①
15	④	35	⑤	55	④	75	⑤	95	⑤
16	③	36	①	56	③	76	①	96	③
17	①	37	⑤	57	①	77	①	97	④
18	③	38	③	58	④	78	⑤	98	②
19	②	39	④	59	④	79	⑤	99	③
20	⑤	40	④	60	④	80	②	100	⑤

제66회 빠른 정답 확인

문항번호	정답	문항번호	정답	문항번호	정답	문항번호	정답	문항번호	정답
1	④	21	②	41	③	61	①	81	①
2	①	22	③	42	③	62	②	82	②
3	①	23	①	43	②	63	②	83	⑤
4	⑤	24	③	44	④	64	③	84	③
5	④	25	②	45	③	65	①	85	③
6	③	26	②	46	②	66	⑤	86	②
7	③	27	⑤	47	⑤	67	⑤	87	③
8	②	28	④	48	③	68	⑤	88	②
9	②	29	②	49	①	69	①	89	③
10	②	30	①	50	②	70	⑤	90	⑤
11	①	31	④	51	⑤	71	④	91	②
12	③	32	⑤	52	③	72	④	92	①
13	⑤	33	④	53	④	73	⑤	93	④
14	⑤	34	⑤	54	③	74	④	94	④
15	④	35	①	55	②	75	①	95	①
16	③	36	④	56	②	76	⑤	96	②
17	②	37	④	57	③	77	③	97	①
18	①	38	⑤	58	④	78	④	98	①
19	④	39	①	59	⑤	79	④	99	②
20	②	40	③	60	⑤	80	⑤	100	⑤

제65회 빠른 정답 확인

문항번호	정답	문항번호	정답	문항번호	정답	문항번호	정답	문항번호	정답
1	②	21	④	41	③	61	④	81	③
2	②	22	⑤	42	③	62	①	82	③
3	③	23	②	43	①	63	①	83	④
4	⑤	24	⑤	44	⑤	64	②	84	③
5	①	25	③	45	④	65	③	85	②
6	⑤	26	①	46	④	66	④	86	④
7	①	27	②	47	⑤	67	②	87	③
8	⑤	28	⑤	48	③	68	⑤	88	③
9	③	29	④	49	③	69	④	89	④
10	⑤	30	②	50	④	70	③	90	⑤
11	④	31	⑤	51	⑤	71	①	91	⑤
12	⑤	32	①	52	②	72	④	92	②
13	②	33	②	53	⑤	73	②	93	③
14	④	34	⑤	54	③	74	④	94	⑤
15	⑤	35	②	55	③	75	⑤	95	②
16	②	36	⑤	56	①	76	③	96	①
17	⑤	37	②	57	④	77	②	97	④
18	②	38	①	58	③	78	④	98	①
19	⑤	39	④	59	⑤	79	④	99	⑤
20	⑤	40	②	60	⑤	80	④	100	③

에듀윌
KBS한국어능력시험
1년 6회분을 다 담은
통기출 600제
해설북

이 책의 차례

기출북

제**70**회	KBS한국어능력시험 기출문제	13
제**69**회	KBS한국어능력시험 기출문제	59
제**68**회	KBS한국어능력시험 기출문제	103
제**67**회	KBS한국어능력시험 기출문제	149
제**66**회	KBS한국어능력시험 기출문제	193
제**65**회	KBS한국어능력시험 기출문제	241

해설북

제**70**회	정답과 해설	10
제**69**회	정답과 해설	38
제**68**회	정답과 해설	64
제**67**회	정답과 해설	91
제**66**회	정답과 해설	117
제**65**회	정답과 해설	144

| 2022년 12월 18일 시행 |

제70회
KBS한국어능력시험

정답과 해설

2022년 12월 18일 시행

제70회 정답과 해설

듣기·말하기   001번~015번

기출문제집 p.13

001	④	002	⑤	003	②	004	③	005	①
006	③	007	②	008	③	009	③	010	⑤
011	④	012	③	013	①	014	④	015	③

001   ④

듣기 대본

1번. 먼저 그림에 대한 설명을 들려 드립니다.

안녕하세요. 오늘은 조선 시대의 대표적인 작가로 알려진 단원 김홍도의 씨름도에 대해 이야기하고자 합니다. 씨름은 국가무형문화재 제131호로 지정된 우리 고유의 민속놀이인데요, 단원 김홍도의 씨름도는 이를 그린 풍속화로, 보물 제527호인 단원풍속도첩에 실려 있습니다. 우선 그림을 보시지요. 두 씨름꾼이 한창 시합에 열을 올리고 있는 모습과 그 모습을 지켜보는 구경꾼들의 생생한 표정이 보이시나요? 그런데 이 그림이 보여주는 균형 잡힌 구도에는 숨겨진 비밀이 있답니다. 우선 중앙의 두 사람을 기준으로 그림을 분할한 다음에 각 부분에 자리하고 있는 사람의 수를 보면 상위 왼쪽 8명, 상위 오른쪽 5명, 가운데 2명, 하위 왼쪽 5명, 하위 오른쪽 2명인데요, 왼쪽 위에서 대각선상 사람 수의 합은 8명, 2명, 2명으로 총 12명, 오른쪽 위에서 대각선상 사람 수의 합은 5명, 2명, 5명으로 총 12명, 즉 그림의 두 대각선상에 위치한 사람 수의 합이 같습니다. 이 같은 신기한 수의 배열을 X자형 마방진이라고 합니다. 마방진까지 응용한 구도로 그림의 균형과 조화를 추구한 김홍도. 그는 서민들의 생활 모습을 익살스럽게 그려낸, 한국 미술 역사상 가장 위대한 풍속 화가로 평가받고 있습니다.

정답 해설

듣기 내용에 따르면 그림의 각 모서리와 중앙의 사람 수가 각각 상위 왼쪽 8명, 상위 오른쪽 5명, 가운데 2명, 하위 왼쪽 5명, 하위 오른쪽 2명이다. 따라서 왼쪽 위에서 대각선상으로 사람 수의 합이 8명, 2명, 2명으로 총 12명, 오른쪽 위에서 대각선상으로 사람 수의 합이 5명, 2명, 5명으로 총 12명으로 같다.

오답 해설

① 〈씨름도〉는 보물 제527호인 단원풍속도첩에 실려 있으며 국가무형문화재 제131호는 그림 〈씨름도〉가 아닌 민속놀이 씨름이다.

② 〈씨름도〉가 실린 단원풍속도첩은 국보가 아니라 보물 제527호이다.

③ 〈씨름도〉는 X자형 마방진을 응용한 구도로 그림의 균형과 조화를 추구하였다.

⑤ 〈씨름도〉는 서민들의 생활 모습을 익살스럽게 그린 풍속화이다.

▶ 출처   EBS(2012.09.10.), "씨름도의 비밀", 배움너머
(https://www.ebs.co.kr/tv/show?prodId=10294&lectId=3119873)

002   ⑤

듣기 대본

2번. 이번에는 이야기를 들려 드립니다.

뷔리당이라는 작은 마을에 완벽하게 이성적인 사고를 할 수 있는 무척 똑똑한 당나귀 한 마리가 있었습니다. 그러던 어느 날 당나귀에게 먹이를 주던 사람이 이틀간 외출을 하며, 이틀 동안 당나귀가 먹을 수 있도록 당나귀의 양쪽에 같은 양과 질을 가진 여물 두 덩이를 준비해 두었습니다. 그런데 3일째 되는 날 찾아가 보니 당나귀는 이틀 동안 아무것도 먹지 못하고 굶어 죽기 일보 직전이었다고 합니다. 14세기 프랑스의 철학자이자 물리학자인 장 뷔리당(Jean Buridan)이 제시한 것으로 알려진 이 이야기는 인간이 동일한 가치 사이에서 고민할 때, 완벽한 이성만으로는 아무것도 결정하지 못한다는 역설적인 명제를 제시하고 있는데요, 처음에 뷔리당은 "배고프고 목마른 사람은 양쪽에 물과 음식이 놓인 가운데에서 굶어 죽고 말 것인가?"라는 아리스토텔레스의 물음을 인용하며 물과 음식 사이에서 고민하는 개에 대해 이야기했는데, 이 이야기가 후세에 당나귀로 바뀌면서 건초 더미 사이에서 굶어 죽는 '뷔리당의 당나귀'가 탄생했다고 합니다.

정답 해설

장 뷔리당은 인간이 동일한 가치 사이에서 고민할 때 완벽한 이성으로는 아무것도 결정하지 못한다는 역설적인 명제를 제시하기 위해 이 이야기를 제시하였다.

오답 해설

① 신중한 결정의 중요성에 대한 이야기가 아니다.

② 포기하지 않는 열정의 중요성을 언급하지 않았다.

③ 일의 결과를 알기 전에 그것의 좋고 나쁨을 확인할 수 없다는 것은 새옹지마의 일화가 주는 교훈이다.

④ 남에게 해를 끼치면 자신에게 화가 돌아온다는 것과는 관련이 없다.

▶ 출처
- 두산백과(http://www.doopedia.co.kr)
- 이근영(2013.02.06.), "[한겨레칼럼] 뷔리당의 당나귀", 한겨레
  (https://www.hani.co.kr/arti/opinion/column/573039.html)

003 ②

듣기 대본

3번. 이번에는 강연을 들려 드립니다.
요즘처럼 물가 상승이 심하고 경제가 어려운 시기에는 소비자의 소비 심리가 꽁꽁 얼어붙기 마련인데요, 이럴 때일수록 판매자들은 가격을 활용한 판매 전략을 세워서 소비를 높인다고 합니다. 오늘은 그중 하나인 단수가격 전략에 대해 알아보고자 합니다. 단수란 0이 아닌 숫자를 말하며, 단수가격이란 1,000원, 10,000원 등 딱 맞게 떨어지는 가격이 아니라 그보다 조금 모자란 990원, 9,900원 등의 가격을 말합니다. 즉 단수가격 전략이란 물건에 단수가격을 매겨서 소비를 높이는 전략입니다. 그 예로 10,000원 대신 9,990원으로 가격을 측정하면 그 차이는 겨우 10원이지만 소비자는 실제보다 훨씬 더 저렴하다는 느낌을 받게 됩니다. 심지어 원래 1,000원이던 것을 1,090원에 팔면 소비자들은 이 제품의 가격을 1,100원에서 할인된 것으로 인식하여 더 많이 소비하게 된다고 합니다. 여기서 우리는 가격 인식 과정이 심리적인 부분에 의해 많은 영향을 받는다는 것을 알 수 있습니다. 앞으로 여러분들은 단수가격 전략과 같이 가격과 관련된 판매 전략을 고려하여 더 합리적인 소비를 하시기 바랍니다.

정답 해설

단수란 0이 아닌 숫자를 말하며, 단수가격이란 1,000원, 10,000원 등 딱 맞게 떨어지는 가격이 아니라 그보다 조금 모자란 990원, 9,900원 등의 가격을 말한다고 하였으므로 소비자에게 혜택을 주기 위해 원가에 가깝게 책정한 가격이 단수가격이라는 것은 적절하지 않은 내용이다.

오답 해설

① 소비자의 소비 심리가 꽁꽁 얼어붙는 때일수록 판매자들은 가격을 활용한 판매 전략을 세워서 소비를 높인다고 하였으므로 적절한 내용이다.
③ 가격을 활용한 판매 전략을 세워 소비를 높인다고 하였고, 그중 하나인 단수가격 전략에 대해 알아보겠다고 하였으므로 적절한 내용이다.
④ 10,000원 대신 9,990원으로 가격을 측정하면 그 차이는 겨우 10원이지만 소비자는 실제보다 훨씬 더 저렴하다는 느낌을 받게 된다고 하였으므로 적절한 내용이다.

⑤ 가격 인식 과정이 심리적인 부분에 의해 많은 영향을 받는다고 하였으므로 적절한 내용이다.

▶ 출처 정영수(2018.05.17.), "단수가격이란", 시사경제신문
(http://www.sisanews.kr/news/articleView.html?idxno=31368)

004 ③

듣기 대본

4번. 이번에는 라디오 방송의 일부를 들려 드립니다.
오늘 소개해 드릴 영화는 존 카니 감독의 2016년도 영화 〈싱 스트리트〉입니다. 아일랜드 더블린 싱 스트리트에 살고 있는 1985년의 소년 코너의 이야기와 함께 이 영화에는 그 시절의 공간, 색채, 질감, 정서를 재현하기 위해서 노력한 흔적이 곳곳에 남아 있습니다. 스모키한 눈 화장, 한껏 둥글게 말아 올린 앞머리, 거대한 링 귀걸이 등 미래파 밴드 소년들의 파격적인 모습은 촌스럽다기보다는 오히려 요즘 10대들처럼 힙합니다. 아직 볼 빨간 사춘기 소년이지만 사랑 앞에서는 두려움이 없는 코너가 라피나에게 들려준 첫 노래는 '아-하'의 'Take on me'였습니다. 가족들은 거실에서 '듀란듀란'의 'Rio' 뮤직비디오를 보고, 코너가 갈색 신발을 뺏기고 학교를 걸어갈 때는 '더 클래쉬'의 'I Fought The Law'가 흐릅니다. 또한 이 영화는 그 시절 더블린의 사회상을 사실적으로 그려 냅니다. 보수적인 가톨릭 사회인 더블린의 80년대는 최악의 불경기와 함께 실업자가 급증하고 아직 이혼이 합법화되지 않았던 상황에서 부모들은 각자의 삶을 선택할 수도 없었습니다. 하지만 주인공 소년 코너가 조직한 밴드 미래파가 들려주는 음악은 이런 현재를 잠시나마 희망으로 물들입니다. 현실에 발붙인 가사로 한 땀 한 땀 지어진 노래들은 더 먼 세상으로 나아가 미래로 날아갈 수 있는 진짜 날개가 되어 줍니다.

정답 해설

영화의 주인공 코너가 사춘기 소년이긴 하지만 사랑 앞에서는 두려움이 없다고 했으므로 소극적인 모습을 보였다는 진술은 적절하지 않다.

오답 해설

① 영화는 1985년 그 시절의 공간, 색채, 질감, 정서를 재현하기 위해서 노력한 흔적이 곳곳에 남아 있다고 하였다.
② 스모키한 눈 화장, 한껏 둥글게 말아 올린 앞머리, 거대한 링 귀걸이 등 미래파 소년들의 모습은 파격적이라고 하였다.
④ 더블린의 1980년대 상황을 제시하면서 밴드 미래파의 음악이 이런 현재를 잠시나마 희망으로 물들인다고 하였다.
⑤ 영화는 최악의 불경기와 함께 실업자가 급증했던 더블린의 1980년대 사회상을 사실적으로 그려 냈다고 하였다.

▶ 출처 KBS 라디오, "이다혜의 영화관, 정여울의 도서관"

005 ①

듣기 대본

5번. 이번에는 시 한 편을 들려 드립니다.

문 열자 선뜻!
먼 산이 이마에 차라.

우수절(雨水節) 들어
바로 초하루 아침,

새삼스레 눈이 덮인 멧부리와
서늘옵고 빛난 이마받이하다.

얼음 금 가고 바람 새로 따르거니
흰 옷고름 절로 향기로워라.

옹숭거리고 살아난 양이
아아 꿈 같기에 설어라.

미나리 파릇한 새순 돋고
옴짓 아니 기던 고기 입이 오물거리는,

꽃 피기 전 철 아닌 눈에
핫옷 벗고 도로 춥고 싶어라.

정답 해설

정지용의 「춘설」은 봄에 내린 눈을 보며 그 속에서 느껴지는 봄의 생명력을 노래한 시이다. 이른 봄에 느끼는 겨울의 차가움과 봄의 생동감을 표현하며, 봄을 맞이하는 설렘을 표현하고 있다.

▶ **출처** 정지용(2016), 「춘설」, 『백록담』(1941년 문장사 오리지널 초판본 표지디자인), 더스토리

006 ③

듣기 대본

이번에는 진행자와 전문가의 대담을 들려 드립니다. 6번은 듣기 문항, 7번은 말하기 문항입니다.

진행자: 최근 제주 연안에 서식하는 돌고래 떼에 접근해 운항하는 선박 관광이 문제가 되고 있습니다. 돌고래들을 위협하는 요소들이 산재해 있다 보니 돌고래들이 부상을 당한 채 발견되는 일도 적지 않습니다. H 돌핀스 공동 대표와 이 문제에 대해 이야기를 나눠 보겠습니다. 최근 서귀포시 대정 앞바다에서 부상을 입은 돌고래가 연이어 관측됐다고요, 부상 정도가 어떻습니까?

전문가: 등지느러미 절반 정도가 잘려 나갔습니다. 잘려 나간 형태로 볼 때 고속으로 회전하는 선박 스크루에 의해 잘려 나간 것으로 추정이 되고요, 상당히 심각한 부상입니다. 해양 동물 생태 보존 연구소와 함께 지속적으로 모니터링하고 있습니다.

진행자: 돌고래들의 상황이 무척 안타까운데, 이렇게 돌고래들이 수난을 당하는 이유는 뭔가요?

전문가: 제주 남방큰돌고래를 위협하는 요인은 크게 3가지 정도로 볼 수 있습니다. 먼저 돌고래 무리에 가까이 접근하는 선박, 빠른 속도로 달려가는 모터보트, 수상 오토바이 등에 의해 다칠 수가 있습니다. 다음으로 폐어구, 낚시 바늘 등 해양 쓰레기에 의한 피해도 있습니다. 마지막으로는 해양 오염 등이 건강에 위협이 되기도 합니다.

진행자: 지금까지 남방큰돌고래 접근에 대한 관광 선박의 가이드라인은 있었지만 마땅히 처벌 규정이 없었는데요, 다행히 최근 해양 생태계의 보전과 관리에 관한 법률 개정안이 국회를 통과하면서 과태료를 부과할 수 있게 됐죠. 무리한 선박 접근을 막을 수 있을 것으로 기대하세요?

전문가: 지금까지는 자율 규정이었지만 이제는 과태료를 부과하면서 어느 정도는 효과가 있을 거라 생각합니다. 하지만 최대 200만 원인 과태료를 좀 더 올리는 등의 강력한 조치가 필요하다고 생각합니다.

진행자: 근본적으로 돌고래를 보호하기 위해 해양 생물 보호 구역 지정을 꾸준히 주장하고 계신 것으로 압니다. 정치권에서도 논의가 있었다는데 진척이 있나요?

전문가: 해양수산부에서 해양 생물 보호 구역 지정을 추진하고 있습니다. 이는 제주 연안에서 1마일 정도는 관광 선박 접근 금지 지역으로 지정하고 돌고래 및 해녀들이 안심하고 살아가는 환경을 만들자는 것입니다. 현재는 관광 선박으로 인해 돌고래뿐만 아니라 해녀들도 물질을 할 때 위협을 느끼는 상황입니다. 자연과 인간 모두가 공존하는 환경을 만들어야 합니다.

진행자: 네, 오늘 말씀 여기까지 듣겠습니다.

정답 해설

진행자의 세 번째 발언에서 현재 돌고래에게 무리하게 접근하는 관광 선박에 대한 처벌 규정은 해양 생태계 보전과 관리에 관한 법률이 개정되면서 과태료를 부과할 수 있다고 언급되어 있다. 따라서 과태료를 부과하는 등의 처벌 규정을 만들어야 한다는 내용은 적절하지 않다.

오답 해설

① 전문가의 두 번째 발언에서 빠른 속도록 달려가는 모터보트, 수상 오토바이 등에 의해 다칠 수 있다고 하였다.
② 전문가의 두 번째 발언에서 폐어구, 낚시 바늘 등 해양 쓰레기에 의한 피해도 있다고 하였다.
④ 전문가의 마지막 발언에서 해양수산부가 제주 연안 1마일까지 관광 선박 금지 구역으로 지정하는 해양 생물 보호 구역 지정을 추진하고 있다고 하였다.

⑤ 전문가의 마지막 발언에서 돌고래뿐만 아니라 해녀들도 물질 시 가까이 접근하는 선박에 의해 위협을 느끼는 상황이라고 하였다.

▶ 출처 KBS NEWS(2022.9.29.), "[대담] 곳곳에서 위협받는 제주 바다 돌고래들"(https://news.kbs.co.kr/news/view.do?ncd=5567784)

007 ②
정답 해설
진행자는 전문가에게 질문을 통해 전문가의 대답을 이끌어 내며 대담을 진행하고 있다.

오답 해설
① 진행자는 전문가의 말에 돌고래의 상황을 안타까워하는 등의 공감은 하고 있지만 전문가의 주장에 반박하지는 않았다.
③ 진행자는 청취자를 설득하기 위한 목적을 가지고 대담을 진행하고 있지는 않다.
④ 진행자가 전문가에게 어려운 개념에 대한 설명을 요구하는 내용은 언급되어 있지 않다.
⑤ 진행자의 마무리 발언에 전문가의 말을 요약, 정리하는 부분은 없다.

008 ③
듣기 대본
다음은 대화의 일부분을 들려 드립니다. 8번은 듣기 문항, 9번은 말하기 문항입니다.
여자: 여보, 냉장고 봤어? 두 어머님께서 냉장고를 꽉 채워주시고 가셨어.
남자: 응. 봤어. 근데 사실 난 그때그때 해 먹는 걸 더 좋아해서…….
여자: ㉠매일 그때그때 어떻게 해 먹어. 우리 둘 다 쉬는 주말이나 그렇게 해야지. 청소했어?
남자: 어. 아침에 못 하고 나왔잖아. 에이, 어머님들이 어질러진 거 다 보셨겠다.
여자: 괜찮아. 우리 엄마는 내가 매일 어질러 놓은 거 보셨는데 뭐.
남자: 자기야. ㉡자기는 우리 없을 때 다른 사람이 우리 집에 들어오는 거 괜찮아?
여자: 음……. 안 괜찮아.
남자: 그런데 왜 엄마한테 비밀번호 알려 준 거야?
여자: 어머님들을 다른 사람들이라 하기에는 조금 그렇지 않아?
남자: 아니. ㉢난 엄마한테도 안 알려줬어. 사생활은 철저하게 지키는 편이야.
여자: 우리를 위해서 오신 거잖아. ㉣우리 엄마한테는 알려줬는데, 시어머니한테는 안 알려드릴 순 없잖아. 그리고 비밀번호는 바꾸면 되잖아.
남자: 아……. 다음에도 그럴 거야?
여자: 지금 따지는 거야?
남자: 아니, 아니야. 따지는 게 아니라 그냥 의견을 묻는 거야.
여자: 결론을 내고 물어보는 거 같은데?
남자: 아니야.
여자: 싫어하면 안 할게. 우리 둘이 같이 사는 공간인데, 한 사람이 싫다고 하면 하지 말아야지.
남자: 자기는 개인적일 것 같은데 아니야.
여자: ㉤여보야말로 식구 많은 집에서 자라서 아닐 것 같은데, 되게 개인적이야.

정답 해설
㉤의 여자의 발언을 보면, 여자는 가족이 많은 집에서 자라면 개인적인 성향이 덜할 것 같다고 생각한다.

오답 해설
① ㉠의 여자의 발언을 보면, 여자는 부부가 모두 쉬는 주말에만 음식을 해 먹을 수 있다고 생각한다.
② ㉣의 여자의 발언을 보면, 여자는 친정엄마에게 비밀번호를 알려드렸으니 시어머니에게도 공평하게 알려드려야 한다고 생각한다.
④ ㉢의 남자의 발언을 보면, 남자는 사생활에 철저한 편임을 알 수 있다.
⑤ ㉡의 남자의 발언을 보면, 남자는 부부가 집에 없을 때 다른 사람이 집에 들어오는 것을 꺼린다는 것을 짐작할 수 있다.

▶ 출처 KBS Drama(2022.09.04.), "현재는 아름다워"

009 ③
정답 해설
남자의 발언 중에서 상대방의 의견에 공감하는 부분은 찾을 수 없다. 남자는 여자의 의견에 공감하지 못하는 부분에 대해 얘기하고 있으며, 대화의 마지막에 상대방의 의견을 수용하는 태도를 보이는 쪽은 남자가 아니라 여자이다.

오답 해설
① 어머님들이 비밀번호를 알고 집에 들어와 냉장고를 채운 상황에 대하여 "사실 난 그때그때 해 먹는 걸 더 좋아해서…….", "에이, 어머님들이 어질러진 거 다 보셨겠다."와 같이 못마땅한 심정을 돌려서 표현하고 있다.
② 여자의 행동에 대하여 "자기는 우리 없을 때 다른 사람이 우리

집에 들어오는 거 괜찮아?", "그런데 왜 엄마한테 비밀번호 가르쳐 준 거야?"와 같이 질문을 통하여 불만을 드러내고 있다.
④ 여자는 어머님들께 비밀번호를 알려준 자신의 행동에 대해 "우리를 위해 오신 거잖아.", "우리 엄마한테는 가르쳐줬는데, 시어머니한테는 안 가르쳐드릴 순 없잖아.", "비밀번호는 바꾸면 되잖아."와 같이 이유를 나열하고 있다.
⑤ 남자의 "다음에도 그럴 거야?"라는 말에 담긴 의도를 파악하기 위해 "지금 따지는 거야?", "결론을 내고 물어보는 거 같은데?"와 같이 질문하고 있다.

010 ⑤

듣기 대본

이번에는 강연을 들려 드립니다. 10번은 듣기 문항, 11번은 말하기 문항입니다.

최근 만 나이로 나이 셈법을 통일하자는 논의가 있습니다. 우리가 일상적으로는 쓰는 '세는나이'와 법적으로 쓰는 '만 나이'가 다르고 여기에 또 '연 나이'까지 사용하고 있기 때문입니다. ㉠만 나이는 태어나서는 0세 그리고 자기 생일이 되는 시점에서 한 살이 되는 시스템을 가지고 있고, 세는나이는 태어나면 모두 다 한 살이 되고 1월 1일에 모든 사람들이 같이 나이를 먹는 것입니다. 또 연 나이는 세는나이와 똑같은데 마이너스 1을 해서 태어날 때 0세로 보는 것이지요. 이 ㉡연 나이는 몇 년도에 태어난 사람을 지칭하기 위해서 예외적으로 청소년 보호법, 민방위법, 병역법 등에서만 사용하고 있습니다.

하지만 사실 ㉢우리 사회는 이미 1962년부터 공식적으로는 만 나이가 사용되고 있습니다. 그런데 60년이 지난 지금도 일상생활에서 세는나이가 여전히 사용되는 이유는 무엇일까요? ⓐ어떤 사람들은 이렇게 세는나이가 없어지지 않는 이유를 우리말의 서열 문화에서 찾기도 합니다. 나이에 의해서 호칭이 결정되고 높임법이 정해지기 때문이죠. 그런데 만 나이를 쓰게 되면 동갑이었던 사람이 생일이 지나면 갑자기 나이가 달라지는 문제가 발생합니다. 따라서 모두 동시에 나이를 먹는 기준점이 필요하고 이것이 지금까지 세는나이가 존재하는 이유라는 것입니다. 이를 뒷받침하는 증거로 다른 나라와 비교하기도 합니다. ㉣북한도 1986년에 만 나이로 전환이 되었지만 일상생활에서는 우리와 같이 세는나이를 쓴다고 합니다. 반면에 ㉤중국, 일본, 베트남 등에서는 서양 달력이 도입되면서 이미 만 나이로 완전히 전환되었던 것과는 비교가 됩니다.

정답 해설

㉤에서 중국, 일본, 베트남 등에서는 서양 달력이 도입되면서 이미 만 나이로 완전히 전환되었다고 언급하고 있다.

오답 해설

① ㉠에서 만 나이는 태어나서는 0세라고 했으며, 연 나이는 태어날 때 0세로 본다고 했으므로 태어날 때는 만 나이와 연 나이가 모두 0세로 같다는 것을 알 수 있다.
② ㉡에서 청소년 보호법, 민방위법, 병역법에서는 연 나이가 사용된다고 언급하고 있다.
③ ㉢에서 우리나라는 이미 1962년부터 공식적으로 만 나이가 사용되고 있다는 것을 알 수 있다.
④ ㉣에서 북한의 경우 1986년에 만 나이로 전환이 되었음을 언급하고 있다.

▶ 출처 YTN라디오(2022.07.04.), "뉴스FM 슬기로운 라디오생활 – "너 몇 살이야" 한국에서 '만 나이' 통일 어려운 이유"

011 ④

정답 해설

ⓐ에서 공식적으로는 만 나이로 전환되었지만 세는나이가 여전히 사용되는 이유를 우리말의 서열 문화라는 언어문화적 요인으로 설명하고 있다.

오답 해설

① 만 나이, 세는나이, 연 나이의 공통점을 부각하고 있지 않으며, 나이 셈법의 차이를 설명하고 있다.
② 동아시아의 여러 나라에서 나이 셈범이 만 나이로 변화한 것을 언급하지만 이를 시간 순서로 소개하고 있지는 않다.
③ 나이 셈법에 대해 잘못 알려진 통념을 제시하고 있지 않다.
⑤ 나이 셈법이 잘못 사용되는 구체적인 사례를 제시하고 있지 않다.

012 ③

듣기 대본

이번에는 발표를 들려 드립니다. 12번은 듣기 문항, 13번은 말하기 문항입니다.

안녕하세요. 얼마 전 SNS상에서 회자가 된 라면을 끓이는 방법과 관련해 발표하고자 합니다.

시작은 ㉠한 과학자가 찬물에 면과 스프를 넣고 처음부터 끓여보니 라면이 맛있다는 글을 자신의 SNS에 올린 것이었습니다. 이와 관련해 인터넷 곳곳에서 자신의 경험을 이야기하며 논쟁이 생겼는데 ㉡결론은 면발이 살짝 꼬들꼬들하면서 더 맛있는 라면이 만들어질 수 있다는 것입니다.

그러나 ㉢라면 회사의 기술진들이 몇 가지 흥미로운 문제를 제기했습니다. 그중 하나는 앞서 말한 방법이 상변화 현상을 충분히 활용할 수 없다는 사실입니다. 물은 액체, 고체, 기체의 세 가지 상이 존재하는데 물이 끓어서 액체에서 기체로 변하는 것과 같이 상이 바뀌는 현상을 바로 상변화라고 부릅니다. 그런데 물이 끓는 것과 같은 상변화가 일어날 때에는 온도가 항상 일정하게 유지됩니다. 즉 ㉣물이 다 끓어서 모두 수증기로 변할 때까지도 끓고 있는 물은 1기압에서 섭씨 100도입니다. 그래서 물이 끓은 뒤에 스프와 면을 넣으면 항상 100도의 온도를 라면 면발에 전해줄 수 있습니다. 사실 끓는 물에 몇 분 끓이라는 조리법은 이 100도의 온도를 가정한 것이고, 라면 회사에서 추천하는 조리법을 사용하면 누가 어떤 세기의 화력으로 끓이든 대체로 제조사가 의도한 맛을 거의 동일하게 얻을 수 있다고 합니다. 소위 다양한 조리 환경에 대한 변인을 통제하기 위한 방법이라는 뜻입니다. 따지고 보면 ㉤맛있는 라면을 끓이기 위한 방법 뒤에는 상변화라는 과학 현상과 표준화, 규격화와 같은 공학적 접근이 숨어 있었던 것입니다.

정답 해설
㉢에서 라면 회사의 기술진들은 과학자가 SNS상에서 소개한 라면 끓이는 방법은 상변화 현상을 충분히 활용할 수 없다는 문제를 제기했음을 알 수 있다. 따라서 과학자의 라면 끓이는 방법이 맛있는 이유를 상변화를 통해 설명했다는 것은 발표의 내용과 일치하지 않는다.

오답 해설
① ㉠에서 한 과학자가 찬물에 면과 스프를 넣고 라면을 끓이는 방법을 소개했음을 알 수 있다.
② ㉡에서 인터넷상에서 벌어진 논쟁의 결과는 면발이 더 맛있는 라면이 만들어질 수 있다는 가능성이 충분하다는 쪽으로 났음을 언급하고 있다.
④ ㉣에서 라면 회사의 조리법은 다양한 조리 환경에 대한 변인을 통제하기 위한 것으로, 과학자의 조리법은 그러한 변인 통제가 어렵다는 점을 지적하고 있다.
⑤ ㉤에서 끓는 물에 몇 분 끓이라는 라면 회사의 조리법은 맛있는 라면을 끓이기 위해 조리법을 표준화하기 위한 것임을 알 수 있다.

▶ 출처 곽재식(2022), 『곽재식의 먹는 화학 이야기』, 북바이북

013 ①

정답 해설
㉣과 ㉤을 통해 이 발표가 라면 조리법에 담긴 상변화라는 과학 현상과 표준화, 규격화와 같은 공학적 원리를 중심으로 설명하고 있음을 알 수 있다.

오답 해설
② 맛있는 라면을 조리할 때 고려해야 할 변수를 중심으로 설명하고 있지는 않다.

③ SNS상에서 큰 영향력을 가진 인플루언서가 등장하기는 하지만 영향력이 커지는 이유를 설명하고 있지는 않다.
④ 라면의 종류에 따른 조리법을 개발해야 한다는 의견은 나오지 않는다.
⑤ SNS상에서 한 과학자의 라면 조리법에 관해 논의가 벌어지고 그 결과가 수렴된 사실은 언급하지만 상반된 여론이 형성되는 과정을 중심으로 설명하고 있지는 않다.

014 ④
듣기 대본
마지막으로 협상의 한 장면을 들려 드립니다. 14번은 듣기 문항, 15번은 말하기 문항입니다.
김 팀장: 최 사원, 어제 지시한 보고서는 다 되었나요?
최 사원: 네? 오전에 김 팀장님께 메신저로 보내 드렸습니다.
김 팀장: 아니, ㉠메신저로 보내 놓기만 하면 어떡합니까? 내가 하루 종일 메신저만 보는 것도 아니고.
최 사원: 아, 죄송합니다. 파일로 보내드리면 화면으로 보고 수정하시기 좋을 것 같았습니다.
김 팀장: 물론 ㉡간단한 업무 보고서라면 메신저로도 가능하지만 이 보고서처럼 중요한 것은 상사가 잘 이해할 수 있도록 직접 설명해야 합니다. 적어도 메신저로 보냈다는 구두 보고라도 해야지요. 잘 판단이 안 되면 먼저 물어보고 진행하세요.
최 사원: 죄송합니다. 그런데 제 입장에서는 다들 바쁘신데 사사건건 물어보고 진행하기도 어렵습니다. 저번 보고서 때는 여쭤 보았더니 그런 기본적인 것도 스스로 해결 못하냐고 하셨던 적도 있습니다.
김 팀장: 자기 업무도 바쁜데 하나하나 가르쳐 줄 여유가 없을 때도 있죠. 하지만 아쉬운 사람이 적극적으로 배우고 물어봐야죠. (마우스 클릭 소리) 그런데 보고서에서 제품 출고 일정이 너무 길지 않나요?
최 사원: 현재 원자재 재고를 파악하고 거기에 생산 일정을 더해, 입고 날짜를 잡았습니다. 그리고 여유 있게 마케팅 기간을 더해 출고 날짜를 정했습니다.
김 팀장: ㉢이렇게 하면 창고 보관 비용 및 다른 제품을 생산하지 못하여 발생하는 기회비용이 너무 많습니다. 그리고 ㉣마케팅 기간이 너무 기네요. ㉤무엇보다 출고 날짜처럼 중요한 건 먼저 상의해 확정하고 이후 일정을 짜야 합니다.
최 사원: 아, 네 그렇군요. 아무도 가르쳐 주지 않았습니다.
김 팀장: 보고서를 작성하기 전에 먼저 일정부터 확인해야 합니다. 기본적인 의사소통도 적극적으로 안 하면서 어떻게 업무를 하려고 합니까? 마음대로 해 놓고 나중에 몰랐다는 말은 통하지 않습니다.

정답 해설

ⓒ에서 김 팀장은 최 사원이 창고 보관 비용 및 다른 제품을 생산하지 못하여 발생하는 기회비용이 너무 많음을 지적하고 있으므로 비용을 충분히 고려하지 않았다고 생각함을 알 수 있다.

오답 해설

① ⓜ에서 최 사원은 김 팀장과 상의하여 출고 날짜를 잡지 않았음을 알 수 있다.
② ⓛ에서 최 사원이 김 팀장에게 보고서를 메신저로 보내고 구두 보고는 하지 않았음을 알 수 있다.
③ ㉠에서 김 팀장은 최 사원이 메신저로 보고서를 보낼 것이라고 예상하지 못했음을 알 수 있다.
⑤ ㉣에서 김 팀장은 최 사원이 작성한 보고서에서 마케팅 기간이 너무 길다고 생각함을 알 수 있다.

015 ③

정답 해설

김 팀장은 최 사원이 보고서를 메신저로만 보내지 않고 대면 보고하기를 바라고 있고, 출고 날짜와 같은 사안은 먼저 상의해 보고서를 작성하여야 한다고 생각하며 최 사원이 기본적인 의사소통을 적극적으로 안 하고 있다고 생각함을 알 수 있다. 따라서 갈등이 생긴 근본적인 원인은 최 사원이 업무에 대해 적극적으로 물어보지 않았기 때문이다.

어휘·어법 016번~045번

기출문제집 p.17

016	④	017	②	018	⑤	019	⑤	020	⑤
021	②	022	③	023	②	024	⑤	025	③
026	①	027	④	028	①	029	③	030	⑤
031	⑤	032	②	033	⑤	034	④	035	②
036	②	037	①	038	②	039	③	040	②
041	①	042	②	043	⑤	044	②	045	⑤

016 ④

정답 해설

'한물지다'는 "채소, 과일, 어물 따위가 한창 나오는 때가 되다."라는 의미의 고유어이다.

오답 해설

① '넌출지다'는 "식물의 덩굴 따위가 길게 치렁치렁 늘어지다."라는 의미이다.
② '덩이지다'는 "한데 뭉쳐 덩이가 되다."라는 의미이다.
③ '이랑지다'는 "호수나 바다의 수면이 밭이랑처럼 물결이 지다."라는 의미이다.
⑤ '흐벅지다'는 "탐스럽게 두툼하고 부드럽다."라는 의미이다.

017 ②

정답 해설

'거식증(拒食症)'은 음식을 많이 먹는 증상이 아니라 "먹는 것을 거부하거나 두려워하는 병적 증상."을 뜻한다.

018 ⑤

정답 해설

'부러'는 "특별한 의도로. 또는 마음을 내어 굳이."의 뜻이므로 "특별한 의도 없이."라고 한 것은 맞지 않는다.

019 ⑤

정답 해설

'우활하다(迂闊--)'는 "곧바르지 아니하고 에돌아서 실제와는 거리가 멀다."라는 의미이므로 '서로 오랫동안 소식이 막히다'와는 관계가 없는 어휘이다.

오답 해설

① '격조하다(隔阻--)'는 "멀리 떨어져 있어 서로 통하지 못하다."라는 의미이다.
② '구조하다(久阻--)'는 "소식이 오랫동안 막히다."라는 의미이다.
③ '적조하다(積阻--)'는 "서로 연락이 끊겨 오랫동안 소식이 막히다."라는 의미이다.
④ '구활하다(久闊--)'는 "오랫동안 소식이 없거나 만나지 못하다."라는 의미이다.

020 ⑤

정답 해설

⑤의 경우 "어떤 잘못이나 실수에 대하여 구실을 대며 그 까닭을 말함."이라는 의미의 '변명(辨明)'을 쓰는 것이 더 적절하다.

'천명(闡明)'은 "진리나 사실, 입장 따위를 드러내어 밝힘."이라는 뜻이다.

오답 해설

① '해명(解明)'은 "까닭이나 내용을 풀어서 밝힘."이라는 의미이므로 적절하게 쓰였다.
② '규명(糾明)'은 "어떤 사실을 자세히 따져서 바로 밝힘."이라는 의미이므로 적절하게 쓰였다.
③ '증명(證明)'은 "어떤 사항이나 판단 따위에 대하여 그것이 진실인지 아닌지 증거를 들어서 밝힘."이라는 의미이므로 적절하게 쓰였다.
④ '판명(判明)'은 "어떤 사실을 판단하여 명백하게 밝힘."이라는 의미이므로 적절하게 쓰였다.

021 ②
정답 해설

'걷잡다'는 "한 방향으로 치우쳐 흘러가는 형세 따위를 붙들어 잡다."의 의미이며, '겉잡다'는 "겉으로 보고 대강 짐작하여 헤아리다."의 의미이므로 서로 바꾸어 써야 적절한 쓰임이 된다.

오답 해설

① '두텁다'는 "신의, 믿음, 관계, 인정 따위가 굳고 깊다."라는 의미이고, '두껍다'는 "두께가 보통의 정도보다 크다."라는 의미이므로 적절하게 쓰였다.
③ '바치다'는 "무엇을 위하여 모든 것을 아낌없이 내놓거나 쓰다."라는 의미이고, '받치다'는 "비나 햇빛과 같은 것이 통하지 못하도록 우산이나 양산을 펴 들다."라는 의미이므로 적절하게 쓰였다.
④ '가름하다'는 "승부나 등수 따위를 정하다."라는 의미이고, '갈음하다'는 "다른 것으로 바꾸어 대신하다."라는 의미이므로 적절하게 쓰였다.
⑤ '늘리다'는 "물체의 넓이, 부피 따위를 본디보다 커지게 하다."라는 의미이고, '늘이다'는 "본디보다 더 길어지게 하다."라는 의미이므로 적절하게 쓰였다.

022 ③
정답 해설

첫 번째 밑줄 친 '고개'는 "중년 이후 열 단위만큼의 나이를 비유적으로 이르는 말."이라는 의미이고, 두 번째 밑줄 친 '고개'는 "사람이나 동물의, 목을 포함한 머리 부분."이라는 의미로 이 두 단어는 동음이의어이다.

오답 해설

① 밑줄 친 '말'은 모두 "일정한 주제나 줄거리를 가진 이야기."라는 의미로 동의어이다.
② 첫 번째 밑줄 친 '꿈'은 "실현하고 싶은 희망이나 이상."이라는 의미이고, 두 번째 밑줄 친 '꿈'은 "잠자는 동안에 깨어 있을 때와 마찬가지로 여러 가지 사물을 보고 듣는 정신 현상."이라는 의미로 이 두 단어는 다의어이다.
④ 밑줄 친 '눈'은 모두 "사람들의 눈길."이라는 의미로 동의어이다.
⑤ 첫 번째 밑줄 친 '짐'은 "다른 곳으로 옮기기 위하여 챙기거나 꾸려 놓은 물건."이라는 의미이고, 두 번째 밑줄 친 '짐'은 "맡겨진 임무나 책임."이라는 의미로 이 두 단어는 다의어이다.

023 ②
정답 해설

〈보기〉에 쓰인 '톡톡하다'는 "재산이나 살림살이 따위가 실속 있고 넉넉하다."라는 의미로 쓰인 것이므로 이와 같은 의미로 쓰인 '톡톡하다'는 ②이다.

오답 해설

① "국물이 적어 묽지 아니하다."라는 의미로 쓰였다.
③ "구실이나 역할 따위가 제대로 되어 충분하다."라는 의미로 쓰였다.
④ "비판이나 망신, 꾸중 따위의 정도가 심하다."라는 의미로 쓰였다.
⑤ "피륙 따위가 단단한 올로 고르고 촘촘하게 짜여 조금 두껍다."라는 의미로 쓰였다.

024 ⑤
정답 해설

'한미하다'는 "가난하고 지체가 변변하지 못하다."라는 의미이므로 '한미한'을 '넉넉한'으로 바꾸는 것은 적절하지 않다.

오답 해설

① '질타'는 "큰 소리로 꾸짖음"이라는 의미이므로 "아랫사람의 잘못을 꾸짖는 말."이라는 의미인 '꾸지람'으로 바꾸어 쓰는 것은 적절하다.
② '말미'는 '휴가'의 유의어로 "다른 일로 말미암아 얻는 겨를"이라는 의미이다.
③ '콩팥'은 "척추동물의 비뇨 기관과 관련된 장기"라는 의미로 '신장'의 유의어이다.
④ '차치하다'는 "내버려 두고 문제 삼지 아니하다"라는 의미이다.

025 ③

정답 해설

〈보기〉의 '꽃'과 '맨드라미'의 관계는 '맨드라미'가 '꽃'의 한 종류이므로 상하관계이다. 그러나 '안경'과 '안경 렌즈'의 관계는 상하관계라 볼 수 없다. '안경 렌즈'는 '안경'을 구성하는 한 부분이지 '안경'의 하위에 있는 '안경'의 한 종류가 아니다.

오답 해설

① '사과'는 '과일'의 한 종류이므로 상하관계이다.
② '제비'는 '새'의 한 종류이므로 상하관계이다.
④ '사람'은 '남자'를 포함하는 개념이므로 상하관계이다.
⑤ '피라미'는 '물고기'의 한 종류이므로 상하관계이다.

▶ **출처** 윤평현(2013), 『국어의미론』, 역락

026 ①

정답 해설

'행차 뒤에 나팔'은 "사또 행차가 다 지나간 뒤에야 악대를 불러다 나팔을 불리고 북을 치게 한다는 뜻으로, 제때 안 하다가 뒤늦게 대책을 세우며 서두름을 핀잔하는 말."이다. 같은 뜻으로 '사또 떠난 뒤에 나팔 분다.'는 속담이 있다.

027 ④

정답 해설

'우공이산(愚公移山)'은 "우공이 산을 옮긴다는 뜻으로, 어떤 일이든 끊임없이 노력하면 반드시 이루어짐."이라는 의미이다. 우공(愚公)이라는 노인이 집을 가로막은 산을 옮기려고 대대로 산의 흙을 파서 나르겠다고 하여, 이에 감동한 하느님이 산을 옮겨 주었다는 데서 유래한다. 따라서 욕심을 경계하라는 교훈이 들어있다고 보기 어렵다.

오답 해설

① '견물생심(見物生心)'은 "어떠한 실물을 보게 되면 그것을 가지고 싶은 욕심이 생김."이라는 뜻이다.
② '사리사욕(私利私慾)'은 "사사로운 이익과 욕심."이라는 뜻이다.
③ '소탐대실(小貪大失)'은 "작은 것을 탐하다가 큰 것을 잃음."이라는 뜻이다.
⑤ '원후취월(猿猴取月)'은 "원숭이가 물에 비친 달을 잡는다는 뜻으로, 욕심에 눈이 어두워 자기의 분수를 모르고 날뛰다가 목숨까지 잃게 됨을 비유적으로 이르는 말."이다.

028 ①

정답 해설

'회가 동하다'는 "구미가 당기거나 무엇을 하고 싶은 마음이 생기다."라는 뜻을 나타낸다. 여기서 '회'는 기생충을 뜻하는 한자어 '회(蛔)'이다. 따라서 '회가 동했는지 입맛이 뚝 떨어져 버렸다.'는 적절하게 쓰였다고 할 수 없다.

오답 해설

② '소매(를) 걷어붙이다'는 "어떤 일에 아주 적극적인 태도를 취하다."라는 의미이므로 적절하게 쓰였다.
③ '곁(을) 주다'는 "다른 사람으로 하여금 자기에게 가까이 할 수 있도록 속을 터 주다."라는 의미이므로 적절하게 쓰였다.
④ '밑이 드러나다'는 "사건이나 일의 내막이 밝혀지다."라는 의미이므로 적절하게 쓰였다.
⑤ '판에 박히다'는 "말과 행동을 정해진 격식대로 반복하여 진부하다."라는 의미이므로 적절하게 쓰였다.

029 ③

정답 해설

'일실(逸失)'은 "잃어버리거나 놓침."이라는 의미이다. 따라서 '일실치'는 문맥상 '놓치지'로 순화할 수 있다. 이를 '줄이지'로 순화한 것은 적절하지 않다.

030 ⑤

정답 해설

'뷰파인더(viewfinder)'의 다듬은 말은 '보기창'으로 적절한 표현이다.

오답 해설

① '커리어 하이(career high)'의 다듬은 말은 '우승'이 아니라 '최고 기록'이다.
② '벌크 업(bulk up)'의 다듬은 말은 '체력 단련'이 아니라 '근육 키우기'이다.
③ '오픈 런(open run)'의 다듬은 말은 '개막 공연'이 아니라 '상시 공연'이다.
④ '리퍼브(← refurbished)'의 다듬은 말은 '결함 상품'이 아니라 '손질상품'이다.

031 ⑤

정답 해설

[짇ː꿋따]로 소리 나는 말은 '짓궂다'가 옳은 표기이다. '짖궂다'는 잘못된 표기이다.

오답 해설

① [눈꼽]으로 소리 나지만 '눈'과 '곱'이 자립적이므로 '눈곱'으로 적는다.
② [구지]는 구개음화가 일어난 형태로 '굳이'로 적는다.
③ [사뭇]으로 소리 나지만 표기의 관행에 따라 '사뭇'으로 적는다.
④ [무니]로 소리 나지만 표기의 관행에 따라 '무늬'로 적는다.

032 ③

정답 해설

'빨갑니다'가 아닌 '빨갛습니다'가 옳은 표기이다. '빨갛-'과 같이 'ㄹ'을 제외한 받침 있는 용언의 어간에는 '-습니다'가 결합하기 때문이다. '-ㅂ니다'는 '가-, 오-, 알-'과 같이 'ㄹ' 받침이 있는 용언과 받침이 없는 용언의 어간에 결합하는 어미이므로 '빨갛-+-ㅂ니다 → 빨갑니다'는 옳지 않다.

오답 해설

① '붑니다'는 '불-+-ㅂ니다'의 구성이므로 적절하다.
② '뛰어놉니다'는 '뛰어놀-+-ㅂ니다'의 구성이므로 적절하다.
④ '동그랄'은 '동그랗-+-을'의 구성에서 'ㅎ'이 탈락하여 형성된 것으로 적절한 표기이다.
⑤ '하얄'은 '하얗-+-을'의 구성에서 'ㅎ'이 탈락하여 형성된 것으로 적절한 표기이다.

033 ⑤

정답 해설

'짓물러서'는 "살갗이 헐어서 문드러지다."라는 의미의 '짓무르다'의 어간 '짓무르-'에 '-어서'가 결합한 것으로 '한글 맞춤법 제17항'에 따라 어간의 끝음절 '르'의 'ㅡ'가 줄고, 그 뒤에 오는 어미 '-아/어'가 '-라/러'로 바뀌어 '짓물러서'로 적는 것이 옳은 표기이다.

오답 해설

① '오랫만'은 '오랜만'의 잘못된 표기이다.
② '떠벌이다'는 "굉장한 규모로 차리다."의 의미이므로 여기서는 "이야기를 과장하여 늘어놓다."라는 의미의 '떠벌리다'로 표기해야 한다.
③ '객적다'는 '객쩍다'의 잘못된 표기이므로 '객쩍은'으로 표기해야 한다.
④ 사이시옷은 한자어와 한자어가 결합한 합성어에는 표기하지 않는다. 따라서 '백지장'으로 표기해야 한다.

034 ④

정답 해설

보조 용언은 본용언과 붙여 쓸 수도 있으나 본용언과 보조 용언 사이에 조사가 붙는 경우에는 띄어 쓰도록 하고 있다. 따라서 보기와 같이 '올 듯은 하다'와 같이 띄어 쓴 것은 옳은 표기이다.

오답 해설

① '총'은 관형사이므로 뒤에 오는 말과 띄어서 '총 10명이'로 쓰는 것이 옳다.
② '-을지'는 하나의 어미로서 붙여 쓰는 것이 옳다. 따라서 밑줄 친 부분은 '처리했을지가'로 붙여 써야 한다.
③ 경기 등에서 상대가 되어 대비나 대립을 나타내는 '대'는 의존 명사로서 띄어 쓰는 것이 옳다. 따라서 '한국 대 태국의'와 같이 띄어 써야 한다.
⑤ '씨'가 사람을 나타내는 경우에는 의존 명사로서 쓰이는 것이나 성씨를 나타내는 경우에는 접미사로 쓰이는 것으로서 띄어쓰기에서 차이를 보인다. 이 경우는 성씨를 나타내는 경우이므로 '김씨가'와 같이 붙여 쓰는 것이 옳다.

035 ②

정답 해설

'-을꼬'는 '해라할 자리에 쓰여, 현재 정해지지 않은 일에 대한 물음이나 추측을 나타내는 종결 어미.'이므로 적절한 표기이다.

오답 해설

① '해할 자리에 쓰여, 자신의 어떤 의사에 대하여 자문(自問)하거나 상대편의 의견을 물어볼 때에 쓰는 종결 어미.'는 '-ㄹ거나'이므로 '갈꺼나'가 아니라 '갈거나'로 표기해야 한다.
③ '뒤 절 일의 이유나 근거로 혹시 그러할까 염려하는 뜻을 나타내는 연결 어미.'는 '-ㄹ세라'이므로 '고울쎄라'가 아니라 '고울세라'로 표기해야 한다.
④ '하십시오할 자리에 쓰여, 나이가 든 화자가 어떠한 사실을 평범하게 서술하는 종결 어미.'는 '-올시다'이므로 '올씨다'는 '올시다'로 표기해야 한다.
⑤ "해라할 자리에 쓰여, '마땅히 그렇게 하여라'의 뜻을 나타내는 명령형 종결 어미."는 '-ㄹ지어다'이므로 '말찌어다'는 '말지어다'로 표기해야 한다.

036 ②

정답 해설

책의 제목이나 신문 이름을 나타낼 때에는 큰따옴표를 쓰는 것이 허용되지만, 노래와 같은 예술 작품의 제목에는 홑낫표나 홑화살괄호 또는 작은따옴표를 써야 한다.

오답 해설

① 줄임표는 가운데와 아래쪽에 찍을 수 있고, 세 점을 찍는 것도 허용된다. 세 점을 찍고 이어서 마침표를 쓸 수도 있다.
③ 제목 다음에 표시하는 부제의 앞에 줄표를 쓸 수 있으며 붙여 쓰는 것을 허용한다.
④ 외래어의 원어를 보일 때에는 소괄호를 쓴다.
⑤ 쌍점은 시와 분, 장과 절을 표시하거나 의존 명사 '대'가 쓰일 때를 제외하고는 앞말에 붙여 쓰고 뒷말과 띄어 쓰는 것이 원칙이다.

037 ①

정답 해설

'애기'는 'ㅣ' 역행 동화 현상에 의한 발음이며 표준 발음으로 인정되지 않는다. '냄비'는 'ㅣ' 역행 동화 현상에 의한 발음이지만 표준어이다. 따라서 '애기'와 '냄비'는 각각 〈보기〉의 ㉠과 ㉡에 해당하는 올바른 예로 볼 수 있다.

오답 해설

② '나부랭이'와 '담쟁이'는 표준어 규정 제9항에 따라 모두 표준어이다.
③ '아지랭이'와 '가랭이'는 표준어 규정 제9항에 따라 모두 비표준어이다.
④ '점쟁이'와 '환쟁이'는 표준어 규정 제9항에 따라 모두 표준어이다.
⑤ '골목쟁이'와 '서울내기'는 표준어 규정 제9항에 따라 모두 표준어이다.

038 ②

정답 해설

표준어 '오이지'는 지역에 따라 '물에지(경남), 물외소곰치(전북), 신지(전남), 웨지시(제주)'와 같은 방언형이 나타난다.

039 ②

정답 해설

표준 발음을 기준으로 할 때, '갈증(渴症)'과 '전과(戰果)'는 각각 [갈쯩]과 [전꽈]로 발음된다. 한편, '소수(小數)'와 '심성(心性)'은 각각 [소수]와 [심성]으로 발음되어 경음화 현상이 나타나지 않는다. 한자어는 개별 한자에 따라 그 경음화 실현 양상이 복잡하여 개별 한자어 어휘의 발음을 숙지해야 한다.

040 ②

정답 해설

'화물 수송에 쓰이는 쇠로 만든 큰 상자'를 의미하는 'container'는 '컨테이너'가 외래어 표기법에 맞는 표기이다.

오답 해설

① 'comma'는 '콤마'가 외래어 표기법에 맞는 표기이다.
③ 'navigation'은 '내비게이션'이 외래어 표기법에 맞는 표기이다.
④ 'sausage'는 '소시지'가 외래어 표기법에 맞는 표기이다.
⑤ 'leadership'은 '리더십'이 외래어 표기법에 맞는 표기이다.

041 ①

정답 해설

'석굴암'의 로마자 표기는 'Seokguram'이다. 'ㄹ'은 모음 앞에서는 'r'로, 자음 앞이나 어말에서는 'l'로 적어야 하기 때문이다.

042 ②

정답 해설

'흔히 행복에는 높은 지위, 빛나는 명예, 많은 재산이 중요하고 행복을 가져다 줄 것이라고 생각하기 쉽다.'에서 첫 번째 문장의 주어는 '재산이'이지만 두 번째 문장의 주어는 제시되어 있지 않다. 따라서 '흔히 행복에는 높은 지위, 빛나는 명예, 많은 재산이 중요하고 <u>그것이</u> 행복을 가져다 줄 것이라고 생각하기 쉽다.'와 같이 두 번째 문장의 주어를 추가해야 어법에 맞는다.

▶ 출처 이익섭·채완(1999), 『국어문법론강의』, 학연사

043 ⑤

정답 해설

①, ②, ③, ④의 서술어에 사용된 선어말 어미 '-시-'는 모두 문장의 주체와 관련된 대상을 간접적으로 높이는 기능을 담당하고 있다. 한편, ⑤의 서술어에 사용된 선어말 어미 '-시-'는

문장의 주체를 높이는 직접 높임으로 사용되었다. 따라서 정답은 ⑤이다.

오답 해설

① '편찮으시다'는 '교수님의 몸'을 간접적으로 높이고 있다.
② '많으시다'에 사용된 선어말 어미 '-시-'는 문장의 주체인 '할아버지'가 아니라 '할아버지의 돈'을 간접적으로 높이고 있다.
③ '멋있으시네요'에 사용된 '-시-'는 '부장님의 넥타이'를 간접적으로 높이고 있다.
④ '있으시다'에 사용된 '-시-'는 '선생님의 따님'을 간접적으로 높이고 있다.

044 ②

정답 해설

②는 공을 잘못 던져 친구에게 직접 피해를 준 것으로만 이해되는 문장으로 중의적으로 해석되지 않는다.

오답 해설

① '다'는 앞에 오는 '친구들과' 호응을 하는지 뒤에 오는 '오지'와 호응을 하는지에 따라서 두 가지로 해석될 수 있으므로 중의적이다.
③ '두 개'는 '사과와 배'에 모두 연결하여 해석하는 경우나 '배'에 연결되는 경우에 따라 다르게 해석될 수 있다.
④ '아버지의 그림'은 아버지가 그린 그림이나, 아버지가 소유하고 있는 그림 등 다르게 해석될 여지가 있다.
⑤ '다정한'은 '아주머니'를 수식하는지 '딸'을 수식하는지에 따라 다르게 해석될 수 있다.

▶ 출처 고영근, 구본관(2018), 『(개정판)우리말 문법론』, 집문당

045 ⑤

정답 해설

⑤는 특별히 외국어의 간섭이 없는 국어다운 질서에 따라 잘 표현된 문장이다.

오답 해설

① 사건이나 사물에게서 사람이 영향을 받는 것을 사건이나 사물을 주어로 내세워 표현하는 것은 영어식 물주 구문으로 지적되고 있는 표현이다. 이는 "그 사람과 이별하여 나는 힘들다."와 같이 표현하는 것이 국어답다.
② 소유의 의미가 아니라 '치르다'의 의미를 나타내는 표현에서는 '가졌다'보다는 '치르다'를 사용하여 "예선전을 치렀다."와 같이 표현하는 것이 국어답다.
③ '~을 필요로 하다.'는 영어식 표현의 번역 투로 "아직도 많은 이들은 도움의 손길이 필요하다."와 같이 표현하는 것이 국어답다.
④ '~에 있어서'는 영어식 표현의 번역 투로 "법률 적용에서 가장 중요한 점은 무엇인가?"와 같이 표현하는 것이 국어답다.

▶ 출처 김정우(2003), 「국어 교과서의 외국어 번역투에 대한 종합적 고찰」, 『배달말』 33, 배달말학회, p.143~167

쓰기   046번~050번

기출문제집 p.26

| 046 | ③ | 047 | ② | 048 | ⑤ | 049 | ④ | 050 | ① |

046 ③

정답 해설

ㄴ. 2문단에서 치매에 대한 부정적인 인식 때문에 환자들이 치매라는 것을 인정하지 않는다는 주장에 대한 설득력을 높이기 위해 한국노인복지중앙회 관계자의 인터뷰 내용을 인용하고 있다. 필자의 주장을 실제 사례로 뒷받침하고 있으므로 주장의 설득력을 높이기에 적절하다.
ㄷ. 1문단에서 '치매라는 용어의 뜻은 무엇일까?'라고 용어의 의미에 대한 질문을 사용하여 독자들의 호기심을 유발하고 있다.

오답 해설

ㄱ. 대만에서 명칭을 변경한 연도가 나와 있기는 하지만, 통계 자료의 정확한 수치를 언급하지는 않았다.
ㄹ. '치매 용어를 변경하자'라는 주요 논점의 전통적 의미와 현대적 의미를 제시하지 않았다.
ㅁ. 글의 공정성을 높이기 위해 4문단에서 치매 용어 변경에 반대하는 입장을 제시하였으나, 찬성 입장과 반대 입장을 절충하지는 않았다.

▶ 출처 서울아산병원 홈페이지, 의료정보, "치매"
(https://www.amc.seoul.kr/asan/healthinfo/disease/diseaseDetail.do?contentId=31575)

047 ②

정답 해설

(가)에서 사람들이 치매라는 용어의 의미를 명확히 알지 못하고

있음을 알 수는 있으나, 병명의 의미를 교육해야 한다는 것은 용어를 변경하자는 주장과 부합하지 않는다.

오답 해설

① 용어의 의미를 알려준 후 '바꾸어야 한다'고 응답한 비율이 30%가량 늘어난 것은 많은 사람들이 치매라는 용어가 편견을 담고 있다는 것에 공감했다는 것을 의미한다. 따라서 이를 바탕으로 용어를 변경하자는 주장을 강화할 수 있다.
③ 1문단에서 우리나라의 치매 환자 수가 점점 증가하고 있는 추세라고 제시하였으며, (나)를 통해 우리나라의 65세 이상 치매 환자 수 현황을 파악할 수 있다. 구체적 수치를 활용하면 내용을 구체화하여 제시할 수 있다.
④ (다)를 통해 부정적 인식을 개선하기 위해 우리나라에서도 용어를 변경한 여러 사례가 있음을 파악할 수 있다.
⑤ 뇌전증협회 관계자의 인터뷰를 통해 용어를 변경하는 것이 실제로 환자들의 불안감이나 거부감을 줄이는 효과가 있음을 파악할 수 있으므로, 이를 활용하여 질병에 대한 환자들의 거부감을 줄일 수 있다는 내용을 보완할 수 있다.

048 ⑤

정답 해설

'치매 용어 변경을 위한 의학적 근거 제시'는 Ⅲ이 아니라 Ⅱ에 제시되어 있으며, Ⅳ의 구체적인 내용도 아니다. 따라서 Ⅳ의 하위 항목으로 이동하는 것은 적절하지 않다.

오답 해설

① 우리나라의 치매 환자 현황을 다루기 전에 먼저 치매의 정의를 다루는 것은 적절하며, 글의 1문단에서 치매의 정의를 제시하고 있으므로 적절하다.
② '치매 예방법'은 '치매 용어 변경'이라는 이 글의 주제와 어울리지 않으며, 글에서도 해당 내용은 제시되지 않고 있으므로 적절하다.
③ Ⅱ-3은 용어 변경으로 인한 대중의 혼란을 우려하는 내용으로, 용어 변경을 반대하는 논거로 보기에 적절하다. 따라서 Ⅲ-1의 하위 항목으로 이동하여 서술하는 것이 적절하다.
④ 윗글에서 필자는 '용어 변경에 따른 불편함도 있겠지만, 그보다는 용어로 인해 환자와 가족들이 겪는 불필요한 고통이 더 크다'고 말하며 Ⅲ-1의 내용을 반박하고 있으므로 적절하다.

049 ④

정답 해설

'진행되었다'라는 서술어의 주어는 '논의'이다. '논의'는 스스로 진행하는 주체가 아니라, 진행되는 대상이므로 '진행되었다'라고 피동 표현을 사용하여 표현하는 것이 적절하다.

오답 해설

① 윗글은 '치매 용어 변경'과 관련된 글이기 때문에 건망증과 관련된 문장은 통일성을 해치는 문장이다. 따라서 삭제하는 것이 적절하다.
② '유지하다'는 '어떤 상태나 상황을 그대로 보존하거나 변함없이 계속하여 지탱하다'는 의미이고, '내포하다'는 '어떤 성질이나 뜻 따위를 속에 품다'는 의미이다. '치매'라는 단어가 '어리석다'라는 의미를 속에 품고 있다는 것을 표현하기 위해서는 '내포하고'로 수정하는 것이 적절하다.
③ '갖는다'의 주어는 '부정적 인식'이다. '부정적 인식'이 거부감을 갖는 것이 아니기 때문에 주어와 서술어가 호응하지 않는다. 따라서 '갖게 한다'로 수정하는 것이 적절하다.
⑤ '그러므로'는 앞뒤의 문장이 원인과 결과를 나타낼 때 쓴다. 그러나 앞뒤의 맥락을 고려할 때 두 문장은 용어 변경에 반대하는 사람들의 의견을 병렬적으로 나열한 것이다. 따라서 '또한'으로 수정하는 것이 적절하다.

050 ①

정답 해설

'치매 용어 변경'이라는 문제를 해결하기 위해 필요한 구체적인 절차인 '치매관리법 개정'을 언급하며 글을 마무리하고 있으므로 적절하다.

오답 해설

② 한자어를 고유어로 바꾸어 설명한 것은 없으므로 적절하지 않다.
③ '치매관리법 개정'은 개인적 차원에서 해결할 수 있는 해결책이 아니므로 적절하지 않다.
④ 문제를 해결하면 나타날 수 있는 효과에 대해 설명하고 있지 않으므로 적절하지 않다.
⑤ '치매 용어 변경'과 관련된 또 다른 사안에도 관심을 가질 것을 촉구하지는 않았으므로 적절하지 않다.

창안 051번~060번

기출문제집 p.29

051	③	052	④	053	④	054	④	055	④
056	②	057	③	058	⑤	059	②	060	⑤

051 ③

정답 해설

ⓒ의 내용은 수분 함량이 20% 정도가 되도록 건조된 상태이고, ⓓ에서는 여기서 다시 건조하여 12~13% 수분이 남도록 한다고 했으므로 수분을 날리는 과정에 있는 것으로 볼 수 있다. 따라서 남긴 물건을 따로 포장하여 필요한 다른 이에게 전달한다는 내용을 유추하기는 어렵다.

오답 해설

① ㉠은 커피 열매 선별 과정으로 단순한 생활을 위해 소유하고 있는 물건들을 살펴 버릴 것을 추리는 과정으로 유추할 수 있다.
② ㉡은 커피 열매가 상하지 않도록 보호한다는 내용으로 남긴 물건들을 잘 관리하는 모습으로 유추할 수 있다.
④ ㉣은 20%에서 12~13%으로 수분 함량을 줄이는 것이다. 이는 최적의 단순한 생활을 위해 다시 버릴 물건들을 추리는 것으로 유추할 수 있다.
⑤ ㉤은 크기에 따라 등급을 분류하고 이물질을 제거하게 되는데, 이 과정에서 자동화된 설비를 이용한다고 되어 있다. 이는 남겨진 물건들을 필요라는 기준에 따라 나누고 자동화된 시스템을 전문가의 도움을 받아 불필요한 것들을 없앤다는 것으로 유추할 수 있다.

▶ 출처 이승훈(2010), 『올 어바웃 에스프레소』, SEOUL COMMUNE

052 ④

정답 해설

각각의 특징을 가진 사람들의 개성을 존중하자는 것에서 '다문화 존중'의 의미를 찾을 수 있으며, 각각의 특징을 가진 커피콩과 사람들의 개성을 비교하고 있다. 또한 '-ㅂ시다'의 청유형을 사용해 문장을 제시하고 있다. 따라서 〈조건〉에 부합하는 공익 광고 문구로 볼 수 있다.

오답 해설

① 여러 원두가 모여 한 잔의 커피를 만든다는 것에서 '다문화 존중'의 의미를 찾을 수도 있으나 비유 표현을 사용하지 않았으며 청유형 문장으로 제시되지 않았다.
② 커피콩이 여러 가지 맛이 난다는 것에서 '다문화 존중'의 의미를 찾을 수도 있으나 비유 표현을 사용하지 않았으며 청유형 문장으로 제시되지 않았다.
③ 서로 다른 우리가 모여 다양함을 존중하는 사회를 만들자는 것에서 '다문화 존중'의 의미를 찾을 수 있으며, '갑시다'를 통해 청유형 문장을 확인할 수 있으나 비유 표현이 사용되지 않았다.
⑤ 모두 다 커피라는 내용에서 '다문화 존중'의 의미를 찾을 수도 있으나 비유 표현을 사용하지 않았으며 청유형 문장으로 제시되지 않았다.

053 ④

정답 해설

ⓑ의 내용을 보면 물에 뜨는 것들, 즉 불필요한 것들을 제거하고 발효과정을 거치게 되는데 이때 커피 자체가 가지고 있는 효소와 미생물에 의해서 이루어진다고 설명한다. 불필요한 것들을 고치고 싶은 습관이라고 할 수 있으며, 커피 자체가 가지고 있는 효소와 미생물은 자신이 가지고 있는 힘이라고 빗대어 표현할 수 있다.

오답 해설

① 주변 환경을 바꾸어야 한다는 내용을 유추할 수 없다.
② 횟수와 관계된 내용을 언급되지 않고 있다.
③ 함께 해야 성취할 수 있다는 내용은 유추할 수 없다.
⑤ 좋은 것으로 대체해야 한다는 내용은 유추할 수 없다.

054 ④

정답 해설

(가)는 서로 관련이 없어 보이는 점들의 연결 관계를 찾아 새로운 의미를 발견한 예이고, (나)는 종이를 찢어 재배열하는 새로운 방식을 고안하여 문제를 해결한 예이다. 이를 통해 주장할 수 있는 내용은 구성 요소를 다양한 관점에서 바라보는 유연한 사고가 필요하다는 내용과 가장 가깝다.

오답 해설

① (가)와 (나)의 문제 해결 과정을 통해 과정의 비합리성을 이끌어 내기는 어렵다.
② (가)는 직선이 아닌 곡선을 사용한 경우이고, (나)의 문제 해결 방식은 종이를 찢어 재배열한 것인데, 이는 기존의 틀을 깨는 파격적 사고이므로 '관습'과 어울리지 않는다.
③ 아이디어에 대한 판단과 비판을 유보해야 한다는 내용은 이끌어낼 수 없다.

⑤ (가)와 (나) 모두 주어진 점과 종이를 이용한 것이므로 새로운 구성 요소를 도입했다는 설명에 해당하지 않는다.

▶ 출처
- (가) http://www.seehint.com/word.asp?no=12401
- (나) https://m.blog.naver.com/PostView.naver?isHttpsRedirect=true&blogId=havefun_math&logNo=220463795457

055 ④
정답 해설

그림 (가)에서 구성 요소에 해당하는 점들은 서로 무관하게 보이나, 전체적 관점에서 점 간의 연결 관계에 주목하여 점을 이으면 고양이 그림으로 파악될 수 있다. 이는 아이디어 창안을 위해 구성 요소의 독립성보다는 전체적인 의미에 주목하는 방식이 효과적일 수 있음을 시사한다. ㄹ은 이를 반대로 해석한 것으로 부적절한 분석이다.

오답 해설

① (나)는 표면적으로 보기에 풀이가 불가능한 문제이나, 종이 자르기라는 형식의 파격을 통해 해결할 수 있는 문제로 ㉠은 적절한 분석이다.
② (가)의 점은 서로 무관해 보인다는 점에서 '무질서'로 파악할 수 있는데, 점 간의 연결을 통해 질서를 부여하고 전체적인 고양이 그림을 그려냈다는 점에서 ㉡은 적절한 분석이다.
③ (나)의 문제 해결을 위해 '종이'라는 구성 요소를 자름으로써 '분해'하고 문제 해결 목표에 맞추어 거꾸로 '재배열'하였으므로 ㉢은 적절한 분석이다.
⑤ 문제로 제시된 종이 자체를 자를 수 없다는 생각을 '통념'으로 본다면 (나)는 이러한 통념을 벗어나 문제를 창의적으로 해결한 사례로, ㉣은 적절한 분석이다.

056 ②
정답 해설

(나)의 문제 해결 방식은 구성 요소의 분해와 재배열이다. 김과 밥의 구성을 바꾸어 누드 김밥을 만든 사례는 제품을 구성하는 요소의 순서를 바꾸거나 뒤집는 등의 방법으로 새로운 구성의 제품을 만드는 '역방향'의 사고 유형으로, (나)와 가장 유사하게 파악할 수 있다.

오답 해설

① 기존의 제품을 다른 형태로 변형하여 새로운 장점을 만들어내는 '수정'의 유형이다.

③ 제품 자체의 특성을 다른 분야에 적용하여 문제를 해결하는 '응용'의 유형이다.
④ 기존의 구성 요소를 다른 구성 요소로 바꾸어 새로운 제품을 만들어내는 '대체'의 유형이다.
⑤ 서로 다른 기존의 제품을 섞어 새로운 제품을 만들어내는 '결합'의 유형이다.

057 ③
정답 해설

'내과 전문의 ◇◇◇이 보증!'이라는 내용은 (다)에서 제시한 부당한 표시·광고에 해당하므로 해당 사례로 올바르게 짝 지어진 것으로 볼 수 있다.

오답 해설

① 인체 적용 시험 결과에 대한 구체적인 내용 없이 규모 및 조건만을 강조한 사례이므로 (라)에 해당한다.
② 인체 적용 시험 결과를 구체적인 내용 없이 제시하여 모든 사람에게 특정기간 내 효과가 있는 것으로 인식될 우려가 있는 사례로 (라)에 해당한다.
④ 긴장 완화에 도움이 되는 원료를 불면증 또는 수면 건강 기능이 있는 것으로 인식될 우려가 있는 이미지를 사용하여, 해당 기능성과 관련이 없는 이미지를 사용한 사례로 (나)에 해당한다.
⑤ 건강기능식품이 질병의 예방·치료에 효능이 있는 것으로 인식될 우려가 있는 표시·광고의 사례로 (가)에 해당한다.

▶ 출처 식품 안전 나라(2022.09.16.), 교육자료, 「한눈에 보는 건강기능식품 인체적용시험 표시·광고 가이드라인(민원인 안내서)」제정 알림 (https://www.foodsafetykorea.go.kr/portal/board/boardDetail.do)

058 ⑤
정답 해설

윗글은 건강기능식품 영업자들이 주의해야 할 사항들을 알려주는 내용이다. 그 목적은 영업자들에게 올바른 정보를 제공해서 허위·과대광고로부터 소비자를 보호하기 위함에 있다. 따라서 ⑤의 내용이 적절하다.

오답 해설

① 소비자와 영업자가 같은 생각을 하고 있다는 내용은 추론할 수 없다.
② 윗글의 내용은 영업자에게 알려주고 있는 지침이므로 소비자가 똑똑해야 올바른 소비문화를 만들 수 있다는 내용은 적

③ 소비자가 직접 권리를 찾아야 한다는 내용은 추론할 수 없다.
④ 영업자와 소비자가 소통해야 한다는 내용은 추론할 수 없다.

059 ②

정답 해설

청어에게는 물메기와 함께 있어야 하는 시간이, 쥐에게는 어미와 떨어져 있는 경험이 시련이었지만 그것이 오히려 청어와 쥐를 강인하게 만드는 요인이 되었다.

오답 해설

① 반복되는 행동의 패턴에 대해서는 언급된 바 없다.
③ 글을 통해 적절한 스트레스가 오히려 대상을 강하게 만든다는 것을 확인할 수 있다.
④ 청어나 쥐는 사람과 동거하는 동물이 아니며, 사람과 동거하는 동물이 사람의 행동을 닮는다는 내용을 유추할 수 없다.
⑤ 독립의 경험이 주체성을 기르는 데 도움이 된다는 내용은 쥐에게는 해당할 수 있는 내용이지만 청어에게는 해당되지 않는다.

▶ **출처** 이정현(2010), 『심리학 열일곱 살을 부탁해(10대를 위한 유쾌한 심리학)』, 걷는나무

060 ⑤

정답 해설

청어와 쥐가 가혹한 시련을 이겨 내며 성장했듯이 인간도 척박한 환경에 대응하며 인류의 문명을 이뤄냈을 것이라고 유추할 수 있다.

오답 해설

① 체계적인 교육에 대한 내용을 유추할 수 없다.
② 주변의 적절한 도움은 시련과 관련이 없다.
③ 서로 다른 환경에서 자라면 시련에 대한 견해가 다르다는 내용을 유추할 수 없다.
④ 관찰 학습과 글의 내용은 관련이 없다.

읽기 061번~090번

기출문제집 p.35

061	⑤	062	⑤	063	①	064	②	065	③
066	①	067	②	068	④	069	①	070	②
071	③	072	②	073	③	074	⑤	075	⑤
076	①	077	⑤	078	③	079	③	080	③
081	②	082	①	083	③	084	③	085	⑤
086	④	087	④	088	⑤	089	③	090	③

061 ⑤

정답 해설

윗글에서 어순을 바꾸는 도치는 찾아볼 수 없다.

오답 해설

① '스르르'를 반복함으로써 자동문에 길들여진 현대인들이 자동문을 통해 안으로 들어가고 나오는 모습을 생동감 있게 표현하고 있다.
② '그, / 어떤, / 문 앞에서는,'은 한 호흡의 문장을 의도적으로 행을 바꾸어 표현한 예이다. 자연스러운 호흡을 방해함으로써 시적 긴장감을 조성하고 있다.
③ '키위 새'는 '날개가 퇴화되어 날지 못하는 새'라는 특성을 지니며, 자동화된 세상에 길들여져 무능력해져 가는 현대인을 상징하는 소재이다. '키위 키위 울고만 있을 것이다'는 키위 새의 특성에 착안하여 현대인의 비극적 미래를 암시하는 표현이다.
④ '아리바바의 참깨'는 보편적으로 알려진 설화 〈아라비안나이트〉 속 문을 여는 주문으로, 이 표현을 인용함으로써 자동문이 보편화된 사회의 모습을 인상적으로 드러내고 있다.

▶ **출처** 유하(2012), 「자동문 앞에서」, 『무림일기』, 문학과지성사

062 ⑤

정답 해설

윗글의 ⊙에서는 '음흉한'이라는 표현을 통해 볼 수 있듯 자동화된 현실에 대한 화자의 비판적 태도가 드러난다. 이와 가장 유사한 태도를 보이는 시구는 ⑤로, '현대식 교량'이 식민지 수탈을 위한 목적으로 건설되었다는 의미에 비판적으로 바라보고 있으며, 그 현대식 교량을 건너다니면서 그런 생각을 하지 않는 젊은 세대에 대해서도 비판적 태도가 드러난다.

오답 해설

① 시적 대상 '나비'에 대한 연민과 안타까움의 태도가 드러난다.

② 시적 대상 '성에꽃'의 가치에 대한 긍정, 힘겹게 살아가는 서민에 대한 연민의 태도가 드러난다.
③ 시적 대상 '낙화'를 긍정적으로 의미화하며 예찬하는 태도가 드러난다.
④ 시적 대상 '사과'를 통해 생명의 순환에 관한 깨달음을 얻는 성찰적 태도가 드러난다.

063 ①
정답 해설

지문은 취업과 관련한 일들에서 국면의 전환을 겪은 서술자가 그 과정에서 어떤 생각과 정서를 가지게 되었는지 고백하는 듯 전하는 내용으로 구성되어 있다. 이렇듯 과거를 돌이켜 생각하면서 그에 대한 내적 체험을 직접 드러내고 있기 때문에 ①이 서술상의 특징에 걸맞다.

오답 해설

② 사건들은 '나'의 서술에 의해 대체로 시간 순서에 의해 제시되고 있다.
③ 지문 안에서 어떤 논쟁이 일어난다고 볼 수 없으며 서술자 외의 다른 논자가 직접 등장하는 것도 아니다.
④ 서술자 자신 혹은 서술자가 품은 생각이 때때로 사물에 비유되어 표현되고 있지만 사물이 인격화되어 묘사되고 있지 않으며 이를 통한 풍자도 이루어진다고 할 수 없다.
⑤ 장면의 전환이 부분적으로 일어난다고 해도 서술자가 동일한 '나'로서 유지되고 있기에 시점이 달라진다고 볼 수 없다.

▶ **출처** 김혜진 외 7인(2019), 구병모, 「어디까지를 묻다」, 『땀 흘리는 소설』, 창비교육, p.151~153

064 ②
정답 해설

ⓒ '열상(裂傷)'은 본디 '피부가 찢어진 상처'를 가리키는 어휘이며, 이를 문맥상으로 보면 서술자가 실패를 반복하여 겪자 결국 이전까지 희망하던 진로 자체를 포기하는 데까지 이르면서 갖게 된 마음의 상흔이라 해석할 수 있다. 다른 나머지 어휘들은 무언가를 성취할 가능성 내지는 그 성취를 향한 희망이 내포되어 활용된다는 면에서 ⓒ의 강한 부정성과 대조되므로 ⓒ이 가장 이질적이다.

오답 해설

① ㉠ '꿈'은 서술자가 본래 이루고자 했던 특정 직업군에서의 취업을 가리키고 있다. 그 성취 가능성이 결정적으로 사라졌다고 그가 여겼을 때 '허황된 꿈', '죽은 꿈', '포기한 꿈' 등의 형태로 '꿈'과 여타의 수식어가 결합하여 활용됨으로써 서술자의 안타까운 정서를 함께 드러낸다.
③ ㉢ '싹'은 생장을 거쳐 결실을 산출하는 사물로서 무언가의 성취 가능성을 품고 있는 상태를 동시에 은유한다. 이러한 맥락은, 실패를 거듭 경험한 이후 서술자가 '싹'이 '싯누렇게 말라 비틀어졌다'는 표현을 남기는 부분에서도 확인할 수 있다.
④ ㉣ '화분'은 어떤 사물의 잠재성이 실현될 수 있도록 그것을 발양시키는 토대를 일컫는 비유의 표현이다. 따라서 지문의 표현 중에서도 무언가 성취 가능성을 품은 것을 의미하는 '싹'과 밀접한 계열을 이룬다. 또한 서술자는 자신이 포기한 경로와 잃어버린 성취 가능성을 '깨진 화분'과 같은 수사를 활용해 드러내기도 한다.
⑤ ㉤ '독'은 부모의 관심과 지원을 받아오면서 자신이 희망한 직업군에서의 취업을 위해 경주했던 서술자를 비유적으로 나타낸다. 성취 가능성 자체가 사라지거나 포기된 상태를 지문에서는 '밑빠진 독' 혹은 '독을 깨 버리다'와 같은 표현들로 드러내고도 있다.

065 ③
정답 해설

ㄱ. 지문의 상반부 중 "한번 뽑아낸 등골을 언제까지나 우려먹을 수는 없었다"라거나 "부모님의 등에는 더 이상 뽑을 뼈가 남아 있지 않았다"라는 진술을 통해 ⓐ '저(=나)'는 부모의 지원에 대해 심적인 부담을 느끼는 가운데 자신의 취업 준비 생활이 ⓑ '아빠'를 포함한 부모의 경제적 여건에 따라 한정돼 있음을 인지하고 있었다는 것을 여실히 드러낸다.
ㄹ. "회사의 명성이 높을수록 개인은 이루 말할 수 없이 영세해진다는 사실을, 하청 택배 7년 차인 아빠가 모를 리 없다"라는 부분에서 확인할 수 있는 것처럼 ⓐ '저(=나)'는 대기업이 하청을 통해 각종 인건비 및 경비 절감으로 이득을 보면서 자사의 성장을 노리기 일쑤인 세태를 택배 기사로 일하는 ⓑ '아빠'가 자연스럽게 알고 있을 것이라고 짐작하고 있다.

오답 해설

ㄴ. ⓐ '저(=나)'가 ⓑ '아빠'의 '자식 자랑'을 말리려 한 이유는 정규직과 계약직의 차이에 대한 '나'의 자격지심이 작용한 것이라 할 수 있다. 하지만 그 자랑의 내용이라 할 수 있는 사실 자체에는 어떤 거짓도 없다.
ㄷ. ⓑ '아빠'가 ⓐ '저(=나)'를 위한 경제적 지원을 실제로 중단했는지 여부와 그 양상에 대해서는 지문을 통해 전혀 알 수 없으며 차라리 '나'가 진로를 변경하고 취업에 성공하는 경

과를 거쳤기 때문에 부모로부터 더는 경제적 지원을 받지 않아도 된 상황이 전개됐다고 보는 것이 자연스럽다.

066　①
정답 해설
두 번째 문단의 내용을 통해 노동자의 역사에서 여성이 변화의 주체로 조명되지 못하고 주변적이고 보조적으로 다루어졌다는 점이 비판되어 왔다는 것을 알 수 있다.

오답 해설
② 여성사는 여성의 행위주체성을 복원하려는 노력 속에서 여성과 남성의 관계가 어떻게 형성되어 왔는가라는 문제를 다루고자 하였다. 따라서 남성의 존재를 의식적으로 배제한다고 보는 것은 적절하지 않다.
③ 사회사와 노동사에서 여성의 존재가 부정되지는 않았다.
④ 여성사 연구는 변화의 주체나 중요한 존재로 부각하기보다는 보조적이고 추가적인 존재로 그리면서, '거기에 있었던' 사실을 확인하는 전통적인 연구에 대해 비판적인 시각을 지니고 출발하였다는 점에서 적절하지 않다.
⑤ 여성사는 지배적 이데올로기가 여성을 은폐하는 방식을 연구하며, 여성과 남성의 역사가 서로 얽혀있는 방식을 주요 연구과제로 삼기 때문에 적절하지 않다.

▶ 출처　사라 마자 저, 박원용 역(2019), 『역사에 대해 생각하기: 오늘날 역사학에 던지는 질문들』, 책과함께, p.56~63

067　②
정답 해설
⟨여성들에게 르네상스는 있었는가?⟩라는 질문에 대해, ㉠ 역사의 '중대 사건'으로서 르네상스의 정의 자체에 도전하도록 했을 때 적절한 시도가 무엇인지 묻는 질문이다.
여성들이 르네상스기에 적극적으로 문화와 예술 활동에 참여했다는 것은 르네상스 예술과 문화 활동에 참여하는 과정 속에 여성이 '거기 있었음'을 밝히는 것으로, 르네상스 정의 자체에 도전하도록 하는 시도라고 볼 수 없다.

오답 해설
① 여성에게 미친 르네상스의 영향을 짚어보면서 르네상스의 정의 자체에 도전하는 적절한 시도로 볼 수 있다.
③ 개인을 중시하는 휴머니즘의 영향을 짚어보면서 르네상스의 정의 자체에 도전하는 적절한 시도로 볼 수 있다.
④ 근대적 인간의 탄생이라는 결과가 여성에게도 적용되는가의 여부를 짚어보면서 르네상스의 정의 자체에 도전하는 적절한 시도로 볼 수 있다.
⑤ 새로운 자유와 창의가 엘리트 남성에게 허용되었다는 점을 짚어보면서 르네상스의 정의 자체에 도전하는 적절한 시도로 볼 수 있다.

068　④
정답 해설
ⓒ "여성과 남성 사이의 관계가 과거의 모든 사회를 어떻게 형성해왔는가를 밝히는 것"에 대해 젠더사가들이 적절하게 설명한 것을 찾는 문항이다. 젠더는 "권력관계를 상징하는 핵심 방식"이라고 지적했다고 하였으며, '대부분의 인간의 행동을 구조화한다'고 하였으므로 적절한 설명이다.

오답 해설
① 젠더사가는 여성에 관한 언어가 남성 사이의 권력관계를 설명하고 이해하는 방식으로도 기여해 왔다고 설명하고 있기 때문에, 여성 내부의 역학과 행동을 이해하는 것으로 제한할 필요가 없다.
② 젠더사는 젠더 이데올로기에 따라 여성뿐 아니라 남성 행위자들도 예리하게 규정된 역할로 구분한다고 보기 때문에, 남성의 행위 주체성에 주목하는 것은 적절하지 않은 설명이다.
③ 젠더사는 여성을 부각하려는 행위 주체와 의도를 밝히는 데 초점을 두지 않기 때문에 적절하지 않은 설명이다.
⑤ 젠더사는 역사 서술의 가장 전통적인 영역, 즉 전쟁과 정치를 포함할 수 있다고 보기 때문에 적절하지 않은 설명이다.

069　①
정답 해설
요즘 입맛에 맞게 변화하지 않는 기존 동네 빵집에 대한 내용이므로 젠트리피케이션과 관련된 내용이 아니다.

오답 해설
② 젠트리피케이션으로 인한 임대료 상승으로 비자발적 퇴거 압력에 관한 신문기사이다.
③ 젠트리피케이션으로 인한 임대료 상승으로 주거지 이탈에 관한 신문기사이다.
④ 젠트리피케이션으로 인한 임대료 상승으로 비자발적 퇴거 압력에 관한 신문기사이다.
⑤ 젠트리피케이션으로 인한 임대료 상승으로 주거지 이탈에 관한 신문기사이다.

▶ 출처　이선영(2016), 「닐 스미스와 젠트리피케이션, 그리고 한국」, 『공간과 사회』, 한국공간환경학회 56권, p.209~234

070 ②

정답 해설

'둥지 내몰림'은 기존에 생활하던 환경에서 쫓겨나는 상황을 의미하므로 임대료 상승으로 인한 비자발적 퇴거 압력을 설명하는 용어로 적합하다.

오답 해설

① 한국식 젠트리피케이션은 임대료 상승으로 인한 비자발적 퇴거 압력에 대한 용어로, 서구의 교외지역에서 도심지역으로 회귀하는 주거 젠트리피케이션을 뜻하는 도심회귀와 맞지 않는다.
③ 한국식 젠트리피케이션은 임대료 상승으로 인한 비자발적 퇴거 압력에 대한 용어로, 서구의 긍정적 측면의 젠트리피케이션을 뜻하는 도심 재활성화와 맞지 않는다.
④ 한국식 젠트리피케이션은 임대료 상승으로 인한 비자발적 퇴거 압력에 대한 용어로, 공공 일자리 확대와는 관계가 없다.
⑤ 한국식 젠트리피케이션은 임대료 상승으로 인한 비자발적 퇴거 압력에 대한 용어로, 정부가 무주택자에게 보급하는 보금자리 주택 건설과는 관계가 없다.

071 ③

정답 해설

주거 환경의 개선을 통한 상위 소득 계층의 이주는 한국식 젠트리피케이션이 아니라 서구의 젠트리피케이션에 대한 설명이다.

오답 해설

① 한국에서 젠트리피케이션의 용어는 초기에 '도시회춘', '도심회귀', '도심고급주택화' 등으로 번역되었으나 현재는 임대료 상승으로 인한 비자발적 퇴거 압력에 대한 용어로 사용되고 있다.
② 상업 젠트리피케이션에 가까운 한국에서의 젠트리피케이션은 서구의 젠트리피케이션과 그 맥락이 다르다고 기술하였다.
④ Smith의 관점에 따르면 젠트리피케이션은 더 많은 이익을 찾아 움직이는 자본의 이동에 따른 불균등한 개발의 상징으로 규정하여 한국식 젠트리피케이션를 잘 설명한다.
⑤ 한국에서의 젠트리피케이션은 차별화된 분위기를 가진 탓에 외지인에게 소위 '뜨는' 동네로 인식된 북촌, 서촌, 경리단길, 홍대, 신촌, 이태원, 대학로, 가로수길, 성수동 등의 지역의 상업화에 따른 주변 다른 지역의 쇠락을 의미한다. 이에 따라 '뜨는' 지역과 쇠락하는 지역은 사회적·공간적 변화가 일어난다.

072 ②

정답 해설

〈보기〉는 우후죽순 늘어나는 소위 '뜨는' 동네가 젠트리피케이션을 발생시키지만 그런 동네가 오래 지속되지 못하고 빨리 사그라드는 것을 지적하며 젠트리피케이션에 대해 비판적 입장을 보이고 있다. 이런 관점에서 '지역 고유성'에 대한 주장으로 적절한 것은 원래 있던 작은 가게들이 지속되도록 관심을 가져야 한다는 ②이다.

오답 해설

① 도심지역 재활성화를 통해 지역세수를 증대시키자는 젠트리피케이션의 긍정적 측면을 주목한 것으로 〈보기〉의 관점과 일치하지 않는다.
③ 한국식 젠트리피케이션에 대한 대안이 될 수 있는 내용으로 젠트리피케이션을 비판적으로 바라보는 〈보기〉의 관점과는 일치하지 않는다.
④ '지역 고유성'에 대한 내용이 아니며 〈보기〉의 관점과도 관계가 없다.
⑤ 공장 유치를 통한 일자리 창출은 젠트리피케이션과 관계가 없다.

073 ③

정답 해설

1문단의 "포도당, 과당, 젖당은 모두 단당류로서 분자식은 같지만 분자를 이루는 구조는 각각 다른 이성질체이다."에서 알 수 있듯이, 구조는 다르고 성분은 같은 것을 이성질체라고 한다.

오답 해설

① 1문단의 "단당류는 분자식이 $C_6H_{12}O_6$인 탄소 6개, 수소 12개, 산소 6개의 원자로 만들어진 분자로서"라는 기술에서 알 수 있다.
② 2문단에서 알 수 있는 내용으로 수소를 얻는 환원 반응과 수소를 잃는 산화 반응이 일어난다고 하였으므로 일치하는 내용이다.
④ 4문단의 "녹말은 아밀로스와 아밀로펙틴의 혼합물인데 쌀, 옥수수, 감자, 밀 등 우리가 주식으로 삼는 곡물에 많이 들어있다."에서 알 수 있다.
⑤ 마지막 문단의 "여러 가닥의 셀룰로스가 나란히 연결되어 매우 질긴 성질을 띠는 끈이나 평면 벽을 형성하는데, 흔히 섬유질이라고 부르는 식물체 성분으로 종이나 펄프의 원료로 사용된다."에서 알 수 있다.

074 ⑤
정답 해설

2문단의 "한편 포도당을 이용하여 생명 유지에 필요한 에너지를 얻는 과정을 세포 호흡이라 한다."에서 알 수 있는 내용이다.

오답 해설

① 3문단에서 "포도당은 〈그림〉과 같이 6각형 고리 구조를 하고 있다. 하지만 모든 꼭짓점에 탄소(C)가 있는 형태는 아니고 산소(O)가 하나의 꼭짓점을 이룬다."라고 하였으므로 틀린 진술이다.
② 4문단에서 "α-포도당의 탄소에 결합된 수산기와 다른 α-포도당의 수산기가 글리코사이드 결합을 이루고"라고 하였으므로 글리코사이드 결합은 수산기 사이에서 일어난다는 것을 알 수 있다. 윗글에 제시되지는 않았지만 탄소 원자들의 결합은 공유 결합이다.
③ 3문단의 내용에서 알 수 있듯이 포도당은 2가지 이성질체가 있고 α-포도당과 β-포도당은 1번 탄소에 붙은 수산기와 수소의 위치에 따라 다르며 포도당에서 산소와 결합한 탄소의 개수와 모양은 일정하다.
④ 2문단에서 "광합성은 이산화탄소가 수소를 얻어 포도당이 되는 환원 반응"이라고 하였으므로 틀린 진술이다.

075 ⑤
정답 해설

3문단에서 녹말은 아밀로스와 아밀로펙틴의 혼합물이라고 하였으며, "아밀로스는 곧게 뻗은 선형 구조라면 아밀로펙틴은 잔가지가 많이 달린 나뭇가지와 같은 형태"라고 하였다. 4문단에서 "셀룰로스는 녹말과 달리 곁가지가 거의 없는 선형 사슬 구조로 되어 있는데,"라고 하였다. 이를 통해 추론할 때 녹말과 셀룰로스의 연결 구조의 모양은 서로 다르다.

오답 해설

① 4문단의 "식물에 따라 녹말에 들어있는 아밀로펙틴과 아밀로스의 비율이 다른데"라는 서술을 통해 알 수 있다.
② 5문단의 "수산기가 이웃한 셀룰로스에 있는 수산기와 수소 결합을 하게 되고, 여러 직선이 결합된 결을 가지는 구조를 만든다."라고 하였으므로 옳은 진술이다. 셀룰로스 고분자의 가닥은 서로 수소 결합을 이루어 섬유질 다발을 형성한다.
③ 4문단에서 "녹말은 α-포도당이 여러 개 연결된 고분자 물질"이라고 하였으며, 5단락에서 "많은 수의 β-포도당이 반복적 연결된 고분자를 셀룰로스라고 부른다."라고 하였으므로 모두 포도당이 연결된 고분자 물질임을 알 수 있다.
④ 녹말은 α-포도당, 셀룰로스는 β-포도당이 재료이며 α-포도당과 β-포도당은 서로 이성질체이므로 구조식이 다른 포도당이다.

076 ①
정답 해설

4문단의 "반면 아밀로펙틴은 아밀로스의 6번 탄소에 있는 수산기와 다른 포도당 분자들이 결합되어 곁가지를 형성하고 있다."라는 내용을 적용하여 곁가지가 많은 아밀로펙틴에 가까운 모양을 하고 있다는 추론이 가능하다.

오답 해설

② 〈보기〉의 내용에서 많은 곁가지를 형성한다고 하였으므로 더 복잡한 나뭇가지 구조가 됨을 추론할 수 있다.
③ 셀룰로스의 질긴 특성은 마지막 문단의 "여러 가닥의 셀룰로스가 나란히 연결되어 매우 질긴 성질"이라는 진술을 통해 직선 구조가 다발을 형성하기 때문임을 알 수 있으므로 곁가지들이 더 질긴 특성을 보일 것이라는 추론은 적절하지 않다.
④ 5문단의 "하지만 β-포도당은 1번과 4번의 탄소에 있는 수산기만 글리코사이드 결합을 하는데, 많은 수의 β-포도당이 반복적으로 연결된 고분자를 셀룰로스라고 부른다. 셀룰로스는 녹말과 달리 곁가지가 거의 없는 선형 사슬 구조로 되어 있는데,"와 〈보기〉의 " 글리코겐은 수많은 포도당 분자들이 많은 곁가지를 형성하여"와 배치되고 4문단의 내용을 통해 곁가지를 형성하려면 α-포도당으로 만들어져야 함을 추론할 수 있으므로 틀린 진술임을 확인할 수 있다.
⑤ 5문단의 첫 문장 "β-포도당도 아밀로스처럼 1번과 4번 탄소의 수산기가 글리코사이드 결합을 형성한다."와 4문단의 "반면 아밀로펙틴은 아밀로스의 6번 탄소에 있는 수산기와 다른 포도당 분자들이 결합되어 곁가지를 형성하고 있다."라는 내용으로부터 곁가지는 주로 6번 탄소의 수산기를 이용한 글리코사이드 결합이 일어남을 추론할 수 있다.

077 ⑤
정답 해설

3문단의 내용에 따르면 콘텐츠는 통신망에서 사용하거나, 통용을 목적으로 하기 위해서는 공통 규격을 따라야 하고, JPEG, MPEG는 국제표준기구에 의해 정해진 호환 표준 규격이다. 그러므로 통신망이 아닌 다른 매체를 위해 만들어졌다는 답지의 진술은 윗글과 일치하지 않는다.

오답 해설

① 1문단에서 "콘텐츠의 원래 의미는 '내용물'이라는 뜻으로 ~ 창작물이라는 의미로 더 많이 쓰인다."라고 했으므로 일치하는 내용이다.
② 1문단에서 "콘텐츠는 컴퓨터 통신망에서 사용하기 위하여 문자·부호·음성·음향·이미지·영상 등을 디지털 방식으로 제작해 처리·유통하는 각종 정보 또는 그 내용물을 통틀어 이른다."라고 했으므로 일치하는 내용이다.
③ 4문단에서 "최근 자동화 기술이 점점 발달하여 ~ 자동으로 콘텐츠가 만들어지기도 한다."라고 하였으며, 2문단에서 "그렇게 만들어진 콘텐츠는 재생 장치를 통해 다시 영상으로 복원되고 수용자에 의해 그 내용이나 생각이 전달된다."라고 하였으므로 일치하는 내용이다.
④ 4문단의 "영화와 같은 상업용 콘텐츠"를 통해 경제적 이익을 위해 콘텐츠가 제작됨을 알 수 있다.

▶ 출처 박재화(2022), "「저작권보호심의 제도와 동향」 창작의 정도가 낮은 디지털 콘텐츠와 파생 정보의 가치", 한국저작권보호원 (https://www.kcopa.or.kr/lay1/bbs/S1T11C463/A/78/view.do?article_seq=3512&cpage=1&rows=10&condition=&keyword=)

078 ③
정답 해설
2문단의 전체 내용을 통해 일반적인 콘텐츠의 저작물로서의 요건을 알 수 있고, 마지막 문단의 "이런 콘텐츠는 사람의 생각이나 의도를 ~ 생성된 콘텐츠는 아니므로"라는 부분을 통해 저작물의 간접적인 생산에는 일반적인 저작물과 동일한 권리의 부여가 되지 않는 것으로 서술하고 있다.

오답 해설
① 콘텐츠가 갖추어야 하는 기본적인 요건으로 저작권과는 다소 거리가 있다.
② 사회적 수요가 적은 도구를 사용한 것이 저작권을 부여하지 않는 조건이 되지는 않는다.
④ 제작 의도가 상업적 목적이 아니라고 해서 저작물의 권리를 부여하지 못하는 것은 아니다.
⑤ 현재 통용 조건이 권리 부여의 직접적인 원인이 되지는 못한다.

079 ③
정답 해설
구조주의자는 겉으로 드러난 표층과 구분되는 심층에 신화나 문학 작품 등의 메시지(내용)뿐만 아니라 표층과 심층을 매개하고 양자가 서로 전환될 수 있게 하는 일정한 체계 혹은 규칙이 있다고 여긴다. 결국 구조라는 것은 이러한 체계나 규칙과 밀접한 관련이 있을 것이다. 따라서 X로 치환하여 가리키고 있는 '구조'는 표층과 심층이 관련을 맺고 있는 체계라는 진술이 가장 적절하다.

오답 해설
① 구조는 심층에 속한다. 구조는 표층에 직접적으로 드러나 있지 않기 때문에 표정, 징후와 같은 표층이 아닌, 그것들 너머의 심층에서 발견하고 확정해야 할 무엇이다.
② 내용과 구조 중 어느 것이 논리적으로 선행하는지, 그리고 하나가 다른 하나의 원인이라면 그 양상은 어떠한지 제시문은 다루고 있지 않다. 다만 표층과 심층의 관계를 구조(X)가 결정한다고 보는 것이 정확하다.
④ 표층이 심층을 단순히 덮고 있거나 가리고 있다고 보는 일은 사람들이 구조주의에 대해 오해하도록 만든다.
⑤ 구조주의적 시각에서는 심층에 관해 '표현되는 내용'과 '표현을 가능하게 하는 규칙'으로 구분해서 생각하게 될 것인데, 구조(X)는 이 가운데 후자에 가까운 무엇이다. 그러나 해당 선지는 X에 관한 설명이 아닐 뿐만 아니라 '내용'과 '표현'의 구분 가능성에 관한 설명으로도 부적절하다.

▶ 출처 김태환(2007), 『문학의 질서』, 문학과지성사, p.39~43

080 ③
정답 해설
구조주의의 시각에 의하면 신화의 형식과 내용의 상관관계는 개개의 신화에 내장된 '구조'에 의해 결정되는 것이지 신화를 연구하는 학자의 시각에 따라 달라질 수 있는 것이 아니다. 또한 그러한 '구조'가 연구를 목적으로 대상을 관찰하고 분석하는 학자에 의해 달라질 수는 없다.

오답 해설
① 구조주의에서의 구조라는 것은 그 존재를 입증하는 것이 어려울 뿐만 아니라, 구조가 "다의적이고 모호"해서 "그것이 무엇인지 정확히 풀이하는 게 쉽지 않다."라고 하였으므로 구조를 정의하는 일은 어렵다.
② 구조주의가 전제하는 것은 신화, 문학 작품 등의 언어 표현물에는 겉에 직접적으로 드러내지 않은 별도의 메시지가 있다는 점이기도 하며 또한 표현과 메시지 사이의 전환을 가능하게 하는 체계인 어떤 구조가 작동하고 있다는 점이다.
④ 구조주의자의 관심은 관찰할 수 있는 표층의 정보들로부터 일정한 규칙에 따라 심층 차원의 정보들로 번역하는 데 있다고 한다면, 이러한 양상은 환자를 의사가 진찰하고 증상과

징후를 통해 원인(질병)을 가리킬 수 있게 되는 것과 매우 흡사하다.
⑤ "숨겨져 있는 구조", "보이지 않는 심층" 등 윗글의 표현은 쉽게 관찰할 수는 없는 구조를 탐사하고 드러내야 할 과제가 구조주의자에게 안겨져 있다는 사실과 연관되어 활용된 것들이다.

081 ②
정답 해설

구조주의가 당면하게 되는 딜레마는 구조주의를 비판하는 사람들이 공격하는 지점이기도 하다. 따라서 이러한 비판자들이 구조주의를 어떻게 이해하고 있는지 파악해야 한다. "신화의 … 심층이란 … 어디에 있는 것인가? … 그곳에 X가 있음을 어떻게 아는가?"라는 의문문에서 드러난 것처럼, 구조주의는 신화나 문학 작품에 어떤 구조가 존재함을 주장하더라도 정작 구조가 실제로 존재하는지 입증하는 것은 쉬운 일이 아니다. 따라서 비판자들은 구조주의를 "반경험적, 형이상학적"이라고 지적하는 것이기도 하다. 이러한 내용은 ②가 가장 정확하게 드러내고 있다.

오답 해설

① 구조주의에 대해 비판하는 사람들은 구조주의가 그 존재를 입증할 수 없는 구조를 전제하고 있다는 점에서부터 출발한다. 따라서 '대상의 배후에 무언가 없는 듯이 행동한다'라고 표현할 수 없다.
③ 대상의 배후에 무언가 존재한다는 점을 부정한다고 표현하고 있어서 구조주의자가 마주친 딜레마를 적절하게 옮기지 못하고 있다. 또한 그들이 구조가 존재함을 증명하는 데 관심이 없다고 볼 수 없다.
④ 대상의 심층과 표층(즉, 배후와 겉면)을 구분하는 일은 구조주의가 구조를 탐사하는 데 있어 중요한 입각점이다. 그런데 구조주의자가 이들을 뒤섞으면서 스스로 혼란에 빠지는지는 윗글에서 다루지 않고 있으며 그것이 '딜레마'의 내용인 것도 아니다.
⑤ 대상의 겉면에 직접 드러나지 않은 배후에 놓인 구조의 존재를 입증하게 된다면 그것은 구조주의적 입장이 가진 설득력을 크게 만들어주는 일이지 비판하는 입장에서 주장할 만한 얘기가 아니다. 또한 구조주의자들이 구조의 존재를 경험적으로 증명할 수 있다고 과장하는지 여부는 윗글을 통해서 알 수 없다.

082 ①
정답 해설

암호전문가는 구조주의자에 대한 비유적인 예시이다. 이때 암호전문가에게 주어진 암호문은 대상의 표층에 대응되고, 메시지는 심층에, 코드는 규칙에 대응된다고 할 수 있다. 해석 대상의 표층을 마주한 인간이 그것의 심층에 위치한 내용뿐만 아니라 표층과 심층의 전환 체계 혹은 규칙을 포괄하여 파악하고자 하는 것이 구조주의의 기본 구도라고 지문을 따라 정리해 볼 수 있다면, 암호전문가의 경우에는 암호문에서부터 출발하여 메시지와 코드를 동시에 파악할 수 있어야 한다고 볼 수 있을 것이다.

오답 해설

② 구조주의적 입장에서 메시지의 해석을 일부러 난해하게 만들려는 의도가 있다고 볼 수 있는 여지를 지문에서 발견할 수 없다.
③ 암호문에서부터 출발하여 코드와 메시지에 대해 접근해 가려는 것이 구조주의의 입장이므로 코드와 암호문이 불필요하다는 진술은 적절하지 않다.
④ 구조주의에서 고려되는 것은 암호문과 메시지의 전환 가능성이며 이를 매개하는 것은 코드이다. '코드와 암호문의 전환'을 운운하는 것은 이 같은 관계를 전혀 정확하게 고려하고 있지 못하다.
⑤ 구조주의는 표층에 의해 표현된 내용과 그러한 표현을 가능하게 하는 규칙을 표층에 대한 관찰과 번역을 통해 접근해야만 하는 입장을 가지고 있고, 여기에 입각한 암호전문가가 고려해야 할 것은 암호문을 통해 코드와 메시지를 밝히는 일이어야 한다. 주어진 암호문 외의 새로운 암호문에 대한 요구나 코드 및 메시지의 다양성을 언급하는 것은 맥락을 벗어난 완전히 새로운 논의이다.

083 ③
정답 해설

'1. (3) 실시계획'의 표에 따르면 직급에 따라 내용은 같고, 시기만 달리 진행된다.

오답 해설

① '2. 온라인 폭력 예방교육 프로그램 내용'의 '과정명'을 통해 확인할 수 있다.
② '1. (2) 법적 근거'를 통해 확인할 수 있다.
④ '2. 온라인 폭력 예방교육 프로그램 내용'의 '과목명'을 통해 확인할 수 있다.
⑤ '4. 문의 및 설문조사'에서 확인할 수 있다.

084 ③

정답 해설

이 교육은 '법정 필수' 교육이므로 의무적으로 참여해야 하는 교육이다. 따라서 담당자인 박 씨는 자율 선택 과정이라고 안내해서는 안 되며, 필수 의무 교육임을 안내하여 교육에 참여하도록 해야 한다.

오답 해설

① '3. (4)'의 내용에 따르면 분할 수강이 가능하다고 안내하고 있으므로 적절한 행동이다.
② '3. (2)'의 내용에 따르면 개인 ID를 가지고 수강해야 하므로 ID를 새롭게 발급받아 수강한 것은 적절한 행동이다.
④ '4. 문의 및 설문조사'에 따르면 설문조사 링크가 별도로 안내되어 있다.
⑤ '3. (5)'의 내용에 따르면 퀴즈의 점수가 70점 이상이 되지 않으면 해당 강의를 재수강해야 하므로 50점 받은 과목을 재수강한 것은 적절한 행동이다.

085 ⑤

정답 해설

포스터의 제목과 내용에 전 직원이 대상임을 언급하고 있으며, 교육 대상은 해당되는 사람들이 꼭 알아야 할 내용이므로 제시해야 하는 항목 중 하나이다.

오답 해설

① 폭력을 암시하는 이미지를 사용하고 있으므로 적절하다.
② 포스터의 내용에서 제일 먼저 '일시'를 알리고 있으므로 적절하다.
③ 포스터의 내용에 '온라인 영상 강의로 진행'이라고 공지되어 있다.
④ 포스터 내용의 마지막에 자세한 내용은 공지 메일을 참조하라고 되어 있으므로 적절하다.

▶ 출처 사진 자료: https://pixabay.com/images/id-4209778/

086 ④

정답 해설

서구 매체들에서 수동태 문장을 피하라고 한 이유는 4문단에서 "수동태를 쓰면 일단 문장이 길어지고, 수동태는 학계의 글이나 관료주의적 문서에서 주로 사용되는 문장 형태이기 때문"이라고 밝히고 있다. 문장이 더 길어지면 전달력이 떨어지고, 학계의 글이나 관공서 문서에서 주로 쓰는 형태라는 것은 문장이 어렵게 느껴진다는 것이다. 따라서 수동태 문장이 사실을 가리기 때문에 수동태 문장을 피하라고 한 것이 아니다.

오답 해설

① 5문단과 6문단에서 뉴욕타임스가 욕을 먹은 이유를 설명하고 있는데 문장의 형태가 아니라 의미가 잘못되었다고 지적한다. 보도의 기본인 누가, 언제, 어디서, 무엇을 왜 했는지를 적어야 한다고 지적하면서 '누가, 누구를, 언제, 어디서, 왜'가 들어가야 했다고 밝히고 있으므로 적절한 내용이다.
② 저널리스트 글렌 그린월드가 트윗을 통해 밝힌 수동태 문장에 관한 비판 글이 5천 번 이상 리트윗된 것을 보면 짐작할 수 있다.
③ 5문단에서 "문장의 형태가 아닌 의미를 보아야" 한다고 지적하고 있으며, 8~9문단에 걸쳐 문장의 형식보다는 내용(단어)이 중요하다고 얘기하고 있으므로 적절한 내용이다.
⑤ 글렌 그린월드는 이스라엘의 대량학살을 수동태 문장을 써서 가해자를 숨겼다고 지적했다.

▶ 출처 『뉴스페퍼민트』, 2018.06.04.(『The Economist』, 2018.05.26.), 「저널리즘과 회피의 언어」

087 ④

정답 해설

윗글은 내용을 제대로 밝히지 않는 문장을 비판하고 있으며, 팩트를 위해 중요한 것이 '단어 선택'이라고 말하고 있다. 따라서 단어 선택으로 진실을 가리는 경우에 해당하는 내용을 찾아야 한다. '정리해고'를 '희망퇴직'으로 표현하는 것은 한쪽의 입장만을 대변하여 진실을 가릴 수 있는 표현이므로 ④가 가장 적절하다고 할 수 있다.

오답 해설

① 기사에서 출처를 밝히지 않는 것은 적절하지 않으며, '단어 선택'에 대한 내용도 아니다.
② 어려운 한자어를 쓰는 것은 진실을 가리고자 하는 '단어 선택'의 예가 아니다.
③ 영어 약자를 쓰는 것은 진실을 가리고자 하는 '단어 선택'의 예가 아니다.
⑤ '사망'을 대상에 따라 여러 가지 표현으로 사용하는 것은 진실을 가리고자 하는 '단어 선택'의 예가 아니다.

088 ⑤

정답 해설

'체크(check)'는 '사물의 상태를 검사하거나 대조함'이라는 뜻으로 다듬은 말은 '점검, 대조, 확인' 등이다.

▶ **출처** 서울특별시교육청 서울특별시동작관악교육지원청 행정지원국 평생교육건강과(2022), 국민신문고, '미세먼지와 관련한 서울시교육청의 대책은 무엇인가요?'
(https://kin.naver.com/qna/detail.naver?d1id=6&dirId=60105&docId=422323015&qb=66+47IS4lOuovOyngCDrsJzsg50g7IuclOyytOycoSDsiJjsl4Ug67CPIO2Vmeq1kCDsmrTrj5nrtoAg7Zul66ColOyViOuCtA==&enc=utf8&section=kin.ext&rank=1&search_sort=0&spq=0)

089 ③
정답 해설

미세 먼지 주의보 및 경보 발령 시에는 교외 행사와 같은 실외 행사의 계획 변경이 불가능한 경우 행사 규모를 최소화하여 진행할 것을 권고하고 있다. 강당에서 열리는 토론 대회는 실내 행사이므로 약식으로 진행하지 않아도 된다.

오답 해설

① 미세 먼지 주의보 및 경보 발령 시 실외 체육 수업을 금지하도록 권고하고 있으므로 실내 체육 수업으로 전환하는 것은 적절한 조치이다.
② 미세 먼지 주의보 및 경보 발령 시 수업 단축 또는 휴교까지 검토할 것을 권고하므로 적절한 조치이다.
④ 미세 먼지 주의보 및 경보 발령 시 계획 변경이 불가능한 경우 보호 마스크를 착용하고 행사를 진행할 것을 권고하고 있으므로 적절한 조치이다.
⑤ 미세 먼지 주의보 및 경보 발령이 예상될 경우 체육 대회와 같은 실외 행사를 연기하는 것으로 계획을 변경한 것은 적절한 조치이다.

090 ③
정답 해설

교육청에서 각급 학교와 교육지원청 담당자에게 공문 및 문자 등을 통해 공지한다고 하였으므로 교육지원청 담당자가 각급 학교에 공문으로 안내하는 것은 아니다. 또한 교육지원청 담당자가 하는 일이 미세 먼지 발생 시 각급 학교가 행해야 하는 조치는 아니다.

오답 해설

① '3.'에서 학생들의 건강 보호와 학업 증진을 위해 조치해 주기 바란다고 하였으므로 적절하다.
② '3. 가.'의 내용에서 각 학교는 대기 오염 발령 시 교육청에서 안내한 단계별 행동 요령에 따라달라고 하고 있다.
④ '3. 다.'의 내용에서 반드시 교장, 교감 선생님을 포함하여 최소 4인 이상 대기오염 예·경보 문자를 수신해 달라고 하였으므로 교장, 교감 선생님은 반드시 대기오염 예·경보 문자를 수신해야 한다.
⑤ '3. 다.'의 내용에서 환경부에서 개발한 '우리동네 대기질(airkorea)' 모바일 앱과 '서울시 대기환경정보' 홈페이지를 활용하여 각 지역의 실시간 대기 오염도를 시간대별로 체크하여 학사 운영에 활용하도록 하고 있다.

국어 문화 091번~100번

기출문제집 p.52

| 091 | ④ | 092 | ② | 093 | ① | 094 | ⑤ | 095 | ⑤ |
| 096 | ③ | 097 | ① | 098 | ④ | 099 | ① | 100 | ⑤ |

091 ④
정답 해설

〈장끼전〉은 조선 시대의 우화 소설로 장끼 남편을 잃은 까투리의 개가(改嫁) 문제를 통하여 당시의 사회 제도를 풍자한 작품이다.

오답 해설

① 〈까치전〉은 까치를 죽인 범인을 찾는 송사를 다룬 고전 소설로 뇌물이 오가는 현실과 백성을 핍박하는 탐관오리를 풍자·비판한 작품이다.
② 〈두껍전〉은 조선 시대의 우화 소설로 노루의 잔치에 두꺼비와 여우가 초대되어 서로 윗자리를 차지하려고 다툼을 하는 내용이다. 동물의 세계를 통하여 인간성의 결함을 풍자한 작품이다.
③ 〈서동지전〉은 조선 후기의 한글 우화 소설로 게으름뱅이 다람쥐가 부자인 쥐에게 구걸하러 갔다가 거절당하자 그를 관가에 무고하였으나, 오히려 쥐의 결백이 밝혀짐으로써 처벌을 받는다는 내용으로, 게으르고 일하지 않는 사람을 징계한 작품이다.
⑤ 〈황새결송〉은 조선 시대 고전 우화 소설이다. 무작정 부자에게 찾아와 재산을 나누어달라는 일가친척을 상대로 부자가 송사를 걸었는데, 관원이 뇌물에 넘어가 송사에서 졌다. 부자는 이에 대해 우는 소리가 가장 좋은 새를 결정해 달라는 송사에서 황새가 따오기에게 뇌물을 받고 따오기의 손을 들어준 얘기를 언급하며 뇌물을 주고받아 그릇된 판결을 내

린 법관들을 비꼰다는 내용이다. 이야기 속에 다른 이야기를 곁들인 단편으로 당시 조선사회 송사의 부패된 양상을 풍자한 작품이다.

▶ 출처   한국민족문화대백과(http://encykorea.aks.ac.kr)

092   ②
정답 해설

〈불신시대〉는 박경리가 지은 소설로 6·25 전쟁으로 남편을 잃고 그 후 아들마저 잃어버린 주인공 진영의 삶을 통하여 전후의 허위와 위선, 그리고 부조리한 불신 시대적인 상황을 그려낸 작품이다.

오답 해설
① 〈달밤〉은 1933년 10월 ≪중앙≫에 발표된 이태준의 단편 소설이다. 성북동으로 이사온 후 만난 황수건의 세상살이를 곁에서 지켜보는 내용으로 작가 이태준의 서정성과 인정미를 잘 드러낸 작품이다.
③ 〈순이 삼촌〉은 1978년에 발표된 현기영의 소설로 순이 삼촌의 자살 원인을 찾아 나가는 형식으로 구성되었으며, 제주도 사삼 항쟁의 진실에 다가가려는 작가 정신의 소산으로 평가되는 작품이다.
④ 〈잉여인간〉은 손창섭이 지은 단편 소설로 6·25 전쟁 후의 상황에서 존재할 수 있는 세 가지 인간형을 제시하고, 무기력하고 절망적인 상황에서도 인간적인 모습을 지켜나갈 수 있는 가능성을 모색한 작품이다.
⑤ 〈학마을 사람들〉은 1957년 ≪현대문학≫에 발표된 이범선의 단편 소설로 학을 숭배하는 마을을 배경으로 일제 강점기부터 한국 전쟁까지 민족의 수난과 한을 담아낸 작품이다.

▶ 출처   권영민 편(2004), 『한국현대문학대사전』, 서울대학교출판부

093   ①
정답 해설

김동인은 호는 금동(琴童)·춘사(春士)이며 1919년에 우리나라 최초의 순수 문예 동인지 ≪창조≫를 발간하였다. 대표 작품에는 〈배따라기〉, 〈감자〉가 있다.

오답 해설
② 노천명은 초기에는 감상적인 서정시를 썼으나 뒤에는 사랑과 종교적 참회를 그린 시를 쓴 시인이다. 시집으로는 ≪사슴의 노래≫, ≪노천명 시집≫, ≪산호림(珊瑚林)≫ 등이 있다.
③ 서정주는 1930년대 김광균, 오장환과 함께 동인지 〈시인부락〉을 창간하고 활동한 시인이다. ≪화사집≫, ≪질마재신화≫, ≪동천≫ 등의 시집을 통해 생명탐구, 영원주의 추구, 고향의 전통과 서정의 갈무리 등의 시세계를 보여주었다.
④ 이광수는 일제 강점기 〈무정〉, 〈소년의 비애〉, 〈방황〉 등을 저술한 소설가이자 언론인이다. 1938년 전향을 선언한 후 다수의 친일 글 집필, 연설 등의 활동을 하였다.
⑤ 이인직은 대한제국기 〈혈의 누〉, 〈치악산〉, 〈은세계〉 등을 저술한 소설가이자 연극인이다. 1906년 ≪만세보≫에 우리나라 최초의 신소설 〈혈의 누〉를 발표하고, 한때 원각사를 중심으로 한 신극 운동에 참가하는 등 신문학 운동을 개척하였다.

▶ 출처   권영민 편(2004), 『한국현대문학대사전』, 서울대학교출판부

094   ⑤
정답 해설

기사의 끝부분을 통해 '조선무용연구소의 전위자들과 『레코-드』 인기 가수들이 출연'한다는 정보를 파악할 수 있다. 따라서 출연자 모두 음악 전문 기관에서 활동하고 있다는 것은 기사 내용을 잘못 이해한 것이다.

오답 해설
① '예술 문화의 보존 보급 향상과 아울러 그 기업화에 힘쓰려는 뜻에서 얼마 전에 창립된 조선예흥사'를 통해 창립 목적이 예술 문화 보존 보급은 물론 예술 문화의 기업화에도 있다는 것을 알 수 있다.
② '금번 동사 창립 피로를 겸하야'와 '부민관(府民館)에서 제一회 조선음악전(朝鮮音樂典)을 열기로 되엇다 한다.'를 통해 창립 피로 행사를 '부민관'에서 진행할 것임을 알 수 있다.
③ '이 음악전은 조선 음악을 체게 잇게 소개하자는 것'을 통해 파악할 수 있는 내용이다.
④ '정악(正樂), 향곡(鄕曲), 민요(民謠) 삼부로 나누어 잇서'를 통해 음악전의 구성이 3부임을 알 수 있다.

095   ⑤
정답 해설

㉤ '속절업시'는 '단념할 수밖에 달리 어찌할 도리가 없이.'의 뜻을 지니는 '속절없이'이다. '비할 데 없이'는 '세상없이'의 뜻풀이다.

오답 해설

① '닑혀'는 '닑히다'를 활용한 것으로 현대국어의 '읽혀'가 된다.
② '고(故)로'는 (('-은/는 고로' 구성으로 쓰여)) 문어체에서, '까닭에'의 뜻을 나타낸다.
③ '주야(晝夜)'는 '밤낮'으로 '밤과 낮을 가리지 않고 늘'의 의미를 지닌다.
④ '나죵의'는 문맥상 '얼마의 시간이 지난 뒤'의 뜻을 지닌 '나중에'이다.

096   ③
정답 해설
〈보기〉는 병서법에 대한 규정이다. '사ᄫㅣ', '아ᅀᆞ'와 같은 표기는 'ㄲ, ㄸ, ㅆ, ㅃ, ㅉ, ㆅ' 등의 병서법 규정과 관련된 표기가 아니므로 적절하지 않다.

오답 해설
① 'ᄀᆞᆯᄫᅡ쓰라'는 나란히 쓰라는 뜻이므로 맞는 설명이다.
② "乃냉終즁ㄱ소리도ᄒᆞᆫ가지라"라는 표현을 통해 종성자에도 해당하는 규정이므로 맞는 설명이다.
④ 병서법에 대한 설명이므로 각자병서가 포함된다는 것은 맞는 설명이다.
⑤ 병서법에 대한 설명이므로 합용병서가 포함된다는 것은 맞는 설명이다.

▶ 출처   金敏洙(1985), 『註解訓民正音(제4판)』, 通文館

097   ①
정답 해설
〈보기〉를 통해 북에서는 '섭섭하지 않다'의 경우 '섭섭하-'의 'ㅏ'가 줄어들고 뒤의 첫소리 자음 'ㅈ'이 만나면 '섭섭치 않다'가 될 것임을 알 수 있다. 반면, 남에서는 '한글 맞춤법 제40항'의 [붙임2] "어간의 끝음절 '하'가 아주 줄 적에는 준 대로 적는다."에 따라 '하'가 아주 탈락하므로 '섭섭지 않다'로 적는다.

▶ 출처   조선민주주의인민공화국 국어사정위원회(2010), 『조선말규범집』, 사회과학원

098   ④
정답 해설
제시된 수형은 오른 주먹을 베고 오른쪽으로 약간 기운 자세를 취하는 동작으로 '자다'를 의미한다.

오답 해설
① '감다'의 수형은 양 쪽 주먹의 1·5지를 펴서 눈앞에서 끝을 맞대는 동작이다.
② '듣다'의 수형은 오른 주먹의 1지를 펴서 반쯤 구부려 끝이 오른쪽 귀로 향하게 하여 좌우로 두 번 움직이는 동작이다.
③ '울다'의 수형은 양 주먹의 1·5지 끝을 맞대어 양 눈 밑에서 아래로 두 번 내리는 동작이다.
⑤ '기대다'의 수형은 오른쪽 어깨 앞에서 두 주먹을 상하로 이어대고 윗몸을 오른쪽으로 약간 기울이는 동작이다.

099   ①
정답 해설
'도급'이란 말은 한국식 한자어이지만 '하청'은 일본식 한자어로 '도급하다'를 '하청하다'로 정비하는 것은 반대의 방향으로 이루어진 것으로 적절하지 않다.

오답 해설
② '결석계'에서 '屆(계)'는 일본식 한자어로 정비의 대상이 되는 것이다. 따라서 이를 '결석 신고서'로 정비한 것은 타당한 것이라 하겠다. 국립국어원 〈다듬은 말〉에서는 '결석계'를 '결석 신고' 또는 '결석 신고서'로 순화하도록 되어 있다.
③ '매출하다'는 '판매하다'의 의미로, 동사로는 일반적으로 널리 쓰이지는 않는다. 따라서 일반적으로 쓰이는 동사인 '판매하다'를 써서 정비하는 것이 타당하다고 하겠다. 국립국어원 〈다듬은 말〉에서는 '매출'을 '판매'로 순화하도록 되어 있다.
④ '대합실(待合室)'은 일본식 한자어로 국립국어원 〈다듬은 말〉에서 제시한 순화어인 '맞이방' 또는 '기다리는 곳'을 참고하여 '기다림방'으로 정비하여 보는 것은 적절한 정비라고 하겠다.
⑤ '견적'은 일본어에서 유래한 말로써 국립국어원의 〈다듬은 말〉에서 제시한 순화어인 '어림', '추산'을 활용하여 '추산'으로 정비하는 것은 타당한 것이라 하겠다.

▶ 출처
- 법제처(2021), 『알기 쉬운 법령 정비 기준(열번째 판)』
- 국립국어원(2018), 『한글 맞춤법, 표준어 규정 해설』
- 국립국어원, 표준국어대사전(stdict.korean.go.kr)
- 국립국어원, 다듬은 말(https://www.korean.go.kr/front/imprv/refineList.do?mn_id=158)

100 ⑤

정답 해설

자막에서는 말하고자 하는 바를 정확히 표기해 주는 것이 좋으므로 실제 말에서는 생략된 내용이더라도 생략된 내용을 밝히어 적어 주는 것이 좋다.

오답 해설

① 기자의 리포트에서는 조사의 사용이 문법에 맞아야 하는 것은 맞으나 '그물망이며'는 문법에 맞지 않는 표현이 아니므로 문법에 맞는 표현을 위해 '그물망과'로 수정해야 한다는 내용은 적절하지 않다.
② 보도문에서는 기자의 정확한 발음이 중요하지만 '산더미'의 표준 발음은 [산더미]가 아니라 [산떠미]이므로 [산더미]로 발음해야 한다는 설명은 적절하지 않다.
③ 기자의 리포트에서는 문어적인 표현과 구어적인 표현이 섞여서 사용되기도 하는데 '거'는 비표준어가 아니라 '것'의 구어적인 표현이다. 따라서 '것'으로 수정해야 하는 것은 아니다.
④ 인터뷰는 전문 방송인이 아닌 일반인을 대상으로 하며, 대본이 있는 것이 아니므로 생략 없이 성분이 모두 갖추어진 대화를 인용하기 어렵다. 이를 보완하기 위해 자막을 통해 생략된 내용을 밝혀 적는 보조적 수단을 사용하기도 한다. 따라서 인터뷰를 완결된 문장으로 인용해야 한다는 설명은 적절하지 않다.

▶ **출처**
- 연합뉴스(2019. 07. 05.), "'바다 쓰레기 수거의 날'…바다를 지키는 어민들"
- 국립국어원, 표준국어대사전(stdict.korean.go.kr)

|2022년 10월 16일 시행|

제69회 KBS한국어능력시험

정답과 해설

2022년 10월 16일 시행

제69회 정답과 해설

듣기·말하기 001번~015번

기출문제집 p.59

001	①	002	①	003	③	004	③	005	①
006	⑤	007	②	008	③	009	②	010	②
011	⑤	012	④	013	②	014	④	015	④

001 ①

듣기 대본

1번. 먼저 그림에 대한 설명을 들려 드립니다.
여러분이 보고 계시는 그림은 클로드 모네의 〈인상, 해돋이〉입니다. 그림 중앙에 동그란 해가 조그맣게 그려져 있고, 하늘과 바다는 비슷한 푸른빛으로 그려져서 하나로 합쳐진 듯이 보이지만 묘한 색채의 차이가 둘을 구분 짓고 있습니다. 바다 한복판에 노를 저으며 바다를 항해하는 작은 배 두 척의 실루엣이 있습니다. 모네는 배 두 척에 짙은 남색을 사용했습니다. 이 세상에 완전한 검은색이란 존재하지 않는다고 생각했기 때문이죠. 모네는 해가 뜨는 아주 짧은 순간에 대상의 특별한 인상을 놓치지 않으려 세부 묘사는 덜 신경 쓰며 빠른 붓질로 캔버스를 칠했습니다. 이 그림이 처음 등장했을 때는 풍경을 꼼꼼하게 그린다는 기존의 미학적 규범을 따르지 않았다는 이유로 극심한 냉대를 받았습니다. 한 평론가는 이 그림에 대해 "본질 없이 흐릿한 인상만 남긴다"라는 비아냥을 남기기도 했는데요, 이 말은 '인상주의' 화풍의 이름의 효시가 되었습니다. 프랑스의 소설가 모파상은 모네를 '빛과 색의 조화를 포착하는 포수'라고 지칭하며 높이 평가했습니다.

정답 해설

"하늘과 바다는 비슷한 푸른빛으로 그려져서 하나로 합쳐진 듯이 보이지만 묘한 색채의 차이가 둘을 구분 짓고 있습니다."라고 설명하고 있으므로 ①이 적절한 설명이다.

오답 해설

② 〈인상, 해돋이〉 속 작은 배 두 척은 짙은 남색으로 그려졌음을 설명하고 있으므로 적절하지 않다.
③ 〈인상, 해돋이〉는 세부 묘사에 신경 쓰기보다는 해가 뜨는 짧은 순간의 대상의 인상에 집중하여 그려졌음을 설명하고 있으므로 적절하지 않다.
④ 〈인상, 해돋이〉가 처음 등장했을 때는 기존의 미학적 규범을 따르지 않았다는 이유로 냉대를 받았다고 하였으므로 적절하지 않다.

⑤ 한 평론가가 그림에 대해 남긴 말이 인상주의 화풍의 이름의 효시가 되었다고 설명하고 있으므로 적절하지 않다.

▶ **출처** 성수영(2021.12.31.), "[그림이 있는 아침] 모네 '인상-해돋이', 그래도 내일의 해는 뜬다", 한경라이프

002 ①

듣기 대본

2번. 이번에는 이야기를 들려 드립니다.
두 산이 만나는 계곡 위로 외나무다리가 하나 놓여 있었습니다. 그 다리는 너무 좁아서 한 번에 한 명만 지나갈 수 있고, 둘 이상은 같이 지나갈 수가 없었습니다.
두 산에는 염소가 한 마리씩 살고 있었습니다. 서쪽 산에 사는 염소와 동쪽 산에 사는 염소는 매일 먹이를 먹기 위해 외나무다리를 건넜습니다.
그러던 어느 날, 두 마리 염소가 한꺼번에 다리를 건너게 되었습니다. 두 염소는 다리 한가운데서 마주치게 되었지만, 어느 하나 양보하려 들지 않았습니다.
"이봐, 비켜! 내가 지금 다리를 건너고 있잖아."
"무슨 소리야! 길을 건너고 있는 건 나야!"
두 염소 모두 꼼짝하지 않은 채 이렇게 소리치기만을 반복했습니다. 그러나 정작 누구 하나도 앞으로 한 발짝도 나서지 못했습니다. 두 염소는 오랫동안 화만 내면서 그 자리에 서 있었습니다.
마침내 그들은 뿔을 부딪치며 서로를 밀어내기 시작했습니다. 둘은 힘이 엇비슷해 어느 한쪽이 밀리는 대신, 결국 둘 다 다리에서 떨어지고 말았습니다.

정답 해설

이 이야기는 두 마리 염소가 외나무다리에서 만나 길을 비키지 않다가 결국 둘 모두 원하는 것을 얻지 못했다는 내용을 담고 있다. 두 염소 중 한 마리가 상대방에게 길을 양보했더라면 둘 모두 자신의 목적을 달성했을 것이다. 따라서 타인에게 양보하는 자세가 중요하다는 주제를 파악할 수 있으므로 가장 적절한 것은 ①이다.

오답 해설

② 두 염소는 상대의 속마음을 알고 있었음에도 고집을 부린 것이므로 적절하지 않다.
③ 이야기에서 남에게 해를 끼쳐 더 큰 화를 입은 인물은 없으므로 적절하지 않다.

④ 이야기에서 능력에 맞지 않는 큰 욕심을 부린 인물은 없으므로 적절하지 않다.
⑤ 두 염소가 상대방을 탓했다는 내용은 없으므로 적절하지 않다.

▶ 출처 마거릿 리드 맥도널드(2004), 『마음에 평화를 주는 좋은 이야기』, 한언

003   ③
듣기 대본

3번. 이번에는 강연을 들려 드립니다.
최근 물가 상승이 심상치 않다는 보도가 많이 나옵니다. 여기서 말하는 물가는 무엇을 기준으로 할까요? 일반적으로 말하는 물가는 통계청에서 매월 발표하는 소비자 물가 지수를 말합니다. 소비자 물가 지수는 전국 시장에서 거래되는 480여 개의 상품과 서비스 등의 가격을 중요도에 따라 평균을 낸 종합적인 가격 수준으로서, 기준 시점을 100으로 놓고 비교해 현재 시점의 물가가 높은지 낮은지를 나타내는 지수입니다. 현재 소비자 물가 지수에 사용하는 지수 기준 연도는 2020년이며, 5년마다 지수 개편을 통해 변경합니다. 이러한 소비자 물가 지수는 경기를 판단하는 기초 자료로 활용되고, 금리 인상과 같은 정부의 재정 금융 정책이나 기업의 임금 협상 등에 기초 자료로 활용됩니다. 한편, 통계청은 조사 품목 중 소비자들의 구입 빈도와 지출 비중이 높은 140여 개 품목만 뽑아, 생활 물가 지수를 따로 발표하기도 합니다. 이는 소비자들이 더 민감하게 느끼는 생활필수품 가격을 비교한 것으로, 장바구니 물가라고 불리기도 합니다.

정답 해설

소비자 물가지수는 "기준 시점을 100으로 놓고 비교해 현재 시점의 물가가 높은지 낮은지를 나타내는 지수"라고 하였으므로 ③이 적절하지 않은 설명이다.

오답 해설

① 일반적으로 말하는 물가란 소비자 물가 지수를 말한다고 설명하고 있으므로 적절하다.
② 소비자 물가 지수에 사용되는 지수 기준 연도는 5년마다 개편을 통해 변경한다고 설명하고 있으므로 적절하다.
④ 소비자 물가 지수가 정부의 재정 금융 정책이나 기업의 임금 협상 등에 기초 자료로 활용된다고 설명하고 있으므로 적절하다.
⑤ 생활 물가 지수란 소비자들이 더 민감하게 느끼는 생활필수품 가격을 비교한 것임을 설명하고 있으므로 적절하다.

▶ 출처 YTN 라디오(2022.05.31.), "톡톡! 뉴스와 상식"

004   ③
듣기 대본

4번. 이번에는 라디오 방송의 일부를 들려 드립니다.
혹시 1986년에 개봉한 영화 〈스탠드 바이 미〉의 주제가를 들어 본 적이 있습니까? 영화와 같은 제목을 가진 이 주제가는 벤저민 얼 킹이 노랫말을 쓰고 직접 불렀죠. 1961년에 히트를 기록했던 이 노래에 힘입어 25년 후에 동명의 영화가 제작되면서 다시 인기를 얻게 되었습니다.
(벤저민 얼 킹 〈스탠드 바이 미〉 잠시 감상)
이 노래의 기원은 1911년으로 거슬러 올라갑니다. 예수님께 '옆에 있어 주세요'라고 기도하는 흑인 성가가 그 원형이죠. 〈스탠드 바이 미〉 원곡을 만든 사람은 흑인 목사 찰스 엘버트 틴들리입니다. 틴들리의 〈스탠드 바이 미〉에서 노래의 주인공은 신에게 세상 풍파가 휘몰아칠 때 옆에 있어 달라고 바라고 있습니다. 벤저민 얼 킹의 〈스탠드 바이 미〉는 원래 버전처럼 온화한 내용이지만 하늘이 무너지거나 산이 바다로 허물어 내리는 비현실적인 곤란과 공포가 표현되어 있습니다. 그런 무시무시한 가정을 내세우면서 소중한 사람에게 곁에 있어 달라고 부탁합니다. 그래서 벤저민 얼 킹의 〈스탠드 바이 미〉는 사람에 대한 러브송으로 봐야 합니다. 물론 그 사랑의 기반에는 틴들리가 성가에서 표현했던 신에 대한 믿음도 있습니다.

정답 해설

방송에서 이 노래의 기원은 흑인 성가가 그 원형이며, 〈스탠드 바이 미〉 원곡을 만든 사람은 흑인 목사 찰스 엘버트 틴들리라고 설명한다. 또 벤저민 얼 킹의 〈스탠드 바이 미〉는 사람에 대한 러브송으로 봐야 한다고 하면서도 그 사랑의 기반에는 틴들리가 성가에서 표현했던 신에 대한 믿음도 있다고 하였다. 따라서 틴들리와 벤저민 얼 킹의 〈스탠드 바이 미〉는 모두 종교적 가치관을 담고 있다고 할 수 있으므로 ③이 정답이다.

오답 해설

① 틴들리 목사가 만든 〈스탠드 바이 미〉는 예수님께 '옆에 있어 주세요'라고 기도하는 흑인 성가가 원형이며, 노래의 주인공은 신에게 세상 풍파가 휘몰아칠 때 옆에 있어 달라고 바라고 있다고 했으므로 연인을 향한 러브송이라 볼 수 없다.
② 1961년에 히트를 기록했던 벤저민 얼 킹의 노래 〈스탠드 바이 미〉에 힘입어 25년 후에 동명의 영화가 제작되었다고 진술하였으므로 1911년에 만들어진 영화 〈스탠드 바이 미〉가 리메이크되었다는 진술은 적절하지 않다.
④ 벤저민 얼 킹은 1986년 개봉 영화 〈스탠드 바이 미〉의 동명 주제가의 노랫말을 쓰고 직접 불렀으나 최초로 작곡한 사람은 흑인 목사 찰스 엘버트 틴들리라고 하였으므로 적절하지

않은 진술이다.
⑤ 벤저민 얼 킹의 〈스탠드 바이 미〉는 원래 버전처럼 온화한 내용이지만 하늘이 무너지거나 산이 바다로 허물어 내리는 비현실적인 곤란과 공포가 표현되어 있다고 하였으므로 현실을 그대로 재현한 가사가 두드러진다는 것은 적절하지 않은 진술이다.

▶ 출처
- 웰스 게이코 지음, 유은정 옮김(2019), 『타는 태양 아래서 우리는 노래했네』, 돌베개
- 음악: https://www.youtube.com/watch?v=hwZNL7QVJjE

005 ①

듣기 대본

5번. 이번에는 시 한 편을 들려 드립니다.

북한산이
다시 그 높이를 회복하려면
다음 겨울까지는 기다려야만 한다.

밤사이 눈이 내린,
그것도 백운대나 인수봉 같은
높은 봉우리만이 옅은 화장을 하듯
가볍게 눈을 쓰고

왼 산은 차가운 수묵으로 젖어 있는,
어느 겨울날 이른 아침까지는 기다려야만 한다.

신록이나 단풍,
골짜기를 피어오르는 안개로는,
눈이라도 왼 산을 뒤덮는 적설로는 드러나지 않는,
심지어는 장밋빛 햇살이 와 닿기만 해도 변질하는,
그 고고한 높이를 회복하려면

백운대와 인수봉만이 가볍게 눈을 쓰는
어느 겨울날 이른 아침까지는
기다려야만 한다.

정답 해설

이 시에서 화자는 북한산이 다시 그 '높이'를 회복하기를 바라고 있으며, 이때 화자가 말하는 '높이'란 그가 소망하는 높은 정신적 경지로 북한산을 통해 시 속에서 시각화, 형상화된 것이다. 따라서 ①의 '지향하는 정신적 가치'가 시어 '높이'가 가리키는 대상으로 가장 적절하다.

오답 해설

② '겨울을 만들어 가는 과정'은 '고고함이 드러나는 시기를 만들어 가는 과정'이라는 뜻으로, 정신적 가치를 의미하는 '높이'와 관계가 없다.
③ '조건 없이 기다리는 마음'은 '시적 화자가 지녀야 할 삶의 자세'라는 뜻으로, 정신적 가치를 의미하는 '높이'와는 다른 차원의 진술이다.
④ 시에 제시된 '높이'는 '고난 속에서 발견하는 행복'이 아니라 시적 화자가 소망하고 있는 정신적 가치에 해당한다.
⑤ '자연의 섭리를 깨우치는 척도'는 이 시에서 본격적으로 언급된 바 없으며, 정신적 가치를 의미하는 '높이'와 뜻하는 바가 다르다.

▶ 출처   김종길(2011), 「고고(孤高)」, 『칠판에 적힌 시 한 편』, 창비

006 ⑤

듣기 대본

이번에는 진행자와 전문가의 대담을 들려 드립니다. 6번은 듣기 문항, 7번은 말하기 문항입니다.

진행자: ⓐ 청취자 여러분들은 식품을 구매하실 때 무엇을 먼저 보시나요? 식품에 표시된 유통 기한을 가장 먼저 확인하시는 분들이라면 오늘 방송 내용을 꼭 기억해 두셔야 하겠습니다. 2023년부터는 식품의 유통 기한이 소비 기한으로 바뀐다고 하는데요, 오늘은 전문가를 모시고 해당 내용을 자세히 알아보겠습니다. 안녕하십니까?

전문가: 안녕하십니까?

진행자: ⓑ 유통 기한과 소비 기한은 어떻게 다른 건가요?

전문가: ㉠ 유통 기한은 식품 유통과 판매가 허용되는 기한으로 영업자 중심의 표시 제도라고 한다면, ㉡ 소비 기한은 소비자가 안전하게 식품 섭취가 가능한 기한으로 소비자 중심의 표시 제도입니다. ㉢ 유통 기한은 식품의 품질이 변화되는 시점을 기준으로 60~70% 지점, 소비 기한은 80~90% 지점으로 정하게 됩니다.

진행자: ⓒ 청취자들 중에는 유통 기한에 익숙해서 왜 소비 기한 표시제를 도입하는 것인지 궁금해 하시는 분들이 계실 것 같은데요, 소비 기한으로 바뀌는 이유가 무엇인가요?

전문가: 네, 현재의 유통 기한은 그 기한이 경과하여도 일정 기간 동안은 식품의 섭취가 가능한데요, 섭취 가능 여부를 고민하는 소비자들의 혼란이 있어 이러한 혼란을 줄이기 위해 도입되었습니다. 또 ㉣ 미국 등 대다수의 국가와 국제식품규격위원회에서는 소비자에게 명확한 정보를 제공하기 위해 소비 기한 표시제를 운영하고 있는데요, 이러한 국제적 추세를 반영했습니다.

진행자: 소비 기한 표시제를 도입하면 어떤 점이 좋아질까요?

전문가: ⓜ식품 폐기 손실 비용을 줄일 수 있습니다. 유통 기한이 지난 식품 섭취 여부와 관련하여 소비자 혼란도 방지할 수 있습니다.

진행자: ⓓ식품 폐기로 인한 비용을 줄일 수 있고, 소비자들의 혼란을 방지할 수 있는 장점이 있다는 말씀이시군요. 마지막으로 소비 기한 표시제가 도입된 후 소비자들이 주의할 것이 있을까요?

전문가: 소비 기한이 표시된 식품은 제품에 표시된 보관 방법을 철저히 준수해야 하고, 무엇보다 소비 기한이 경과된 제품을 섭취해서는 안 됩니다.

진행자: ⓔ말씀해 주신 대로 무엇보다 제품의 소비 기한과 보관 방법을 철저히 지키는 것이 중요하겠습니다. 오늘 말씀 감사합니다.

정답 해설

ⓒ에서 식품의 품질이 변화되는 시점을 기준으로 유통 기한은 60~70% 지점, 소비 기한은 80~90% 지점으로 정한다고 했으므로 품질 변화 시점을 기준으로 할 때 소비 기한은 유통 기한보다 기간이 길다. 따라서 정답은 ⑤이다.

오답 해설

① ㉠에서 유통 기한은 영업자 중심의 표시 제도라고 하였으므로 적절한 내용이다.
② ㉠에서 유통 기한은 식품 유통과 판매가 허용되는 기한이라고 하였으므로 적절한 내용이다.
③ ㉢에서 미국 등 대다수 국가와 국제식품규격위원회에서 소비 기한 표시제를 운영하고 있으며, 이러한 국제적 추세를 반영하여 도입하게 되었음을 설명했으므로 적절한 내용이다.
④ ㉣에서 소비 기한 표시제를 도입하면 식품 폐기 손실 비용을 줄일 수 있음을 설명했으므로 적절한 내용이다.

▶ 출처 YTN라디오(2022.07.21.), "YTN 뉴스FM 슬기로운 라디오생활"

007 ②

정답 해설

ⓑ에서 진행자는 전문가에게 용어에 대한 설명을 요구하고 있기는 하지만, 추가적인 설명을 요구하고 있지는 않으므로 적절하지 않은 설명이다. 따라서 정답은 ②이다.

오답 해설

① ⓐ에서 진행자는 "식품에 표시된 유통 기한을 가장 먼저 확인하시는 분들이라면 오늘 방송 내용을 꼭 기억해 두셔야 하겠습니다."라고 하며 청취자와 방송 내용의 관련성을 언급하며 방송을 시작하고 있으므로 적절한 설명이다.
③ ⓒ에서 진행자는 "청취자들 중에는 유통 기한에 익숙해서 왜 소비 기한 표시제를 도입하는 것인지 궁금해 하시는 분들이 계실 것 같은데요."라고 하며 청취자의 예상 반응을 토대로 소비 기한 표시제 도입의 이유를 전문가에게 질문하고 있으므로 적절한 설명이다.
④ ⓓ에서 진행자는 전문가의 답변 내용을 요약하고 있으므로 적절한 설명이다.
⑤ ⓔ에서 진행자는 전문가의 말을 반복하며 긍정적으로 반응하면서 방송을 마무리하고 있으므로 적절한 설명이다.

008 ③

듣기 대본

다음은 대화의 일부분을 들려 드립니다. 8번은 듣기 문항, 9번은 말하기 문항입니다.

엄마: 이게 다 뭐니?
아들: 이번에 상여금 받아서 쇼핑 좀 했어요.
딸: 이거 저번에 산 운동화 아니야?
아들: 아니거든. 이번에 새로 나온 거야. 색깔이 다르잖아.
엄마: ㉠진짜 정신 안 차릴 거야? 요즘 젊은 애들 동시에 여러 직업 가지면서 일찌감치 돈 많이 모으려고 독하게 노력한다는데. 그것까지는 바라지도 않아. 월급 나오면 미래 계획 세워서 열심히 차곡차곡 모아둬야지. 네 누나 좀 봐라 월급 타면 80퍼센트씩 꾸준히 저금하고 있잖니.
아들: ㉡엄마, 미래를 위해서 현재의 고통을 참는 건 의미 없어요. 현재의 행복이 쌓여서 미래의 나도 행복한 거라고요. 누나처럼 저렇게 궁상맞게 살긴 싫어요.
딸: 아니 갑자기 가만히 있는 날 왜 걸고 넘어져? 그리고 ㉢나 궁상맞은 거 아니거든. 지금 최소한으로 소비하고 있어도 난 행복해. 이렇게 몇 년만 있으면 난 은퇴해서 경제적 자유 누리면서 편안하게 살 거야. 그때 행복해하는 나 보면서 부러워하지나 마라.
엄마: 그래, 그 한 번 사는 인생 한평생 행복하게 살아야지. 지금 행복이 쌓여서 미래가 행복해? ㉣지금 그렇게 펑펑 돈 쓰다가는 미래에 쪽박 찬다.
딸: 에이 설마 진짜 월급 한 푼도 안 남기고 다 쓰고 있겠어? 말해봐. 그건 아니지?
아들: 당연하지. 나도 월급의 10퍼센트 정도는 주식에 투자하고 있어.
딸: 주식에만? 요즘 주식 가격 많이 떨어졌던데. 주식을 하더라도 펀드나, 달러, 금 이런 식으로 나눠서 관리해야지.

엄마: ⑩ 아니 얘는, 예금이나 적금을 해야지. 왜 위험하게 주식을 해. 그리고 10프로? 그거 가지고 나중에 어떻게 살아.
아들: 미래 가치를 보고 투자하는 거지. 그리고 어떻게 될지도 모르는 미래를 위해서는 월급의 10퍼센트 정도만 대비해도 충분해요. ⑪ 에효, 우리 가족들이랑은 진짜 말이 안 통한다니까.

정답 해설
엄마와 딸, 그리고 아들은 서로 인생관이 다르다. 엄마는 젊을 때부터 돈을 열심히 모아야 미래에 행복할 수 있다고 믿고, 딸은 빠른 은퇴를 하는 것이 행복이라고 믿고 있다. 아들은 현재 자신이 원하는 것을 할 때 행복하다고 생각한다. 따라서 이들이 갈등을 겪는 근본적인 원인은 행복에 대한 시각차이 때문이라고 할 수 있다.

009 ②
정답 해설
ⓒ에서 '엄마'에게 자신의 생각을 주장하고 있기는 하지만 자신의 생각에 대한 동의를 구하고 있지는 않으므로 적절하지 않은 설명이다. 따라서 정답은 ②이다.

오답 해설
① ⓒ에서 '아들'이 자신이 궁상맞게 산다고 한 것에 대해 반박하며, 미래 계획을 설명하고 있으므로 적절한 설명이다.
③ ⑪에서 본인의 생각에 공감하지 않는 '딸'과 '엄마'에 대해 말이 안 통한다며 답답함을 드러내고 있으므로 적절한 설명이다.
④, ⑤ ⑦, ⑫, ⑩을 통해 엄마는 '아들'의 가치관을 이해하지 못하고 '아들'을 걱정하며 나무라고 있으므로 적절한 설명이다.

010 ②
듣기 대본
이번에는 강연을 들려 드립니다. 10번은 듣기 문항, 11번은 말하기 문항입니다.
전 세계적으로 알려진 희귀 질환의 종류만 해도 6,000~7,000가지에 달한다는 사실을 알고 계십니까? 그런데 ⑦ 치료제가 개발된 희귀 질환은 10%도 안 된다고 합니다.
이러한 절망적인 현실에도 희망은 존재합니다. 최근 희귀 난치성 질환의 해결책으로 유전자 가위 기술이 부상하고 있습니다. ⓒ 유전자 가위 기술의 잠재 가치가 수십억 달러에 이를 것으로 전망되면서 큰 주목을 받고 있습니다. 유전자 가위는 인간·동식물 세포의 특정 염기 서열을 찾아내 해당 부위 DNA를 절단함으로써 유전체를 교정하는 기술을 말합니다. 1세대 유전자 가위인 '징크 핑거 뉴클레아제', 2세대 '탈렌'에 이어 현재 3세대 가위인 '크리스퍼'까지 개발되었습니다. 이 중 ⓒ 3세대인 크리스퍼 유전자 가위 기술은 21세기 가장 혁명적인 생물학적 도구로 여겨지며 2020년 노벨화학상에 선정되었습니다. ⓔ 최근에는 염기 교정 유전자 가위, 초소형 유전자 가위 등 좀 더 효율성과 정밀도를 높여 실용화하기 위한 연구가 활발합니다.
유전자 가위 기술이 돌연변이와 같은 부작용을 유발할 수 있다는 기술적 문제와 ⑩ 맞춤형 아기를 만드는 데 악용될 수 있다는 윤리적 문제도 있지만, 희귀 난치성 질환 및 유전 질병 등으로 고통 받는 분들에게 반드시 큰 도움이 될 것입니다.

정답 해설
⑩에서 "맞춤형 아기를 만드는 데 악용될 수 있다는 윤리적 문제"가 있다고 언급하고 있으므로 윤리적인 문제를 해결하였다는 ②의 진술은 강연의 내용과 일치한다고 볼 수 없다.

오답 해설
① ⑦에서 치료제가 개발된 희귀 질환이 10%도 안 된다고 언급하고 있으므로 강연의 내용과 일치한다.
③ ⓔ에서 효율성과 정밀도를 높여 실용화하기 위한 연구가 활발하다고 언급하고 있으므로 강연의 내용과 일치한다.
④ ⓒ에서 유전자 가위 기술의 잠재 가치가 수십억 달러에 이른다고 언급하고 있으므로 강연의 내용과 일치한다.
⑤ ⓒ에서 3세대 유전자 가위 기술인 크리스퍼가 2020년 노벨화학상에 선정되었다고 언급하고 있으므로 강연의 내용과 일치한다.

▶ 출처 국가과학기술연구회 블로그, 크리스퍼 유전자 가위의 오작동, 고민감도로 검측한다!(https://blog.naver.com/nststory2014/222165685479)

011 ⑤
정답 해설
희귀 질환을 치료하는 데 도움이 될 것이라는 생물학적 의의와 돌연변이와 같은 부작용이 나타날 수 있다는 점, 맞춤형 아기 생산과 같은 윤리적 문제가 남아있다는 점 등의 당면한 사회적 과제를 언급하고 있으므로 ⑤는 강연자의 말하기에 대한 적절한 설명이다.

오답 해설
① 희귀 질환 및 유전 질병에 대한 예시는 나타나지 않는다.
② 희귀 질환의 종류를 치료 유무에 따라 분류하는 내용은 나타나지 않는다.
③ 1~3세대 유전자 가위 기술의 장단점은 나타나지 않는다.
④ 크리스퍼 기술로 완치된 희귀 질환에 대한 언급은 나타나지 않는다.

012 ④
듣기 대본

이번에는 발표를 들려 드립니다. 12번은 듣기 문항, 13번은 말하기 문항입니다.

안녕하세요? 저는 얼마 전 스페인 여행을 통해 가우디에 대해 알게 되었습니다. 오늘은 그의 대표 건축물에 대해 발표하려고 합니다.

먼저 구엘 공원은 가우디의 후원자였던 에우세비 구엘이 이상적인 전원도시를 만들겠다는 꿈을 품고 설계를 의뢰해 지은 공원입니다. 바르셀로나 해변이 내려다보이는 기슭에 최고의 고급 전원주택 단지를 지어 60여 곳을 분양할 계획이었으나 ㉠ 도심에서 다소 먼, 값비싼 전원주택을 선호하는 사람들이 많지 않아 결국 가우디의 집과 건물 두 채, 광장만이 지어진 채 방치되었다고 합니다. 중앙 광장에는 물결 모양의 긴 벤치가 자리하고 있는데 다양한 색깔과 모양의 타일을 부수어 독창적이고 감각적인 작품을 만들어냈습니다.

다음으로 ㉡ 카사 바트요는 직물업자 바트요를 위해 지은 저택입니다. 해골을 연상시키는 외관의 테라스 장식 때문에 '뼈다귀의 집'으로 불리기도 합니다. 해골, 생선 뼈 등 여러 가지 상상을 불러일으키는 독특한 외관과 타일 장식, 옥상부 용 모양 장식이 특징적입니다.

마지막으로 ㉢ 사그라다 파밀리아 성당은 1883년에 건축이 시작되어 아직도 공사 중인 건물입니다. 원래는 가우디의 스승인 비야르가 설계와 건축을 맡아 착공하였으나, 비야르가 건축 의뢰인과의 의견 대립으로 중도 하차하고 가우디가 맡게 되었습니다. ㉣ 건설 자금은 예전이나 지금이나 동일하게 기부를 통해서 충당되고 있다는 점이 특징입니다. 그런데 스페인 내전 동안 가우디의 드로잉을 보관하고 있던 작업실이 불타버렸기 때문에 건물이 가우디의 원래 설계안대로 완성될 수 있을지 미지수입니다.

㉤ 가우디의 건축은 자연물에서 모티프를 얻은 장식과 유기성을 강조한 곡면, 곡선이 살아 있으며 도자기 타일을 이용한 모자이크 등 독자적인 아르누보 양식이 돋보입니다. 이상으로 발표를 마치겠습니다. 감사합니다.

정답 해설

㉠으로 보아 상류층에 인기를 끌었다고 볼 수 없다. 또한 결국 가우디의 집과 건물 두 채, 광장만이 지어진 채 방치되었다는 것으로 보아 계획한 대로 모두 분양이 되었다고 볼 수도 없으므로 정답은 ④이다.

오답 해설

① ㉢을 통해 사그라다 파밀리아 성당이 아직 완공되지 않았음을 확인할 수 있다.

② ㉡을 통해 해골을 연상시키는 테라스 장식 때문에 '뼈다귀의 집'으로 불리기도 함을 확인할 수 있다.

③ ㉤을 통해 도자기 타일을 활용한 모자이크 방식이 특징임을 확인할 수 있다.

⑤ ㉣을 통해 기부금으로 건설 자금을 충당하고 있음을 확인할 수 있다.

▶ 출처
- 강혜원(2018), 『이지 스페인 포르투갈』, 이지앤북스
- 리처드 카벤디쉬 저, 김희진 옮김(2009), 『죽기 전에 꼭 봐야 할 세계 역사 유적 1001』, 마로니에북스

013 ②
정답 해설

구엘 공원은 에우세비 구엘이 이상적인 전원 도시를 만들겠다는 꿈을 품고 설계를 의뢰해 지었으며, 카사 바트요는 직물업자 바트요를 위해 지은 저택이다. 그리고 사그라다 파밀리아 성당은 가우디의 스승인 비야르가 설계와 건축을 맡아 착공하였으나, 비야르가 건축 의뢰인과의 의견 대립으로 중도 하차하고 가우디가 맡게 되었다. 또한 각각의 건축물이 가진 특징들을 설명하고 있으므로 대표 건축물에 대한 배경과 특징을 중심으로 설명한다는 ②가 정답이다.

014 ④
듣기 대본

마지막으로 협상의 한 장면을 들려 드립니다. 14번은 듣기 문항, 15번은 말하기 문항입니다.

관리소장: 아파트 관리소장으로서 공동 체육 시설에 대해 드릴 말씀이 있습니다. 우리 아파트는 골프장, 탁구장, 헬스장 등 입주민을 위한 공동 체육 시설이 많습니다. 그런데 그동안 너무 늦게까지 시설을 개방하다 보니 경비 직원만으로는 관리하는 데 한계가 있었습니다. 그래서 야간에 24시까지 개방해 오던 것을 앞으로는 관리소 퇴근 시간인 18시까지만 개방하는 것이 어떨까 합니다.

주민 운동 동호회 대표: 그건 안 됩니다. 저희 운동 동호회 회원 중에는 직장에 다니느라 야간에만 이용할 수 있는 회원들이 많은데, 18시까지만 개방하면 이분들은 이용을 못 하게 됩니다. 체육 시설 관리가 문제라면 18시 이후 야간에는 늦게 운동하는 운동 동호회 회원들이 순번을 정해서 관리하도록 하겠습니다.

관리소장: 공동 체육 시설 관리만이 문제가 되는 것은 아닙니다. 늦게까지 체육 시설을 개방해서 전기를 많이 쓰게 되니까 공동

체육 시설 관리비도 더 나옵니다. 그게 고스란히 전체 주민들의 부담으로 돌아갑니다. 그래서 공동 체육 시설 개방에 따라서 발생하는 관리 비용은 이용하시는 운동 동호회 회원들이 부담해야 한다고 생각합니다.
주민 운동 동호회 대표: 운동 동호회 회원들이 전체 관리 비용을 다 부담하라는 말씀입니까? 그건 곤란합니다. 체육 시설을 개방한다고 저희 운동 동호회만 공동 체육 시설을 이용하는 것도 아닌데 관리 비용을 모두 부담하라는 건 좀 무리한 요구라고 생각합니다. 그러지 말고 저희 운동 동호회 회비로 절반 정도만 부담하는 건 어떨까 합니다.
관리소장: 예, 좋습니다. 그러면 운동 동호회에서 공동 체육 시설 관리비 절반을 부담하는 대신, 야간 개방 시간은 서로 양보하여 21시로 조정하는 건 어떨까 합니다.
주민 운동 동호회 대표: 그럽시다. 그 정도는 받아들일 수 있습니다. 회원들에게 안내하겠습니다.
관리소장: 그럼 이번 달 입주자 대표 회의에서 관리소와 주민 운동 동호회의 협의 사항을 통보하고 의결한 후, 모든 입주민들에게 안내하도록 하겠습니다.

정답 해설
관리소장 입장에서는 공동 체육 시설을 24시까지 개방하면 경비 직원만으로 관리하는 데 한계가 있고, 주민 운동 동호회 대표 입장에서는 야간에만 공동 체육 시설을 이용할 수 있는 회원들이 많아 서로의 입장을 고려하여 21시까지 개방하는 것으로 조정하였으므로 ④가 정답이다.

오답 해설
① 공동 체육 시설을 늦게까지 개방하다 보니 경비 직원만으로는 관리하는 데 한계가 있다고 하였으나 인력을 채용하기로 한다는 내용은 나오지 않는다.
② 운동 동호회 회원 중에는 직장에 다니느라 야간에만 이용할 수 있는 회원이 많다고 했으나 주말에만 이용할 수 있는 회원들이 많은지는 언급되지 않았다.
③ 운동 동호회만 공동 체육 시설을 이용하는 것도 아닌데 관리 비용을 모두 부담하라는 건 무리한 요구라고 하며 운동 동호회 회비로 절반 정도만 부담한다고 하였다.
⑤ 관리소장의 마지막 말에서 "이번 달 입주자 대표 회의에서 관리소와 주민 운동 동호회의 협의 사항을 통보하고 의결한 후, 모든 입주민들에게 안내하도록 하겠습니다."라고 하였으므로 대표 회의에서 결정하는 것이 아님을 알 수 있다.

015 ④
정답 해설
관리소장 입장에서는 공동 체육 시설을 24시까지 개방하면 경비 직원만으로 관리하는 데 한계가 있고, 주민 운동 동호회 대표 입장에서는 야간에만 공동 체육 시설을 이용할 수 있는 회원들이 많아 서로의 입장을 고려하여 21시까지 개방하는 것으로 조정하였다. 또한 공동 체육 시설 관리비가 더 나온다는 의견에 따라 운동 동호회에서 관리비의 절반을 부담하기로 하였다. 따라서 서로의 요구를 존중하고, 양보하여 타협안을 찾고 있으므로 ④가 정답이다.

어휘·어법 016번~045번

기출문제집 p.63

016	④	017	②	018	①	019	⑤	020	①
021	①	022	①	023	②	024	②	025	⑤
026	①	027	③	028	①	029	③	030	③
031	⑤	032	①	033	①	034	④	035	①
036	③	037	⑤	038	①	039	③	040	④
041	④	042	⑤	043	②	044	⑤	045	①

016 ④
정답 해설
'후줄근하다'는 "옷이나 종이 따위가 약간 젖거나 풀기가 빠져 아주 보기 흉하게 축 늘어져 있다.", "몹시 지치고 고단하여 몸이 축 늘어질 정도로 아주 힘이 없다."라는 의미이므로 ④가 정답이다.

오답 해설
①, ②, ③ '추레하다', '초라하다', '추저분하다' 등의 의미에는 '늘어져 있는'의 의미가 반영되어 있지 않다.
⑤ '들치근하다'는 "약간 들큼한 맛이 있다."라는 의미로 전혀 관계없는 의미이다.

017 ②
정답 해설
"근육의 기초가 되는 희고 질긴 살의 줄"은 '힘줄'의 사전적 의미이다. '인대(靭帶)'는 "관절의 뼈 사이와 관절 주위에 있는, 노끈이나 띠 모양의 결합 조직."이라는 의미다.

018 ①
정답 해설

"마음을 저미는"에서의 '저미다'는 '마음을 몹시 아프게 하다'의 의미로 쓰인 것이다. '마음이나 장막 따위를 닫다'는 '여미다'의 의미이므로 정답은 ①이다.

019 ⑤
정답 해설

'매도(賣渡)하다'는 "값을 받고 물건의 소유권을 다른 사람에게 넘기다."라는 의미이다. ⑤의 문장은 동생이 토지를 팔았다는 것이 아니라 샀다는 내용이므로 '매수(買收)하다'가 쓰여야 할 문장이다. 따라서 정답은 ⑤이다.

오답 해설

① '사사(師事)하다'는 "스승으로 섬기다. 또는 스승으로 삼고 가르침을 받다."라는 의미이므로 적절하게 쓰였다.
② '구명(究明)하다'는 "사물의 본질, 원인 따위를 깊이 연구하여 밝히다."라는 의미이므로 적절하게 쓰였다.
③ '인계(引繼)하다'는 "하던 일이나 물품을 넘겨주거나 넘겨받다."라는 의미이므로 적절하게 쓰였다.
④ '자문(諮問)하다'는 "어떤 일을 좀 더 효율적이고 바르게 처리하려고 그 방면의 전문가나, 전문가들로 이루어진 기구에 의견을 묻다."라는 의미이므로 적절하게 쓰였다.

020 ①
정답 해설

"전력으로 싸웠지만 끝내 지고 말았다."는 온 힘을 다해 싸웠지만 지고 말았다는 의미이므로 여기에 쓰인 '전력'은 "모든 힘."이라는 의미의 '전력'이라 볼 수 있다. 따라서 정답은 ①이다.

오답 해설

②, ④ 과거의 경력을 뜻하는 '전력(前歷)'이 사용된 문장이다.
③ 전투나 경기 따위를 할 수 있는 능력을 뜻하는 '전력(戰力)'이 사용된 문장이다.
⑤ 전쟁이나 전투에 참가한 경력을 뜻하는 '전력(戰歷)'이 사용된 문장이다.

021 ①
정답 해설

"가을은 아무래도 낙엽으로 이런저런 감상에 젖기 쉽지."에 쓰인 '감상'은 '감상(感傷)'으로 "하찮은 일에도 쓸쓸하고 슬퍼져서 마음이 상함. 또는 그런 마음"이란 의미로 사용되었다. 따라서 정답은 ①이다.

오답 해설

② "주로 예술 작품을 이해하며 즐기고 평가함."의 의미인 '감상(鑑賞)'이 사용되었다.
③, ④, ⑤ "마음속에서 일어나는 느낌이나 생각."의 의미인 '감상(感想)'이 사용되었다.

022 ①
정답 해설

㉠은 '부족한 부분을 보태어 채운다'는 뜻의 '보전(補塡)'이고, ㉡은 '온전하게 보호하여 유지한다'는 뜻의 '보전(保全)'이다. ㉢은 '귀중한 책'이란 뜻의 '보전(寶典)'이므로 정답은 ①이다.

023 ②
정답 해설

'주요하다'는 주되고 중요하다는 의미를 가진 단어로 ②의 문맥에 어울리지 않는다. 이 문맥에는 효력이 나타난다는 뜻의 '주효하다'가 쓰이는 것이 적절하다.

오답 해설

① '고대'는 "이제 막."이라는 의미이므로 적절하게 쓰였다.
③ '한데'는 "'그런데'의 뜻을 나타내는 말"이므로 적절하게 쓰였다.
④ '외따로'는 "홀로 따로"의 의미이므로 적절하게 쓰였다.
⑤ '바투'는 "두 대상이나 물체의 사이가 썩 가깝게."의 의미이므로 적절하게 쓰였다.

024 ②
정답 해설

"선수들의 사기가 크게 올랐다."에 쓰인 '오르다'는 '기운이나 세력이 왕성하여지다.'를 의미한다. '사기(士氣)'가 '오르다'의 주어인 경우에는 '오르다'에 대응하여 '왕성(旺盛)하다'나 '충천(衝天)하다'를 쓸 수 있다. 반면 '격분(激忿)하다'는 '분기(忿氣)'나 '노기(怒氣)' 등과 부정적인 기운을 가리키는 말이 '오르다'의 주어인 경우에 '오르다'에 대응하여 쓸 수 있는 말이다.

오답 해설

① '탈것에 타다.'를 의미하는 '오르다'이다. 이 경우에는 '오르다'에 대응하여 '탑승(搭乘)하다'를 쓸 수 있다.
③ '뭍에서 육지로 옮다.'를 의미하는 '오르다'이다. 이 경우에는

'오르다'에 대응하여 '상륙(上陸)하다'를 쓸 수 있다.
④ '값이나 수치가 이전보다 많아지거나 높아지다.'를 의미하는 '오르다'이다. 이 경우에는 '오르다'에 대응하여 '증가(增加)하다'를 쓸 수 있다.
⑤ '더 높은 직급이나 계급을 받다.'를 의미하는 '오르다'이다. 이 경우에는 '오르다'에 대응하여 '승진(昇進)하다'를 쓸 수 있다.

025 ⑤

정답 해설

〈보기〉에 제시된 '켜다'는 "나무를 세로로 톱질하여 쪼개다."라는 뜻이다. ⑤번에 제시된 '촛불을 켜다'의 '켜다'는 "등잔이나 양초 따위에 불을 붙이거나 성냥이나 라이터 따위에 불을 일으키다."라는 의미로 동음이의어이다.

오답 해설

① '고치를 켜다'의 '켜다'는 〈보기〉의 '켜다'와 다의어 관계에 있는 '켜다'로 "누에고치에서 실을 뽑다."라는 의미이다.
② '바이올린을 켜다'의 '켜다'는 〈보기〉의 '켜다'와 다의어 관계에 있는 '켜다'로 "현악기의 줄을 활 따위로 문질러 소리를 내다."라는 의미이다.
③ '갱엿을 켜다'의 '켜다'는 〈보기〉의 '켜다'와 다의어 관계에 있는 '켜다'로 "엿을 다루어 희게 만들다."라는 의미이다.
④ '박을 켜다'의 '켜다'는 〈보기〉의 '켜다'와 같은 의미인 '켜다'로 "나무를 세로로 톱질하여 쪼개다."라는 의미이다.

026 ①

정답 해설

'가마솥에 든 고기'는 꼼짝없이 죽게 된 신세를 가리키는 속담이다. ①은 넓은 세상의 형편을 알지 못하는 사람을 가리키는 속담이 쓰여야 할 문맥인데 이를 가리키는 속담은 '우물 안 개구리'이다.

오답 해설

② '가게 기둥에 입춘'은 추하고 보잘것없는 가겟집 기둥에 '입춘대길'이라 써 붙인다는 뜻으로 제격에 맞지 않음을 표현할 때 사용하는 속담이다.
③ '구관이 명관이다'는 먼저 재임하였던 벼슬아치가 훌륭한 벼슬아치라는 뜻으로 경험이 많거나 익숙한 이가 더 잘하는 법임을 표현할 때 사용하는 속담이다.
④ '귀신도 빌면 듣는다'는 귀신도 빌면 소원을 들어준다는 뜻

으로, 비는 자는 용서함을 표현할 때 사용하는 속담이다.
⑤ '남의 말도 석 달'은 소문은 시일이 지나면 흐지부지 없어지고 만다는 뜻의 속담이다.

027 ③

정답 해설

'절차탁마(切磋琢磨)'는 옥이나 돌 따위를 갈고 닦아서 빛을 낸다는 뜻으로, 부지런히 학문과 덕행을 닦음을 이른다. 《시경》의 〈위풍(衛風)〉, 〈기오편(淇澳篇)〉과 《논어》의 〈학이편(學而篇)〉에 나오는 말이다.

오답 해설

① '분골쇄신(粉骨碎身)'은 뼈를 가루로 만들고 몸을 부순다는 뜻으로, 정성으로 노력함을 이르는 말이다.
② '자강불식(自強不息)'은 스스로 힘써 몸과 마음을 가다듬어 쉬지 아니함을 이르는 말이다.
④ '절치부심(切齒腐心)'은 몹시 분하여 이를 갈며 속을 썩임을 이르는 말이다.
⑤ '주마가편(走馬加鞭)'은 달리는 말에 채찍질한다는 뜻으로, 잘하는 사람을 더욱 장려함을 이르는 말이다.

028 ①

정답 해설

'교편(敎鞭)'은 "교사가 수업이나 강의를 할 때 필요한 사항을 가리키기 위하여 사용하는 가느다란 막대기"라는 뜻이다. "학교를 상징하는 무늬를 새긴 휘장."은 '교표'의 의미이다. 따라서 정답은 ①이다.

029 ③

정답 해설

'해태(懈怠)하다'는 "행동이 느리고 움직이거나 일하기를 싫어하는 데가 있다."라는 의미이므로 '착각하다'로 바꾸어 쓸 수 없다. '해태하다'는 '게을리하다', '제때 하지 않다' 정도로 바꾸어 써야 한다.

오답 해설

① '절취(切取)하다'는 "잘라 내다."를 뜻하므로, '자르다'로 바꾸어 쓸 수 있다.
② '목도(目睹)하다'는 "눈으로 직접 보다."를 뜻하므로, '직접 보다'로 바꾸어 쓸 수 있다.

④ '불하(拂下)하다'는 "국가 또는 공공 단체의 재산을 개인에게 팔아넘기다."를 뜻하므로, '팔아넘기다'로 바꾸어 쓸 수 있다.
⑤ '수수(授受)하다'는 "돈이나 물건을 서로 주고받다."를 뜻하므로, '주고받다'로 바꾸어 쓸 수 있다.

030　③
정답 해설
'콜키지(corkage)'의 다듬은 말은 '주류 구입비'가 아니라 '주류 반입비'이다.

031　⑤
정답 해설
'서투르다'에 '-었-'이 결합하면 '서툴렀다'가 된다. 준말 '서툴다'의 활용형 '서툴었다'는 비표준어이므로 올바르지 않은 표기는 ⑤이다.

오답 해설
① '푸르다'에 '-었-'이 결합한 '푸르-+-었-+-다'는 '푸르렀다'로 활용한다.
② '노랗다'에 '-네-'가 결합한 '노랗-+-네'는 '노라네'와 '노랗네'가 모두 가능하다.
③ '바르다'에 '-었-'이 결합한 '바르-+-었-+-다'는 '발랐다'로 활용한다.
④ '빨갛-'에 종결 어미 '-니'가 결합하면 '빨갛니'가 된다.

032　④
정답 해설
'태도가 정답지 않고 매우 차다'는 의미의 말은 '냉랭하다'로 표기해야 한다. '한글 맞춤법 13항'에서는 같은 음절이나 비슷한 음절이 겹쳐 나는 경우를 제외한 나머지 경우에는 어두에만 두음 법칙을 적용하도록 규정하고 있다. 따라서 한자어 '冷冷'은 '냉랭'이 옳은 표기이다.

오답 해설
① '낭랑(朗朗)'은 '한글 맞춤법 13항'의 같은 음절이나 비슷한 음절이 겹쳐 나는 경우를 제외한 나머지 경우에 해당하므로 어두에만 두음 법칙을 적용한다.
② '역력(歷歷)'은 '한글 맞춤법 13항'의 같은 음절이나 비슷한 음절이 겹쳐 나는 경우를 제외한 나머지 경우에 해당하므로 어두에만 두음 법칙을 적용한다.
③ '녹록(碌碌)'은 '한글 맞춤법 13항'의 같은 음절이나 비슷한 음절이 겹쳐 나는 경우를 제외한 나머지 경우에 해당하므로 어두에만 두음 법칙을 적용한다.
⑤ '연연(戀戀)'은 '한글 맞춤법 13항'의 같은 음절이나 비슷한 음절이 겹쳐 나는 경우에 해당하므로 '연연하다'로 표기한다.

033　①
정답 해설
'뻐꾹거리다'와 '뻐꾹하다'는 규범적으로 쓰이는 말이 아니며 사전에 올라 있지 않다. 따라서 '한글 맞춤법 제23항'에 따라 '뻐꾹이'는 옳지 않고 '뻐꾸기'가 옳은 표기이다. 이와 비슷한 예로 '개구리'를 들 수 있다.

오답 해설
② '더펄거리다'가 성립하므로 '더펄이'가 옳은 표기이다.
③ '꿀꿀거리다'가 성립하므로 '꿀꿀이'가 옳은 표기이다.
④ '살살거리다'가 성립하므로 '살살이'가 옳은 표기이다.
⑤ '홀쭉하다'가 성립하므로 '홀쭉이'가 옳은 표기이다.

034　④
정답 해설
본용언과 보조 용언은 띄어 쓰는 것이 원칙이지만 붙여 쓰는 것도 허용하고 있다. 따라서 본용언과 보조 용언을 반드시 붙여 써야 한다고 한 ④의 설명은 잘못되었다.

035　③
정답 해설
'五六月'의 '六'은 속음인 '뉴'로 읽으며 이럴 경우 그 속음인 '뉴'로 적는 것이 옳다. 따라서 '五六月'의 올바른 표기는 '오유월'이 아니라 '오뉴월'이다.

오답 해설
① '承諾'의 '諾'은 본음 그대로 '낙'으로 적는 것이 옳다.
② '困難'의 '難'은 속음인 '란'으로 적는 것이 옳다.
④ '十月'의 '十'은 속음인 '시'로 적는 것이 옳다.
⑤ '初八日'의 '八'은 속음인 '파'로 적는 것이 옳다.

036　③
정답 해설
㉠은 '조사'와 '분석'이라는 짝을 이루는 어구 사이가 되므로 가

윗점을 넣는 것이 타당하다. ⓒ은 두 개의 절이 이어지는 부분이므로 문장의 연결 관계를 분명히 하는 쉼표를 넣는 것이 타당하다. 따라서 ③이 정답이다.

037

정답 ⑤

정답 해설

⑤의 '주춧돌'에서 '주추'는 원래 '주초(柱礎)'에서 왔지만 모음의 변화를 인정하여 '주추'를 표준어로 삼는다. 따라서 ⑤는 표준어에 해당한다.

오답 해설

① '깡총깡총'은 발음의 변화를 반영한 '깡충깡충'을 표준어로 삼는다.
② '사둔어른'에서 '사둔'은 발음의 변화를 반영하지 않은 원래의 형태인 '사돈'을 표준어로 삼는다.
③ '부줏돈'에서 '부주'는 발음의 변화를 반영하지 않은 원래의 형태인 '부조'를 표준어로 삼는다.
④ '오똑하다'는 발음의 변화를 반영한 '오뚝하다'를 표준어로 삼는다.

038

정답 ①

정답 해설

'달부다'는 '다르다'는 의미의 전라 방언이므로 ①은 표준어와 방언이 올바르게 짝 지어졌다.

오답 해설

② '갑북'은 '빨리'가 아니라 '흠뻑'의 의미를 나타나는 말로 충청 지역에서 쓰인다.
③ '객광시럽다'는 '사치스럽다'가 아니라 '객쩍다'의 의미를 나타나는 말로 전라 지역에서 쓰인다.
④ '기양'은 '먼저'가 아니라 '그냥'의 의미를 나타나는 말로 강원 지역에서 쓰인다.
⑤ '건줌'은 '모두'가 아니라 '거의'의 의미를 나타나는 말로 제주 지역에서 쓰인다.

039

정답 ③

정답 해설

'밟다'에서 겹받침 'ㄼ'은 [ㅂ]으로 발음되어 [밥따]로 발음한다. 반면 나머지 겹받침은 모두 [ㄹ]로 발음되어 각각 [널따], [얄따], [짤따], [할따]로 발음된다.

040

정답 ④

정답 해설

'외래어 표기법 제3장의 제8항'에서 중모음은 각 단모음의 음가를 살려서 적되 /ou/는 '오'로 적는다고 되어 있기 때문에 'yellow'는 '옐로'로 적는 것이 맞는 표기이다.

오답 해설

① 외래어 표기법의 국제 음성 기호와 한글 대조표에 따라 /ə/는 '어'로 적는다. 따라서 'digital'은 '디지털'로 적는다.
② 어말에 오는 마찰음에는 '으'를 붙인다는 규정에 따라 '스태프'로 적는다.
③ 'C'의 국제 음성 기호는 [siː]이므로 '시'로 적는다.
⑤ 외래어 표기법의 국제 음성 기호와 한글 대조표에 따라 /ɔ/는 '오'로 적는다. 이에 근거하여 'Block'은 '블록'으로 적는다.

▶ **출처** 문화체육관광부 고시 제2017-14호(2017.03.28.) '외래어 표기법'

041

정답 ④

정답 해설

국어의 로마자 표기는 국어의 표준 발음법에 따라 적는 것을 원칙으로 한다. 이에 따라 비음화는 로마자 표기에 반영되므로 '백련사'의 표준 발음인 [뱅년사]가 그대로 표기에 반영되어야 한다. 따라서 ④ '백련사'의 바른 로마자 표기는 'Baengnyeonsa'이다.

042

정답 ⑤

정답 해설

"바닷속에 저 고래가"는 문법에 맞지 않는 표현이다. '-에'는 앞말이 처소의 부사어임을 나타내는 격 조사이므로 '-에'를 쓰려면 '바닷속에 있는 저 고래가' 또는 '바닷속에 사는 저 고래가' 정도로 써야 한다. '-에'를 쓰지 않고 '-의'를 쓰면 '있다'나 '살다'와 같은 서술어 없이 '바닷속의 저 고래가'처럼 쓸 수 있다.

043

정답 ②

정답 해설

"손님, 이 제품은 5만 원이세요."에서 '-이시다'의 '-시-'는 주체 높임 선어말 어미이다. 그런데 이 문장에서 주체는 '이 제품'이므로 높임의 대상이 아니다. 높여야 할 대상은 '손님'이고 '손님'은 말하는 이의 상대이기 때문에 상대 높임법인 '입니다'를 사용하여 "손님, 이 제품은 5만 원입니다."로 고쳐야 한다. 설명에서 고쳐야 할 결과 문장은 제대로 제시했으나 객체를 높이는 것이 아니라 상대를 높여야 하는 것이므로 ②는 틀린 설명이다.

▶ **출처** 홍종선, 신지영 외(2015), 『쉽게 읽는 한국어학의 이해』, 한국문화사

044   ⑤

정답 해설

〈보기〉의 문장은 '아름다운'이 '새들'을 수식하는지 '노랫소리'를 수식하는지에 따라 중의적으로 해석되는 문장이다. 이와 같이 수식의 대상에 따라 중의성이 생기는 문장은 ⑤ "오랜 역사를 간직한 불국사의 다보탑을 보았다."이다. '오랜 역사를 간직한'이 '불국사' 또는 '다보탑'을 수식하는 경우로 각각 읽힐 수 있다.

오답 해설

① '입고 있다'가 원피스를 입은 상태의 지속인지, 실제 입는 행위를 하고 있는 중인지에 따라 중의적으로 해석될 수 있다.
② '다 먹지 않았다.'가 하나도 먹지 않은 것인지 일부만 먹고 일부는 남아 있는 상태인지에 따라 중의적으로 해석될 수 있다.
③ '민우와'가 '현아'와 접속하는지 '현아의 엄마'와 접속하는지에 따라 '민우와 현아'의 엄마(민우와 현아가 형제 또는 남매일 경우)가 산책을 즐기는 것으로 해석될 수도 있고, '민우'와 '현아의 엄마' 둘이서 산책을 즐기는 것으로 해석될 수도 있다.
④ 아버지께서 주신 것이 '사과' 1개, '귤' 1개로 총 2개인지, '사과' 2개, '귤' 2개로 각각 2개(총 4개)인지에 따라 중의적 해석이 가능하다.

045   ⑤

정답 해설

'에 한하여'는 일본어 번역 투로 '만'으로 고치는 편이 자연스럽다. '-이'로 고칠 경우 한정의 의미가 사라지므로 '계급만'으로 고치는 것이 자연스럽다.

오답 해설

① '가지다'는 영어 표현의 직역으로 '하다'로 고치는 편이 자연스럽다.
② '중이다'는 영어 표현의 직역으로 '있는 중이다'는 '있다.'로 고치는 편이 자연스럽다.
③ '에 있어서'는 일본어 번역 투로 '에서'로 고치는 편이 자연스럽다.
④ '고려에 넣는다면'은 영어 표현의 직역으로 '고려한다면'으로 바꾸는 편이 자연스럽다.

▶ **출처**
- 허재영(2009.09.20.) "외국어 직역에 오염된 우리말(허재영의 국어능력교실)", 한겨레(https://www.hani.co.kr/arti/society/schooling/377700.html)
- 법제처 "알기 쉬운 법령 정비기준"(9판)

쓰기	046번~050번

기출문제집 p.72

| 046 | ③ | 047 | ④ | 048 | ③ | 049 | ① | 050 | ⑤ |

046   ③

정답 해설

ㄴ. 혐오 표현 규제에 대한 상반되는 관점을 먼저 제시하고 그 중 하나인 후자의 입장에서 글을 전개했다.
ㅁ. 온라인상에서의 혐오 표현 규제의 필요성에 대해 주장하면서, 온라인상에서 특정 집단을 향한 적대적인 표현을 무비판적으로 수용하거나, 내가 속한 집단에 대한 차별적인 표현으로 인해 상처를 받은 적이 있지 않은지 질문하여 독자의 경험을 환기하고 있다.

오답 해설

ㄱ. 혐오 표현에 대해 흔히 할 수 있는 통념을 제시하긴 했지만 이를 반박하는 이론을 제시하지는 않았다.
ㄷ. 문제가 되는 현상인 혐오 표현 사용의 원인을 개인적, 사회적 차원에서 각각 진단한 것이 아니라, 혐오 표현 사용을 규제해야 하는 이유에 대해 서술하였다.
ㄹ. 1문단에 표현의 자유와 관련된 법률을 인용하였으나, 이는 혐오 표현 규제라는 주장의 타당성을 높이기 위한 근거로 사용된 것이 아니다.

▶ **출처**
- 이승현(2017), "혐오표현 규제를 둘러싼 로날드 드워킨과 제레미 월드론의 논쟁", 법과사회 55호, 법과사회이론학회, p.31~64
- 홍주현, 나은경(2016), "온라인 혐오표현의 확산 네트워크 분석: 이슈 속성별 확산 패턴 및 혐오표현의 유형과 강도", 한국언론학보 60(5), 한국언론학회, p.145~175
- 이준일(2014), "혐오표현과 차별적 표현에 대한 규제의 필요성과 방식", 고려법학 제72호, 고려대학교 법학연구원, p.65~90

047　④

정답 해설
윗글은 '혐오 표현 규제'에 대해 주장하는 글로 온라인 소통 자체를 규제하고자 하는 것이 아니다. 또한 특정 집단을 향한 혐오 표현이 상대에게 미치는 영향에 관한 서술이지, 청소년기 욕설 사용이 정서에 미치는 영향에 대한 설명이라 보기도 어렵다.

오답 해설
① 혐오 표현 규제에 반대하는 입장에서는 표현의 자유를 들어 혐오 표현 사용도 개인의 권리임을 주장하므로, 이에 반박하기 위해 (가)를 활용하여 표현의 자유도 제한될 여지가 있음을 드러내는 것은 적절하다.
② (나)를 활용하여 혐오 표현 사용 실태를 제시하여 혐오 표현 규제에 관한 논의의 필요성을 드러내는 것은 적절하다.
③ (다)는 지속적으로 타인으로부터 부정당할 때 자율적이고 독립적인 개체로서의 자긍심을 가질 수 없다는 내용이므로, 개인의 존엄성이 타인과의 관계에서 확보된다는 내용으로 상대에 대한 존중의 의무가 있음을 보완하는 것은 적절하다.
⑤ (나)를 통해 온라인상에서 혐오 표현의 확산과 피해 증가율을 확인할 수 있고, (라)를 통해 온라인상에서 혐오 표현으로 인해 입은 피해 사례를 확인할 수 있으므로 온라인상에서의 혐오 표현 규제 근거로 이를 활용하는 것은 적절하다.

048　③

정답 해설
국내 혐오 표현 규제 사례는 상위 항목 Ⅱ '혐오 표현 규제에 대한 찬반론'이라는 내용의 하위 항목으로 어울리지 않으며, 윗글에 제시되지 않았다. 따라서 이에 따라 삭제하겠다는 점검 사항은 반영되었다고 볼 수 있다.

오답 해설
① 윗글에서 혐오 표현의 의미에 대해 서술하기 전에 사용 실태가 제시되지 않았으므로 적절하지 않다.
② 윗글에서 드워킨의 혐오 표현 규제 반대 논거에 이어 월드론의 혐오 표현 규제 찬성 논거가 서술되었으므로 Ⅱ-2를 Ⅲ의 하위 항목으로 이동하여 서술했다고 보는 것은 적절하지 않다.
④ 윗글에서 혐오 표현 규제의 필요성에 대한 근거가 제시되었으나 Ⅱ-1을 반박하는 방식으로 서술하지는 않았으므로 적절하지 않다.
⑤ Ⅲ-3은 상위 항목에 포함되지 않는 내용이지만 혐오 표현에 관한 새로운 관점이 윗글에서 Ⅳ의 하위 항목으로도 제시되어있지 않으므로, Ⅳ의 하위 항목으로 이동하여 서술한 것이 아니라 통일성을 위해 삭제한 것으로 보아야 한다.

049　①

정답 해설
'예상'은 어떤 일을 직접 당하기 전에 미리 생각하여 둠, 또는 그런 내용을 의미하는 단어이므로, 어떤 정황을 가정적으로 생각하여 단정한다는 의미를 나타내기 위해서는 '상정'으로 수정하는 것이 적절하다.

오답 해설
② 앞뒤 맥락을 고려할 때 서로 상반된 내용이 이어지므로 사물의 모양이나 일의 형편이 서로 같다는 의미의 '마찬가지로'를 수정해야 한다는 점검 내용은 적절하다. 하지만 '게다가'가 아니라 뒤에 오는 말이 앞의 내용과 상반됨을 나타내는 '반면' 등으로 수정해야 한다.
③ 부사어와 서술어의 호응이 알맞지 않다는 점검 내용은 적절하지 않으며 따라서 '위협한다.'로 수정한다는 것도 적절하지 않다.
④ 통일성을 해치는 문장이라는 점검 내용은 적절하나 앞 문장과 순서를 바꾸어 해결할 수 없으므로 삭제하는 것이 적절하다.
⑤ ⓜ을 '강화되어야'로 수정해야 하는 이유는 사동 표현이 아니라 피동 표현이 중복되었기 때문이므로 점검 내용이 적절하지 않다.

050　⑤

정답 해설
혐오 표현 규제 방안 촉구라는 글의 주제를 고려하여, 사회적 차원에서 필요한 형사적 제재, 민사적 제재 등을 제시하며 마무리하고 있으므로 적절하다.

오답 해설
① 예상 독자의 수준이 특정되어 있지 않으며, 법률 용어를 쉽게 풀어 설명하며 글을 마무리하고 있지 않다.
② 예상 독자의 관심을 촉구하는 표현을 사용하고 있지 않다.
③ 주장하는 글이므로 글을 쓴 소감을 밝히며 여운을 남기는 것이 적절한 수정 방안이라 보기 어려우며, 소감을 밝히며 마무리하고 있지도 않다.
④ 문제 해결을 위한 개인 스스로의 노력을 당부하고 있는 것은 수정 후인 〈보기〉가 아니라 수정 전 윗글의 내용이므로 적절하지 않다.

창안　051번~060번

기출문제집 p.75

| 051 | ⑤ | 052 | ② | 053 | ⑤ | 054 | ⑤ | 055 | ⑤ |
| 056 | ④ | 057 | ② | 058 | ③ | 059 | ② | 060 | ④ |

051　⑤
정답 해설
'세탁의 과정'을 상담 과정에 비유하면 '오염'은 '비합리적 신념'이라 할 수 있다. ㉤은 오염이 작은 입자로 분산되는 단계이고 완전히 제거되는 단계는 아니다. 따라서 비합리적인 신념이 완전히 사라지고 합리적 신념으로 전환하게 된다는 ⑤의 내용은 적절하지 않다.

오답 해설
① '오염'을 '비합리적 신념'에 비유하고, 그 '섬유'를 '내담자'에 비유할 수 있으므로 적절한 내용이다.
② '세제'를 상담의 심리적 작용으로 파악한다면, 세제가 침투하는 과정은 상담을 통해 내담자의 비합리적 신념에 접근하여 논박하는 과정으로 설명할 수 있다.
③ ㉢을 상담 과정에 빗대어 설명하면 '세제'는 상담의 심리적 작용, '섬유'는 내담자, '오염'은 비합리적 신념에 대응한다. 이때 '오염을 부풀어 오르게 하'는 세제의 작용은 상담 과정에서 비합리적 신념에 접근하여 내담자가 비합리성을 스스로 인식하도록 유도하는 과정으로 설명할 수 있다.
④ 세제 분자의 작용에 따라 섬유와 오염의 결합력이 약해지는 것은 내담자가 가진 비합리적 신념이 논박 작용을 통해 약화되는 것을 의미할 수 있다.

▶ 출처　https://m.blog.naver.com/PostView.naver?isHttps
Redirect=true&blogId=redburst82&logNo=221550958960

052　②
정답 해설
세탁의 전 과정에서 '헹굼'은 마무리 단계에 해당한다. 이를 조직의 문제 해결 과정에 빗대어 표현하면 문제 원인 분석, 해결 방안 모색 및 전략 수립 등을 끝내고 해결 국면에 접어든 상황을 떠올릴 수 있다. 윗글의 내용에 따르면, 헹구어 내는 시간이 오래 걸리면 오염 물질이 다시 섬유에 붙을 수 있다는 우려가 있다. '헹구어 내는 시간'을 문제 해결의 시간에, '오염 물질'을 문제에 착안하면 문제의 재발 방지를 위해서는 해결 국면에서 의사 결정자가 신속한 행동을 취해야 함을 이끌어낼 수 있다.

오답 해설
①, ③ ⓐ의 내용으로 미루어볼 때 헹굼의 과정을 통해 이끌어 낼 수 있는 교훈은 점진적 해결 시도에 가까우며, 단일한 해결책보다는 다방면의 정보를 고려한 해결책을 효과적으로 판단할 수 있다.
④ 헹구어 내는 시간에 대한 서술로 미루어볼 때 신중한 판단보다는 상황 맥락을 고려한 신속성을 더 중시하고 있음을 짐작할 수 있다.
⑤ '오염 물질이 다시 섬유에 붙을 수 있'다는 서술은 재발 방지의 필요성과 관련되지만, 사전 대책 마련에 대한 내용은 윗글에서 찾을 수 없다.

053　⑤
정답 해설
ⓑ는 오염 물질을 헹굴 때 한 번에 헹구려고 하는 것보다 여러 번 헹구는 것이 오염 제거에 효과적이라는 내용이다. 이를 책 읽기 방법에 비유하면 한 번에 읽고 이해하려는 것보다 여러 번 읽는 것이 좋다는 ⑤에 비유할 수 있다.

054　⑤
정답 해설
실제 원의 크기를 '본질'에 착안한다면, 주변을 둘러싼 원은 본질을 정확히 파악하는 데 혼란을 주고 있는 것으로 볼 수 있다. ㉤은 주변 상황을 고려하면 본질을 정확하게 파악할 수 있다는 내용이 아니라 주변 상황 또는 맥락에 따라 본질이 다르게 해석될 수 있다는 내용이 들어가는 것이 적절하다.

오답 해설
① 가로로 읽으면 'A B C'로 읽히고 세로로 읽으면 '12 13 14'로 읽히므로 문자 또는 숫자로 볼 수 있다.
② 가로로 양쪽에 있는 'A'와 'C', 세로로 위아래에 있는 '12'와 '14'를 '상황'으로 본다면 상황에 따라 'B'로도 읽히고 '13'으로도 읽히므로 적절한 분석이다.
③ 크기가 동일한 두 개의 원이지만 주변을 둘러싼 원의 크기에 따라 크기가 다르게 보이므로 적절한 분석이다.
④ 가로의 문자와 세로의 숫자에 따라 대상이 다르게 읽히므로 주변의 맥락 속에서 대상의 해석을 결정해야 한다는 것은 적절한 분석이다.

▶ 출처
・(가) https://www.mindfake.com/illusion_13.html
・(나) https://m.dongascience.com/news.php?idx=6288

055 ⑤
정답 해설

(가)는 같은 대상이더라도 주변 환경이나 맥락에 따라 대상의 해석이 달라질 수 있음을 보여주고 있다. 따라서 대상의 해석을 결정할 때는 주변 맥락을 살펴봐야 한다는 것을 보여준다. 이를 사회 현상의 연구 방법론에 착안하면, 연구와 관련된 요소를 엄밀히 통제하여야 얻고자 하는 정확한 결과를 얻을 수 있음을 이끌어낼 수 있다.

056 ④
정답 해설

(나)를 '인생을 살아가는 자세'에 착안하여 해석하면, 실제 크기가 같은 중심의 원은 '개인의 본질적 특성'을 의미하며 중심의 원을 둘러싼 다양한 크기의 원은 개인이 처한 다양한 '환경 요건'을 의미한다. 〈보기〉의 ㄱ, ㄴ, ㄷ, ㅁ은 공통적으로 '환경 요건'의 중요성에 대해 주목하고 있으며, 환경의 영향에 따라 개인의 평가나 지위가 달라질 수 있음을 주장하고 있다. 이와 달리 ㄹ은 환경에 영향을 받지 않는 '개인의 본질'을 추구해야 한다는 주장이므로 가장 이질적인 것은 ㄹ이다.

057 ②
정답 해설

〈보기〉에서 달걀 껍데기의 코드는 산란일 4자리, 생산자 고유번호 5자리, 사육 환경 번호 1자리 순으로 이루어짐을 설명하고 있다. 산란일은 10월 16일이라고 했으므로 처음 4자리는 '1016'이 되고, 다음 5자리는 생산자 고유번호인 'AB38E'가 된다. 닭 한 마리당 주어지는 면적이 좁을수록 큰 번호를 부여받아 (가)~(라)가 각각 1~4라고 했으므로 (라)와 같은 환경에서 사육된 닭은 4를 부여받는다. 따라서 문제에서 제시한 달걀에 부여될 코드는 '1016AB38E4'가 된다.

▶ 출처 식품의약품안전처, 일반홍보물
(https://www.mfds.go.kr/brd/m_227/view.do?seq=33215&srchFr=&srchTo=&srchWord=%EB%8B%AC%EA%B1%80&srchTp=0&itm_seq_1=0&itm_seq_2=0&multi_itm_seq=0&company_cd=&company_nm=&Data_stts_gubun=C9999&page=1)

058 ③
정답 해설

〈보기〉는 닭의 사육 환경에 대해 이야기 하고 있으므로 동물 복지에 대한 공익 광고 문구는 동물 복지를 실천해야 한다는 내용이 들어가는 것이 적절하다. 그러나 ③의 "건강한 소비 우리는 어떻게 해야 할까요?"는 건강한 소비를 하자는 내용이므로 동물의 행복이나 복지와 관련되었다고 보기 어렵다.

059 ②
정답 해설

단단한 속껍질 덕분에 팽나무는 어떤 상황 속에서도 살아남을 수 있는 특징이 있다고 한 점에서 자신의 내면을 단단히 만드는 것이 외부에서 오는 역경을 이겨낼 수 있는 힘이 될 수 있다고 이해할 수 있다.

오답 해설

① 타인에게 친절을 베풀어야 한다는 점을 팽나무의 특징에서 찾을 수 없다.
③ 크랜베리 열매처럼 보이지만 실제로는 딱딱한 성질을 가지고 있다는 점에서 반전 매력으로 생각할 수 있지만 이것이 다른 사람들의 이목을 끌기 위한 것으로 생각할 수 있는 점을 윗글에서 찾을 수 없다.
④ 대비책과 관련지을 수 있는 내용을 찾을 수 없다.
⑤ 팽나무는 겉껍질과 속껍질이 모두 단단하다. 따라서 겉으로 유연하게 행동해야 한다는 점을 추론해 낼 수 없다.

▶ 출처 호프자런(2017), 『랩걸』, 알마, p.100~101

060 ④
정답 해설

덩굴은 감고 올라가는 틀이 죽는지 사는지 별 상관이 없다고 하였으므로 도움이 되는 상대를 곁에 두고 챙겨 주어야 한다는 것은 적절하지 않은 내용이다.

오답 해설

① 덩굴 씨들은 싹은 쉽게 틔우지만 뿌리를 내리는 일은 드물다는 점에서 유추할 수 있다.
② 덩굴손은 '누구도 흉내 낼 수 없을 정도의 변신술'을 가졌다고 한 것에서 유추할 수 있다.
③ '그들은 숲의 규칙에 따르지 않는다.'는 점에서 유추할 수 있다.
⑤ '자신은 전혀 가지고 있지 않은 힘을 제공해 줄 틀을 찾는 것이다.'는 점에서 유추할 수 있다.

읽기 061번~090번

기출문제집 p.80

061	③	062	①	063	⑤	064	④	065	①
066	③	067	①	068	⑤	069	⑤	070	③
071	③	072	①	073	③	074	②	075	⑤
076	②	077	④	078	③	079	①	080	②
081	④	082	⑤	083	③	084	①	085	①
086	③	087	②	088	②	089	④	090	③

061   ③

정답 해설

1연과 3연의 1행을 보면, '어머님', '그런데 어머님'과 같이 구체적 청자에게 말을 건네는 방식으로 시상을 전개하고 있음을 알 수 있다.

오답 해설

① 명령형으로 문장을 종결하고 있지 않으므로, 명령형으로 문장을 종결하여 주제 의식을 드러내고 있다는 진술은 적절하지 않다.
② '붉은 흙에 자취 없이', '하얗게 얼음으로'와 같이 시각적 심상은 나타나지만, 시각적 심상을 활용하여 자연의 아름다움을 부각하고 있지는 않다.
④ 반어적 표현은 나타나지 않으므로, 반어적 표현을 통해 현실에 대한 비판적 태도를 강조하고 있다는 진술은 적절하지 않다.
⑤ '예닐곱 살 적 겨울', '요즈음도', '오늘은'과 같이 시간의 변화는 드러나 있으나, 시간의 변화를 통해 이상 세계의 도래에 대한 희망을 나타내고 있지는 않다.

▶ 출처 이수익(2002), 「결빙의 아버지」, 『불과 얼음의 콘서트』, 나남

062   ①

정답 해설

ⓒ '한 줌 뼛가루'는 화자의 아버지를 의미하며, ⓓ '이승의 물'은 예닐곱 살 적 그 겨울밤의 아버지가 화신한 것으로 느끼는 대상이다. 또한 ⓔ '꽝 꽝 얼어붙은 잔등'과 ⓕ '얼음' 역시 '이승의 물'과 같이 아버지를 의미하는 시어라 할 수 있다. 따라서 ⓒ~ⓕ은 모두 화자의 아버지를 의미한다. 반면에 ⓐ '벌레'는 화자 자신을 의미하므로, ⓒ~ⓕ이 의미하는 바와는 다르다.

063   ⑤

정답 해설

서술자는 '인간 사냥'의 쾌감을 '지금도 그 독한 맛이 찌릿찌릿 되살아나는 듯하다'며 회상하고 있다. 또한 '인간 사냥'이 '그 시절'에 있었던 '놀이'임을 드러내고 있다. 따라서 서술자는 '그 시절'의 '인간 사냥', '놀이', 곧 과거의 행위가 수반하는 감정(쾌감)을 떠올리고 있다고 할 수 있다.

오답 해설

① '무자비한 놀이', '피투성이의 포획물', '팽개쳐 둔' 등처럼 특정 감정을 환기하는 어휘는 활용되고 있으나, 비속어를 활용하여 인물인 '나'의 성격을 제시하는 장면은 드러나지 않는다.
② '무자비한 놀이'가 수반하고 있는 '쾌감'을 직접 서술은 하나, 풍자적 어조로 '무자비한 놀이'가 만연한 시대적 문제를 조명한 것은 아니다.
③ '무자비한 놀이'가 자행되는 '어둠 속 길바닥'과 같은 공간은 제시되나, 그 자체가 변화된 공간적 배경은 아니며 인물인 '나'의 과거 회상은 제시되지만 '나'와 다른 인물 간의 갈등은 제시되지 않는다.
④ '어둠 속 길바닥'의 정경을 환기하는 표현은 드러나지만, 자연에 대한 감각적 묘사를 통해 향토성을 부각시키는 서술은 드러나지 않는다.

▶ 출처 이동하(1995), 「폭력 연구」, 『한국소설문학대계54』, 동아출판사

064   ④

정답 해설

ⓓ에서는 서술자인 '나'는 '법은 멀고 주먹은 가깝다고' 여겨질 만한 엄혹한 시대적 현실을 상기한다. 특히 '나'는 '어른들의 세계'에서는 '나'와 같은 어린 사람들보다 더 엄혹한 폭력이 난무하고 있었음을 환기하고 있다. 따라서 ⓓ에서는 어른들이나 아이들 모두 폭력 '놀이'에 탐닉이 된 당시의 시대적 현실은 부각되지만, 폭력 '놀이'로 인해 갖게 된 죄책감으로 괴로워하는 '나'의 심리는 드러나지 않는다.

오답 해설

① ⓐ에서는 '상투적인 폭력'을 당했을 것으로 여겨지는 '우리의 친구'가 '말짱한 모습'으로 나타나고, 그 폭력의 현장을 지켜보기 위해 '우회'해서 갔다 돌아온 '나'를 '말 한 마디 없이' 마뜩잖게 지켜만 보던 '그들'의 행위가 드러난다. 이를 통해 ⓐ에서는 친구가 당하는 폭력의 현장을 지켜만 보다 돌아온 '나'의 비겁한 행위를 못마땅하게 여기는 '그들'(친구들)의 태도가 드러난다고 할 수 있다.

② ㉡에서는 '나'를 비겁자로 여기며 못마땅하게 여기는 친구들의 시선에 어찌할 바를 몰라 하는 '나'의 처지가 드러난다. 따라서 ㉡의 선지 진술은 적절하다.
③ ㉢에서는 '사냥' 놀이가 '유독 우리 마을 아이들만 탐닉했던 것은 아니었다'는 것으로 보아, 폭력 놀이가 만연된 당시의 시대상을 엿볼 수 잇다. 따라서 ㉢의 선지 진술은 적절하다.
⑤ ㉣에서는 폭력 놀이가 수반하는 '쾌감'으로 인해 '발바닥까지 찌릿찌릿'한 느낌을 받았던 과거의 기억을 '지금도' 생생하게 기억하고 있는 '나'의 상황이 제시된다. 따라서 ㉣ 역시 적절한 선지 진술이라고 할 수 있다.

065 ①
정답 해설

ⓐ에서 폭력이 만연한 이유로 '전후의 거칠고 삭막한 환경'을 꼽는 것으로 보아, 폭력은 '전후'와 같은 거친 시대 환경과 관련을 맺고 있다고 볼 수 있다. 따라서 'ㄱ'은 적절한 감상에 해당한다. 또한 ⓑ에서 폭력이 만연한 '그 시절'의 폭력 놀이를 '다른 무엇'으로 '대신할 수' 없는 것으로 서술된 것으로 보아, 서술자 '나'는 폭력을 대체 불가능한 놀이로 인식하고 있음을 알 수 있다. 따라서 'ㄴ' 역시 적절한 감상이라고 할 수 있다.

오답 해설

ⓒ에서 폭력 놀이의 대상으로 우리들의 덫에 걸려든 '무뢰한'에게 '정의의 이름으로 무자비한 응징'을 가하는 상황이 서술되어 있지만, 그것은 '사냥의 흥'을 고조시키기 위한 행위이지, 정의를 구현하기 위한 행위는 아니었다. 따라서 '나'는 정의를 구현하기 위해 '폭력'을 정당화하려는 인물은 아니다. 또한 ⓓ에서 '나'는 자신이 겪은 폭력의 상처를 타인에게 폭력을 행사함으로써 '보상받'으려 했던 것이라고 스스로 성찰한다. 따라서 '나'가 '폭력'을 대가가 없는 희생을 강요하는 행위로 인식하고 있는 것은 아니다. 이를 통해 ㄷ과 ㄹ이 포함된 ②, ③, ④, ⑤는 적절하게 짝 지어진 것이 아니다.

066 ③
정답 해설

2문단에서 모든 사실이 '역사적 사실'이 되는 것이 아니라 역사가의 선택과 해석에 따라 '역사적 사실'이 된다는 내용이 제시된다. 따라서 과거의 사실 모두가 역사적 사실은 아니라는 ③이 정답이다.

오답 해설

① 1문단에서 E. H. 카는 경험주의적 역사학에 대해 비판한다는 내용이 제시된다.
② 2문단에서 역사적 사실로서의 지위를 갖느냐의 여부는 역사가의 해석에 달려 있다는 내용이 제시되어 있다.
④ 1문단에서 1960년대 초 일부 역사가를 포함한 지식인 사회에 회의주의와 비관주의가 팽배했다는 내용이 제시된다.
⑤ 3문단에서 카 자신도 역사 인식에서 주체와 객체라는 이분법적 구조를 답습하고 있다는 내용이 제시된다.

▶ 출처 김택현(2003), 『서발턴 역사학 비판』, 박종철출판사, p.253~257

067 ①
정답 해설

2문단에서 과거의 사실이 '역사적 사실'이 되기 위해서는 역사가의 선험적 결정, 즉 역사가의 선택이 필요하며, 역사적 사실로서의 지위를 갖느냐의 여부는 역사가의 해석에 달려 있고, 현재의 눈을 통해서만 과거를 이해할 수 있다는 내용이 제시된다. 결국 과거 사실에 대한 역사가의 해석 혹은 개입은 역사가 개개인의 경험과 가치관 등에 따라 결정되므로 상대성이라는 표현이 적절하다.

068 ⑤
정답 해설

4문단에서 이분법적 존재론에서 타자는 주체에 의해 타자성을 상실하고 주체에 전유되는 주체에로의 타자의 동화가 이루어진다고 진술하고 있으며, 3문단에서 경험주의 역사학은 주체와 객체를 분리하는 인식론에 빠져 있다는 내용이 제시된다. 따라서 주체에로의 타자의 동화는 주체와 타자를 구분하는 이분법적 입장이 전제되어 있다는 진술은 적절하다.

오답 해설

① 4문단에서 제시한 주체에로의 타자의 동화로 이루어지는 이분법적 존재론에 따르면 역사가가 과거의 사실을 인식하는 순간, 사실은 타자성을 잃고 역사가에 의해 전유된 사실이 된다.
② 4문단에서 주체와 객체로 구분되는 이분법적 존재론에서 타자는 주체에 의해 그 타자성이 상실한다는 내용이 제시된다.
③ 4문단에서 주체에로의 타자의 동화로 이루어지는 이분법적 존재론에 따르면 타자가 주체에 의해 통합된 타자로만 존재하며, 즉 타자의 한계성이 명확하다는 내용이 제시된다.

④ 4문단에서 주체에로의 타자의 동화로 이루어지는 이분법적 존재론에 따르면 타자인 과거의 사실은 주체인 역사가의 지배하에 들어간다는, 즉 역사가와 과거가 동등한 대화가 불가능하다는 내용이 제시된다.

069 ⑤
정답 해설
본문에서는 토론이나 토의, 대화와 타협, 설득, 양보 등을 거치고도 합의점에 이르지 못한 때에 마지막 수단으로 하는 것이 다수결이라 서술한다. 따라서 다수결로 그 정당성을 확인하는 것이 원칙이라는 진술은 적절하지 않다.

오답 해설
① 본문에서는 단지 한 사람이 많았다는 이유로 독단하고 거의 반수에 이르는 구성원을 무시한다면 다수의 횡포가 된다면서, "중요한 건 다수결이 아니라 민주주의라는 사실을 잊어서는 안 된다."라고 한다.
② 본문에서는 표결의 결과에만 의존하는 것은 정치적으로 나태한 사회의 모습이라고 설명한다.
③ 본문에서는 다수의 힘이 횡행할 때 법이 그에 맞설 수 있는 도구라고 하면서, 헌법재판소가 국회에서 다수결로 통과된 법률을 무효화할 수 있는 기능이 그 예라고 제시한다.
④ 본문에서는 다수결이나 만장일치 모두 자유롭고 평등한 토론을 거쳐 타당한 결과를 도출하려는 데서 정당성을 확보한다고 하며, 영화 〈열띤 열두 사람〉을 들어 설명한다.

070 ③
정답 해설
본문에서는 소수자의 억지가 전체 의견을 무시하는 것이 다수의 횡포보다 나쁜 일이라 하면서, 무죄의 결론은 처음 주장한 사람의 언변보다는 논리의 옳음으로 이루어진 것이라 설명한다.

오답 해설
① "한 명의 의견을 나머지 다수가 받아들여 마음을 바꾸었다"는 데서 처음에 1표였던 무죄 쪽으로 결론이 났다는 것을 알 수 있다.
② 억울한 죽음을 맞을 뻔했던 형사피고인이 배심원들의 숙고로써 살아났다는 것은 배심제가 갖는 인권 보장의 기능이라 할 수 있다.
④ 영화에서는 유죄 의견의 초기 비율이 11/12에서 토의를 거쳐 0으로 변화하는 과정을 그리고 있다.
⑤ 영화는 다수결이었으면 5분 만에 끝났을 일을 만장일치라서 그렇게 하지 못하는 모습을 보여주고, 결과적으로 합리적 의심이 타당한 결과를 가져왔다는 결론으로 나아간다.

071 ③
정답 해설
다수결의 원리에 대한 정당성은 충분히 자유롭고 평등한 토론을 필수적으로 거쳐야 하는 요건으로 되어 있다는 데서 확보되며, 이런 필수적 요건으로서의 토론은 만장일치제에서도 마찬가지일 뿐 아니라 오히려 강제라 할 정도로 강하다.

오답 해설
① 다수의 횡포를 억제하는 기능은 소수의 견해가 존재할 수 없도록 강제하는 만장일치에서 더욱 강하게 작동한다.
② 다수결에 승복하지 않는 데 대한 정당성은 설명하지 않고 오히려 승복해야 하는 근거와 요건을 제시하고 있으며, 더욱이 만장일치가 다수결의 정당성을 부정하기 위해 존재하는 제도도 아니다.
④ 다수결의 원리에서도 소수자도 평등한 구성원으로서 자유롭게 의견을 교환하는 절차가 보장되도록 한다.
⑤ 영화에서 배심원이 투표하는 장면이 나오지만 이는 다수결로 정하려는 것이 아니며, 더욱이 판사는 만장일치로 결정해야 하는 것이라 새겨 준다.

072 ①
정답 해설
다수결이 타당하지 않은 경우가 적지만 있을 수 있다고 인정하는 말이라는 내용이 이어지는 것에 맞추어 보면, 확률상 다수결이 타당하다는 식의 문장이 들어가는 것이 적절하다.

오답 해설
② 논의 과정에서 한 명이라도 가질 수 있는 합리적 의심의 기능에 대한 이야기를 본문에서 하고 있어, 그에 맞지 않는 서술이다.
③ 의회가 일반적으로 채택하는 다수결의 방식에 대한 정당성을 논하고 있는 문단이므로 의회에서 행해진다는 사실 자체가 근거로 논의되는 것은 적당하지 않다.
④ 토의를 이끄는 원리가 있다는 것은 앞의 논조와 같은 것으로서 새롭게 다른 이야기를 끌어내는 대목으로는 적절하지 않다.
⑤ 이후에 이어지는 비판의 내용은 다수결이 일으킬 수 있는 소수의 실책을 거론하는 것으로서 소수의 구성원의 희생과 관련되지는 않는다.

073 ③

정답 해설

1문단에서 자유에너지의 개념을 설명하면서 3문단에서 자유에너지의 부호가 반응의 방향성은 알려주지만 반응의 속도에 대한 정보는 주지 못한다고 설명하면서 적용 한계에 대해 설명하고 있으므로 적절한 내용이다.

오답 해설

① 변화의 자발성을 판단하기 위한 기브스 자유에너지에 대한 설명은 있지만 의미 변화를 통시적으로 고찰하는 내용은 언급되지 않았다.
② 자발성을 판단하는 방법에 대한 의문문을 한 번만 사용하고 있으므로 의문문과 그에 대해 대답하는 구조로 서술하고 있다는 것은 적절하지 않은 내용이다.
④ 기브스 자유에너지의 정의에 사용되는 다른 에너지를 언급하고 있으나 비교하여 장단점을 지적하고 있지는 않다.
⑤ 기브스 자유에너지에 영향을 미치는 온도와 압력을 언급하고는 있지만 상호 관계에 대해서 규명하고 있지는 않다.

▶ 출처 Brown 외(2019), 『일반화학』(14판), 자유아카데미, p.866~868

074 ②

정답 해설

2문단에 따르면 기브스 자유에너지는 엔탈피라는 에너지에서 절대 온도와 엔트로피의 곱을 뺀 값으로 정의된다고 설명하고 있다. 따라서 온도와 엔트로피를 곱한 값은 에너지의 단위를 갖는다고 할 수 있다.

오답 해설

① 1문단에서 경험에 의존하지 않고 자발성을 판단할 방법에 대해 질문하면서 2문단에 기브스의 자유에너지의 개념을 언급하고 있다. 따라서 복잡한 화학 반응의 방향성은 경험에 의지해야 한다는 내용은 적절하지 않다.
③ 2문단에 따르면 기브스는 다른 과학자에 의해 제시된 자유에너지의 개념이 아닌 기브스 본인이 제시한 자유에너지의 개념을 지지하였으므로 적절하지 않다.
④ 4문단에 따르면 기브스 자유에너지는 반응의 속도에 대한 정보를 주지 못한다고 설명하고 있으므로 적절하지 않은 내용이다.
⑤ 2문단에서 기체, 액체, 고체의 순으로 엔트로피가 크다고 설명하고 있으므로 기체인 수증기의 엔트로피가 물보다 더 크다. 따라서 적절하지 않은 설명이다.

075 ⑤

정답 해설

ㄱ. 3문단에서 기브스 자유에너지가 낮아지는 상태로 가는 것이 자발적인 변화의 과정이라고 설명하고 있고, 2문단에서 기브스 자유에너지는 엔탈피에서 절대 온도와 엔트로피의 곱을 뺀 값으로 정의하였다. 상온 상압에서 흑연이 다이아몬드로 변하는 반응은 엔탈피가 양수이고 엔트로피는 음수이므로 기브스 자유에너지가 증가하는 상태로 가고 있다. 따라서 비자발적인 반응이라고 할 수 있다.
ㄴ. 엔탈피가 양수이고 엔트로피가 음수이면 온도에 상관없이 기브스 자유에너지는 증가하므로 온도가 아무리 올라도 흑연이 다이아몬드로 변화하는 반응은 항상 비자발적인 반응이라고 할 수 있다.
ㄷ. 2문단에서 열을 흡수하는 흡열 반응은 엔탈피 변화가 양수라고 설명하고 있다. 〈보기〉에서 상온 상압에서 흑연이 다이아몬드로 변하는 반응의 엔탈피는 양수이므로 흡열 반응이라고 할 수 있다.

076 ②

정답 해설

2문단에 따르면 아인슈타인이 1905년 특수 상대성 이론을 발표하고 민코프스키는 이를 수학적으로 해석하여 시공간 좌표를 도입했다고 설명하고 있으므로 아인슈타인이 민코프스키의 4차원 시공간 좌표계를 이용하여 특수 상대성 이론을 도입했다는 내용은 적절하지 않다.

오답 해설

① 4문단에 따르면 4차원 시공간을 민코프스키 공간이라고도 부르며 이러한 4차원 시공간의 기하학적 관점은 아인슈타인의 일반 상대성 이론 형성에 중요한 역할을 하였다고 설명하고 있으므로 적절한 내용이다.
③ 2문단에 따르면 민코프스키는 3차원 공간 좌표에 시간 t를 첨가하여 4차원 시공간 좌표를 (x, y, z, t)로 표현했다고 했으므로 적절한 내용이다.
④ 2문단에서 피타고라스 정리를 이용해 〈그림〉의 2차원 좌표계와 3차원 공간에서의 거리를 구할 수 있다고 설명하고 있으므로 적절한 내용이다.
⑤ 1문단에 따르면 시간과 공간은 따로 분리된 독립된 개념이 아니라 아인슈타인 3차원 공간과 1차원의 시간을 하나로 간주해 4차원 시공간이라고 설명하고 있으므로 적절한 내용이다.

▶ 출처 정재승 외 14인(2005), 『상대성 이론 그후 100년』, 궁리, p.59~78

077 ④

정답 해설
3문단에 따르면 피타고라스의 정리를 확장하여 4차원의 거리를 구했을 때, 3차원 공간상에서 두 점 간의 거리와 빛이 t초 동안 가는 거리가 같으면 두 점 간의 거리는 0이 되고 두 사건은 4차원 시공간에서 동시가 된다고 설명하고 있으므로 적절한 설명이다.

오답 해설
① 2문단에 따르면 좌표에 시간이 표시되는 좌표계는 4차원 시공간 좌표이므로 ⓒ에 관한 설명이다.
② 4문단에 따르면 4차원 시공간을 민코프스키 공간이라고 부르며 아인슈타인의 일반 상대성 이론 형성에 중요한 역할을 하였다고 설명하고 있으므로 적절하지 못한 설명이다.
③ 3문단에 따르면 민코프스키는 4차원 시공간에서의 거리가 0이 되도록 시간을 거리로 환산했다고 설명하고 있으므로 거리를 시간의 단위로 환산하여 계산한다는 설명은 잘못된 설명이다.
⑤ 2문단에 따르면 민코프스키는 특수 상대성 이론을 수학적으로 해석하여 4차원 시공간 좌표계를 도입했지만 3차원 공간 좌표와는 관련이 없으므로 잘못된 설명이다.

078 ③

정답 해설
ㄱ. 행성 $α$는 지구로부터 광속으로 한 시간 거리에 있으므로 행성 $α$의 폭발 사건은 지구에서 한 시간 후에 관측할 수 있다. 따라서 행성 $α$의 폭발 시간은 저녁 8시 정각이라고 할 수 있다. 따라서 4차원 좌표계에 표시하면 (x1, y1, z1, 8시)가 된다.
ㄹ. 행성 $α$와 $β$의 표면에서 큰 폭발은 지구의 천문대에서 동시에 관측되었으므로 3차원 공간상에서 두 점 간의 거리와 빛이 t초 동안 가는 거리가 같아 두 점 간의 거리를 0이라고 할 수 있다. 3문단에 따르면 두 점 사이의 거리가 0이 되면 두 사건은 4차원 시공간에서 동시이기 때문에 올바른 설명이다.

오답 해설
ㄴ. 행성 $β$는 지구로부터 네 시간 거리에 있고 폭발 사건은 지구에서 저녁 9시 정각에 관측되었으므로 실제로 저녁 5시에 폭발 사건이 발생하였다. 따라서 4차원 좌표계에 표시하면 (x2, y2, z2, 5시)라고 표시할 수 있다.
ㄷ. 3차원 공간의 관점에서는 두 행성 $α$와 $β$가 각각 광속으로 한 시간과 네 시간 거리에 있으므로 동시가 아니라 세 시간의 시간 차이가 있는 것이다.

079 ①

정답 해설
2문단에서 같은 돌멩이라고 하더라도 길가의 돌멩이는 도덕적 지위가 없지만 누군가의 소유물인 정원석은 도덕적 지위가 있다고 했다. 이 도덕적 지위는 간접적 도덕적 지위이다. 그러므로 간접적 도덕적 지위는 없다가 생길 수도 있다.

오답 해설
② 2문단에 따르면 길가의 돌멩이는 도덕적 지위가 없다고 했다. 그러나 6문단에서 동물을 학대하는 행동을 보고 도덕적이지 못하다고 생각하는 것이 우리의 상식이라고 말했으니, 동물에게는 직접적이든 간접적이든 도덕적 지위가 있다. 따라서 상식은 동물과 길가의 돌멩이의 도덕적 지위를 똑같이 취급한다는 진술은 옳지 않다.
③ 2문단에 따르면 길가의 돌멩이는 도덕적 지위가 없다고 했다. 따라서 도덕적 지위가 없는 존재도 있으니 어떤 존재라도 직접적으로든 간접적으로든 도덕적 지위를 갖는다는 진술은 옳지 않다.
④ 1문단에 따르면 도덕적 지위가 있다는 것은 그 존재에게 도덕적인 의무를 진다는 뜻이다. 따라서 도덕적 지위가 있는 존재를 학대하더라도 도덕적 비난을 받지 않을 때도 있다는 진술은 옳지 않다.
⑤ 1문단에서 도덕적 지위는 직접적 도덕적 지위와 간접적 도덕적 지위로 나뉜다고 말했다. 따라서 어떤 존재에게 간접적 도덕적 지위가 없다면 도덕적 지위가 아예 없다고 해야 한다는 진술은 옳지 않다.

▶ 출처 최훈(2020), "동물의 도덕적 지위와 종 차별주의", 〈인간·환경·미래〉, 6호 p.87~111

080 ②

정답 해설
2문단에서 데카르트는 "동물이 즐거움이나 고통을 경험할 수 없다고 주장했다."라고 말했다. 물론 고통을 못 느끼더라도 간접적 도덕적 지위는 가질 수 있다고 주장하지만, 동물이 주인이 있느냐 없느냐에 따라 고통을 느끼는지가 달라진다고 생각하는 것은 데카르트의 입장이라고 볼 수 없다.

오답 해설
① 4문단에서 데카르트에 따르면 간접적 도덕적 지위를 부여할 수 있는 근거는 누군가의 소유물이기 때문이다. 따라서 길가의 주인 없는 돌멩이는 도덕적 지위가 없다고 생각한다는 것은 데카르트의 입장으로 볼 수 있다.

③ 4문단에서 데카르트에 따르면 주인이 없는 동물은 도덕적 지위가 없다. 5문단에 그와 달리 칸트는 주인이 없더라도 동물을 학대하면 인간에게 끼치는 영향 때문에 간접적 도덕적 지위를 갖게 된다고 말했다. 따라서 주인이 있는 동물이든 없는 동물이든 모두 도덕적 지위가 있다고 생각한다는 것은 칸트의 입장으로 볼 수 있다.

④ 4문단에서 데카르트에 따르면 주인이 없는 동물은 도덕적 지위가 없다. 5문단에 그와 달리 칸트는 주인이 없더라도 동물을 학대하면 인간에게 끼치는 영향 때문에 간접적 도덕적 지위를 갖게 된다고 말했다. 따라서 데카르트와 달리 칸트는 주인 없는 동물은 도덕적 지위가 있다고 생각한다는 것은 적절한 진술이다.

⑤ 4문단에서 데카르트는 동물이 간접적 도덕적 지위를 갖게 되는 것은 주인이 있기 때문이라고 말했다. 그리고 5문단에서 칸트는 동물이 주인이 있고 없고를 떠나서 인간에게 끼치는 영향 때문에 간접적 도덕적 지위를 갖는다고 말했다. 따라서 데카르트와 칸트는 모두 주인 있는 동물은 도덕적 지위가 있다고 생각한다는 것을 알 수 있다.

081 ④

정답 해설

5문단에서 칸트는 동물을 학대하는 잔인한 품성의 사람은 다른 사람에게도 잔인하게 대할 것이기 때문에 동물을 학대하면 안 된다고 주장한다. 따라서 지구에 마지막으로 남았다고 가정하거나 다른 사람과 전혀 교류하지 않으면, 잔인한 품성이 생긴다고 하더라도 잔인하게 대할 다른 사람이 없으므로 칸트의 주장이 적용되지 않는다.

오답 해설

① 5문단에서 칸트가 동물을 학대하는 잔인한 품성의 사람은 다른 사람에게도 잔인하게 대할 것이기 때문에 동물을 학대하면 안 된다고 주장한다. 이는 동물을 학대할 때 생기는 양심의 가책과 무관하다.

② 지구에 마지막으로 남은 사람이나 다른 사람과 교류하지 않는 사람은 다른 사람들과는 교류하지 않을 것이다. 그러나 동물과 교류를 하지 않는다는 것은 알 수 없다.

③ 지구에 마지막으로 남은 사람이나 다른 사람과 교류하지 않는 사람은 다른 사람들과는 교류하지 않을 것이지만, 다른 사람들의 도덕적 지위를 인정할지 안 할지는 알 수 없다.

⑤ 동물에게 잔인하다고 해서 꼭 사람에게 잔인할 것이라고 말할 수 없다는 것은 칸트에 대한 반론은 될 수 있다. 그러나 이것은 다른 사람들이 있을 때 적용되는 비판이다. ㉠에서는 잔인하게 대할 '사람'이 없으므로 이 비판이 적용되지 않는다.

082 ⑤

정답 해설

1문단에 따르면 인간이 직접적인 도덕적 지위를 갖는다는 것은 모두가 인정하는 전제이다. 따라서 간접적인 도덕적 지위만 있는 인간이라도 실험 대상으로 삼으면 안 된다는 주장은 옳지 않다. 그러므로 이 주장은 비판이 될 수 없다.

오답 해설

① 동물에게 도덕적 지위가 전혀 없다는 주장의 근거는 동물을 학대하는 행동을 보고 옳지 않다고 생각하는 것이 우리의 상식이라는 것이다. 그러나 동물을 학대하는 행동을 보고 도덕적이지 않은 의미에서, 예컨대 재산상의 손해가 나기 때문에 옳지 않다고 생각할 수 있다. 그러면 동물에게 도덕적 지위가 어떻게든 있다는 결론은 나오지 않는다.

② 이 글에서는 간접적인 도덕적 지위가 있다는 주장을 살펴보고 그 주장에 문제가 있으므로 직접적인 도덕적 지위가 있다고 결론을 내린다. 따라서 데카르트와 칸트 외에 동물에게 간접적 도덕적 지위가 있다는 다른 이론이 있다면 그런 결론은 나올 수 없을 것이다.

③ 동물도 직접적 도덕적 지위가 있으므로, 인간에게 하면 안 되는 관행을 동물에게도 하면 안 된다고 주장한다. 그러나 똑같이 직접적인 도덕적 지위가 있더라도 그 정도가 다르다면 허용할 수 있는 관행이 달라질 수 있을 것이다.

④ 동물에게 간접적인 도덕적 지위가 없다면 동물에게 도덕적 지위가 아예 없다고 하거나 직접적인 도덕적 지위가 있다고 결론을 내려야 하는데, 동물에게는 어떻게든 도덕적 지위가 있다는 것이 상식이라고 말했다. 따라서 이 상식을 검토하는 것은 적절한 반론일 수 있다.

083 ③

정답 해설

'지원 내용'에 타 경감과 합산하여 최대 50%까지만 지원한다는 내용이 있다.

오답 해설

① 내국인에게만 적용되었던 지원이 2022년 1월부터 외국인 전체를 대상으로 확대되었다고 하였으므로 일치하는 내용이다.

② '대상'에서 주소지가 농어촌 및 준농어촌 지역에 해당하면서 농업, 어업, 축산, 임업에 종사하는 자라고 하였으므로 일치한다.
④ '신청 방법'에서 주소지가 읍·면 지역인 경우 유선 신청이 가능하다고 하였으므로 일치한다.
⑤ 윗글 마지막 문단에서 농어업인 지원은 본인 신청에 의해서 적용 가능하다고 하였으므로 일치한다.

▶ 출처   국민건강보험 누리집 – 공지사항
(https://www.nhis.or.kr/nhis/together/wbhaea01000m01.do?mode=view&articleNo=10817425&article.offset=0&articleLimit=10&srSearchVal=%EC%99%B8%EA%B5%AD+%EA%B5%AD%EC%A0%81+%EB%86%8D%EC%96%B4%EC%97%85%EC%9D%B8+%EA%B1%B4%EA%B0%95%EB%B3%B4%ED%97%98%EB%A3%8C+%EC%A7%80%EC%9B%90%EC%A0%9C%EB%8F%84+%EC%95%88%EB%82%B4)

084 ①
정답 해설
본문에서 '제도 시행 월 이후의 건강보험료 납부 내역에 대해서 소급 적용을 받을 수 있'다고 했으며, '최대 소급 기간은 신청 월 포함 6개월'이라고 하였다. 제도 시행은 2022년 1월부터이므로 2021년에 대한 건강보험료는 반환을 받을 수 없다. 따라서 A는 2022년 1월부터 5월까지 5개월의 소급 적용을 받을 수 있다.

오답 해설
② 2022년 1월부터 6월까지 6개월의 소급 적용을 받을 수 있다.
③ 2022년 1월부터 6월까지 6개월의 소급 적용을 받을 수 있다.
④ 2022년 4월부터 7월까지 4개월의 소급 적용을 받을 수 있다.
⑤ 2022년 5월부터 8월까지 4개월의 소급 적용을 받을 수 있다.

085 ③
정답 해설
비닐봉지 대신 장바구니 사용, 자동차 대신 자전거 이용, 종이컵 대신 개인 컵 사용 등 모두 환경을 위해 생활에서 바꿀 수 있는 습관들이다. 따라서 환경을 위해 생활 습관을 바꾸어야 한다는 내용이 가장 적절하다.

오답 해설
① 장바구니를 사용하는 것, 종이컵 대신 개인 컵을 사용하는 것이 '여유로운 삶의 태도'라고 할 수는 없다.
② 개인 컵, 장바구니 사용은 일회용품 사용을 줄이는 것이지 물건을 아껴 쓰는 것과는 관련이 없다. 또한 자전거 출퇴근의 예시를 포함하지 못한다.
④ 건강 관리와 관련된 내용이 아니다.
⑤ 자동차 대신 자전거를 이용하는 것을 포함하지 못한다.

▶ 출처   한국방송광고진흥공사 – 공익 광고 자료실 "저탄소 녹색성장–모습은 비슷해도 결과는 정반대"
(https://www.kobaco.co.kr/site/main/archive/advertising/5/664?cp=13&pageSize=8&sortDirection=DESC&arcUse=true&arcCategory=5&metaCode1=broadcast&adtDefaultYear=false)

086 ③
정답 해설
'분노의 포도'에서 '포도'는 과일 포도(葡萄)를 의미하는 것으로, 고유어가 아니라 한자어이다.

오답 해설
① '사과(謝過)'의 의미에 대해 '지나간 일에 대해 사례하는 것'이라 설명하고 있다.
② '사과(沙果)'가 모래질의 토양에서 잘 자라서 이런 이름이 붙었다고 설명하고 있다.
④ '호도(湖島)'는 먹는 호도가 아니고 '호수 섬'이었다는 설명에서 알 수 있다.
⑤ '심심(甚深)'의 뜻이 '심하게 깊다'라고 밝히고 있으므로, '심심(甚深)한 사과(謝過)를 표한다'는 말은 곧 '깊이 사과한다'라는 뜻임을 알 수 있다.

▶ 출처   곽한영(2022.09.04.), "[삶과 문화] '심심한 사과'를 아시나요?", 한국일보(https://www.hankookilbo.com/News/Read/A2022090210180000672?did=NA)

087 ②
정답 해설
윗글에서는 '심심' 논란의 핵심이 유식과 무식의 문제가 아니라, 우리가 서로 소통하는 것이 점점 어려워질 것이란 두려움이라고 설명하고 있다. 문해력이나 지식의 문제가 아니라 세대 간에 대화하고 공감하는 자세가 필요하다는 것이다. 따라서 ②는 적절하지 않은 반응이라 할 수 있다.

088 ②
정답 해설
'브리핑(briefing)'의 다음은 말은 '요약, 보고'이므로 '정보'로 제시한 답지의 내용은 적절하지 않다.

오답 해설

① '트레일(trail)'의 다듬은 말은 '탐방로'이므로 답지의 내용은 적절하다.
③ '네트워크(network)'의 다듬은 말은 '연결망, 연계망, 관계망'이므로 답지의 내용은 적절하다.
④ '헬프 데스크(help desk)'의 다듬은 말은 '도움 창구'이므로 답지의 내용은 적절하다.
⑤ '포맷(format)'의 다듬은 말은 '양식, 서식, 형식'이므로 답지의 내용은 적절하다.

▶ 출처   산림청 홈페이지 – 행정정보 – 공고 "[남부지방산림청] 2022년 동서트레일 숲길조성계획 공고"
(https://www.forest.go.kr/kfsweb/cop/bbs/selectBoardArticle.do?bbsId=BBSMSTR_1032&mn=NKFS_04_01_02&nttId=3173986)

089 ④

정답 해설
이해관계인(토지 소유자 포함)이 이의가 있을 경우 의견을 제출하라고 되어 있으므로 숲길에 포함될 토지의 소유자가 이의가 있을 경우 의견서를 제출해야 한다고 한 설명은 적절하다.

오답 해설
① 숲길의 지정 기간은 3월부터 숲길 운영 종료 시까지라고 되어 있으므로 1월부터 숲길로 지정된다고 한 답지의 설명은 적절하지 않다.
② 전화로 문의할 수 있는 곳은 '남부지방산림청, ○○군 국유림관리소, ○○군청'의 3군데로 제시되어 있으므로 2군데라고 한 답지의 설명은 적절하지 않다.
③ 숲길 지정에 대한 공고 기간은 20일간이라고 되어 있으므로 한 달이라고 한 답지의 설명은 적절하지 않다.
⑤ 붙임 자료에는 '숲길 노선 지정 내역 및 위치도'와 '의견서 서식'뿐이므로 숲길 지정 지역의 토지 소유자에 대한 정보는 붙임 자료로 알 수 없다. 따라서 답지의 설명은 적절하지 않다.

090 ③

정답 해설
숲길 지정의 이해관계인만 사업 시행의 동의 및 이의의 의견을 의견서로 제출할 수 있으므로, 숲길 지정의 이해관계인이 아닌 C씨는 의견서를 제출할 수 없다. 따라서 C씨가 의견서를 제출하리라는 내용은 적절하지 않다.

오답 해설
① 숲길 지정 대상지의 토지를 소유한 사람은 숲길 지정에 대한 동의 또는 이의의 의견을 제출하라고 되어 있으므로 동의하는 의견서를 제출하리라는 내용의 답지의 내용은 적절하다.
② B 씨는 자신의 땅이 숲길로 지정되는 것을 반대하는 의견서를 제출할 예정이라고 하였으므로 숲길로 지정될 위치의 토지를 소유한 사람이라는 것을 알 수 있다. 따라서 답지의 내용은 적절하다.
④ 윗글에 따르면 숲길 조성 사업은 '남부지방산림청'와 '○○군'이 함께 공고를 내고 문의를 받으며 진행하는 사업이므로 숲길 조성 업무를 담당하는 ○○군청 직원과 산림청 직원은 함께 업무를 진행해 나가고 있음을 알 수 있다. 따라서 답지의 내용은 적절하다.
⑤ ○○군민인 A 씨는 숲길 지정 대상지의 땅을 소유하였으므로 문의 사항이 있을 경우 윗글에 따라 공·사유림 숲길 노선 업무를 담당하는 ○○군청 직원 D 씨에게 문의할 것임을 알 수 있다. 따라서 답지의 내용은 적절하다.

국어 문화   091번~100번

기출문제집 p.97

| 091 | ① | 092 | ⑤ | 093 | ② | 094 | ④ | 095 | ⑤ |
| 096 | ⑤ | 097 | ⑤ | 098 | ③ | 099 | ③ | 100 | ③ |

091 ①

정답 해설
〈보기〉에서 설명하고 있는 허난설헌의 작품은 〈규원가〉이다. '원부사(怨夫詞, 怨婦詞)' 또는 '원부가(怨婦歌)'라고도 한다. 송계연월옹의 ≪고금가곡≫과 ≪교주가곡집≫에는 허난설헌이 지은 것으로 되어 있고, 홍만종의 ≪순오지≫에서는 〈원부사〉를 무옥이 지은 것으로 전하고 있다.

오답 해설
② 〈한중록〉은 장헌 세자의 빈 혜경궁 홍씨가 지은 자전적 회고록으로, 만년에 남편 장헌 세자의 일을 중심으로 자기의 일생을 돌아보면서 쓴 기록물이다.
③ 〈봉선화가〉는 조선 시대의 규방 가사로 손톱에 봉선화 물을 들이는 풍습 따위를 규방 여인의 감정과 연관하여 읊은 것이다. 모두 100구로 되어 있으며 작가와 연대는 알 수 없다.
④ 〈시집살이 노래〉는 우리나라 구전 민요로, 부녀자가 고된 시집살이 속에서 겪어야 했던 고난과 불행을 노래하면서 비

난, 풍자, 익살 따위를 섞어 고발과 항거의 의지를 강하게 드러내고 있다.
⑤ 〈조침문〉은 조선 순조 때 유씨 부인이 지은 수필이다. 바늘을 의인화하여 쓴 제문(祭文) 형식의 글이다.

092 ⑤
정답 해설
〈보기〉에서 설명하고 있는 계용묵의 작품은 〈백치 아다다〉이다. 불행과 고통 속에서 살아갈 수밖에 없는 인물의 이야기로, 그 고통의 원인이 선천적 조건에서 비롯되었다는 점은 이야기의 비극성을 보다 심화시킨다.

오답 해설
① 〈치숙〉은 채만식의 단편소설로, 일본인 주인에 빌붙어 자신의 미래를 기약하는 조카의 시선으로 몰락한 사회주의자 숙부를 비판하는 형식을 통하여 오히려 조카의 태도가 비판을 당하게 하는 풍자적인 기법을 사용하였다.
② 〈홍염〉은 최서해가 지은 단편소설로, 조국인 조선에서 소작을 하던 문 서방이 서간도로 이주해서도 뾰족할 수 없이 중국인의 소작인이 되어 빚어지는 사건을 중심으로 하였다.
③ 〈화수분〉은 전영택의 단편소설로, 화수분 일가의 가난과 고통, 그로 인한 비극을 통하여 당시 우리 민족의 고통스러운 상황과 고통 속에서도 사라질 수 없는 따뜻한 인간애를 보여주는 소설이다.
④ 〈물레방아〉는 나도향의 단편소설로, 가난과 상실의 문제를 주조로 한 1920년대 우리나라 사실주의의 대표작이다. 식민지 시대 우리나라 농촌의 구조적 가난이 전통적인 성윤리 의식의 변질과 맞물려 일어나는 갈등을 잘 보여주고 있다.

▶ **출처** 한국민족문화대백과(http://encykorea.aks.ac.kr)

093 ②
정답 해설
〈보기〉에서 설명하는 작가는 소설가 김유정이다. 1933년에 김기림, 이효석, 이태준, 정지용 등 아홉 사람이 경향 문학에 반발하여 순수 문학을 지향하며 결성한 문학 동인회인 '구인회'에 참가하였으며, 농촌과 도시의 토속적 인간상을 유머러스한 필치로 그려 내었다. 작품에 〈봄봄〉, 〈동백꽃〉, 〈따라지〉 등이 있다.

오답 해설
① 김동리는 소설가이자 시인으로 1935년 ≪중앙일보≫ 신춘문예에 〈화랑의 후예〉, 1936년 ≪동아일보≫ 신춘문예에 소설 〈산화(山火)〉가 당선되며 등단했다. 순수 문학과 신인간주의 문학으로 일관했으며 우익측의 민족 문학론을 옹호한 대표작인 작가로 알려져 있다. 대표작으로는 〈무녀도(巫女圖)〉, 〈등신불(等身佛)〉, 〈황토기(黃土記)〉가 있다.
③ 박태원은 소설가(1909~1986)로 호는 구보(丘甫/仇甫)이다. 구인회(九人會)의 일원으로서 예술파적 소설을 지향하였으며, 독특한 문체를 시도하였다. 주로 소시민의 생활을 소재로 한 심리 소설과 세태 소설을 썼다. 작품으로는 〈사흘 굶은 봄 달〉, 〈소설가 구보 씨의 일일〉, 〈천변 풍경〉 등이 있다.
④ 이태준은 소설가로 내관적(內觀的)인 인물 성격 묘사로 토착적인 생활의 단면을 부각하고, 완결된 구성법을 사용하여 한국 현대 소설의 기법적인 바탕을 이룩하였다. 8·15 광복 이후 월북하였으며 작품으로는 〈그림자〉, 〈까마귀〉, 〈복덕방〉 등이 있다.
⑤ 이효석은 소설가로 1928년에 〈도시와 유령〉을 발표하여 문단에 나온 이후, 초기에는 경향 문학 작품을 발표하다가, 점차 자연과의 교감을 묘사한 서정적인 작품을 발표하였다. 작품으로는 〈메밀꽃 필 무렵〉, 〈화분(花粉)〉, 〈벽공무한(碧空無限)〉 등이 있다.

094 ④
정답 해설
'명일브터 됴션극장에셔 긔연하게 되얏'다고 했으므로 '명일(明日)'인 내일은 6월 29일이다. 따라서 공연날짜는 다음 달인 7월 29일이 아니라 연극 광고가 실린 6월 28일의 다음 날인 6월 29일이다.

오답 해설
① '동경류학싱 극단 토월회'라고 했으므로 일치한다.
② '뎨일회 공연극은'이라고 했으므로 일치한다.
③ '단셩사에셔 하랴든 예뎡이엿셧스나 수정으로 인하야 명일브터 됴션극장에셔 긔연하게 되얏'다고 하였으므로 공연 장소가 '단성사'에서 '조선극장'으로 바뀐 것을 알 수 있다.
⑤ '입쟝권은 특등과 일등에 한하야 예약 판미도 한다'라고 하였으므로 일치한다.

095 ⑤
정답 해설
⑩의 '개탁(開坼)'은 봉한 편지나 서류를 뜯어보라는 뜻으로, 주로 손아랫사람에게 보내는 편지의 겉봉에 쓰는 말이다. ⑤의 설명은 택배에 대한 설명이다.

오답 해설

① ㉠의 '염반'은 소금을 반찬으로 차린 밥이라는 뜻으로, 반찬이 변변하지 못한 밥을 이르는 말이다.
② ㉡의 '인홀불견'은 언뜻 보이다가 갑자기 없어진다는 뜻이다.
③ ㉢의 '박적'은 '바가지'의 방언(전북)이다.
④ ㉣의 '목물'은 나무로 만든 물건을 통틀어 이르는 말이다.

096 ⑤
정답 해설

'뿌메(← 쁘-움-에)'는 한자 '書'가 아닌 한자 '用'에 대응하여 쓰인 말로 '사용함에(사용하는 데 있어)'를 뜻한다. 한자 '書'에 대응하여 쓰일 수 있는 말은 '쁘다'가 아니라 '쓰다'이다.

오답 해설

① '어린(← 어리-ㄴ)'은 한자 '愚'에 대응하여 쓰인 말로 '어리석은'을 뜻한다.
② '펴디(← 펴-디)'는 한자 '伸'에 대응하여 쓰인 말로 '펴지'를 뜻한다.
③ '하니라(← 하-니라)'는 한자 '多'에 대응하여 쓰인 말로 '많다'를 뜻한다.
④ '밍ᄀ노니(← 밍글-ᄂ-오-니)'는 한자 '制'에 대응하여 쓰인 말로 '만드니'를 뜻한다.

▶ 출처 국립국어원 편(2008), 『알기 쉽게 풀어 쓴 훈민정음』, 생각의나무

097 ⑤
정답 해설

'한글 맞춤법 제18항'의 해설에 따라 형용사의 어간 끝 받침 'ㅎ'이 모음으로 시작하는 어미 앞에서 나타나지 않으면 나타나지 않는 대로 적는다.
따라서 '벌겋-'에 '-어서'가 결합하면 '벌게서'와 같이 활용하고, '허영-'에 '-어서'가 결합하면 '허예서'와 같이 활용한다. '허영-'에 '-습니다'가 결합하면 'ㅎ'이 탈락하지 않고 '허영습니다'와 같이 활용한다.

▶ 출처 조선민주주의인민공화국 국어사정위원회(2010), 『조선말규범집』, 사회과학원

098 ③
정답 해설

<보기>는 겹받침의 점자 표기에 대한 설명이다. '앓다'의 받침은 종성 'ㄴ'과 종성 'ㅎ'의 결합이므로 ⠒ ⠔으로 표기되어야 한다.
③에 제시된 점자는 '앉다'의 점자 표기이다.

099 ③
정답 해설

<보기>의 '지도·자문하는 자'는 '지도와 자문에 응하는 사람'을 의미한다.

▶ 출처
• 김세중(2022), 『민법의 비문』, 두바퀴출판사
• 국립국어원, 표준국어대사전(stdict.korean.go.kr)
• 법제처(2012), 알기 쉬운 법령 정비 기준(제5판)

100 ③
정답 해설

'되다'는 피동 표현이기는 하나 미래 상황에 대한 확신을 전달하기 위한 것이 아니라 객관성을 높이고, 주관성을 배제하는 방법으로 사용된 것이다.

오답 해설

① 진행을 나타내는 '-고 있-'을 사용하여 현재의 상황을 전달하고 있으므로 적절한 설명이다.
② '200밀리미터'라는 정확한 수치를 제시하여 객관적 정보를 전달하고 있으므로 적절한 설명이다.
④ 기상청의 예보 분석관의 말을 인용하여 정보의 신뢰성을 높이고 있으므로 적절한 설명이다.
⑤ <보기>의 뉴스 보도는 보도의 특성상 전체적으로 '하십시오체'를 사용하고 있는데 ㉢에서는 '해요체'를 사용하여 시청자에 대한 친근감을 표시하고 있으므로 적절한 설명이다.

|2022년 08월 21일 시행|

제68회 KBS한국어능력시험

정답과 해설

2022년 08월 21일 시행

제68회 정답과 해설

듣기·말하기 001번~015번

기출문제집 p.103

001	②	002	④	003	③	004	⑤	005	②
006	④	007	②	008	⑤	009	⑤	010	⑤
011	⑤	012	③	013	①	014	④	015	④

001 ②

듣기 대본

1번. 먼저 그림에 대한 설명을 들려 드립니다.
네덜란드 미술사학자 루드비히 골드샤이더는 얀 베르메르의 작품 〈진주 귀걸이를 한 소녀〉를 가리켜 북유럽의 모나리자라고 평했습니다. 어두운 배경 속 소녀는 고개를 돌리고 입술을 살짝 벌린 채 그림 밖을 응시합니다. 소녀의 눈과 입술은 흰색과 분홍색 반점으로 섬세하게 강조되어 있습니다. 눈물방울 같은 진주 귀걸이에 반사된 빛은 물감을 두껍게 칠하는 임파스토 기법으로 채색된 것입니다. 드레스와 머리 장식의 주름은 베르메르의 훌륭한 그림 솜씨를 보여줍니다. 〈진주 귀걸이를 한 소녀〉는 베르메르가 그린 3~4개밖에 되지 않는 상반신 인물화 중 하나입니다. 이 그림은 렘브란트도 그렸던 트로니 회화 장르라 할 수 있습니다. 트로니 기법은 인물을 정확하게 그리기보다 인물의 성격이나 표정을 우선시합니다. 진주 귀걸이를 한 소녀는 뉴욕 메트로폴리탄 미술관에 소장된 일명 '라이츠먼 소녀'로 불리는 〈소녀의 초상〉의 자매편으로 그려졌을 것입니다.

정답 해설

"소녀의 눈과 입술은 흰색과 분홍색 반점으로 섬세하게 강조되어 있습니다."라고 제시되어 있으므로 적절한 설명이다.

오답 해설

① 〈진주 귀걸이를 한 소녀〉를 북유럽의 모나리자라고 평한 사람은 '렘브란트'가 아니라 네덜란드의 미술사학자 '루드비히 골드샤이더'이다.
③ 〈진주 귀걸이를 한 소녀〉에 사용된 트로니 기법은 인물의 정확성보다 인물의 성격이나 표정을 우선시하는 기법이다.
④ 〈진주 귀걸이를 한 소녀〉는 베르메르가 그린 3~4개밖에 되지 않는 상반신 인물화 중의 하나라고 했으므로 베르메르가 상반신 인물화를 많이 그렸던 화가라고 보기는 어렵다.
⑤ 〈진주 귀걸이를 한 소녀〉 속 소녀의 눈물방울 같은 진주 귀걸이에 반사된 빛은 임파스토 기법으로 채색되었는데, 이는 물감을 두껍게 칠하는 기법이다.

▶ 출처 데이비스 S. 키더, 노아 D. 오펜하임(2019), 『1일 1페이지, 세상에서 가장 짧은 교양수업 365』, 위즈덤하우스

002 ④

듣기 대본

2번. 이번에는 이야기를 들려 드립니다.
조선 영조 때 영의정을 지낸 정호는 말년에 벼슬에서 물러나 충주에 살았는데, 도승지 이형좌가 임금의 명을 받들고 찾아온 일이 있었습니다. 이형좌가 정호의 집에 도착해 보니, 마침 그는 배나무 묘목 십여 그루를 밭둑에 심고 있었습니다.
이형좌는 머리가 허연 팔십 노인 정호에게,
"어르신, 이제 나무를 심어 어느 세월에 배를 따시겠습니까?"
하고 물었습니다. 이형좌의 말에 정호는 아무 말 없이 웃었습니다.
여러 해 뒤 충청도 관찰사가 된 이형좌는 인사차 정호의 집에 들렀습니다. 정호는 큼지막한 배 서너 개를 내왔습니다. 참으로 맛이 좋은 배였습니다.
"맛이 참 좋습니다. 이렇게 달고 시원한 배를 어디서 구하셨습니까?"
이형좌의 질문에 배를 한 입 베어 물며 정호가 대답했습니다.
"허허, 이 배가 바로 몇 년 전에 내가 심던 작은 배나무에서 딴 것이라네. 자네는 내가 이 배를 먹지 못할 거라고 생각했겠지만, 배를 먹기 시작한 지 벌써 몇 해째 되었다네."

정답 해설

이 이야기는 80세의 정호가 배나무를 심어 그 열매를 수확한 내용을 담고 있다. 이형좌는 정호가 노년의 나이이므로 열매를 수확하기 어려울 것이라고 예상했지만 결국 정호는 행동의 결실을 맺었다. 따라서 현재에 얽매이지 않고 미래지향적으로 살아야 한다는 주제를 파악할 수 있다. 그러므로 가장 적절한 것은 ④이다.

오답 해설

① 이야기에서 걱정 때문에 일을 그르친 인물은 없으므로 적절하지 않다.
② 이형좌가 정호를 비방했다고 보기 어려우며, 그 결과가 정호에게 돌아갔다고 보기도 어려우므로 적절하지 않다.
③ 이형좌가 정호에게 한 말을 잘난 체한 것으로 보기는 어려우므로 적절하지 않다.

⑤ 이야기에서 게으른 모습을 보인 인물은 없으므로 적절하지 않다.

▶ 출처
- 김영만(2006.07.31.), "[주제와 만나는 한자] 팔순 노인이 배나무 심은 까닭은…", 중앙일보
- 김이리(2010), 『역사 속에 숨어있는 흥미로운 옛이야기』, 조인북스
- 혜총(2016.07.07.), "희망의 배나무", 시사문경

003 ③
듣기 대본

3번. 이번에는 강연을 들려 드립니다.
우리가 사용하는 가전제품 가운데 없으면 가장 불편할 것 같은 제품은 냉장고가 으뜸이지 않을까 합니다. 이는 옛사람들도 마찬가지여서 이미 기원전 3000년경부터 메소포타미아 지방에서는 겨울에 얼음을 보관하여 여름에 사용하곤 했죠. 그뿐 아니라 고대 이집트에서는 이미 증발 냉각 효과를 이용해 와인이나 물 등을 시원하게 만들었다는 기록이 있습니다. 고대 이집트 벽화를 보면 항아리에 부채질하는 장면이 있어요. 항아리 표면의 물을 빨리 증발시켜 항아리 내부가 시원해지도록 만들기 위해서였죠. 이 원리를 이용해 만든 것이 '항아리 냉장고'입니다. 항아리 냉장고 덕분에 전기 공급이 되지 않는 아프리카 농촌 사람들이 채소와 과일을 신선하게 보관할 수 있게 되었죠. 그리고 농작물이 상할까 봐 매일 시장에 농작물을 팔러 가던 아이들도 이젠 학교에 갈 수 있게 되었답니다.
전기가 들어오지 않는 지역에서는 모든 가사노동을 사람의 힘에 의지할 수밖에 없는데, 가사노동 가운데 가장 힘든 일은 빨래일 것입니다. 저개발국에서는 좁은 공간에서 3~4대가 같이 사는 경우가 많아요. 그 많은 빨래를 수돗가에 앉아서 하나하나 빤다는 건 한없이 고된 작업이라 할 수 있죠. 따라서 빨래로 고통받고 있는 저개발 국가의 여성이나 아이들을 위해 발명된 것이 있는데, 바로 '페달 세탁기'입니다. 형태와 원리는 기존 세탁기와 비슷해요. 전기 없이 페달을 밟기만 하면 세탁기 안의 통이 돌아가면서 빨래가 되죠. 무엇보다 일반 세탁기보다 사용 시간이 짧고, 물이 적게 드는 게 장점이라고 해요.

정답 해설

제시문에서 "항아리 냉장고 덕분에 전기 공급이 되지 않는 아프리카 농촌 사람들이 채소와 과일을 신선하게 보관할 수 있게 되었죠. 그리고 농작물이 상할까 봐 매일 시장에 농작물을 팔러 가던 아이들도 이젠 학교에 갈 수 있게 되었답니다."라고 진술하였으므로 아프리카 농촌 아이들이 매일 더 많은 채소를 시장에 팔 수 있게 되었다는 ③의 진술은 강연 내용을 바르게 이해하지 못한 것이다.

오답 해설

① "기원전 3000년경부터 메소포타미아 지방에서는 겨울에 얼음을 보관하여 여름에 사용하곤 했죠."라는 진술로 볼 때, 바르게 이해한 내용이다.
② "고대 이집트에서는 이미 증발 냉각 효과를 이용해 와인이나 물 등을 시원하게 만들었다는 기록이 있습니다."라는 진술로 볼 때, 바르게 이해한 내용이다.
④ "저개발국에서는 좁은 공간에서 3~4대가 같이 사는 경우가 많아요. 그 많은 빨래를 수돗가에 앉아서 하나하나 빤다는 건 한없이 고된 작업이라 할 수 있죠."라는 진술로 볼 때, 바르게 이해한 내용이다.
⑤ "형태와 원리는 기존 세탁기와 비슷해요."라는 진술과 "일반 세탁기보다 사용 시간이 짧고, 물이 적게 드는 게 장점이라고 해요."라는 진술로 볼 때, 바르게 이해한 내용이다.

▶ 출처 이치훈, 신방실(2019), 『나만 잘살면 왜 안 돼요?』, 북트리거

004 ⑤
듣기 대본

4번. 이번에는 라디오 방송의 일부를 들려 드립니다.
별다른 기대 없이 보았는데 톡 쏘는 청량음료를 마신 것처럼 가슴 속을 상쾌하게 관통하는 영화가 있습니다. 이정향 감독의 1998년 작 『미술관 옆 동물원』이 바로 그런 영화입니다. 시나리오 작가를 지망하며 결혼식장에서 비디오 촬영 아르바이트를 하는 26세의 춘희. 그녀는 예식장에서 자주 마주치는 인공을 짝사랑합니다. 그런 춘희 앞에 어느 날 제대를 앞두고 말년 휴가를 나온 철수가 등장합니다. 이런저런 사연으로 춘희와 철수는 한집에서 지내게 되죠. 두 사람은 춘희의 시나리오를 통해서 점차 서로에게 익숙해지고, 마침내 사랑하는 사이가 된다는 이야기입니다. 이 영화의 상큼함을 배가시켰던 것은 음악입니다. 장면마다 싱그럽게 메아리치던 음악들 중에 특히 인상적이었던 음악이 바로 에드워드 엘가의 〈사랑의 인사〉였습니다. 철수가 폐차 직전의 고물차를 몰고 춘희의 집 앞에 등장하는 장면에서 변형된 재즈의 선율로 경쾌히 흐르죠. 이 곡은 엘가가 자신이 작곡가로 대성할 수 있도록 격려와 위로를 아끼지 않았던 아내 앨리스를 위해 만든 곡이라고 합니다. 종종 지나친 자의식으로 괴로움을 겪었던 엘가의 고통을 어루만지며 끝없는 사랑으로 그의 용기를 북돋아 주었던 이가 아내 앨리스였습니다.
어쨌든 〈사랑의 인사〉는 영화 속 춘희와 철수처럼 짝사랑에 고달프거나 사랑 때문에 아픈 이들이 새롭게 세상을 그리고자 하는 용기를 갖게 해 주는 음악입니다.

정답 해설

라디오 방송 중에 "철수가 폐차 직전의 고물차를 몰고 춘희의 집 앞에 등장하는 장면에서 변형된 재즈의 선율로 경쾌히 흐르죠."라고 말하였으므로 선지 ⑤는 잘못된 진술이다.

오답 해설

① 라디오 방송에서 "톡 쏘는 청량음료를 마신 것처럼 가슴 속을 상쾌하게 관통하는 영화가 『미술관 옆 동물원』입니다."라고 말하였으므로 적절하다.
② 라디오 방송에서 "그녀(춘희)는 예식장에서 자주 마주치는 인공을 짝사랑합니다." "두 사람은 춘희의 시나리오를 통해서 점차 서로에게 익숙해지고, 마침내 사랑하는 사이가 됩니다."라고 말하였으므로 적절하다.
③ 라디오 방송에서 "이 곡은 엘가가 자신이 작곡가로 대성할 수 있도록 격려와 위로를 아끼지 않았던 아내 앨리스를 위해 만든 곡이라고 합니다."라고 말하였으므로 적절하다.
④ 라디오 방송에서 〈사랑의 인사〉는 영화 속 춘희와 철수처럼 짝사랑에 고달프거나 사랑 때문에 아픈 이들이 새롭게 세상을 그리고자 하는 용기를 갖게 해 주는 음악입니다."라고 말하였으므로 적절하다.

▶ 출처 최영옥(2004), 『영화 속 클래식 이야기』, 우물이 있는 집

005 ②

듣기 대본

5번. 이번에는 시 한 편을 들려 드립니다.

봄비
봄 햇살
봄바람이
빙 둘러앉아

"얘야, 이리 온"
"얘야, 이리 온"
짝짝
손뼉을 치면

뒤뚱뒤뚱
걸음마 시작하는
귀여운 재롱둥이

화안한
웃음 사이로 보이는
초록빛 앞니 두 개

정답 해설

시의 묘사 대상은 '봄비 / 봄 햇살 / 봄바람'이 키워내는 존재이다. 또한 '화안한 / 웃음 사이로 보이는 / 초록빛 앞니 두 개'라는 시구에서 새싹의 어린잎을 묘사하고 있다. 따라서 묘사 대상이 '새싹'임을 알 수 있다.

오답 해설

① 시의 묘사 대상은 봄비, 봄 햇살, 봄바람이 아기처럼 키워내는 존재이므로 '봄'은 적절하지 않다.
③ 시의 묘사 대상은 '초록빛 앞니 두 개'로 묘사되는 떡잎을 가지고 있으므로 '아기'는 적절하지 않다.
④ 시의 묘사 대상은 봄비, 봄 햇살, 봄바람이 아기처럼 키워내는 존재이며, '초록빛 앞니 두 개'로 묘사되는 떡잎을 가지고 있으므로 '강아지'는 적절하지 않다.
⑤ 시의 묘사 대상은 봄비, 봄 햇살, 봄바람이 아기처럼 키워내는 존재이며, '초록빛 앞니 두 개'로 묘사되는 떡잎을 가지고 있으므로 '개구리'는 적절하지 않다.

▶ 출처 강현호, 「새싹」

006 ④

듣기 대본

이번에는 진행자와 전문가의 대담을 들려 드립니다. 6번은 듣기 문항, 7번은 말하기 문항입니다.

진행자: ⓐ최근에 한국시각장애인연합회가 화면해설작가 교육 수료식을 개최했는데요, 저희 방송에서 이 소식을 전해드린 후 화면해설작가가 되려면 어떻게 해야 하는지 궁금하다는 청취자들이 계셨습니다. 오늘은 전문가와 함께 화면해설작가에 대해 알아보도록 하겠습니다. 안녕하세요?
전문가: 네, 안녕하세요?
진행자: 화면해설작가가 일반 방송작가와 어떻게 다른지 설명을 부탁드립니다.
전문가: 네. ㉠화면해설작가는 영화, TV 드라마, 다큐멘터리와 같은 방송물을 보고 원래 있던 대본을 토대로 다시 대본을 작성하는 업무를 합니다. ⓑ진행자님께서도 방송을 많이 하신 경험이 있으시죠?
진행자: 네.
전문가: 잘 아시겠지만, 인물들이 말을 하지 않는 구간을 '묵음 구간'이라고 합니다. ㉡이런 묵음 구간 동안 지나가는 상황을 글로 표현해주는 역할을 하는 사람이 화면해설작가입니다.
진행자: 네, ⓒ화면해설작가는 인물들이 말을 하지 않는 구간에서 그 상황을 글로 적는 역할을 하는군요. 그렇다면 화면해설작가의 자격 조건이 있나요?

전문가: ⓒ특정한 자격 조건이 있다고 말씀드리기는 어렵고요, 기본적으로 시각장애인에 대한 이해가 있으신 분, 글쓰기를 좋아하시는 분들이 대상이 될 수 있겠습니다.
진행자: ⓓ시각장애인에 대한 이해라고 말씀하셨는데요, 시각장애인들의 입장을 충분히 고려하며 상황을 설명할 수 있어야 한다는 말씀이시죠?
전문가: 네, 그렇습니다. 시각장애인들이 들었을 때 장면이나 상황의 흐름을 충분히 인지할 수 있도록 글을 적어 주셔야 합니다.
진행자: 네, 감사합니다. ⓔ다음 질문은 청취자들이 가장 궁금해할 것 같은 내용인데요. 화면해설작가가 되려면 어떻게 해야 할까요?
전문가: 한국시각장애인연합회에서 운영하는 화면해설작가 양성 교육 과정을 수료해야 합니다. ⓡ양성 교육 과정은 기본 교육 과정과 평가 과정으로 이루어져 있어 평가 과정까지 통과해야 활동할 수 있습니다.
진행자: 네. 마지막으로 화면해설작가로서의 역량을 키우려면 어떤 노력을 할 수 있을까요?
전문가: ⓜ방송을 볼 때 '이런 표현을 통해 화면을 설명해주면 좋겠다' 하는 것을 글로 적어 보시면 역량을 키우는 데 도움이 되겠습니다.
진행자: 네, ⓕ화면의 내용을 글로 적어 보는 경험이 도움이 많이 된다는 말씀이시군요. 오늘 말씀 잘 들었습니다.

정답 해설

ⓡ에서 기본 교육 과정과 평가 교육 과정을 모두 통과해야 활동할 수 있다고 했으므로 기본 교육을 수료하면 바로 활동할 수 있다는 내용은 일치하지 않는 내용이다.

오답 해설

① ㉠에서 화면해설작가는 영화, TV 드라마, 다큐멘터리와 같은 방송물을 보고 대본을 다시 작성하는 업무를 한다고 설명했으므로 일치하는 내용이다.
② ㉡에서 화면해설작가는 묶음 구간 동안 지나가는 상황을 글로 표현해주는 역할을 한다고 설명했으므로 일치하는 내용이다.
③ ㉢에서 화면해설작가가 되기 위해 특정한 자격 조건이 있는 것은 아니라고 언급했으므로 일치하는 내용이다.
⑤ ㉣에서 화면해설작가로서의 역량을 키우려면 화면의 내용을 글로 적어 보는 경험이 도움이 된다고 설명하였으므로 일치하는 내용이다.

▶ 출처 KBS 3라디오(2022.06.22.), '함께하는 세상 만들기'

007   ②

정답 해설

ⓑ에서 상대방의 경험에 대해 질문을 하며 대화를 이어가는 것은 진행자가 아니라 전문가이므로 적절하지 않은 설명이다.

오답 해설

① ⓐ에서 진행자는 '화면해설작가 교육 수료식'에 대한 지난 방송 내용을 언급하며 방송을 시작하고 있으므로 적절하다.
③ ⓓ에서 진행자는 전문가의 말에 대해 자신이 이해한 내용이 맞는지 질문을 통해 확인하고 있으므로 적절하다.
④ ⓔ에서 진행자는 '청취자들이 가장 궁금해할 것 같은 내용'이라고 언급하며 전문가에게 질문하고 있으므로 적절하다.
⑤ ⓒ, ⓕ에서 진행자는 전문가의 답변 내용을 자신의 말로 요약하여 정리하고 있으므로 적절하다.

008   ⑤

듣기 대본

다음은 드라마의 일부분을 들려 드립니다. 8번은 듣기 문항, 9번은 말하기 문항입니다.
아들: 아버지 지금 뭐라 하셨어요? 결혼이라뇨? 누구랑요?
아버지: 여사님하고 하기로 했다.
며느리: 아버님!
아들: 여사님? 여사님이 누군데?
며느리: 집안일 도와주시는 도우미 아주머니.
아들: 뭐? 아니, 무슨 도우미 아줌마랑 결혼을 해요?
아버지: 도우미라고 무시하니?
아들: 아니 그게 아니라 아버지 나이에 무슨 결혼이에요?
아버지: 이 나이에 결혼하지 말란 법이라도 있어?
며느리: 그런 건 아니지만, 아무래도 결혼은 좀 그래요.
아버지: 가까운 시일 내에 가족들만 모여서 결혼식하고 호적에도 올릴 테니까 그리 알아라.
아들: 호적이요? 말이 되는 소릴 하세요!
아버지: 뭐가 말이 안 돼?
아들: 저희한텐 어머니 자리예요!
며느리: 네, 아버님. 호적까지 올리는 건 아니에요.
아버지: 됐다. 너희들 허락받자고 한 거 아니다!
아들: 아버지 진짜 왜 이래요? 노망났어요? 열네 살이나 어린 사람이랑 결혼한다는 게 말이 돼요?
아버지: 나이 차가 무슨 상관이야?

아들: 하... 형하고 여동생도 이 일 알면 가만있지 않을 테니까, 오늘 못 들은 걸로 할게요. 아버지 나이를 생각하세요! 그만 가자, 여보.
며느리: 아버님. 저도 결혼은 반대예요. 호적도 당연히 안 되고요. 두 분 교제하는 것까지야 어쩔 수 없다지만 정식 결혼은 용납할 수 없어요. 저희 그만 가 볼게요.

정답 해설

"형하고 여동생도 이 일 알면 가만있지 않을 테니까"와 같은 아들의 말로 볼 때, 아들은 다른 자식들도 자신처럼 아버지의 결혼을 반대할 것이라고 예상한다. 따라서 ⑤는 타당한 진술이다.

오답 해설

① 아들이 아버지의 결혼을 반대하는 이유는 아버지의 건강 때문이 아니라 아버지의 나이와 결혼 후에 호적에 올리겠다는 아버지의 고집 때문이다.
② "아버님. 저도 결혼은 반대예요. 호적도 당연히 안 되고요."라고 말한 것처럼 며느리는 시아버지가 교제하는 것은 인정할 수 있지만 결혼을 하는 것에는 반대 의사를 드러내고 있다.
③ 아들이 "호적이요? 말이 되는 소릴 하세요!"라고 하고 있으므로 자식은 아버지의 결혼 상대를 호적에 올리는 것을 반대하고 있다.
④ 아버지는 "됐다. 너희들 허락받자고 한 거 아니다!"라고 했으므로 자식들의 생각을 부분적으로 수용하는 것이 아니라 자식들의 허락과 상관없이 본인의 뜻대로 하겠다는 의견을 보이고 있다.

▶ 출처 이은주(2021.11.13.), '나의 사랑아', 『KBS 무대』

009 ⑤

정답 해설

대화에 나타난 아버지의 기본 입장은 자식들의 생각과 관계없이 결혼을 반드시 하겠다는 것이므로 ⑤처럼 "가족 모두가 반대한다면 내가 결혼은 포기하마."라는 말은 위의 대화를 통해 볼 때, 아버지가 할 말로 적절하지 않다.

오답 해설

① 대화에서 아버지는 "됐다. 너희들 허락받자고 한 거 아니다!"라고 했으므로 자식들이 뭐라고 하든 결혼을 하겠다는 의지를 드러내는 말은 아버지가 할 말로 적절하다.
② 아버지는 결혼을 하겠다는 생각이 단호하고, 자식들은 절대 안 된다고 반대하고 있으므로 아버지는 자식들의 반대하는 말 뒤에 "너희들이 그러고도 내 자식이냐?"라는 말을 할 맥락으로 적절하다.
③ 아버지는 자식들의 반대에도 불구하고 결혼을 하고자 하고 있으므로 자식들에게 호소하는 말을 할 수 있다.
④ 자식들이 무조건 아버지의 결혼을 반대하는 입장이므로 아버지는 자신의 결혼 결정을 인정받기 위해 자신의 상황이었다면 자식들도 같은 결정을 했을 것이라고 말할 수 있다.

010 ⑤

듣기 대본

이번에는 강연을 들려 드립니다. 10번은 듣기 문항, 11번은 말하기 문항입니다.

최근 중국에서 김치의 종주국은 중국이라는 주장을 하기도 합니다. 중국의 쓰촨성에서 김치를 '파오차이'의 표절이라고 억지를 부리는 것입니다. ㉠중국 정부는 사실 이미 2010년부터 쓰촨 김치의 중국 브랜드화를 추진하고 있습니다.

중국도 발효 음식이 아주 발달한 나라입니다. ㉡쓰촨성에서 이 같은 주장을 하는 것은 이 지방의 대표 발효 음식으로 파오차이가 있기 때문입니다. 그럼 김치와 쓰촨의 파오차이는 어떻게 다를까요? 파오차이는 배추와 무를 소금물에 절여 만듭니다. ㉢한국보다는 고추도 조금 넣고, 덥고 습한 쓰촨의 기후에서 쉽게 부패가 되는 것을 막기 위해서 가능한 한 물기를 만들지 않는 것이 김치와 가장 큰 차이점입니다.

만드는 방법이 비슷한 절임 음식이라고 해서 파오차이가 김치의 원형이 될 수 있을까요? 김치와 파오차이는 명칭에서도 차이가 있습니다. 우리나라의 ㉣김치를 의미하는 옛말은 딤치인데, 이는 우리 고유의 단어입니다. 중국에서는 기원전 〈시경〉에 오이를 절인 음식을 '저'라고 불렀다는 기록만이 남아 있습니다. 김치는 파오차이 등과 전혀 다른 음식이라는 것은 조리 방법에서도 알 수 있습니다. ㉤김치는 소금에 절였다가 다시 갖은양념을 배합한 뒤 발효시키는 2단계를 거쳐 만들어집니다. 이 과정을 통해 김치에 독특한 맛의 국물이 생기는 것입니다. 또 1, 2차에 걸쳐 발효 과정을 거치는 것은 전 세계 채소 절임 식품 중에서 김치가 유일합니다.

정답 해설

㉣에서 김치의 옛말 '딤치'는 우리 고유의 단어라고 하였고, 중국에서는 〈시경〉에 오이를 절인 음식을 '저'라고 했다는 기록만 남아있다고 했으므로 중국의 고문헌에서 '딤치'의 한자 표기를 찾아 볼 수 있다는 진술은 일치하지 않는 내용이다.

오답 해설

① ㉡에서 중국의 파오차이는 쓰촨성 지방의 대표 발효 음식이라는 것을 알 수 있다.

② ㉢에서 파오차이는 덥고 습한 쓰촨의 기후에 부패가 되는 것을 막기 위해서 가능한 물기를 만들지 않는다는 점을 알 수 있다.
③ ㉣에서 김치는 소금에 절인 후 갖은 양념을 배합한 뒤 발효시키는 조리법이라는 특징을 지니고 있음을 알 수 있다.
④ ㉠에서 중국 정부는 2010년부터 쓰촨 김치의 중국 브랜드화를 추진하고 있다는 점을 알 수 있다.

▶ **출처** 김경은(2012), 『한·중·일 밥상 문화』, 이가서

011   ⑤

정답 해설

강연의 처음에서 중국이 김치의 종주국임을 주장한다는 점을 언급하고 이후에 김치가 중국의 파오차이와 조리법 등에 있어서 다르다는 점을 설명하고 있으므로 김치와 파오차이의 차이를 조리법의 차이를 중심으로 설명하고 있다는 ⑤가 정답이다.

오답 해설

① 김치의 조리법을 설명하고 있지만 김치 조리법의 변화 양상을 설명하고 있지는 않다.
② 파오차이의 역사적 변화 과정을 설명하고 있지 않다.
③ 김치와 파오차이의 차이점을 밝히고 있지만 표기상의 차이점이 아니라 조리법상의 차이점을 설명하고 있다.
④ 파오차이와 김치 외의 전 세계의 채소 절임 식품에 대해 언급하고 있지 않으므로 조리법을 중심으로 분류하고 있다는 것을 적절하지 않다.

012   ③

듣기 대본

이번에는 발표를 들려 드립니다. 12번은 듣기 문항, 13번은 말하기 문항입니다.

안녕하십니까, 푸른청소년센터의 센터장입니다. 최근 들어 10대들의 범죄가 흉악해지고 있다는 목소리가 사회 곳곳에서 들립니다. ㉠국회에서는 여야를 막론하고 '촉법소년 연령기준'을 낮추는 법안이 발의됐죠. 촉법소년이란 형벌 법령에 저촉되는 행위를 한 만 10세~13세 소년을 말합니다. ㉡저는 촉법소년 연령을 조정하는 데 반대하는 것이 아닙니다. 이것을 문제의 해결책으로 보는 데 이의를 제기하는 것입니다. 2021년 경찰청 자료를 보면 촉법소년 범죄 가운데 만 13세가 저지른 범죄가 가장 많습니다. 촉법소년 중 만 13세가 가장 높은 연령이니 어쩌면 당연합니다. 연령기준을 만 13세 미만으로 낮추면 그 밑의 만 12세 범죄자가 가장 많아질 것입니다. ㉢우리는 소년들이 범죄를 저지르는 핵심 연결 요소가 무엇인지에도 주목해야 합니다. 바로 주변 관계입니다. 가정의 보호를 제대로 받지 못하는 소년들은 또래 집단과 급격히 어울리게 되고 집 밖에서 범죄를 배우게 됩니다. 또래나 선배들의 권유로 쉽게 범죄에 가담한 뒤에 무리에서 빠져나오지 못하는 경우가 많습니다. 촉법소년이 저지른 범죄 중에서 절도와 폭력이 높은 비율을 차지하는 것도 이와 관련됩니다. ㉣경찰청의 '촉법소년 소년부 송치 현황' 2017년~2021년 자료를 보면, 매년 잔혹한 소년 범죄가 폭증한다는 언론의 보도와 달리, 촉법소년이 저지른 살인은 2017년에 0건, 2018년에 3건, 2019년에는 1건, 2020년 4건, 2021년은 1건으로 둘쭉날쭉합니다. 촉법소년의 연령기준을 하향하는 것이 청소년들의 범죄 예방을 위한 해결책이 될 수 있을까요? ㉤소년 보호 재판의 목적은 처벌이 아니라 소년들의 삶을 더 나은 방향으로 끌고 가는 데 있음을 기억해야 합니다.

정답 해설

㉤에서 소년 보호 재판의 목적은 처벌이 아니라 소년들의 삶을 더 나은 방향으로 이끄는 데 있다고 언급했으므로 촉법소년의 교화에 목적을 두어서는 안 된다는 내용은 적절하지 않은 진술이다.

오답 해설

① ㉣에서 매년 잔혹한 소년 범죄가 폭증한다는 언론의 보도와 다르게 촉법소년이 저지른 살인의 건수는 2017년부터 2021년까지 각 0건, 3건, 1건, 4건, 1건으로 둘쭉날쭉하다고 하였으므로 소년 범죄에 대한 언론 보도는 왜곡된 부분이 있다는 진술은 적절하다.
② ㉢에서 소년들이 범죄를 저지르게 되는 핵심 연결 요소에도 주목해야 한다고 했으므로 소년 범죄 요인에 관심을 가져야 한다는 발표자의 견해와 일치한다.
④ ㉡에서 촉법소년에 해당하는 이들 중에서 가장 나이가 많은 연령의 범죄율이 높으며, 연령 기준을 낮추면 그에 부합하는 연령의 범죄자가 가장 많아질 것이라는 의견을 통해 연령 기준 하향은 소년 범죄 예방에 실효성이 없음을 말하고 있다.
⑤ ㉠에서 여야를 막론하고 '촉법소년 연령 기준'을 낮추는 법안이 발의되었다고 하였으므로 적절하다.

▶ **출처** 한겨레21(2022.07.04.), "촉법소년 연령기준 하향은 정답일까: 어른의 죄, 아이의 벌"

013 ①

정답 해설

ⓒ과 그 뒤에 이어지는 문장에서 소년 범죄는 가정의 보호를 제대로 받지 못하는 소년들이 또래 집단에게 범죄를 배우게 되며 무리에서 빠져나오지 못하는 경우가 많다고 하였다. 가정 환경, 또래 문화 등 소년 범죄 행위의 맥락을 제시하고 있으며, 전체 내용에 걸쳐 촉법소년 연령 기준 하향을 소년 범죄의 해결책으로 보는 데 반론을 제기하고 있다.

오답 해설

② 촉법소년을 인터뷰했다거나 촉법소년의 의견이라는 내용은 없다.
③ 잔혹한 소년 범죄가 매년 폭증한다는 언론 보도는 실제 소년 범죄 현실과 상이함을 언급하면서, 촉법소년 연령 기준 하향 주장의 전제를 비판하고 있다.
④ 발표 내용은 촉법소년 연령 기준을 낮추는 것은 소년 범죄 예방의 해결책이 아님에 초점을 두고 있으며 새로운 대안 제시는 이루어지지 않고 있다. 따라서 새로운 방법의 장단점을 비교하고 있지 않다.
⑤ 전문가의 의견을 인용한 부분은 없다.

014 ④

듣기 대본

마지막으로 토론의 한 장면을 들려 드립니다. 14번은 듣기 문항, 15번은 말하기 문항입니다.

사회자: 청취자 여러분, 안녕하십니까. 오늘 토론의 안건은 '대형견 입마개 의무화'입니다. 소방청이 공개한 자료에 따르면, 작년 개 물림 사고 환자 이송 건수가 2,114건이라고 합니다.

참여자(여): ㉠만약에 입마개를 하고 있었더라면 이런 사고를 예방할 수 있었을 것입니다. ㉡최근 발표된 반려견 안전관리 대책에 따르면 맹견에 해당하는 일부 견종만 입마개를 하는 것으로 제한되어 있습니다. 하지만 맹견으로 지정한 견종뿐 아니라, 중형견 이상의 대형견도 모두 입마개를 의무화해야 합니다.

참여자(남): ㉢이 안건에서 가장 중요한 지점은 입마개 의무화의 대상이 대형견이라는 부분입니다. 개의 크기를 대, 중, 소로 구분하여 크기에 따라 입마개 착용을 강제한다는 것은 불합리하지요. 대형견이 몸집이 크다는 이유만으로, 사람들에게 공포감을 준다는 이유만으로 입마개를 의무화해야 한다? 이건 문제를 손쉽게 해결하려는 행정편의주의적 생각이에요.

참여자(여): ㉣사람들이 큰 개를 보고 공포감을 느낀다면, 개를 키우지 않는 이들의 권리도 침해받지 않도록 입마개를 해야죠. 개의 권리보다 사람의 권리가 더 먼저라고 생각합니다. 대형견이 사람을 물면 사망에 이를 수 있기 때문에 모든 대형견에게 입마개를 의무화해야 합니다.

참여자(남): ㉤중대형견이라는 이유만으로 입마개 착용을 일률적으로 강제하는 것은 결국 견주의 일반적인 행동자유권을 침해하는 것입니다. 그리고 ㉥간과하지 말아야 할 사실은 개 물림 사고에서 대부분이 목줄을 하지 않았다는 데 있습니다.

정답 해설

㉤에서 중대형견 입마개 착용의 강제는 견주의 권리를 침해하는 것이라고 언급하고 있으므로 입마개 의무화와 견주의 권리를 관련지어 이해하고 있음을 알 수 있다.

오답 해설

① ㉡에서 여성 토론자는 맹견에 한하여 입마개를 의무화하는 현 정책에 대해 맹견으로 지정한 견종뿐 아니라 중형견 이상의 대형견도 모두 입마개를 해야 한다고 하였고, ㉢에서 남성 토론자는 단순히 개의 크기에 따라 입마개 착용을 의무화하는 법안은 문제가 있음을 지적하고 있다.
② ㉥에서 남성 토론자는 개 물림 사고의 대부분이 목줄을 하지 않았음을 언급함으로써 사고의 원인을 목줄 미착용과 연관 짓고 있다.
③ ㉠에서 여성 토론자는 입마개 착용이 개 물림 사고를 예방할 수 있었을 것이라고 함으로써 사고의 원인을 입마개 미착용과 연관 짓고 있다.
⑤ ㉣에서 여성 토론자는 개를 키우지 않는 이들의 권리를 침해하지 않으려면 이들에게 공포감을 주는 대형견에게 입마개를 채워야 한다고 말하고 있다.

▶ 출처 KBS2 TV(2021.11.01), 〈개는 훌륭하다〉 100회

015 ④

정답 해설

사회자는 토론에서 중재자의 역할을 한다. 대형견 입마개 의무화에 찬성하는 참여자는 대형견에게 입마개를 채움으로써 개 물림 사고를 방지할 수 있다고 주장하고 있다. 이에 다른 참여자는 크기만 기준으로 삼고 일률적으로 입마개를 씌우는 데 반대하면서 사고 방지를 위해 목줄의 중요성을 언급하고 있다. 대립된 의견이지만 사회의 안전을 추구하는 것은 양측 모두 동일하므로 ④와 같이 발화하는 것이 사회자의 발화로 가장 적절하다.

어휘·어법   016번~045번

기출문제집 p.107

016	②	017	③	018	①	019	⑤	020	⑤
021	③	022	①	023	①	024	④	025	⑤
026	⑤	027	②	028	⑤	029	①	030	②
031	②	032	②	033	③	034	③	035	④
036	②	037	③	038	⑤	039	①	040	③
041	⑤	042	③	043	②	044	④	045	③

016 ②
정답 해설
'회목'은 "손목이나 발목의 잘록한 부분."을 의미하므로 바르게 제시된 것이다.

오답 해설
① '꼭뒤'는 뒤통수의 한가운데를 의미한다. "머리 위의 숫구멍이 있는 자리."는 '정수리'이다.
③ '오금'은 무릎이 구부러지는 오목한 안쪽 부분이다. "다리에서 무릎 관절 위의 부분."은 '넓적다리'이다.
④ '궁둥이'는 볼기의 아랫부분이며 "볼기의 윗부분"은 '엉덩이'이다.
⑤ '종아리'는 무릎과 발목 사이의 뒤쪽 근육 부분을 의미하며 "무릎 아래에서 앞 뼈가 있는 부분."은 '정강이'이다.

017 ③
정답 해설
'공전(空前)'은 이전에 경험했던 현상이나 상황이 되풀이되는 것이 아니라 "비교할 만한 것이 이전에는 없음."이라는 의미이다.

018 ①
정답 해설
이 문맥에 쓰인 '사뭇'은 '아주 딴판으로'의 의미로 볼 수 있다. '사뭇'의 여러 의미에 "특별한 목적이나 이유 없이."라는 의미는 없다.

019 ⑤
정답 해설
수량, 부피, 무게 따위를 헤아리거나 잴 때는 '계량(計量)'이 맞지만, 질적인 것을 새롭게 하거나 좋게 하는 경우는 '개량(改良), 개선(改善)'이 문맥적으로 더 적절하다. 따라서 ⑤의 문맥에서 '품질 계량(計量)'이라는 표현은 적절하지 않다.

오답 해설
① '규명(糾明)'은 "어떤 사실을 자세히 따져서 바로 밝힘."이라는 의미이다.
② '창달(暢達)'은 "의견, 주장, 견해 따위를 거리낌이나 막힘이 없이 자유롭게 표현하고 전달함."이라는 의미이다.
③ '이반(離反)'은 "인심이 떠나서 배반함."이라는 의미이다.
④ '제고(提高)'는 "수준이나 정도 따위를 끌어올림."이라는 의미이다.

020 ⑤
정답 해설
⑤에 사용된 '발발하다'는 '기운이나 기세가 끓어오를 듯이 성하다'는 뜻으로 쓰인 용례로 적절하다.

오답 해설
① 이 문맥에 사용된 '발발하다'는 "전쟁이나 큰 사건 따위가 갑자기 일어나다."라는 의미의 '발발(勃發)하다'이다.
② 이 문맥에 사용된 '발발하다'는 "전쟁이나 큰 사건 따위가 갑자기 일어나다."라는 의미의 '발발(勃發)하다'이다.
③ 이 문맥에 사용된 '발발하다'는 "전쟁이나 큰 사건 따위가 갑자기 일어나다."라는 의미의 '발발(勃發)하다'이다.
④ 이 문맥에 사용된 '발발하다'는 "표정이나 행동이 밝고 활기가 있다."라는 의미의 '발랄하다'와 동의어 '발발하다'이다.

021 ③
정답 해설
㉠의 '관용'은 한자로 '관청 관(官)', '쓸 용(用)'으로 '정부 기관이나 국립 공공 기관에서 사용함.'을 이르는 말이다. ㉡의 '관용'은 한자로 '너그러울 관(寬)', '얼굴 용(容)'으로 '남의 잘못 따위를 너그럽게 받아들이거나 용서함. 또는 그런 용서.'를 이르는 말이다. ㉢의 '관용'은 한자로 '버릇이 될 관(慣)', '쓸 용(用)'으로 '오랫동안 써서 굳어진 대로 늘 씀. 또는 그렇게 쓰는 것.'을 이르는 말이다. 따라서 ㉠은 '官用', ㉡은 '寬容', ㉢은 '慣用'이 맞는 한자이다.

022 ①

정답 해설

"㉠ 돼서"의 '되다'는 "일이 힘에 벅차다."라는 의미이다. "㉡ 되니"의 예에서 '되다'는 "반죽이나 밥 따위가 물기가 적어 빡빡하다."라는 의미이다. 이 두 의미는 정도가 지나침을 뜻한다는 점에서 다의 관계이다. "㉢ 될"의 '되다'는 "다른 것으로 바뀌거나 변하다."라는 의미이다. 이것과 다의 관계에 있는 '되다'는 "㉤ 되려니까"의 '되다'이다. 여기서 '되다'는 "일이 잘 이루어지다."라는 의미이다. 이 두 의미는 변함을 뜻한다는 점에서 다의 관계이다. "㉣ 되면"의 '되다'는 "분량을 헤아리다."라는 의미이다. 이는 양을 잼을 뜻하므로 다른 예들과 다의 관계가 아니다. 따라서 ㉠과 ㉡이, 그리고 ㉢과 ㉤이 다의 관계이다.

023 ①

정답 해설

'음전하다'는 "말이나 행동이 곱고 우아하다. 또는 얌전하고 점잖다."라는 의미를 가진 말인데 ①의 문맥은 말이나 행동을 나타내는 문맥이 아니므로 단어의 쓰임이 적절하지 않다. "날씨가 흐리고 으스스하다"라는 의미의 '음산하다'라는 말이 더 잘 어울리는 문맥이다.

오답 해설

② '둘리다'는 '두르다'의 피동사로 "띠나 수건, 치마 따위가 몸에 휘감기다."라는 의미이므로 산과 강이 마을을 두르고 있다는 문맥에 적절하게 쓰였다.
③ '귓밥'은 "귓바퀴의 아래쪽에 붙어 있는 살."이라는 의미이므로 적절하게 쓰였다.
④ 빌린 돈을 한번에 갚았다는 문맥으로 '한목'이 "한꺼번에 몰아서 함을 나타내는 말."이므로 문맥에 맞게 쓰인 단어이다.
⑤ '발리다'는 '바르다'의 피동사로 "물이나 풀, 약, 화장품 따위가 물체의 표면에 묻다."라는 의미가 있으므로 역시 문맥에 맞게 쓰인 단어이다.

024 ④

정답 해설

'보(補)하다'는 '영양분이 많은 음식이나 약을 먹어 몸의 건강을 돕다.'를 의미한다. '한데 합치다.'나 '벌어서 써 버리지 않고 쌓아 두다.'를 의미하는 '모으다'와는 의미상 큰 차이가 있다. '보하다'에 대응하는 고유어는 '돕다'이다.

오답 해설

① '가(加)하다'는 '보태거나 더해서 늘리다.'를 의미하므로, 고유어 '더하다'에 대응한다.
② '비(比)하다'는 '사물 따위를 다른 것에 비교하거나 견주다.'를 의미하므로, 고유어 '견주다'에 대응한다.
③ '처(處)하다'는 '어떤 형편이나 처지에 놓이다.'를 의미하므로, 고유어 '놓이다'에 대응한다.
⑤ '인(因)하다'는 '어떤 사실로 말미암다.'를 의미하므로, 고유어 '말미암다'에 대응한다.

025 ⑤

정답 해설

"물에 젖은 옷이 몸에 착착 감긴다."에 사용된 '착착'은 "물체가 자꾸 바싹 다가붙거나 끈기 있게 달라붙는 모양."을 뜻한다. 이와 같은 의미를 지닌 '착착'이 사용된 예는 ⑤이다.

오답 해설

① "이부자리를 착착 개킨다."에 쓰인 '착착'은 "가지런히 여러 번 접거나 개키는 모양."을 의미한다.
② "손발이 착착 맞아"에 쓰인 '착착'은 "질서가 정연하게 조화를 이루어 행동하는 모양."을 의미한다.
③ "준비가 착착 순조롭게 되고 있다."에 쓰인 '착착'은 "일이 거침없이 아주 잘되어 가는 모양."을 의미한다.
④ "착착 거침없이 대답한다."에 쓰인 '착착'은 "서슴지 않고 선뜻선뜻 행동하는 모양."을 의미한다.

026 ⑤

정답 해설

'말 많은 집은 장맛도 쓰다'는 '집안에 잔말이 많으면 살림이 잘 안된다는 말.'로 말이 많은 것이 좋은 것이 아니라는 의미이므로 '듣기 싫은 소리가 삶에 교훈이 되는 법'이라는 내용과 맞지 않다.

오답 해설

① '말은 할 탓이다'는 같은 내용의 말이라도 하기에 달렸다는 뜻이다. '말 좀 예쁘게 하면 안 되겠니?'라는 내용과 잘 어울린다.
② '말 안 하면 귀신도 모른다'는 '마음속으로만 애태울 것이 아니라 시원스럽게 말을 하여야 한다는 말.'로 말을 하라는 의미이므로 '속 시원하게 털어놔 보렴.'과 어울리는 속담이다.
③ '말이 많으면 쓸 말이 적다'는 하지 않아도 될 말을 이것저것 많이 늘어놓으면 그만큼 쓸 말은 적어진다는 뜻으로, 말을

삼가라는 속담이다. '쓸데없는 이야기 주워섬기지 말아라'와 어울리는 속담이다.

④ '아이 말 듣고 배 딴다'는 '어리석은 사람의 말을 곧이듣고 큰 실수를 하게 되는 경우를 비유적으로 이르는 말.'로 소문만 믿고 큰 돈을 투자한 사람에게 쓸 수 있는 속담이다.

027   ②
정답 해설

'과유불급(過猶不及)'은 정도를 지나침은 미치지 못함과 같다는 뜻으로, 지나치지 말고 적당함이 좋다는 말이다.

028   ⑤
정답 해설

'심사를 털어놓다'는 '마음에 품은 생각을 내놓고 말한다'는 뜻이다.

029   ①
정답 해설

'가료(加療)'는 '병이나 상처 따위를 잘 다스려 낫게 함.'을 뜻하므로, '입원'이 아닌 '치료'로 순화하여 쓰는 것이 적절하다.

오답 해설

② '식대(食代)'는 '음식에 대한 값.'을 뜻하므로, '식비'나 '식사비'로 바꾸어 쓸 수 있다.
③ '임석(臨席)'은 '행사 따위의 일이 벌어지는 자리에 참석함.'을 뜻하므로, '현장 참석'으로 바꾸어 쓸 수 있다.
④ '수범 사례(垂範 事例)'는 '모범적인 사례.'를 뜻하므로, '모범 사례'로 바꾸어 쓸 수 있다.
⑤ '족(足)'은 '버선, 양말 따위의 짝이 되는 두 개를 한 벌로 세는 단위.'를 뜻하므로, '켤레'로 바꾸어 쓸 수 있다.

030   ②
정답 해설

'리빙 랩(living lab)'은 '생활 영역의 사회적 문제를 해결하고자 지역 주민, 전문가 등이 참여하여 실험을 통해 해결 방안을 마련하는 공간.'을 의미한다. 따라서 이 말은 '농촌 체험실'이 아닌 '생활 실험실' 정도로 순화하여 쓰는 것이 바람직하다.

오답 해설

① '로컬 푸드(local food)'는 '장거리 운송 과정을 거치지 않은, 그 지역에서 생산된 농산물이나 음식.'을 의미하므로, '지역 먹거리'나 '지역 음식'으로 순화하여 쓸 수 있다.
③ '유니콘 기업(unicorn 企業)'은 '기업 가치가 10억 달러 이상인 신생 기업.'을 의미하므로, '거대 신생 기업'으로 순화하여 쓸 수 있다.
④ '테이크아웃(takeout)'은 '식당 내에서 음식물을 먹지 않고 포장하여 가지고 가는 일.'을 의미하므로, '포장 판매'로 순화하여 쓸 수 있다.
⑤ '팸 투어[fam(← familiarization) tour]'는 '지방 자치 단체나 여행 업체 등이 지역별 관광지나 여행 상품 따위를 홍보하기 위하여 사진작가나 여행 전문 기자, 블로거, 협력 업체 등을 초청하여 설명회를 하고 관광, 숙박 따위를 제공하는 일.'을 의미하므로, '초청 홍보 여행'이나 '사전 답사 여행'으로 순화하여 쓸 수 있다.

031   ②
정답 해설

한글 맞춤법 제7항에 따르면, 'ㄷ' 소리로 나는 받침 중에서 'ㄷ'으로 적을 근거가 없는 것은 'ㅅ'으로 적는다. '엇셈'은 여기에 해당하므로 '얻셈'이 아닌 '엇셈'이 올바른 표기이다.

오답 해설

① '곧장', ③ '섣달', ④ '사흗날', ⑤ '반짇고리'는 본말의 형태를 유지해야 할 필요가 있거나 원래 'ㄹ'인 말과 딴 말이 어울릴 적에 'ㄹ' 소리가 'ㄷ' 소리로 나는 경우에 해당하여 'ㄷ'으로 적을 근거가 있으므로 'ㄷ'으로 적는 것이 옳다.

032   ②
정답 해설

'뒷집'은 '뒤'와 '집'이 결합하면서 된소리되기가 일어나므로, 순우리말로 된 합성어로서 앞말이 모음으로 끝나고 뒷말의 첫소리가 된소리로 나므로 한글 맞춤법 제30항의 사이시옷 표기 조건에 부합한다.

오답 해설

① '댓가'는 한자끼리의 결합으로 이루어졌기 때문에 사이시옷 표기 대상이 될 수 없고 '대가'로 써야 한다. 사이시옷이 표기되는 한자어는 '곳간(庫間), 셋방(貰房), 숫자(數字), 찻간(車間), 툇간(退間), 횟수(回數)' 6개에 한정한다.

③ '윗층'은 뒷말의 첫소리가 된소리로 나거나 'ㄴ' 소리가 덧나는 경우가 아니므로 '위층'으로 써야 한다.
④ 사이시옷은 합성어 중 하나 이상의 단어가 순우리말인 경우와 두 음절로 된 6개의 특정 한자어에만 받치어 적는다. 그런데 '햇님'은 '님'이 접미사이므로 합성어가 아닌 파생어로서 사이시옷 표기 대상이 될 수 없다.
⑤ '뒷풀이'는 뒷말의 첫소리가 된소리로 나거나 'ㄴ' 소리가 덧나는 경우가 아니므로 사이시옷 표기 대상이 될 수 없다. '뒤풀이'로 써야 한다.

033 ③
정답 해설
'짧다란'은 '짤따란'으로 수정해야 한다. '한글 맞춤법 21항'에서 어근의 겹받침의 끝소리가 드러나지 않는 경우는 소리대로 적도록 하고 있는데 '짧-+-다랗다'의 경우 [짤따라타]로 소리 나므로 '짤따랗다'로 적어야 한다.

오답 해설
① '기다랗다'는 '길-+-다랗다'로 형성되었지만 [기다라타]로 소리 나므로 '기다랗다'로 적는다.
② '높다랗다'는 '높-+-다랗다'로 형성된 말이므로 '높다랗다'로 적는다.
④ '깊다랗다'는 '깊-+-다랗다'로 형성된 말이므로 '깊다랗다'로 적는다.
⑤ '잗다랗다'는 '잘-+-다랗다'로 형성된 말이지만 [잔따라타]로 소리 나므로 '잗다랗다'로 적는다.

034 ③
정답 해설
'만'이 '앞말이 가리키는 동안이나 거리'를 나타낼 때에는 의존 명사이므로 앞말과 띄어 쓰는 것이 옳다.

오답 해설
① '부부간'은 '부부 사이'라는 뜻의 한 단어이므로 '부부 간'으로 띄어 쓰는 것은 옳지 않다.
② '-ㄹ지'는 연결 어미이므로 '해야할 지'로 띄어 쓰는 것은 옳지 않다.
④ '-ㄹ수록'은 연결 어미이므로 '지날 수록'으로 띄어 쓰는 것은 옳지 않다.
⑤ '-듯'은 '-듯이'의 준말로 연결 어미이므로 어간에 붙여 써야 한다. '말했 듯'으로 띄어 쓰는 것은 옳지 않다.

035 ④
정답 해설
'건데기'와 '건덕지'는 모두 '건더기'의 비표준어이므로 '건데기'를 '건덕지'로 수정하는 것은 적절하지 않다.

오답 해설
① '시덥잖다'는 '시답잖다'의 비표준어이므로 '시답잖다'로 수정하는 것은 적절하다.
② '가이없다'는 '가없다'의 비표준어이므로 '가없다'로 수정하는 것은 적절하다.
③ '딸리다'는 '달리다'의 비표준어이므로 '달리다'로 수정하는 것은 적절하다.
⑤ '거무틱틱하다'는 '거무튀튀하다'의 비표준어이므로 '거무튀튀하다'로 수정하는 것은 적절하다.

036 ②
정답 해설
제시된 문장 '사람은 음식물을 섭취, 소화, 배설하며 살아간다'는 같은 말이 되풀이 되는 것을 피하기 위하여 일정한 부분을 줄여서 열거할 때 쉼표를 표기하는 예이다. 짝을 지어 구분하는 것과는 관련이 없다.

037 ③
정답 해설
'안갯속[안:개쏙/안:갣쏙]'은 '어떤 일이 어떻게 이루어질지 모르는 상태를 비유적으로 이르는 말'로 표준어이다.

오답 해설
① '옛스럽다'는 비표준어이고 해당하는 표준어는 '예스럽다[예:스럽따]'이다.
② '붓기'는 비표준어이고 해당하는 표준어는 '부기(浮氣)[부기]'이다.
④ '번짓수'는 비표준어이고 해당하는 표준어는 '번지수(番地數)[번지쑤]'이다.
⑤ '배냇옷'은 비표준어이고 해당하는 표준어는 '배내옷[배:내옫]'이다.

038 ⑤
정답 해설
'영판'은 표준어가 아니라 표준어인 '아주'에 대응하는 방언형이다.

039 ①

정답 해설

제시된 경음화 자료들은 종성이 받침에서 'ㄱ, ㄷ, ㅂ' 중 하나로 발음될 때 그 뒤에 오는 평음이 경음으로 바뀐 경우이다. 따라서 올바른 설명은 ①이다.

오답 해설

② 제시된 자료들 중 비음으로 끝나는 어간은 없으므로 적절하지 않다.
③ 제시된 자료들은 한자어가 아니므로 적절하지 않다.
④ 제시된 자료에는 관형사형 어미 '-(으)ㄹ'이 쓰이지 않았으므로 적절하지 않다.
⑤ 제시된 자료들은 관형격 기능의 사이시옷과는 무관하므로 적절하지 않다.

040 ③

정답 해설

'thrill'의 [θ] 발음은 외래어 표기법의 국제 음성 기호와 한글 대조표에서 'ㅅ'으로 적도록 하였으므로 올바른 표기이다.

오답 해설

① 유성연구개파열음 [g]가 들어간 'bulldog'는 영어 표기 세칙에 따라서 '불도그'로 적어야 하므로 잘못된 표기이다.
② 짧은 모음 다음의 무성 파열음 [t]는 받침으로 적도록 한 바에 따라서 'headset'은 '헤드셋'으로 적어야 하므로 잘못된 표기이다.
④ [f]는 'ㅍ'로 적도록 한 바에 따라서 'fence'는 '펜스'로 적어야 하므로 잘못된 표기이다.
⑤ 중모음 [ou]는 '오'로 적도록 한 바에 따라서 'elbow'는 '엘보'로 적어야 하므로 잘못된 표기이다.

041 ⑤

정답 해설

'몽촌토성'은 소리 나는 대로 'Mongchontoseong'으로 적어야 하므로 '성'을 'sung'으로 적은 'Mongchontosung'은 잘못된 표기이다.

오답 해설

① '다보탑'은 소리 나는 대로 'Dabotap'으로 적는 것이 올바르다.
② '반구대'는 소리 나는 대로 'Bangudae'로 적는 것이 올바르다.
③ '낙화암'은 체언에서 'ㄱ, ㄷ, ㅂ' 뒤에 'ㅎ'이 따를 때는 'ㅎ'을 밝혀 적기로 하였으므로 'Nakhwaam'이 올바른 표기이다.
④ '낙동강'은 된소리되기를 표기에 반영하지 않고 'Nakdonggang'으로 적는 것이 올바른 표기이다.

042 ③

정답 해설

'하등'은 "(뒤에 오는 '없다', '않다' 따위의 부정어와 호응하여) '아무런', '아무' 또는 '얼마만큼'의 뜻을 나타내는 말."인데 "용서를 빌어야 할 하등의 이유가 많다."라는 문장에서는 '하등'이 부정어와 호응하여 사용되지 않았으므로 어법상 적절하지 않다. '하등'을 적절하게 사용하려면 "용서를 빌어야 할 하등의 이유가 없다." 정도의 문장으로 쓸 수 있다.

오답 해설

① '도저히'는 "(부정하는 말과 함께 쓰여) 아무리 하여도."라는 의미를 가지므로 적절하게 사용되었다.
② '절대로'는 "어떠한 경우에도 반드시"라는 의미이므로 적절하게 사용되었다.
④ '도무지'는 "(주로 부정을 나타내는 말과 함께 쓰여) 아무리 해도."라는 의미이므로 적절하게 사용되었다.
⑤ '도대체'는 "(주로 의문을 나타내는 말과 함께 쓰여) 다른 말은 그만두고 요점만 말하자면."의 의미이므로 적절하게 사용되었다.

043 ②

정답 해설

종결어미 '-ㅂ니까'는 주체를 높이는 것이 아니라 청자를 높이는 종결어미이다. 이 문장에서 '-ㅂ니까'는 주체인 '선생님'이 아니라 청자인 '아버지'를 높이고 있으므로 적절하지 않은 설명이다.

오답 해설

① 서술어 '계시니?'는 주체 높임의 특수 어휘로 여기서는 '할아버지'를 높이고 있다.
③ '옆집 아저씨께'는 조사 '께'를 사용하여 객체인 '옆집 아저씨'를 높이고 있다.
④ 서술어 '드리세요'의 '드리다'는 객체인 '부모님'을 높이기 위해 사용된 높임의 특수 어휘이다.
⑤ 서술어 '맞아 주신다'에는 선어말 어미 '-시-'가 사용되었다. '-시-'는 주체인 '어머니'를 높이는 데 사용되고 있다.

044 ④

정답 해설

"그는 성실한 모습을 언제나 보여 왔다."는 어휘적으로도, 구조적으로도, 작용역에서도 중의적으로 해석될 여지가 없다. 따라서 정답은 ④이다.

오답 해설

① "철수와 영희는 결혼하지 않았다."라는 문장은 부정을 나타내는 '-지 않다'가 ㉠ "철수"를 부정할 수도 있고, ㉡ "영희"를 부정할 수도 있고 ㉢ "결혼하다"를 부정할 수도 있다는 점에서 중의적이다. ㉠과 같이 해석될 경우, "철수가 아니라 영수가 영희와 결혼했다."는 의미로 해석될 수 있고, ㉡의 경우, "철수는 영희가 아니라 미희와 결혼했다."와 같은 의미로 해석될 수 있다. ㉢의 경우, "철수는 영희와 결혼한 것이 아니라 약혼했다."처럼 해석될 수 있다.
② "심사위원들이 다 참석하지 않았다."의 경우, "위원들이 아무도 참석하지 않은" 해석과 "위원들 중 한두 명이 참석하지 않은" 해석이 가능하다는 점에서 중의적이다.
③ "모든 남자들은 한 여자를 사랑했다."의 경우, 모든 남자들이 사랑한 여자가 특정한 한 사람(예를 들어, "영희"라는 특정한 한 사람)이라는 해석과 모든 남자들이 각자 한 사람(예를 들어, '철수는 영희를 사랑하고', '영수는 미희를 사랑하고', '영철은 숙희를 사랑하는' 경우)을 사랑했다는 해석이 가능하다는 점에서 중의적이다.
⑤ "나는 어제 나와 이름이 같은 친구의 형을 만났다."의 경우, "나와 이름이 같은" 사람이 "친구"일 수도 있고 "친구의 형"일 수도 있다는 점에서 중의적이다.

045 ③

정답 해설

'호텔'을 주어로 사용하여 무정물이 무정물을 소유하는 것으로 표현하는 것은 자연스럽지 않은 한국어 문장이다. 따라서 자연스러운 문장으로 고치려면 '소유하다'를 '가지고 있다'로 바꾸는 것이 아니라 "이 호텔에는 수많은 편의 시설이 있다." 정도의 문장으로 바꾸는 것이 자연스럽다.

오답 해설

① '위치해 있다'는 영어식 번역 투 표현이다. '위치해'를 굳이 사용하지 않아도 문장이 어색하지 않으므로 "있다."로 표현하는 것이 자연스럽다.
② '다름 아니다.'는 '다르지 않다'라는 표현을 명사형 '다름'으로 표현한 것으로 자연스러운 한국어 표현이 아니다.
④ 이 문장에는 이른바 물주구문이라 불리는 번역 투가 확인된다. "갑작스레 내린 비"를 주어로 하여 문장을 구성하기 보다는 "우리"를 주어로 하여 "우리는 갑작스레 내린 비 때문에 그곳에 머무르게 되었다."와 같이 수정하는 것이 더 자연스러운 한국어 문장이 된다.
⑤ 앞 절에 나오는 '문화'를 '그것'이라고 표현하는 것은 반복을 피하고자 하는 영어식 표현에서 온 번역 투이다. '문화'를 '그것'으로 표현하는 것이 더 간단하거나 이해하기 쉬운 경우가 아니므로 굳이 '그것'으로 표현할 이유가 없다.

쓰기 046번~050번

046	047	048	049	050
④	⑤	③	③	①

046 ④

정답 해설

윗글에는 최근 인기를 얻는 인터넷 개인 방송의 콘텐츠 유형을 설명하고 있지 않으며, 이 내용은 글의 주제와도 관련 없는 내용이다.

오답 해설

① 1문단에서 '인터넷 개인 방송이란 ~ 서비스를 말한다.'라고 개념을 제시하여 독자들의 이해를 돕고 있다.
② 2문단에서 구독자의 수에 따라 수익 창출과 증가가 가능한 인터넷 개인방송의 수익 구조를 구체적으로 설명하고 있다.
③ 4문단에서 '건전하고 창의적인 ~ 이루어질 것이다'라며 법률적 규제 지침 마련으로 실현할 수 있는 긍정적 전망을 제시하고 있다.
⑤ 1문단에서 한 인터넷 개인방송 창작자의 업무 방해 사례를 제시하며 인터넷 개인 방송을 대상으로 한 법률적 규제 지침을 마련하자는 주장의 배경을 드러내고 있다.

▶ 출처 법제처, 찾기쉬운 생활법령정보, "인터넷 개인방송"이란? (https://easylaw.go.kr/CSP/CnpClsMain.laf?csmSeq=1575&ccfNo=1&cciNo=1&cnpClsNo=1)

047 ⑤

정답 해설

윗글은 인터넷 개인 방송 창작자를 대상으로 한 교육을 주장하고 있지 않으며, 10대 창작자들이 구독자에 대한 이해가 부족하다는 지적을 하고 있지도 않다. 따라서 구독자에 대한 이해가 부족한 10대 인터넷 개인 방송 창작자를 대상으로 한 교육이 필요함을 해결책으로 제시하는 것은 적절하지 않다.

오답 해설

① (가)는 인터넷 개인 방송의 창작자가 구독자 수를 늘리기 위해 자극적인 모습으로 변하는 사례를 보여 주고 있으므로, 수익 구조로 인해 부정적인 경로로 빠져들게 되는 창작자들의 모습을 보여 주기에 적절하다.
② (나)는 인정 욕구와 모방 심리를 제시하여 10대들이 방송에 영향을 받게 되는 심리적 원인을 설명하고 있으므로, (나)를 활용하여 3문단의 내용을 보완하기에 적절하다.
③ (다)는 독일도 인터넷 개인 방송에 대한 법률적 규제 지침을 마련하였다는 것을 보여 주고 있으므로, (다)를 활용하여 다른 나라에서는 이미 법률적 규제가 시행되는 선례가 있다는 내용을 추가하기에 적절하다.
④ (가)는 '신고하기' 버튼을 눌러도 신고 처리가 빨리 이루어지지 않는 자율 규제의 한계를, (다)는 벌금을 부과하는 법률적 규제를 통해 많은 영상이 삭제된 것을 보여 주고 있으므로, 법률적 규제를 통해 자율 규제를 극복할 수 있음을 보여 주기에 적절하다.

048 ③

정답 해설

4문단의 '인터넷 개인 방송 ~ 점을 우려할 것이다'에서 예상되는 반론을 언급하고, '어떤 분야의 ~ 기대하기 어렵다'라고 이를 재반박하며 법률적 규제 지침이 필요하다는 자신의 주장을 강화하고 있다.

오답 해설

① 윗글에는 묻고 답하는 방식이 활용되지 않았다.
② 윗글에는 비유적 표현이 활용되지 않았다.
④ 윗글에는 '법률적 규제 지침 마련'이라는 한 가지 해결 방안만 제시하고 있으므로 장단점을 비교하여 최선의 대안을 도출하지 않았다.
⑤ 3문단에서 10대의 인터넷 개인방송 1인 평균 시청 시간을 언급하고 있으나 '다른 연령대보다 훨씬 김'이라고만 설명했을 뿐 통계 자료의 구체적 수치는 제시하지 않았다.

049 ③

정답 해설

ⓒ의 앞의 내용과 뒤의 내용은 원인과 결과의 관계로 이루어져 있다. 그러므로 앞에서 말한 측면과 다른 측면을 말할 때 쓰는 '한편'이나 앞에서 제시된 것에 더하는 내용을 말할 때 쓰는 '또한'이 아닌, 앞에서 말한 일이 뒤에서 말할 일의 원인이 됨을 나타내는 '따라서' 등으로 수정해야 한다.

오답 해설

① ⓐ은 '실력, 수준, 기술 따위가 나아지다'라는 뜻이므로, '수나 분량 따위를 본디보다 많아지게 하거나 무게를 더 나가게 하다'라는 의미의 '늘리고자'로 수정하는 것이 적절하다.
② ⓑ은 뒤에 이어지는 '스스로를 정화함을 비유적으로 이르는 말'이라는 의미의 '자정'과 의미상 유사한 부분이 있으므로 삭제하는 것이 적절하다.
④ ⓓ의 주어는 '10대들은'이며, 서술어는 '점이다'인데 주어와 서술어의 호응이 맞지 않으므로 '그런데 10대들은 성인에 비해 외부 자극에 민감하며 쉽게 영향을 받을 수 있다.'로 수정해야 한다.
⑤ ⓔ에 목적어가 없으므로 문맥상 '발전을'이라는 목적어를 추가하여 보충하는 것은 적절하다.

050 ①

정답 해설

윗글에서는 10대의 1인 평균 시청 시간에 대한 정보를 언급하면서도 해당 정보의 출처를 밝히지 않고 있다. 활용한 정보의 출처를 밝히면 글의 신뢰성을 높일 수 있다.

오답 해설

② 인터넷 개인 방송이 주목받는 이유를 삽입하는 것은 글의 타당성과는 관계없는 내용이므로 적절하지 않다.
③ 인터넷 개인 방송 10대 시청자들의 인터뷰를 삽입하는 것은 글의 일관성을 높이기 위한 방법으로 적절하지 않다.
④ 구독자 증가에 따른 수익의 증가를 수치로 구체화하는 것은 글의 공정성과는 관계없는 내용이므로 적절하지 않다.
⑤ 자극적인 내용의 유무는 콘텐츠 유형에 따라 나뉘는 것이 아니므로 법률적으로 규제해야 할 콘텐츠 유형을 분류하여 제시하는 것은 글의 효용성을 높이기에 적절하지 않다.

창안 051번~060번

| 051 | ④ | 052 | ④ | 053 | ① | 054 | ⑤ | 055 | ① |
| 056 | ⑤ | 057 | ① | 058 | ③ | 059 | ② | 060 | ③ |

051 ④

정답 해설

본문에서 설명하는 '감시의 눈[目] 효과'는 누군가 직접 지켜보지 않더라도 외부적 시선이 느껴지는 상황을 통해 사람들이 자신의 행동을 조절하게 되는 것을 말한다. 외부의 시선은 '선하게, 바르게 행동해야 한다'라는 심리적 압박을 주며 '그림 (가)'에서는 '정직한 행동'으로, '그림 (나)'에서는 '안전 운전의 노력'으로 나타나고 있다. 따라서 정답은 심리적 압박이 자신이 속한 집단의 바람직한 행동양식으로 유도한다는 ④이다.

오답 해설

① 인간은 타인을 의식하는 사회적 존재에 가깝다.
② 인간의 이타주의는 타인의 시선이라는 외재적 동기에 더 큰 영향을 받는다.
③ 본문에서 설명하는 '감시의 눈 효과'는 타인의 시선과 관련이 있다.
⑤ 인간은 혼자 있을 때보다 타인과 함께 있을 때 행동이 변화하는 친사회적 모습에 가깝다.

▶ 출처
- 그림 (가) 실험 관련(https://www.newscientist.com/article/dn9424-big-brother-eyes-make-us-act-more-honestly/#ixzz7LG4OuSiR)
- 그림 (나) 한도공 관련: https://www.ex.co.kr/site/com/)

052 ④

정답 해설

본문에서 설명하는 '감시의 눈[目] 효과'는 누군가 직접 지켜보지 않더라도 외부적 시선이 느껴지는 상황(사진, 그림, 모형 등)을 통해 사람들이 자신의 행동을 조절하게 되는 것을 말한다. ④에서 '무인 감시 카메라'를 설치하는 것은 외부적 시선에 해당하나, 이는 단순히 원자로의 이상 유무를 확인하기 위한 조치이므로 ⓒ에서 설명하는 '사람들의 반사회적 행동을 줄이거나 사회적 행동을 개선'하는 것에는 해당하지 않는 사례이다. 따라서 정답은 ④이다.

오답 해설

①의 '감시카메라 녹화 중의 경고 문구', ②의 '역무원을 본뜬 등신대', ③의 '경찰차 모형', ⑤의 '카메라'는 외부적 시선이 느껴지는 상황(사진, 그림, 모형 등)에 해당하기 때문에 ⓒ의 예로 적절하다.

053 ①

정답 해설

'감시의 눈[目] 효과'는 누군가 행동을 직접 강요하지 않더라도 사람들 스스로 자신의 행동을 조절해나가는 현상을 말한다. CCTV를 확대 설치하는 것은 개인 사생활 침해의 문제와 더불어 양심에 따라 행동할 수 있는 인간 본연의 의지를 무시하는 것이라고 할 수 있다. 따라서 CCTV 확대 설치에 반대하는 입장에서는 물리적으로 감시하는 카메라의 눈보다 인간 본연의 양심의 눈이 필요함을 주장할 수 있기에 정답은 ①이다.

오답 해설

② CCTV 확대 설치 찬반 입장과 관련이 없는 문구이다.
③ CCTV 확대 설치에 반대하는 입장이지만 '감시의 눈' 속성이 반영되지 않은 문구이다.
④ CCTV 확대 설치에 찬성하는 입장에 해당하는 문구이다.
⑤ CCTV 확대 설치에 찬성하는 입장에 해당하는 문구이다.

054 ⑤

정답 해설

거울은 빛의 반사를 이용하여 물체의 모양을 비추지만, 기본적으로 좌우를 반전하여 보여주고 거울의 형태에 따라 본래의 모습을 왜곡하여 보여준다. 그러므로 본래의 모습을 파악하기 위해서는 다양한 방법으로 본래의 모습을 파악하기 위해 노력해야 한다. 그러므로 '자신이 실제로 경험한 것만을 믿는 태도'는 적절하지 않다.

오답 해설

① (가)는 우물 안에서 밖을 바라보는 개구리가 우물 크기만큼의 하늘만 보는 '좌정관천'을 그림으로 표현하고 있다.
② '좌정관천'은 우물 속에 앉아서 하늘을 본다는 뜻으로, 견문이 매우 좁고 세상 물정을 모르는 상태를 나타낸다.
③ (나)는 왜곡된 형태의 거울에 비친 자신의 모습을 바라보는 남자를 보여주고 있다.
④ 우물 안의 개구리는 우물 속에 앉아서 우물의 크기만큼만 하늘을 볼 수 있다. 그러므로 우물 안의 개구리처럼 '자신의 생각만이 옳다고 고집부리지 말자'는 주제는 적절하다.

055 ①
정답 해설

(가)는 견문이 좁아 자신의 지식만큼만 세상을 보는 상황을 표현한 것이고, (나)는 왜곡된 형태의 거울 앞에서 왜곡된 자신의 모습을 보는 상황을 표현하고 있다. 자기가 아는 만큼 세상을 볼 수 있으니 지식을 넓혀 폭넓게 생각할 수 있어야 하고, 왜곡된 모습의 본질을 파악하기 위해서는 다양한 거울에 비춰보아야 할 것이다. 현대 사회를 살아가는 데 필요한 능력에 대한 글을 쓰려고 할 때, 둘을 모두 활용하여 이끌어 낼 수 있는 내용은 보이는 대로만 믿지 말고 넓은 시야로 본질을 파악할 수 있어야 한다는 ①이 적절하다.

056 ⑤
정답 해설

백설공주의 왕비는 거울 속에 비친 자신의 모습이 세상에서 가장 아름답기를 원한다. 그러나 거울 속에 비친 모습은 왜곡되어 있을 수 있고, 다른 사람의 평가보다 중요한 건 자신에 대한 믿음이다. 그림 (나)를 활용하여 백설공주 이야기의 왕비에게 할 수 있는 조언은 타인이 바라보는 자신의 모습이 모두 진실은 아니므로, 타인의 평가에 휘둘리지 말아야 한다는 ⑤가 적절하다.

▶ 출처 백설공주, 안데르센

057 ①
정답 해설

그림 (가)와 (나)는 환경 보호를 주제로 하는 그림이므로 환경 보호의 주제를 담은 픽토그램인 ①이 정답이다.

▶ 출처
- https://biz.chosun.com/site/data/html_dir/2016/05/24/2016052401258.html
- https://www.youlaw.co.kr/97(WWF 환경 보호 공익 광고)
- https://www.flaticon.com/

058 ③
정답 해설

그림 (가)~(다)가 나타내는 교훈은 환경을 보호해야 한다는 것이므로 이 교훈이 가장 필요한 곳은 남은 음식물이 많이 버려지는 뷔페이다.

오답 해설

① 에코백을 판매하는 가게는 환경 보호를 실천하기 위해 에코백을 사용하도록 하는 가게이므로 환경 보호에 대한 교훈이 필요한 곳으로 보기 어렵다.
② 친환경 농법을 활용하는 농촌은 이미 환경 보호를 위한 실천을 하고 있으므로 환경 보호에 대한 교훈이 필요한 곳이 아니다.
④ 채식 위주의 식단을 이미 실천하고 있는 가정은 환경 보호를 위한 실천을 하고 있으므로 환경 보호에 대한 교훈이 필요한 곳이 아니다.
⑤ 아이들이 소란스럽게 뛰어다니는 식당은 환경 보호와 관련이 없는 곳이다.

059 ②
정답 해설

위 지문은 잘못된 원칙이 통용되거나 규칙 자체가 허술한 경우, 질이 나쁜 화폐가 좋은 화폐를 몰아내고 시장을 차지할 수 있다는 그레샴의 법칙에 대해 설명하고 있다. 그레샴의 법칙은 원래 화폐와 관련하여 경제학적 의미로 사용되었지만, 현대는 신용 화폐의 거래로 인해 '원칙이 부재할 경우 나쁜 것이 좋은 것을 몰아낸다'는 관용적 의미로도 쓰이고 있다. ②의 경우 규칙이나 원칙이 명확하지 않아 리메이크 영화가 원작 영화를 몰아낸 것이라 보기 어려운 예이므로 윗글과 유사한 사례라고 볼 수 없다.

오답 해설

① 불법 복제 프로그램에 대한 단속(규칙, 원칙)이 모호해지자, 불법 프로그램이 정품 프로그램을 몰아내는 현상이므로 윗글의 사례에 해당한다.
③ 저작권(규칙, 원칙)이 제대로 보장되지 않자 표절작이 원작을 몰아내는 현상이므로 윗글의 사례에 해당한다.
④ 건설 현장의 감리(규칙, 원칙)가 느슨해지자 부실 공사가 늘고 있는 현상이므로 윗글의 사례에 해당한다.
⑤ 농산물 원산지 단속(규칙, 원칙)이 허술해지자 수입산 사용이 늘어나는 현상이므로 윗글의 사례에 해당한다.

▶ 출처 원도혁(2020.12.07.), [월요칼럼] 악화가 양화를 몰아내는 사회, 영남일보

060 ③
정답 해설

윗글 마지막 문장에서 '최근에는 공정한 규칙이 제시되지 않거나 규칙 자체가 명확하지 않은 경우 나쁜 것이 좋은 것을 몰아낸다는 관용적인 의미로 쓰인다.'로 미루어볼 때, 공정하고도 명확한 규칙에 대해 강조하고 있음을 알 수 있다. 따라서 리더십과 관련하여 유추해본다면 합리적인 체계를 제시해야 한다는 ③이 정답이다.

읽기   061번~090번

기출문제집 p.125

061	①	062	④	063	①	064	④	065	⑤
066	④	067	⑤	068	②	069	②	070	④
071	⑤	072	④	073	③	074	③	075	②
076	②	077	①	078	①	079	④	080	①
081	⑤	082	④	083	②	084	③	085	⑤
086	⑤	087	⑤	088	②	089	④	090	⑤

061 ①
정답 해설

'꽃 이파리처럼', '갈매기처럼', '불꽃처럼'과 같이 직유법을 활용하여 대상의 속성을 드러내고 있음을 알 수 있다.

오답 해설

② '나도 또한 불꽃처럼 열렬히 살리라'와 같이 시상을 마무리하고 있으므로, 명사로 시상을 마무리하여 주제를 강조하고 있다는 진술은 적절하지 않다.
③ '비취빛 하늘', '눈빛 파도'와 같이 시각적 심상은 활용되었으나 후각적 심상은 활용되지 않았으므로, 후각적 심상을 활용하여 화자의 정서를 구체화하고 있다는 진술은 적절하지 않다.
④ '-리라'와 같이 추측이나 마음속으로 다짐하는 뜻을 나타내는 종결 어미는 활용되었으나 명령형 어미의 반복은 나타나지 않으므로, 명령형 어미를 반복하여 자연 친화적 태도를 나타내고 있다는 진술은 적절하지 않다.
⑤ '섬'과 '육지'의 대조적 공간은 나타나 있다고 볼 수 있으나, 암울한 현실에 대한 저항이 드러나 있지 않으므로, 대조의 방식을 활용하여 암울한 현실에 대한 저항을 부각하고 있다는 진술은 적절하지 않다.

▶ 출처 춘추, 1936

062 ④
정답 해설

'섬'은 화자가 지향하는 공간으로 '육지'와 대조적인 공간이며, 화자의 열정적인 삶에 대한 추구와 관련된 시어라고 할 수 있다.

오답 해설

① 'ⓐ 꽃 이파리'는 '서른 나문 해'를 비유적으로 표현한 것으로, '서른 나문 해'는 '연륜'과 관련되는 시어이므로 ⓐ와는 관련이 없다.
② 'ⓑ 서른 나문 해'는 '연륜'과 관련되는 시어이므로 ⓐ와는 관련이 없다.
③ 'ⓒ 연륜'은 ⓐ와는 대조적인 의미를 지니는 시어이므로, ⓐ와는 관련이 없다.
⑤ 'ⓔ 육지'는 '섬'과 대조적인 공간이므로, ⓐ와는 관련이 없다.

063 ①
정답 해설

[A]에서는 '명량 전투에 관한 소문', '논공행상이 내려왔다', '선전관은 오지 않고', '도원수부가 시행했다', '거제 현령 안위가 정삼품 통정대부의 품계를 받았고', '여러 읍진 수령과 군관들이 승진했다' 등과 같은 구체적인 사건과 '은전 스무 냥'과 같은 대상을 활용하고 있다. 특히 '나'의 내면(으스스함, 섬뜩함)이나 임금의 내면(번뜩임)이 '은전 스무 냥'과 같은 어휘의 활용을 통해 부각된다. 따라서 ①의 진술은 적절한 진술이라고 할 수 있다.

오답 해설

② [A]에서 '명량 전투'에 관한 상황이나 '논공행상' 등의 상황에 대한 서술자 '나'의 분석이 드러나는 것은 사실이지만, 장면에 따른 서술자 '나'의 교체를 통해 제시되는 것은 아니다.
③ [A]에서 일어난 사건은 '명나라 총병부의 정탐'과 '논공행상' 등인데, 이 두 가지 사건은 시간의 순서에 따라 서술된다. 따라서 역순행적 구성을 활용하여 사건이 일어난 연유를 구체화하는 것은 아니다.
④ [A]에서 활용된 어휘 및 표현은 시대적 배경과 밀접한 어휘와 표현에는 해당되지만, 현학적인 표현은 아니라고 할 수 있고, 이러한 표현 및 어휘를 통해 이상적인 삶의 모습을 형상화한 것도 아니다.
⑤ [A]에서 '명나라 총병부의 정탐'이나 '논공행상' 등의 사건은 모두 '나'를 징치하기 위한 사건이란 점에서 서로 무관한 사건이 아니다.

▶ 출처 김훈(2012), 『칼의 노래』, 문학동네

064 ④
정답 해설

'면사첩'의 논리에 따르면, 임금은 '나'가 '조정을 능멸하고 임금을 기만한' 죄는 있지만, '다만 죽이지는 않겠다'는 것이었다. 따라서 명량 전투 이후 '나'에 대한 임금의 의심이 해소된 것은 아니라고 할 수 있다. 따라서 ④의 진술은 적절한 진술이 아니다.

오답 해설

① '면사첩'의 논리에 따르면, 임금은 '나'에게 '죄'는 있지만 '죽이지는 않겠다'는 결정을 내린다. 따라서 '면사첩'의 논리에 따른 임금의 처분은 '나'에 대해 시혜를 베푼 것이라고 할 수 있다.
② '면사첩'의 논리에 따르면, '나'는 '조정'과 '임금'을 '능멸하고 기만한' 죄를 범한 신하이다.
③ 도원수부의 행정관이 들고 온 '면사첩'에는 '면사' 두 글자가 명기되어 있었지만, '임금'은 '나'에게 '조정'과 '임금'을 능멸한 '죄를 사면해 주겠다는 것도 아니'었다라는 점에서 '면사첩'의 논리 속에는 '나'에 대한 '임금'의 사면 의지는 없었다고 할 수 있다.
⑤ 대역죄를 지었지만 '죽음'만은 면해준다는 논리에 비추어 보면 '임금'은 '나'의 생사를 주관할 수 있는 절대적 존재임을 알 수 있다.

065 ⑤
정답 해설

'나'는 '임금'으로부터 '조정'을 능멸하고, '임금'을 기만한 죄를 지은 신하로 내몰려 '임금'의 의심을 받고 있다. 이에 '임금'은 '이원길'을 보내 '역모'의 기미를 살핀다. 그러나 '나'가 '선전관 이원길'을 '전송하지 않은' 것은 신하로서 지켜야 할 유가적 이념이 소거되어서 그런 행동을 한 것이 아니라, '이원길이 돌아가는 날짜를 알지 못해서' 전송하지 않은 것이다. 따라서 '이원길'을 '전송하지 않은' 장면에서 유가적 이념이 소거된 '나'의 인물 형상을 찾을 수는 없다고 할 수 있다. 따라서 ⑤의 진술은 적절한 내용을 담고 있다고 할 수 없다.

오답 해설

① '나'는 '조정'을 능멸하고, '임금'을 기만한 죄를 지었지만 '임금'의 시혜를 입어 '죽음'만은 면한 무인으로 형상화된다. 이와 같은 인물 형상이 '장계를 쓰던 임진년의 여름밤'이란 과거 회상의 형식을 통해 제시되고 있다.
② '나'는 '임금'으로부터 '역모의 군사라도 기르고 있는 것이 아닌지' 하는 의혹을 받고 괴로워한다. 이러한 상황을 '나'는 '세상의 덫에 걸린' 것으로 받아들이고 스스로를 '때때로 가엾고 안쓰러'운 존재로 인식한다. 이로 볼 때, 이러한 상황에서 보여주고 있는 '나'의 인물 형상은 자기 연민에 빠진 인물 형상을 보여 주고 있다고 할 수 있다.
③ '나'는 '명량 전투' 이후 명나라 정탐이나 조정의 사찰 대상이 된 사실을 알고 '으스스' 떤다. '나'는 임진년 전란이라는 특정의 역사적 상황에서 의혹을 받고 있는 인물로 형상화되는 것이다. 이로 볼 때 이 장면에서는 특정의 역사적 상황과 대면한 인물('나')의 고독한 내면이 형상화되고 있다고 할 수 있다.
④ '임금'은 '이원길'을 보내 '배설'의 죄를 수사한다. 그러나 실상은 '역모의 군사를 기르는' 신하로 '나'를 의심하고 있었기 때문에 '배설'의 죄를 수사하고 있다. 이에 '나'는 자신이 '임금'으로부터 이와 같은 의혹을 받고 있다는 사실을 깨닫고 '세상의 덫'에 걸려 있음을 깨닫고 스스로를 '안쓰러워'하고 '으스스' 떤다. 이로 볼 때, '이원길'의 수사는 '나'를 고통에 내모는 부정적 현실이라고 할 수 있다.

066 ④
정답 해설

2문단에서 토마스 아퀴나스는 동물은 비물질적인 것을 지각할 수 없으며, 따라서 추상 관념에 이를 수 없다는 내용이 제시되어 있다. 이어서 토마스 아퀴나스의 견해를 보충하기 위해 알베르투스 마그누스가 강조한, 동물에게는 신호가 결코 상징이라는 것이 되지 않는다는 내용이 제시되었다. 따라서 토마스 아퀴나스는 동물이 상징을 이해할 수 있다고 보았다는 진술은 적절하지 않다.

오답 해설

① 4문단에서 근대 사상가들이 동물은 도덕적이면서 선으로 향하는 것이 가능한 존재라고 여기는 것을 부정했고, 또 희곡 작품에서 동물 재판을 조롱했다는 내용이 제시되어 있다.
② 3문단에서 스콜라 신학은 동물을 도덕적 책임을 질 수 있는 존재로 다룰 수 있는지에 대해 계속해서 물었다는 내용이 제시되어 있다.
③ 1문단에서 모든 살아 있는 존재가 그러하듯이 동물도 영혼을 지닌다는 내용이 제시되어 있다.
⑤ 3문단에서 토마스 아퀴나스는 동물이 선악을 구분하지 못한다고 여겼으나 중세 말 신학자들과 법학자들은 대부분 동물을 도덕적 책임이 있는 존재로 보았다는 내용이 제시되어 있다.

▶ 출처 미셸 패스투로 지음, 주나미 역(2021), 『서양 중세 상징사』, 오롯, p.50~52

067 ⑤
정답 해설

1문단에서 동물의 영혼에 대한 내용이 제시되어 있다. 3문단에서 중세 말 사상가들은 동물의 현세와 내세에 대한 질문과 동물이 도덕적 책임을 질 수 있는 존재인가에 대한 질문을 계속해서

던졌다는 내용이 제시되어 있다. 또한 4문단에서 데카르트는 동물은 영혼이 없는 존재라는 진술을 비롯하여 라메트, 말브랑슈는 동물과 인간 모두에 대한 기존의 입장과 다른 견해를 주장한다. 따라서 인간과 동물 모두에게 적용되는 "기존의 영혼 개념"에 대해 반대했다는 내용이 적절하다.

오답 해설

① 문맥상 17세기가 되어서 "기존의 종교관에 반대하는" 철학자들이 등장했다는 내용은 적절하지 않다.
② 3단원에서 스콜라 신학자들이 동물의 내세와 현세에 대해 계속해서 질문을 했다는 내용이 있으나 17세기 들어서 "기존의 내세관에 반대하는" 철학자들이 등장했다는 진술과 관련된다고 볼 수 없다.
③ 4문단에 데카르트는 동물은 영혼이 없는 존재라고 했으며, 그 이후 기계론적 관점은 인간 생명 활동에도 적용되었고, 말브랑슈는 동물은 원죄와 관련 없다는 등의 내용이 제시되어 있다. 이를 통해 17세기 들어 인간과 동물에 대한 기존의 입장에 변화가 있었음을 파악할 수 있다. 따라서 단순히 "기존의 동물 개념에 반대하는" 철학자들이 등장했다는 내용은 적절하지 않다.
④ 제시문을 통해 선악 개념이 변화했다는 내용을 파악하기는 어렵다.

068 ②

정답 해설

4문단에서 제시된 동물은 영혼이 없고 이성적으로 판단할 능력이 없는 존재이며, 동물은 오롯이 기계론적 기관이었다는 내용을 통해 동물에게 선악 개념을 적용하기 어렵다는 것을 파악할 수 있다.

오답 해설

① 4문단에서 제시된 동물은 영혼이 없으며 이성적으로 판단할 능력이 없는 존재라는 내용을 통해 동물은 추론하고 기억할 수 있는 존재가 아니라는 것을 알 수 있다.
③ 4문단에서 동물이 기계론적 기관이라는 진술을 보충하기 위해 말브랑슈가 동물은 원죄와 관련이 없다는 내용이 제시되어 있다.
④ 4문단에서 동물이 기계론적 기관이라는 진술을 보충하면서, 동물을 도덕이라는 관념을 지닌 존재로 여기는 게 터무니없는 것으로 생각했다는 내용이 제시되어 있다.
⑤ 기계론적 관점에 따르면 인간 및 동물의 생명 현상은 기계의 작동과 유비적으로 이해된다.

069 ②

정답 해설

첫째 문단에서 "지능 활동은 추론이나 추리 과정이라 볼 수 있다."라고 하여 지능을 추론과 추리라 볼 수 있다고 밝혔으므로 ②는 윗글의 내용과 일치한다.

오답 해설

① 2문단에서 "전통적으로 정보를 지식으로 바꾸는 과정은 사람만이 할 수 있었"으나 "창작물을 저장하고 이용하는 수단 또한 디지털 정보 기술을 활용하게 되었다"라고 했으므로 현재는 인공지능도 수행할 수 있게 되었다.
③ 1문단에서 "지능의 의미는 지식의 추론을 통한 새로운 지식의 창출 활동"이라고 하였으므로 지식 창출의 가장 중요한 요소는 추상화 과정이 아니라 추리와 추론 과정이다.
④ 1문단에서 "어떤 사건의 전후 관계로 일어나는 공통적 요소들을 발견하는 추상화 과정이 진행되고, 그러면서 지식은 규칙이나 법칙으로 구체화된다."라고 하였으므로 추상화 과정은 지식을 규칙이나 법칙으로 구체화하는 작업이다.
⑤ 2문단에서 가상현실, 게임에 대해 새로운 형식이긴 하지만, "이들은 글이나, 말, 음악, 영상의 요소가 디지털 데이터로 변환된 것으로 본질적으로 전통식 표현 형식을 크게 벗어났다고까지 할 것은 아니다."라고 한다.

▶ 출처 박재화, [「저작권보호심의 제도와 동향」 창작의 정도가 낮은 디지털 콘텐츠와 파생 정보의 가치]((https://www.kcopa.or.kr/lay1/bbs/S1T11C463/A/78/view.do?article_seq=3512&cpage=1&rows=10&condition=&keyword=)

070 ④

정답 해설

저작물에 대한 전통적인 인식에 대해 새로운 디지털 환경에 들어선 지금에는 그 인정 범위를 확대하여 인식할 필요성이 제기되는 상황이라는 것을 설명한다. 따라서 상황의 변화에 따라 인식의 변화를 제시한다는 ④가 가장 적절하다.

오답 해설

① 상반되는 관점이 제기되었다고 할 정도는 아니며 절충안을 대안으로 제시하지도 않는다.
② 대상에 비유하여 설명하는 부분은 찾기 어렵다.
③ 저작물에 대한 전통적인 인식은 일반적인 사회 통념이라 할 수 있을지 모르나, 그에 대하여 근본적인 문제를 제기하지는 않으며, 그보다는 그 범주를 확대할 여지가 생겼음을 지적한다.
⑤ 대상과 관련된 다양한 이견을 제시하고 있지 않으므로 이견의 장단점에 대한 설명은 나타나지 않는다.

071 ⑤
정답 해설

3문단에서 "생산 과정에서 품질의 개선이나 생산량의 확대를 가져오는 설정 방법"을 노하우라 하는데, 노하우와 같은 생산 현장의 지식 자체가 저작물은 아니며, 그것이 "언어적 저작물, 촬영 영상, 그래프 등으로 표현하게 된다면" 창작물의 범주에 넣을 여지가 생긴다고 설명한다.

오답 해설

① 2문단에서 "다만 사람의 생각이나 의도를 담을 수 있도록 구성된 장치들이 활동하면서 여러 데이터를 생성할 수 있다는 것이고, 그리하여 이들도 사람의 창작물로 인정될 여지가 있다는 것이다."라고 했으므로 인간의 생각이나 의도가 담기는 것을 기준으로 제시한다.
② 4문단에서 노하우에 대해 "오늘날 지식 환경의 변화는 이들도 저작물의 범주에 넣는 과제를 고려"해야 한다고 그 필요성을 역설한다.
③ 3문단에서 "어떤 제품을 생산하는 과정에 대해서는 일반적으로 사람의 생각이나 의도를 담아내는 공정은 아니라고들 여긴다."라고 하고 있다.
④ 3, 4문단에서 컴퓨터와 같은 새로운 기술의 등장으로 종래 인정되지 않던 생산 현장에서의 노하우와 같은 지식도 저작권의 대상이 될 가능성을 언급한다.

072 ④
정답 해설

컴퓨터는 글이나, 말, 음악, 영상의 형태를 갖는 지식을 디지털 데이터로 변환하여 저장한다고 설명하므로 적절하지 않다.

오답 해설

① 컴퓨터에 저장된 정보는 사람의 지식에 상응한다.
② 지능이 지식을 이용하듯이 인공 지능은 컴퓨터의 데이터 정보를 활용한다.
③ 지능이 갖는 추론 능력을 인정할 수 있을 때 인공 지능이라 한다.
⑤ 새로운 지식을 창출하는 능력을 추론이라 할 때 이에 견줄 만한 추론 능력이 인정되는 것을 인공 지능이라 한다.

073 ③
정답 해설

윗글은 EPR 역설에 대한 글이다. 1문단에서 EPR 역설이란 물리량의 측정 문제를 제기한 사고 실험이며, 코펜하겐학파 해석에서 여러 상태가 확률적으로 겹쳐있다는 양자 중첩의 개념을 반박하고자 제시되었다고 설명하고 있다. 따라서 윗글에 대한 설명으로 가장 적절한 것은 가상 실험을 통해 특정 이론을 반박한 내용을 보여주고 있다는 설명이다.

오답 해설

① 윗글은 이론을 기준에 따라 분류한 것이 아닌, 코펜하겐학파의 해석을 가상 실험을 통해 반박하려고 한 EPR 역설에 대한 글이므로 적절하지 못한 설명이다.
② 윗글에서는 이론의 장점과 한계점을 지적하는 내용이 없으므로 적절하지 못한 설명이다.
④ 윗글은 존재하는 대상과 존재하지 않는 대상의 사례를 소개한 것이 아닌, 가상 실험을 통해 코펜하겐학파의 해석을 반박하고자 한 EPR 역설에 대한 글이므로 적절하지 못한 설명이다.
⑤ 윗글은 공통적 속성을 추리한 것이 아닌 가상 실험을 통해 특정 이론을 반박한 내용을 보여주는 글이다.

▶ 출처   김상욱(2017), 김상욱의 양자 공부, 사이언스북스, p.145~150

074 ③
정답 해설

4문단에서 정확히 알지 못하는 것에 대해 확률로 표현하는 이유에 대해 하이젠베르크가 불확정성 원리로 설명하고 있다고 나타나 있다. 이어지는 설명에 따르면, 운동량과 위치를 동시에 정확히 측정할 수 없기 때문에 확률의 개념이 필요하다고 했으므로, 불확정성의 원리는 측정의 한계 때문에 확률의 개념을 도입한다는 설명은 윗글의 내용과 일치한다.

오답 해설

① 1문단에 따르면 코펜하겐학파의 해석에서 양자 중첩의 개념을 반박하고자 제시된 것은 EPR 역설이다.
② 4문단에 따르면, 원자 수준의 실제 실험을 통해 숨은 변수가 없다는 것이 밝혀졌다고 설명하고 있다.
④ 1문단에 따르면, 코펜하겐학파 해석에 의하면 측정을 하면 전자의 파동함수가 붕괴되어 더 이상 겹침 상태가 아니라 단 하나의 상태로 결정된다고 설명하고 있다.
⑤ 2문단에서 국소성이란 공간을 뛰어넘어 순간적으로 영향을 미칠 수 없다는 뜻이라고 설명하고 있다.

075

정답 해설 ②

㉠이 나타내는 말은 앞 문장에서 지칭하는 광속보다 빠른 원격 작용이다. 2문단에서 아인슈타인의 상대성 이론에 따르면, 매개물을 통한 영향이 전달되는 데에는 유한한 시간이 걸리며 그 속도는 진공 중의 빛의 속도를 넘을 수 없다고 한다. 따라서 진공 속의 빛의 속도보다 빠른 반응이라고 보는 것이 가장 적절하다.

오답 해설

① ㉠은 불확정성의 원리를 증명하는 작용이 아닌, 국소성 이론을 따르지 않는 작용을 의미한다. 따라서 불확정성의 원리를 증명하는 작용이라는 이해는 적절하지 못하다.
③ ㉠은 숨은 변수가 존재함을 입증하는 작용이 아닌, 물리학에서 통용되는 국소성 이론을 따르지 않는 작용을 나타내므로 숨은 변수가 존재함을 입증하는 작용이라는 이해는 적절하지 못하다.
④ 아인슈타인은 사고 실험을 통해 코펜하겐학파의 해석이 나타내는 바가 ㉠이라는 결론을 얻음으로써 양자 중첩의 개념을 부정하고자 했으므로, 사고 실험이 가치 없음을 반증하는 작용이라는 이해는 적절하지 못하다.
⑤ 아인슈타인은 ㉠이 국소성의 원리를 따른다면 발생할 수 없음을 짚음으로써 양자 중첩의 개념을 부정하고자 했으므로 ㉠이 여러 가지 상태가 겹쳐있는 것을 인정하는 작용이라는 이해는 적절하지 못하다.

076

정답 해설 ②

(가) 2문단에서 아인슈타인의 상대성 이론에 따르면, 매개물을 통한 영향의 전달에는 유한한 시간이 걸리며 그 속도는 진공 중의 빛의 속도를 넘을 수 없다고 나타나 있다. 따라서 두 입자의 운동 속도는 빛의 속도를 넘을 수 없다는 설명은 적절하다.
(다) 2문단에서 떨어진 두 물체 사이에서 국소성이란 광속보다 빠른 영향의 전달이 불가능함을 의미한다고 나타나 있다. 〈보기〉의 반응은 서로 국소성의 원리가 작용하지 않을 만큼 먼 거리에 있으며 빛보다 빠른 존재가 있을 수 없음에도 불구하고 다른 한쪽의 상태를 알 수 있는 작용이다. 따라서 한 입자의 운동량 측정을 통해 다른 입자의 운동량을 알게 되는 것이 국소성 이론을 위배한다는 설명은 적절하다.

오답 해설

(나) 4문단에서 아인슈타인은 우리가 알지 못하는 '무언가'에 의해 양자 중첩이 발생한다고 보았으므로, 숨은 인자의 작용에 의해 하나의 입자가 두 입자로 붕괴된다는 설명은 적절하지 못하다.
(라) 1문단에서 아인슈타인은 여러 가지 상태가 확률적으로 겹쳐있으며, 관측을 하면 그와 동시에 파동함수가 붕괴되어 더 이상 겹침 상태가 아니라 단 하나의 상태로 결정된다는 코펜하겐학파의 해석을 반박하고자 하였다. 따라서 붕괴한 입자 중 하나의 입자의 운동량을 측정하기 전까지는 다른 입자의 운동량을 알 수 없다고 보는 것은 ⓐ의 입장에서의 반응으로 적절하지 못하다.

077

정답 해설 ①

3문단에 따르면 고정된 응력을 받게 했을 때 물체가 서서히 영구적인 변형이 일어나는 것을 크리프라고 한다. 플라스틱 재질의 책 선반에 일정한 무게의 책을 올려놓고 오랜 시간 관찰하면 크리프가 일어나 선반이 천천히 아래로 휘게 된다. 이때 일정한 무게의 책은 고정된 응력을 뜻한다. 따라서 ㉠ '책을 제거하여도'는 '응력이 제거되어도'의 의미이다.

오답 해설

② '탄성 한계를 넘어서도'는 1문단의 영구적 변형에 관한 내용이다.
③ '시간이 지나지 않아도'는 크리프과 관계없는 내용이다.
④ '분자들이 재배열 되어도'는 2문단의 응력 완화에 관한 내용이다.
⑤ '가한 힘에 상응하지 않아도'는 크리프과 관계없는 내용이다.

▶ 출처 Smith 저, 고진헌 외 옮김(2017), 재료과학과 공학, Mc GrawHill, p.498~500

078

정답 해설 ①

(가) 1문단에 따르면 탄성 한계까지는 변형과 응력은 정비례의 관계를 보이지만 〈보기〉에서 5cm만큼 늘렸을 때 다시 원래 길이로 돌아오지 않았으므로 탄성 한계 이상까지 늘린 경우이다. 따라서 빨랫줄을 5cm만큼 늘리는 과정에서 빨랫줄의 변형과 응력은 정비례 관계를 보이지 않는다.

오답 해설

(나) 2문단에 따르면 변형을 일정하게 유지했을 때 응력이 시간에 따라 줄어드는 현상을 응력 완화라고 한다. 따라서 줄의 장력이 낮아지는 현상은 응력 완화라고 할 수 있다.

(다) 2문단에 따르면 응력 완화가 일어나는 이유는 점탄성체를 이루는 분자들이 응력을 완화하는 상태로 천천히 재배열하면서 응력이 줄어든다. 따라서 빨랫줄이 받는 힘이 작아진 것은 빨랫줄을 구성하는 분자의 재배열이 일어났기 때문이다.

(라) 1문단에 따르면 재료에 가해지는 힘의 방향과 수직인 면의 단위면적당 받는 힘을 응력이라 한다. 따라서 빨랫줄이 받는 응력은 빨랫줄이 받는 힘을 빨랫줄의 단면적으로 나눈 값이다.

079 ④

정답 해설

'딜레마'라는 것은 이 선택을 해도 문제, 저 선택을 해도 문제라는 뜻이다. 2문단에 따르면 전차를 가던 방향으로 가면 더 많은 사람이 죽어서 문제이고, 방향을 틀면 사람을 일부러 죽이므로 문제라고 말하고 있다.

오답 해설

① 1명이 죽거나 1명을 살리는 것은 지선으로 방향을 틀었을 상황만을 말하므로 딜레마가 아니다.
② 5명이 죽거나 5명을 살리는 것은 원래 가는 노선으로 가는 상황만을 말하므로 딜레마가 아니다.
③ 1명을 죽이고 5명을 죽도록 내버려 두는 것이므로 사실이 아닌 진술이다.
⑤ 어떤 결과가 좋고 나쁜지는 논점이므로 "좋은 결과를 주는 행동을 하거나 나쁜 결과를 주는 행동을 하거나"는 딜레마에 대한 적절한 진술이 아니다.

▶ 출처 최훈(2021), 〈1페이지 철학 365〉, 빅피시, p.288, 349

080 ①

정답 해설

윗글은 고장 난 전차 문제에서는 방향을 틀어 5명이 죽게 해야 한다고 주장하는 사람들이 많다고 말한다. 4문단에서 "이 사람을 마취해 장기를 탈취하고서, 그 사람이 죽은 것은 5명을 살린다는 좋은 결과를 위해 생긴 부수적인 나쁜 결과라고 주장할 수 있을까?"라고 묻는 것은 이들이 ㉠에서는 장기 탈취를 해서 5명을 살리는 태도를 취하지 않는다는 지적이다. 곧 ㉠에서는 장기 탈취를 찬성해야 일관적이라는 말이다. 또 5문단에서는 "이 실험에서는 밀어서는 안 된다는 의견이 많았"는데, "이것은 사람들의 직관이 그리 일관되지 못함을 보여 준다"라고 말한다. 이는 ㉡에서 미는 것을 찬성해야 일관적이라는 뜻이다.

081 ⑤

정답 해설

2문단에 따르면 전차의 방향을 틀지 말아야 한다고 주장하는 사람은 5명을 죽게 내버려 두어야 한다고 생각한다. 그러나 ㄱ에서 굶는 사람에게 독약이 든 먹을 것을 주는 것은 '죽게 내버려 두는 것'이 아니라 '죽이는 것'이다. 따라서 적절하지 않다.

오답 해설

① ㄱ에서 굶는 사람에게 먹을 것을 원조하는 것은 '죽게 내버려 두는 것'이 옳지 않다는 생각이다. 그런데 그런 행동도 하지 않고 '죽이는 것'인 독약이 든 먹을 것을 주지도 않는 것은, 죽이는 것이 죽게 내버려 두는 것보다 도덕적으로 나쁘다는 것을 보여 준다.
② ㄴ에서 이중 효과의 원리는 좋은 결과에 따르는 나쁜 결과를 직접 의도한 것이 아니라면 그 행동은 허용 가능하다는 주장이다. 산모의 건강은 좋은 결과이지만 태아의 죽음이라는 나쁜 결과를 직접 의도한 것은 아니므로, 이중 효과의 원리로 옹호된다.
③ ㄷ을 이중 효과의 원리로 옹호한다면 모르핀 주입은 좋은 결과이고, 환자가 죽은 것은 의도하지 않은 나쁜 결과이다.
④ 전차의 방향을 틀어야 한다고 주장하는 사람은 이중 효과의 원리를 받아들이는 것이다. 따라서 방향을 트는 것은 ㄴ의 모르핀 주입과 같다고 생각하고, 1명이 죽는 것은 ㄴ에서 환자의 죽음처럼 의도치 않은 나쁜 결과라고 생각한다.

082 ③

정답 해설

ⓑ를 반론하기 위해서는 육교 위의 사람을 민 것이 전차의 방향을 튼 것과 다르다는 것을 주장해야 한다. ③의 진술은 그 차이점을 주장하고 있다.

오답 해설

① 이 진술은 육교 위의 사람을 민 것이 전차의 방향을 튼 것이 같다는 내용이므로 차이점을 주장하지 않고 있다.
② 이 진술은 육교 위의 사람을 민 것과 전차의 방향을 튼 것의 차이점을 말하고 있다. 그러나 관계자인가 아닌가는 어떤 행동이 옳은가를 논할 때 관련 있는 요소가 아니다.

④ 이 진술은 육교 위의 사람을 민 것이 전차의 방향을 튼 것이 같다는 내용이므로 차이점을 주장하지 않고 있다.
⑤ 이 진술은 육교 위의 사람을 민 것과 전차의 방향을 튼 것의 차이점을 말하고 있다. 그러나 전차를 멈추게 한 것은 죽음의 원인이므로 1명을 죽게 했다는 점에서는 차이점이 아니다.

083 ②
정답 해설

"3) 생활·안전"의 두 번째 내용에서 개인 정보가 변경되었을 때 변경 사항이 자동으로 업데이트된다고 했으므로, 국민이 직접 변경 사항을 수정하지 않아도 된다.

오답 해설
① 정책 자금을 신청하기 위해서는 소상공인진흥공단에 18종의 구비 서류를 제출해야 한다.
③ 공공 마이데이터 서비스를 이용하면 정책 자금 신청을 위한 구비서류를 준비하는 데 최장 5일 걸리던 소요 시간이 4시간 이내로 단축된다.
④ 공공 마이데이터 서비스를 이용하면 119 구급대원은 응급 환자의 병력, 투약 이력 등의 정보를 한 번에 확인할 수 있다.
⑤ 공공 마이데이터 서비스를 활용하지 않을 때에는 만 14세 미만 자녀의 1년 이내 투약 이력을 조회하려면 법정 대리인의 증빙 서류 제출이 필요하다.

▶ 출처 정부24 안내문

084 ③
정답 해설

공공 마이데이터 서비스는 외국인에게 서비스가 제한된다고 제시되어 있으므로 대출을 받기 위해 건강보험료납부확인서를 제출해야 하는 외국인은 이 서비스를 활용할 수 없다.

오답 해설
① 서비스 활용 예시에 직장가입자의 건강·장기요양보험료납부확인서가 포함되어 있으므로, 신용 대출을 받기 위해 은행에 건강보험료납부확인서를 제출해야 하는 직장인은 공공 마이데이터 서비스를 활용할 수 있다.
② 서비스 활용 예시에 아동 급식 신청에 필요한 서류인 주민등록표등·초본도 포함되어 있으므로, 자녀의 급식을 신청하기 위해서 주민등록등본을 제출해야 하는 학부모는 공공 마이데이터 서비스를 활용할 수 있다.
④ 서비스 활용 예시에 아동 급식 신청에 필요한 서류인 국민기초생활수급자증명서도 포함되어 있으므로, 무료 급식을 신청하기 위해서 국민기초생활수급자증명서를 제출해야 하는 초등학생은 공공 마이데이터 서비스를 활용할 수 있다.
⑤ 서비스 활용 예시에 소상공인 확인에 필요한 서류인 폐업사실증명도 포함되어 있으므로, 폐업 지원금을 신청하기 위해서 폐업사실증명서를 제출해야 하는 식당 사장님은 공공 마이데이터 서비스를 활용할 수 있다.

085 ⑤
정답 해설

아파트라는 공동주택에 사는 사람들에게 층간 소음, 주차 등의 문제 상황이 생겼을 때 우리가 아플 때 약을 먹듯이 소통약을 먹으면 된다는 광고의 내용으로 보아 ⑤가 적절하다.

▶ 출처 공익광고협의회 타인배려캠페인 소통약편(2014)

086 ⑤
정답 해설

㉠을 반박하려면 '알아야 면장'의 '면장'이 '면면장(免面牆)'에서 온 것이 아니라고 주장해야 한다. '표준국어대사전'에 속담 '알아야 면장'이 '알다' 아래에 실려 있는 것은 '면장'의 어원이 무엇인지 확실하게 하지 않기 위한 것이다. 따라서 '면면장(免面牆)'에서 온 것인지 '면장(面長)'에서 온 것인지 드러내지 않고 있으므로 ㉠을 반박하는 논리로 적절하지 않다.

오답 해설
① '면면장(免面牆)'이 문증되지 않는 것은 '면장'의 어원이 '면면장(免面牆)'이 아님을 뒷받침하는 논리가 될 수 있다.
② '알아야 면장'이라는 말은 아무리 일러야 1940~50년대쯤부터 퍼진 것으로 짐작된다고 하였으므로 논어에 나오는 '면장(面牆)'보다는 후대에 출현하는 '면장(面長)'이 영향을 미친 것으로 보는 것이 적절하다는 논리이다.
③ '논어'에는 '면장'이 아니라 '장면'으로 나오므로 '장면'이 '면장'이 되어 속담에 쓰였다고 보기에 어려움이 있다는 논리이다.
④ '알아야 면장'은 속담인데 속담은 주로 민간에서 전해지므로 고사성어에서 유래했다고 보는 것이 적절하지 않다는 논리이다.

▶ 출처 신견식(2022.03.28.), '알아야 면장'... 면장이 그 면장이 아니라고?

087 ⑤
정답 해설

'순망치한(脣亡齒寒)'은 "입술이 없으면 이가 시리다는 뜻으로, 서로 이해관계가 밀접한 사이에 어느 한쪽이 망하면 다른 한쪽도 그 영향을 받아 온전하기 어려움을 이르는 말."이고, '이가 없으면 잇몸으로 산다'는 "요긴한 것이 없으면 안 될 것 같지만 없으면 없는 대로 그럭저럭 살아 나갈 수 있음을 이르는 말."이다. 따라서 ⑤는 서로 다른 의미의 사자성어와 속담이 연결된 것이다.

088 ②
정답 해설

'참여 제한 이슈가 발견되는 경우 선정이 취소됨'의 맥락에서의 '이슈'는 '논쟁거리, 논점, 쟁점'으로 순화될 수 있다. '사고'는 적절히 다듬은 말이 아니므로 정답은 ②이다.

오답 해설

① 리스크(risk)의 다듬은 말은 '위험, 손실 우려, 손해 우려'이며, '위험'으로 순화하면 문맥상 적절하다.
③ 모니터링(monitoring)의 다듬은 말은 '정보 수집, 점검, 감시, 검색'이며, '점검'으로 순화하면 문맥상 적절하다.
④ 가이드라인(guideline)의 다듬은 말은 '지침, 방침'이며, '지침'으로 순화하면 문맥상 적절하다.
⑤ 브랜드(brand)의 다듬은 말은 '상표'이며 순화했을 때 문맥상 적절하다.

▶ 출처 토공사업협의회 공문 참고 및 변형(http://kewbc.or.kr/03notice/s_1.php?action=detail&page=1&sel_uid=2569&bid=notice)

089 ④
정답 해설

ⓐ는 지원 안내에 해당하는 내용으로 지원 대상, 품목, 한도에 대한 설명이다. 지원 대상 중 참여 제한 대상에 '최근 3년 이내 근로자의 산업재해보상보험을 체납한 이력이 있는 사업장'이라는 항목이 있기에 ④ 답지에 언급되는 사업장이 지원 대상에서 제외된다는 진술은 적절하다.

오답 해설

① 50명 미만인 모든 업종 사업장이 지원 대상이므로 오답이다.
② 지원 품목은 모두 신품에 한한다고 하였으므로 오답이다.
③ 사업장 자체적으로 지원 품목을 점검하여 적합한 제품 및 공급 업체를 선정해야 하므로 오답이다.
⑤ 제품의 브랜드, 성능, 소재 차이에 따른 초과 금액은 사업장 자체 예산으로 충당해야 하므로 오답이다.

090 ⑤
정답 해설

ⓑ는 추가 지원 안내에 해당하는 내용으로 공문에 제시된 추가 지원 대상 사업장 선정 기준에 따라 가산점 1위부터 100위 사업장까지 추가 1,000만 원을 지원한다. 사업장 'C'의 경우 '직업계고 현장실습 참여기업'으로 가산점과 관계없이 최우선으로 선정되는 기업이다. 따라서 추가 지원 대상 순위가 가장 높으므로 적절한 진술이 아니다.

오답 해설

① 사업장 'A'는 '폭염 취약 계층 근로자' 항목에서 1점, '폭염 재난 취약 작업 사업장' 항목에서 1.5점으로 총 2.5점의 가산점을 받아 추가 지원을 신청할 수 있다.
② 사업장 'B'는 '소규모 사업장' 항목에서 1.5점, '폭염 재난 취약 작업 사업장' 항목에서 1.5점으로 총 3점의 가산점을 받게 되므로 사업장 'A'보다 순위가 높다.
③ 사업장 'B'는 체납 이력이 있더라도 참여 제한에 해당하는 '최근 3년 이내'가 아닌 '5년 전'의 이력이기에 지원 신청을 할 수 있다.
④ 사업장 'C'는 '건설업, 농업, 어업'에 해당하지 않는 업종이므로 폭염 재난 취약 작업 사업장에 해당하지 않는다.

국어 문화 091번~100번

기출문제집 p.142

091	092	093	094	095
②	④	①	④	④
096	097	098	099	100
③	③	②	⑤	③

091 ②
정답 해설

〈보기〉에서 설명하고 있는 김시습의 작품은 〈이생규장전〉이다. 우리 소설사를 선도한 소설 유형인 전기소설(傳奇小說) 작품이며, 정교한 구성과 강렬한 작가 의식이 문학적 가치를 높여 주고 있다.

오답 해설

① 〈남염부주지〉는 김시습이 지은 한문 단편소설로, 불교를 믿

지 않던 경주에 살던 박생(朴生)이 꿈속에서 남쪽 염부주(炎浮洲)에 다녀온 후 크게 깨닫는다는 내용으로, ≪금오신화≫에 실려 있다.
③ 〈만복사저포기〉는 남원에 사는 총각 양생이 죽은 처녀와 사랑에 빠지는 남녀 간의 사랑을 다룬 애정 소설로 ≪금오신화≫에 실려 있다. 특히 산 사람과 죽은 사람의 사랑을 다루었다는 점에서는 명혼소설(冥婚小說)이라고도 한다.
④ 〈용궁부연록〉은 글에 재주가 있는 한생이 꿈속에 용궁으로 초대되어 가서 겪은 일을 내용으로 한 작품으로 구조 유형상 몽유소설이라 하며, ≪금오신화≫에 실려 있다.
⑤ 〈취유부벽정기〉는 개성 상인 홍생이 달밤에 취해 대동강 부벽루에 올라가 고국의 흥망을 탄식하는 시를 지어 읊다가 선녀인 기씨녀를 만나 시로써 화답하며 즐기다가 이후 하늘에 올라간 처녀를 그리워하다 죽는다는 내용으로 ≪금오신화≫에 실려 있다.

▶ 출처 권영민(2004.02.25.), [네이버 지식백과] 네이버 고전문학사전

092   ④
정답 해설

〈혈의 누〉는 이인직의 대표적인 신소설 작품으로, 1894년에 청일 전쟁 속에서 가족과 이별한 옥련(玉蓮)이 일본 군인의 도움으로 일본에 가서 학교를 다니다가 구완서라는 청년을 만나 미국에 유학을 가고 그곳에서 부모도 만나고 약혼도 한다는 내용을 담고 있다. 근대 개화기 소설답게 자주독립·신교육사상·자유결혼관 등을 주제로 하는 것이 특징이다.

오답 해설

① 〈무정〉은 이광수가 지은 장편소설로, 1917년에 ≪매일신보≫에 연재된 우리나라 최초의 현대 소설이다. 자아의 각성을 바탕으로 한 남녀 간의 애정 문제를 민족에 대한 각성으로까지 확대하였다고 평가받는다.
② 〈자유종〉은 1910년에 이해조가 지은 신소설로, 이매경이라는 부인의 생일잔치에 초대받은 여성들이 민족, 국가, 사회, 교육, 종교, 학문에 대해 토론하는 내용을 담고 있다. 부녀의 해방, 한자 폐지, 계급 철폐, 적서 차별 타파, 자국(自國) 정신과 자주 교육 완성 등 개화사상을 드러내는 것이 특징이다.
③ 〈추월색〉은 1912년에 최찬식이 발표한 신소설로, 이시종의 딸 정임과 김승지의 아들 영창이 대한민국·일본·만주·영국을 오가며 행복한 결말을 맞는 전형적인 애정 소설이다. 당시 젊은이들에게 큰 인기를 얻은 작품으로, 개화기 애정 소설의 본보기가 되었다.
⑤ 〈금수회의록〉은 1908년에 안국선이 지은 신소설로, 동물들을 통하여 인간 사회의 모순과 비리를 풍자한 우화소설이다. 주로 불효·사대조성·부정부패·탐관오리·풍속문란 등 사회나 가정의 풍속적 타락에 대해 비판하였으며, 일본 침략의 위기에 대한 민족의식 또한 강하게 표출하였다.

▶ 출처 「혈의 누」, 『한국민족문학대백과』

093   ①
정답 해설

황순원은 일제 강점기 말기와 해방 이후 왕성히 활동한 소설가로, 대표적인 작품으로는 〈목넘이 마을의 개〉, 〈별과 같이 살다〉, 〈카인의 후예〉, 〈독 짓는 늙은이〉, 〈소나기〉, 〈일월〉 등이 있다. 그의 작품들은 간결하고 세련된 문체, 소박하면서도 치열한 휴머니즘의 정신, 한국인의 전통적인 삶에 대한 애정 등을 고루 갖춘 것으로 평가받는다.

오답 해설

② 김동리는 1935년 ≪중앙일보≫ 신춘문예에 〈화랑의 후예〉, 1936년 ≪동아일보≫ 신춘문예에 소설 〈산화〉가 당선되며 등단했다. 순수 문학과 인간주의 문학으로 일관하였으며, 대표작으로는 〈무녀도〉, 〈등신불〉, 〈황토기〉가 있다.
③ 오상원은 이데올로기의 갈등으로 빚어진 인간문제를 집요하게 파헤치는 작품을 쓴 소설가로 한국의 전후작가로 손꼽힌다. 대표작으로는 〈유예〉, 〈증인〉, 〈모반〉 등이 있다.
④ 김동인은 우리나라 최초의 순수 문예 동인지 ≪창조≫를 발간한 소설가로, 사실주의적 수법과 문장의 혁신을 보여 주었다. 대표작으로는 단편 〈약한 자의 슬픔〉, 〈배따라기〉, 〈감자〉, 장편 〈운현궁의 봄〉 등이 있다.
⑤ 이효석은 1930년대 한국 순수문학을 대표하는 소설가이다. 초기에는 경향 문학 작품을 발표하다가, 점차 자연과의 교감을 묘사한 서정적인 작품을 발표하였다. 대표작으로는 〈메밀꽃 필 무렵〉, 〈화분〉, 〈벽공무한〉 등이 있다.

▶ 출처 「황순원」, 『한국민족문학대백과』

094   ④
정답 해설

첫날에는 비극 두 막과 〈최후의 일순간〉이라는 작품 두 막, 〈사랑과 죽음〉이라는 작품 한 막이 공연될 예정이라고 설명하고 있다. 〈최후의 일순간〉, 〈사랑과 죽음〉 외에 비극 두 막이 공연될 예정이므로, 총 두 작품이 공연될 예정이라는 ④의 선지는 틀린 설명이다.

오답 해설

① '토월회에서는 동회 일주년 긔념 흥행으로'에서 알 수 있듯이 공연은 토월회의 1주년 기념 공연이다.
② '금야(今夜)부터 개연(開演)', '금 십삼일 밤부터 일개월 동안'이라는 설명을 통해 공연은 오늘(13일) 밤부터 한 달 동안 열릴 예정이라는 것을 알 수 있다.
③ '조선 극장에서 여러 가지 자미스러운 예제로 흥행할 터인바'라는 설명을 통해 공연의 장소는 조선 극장임을 알 수 있다.
⑤ '관객의 편의를 도모하고자 좌석도 정돈되엇스며 무대와 출연자들도 일신하게 되엇다 한다'라는 설명을 통해 공연 환경이 새롭게 정비되었음을 알 수 있다.

095 ④
정답 해설

ㄹ의 '선범(仙凡)'은 선인(仙人)과 속인(俗人) 또는 선계(仙界)와 속계(俗界)를 아울러 이르는 말이다. ㄹ은 선인(仙人)에 대한 설명이다.

오답 해설

① ㄱ의 '예필'은 '인사를 끝마침'의 뜻이다.
② ㄴ의 '요지'는 중국 곤륜산에 있다는 못으로 신선이 살았다고 하며, 주나라 목왕이 서왕모를 만났다는 이야기로 유명하다.
③ ㄷ의 '위의'는 위엄이 있고 엄숙한 태도나 차림새를 말한다.
⑤ ㅁ의 '배반'은 술상에 차려 놓은 그릇, 또는 거기에 담긴 음식을 말한다.

096 ③
정답 해설

병서법(並書法)은 '초성자'를 합쳐 쓸 경우에 나란히 쓰라는 쓰기 규정으로 "중성자를 합쳐서 쓸 경우에 나란히 쓰라는 쓰기 규정이"라고 언급한 ③이 틀린 내용이다.

▶ 출처　金敏洙(1985), 『注解訓民正音(제4판)』, 通文館

097 ③
정답 해설

북한 사전에서는 단모음이 겹모음보다 먼저 실리므로 '모래, 메꽃'의 순서로 실리고, 겹자음이 'ㅎ'의 뒤에 실리므로 '호박, 딸기'의 순서로 실린다.

▶ 출처
　• 표준국어대사전(stdict.korean.go.kr)
　• 사회과학출판사 편집부(1992), 조선말 대사전, 박이정

098 ②
정답 해설

제시된 수어는 '쓰이는 길' 또는 '쓰이는 곳'을 의미하는 '용도(用途)'에 해당한다.

099 ⑤
정답 해설

〈보기〉의 '사원이 없게 되거나 총회의 결의로도'는 '사원이 없게 되다'는 문장과 '총회의 결의'라는 구가 연결되어 있다는 점에서 부적절하다. 따라서 '사원이 없게 되다', '총회에서 해산을 결의하다'와 같이 둘 다 문장으로 수정한 답지 ⑤가 적절하다.

오답 해설

① 문장 '사원이 없다'와 구 '총회의 결의'가 연결되어 부적절하다.
② 원래 법조문의 취지는 사원이 없거나 총회의 결의가 있을 두 가지 경우가 조건이므로 이렇게 수정하는 것은 부적절하다.
③ 문장과 구가 연결되어 부적절하다.
④ 구 '사원의 부재'와 문장 '총회에서 해산을 결의하다'가 연결되어 부적절하다.

▶ 출처
　• 김세중(2022), 민법의 비문, 두바퀴출판사
　• 표준국어대사전(stdict.korean.go.kr)

100 ③
정답 해설

'만들어져야 한다'는 피동 표현을 활용하였으므로, 행위의 대상인 '사회적 분위기'보다는 행위의 주체에 초점을 두어 서술하고 있다는 진술은 적절하지 않다.

오답 해설

① '~고 있다'를 활용하여 각종 사회적 문제가 발생하고 있는 상황이 진행 중임을 나타내었다.
② '무려'는 그 수가 예상보다 상당히 많음을 나타내는 말로, 부사 '무려'를 사용하여 1인 미디어 규제가 필요하다고 응답한 비율이 높음을 강조하였다.
④ '-여'는 까닭이나 근거 따위를 나타내는 연결 어미로, 연결 어미 '-여'를 사용하여 진로에 대한 정보를 얻을 수 있는 기회가 부족하다는 앞 절의 내용과 진로 탐색에 어려움을 겪는다는 뒤 절의 내용을 인과 관계로 연결하였다.
⑤ '청소년 체험 학습 프로그램에 참여해 보니 프로그램 내용이 다양하지 못하여 아쉬웠다고'와 같이 인용 표현을 활용하여 청소년 체험 학습 프로그램을 경험한 학생의 소감을 전달하였다.

|2022년 06월 19일 시행|

제67회 KBS한국어능력시험

정답과 해설

ized 2022년 06월 19일 시행

제67회 정답과 해설

듣기·말하기 001번~015번

기출문제집 p.149

001	④	002	①	003	④	004	⑤	005	②
006	④	007	①	008	⑤	009	①	010	⑤
011	②	012	①	013	⑤	014	③	015	④

001 ④

듣기 대본

1번. 먼저 그림에 대한 설명을 들려 드립니다.
여러분이 보시는 그림은 피카소의 작품 '게르니카'입니다. ㉠크기는 세로 349cm, 가로 775cm이며, 현재 스페인의 소피아왕비 미술센터에 소장되어 있습니다.
게르니카는 스페인 바스크 지방의 작은 도시로, ㉡1937년 스페인 내란 중 프랑코를 지원하는 독일의 무차별 폭격에 의하여 폐허가 되었습니다. 피카소는 특히 무려 1500여 명의 민간인이 희생된 것에 분노했습니다. 마침 그해에 열리기로 예정된 파리 만국박람회의 스페인관(館) 벽화 제작을 의뢰받은 피카소는 조국의 비보를 접하자, 한 달 반 만에 대벽화를 완성하고 '게르니카'라고 이름 붙였습니다.
㉢이 작품은 정형적이지 않은 인물과 대상이 괴기스러운 분위기를 자아내고 있습니다. 이러한 분위기는 작품을 이루는 각 대상들의 조형적 특성 때문이기도 하지만 거의 흑백의 색만을 사용함으로써 더욱 극대화되었습니다. ㉣작품에는 불이 난 집, 절규하는 여인, 멍한 황소의 머리, 부러진 칼을 쥐고 쓰러진 병사, 광기에 울부짖는 말 등 전쟁터에서 볼 수 있는 모습들이 뒤엉켜있습니다.
이 작품은 '아비뇽의 처녀들'과 더불어 피카소의 2대 걸작으로 평가됩니다. 이 작품은 오랫동안 뉴욕의 현대미술관에 보관되어 있었으나, 피카소의 유지에 따라 1981년 스페인으로 반환되었습니다.

정답 해설

작품의 주제인 '전쟁'을 다룬 다른 작품은 제시되어 있지 않다. 피카소의 다른 작품으로 소개한 '아비뇽의 처녀들'은 피카소의 대표작으로 제시되어 있을 뿐, 해당 작품의 주제가 '전쟁'과 관련이 있다는 정보는 찾을 수 없다.

오답 해설

① ㉡에서 피카소가 게르니카를 그리게 된 배경을 알 수 있다.
② ㉠에서 작품의 크기와 소장처를 알 수 있다.
③ ㉣에서 불이 난 집, 절규하는 여인, 멍한 황소의 머리 등 작품에 표현된 구체적 대상을 알 수 있다.
⑤ ㉢에서 작품의 분위기에 영향을 미친 요소가 작품을 이루는 각 대상들의 조형적 특성과 흑백의 색임을 알 수 있다.

▶ 출처
• 미술대사전(용어편)(https://terms.naver.com/entry.naver?docId=258938&cid=42635&categoryId=42635)
• 미술백과(https://terms.naver.com/entry.naver?docId=974781&cid=46720&categoryId=46871)
• 두산백과(https://terms.naver.com/entry.naver?docId=1059050&cid=40942&categoryId=33054)

002 ①

듣기 대본

2번. 이번에는 이야기를 들려 드립니다.
맹사성이 장원급제하여 지방의 군수로 부임했을 때의 일이다. 어느 날 그는 근처의 무명 선사를 찾아 스님에게 질문했다. "스님, 이 고을 수장으로 제가 최고로 삼아야 할 좌우명이 무엇이라 보오?" 그러자 스님은 "착한 일 많이 하시면 됩니다."라고 답했다. 너무나 당연한 대답에 맹사성은 "아니, 그것은 삼척동자라도 다 아는 사실이 아니오? 이런 말을 들으려고 찾아온 것은 아니오."라며 버럭 화를 냈다. "녹차나 한 잔 하고 가십시오." 그는 못 이기는 척 다시 자리에 앉았다. 그런데 스님은 찻잔이 넘치는데도 계속 차를 따르고 있었다. "스님, 찻물이 넘쳐 방바닥이 다 젖지 않소!" 맹사성이 소리치자 스님은 이렇게 말했다. "찻물이 넘쳐 방바닥을 적시는 것은 아시면서, 지식이 넘쳐 인품을 망치는 것은 어찌 모르십니까?" 이 한 마디에 맹사성은 그만 얼굴을 붉히고 말았다. 그는 황급히 방문을 나서다 문틀에 그만 '쿵'하고 머리를 부딪쳤다. 스님이 빙그레 웃으며 한마디 했다.

정답 해설

이 이야기는 맹사성이 누구에게도 거만하지 않고 겸손을 몸에 익히고 실천하며 선정을 베풀어 많은 사람으로부터 존경받는 인물이 되었음을 알려주는 일화이다. 이 이야기에서 맹사성이 장원급제한 자신을 높이고 상대방을 얕잡아 보는 태도를 보이자 무언가 배우려는 겸손한 자세를 갖추지 못한 그에게 스님이 가르침을 준 것이다. 겸손한 자세가 없던 맹사성에게 고개를 숙이지 않아 머리를 부딪친 것에서 스님은 본인을 낮추면 부딪치지 않는다며 겸손의 가치를 말했을 것이다. 따라서 답은 ① 이다.

▶ 오답 해설
② 머리를 부딪친 것에서 아픔을 겪어야 성숙해진다는 말은 상황에 어울리지 않고 이 이야기의 교훈과도 관련이 없어 적절하지 않다.
③ 이 이야기에서 맹사성은 욕심을 부리고 있는 모습을 보이지는 않으며, 입신양명을 위해 스님을 찾아온 것이 아니므로 적절하지 않다.
④ 아픔을 견디는 방법에 대한 얘기가 아니며, 마음의 수양에 대해 얘기하고 있지도 않다.
⑤ 고개를 숙이지 않아 머리를 부딪친 것은 헤어질 때 인사를 하지 않은 것과 관계가 없으므로 적절하지 않다.

▶ 출처 신웅순(2015), 「겸양지덕의 대명사 고불 맹사성」, ≪문화재사랑≫ 125

▶ 오답 해설
① ㉠에서 첫인상 효과는 초두 효과의 다른 명칭임을 확인할 수 있다.
② ㉢을 통해 외모가 어휘보다 첫인상 결정에 큰 영향을 미침을 확인할 수 있다.
③ ㉣에서 부정적인 인상(결과)을 바꾸기 위해서는 매우 많은 정보량이 필요함을 확인할 수 있다.
⑤ ㉡을 통해 상대에 대한 호감도를 결정하는 데 뇌의 편도체가 작용함을 확인할 수 있다.

▶ 출처
• 상식으로 보는 세상의 법칙: 심리편((https://terms.naver.com/entry.naver?docId=3548236&cid=58345&categoryId=58345)
• 두산백과(초두 효과)(https://terms.naver.com/entry.naver?docId=4349261&cid=40942&categoryId=31531)

003 ④
듣기 대본

3번. 이번에는 강연을 들려 드립니다.
여러 개의 정보가 주어졌을 때 처음 제시된 정보를 중간에 위치한 것들보다 잘 기억하셨던 경험 있나요? 이러한 현상을 '초두 효과'라고 합니다. 먼저 제시된 정보가 추후 알게 된 정보보다 더 강력한 영향을 미치는 현상이지요. ㉠초두 효과는 대상에 대한 인상을 형성하는 데 첫인상이 중요하다는 것으로 '첫인상 효과'라고도 합니다.
그렇다면 무엇이 첫인상을 결정지을까요? 미국의 뇌 과학자 폴 왈렌(Paul J. Whalen)의 연구에 의하면, ㉡우리는 뇌의 편도체(amygdala)를 통해 0.1초도 안 되는 극히 짧은 순간에 상대방에 대한 호감도와 신뢰도를 평가한다고 합니다. ㉢첫인상을 결정짓는 중요 요인은 외모, 목소리, 어휘 순으로 나타났습니다. ㉣그러나 결과가 부정적인 경우 이를 뒤집는 데 200배의 정보량이 필요하다고 합니다. 이를 통해 초두 효과의 영향력을 확인할 수 있지요.
학습에서도 이러한 초두 효과를 발견할 수 있습니다. 자료의 앞부분에 제시된 항목이 나중에 제시된 것보다 기억이 더 잘되고, 인출도 잘되는 것입니다. 이는 ㉤목록의 나중에 제시된 항목들은 기억 인출을 할 때 처음에 제시된 항목들의 간섭을 받기 때문입니다.

▶ 정답 해설
㉤에서 기억 인출을 할 때 나중에 제시된 정보는 처음에 제시된 정보의 간섭을 받음을 확인할 수 있다. ④는 이와 반대로 기술되어 있으므로 강연의 내용과 일치하지 않는다.

004 ⑤
듣기 대본

4번. 이번에는 라디오 방송의 일부를 들려 드립니다.

넓은 벌 동쪽 끝으로 옛이야기 지즐대는 실개천이 휘돌아 나가고
얼룩배기 황소가 해설피 금빛 게으른 울음을 우는 곳
그곳이 차마 꿈엔들 잊힐리야.

이 노래는 정지용의 시 '향수'에 곡을 붙인 이동원의 '향수'입니다. ㉠월북 시인 정지용은 18세 때 이 시를 써서 휘문고보 교지 『요람』에 처음 발표했고 이후 1927년 『조선지광』에 공식 발표했습니다. 고향인 충북 옥천을 그리워하면서 쓴 시로 그의 천재성이 엿보이는 시입니다. ㉡일제강점기 채동선이 이 시에 곡을 붙였고, 그 이후에도 강준일, 변훈 등이 발표했지만 크게 히트하지 못했습니다.
가수 이동원은 이 정지용의 시에 매료됐습니다. '향수'를 노래로 만들기 위해 작곡가 김희갑을 찾았습니다. 그러나 김희갑은 처음에는 일언지하에 거절했다고 합니다. 곡을 붙이기에 너무 어렵다는 이유였죠. ㉢그러나 이동원의 끈질긴 요청으로 김희갑은 1년 가까운 씨름 끝에 곡을 완성했고, 노래를 받아든 이동원은 감격의 눈물을 흘렸습니다. ㉣이동원은 당시 서울대 음대 박인수 교수를 찾아가 듀엣곡으로 부르자는 제안을 했는데 박인수 교수는 흔쾌하게 수락했습니다. 그러나 이 노래가 크게 히트하면서 당시 국립 오페라단 단원으로 활약하던 박인수가 대중음악에 참여했다는 이유로 제명을 당하기도 했습니다.
시가 노래이고, 노래가 시였던 시대가 있었지만 ㉤시에 곡을 붙여서 성공하기란 결코 쉽지 않습니다. 서정주의 시에 곡을 붙인 송창식의 '푸르른 날', 정호승의 시에 곡을 붙인 안치환의 '우

리가 어느 별에서' 등 손으로 꼽을 정도이죠. 시를 읽다 보면 절로 멜로디가 떠오르는 '향수'야말로 시를 살린 명곡이 아닐 수 없습니다.

정답 해설

㉤에서 시에 곡을 붙여서 성공한 사례로 노래 '향수' 외에도 송창식의 '푸르른 날'와 안치환의 '우리가 어느 별에서'를 들고 있으므로 유일한 사례가 '향수'는 아니다. 따라서 정답은 ⑤이다.

오답 해설

① ㉣에서 듀엣곡으로 부르자는 이동원의 제안에 박인수 교수는 흔쾌하게 수락했음을 설명하고 있다.
② ㉡에서 시 '향수'에 곡을 붙인 사례가 일제강점기에도 있었음을 언급하고 있다.
③ ㉠에서 정지용은 18세 때 휘문고보 교지 '요람'에 시 '향수'를 발표했다고 말하고 있다.
④ ㉢에서 작곡가 김희갑은 1년 가까운 씨름 끝에 곡을 완성했다고 하고 있다.

▶ **출처** 오광수(2018.04.29.), 이동원 '향수', 노래의 탄생, 경향신문

005 ②

듣기 대본

5번. 이번에는 시 한 편을 들려 드립니다.

주름 가득한
더운 날 부채 같은
추운 날 난로 같은
미소에 잔물결 일고
대소에 밭고랑 생기는
바람에 강하고
물에 약한 창호지 같은
달빛 스민 빈방 천장 같은
뒤꼍에 고인 오후의 산그늘처럼
적막한
공책에 옮겨 쓴 경전 같은

정답 해설

시에서는 '주름 가득한', '미소에 잔물결 일고 / 대소에 밭고랑 생기는' 등의 표현이 제시되어 있다. 이를 통해 대상이 주름 및 웃음과 관련이 깊은 '얼굴'임을 확인할 수 있다.

▶ **출처** 이재무(2014), 얼굴, 『슬픔에게 무릎을 꿇다』, 실천문학사

006 ④

듣기 대본

이번에는 진행자와 전문가의 대담을 들려 드립니다. 6번은 듣기 문항, 7번은 말하기 문항입니다.

진행자: 오늘은 동물원 복지 과장님을 모시고 동물원 소식을 들어보겠습니다. 안녕하세요. 먼저 동물원에 대해 소개를 해주신다면요?

전문가: 동물원이라는 곳이 최근에는 기능이 많이 바뀌었죠. ㉠ 일단 휴식의 역할, 환경 보존 교육의 장 역할, 동물 종을 포함한 자연 보존의 역할, 그리고 전문적인 학술 연구기관의 역할을 하고 있습니다.

진행자: ⓐ동물원의 여러 역할 가운데 하나가 동물 보존을 수행하는 거잖아요. 관련된 활동은 어떤 게 있을까요.

전문가: 보존이라 하면 아무래도 반달가슴곰 복원 프로젝트를 먼저 떠올리실 텐데요. 사실은 이 시작이 저희 동물원에서였다는 것을 잘 모르시더라고요.

진행자: ⓑ그러니까 지리산에 반달가슴곰을 방사하는 프로젝트가 동물원에서 처음부터 시작됐던 거군요.

전문가: ㉡북한에서 반달곰을 데려오고, 동물원에서 번식을 해 번식한 개체 15마리를 지리산에 보내서 현재 50마리가 넘는 개체군으로 증식을 하게 된 거죠.

진행자: 동물 복지를 위해서도 진행하고 있는 프로그램이 있다고요?

전문가: 동물 복지를 위해 ㉢오래된 동물사를 친환경적으로 최대한 서식지와 가까운 동물사로 계속 리모델링을 해가고 있고요. 또 다른 프로그램을 말씀드리면 아무래도 제한적인 공간에 동물들이 있다 보니 자연에서와 같은 자연적인 행동을 하기 어려운데요. 이런 행동을 유발하기 위해서 저희가 풍부화라고 하는 활동들을 하고 있습니다. 예를 들면 ㉣곰 같은 경우 나무 속에 있는 개미라든지 꿀을 잘 먹는 습성이 있지 않습니까? 그래서 일부러 먹이를 줄 때도 통나무를 파서 그 안에 꿀을 넣어준다든지 하는 거죠.

진행자: ⓒ그런 것을 풍부화 프로그램이라고 부르는군요. 지금까지 알려주신 것 외에 동물원을 이용하는 데 유의사항이 있을까요?

전문가: 혹시 월요병이라고 들어보셨죠?

진행자: 월요병, 직장인들은 다 있죠.

전문가: 그렇죠. ㉤그 월요병이 저희 동물원에도 있습니다. 주말에 많은 관람객분들이 오셔서 동물들 신기하다고 소리 지르시고, 가져온 먹이, 먹다만 소시지, 근처에 있는 풀 등을 주시는 경우가 많습니다. 심지어 관광객이 던진 동전이라든지 과자 봉지를 먹고 불상사가 일어나는 사례가 종종 있습니다. 그리고 귀

엽다고 소리 지르거나, 또는 유리 창문을 두드린다거나 이런 자극적인 행동을 하지 않아 주시기를 꼭 부탁드립니다.
진행자: ⓓ 네, 그런 관람 에티켓이 꼭 지켜졌으면 좋겠네요. 오늘 말씀 고맙습니다.

정답 해설

ⓒ에서 오래된 동물사를 서식지와 최대한 가깝게 리모델링하고 있는 것은 동물 복지 일반을 위한 것으로 언급했고, 또 다른 프로그램으로 먹이를 찾는 자연스러운 행동을 위한 행동을 유도하는 풍부화 활동이 별도로 언급되고 있어 동물사를 리모델링해 풍부화 활동을 유도한다는 진술은 적절하지 않다.

오답 해설

① ㉠에서 최근 동물원은 동물 종을 포함한 자연 보존의 역할을 하고 있음을 언급하고 있다.
② ㉡에서 지리산의 반달가슴곰 복원을 위해 동물원에서 반달곰을 번식해 15마리를 지리산에 보낸 것으로 설명하고 있다.
③ ㉣에서 곰은 나무 속에 있는 먹이를 먹는 습성이 있기 때문에 일부러 먹이를 나무 속을 파서 넣어준다고 설명하고 있다.
⑤ ㉤에서 주말 동안 찾아온 관람객들의 부주의한 행동으로 동물들이 시달리는 것을 월요병으로 비유해 설명하고 있다.

▶ 출처
- 김원학(2009.07.28.), 서울대공원 반달가슴곰 지리산 방사, 의학신문
- 서울대공원 홈페이지 - 동물복지 이야기(https://grandpark.seoul.go.kr/board/list/ko/S001002003002/B019.do)

007 ①

정답 해설

진행자는 인터뷰에서 전문가에게 질문을 할 때 자신의 직접적인 경험을 언급하고 있지 않고 있다.

오답 해설

② ⓓ에서 전문가가 이야기한 동물원을 이용할 때의 유의사항을 지켜달라는 전문가의 당부에 공감을 표시하며 인터뷰를 마무리하고 있다.
③ ⓑ와 전문가가 앞서 말한 반달가슴곰 방사 프로젝트가 동물원에서 처음부터 시작됐다는 것을 다시 반복해 말하고, ⓒ에서 전문가가 말한 풍부화 프로그램을 반복하여 언급하고 있다.
④ 앞서 다루어지던 화제 외에 새로운 화제에 대해서 질문하며 인터뷰를 진행하고 있다.
⑤ ⓐ에서 전문가가 앞서 언급한 4가지 동물원의 역할 중에서 동물 보존의 수행 역할과 관련된 활동의 구체적 사례를 질문하고 있다.

008   ⑤

듣기 대본

이번에는 드라마의 일부분을 들려 드립니다. 8번은 듣기 문항, 9번은 말하기 문항입니다.

팀장: 선희 선생님. 요즘 좀 어때요? 새로 담당하게 된 청소년 상담 일은 할 만해요?
선희: (옅은 미소) 네, 팀장님. 할 만 합니다.
팀장: ㉠ 은혜라는 학생 때문에 많이 힘들죠? 버거우면 언제든지 말해도 돼요.
선희: 아, 아닙니다. 은혜는… 제가 끝까지 돕고 싶어요.
팀장: 아 그래요? (미소) ㉡ 근데, 선희 선생님, 아이들이 전부 기대만큼 변하고 좋아지지는 못해요. 여러 이유가 있으니까….
선희: 네. ㉢ 애들 문제만은 아니네요. 부모님들이 원인인 경우도 많고….
팀장: 적절하게 거리를 두는 것도 방법이에요.
선희: 팀장님, ㉣ 그럼 마음을 많이 주지 말라는 뜻이신가요?
팀장: 그런 게 아니라, 자기 상태를 먼저 점검하란 뜻이에요. 거리를 안 두면 내 상태가 애들을 도울 수 있는지 아닌지 그게 안 보이거든요. 애들을 더 잘 돕기 위해서 그런 시간이 꼭 필요해요. 안 그럼 정말 중요한 순간에 못 버티고 마음이 꺾일 수도 있거든요.
선희: 아… 그럴 수도 있겠네요.
팀장: 아이들은… 사랑받고 있다는 사실을 깨닫기 전까진, 쉽게 변하질 않아요. 그 사랑은 절대 짧아서는 안 되고요. 그렇게 진심으로 끝까지 사랑해주기 위해선, 내가, 먼저 잘 준비해야 돼요.
선희: (곱씹듯) 끝까지 사랑해주기 위해서…. (기운내며) 네, 알겠습니다.

정답 해설

선희가 "적절하게 거리를 두는 것"이 "방법"이라고 말한 팀장에게 "마음을 많이 주지 말라는 뜻"이냐고 묻자, 팀장은 "그런 게 아니라, 자기 상태를 먼저 점검하란 뜻"이었다고 답하고 있으므로 팀장의 생각이 아니다. 따라서 답은 ⑤이다.

오답 해설

① 팀장은 아이들에 대한 사랑이 "절대 짧아서는 안" 된다고 말했으므로 팀장의 생각에 해당한다.
② 팀장은 "아이들이 전부 기대만큼 변하고 좋아지지는 못해요."라고 했으므로 팀장의 생각에 해당한다.
③ 팀장은 "아이들은 사랑받고 있다는 사실을 깨닫기 전까진, 쉽게 변하질 않"는다고 했으므로 팀장의 생각에 해당한다.
④ 팀장은 "자기 상태를 먼저 점검하"라고 말하며, "애들을 더 잘 돕기 위해서 그런 시간이 필요"하다고 했으므로 팀장의 생각에 해당한다.

▶ 출처 KBS 무대(2021.06.19.), 스승과 은혜

009 ①

정답 해설

"적절하게 거리를 두는 것도 방법이"라는 팀장의 조언에 대해 선희는 ㉣처럼 자신이 이해한 내용이 맞는지를 확인하고 있다.

오답 해설

② 선희는 팀장의 조언의 의도를 확인하기 위해 질문을 하고 있기는 하지만 그렇게 행동할 경우 발생할 수 있는 문제점을 지적하지는 않는다.
③ ㉢에서 선희는 문제의 원인을 언급하고는 있지만 분석한 내용을 나열하고 있지는 않다.
④ ㉠처럼 '은혜'라는 학생에 대해 공감하고 있지만 선희의 말에 맞장구를 치거나 공통의 관심사를 발견하는 부분은 나타나지 않는다.
⑤ ㉡에서 팀장은 "아이들이 전부 기대만큼 변하고 좋아지지는 못"한다고 설명하고 있으나 이는 선희가 잘못 알고 있는 내용을 설명한다고 보기 어렵고, 비교의 방식으로 설명하고 있지도 않다.

010 ⑤

듣기 대본

이번에는 강연을 들려 드립니다. 10번은 듣기 문항, 11번은 말하기 문항입니다.

여러분, '습지' 하면 무엇이 떠오르시나요? 여기 사진들이 보이시죠? 임진강의 넓은 모래사장과 수면, 화성호의 갈대숲, 그리고 논. 이것이 전부 습지입니다. 이 외에도 연못이나 호수, 갯벌도 습지입니다. 이러한 습지가 왜 중요할까요?

사람은 음식 없이는 살아갈 수 없습니다. 동물이나 식물도 마찬가지입니다. 그렇다면 생태계의 누군가는 다른 생물이 먹을 수 있는 음식을 생산해야 하는데 이것을 생산자라고 합니다. 생산자에는 식물, 조류, 남세균이 있습니다. 또한 생태계에서 단위 면적과 시간당 생산자가 생산하는 유기물질의 총량을 1차 생산성이라고 합니다. 1차 생산성이 높으면 음식이 많겠죠. 그리고 다양한 생물들이 살 수 있겠죠. 전 세계 생태계에서 1차 생산성이 가장 높은 생태계는 열대 우림입니다. 그런데 습지의 1차 생산성이 이 열대 우림의 1차 생산성과 맞먹습니다. 우리나라에서 1차 생산성이 가장 높은 곳이 바로 습지입니다.

습지는 기후 변화를 완화하는 데에도 중요한 역할을 합니다. 습지에는 많은 동물들의 사체와 잔존물들이 가라앉아 있는데, 이것들이 모두 이산화 탄소 덩어리입니다. 그리고 공기 중에 있는 이산화 탄소도 습지의 바닥으로 가라앉습니다. 습지를 훼손하지 않고 잘 보존하는 것만으로도 환경 보호를 위한 많은 비용을 절약할 수 있습니다.

이런 습지가 빠르게 사라지면서 습지가 수행하는 기능들이 사라지고, 이로 인해 여러 기후 문제 및 환경 문제가 발생하고 있습니다. 습지가 잘 작동하려면 습지의 기능에 대한 인식 전환이 가장 중요하다고 생각합니다. 잘 작동하는 건강한 생태계에서 우리 모두 행복하게 살아가기를 바랍니다.

정답 해설

강연의 내용에 따르면 공기 중에 있는 이산화 탄소가 습지의 바닥으로 가라앉으므로 습지를 훼손하지 않는 것만으로도 환경 보호를 위한 비용을 절약할 수 있다고 한다. 따라서 습지가 이산화 탄소를 배출하는 것이 아니라 이산화 탄소를 흡수함으로 인해 환경 보호가 된다는 것이므로 ⑤는 적절하지 않은 내용이다.

오답 해설

① 임진강의 넓은 모래사장과 수면, 화성호의 갈대숲, 논, 연못, 호수, 갯벌이 습지라고 했으므로 맞는 진술이다.
② 생산자에는 식물, 조류, 남세균이 있다고 했으므로 맞는 진술이다.
③ 우리나라에서 1차 생산성이 가장 높은 곳이 습지라고 했으므로 맞는 진술이다.
④ 습지에는 많은 동물들의 사체와 잔존물들이 가라앉아 있다고 했으므로 맞는 진술이다.

▶ **출처** 장이권 교수, 화성 습지로 소리 여행을 떠나다, 세바시 강연

011 ②

정답 해설

임진강의 넓은 모래사장과 수면, 화성호의 갈대숲, 논의 사진을 보여 주며 습지를 설명하고 있다.

오답 해설

① 환경 전문가의 인터뷰는 언급하고 있지 않으므로 정답이 아니다.
③ 발표하게 된 소감을 밝히며 발표를 시작하고 있지 않으므로 정답이 아니다.
④ 설문 결과는 제시하고 있지 않으므로 정답이 아니다.
⑤ 강연 내용을 요약하는 언급을 하며 발표를 마무리하고 있지 않으므로 정답이 아니다.

012 ①

듣기 대본

이번에는 발표를 들려 드립니다. 12번은 듣기 문항, 13번은 말하기 문항입니다.

안녕하세요? 마케팅부 김슬기입니다. 저는 요즘 품귀 현상이 일어나고 있는 빵에 담긴 마케팅 전략에 대해 발표하겠습니다. 1998년 출시하여 8년간 어린이들에게 스티커 모으기 열풍을 가져다 주었던 이 빵이 지난 2월 재출시되면서 다시 큰 사랑을 받고 있습니다. 당시 어린이였지만 현재는 직장인, 대학생인 M세대에게는 추억을 되새기며 다시 스티커를 모으기 위해 사고, 현재 10대인 Z세대에게는 구하기 힘든 제품이기에 유행하고 있습니다.

이러한 마케팅을 '레트로 마케팅'이라고 칭하는데, 일명 '복고 마케팅'이라고도 불립니다. 이는 과거 추억을 불러일으킬 수 있는 제품을 현대에 맞게 재해석하여 마케팅에 활용하는 것을 말합니다. 이미 과거에 인기를 검증한 상품이라 홍보 비용을 절감할 수 있다는 효과가 있으며, M세대에게는 '추억'을, Z세대에게는 '신선함'을 준다는 것이 특징입니다.

인기를 끌게 된 두 번째는 왜그더도그(왝더독) 마케팅입니다. 왜그더도그(Wag the dog)는 꼬리가 몸통을 흔든다는 의미로, 고객들이 실제 상품보다 경품에 더 큰 가치를 느껴 상품을 구매하게 합니다. 이처럼 꼬리가 몸통을 역으로 흔드는 꼴로 '주객전도'라고 할 수 있습니다. 바로 이 빵의 열풍을 이끄는 주역은 동봉된 스티커라는 점입니다. 스티커를 모으는 사람들이 많아지면서 구매 경쟁이 치열해졌고 품귀 현상까지 일어나고 있습니다. 또한 스티커는 중고거래 사이트에서 고가에 판매되고 있습니다.

이에 우리 회사 제품도 레트로와 왜그더도그 같은 마케팅 전략을 활용하여 판매 홍보에 반영하는 것에 대한 의견을 제안합니다. 이상으로 마케팅 전략에 대한 발표를 마치겠습니다. 감사합니다.

정답 해설

왜그더도그 마케팅은 꼬리가 몸통을 흔든다는 의미로 실제 상품보다 경품에 더 큰 가치를 느껴 상품을 구매하게 하는 것이고, 본 상품의 질 향상에 대한 언급은 없으므로 적절하지 않다.

오답 해설

② 왜그더도그 마케팅은 꼬리가 몸통을 역으로 흔드는 꼴인 '주객전도'된 판매 전략이라고 진술하고 있다.
③ 레트로 마케팅은 현재 직장인, 대학생인 M세대에게는 과거의 추억을, 현재 10대인 Z세대에게는 신선함을 줄 수 있다고 진술하고 있다.
④ 레트로 마케팅은 과거의 추억을 불러일으킬 수 있는 제품을 현대에 맞게 재해석하여 판매한다고 진술하고 있다.
⑤ 레트로 마케팅은 과거에 인기를 검증한 상품이라 홍보 비용이 절감되는 효과가 있다고 진술하고 있다.

013 ⑤

정답 해설

'레트로 마케팅'과 '왜그더도그 마케팅' 방식을 구체적으로 설명하여 이해를 돕고 있으므로 적절한 진술이다.

오답 해설

① 청중의 반응을 유도하기 위해 감정에 호소하는 내용은 언급되어 있지 않다.
② 발표 내용의 근거를 제시하기 위해 통계 자료를 활용하고 있지 않다.
③ 발표의 신뢰도를 높이기 위한 발표자의 실제 경험은 언급되어 있지 않다.
④ 청중의 흥미를 불러일으키는 다양한 매체 자료는 제시되어 있지 않다.

014 ③

듣기 대본

끝으로 직장 내 대화의 한 장면을 들려 드립니다. 14번은 듣기 문항, 15번은 말하기 문항입니다.

박 과장: 최 대리, 저번에 얘기했던 원재료 수출 업체 입찰은 어떻게 되고 있나요?
최 대리: 아, 입찰 안 했습니다. 기존에 수출을 담당하던 업체에게 맡겼습니다.
박 과장: 이미 업체에게 맡겼다구요? 일을 진행한다는 결재도 안 올리지 않았습니까?
최 대리: 아, ⓐ이전에 계시던 김 과장님과는 이런 방식으로 업무를 진행했었습니다. 구두로 보고하고, 결재는 특이한 사항이 있을 때만 하는 것으로요.
박 과장: 이런 방식으로요? 이전에 있던 김 과장과 그런 방식으로 업무를 진행했다는 것은 이해합니다. 그렇지만 이 팀의 방식이 있으니까 새로운 상사인 저도 무조건 그 방식에 따라야 합니까?
최 대리: 아니요, 그런 말은 아니었습니다.
박 과장: 이전 사람과 하던 방식이 있다고 하더라도, 새로운 상사가 왔으면 업무 진행 상황을 자세히 보고해야지요. ㉠ⓑ그리고 구두로 보고하는 것은 나중에 근거 자료가 남지 않아 위험합니다. 어떤 일을 하든지 문서로 결재를 올려 근거 자료가 남도록 해야 추후에 탈이 없지 않겠습니까?

최 대리: 그렇지만 과장님, ⓒ수출 업무는 신속함이 생명입니다. 결재 문서를 만들고, 그 문서가 결재될 때까지 기다렸다 업무를 진행하면 유리한 상황을 다 놓치고 맙니다. ⓒ신속한 업무 처리를 위해 구두로 보고하는 우리 팀의 기존 방식도 이해해 주십시오.
박 과장: 뭐라구요? 상사가 하자고 하면 좀 그렇게 합시다. 문서로 결재를 받아야 하는 이유에 대해 충분히 이야기하지 않았습니까?
본부장: 아니, 박 과장, 최 대리. 왜 사무실에서 언성을 높이는 겁니까? 무슨 문제라도 있습니까?
박 과장: 본부장님, ⓔ최 대리가 기존의 일 처리 방식만을 고집하면서 새로운 상사인 저의 의견을 무시하고 있습니다.
최 대리: 무시라니요, 그렇지 않습니다. 저는 그저 박 과장님께 기존의 방식이 업무 처리에 효율적이라고 말씀드렸을 뿐입니다.

정답 해설
ⓒ에서 최 대리는 박 과장이 말한 대로 문서를 결재 받는 방식으로 업무를 처리하면 업무의 신속성이 떨어진다고 생각함을 알 수 있다.

오답 해설
① ⓒ에서 최 대리는 우리 팀의 기존 방식도 이해해 달라고 하고 있으므로 박 과장이 제안한 새로운 방식과 기존 방식은 다르다고 생각하고 있음을 알 수 있다.
② 위의 대화 어디에서도 박 과장이 기존에 수출을 담당하던 업체의 일처리 방식이 효율적이지 않다고 생각함을 알 수 있는 내용이 없다.
④ ㉠에서 박 과장은 결재를 올려 나중에 벌어질 실수를 대비하자고 하는 것이지, 최 대리가 이미 실수를 한 것을 탓하고 있는 것은 아님을 알 수 있다.
⑤ ⓔ에서 박 과장은 최 대리가 기존의 방식만 고집하고 자신을 무시한다고 생각하고 있을 뿐, 김 과장과 자신을 비교하고 있다고 생각하고 있는 것은 아님을 알 수 있다.

▶ **출처** 드라마 〈미생〉(2014), 20화 내용 각색

015 ④
정답 해설
박 과장과 최 대리가 업무 처리 방식으로 갈등을 빚고 있는 상황이며, 둘의 의견이 모두 논리를 갖추고 있다. 따라서 박 과장과 최 대리가 협의하여 새로운 업무 처리 방식을 정할 것을 권하는 것이 갈등을 중재하기에 적절하다.

오답 해설
① 현 상황에서 '구관'은 이전 상사인 '김 과장'이다. 이 격언은 '나중 사람을 겪어 봄으로써 먼저 사람이 좋은 줄을 알게 된다는 말'이므로 박 과장에게 소개하는 것은 적절하지 않다.
② ⓑ에서 박 과장은 이미 구두 보고 방식이 위험하다는 문제점을 갖고 있음을 알고 있다는 사실을 알 수 있다. 그러므로 박 과장에게 구두 보고 방식의 문제점을 설명하는 것은 적절하지 않다.
③ 최 대리의 방식은 업무 처리의 효율성을 확보할 수 있다는 장점이 있다. 그러므로 최 대리의 방식을 포기하고 새로운 상사의 의견을 따르라고 통보하는 것은 갈등 중재에 적절하지 않다.
⑤ ⓐ에서 최 대리는 특이한 상황에서만 문서 결재를 했던 경험이 있다는 사실을 알 수 있다. 그러므로 최 대리에게 문서 결재를 해야 할 특이한 상황에 대해 설명하는 것은 적절하지 않다.

어휘 · 어법 016번~045번

기출문제집 p.153

016	③	017	①	018	③	019	②	020	⑤
021	⑤	022	⑤	023	②	024	②	025	③
026	①	027	④	028	②	029	②	030	②
031	④	032	④	033	②	034	②	035	⑤
036	①	037	⑤	038	③	039	④	040	④
041	①	042	③	043	⑤	044	⑤	045	②

016 ③
정답 해설
'반짝이다'는 '작은 빛이 잠깐 나타났다가 사라지다. 또는 그렇게 되게 하다'의 뜻으로 일회적인 의미만 있고 '반복'의 의미가 들어 있지 않다.

오답 해설
① '반짝대다'는 '작은 빛이 잇따라 잠깐 나타났다가 사라지다. 또는 그렇게 되게 하다.'의 뜻으로 '반복'의 의미가 있다.
② '반짝반짝'은 '작은 빛이 잠깐 잇따라 나타났다가 사라지는 모양.'의 뜻으로 '반복'의 의미가 있다.
④ '반짝거리다'는 '작은 빛이 잇따라 잠깐 나타났다가 사라지다. 또는 그렇게 되게 하다.'의 뜻으로 '반복'의 의미가 있다.

⑤ '반짝반짝하다'는 '작은 빛이 잠깐 잇따라 나타났다가 사라지다. 또는 그렇게 되게 하다.'의 뜻으로 '반복'의 의미가 있다.

017 ①
정답 해설

'질곡(桎梏)'은 '몹시 속박하여 자유를 가질 수 없는 고통의 상태를 비유적으로 이르는 말.'로 '무척 긴 시간을 비유적으로 이르는 말'이라는 뜻풀이는 잘못이다.

오답 해설
② '미증유(未曾有)'는 '지금까지 한 번도 있어 본 적이 없음'의 뜻이다.
③ '전거(典據)'는 '말이나 문장의 근거가 되는 문헌상의 출처'라는 뜻이다.
④ '천착(穿鑿)'은 '어떤 원인이나 내용 따위를 파고들어 알려고 함.'이라는 뜻이다.
⑤ '휘발성(揮發性)'은 '보통 온도에서 액체가 기체가 되어 날아 흩어지는 성질.'이라는 뜻이다.

018 ③
정답 해설

'가녀스럽다'는 '보기에 가난하고 어려운 데가 있다.'는 의미로 '으스스하고 음산한 느낌이 있다'는 적절하지 않다.

오답 해설
① '가리사니'는 '사물을 분간하여 판단할 수 있는 실마리.'라는 뜻이다.
② '징건하다'는 '먹은 것이 소화가 잘 되지 않아 더부룩하다.'는 뜻이다.
④ '불잉걸'은 '불이 이글이글하게 핀 숯덩이'라는 뜻이다.
⑤ '뜨악하다'는 '마음이 선뜻 내키지 않아 꺼림칙하고 싫다.'는 뜻이다.

019 ②
정답 해설

'반추(反芻)'는 '되새김'과 '어떤 일을 되풀이하여 음미하거나 생각함. 또는 그런 일'의 뜻으로 '반추(反芻)의 태도를 버리고 신중하게 접근하는 자세가 필요하다.'는 '반추'가 '신중하게 접근하는 것'과 반대의 의미가 아니므로 맥락상 적절하지 않다.

오답 해설
① '반향'은 '어떤 사건이나 발표 따위가 세상에 영향을 미치어 일어나는 반응.'의 뜻으로 '신예 작가의 소설이 문단에 큰 반향(反響)을 불러일으켰다.'의 맥락에 적절하다.
③ '반전'은 '일의 형세가 뒤바뀜'의 뜻으로 '선거 막판에 아무도 예상하지 못한 커다란 반전(反轉)이 발생했다.'의 맥락에 적절하다.
④ '반박'은 '어떤 의견, 주장, 논설 따위에 반대하여 발함.'의 뜻으로 '정부의 정책이 발표되자 시민 단체에서 반박(反駁) 성명을 발표했다.'의 맥락에 적절하다.
⑤ '반감'은 '반대하거나 반항하는 감정'의 뜻으로 '상대를 배려하지 않은 독단은 상대에게 반감(反感)을 가져오기 마련이다.'의 맥락에 적절하다.

020 ⑤
정답 해설

'아무도 이번 일은 일체 입 밖에 내지 않았다.'에서는 '一切'가 '아주, 전혀, 절대로의 뜻으로, 흔히 행위를 그치게 하거나 어떤 일을 하지 않을 때에 쓰는 말.'의 의미로 쓰이는데 이 경우에는 '일절'이 옳은 말이다.

오답 해설
① '일절'은 '아주, 전혀, 절대로의 뜻으로, 흔히 행위를 그치게 하거나 어떤 일을 하지 않을 때에 쓰는 말.'의 뜻으로 '이곳의 출입은 일절 금지한다.'는 쓰임이 적절하다.
② '일절'은 '아주, 전혀, 절대로의 뜻으로, 흔히 행위를 그치게 하거나 어떤 일을 하지 않을 때에 쓰는 말.'의 뜻으로 '그는 친구들과 연락을 일절 끊었다.'는 쓰임이 적절하다.
③ '일체'는 '모든 것을 다'의 의미를 가진 부사로 쓰이므로 '걱정은 일체 털어 버리고 즐겁게 지내자.'는 쓰임이 적절하다.
④ '일체'는 '모든 것'의 의미를 가진 명사로 쓰이므로 '이번 일은 제가 일체의 책임을 지겠습니다.'는 쓰임이 적절하다.

021 ⑤
정답 해설

'맞히다'는 '문제에 대한 답을 틀리지 않게 하다.'의 의미로 카메라의 초점은 '맞추다'를 써야 한다. '맞추다'는 '어떤 기준에 틀리거나 어긋남이 없이 조정하다.'의 의미가 있다. 따라서 정답은 ⑤이다.

오답 해설

① '두껍다'는 '두께가 보통의 정도보다 크다.'의 의미로 '창틀에 먼지가 두껍게 쌓여 있었다.'처럼 쓸 수 있다.
② '늘리다'는 '물체의 넓이, 부피 따위를 본디보다 커지게 하다.' 또는 '수나 분량 따위를 본디보다 많아지게 하거나 무게를 더 나가게 하다.'의 의미로 '재산을 늘렸다'로 사용할 수 있다.
③ '좇다'는 '남의 말이나 뜻을 따르다.'의 의미로 '스승의 학설을 좇다'처럼 사용할 수 있다.
④ '가리키다'는 '손가락 따위로 어떤 방향이나 대상을 집어서 보이거나 말하거나 알리다.'라는 의미로 '시곗바늘이 오후 3시를 가리켰다'로 쓸 수 있다.

022 ⑤
정답 해설

①~④의 '마르다'는 '[1] 물기가 다 날아가서 없어지다.', '[2] 입이나 목구멍에 물기가 적어져 갈증이 나다.', '[3] 살이 빠져 야위다', '[4] 강이나 우물 따위의 물이 줄어 없어지다.' 등의 의미를 가진 '마르다1'의 용례들인 반면에 ⑤의 '마르다'는 '옷감이나 재목 따위의 재료를 치수에 맞게 자르다.'의 의미로 ①~④의 '마르다'와 동음이의어 관계에 있는 '마르다'이다. 따라서 정답은 ⑤이다.

023 ②
정답 해설

'졸다'는 '잠을 자려고 하지 않으나 저절로 잠이 드는 상태로 자꾸 접어들다.'의 의미이고 '자다'는 '생리적인 요구에 따라 눈이 감기면서 한동안 의식 활동이 쉬는 상태가 되다.'의 의미이므로 '졸다'가 '자다'의 상위어라 볼 수 없다.

오답 해설

① '먹다'는 '음식 따위를 입을 통하여 배 속에 들여보내다.'의 의미이므로 '물이나 술 따위의 액체를 목구멍으로 넘기다.'의 의미인 '마시다'의 상위어로 볼 수 있다.
③ '느끼다'는 '감각 기관을 통하여 어떤 자극을 깨닫다.'의 의미이므로 '몸이 떨리고 움츠러들 만큼 찬 느낌이 있다.'의 의미인 '춥다'의 상위어로 볼 수 있다.
④ '만들다'는 '노력이나 기술 따위를 들여 목적하는 사물을 이루다.'의 의미이므로 '여러 부품을 하나의 구조물로 짜 맞추다.'의 의미인 '조립하다'의 상위어로 볼 수 있다.

⑤ '움직이다'는 '멈추어 있던 자세나 자리가 바뀌다. 또는 자세나 자리를 바꾸다.'의 의미이므로 '바람에 빠르고 힘차게 나부끼다. 또는 그렇게 되게 하다.'의 의미인 '펄럭이다'의 상위어로 볼 수 있다.

024 ②
정답 해설

'도달하다'는 '목적한 곳이나 수준에 다다르다.'의 의미이고, '다다르다'는 '목적한 곳에 이르다.'의 의미이므로 '도달하다'를 대신하여 쓸 수 있는 말은 ② '다다르다'이다.

오답 해설

① '내닫다'는 '갑자기 밖이나 앞쪽으로 힘차게 뛰어나가다.'의 의미로 '도달하다'를 바꾸어 쓰기에 적절하지 않다.
③ '뒤따르다'는 '뒤를 따르다.'의 의미로 '도달하다'를 바꾸어 쓰기에 적절하지 않다.
④ '뒤잇다'는 '일과 일이 끊어지지 않고 곧바로 이어지다. 또는 그것을 그렇게 이어지도록 하다.'의 의미로 '도달하다'를 바꾸어 쓰기에 적절하지 않다.
⑤ '들어맞다'는 '정확히 맞다.'의 의미로 '도달하다'를 바꾸어 쓰기에 적절하지 않다.

025 ③
정답 해설

'효과를 거두다'는 결과나 성과를 얻었다는 의미이므로, '건강을 위해 운동을 했더니 체중 감량의 효과를 거두었다.'에 사용된 '거두다'는 '좋은 결과나 성과 따위를 얻다'의 의미로 사용되었다고 볼 수 있다. 따라서 ③이 정답이다.

오답 해설

① '과제물을 거두었다'에 사용된 '거두다'는 '한 곳에 모으다'의 의미이다.
② '점포를 거두었다'에 사용된 '거두다'는 '벌여 놓거나 차려 놓은 것을 정리하다'의 의미이다.
④ '눈길을 거두었다'에 사용된 '거두다'는 '관심, 시선 따위를 보내기를 그치다'의 의미이다.
⑤ '적진에서 군사를 거두었다'에 사용된 '거두다'는 '남을 때리거나 공격하던 일을 멈추거나 끝내다'의 의미이다.

026 ①
정답 해설

'냉수 먹고 이 쑤시기'는 '잘 먹은 체하며 이를 쑤신다는 뜻으로, 실속은 없으면서 무엇이 있는 체함을 이르는 말.'이다. 따라서 일을 쉽게 처리하는 상황에 사용하기에 적절한 속담이 아니다. 정답은 ①이다.

오답 해설

② '누워서 떡 먹기'는 '하기가 매우 쉬운 것을 비유적으로 이르는 말.'이다.
③ '땅 짚고 헤엄치기'는 '일이 매우 쉽다는 말.'이다.
④ '손 안 대고 코 풀기'는 '손조차 사용하지 아니하고 코를 푼다는 뜻으로, 일을 힘 안 들이고 아주 쉽게 해치움을 비유적으로 이르는 말.'이다.
⑤ '주먹으로 물 찧기'는 '일이 매우 쉽다는 말.'이다.

027 ④
정답 해설

'금란지의(金蘭之誼)'는 '친구 사이의 매우 두터운 정을 이르는 말.'이므로 ④의 전체 맥락과는 맞지 않는다.

오답 해설

① '가렴주구'는 '세금을 가혹하게 거두어들이고, 무리하게 재물을 빼앗음'의 의미를 가지므로 문맥에 맞는 표현이다.
② '강호지락(江湖之樂)'은 '자연을 벗 삼아 누리는 즐거움'의 의미를 나타내므로 문맥에 맞는 표현이다.
③ '고립무원(孤立無援)'은 '고립되어 구원을 받을 데가 없음.'을 의미하므로 문맥에 맞는 표현이다.
⑤ '격물치지(格物致知)'는 '실제 사물의 이치를 연구하여 지식을 완전하게 함'의 의미이므로 문맥에 맞는 표현이다.

028 ②
정답 해설

'손(을) 맺다'는 '할 일이 있는데도 아무 일도 안 하고 그냥 있다.'의 의미이므로 함께 일을 도우라고 말하는 맥락에서 사용하기에 적절하지 않다. 따라서 정답은 ②이다.

오답 해설

① '손(이) 뜨다'는 '일하는 동작이 매우 굼뜨다.'는 의미이므로 맥락에 맞게 적절하게 사용되었다.
③ '손(이) 거칠다'는 '도둑질 같은 나쁜 손버릇이 있다.'는 의미이므로 맥락에 맞게 적절하게 사용되었다.
④ '손이 나다'는 '어떤 일에서 조금 쉬거나 다른 것을 할 틈이 생기다.'는 의미이므로 틈틈이 공부한다는 맥락에 맞게 적절하게 사용되었다.
⑤ '손(이) 떨어지다'는 '일이 끝나다.'는 의미이므로 맥락에 맞게 적절하게 사용되었다.

029 ②
정답 해설

문제 선지의 한자어와 순화어는 국립국어원(2018)의 "알기 쉬운 행정용어"에서 선별한 것이다. '부심하다'는 '어떤 문제를 해결하기 위한 방안을 생각해 내느라고 몹시 애쓰다.'는 뜻으로 쓰이며 그 순화어는 '마음이 썩다'가 아니라 '애쓰다, 힘쓰다'이다. 따라서 정답은 ②이다.

030 ①
정답 해설

페이퍼 컴퍼니의 올바른 다듬은 말은 '유령 회사'이므로, '지주 회사'는 올바른 순화어로 볼 수 없다.

031 ④
정답 해설

'회계연도'는 '랴, 려, 례, 료, 류, 리' 항목이 아닌 '녀, 뇨, 뉴, 니' 항목에 해당하는 말이므로 적절하지 않다.

오답 해설

① ㉠ '남녀'는 '녀, 뇨, 뉴, 니' 항목에 해당하고 비어두에서 두음 법칙이 적용되지 않는 예이므로 적절하다.
② ㉡ '양심은 '랴, 려, 례, 료, 류, 리' 항목에 해당하고 어두에서 두음 법칙이 적용되는 예이므로 적절하다.
③ ㉢ '2000 년대'는 '녀, 뇨, 뉴, 니' 항목에 해당하고 두음 법칙이 적용되지 않는 의존 명사의 예이므로 적절하다.
⑤ ㉤ '대한여성회'는 '녀, 뇨, 뉴, 니' 항목에 해당하고 두음 법칙이 적용되는 고유 명사의 예이므로 적절하다.

032 ④
정답 해설

'울음'은 명사이므로 '슬픈 영화에 나 혼자 운다'의 의미를 나타내려면 '울다'의 명사형 '욺'을 써서 '슬픈 영화에 나 혼자 욺.'이 옳다.

오답 해설

① '갈다'의 명사형의 '갊'이므로 '무뎌진 부엌칼을 갊.'은 적절하다.
② '놀다'의 명사형은 '놂'이므로 '바닷가에서 신나게 놂.'은 적절하다.
③ '밀다'의 명사형은 '밂'이므로 '지하철에서 사람들이 밂.'은 적절하다.
⑤ '묻다'의 명사형은 '물음'이므로 '돌아가는 길을 친구에게 물음.'은 적절하다.

033 ②
정답 해설

과거에 대해 물어보는 의문에는 '있던?'을 쓰는 것이 옳다. '-든'은 어미 '-든지'의 준말로, '-든지'는 '나열된 동작이나 상태, 대상들 중에서 어느 것이든 선택될 수 있음을 나타내는 연결 어미'이므로 종결형에 사용할 수 없으며 의미상으로도 여러 개 중에서 선택할 상황이 아니므로 사용할 수 없다.

오답 해설

① '담그-'에 '-아'가 연결되면 '담가'가 되므로 '담궈'를 '담가'로 수정하는 것은 적절하다.
③ '머무르다'의 준말 '머물다'에 '-었-'이 연결된 '머물었다'는 비규범적인 형태이므로 '머무르-'에 '-었-'이 연결된 '머물렀다'로 수정하는 것은 적절하다.
④ '어떡해'는 '어떻게 해'가 줄어든 형태이므로 '정전이 되면 어떡해 할지 난감하다.'의 '어떡해'는 '어떻게'로 수정하는 것이 적절하다.
⑤ '익숙하지'가 줄어들면 '익숙지'가 되므로 '익숙치'는 '익숙지'로 수정하는 것이 적절하다.

034 ②
정답 해설

'관계'의 뜻을 나타내는 '간(間)'은 의존 명사이므로 '부모 자식간에도 지켜야 할 게 있다.'에서는 '자식∨간'으로 띄어 쓰는 것이 옳다.

오답 해설

① '-ㄹ수록'은 '앞 절 일의 어떤 정도가 그렇게 더하여 가는 것이, 뒤 절 일의 어떤 정도가 더하거나 덜하게 되는 조건이 됨을 나타내는 연결 어미'이므로 '산에 자주 오를수록 건강해 집니다.'에서처럼 용언에 붙여 쓰는 것이 옳다.

③ '-ㄹ망정'은 '앞 절의 사실을 인정하고 뒤 절에 그와 대립되는 다른 사실을 이어 말할 때 쓰는 연결 어미'이므로 '도와주지는 못할망정 방해하지는 말자.'에서처럼 용언에 붙여 쓰는 것이 옳다.
④ '-ㄹ지'는 '추측에 대한 막연한 의문이 있는 채로 그것을 뒤 절의 사실이나 판단과 관련시키는 데 쓰는 연결 어미'이므로 '앞으로 어떻게 살아야 할지를 모르겠다.'에서처럼 용언에 붙여 쓰는 것이 옳다.
⑤ 조사는 앞말에 붙여 쓰고 여럿이 겹치더라도 띄어 쓰지 않으므로 '하던 것처럼만 하면 아무 문제 없을 거야.'에서처럼 '것처럼만'은 붙여 쓰는 것이 옳다.

035 ⑤
정답 해설

'한글 맞춤법 제6장 제54항'에 따르면 '-꾼', '-깔', '-때기', '-꿈치', '-빼기', '-쩍-' 등의 접미사는 된소리로 적는다. 다만, [배기]로 발음되는 '-배기'는 소리나는 대로 적는다. ⑤의 '주정배기'는 [주정배기]로 발음되므로 '주정배기'로 적는다. 따라서 정답은 ⑤이다.

오답 해설

'한글 맞춤법 제6장 제54항'에 따르면 '-꾼', '-깔', '-때기', '-꿈치', '-빼기', '-쩍-' 등의 접미사는 된소리로 적는다. 따라서 ①, ②, ③, ④의 '귓대기', '땟갈', '겸연적은', '농삿군' 등은 '귀때기', '때깔', '겸연쩍은', '농사꾼'으로 적는다.

036 ①
정답 해설

"한글 맞춤법"의 "문장 부호" 중 가운뎃점의 '어구들을 낱낱으로 열거하지 않고 일정한 기준에 따라 묶어서 나타낼 때 묶음 사이에는 쉼표를, 같은 묶음에 속한 어구들 사이에는 가운뎃점을 쓴다'는 규정에 따라 '사과, 배·조기, 명태'는 '사과·배, 조기·명태'로 써야 한다.

오답 해설

② 가운뎃점의 '공통 성분을 줄여서 하나의 어구로 묶을 때 쓴다'는 규정에 따라 '중부'와 '서부'를 '중·서부'로 나타낼 수 있다.
③ 쉼표의 '같은 말이 되풀이되는 것을 피하기 위하여 일정한 부분을 줄여서 열거할 때 쓴다'는 규정에 따라 '수정하고 보완하다'는 '수정, 보완하다'로 나타낼 수 있다.

④ '공통 성분을 줄여서 하나의 어구로 묶을 때'는 가운뎃점을 쓰지만 이때는 가운뎃점 대신 쉼표를 쓸 수 있으므로, '병원'과 '의원'을 아울러 나타낼 때는 '병, 의원'으로 나타낼 수 있다. 이때의 '병의원'은 한 단어가 아니어야 한다.
⑤ '머리', '가슴', '배'와 같이 짝을 이루는 어구는 가운뎃점으로 나타낼 수 있다.

037

정답 ⑤

정답 해설

'곬'은 [주기]를 나타내는 '돌'과 유사하게 '골'로 적어야 하는 것으로 생각할 수 있으나, '돌'이 '돌을 맞이하다'의 경우에 [도를]로 발음되는 것과 달리 '물곬을'는 [물꼴쓸]로 발음되어 분명히 어간 끝의 'ㅅ'이 발음되어 발음 변화가 있다고 보기 어려우므로 이를 반영한 '물곬'로 적는 것이 타당하다. 따라서 정답은 ⑤이다.

오답 해설

① 같은 '愎'이 쓰이는 것 중에 '괴팍(乖愎)'만이 모음의 변화를 반영하고 '강퍅(剛愎)', '암퍅(暗愎)', '오퍅(傲愎)', '한퍅(狠愎)'의 경우는 원음이 발음되므로 원음에 따른 형태가 표준어가 된다.
② 의미가 똑같은 형태가 몇 가지 있을 경우, 그중 어느 하나가 압도적으로 널리 쓰이면, 그 단어만을 표준어로 삼기로 했으므로 '광주리'가 표준어이다.
③ '柱礎'에서 기원한 형태는 '주초'로 고모음화된 형태가 널리 쓰이는 것을 반영하여 '주추'를 표준어로 삼았다.
④ '시의 구절'을 나타내는 말은 흔히 [시뀌]로 발음되는 경우가 많으나 이는 '句'를 [구]로 읽는 것을 인정하여 적기로 하였으므로 [시뀌]를 적은 '시구'로 적은 것이 표준어이다.

038

정답 ③

정답 해설

'귀영머리'는 '댕기머리'가 아니라 '귀밑머리'의 전남 방언이므로 정답은 ③이다.

오답 해설

① '눈곱쟁이'는 '눈곱'의 전남 방언이다.
② '남싸다'는 '날쌔다'의 전남 방언이다.
④ '깝깝하다'는 '갑갑하다'의 경남 방언이다.
⑤ '똑바라지다'는 '똑바르다'의 전라도 방언이다.

039

정답 ④

정답 해설

'낮 한때'는 [나탄때]로 발음이 되는데, 이것은 '낮한때→(음절의 끝소리 현상) 낟한때→(/ㄷ/+/ㅎ/의 축약 현상) 나탄때'와 같이 표준 발음이 도출되는 것으로 설명할 수 있으므로, 7개의 자음만이 받침소리로 쓰이는 현상이 포함되어 있다.

오답 해설

① '쌓는'은 [싼는]으로 발음되는데, 이것은 '쌓는→(음절의 끝소리 현상) 싿는→(비음화) 싼는'의 과정을 거치는 것으로 설명할 수 있으므로 두 번의 음운 현상이 나타나게 된다.
② '값있다'는 [가빋따]로 발음되는데 이것은 합성어가 형성되면서 먼저 선행 형태 '값'이 [갑]과 같이 겹받침 중 하나가 탈락한 후에 후행 형태의 첫소리로 연음이 되는 것으로 설명되므로, 겹받침이 둘 다 발음되는 것이 아니라 겹받침 중 한 자음의 탈락이 나타난다.
③ '여덟을'은 [여덜블]로 발음되는데, 이것은 겹받침 중에 하나가 연음이 되어 일어난 결과로, 겹받침 중 어느 하나의 탈락은 보이지 않는다.
⑤ '않소'는 [안쏘]로 발음되는데 이것은 '않소→(음절의 끝소리 현상) 안소→(된소리되기) 안쏘→(겹받침 중에 하나의 탈락) 안쏘'의 과정을 거치므로 된소리되기가 겹받침 중 하나의 탈락보다 선행하여 일어난다. 표준 발음법 24항에서는 "어간 받침 'ㄴ(ㄵ), ㅁ(ㄻ)' 뒤에 결합되는 어미의 첫소리 'ㄱ, ㄷ, ㅅ, ㅈ'은 된소리로 발음한다."고 되어 있는데, 'ㅀ'은 이에 해당하지 않는다.

040

정답 ④

정답 해설

외래어 표기법 제2장 표15 〈타이어 자모와 한글 대조표〉에 따라 'Phuket'은 '푸껫'으로 적는다. 따라서 '푸켓'으로 적은 ④가 정답이다.

오답 해설

① 외래어 표기법 제3항 "일본의 인명과 지명은 과거와 현대의 구분 없이 일본어 표기법에 따라 표기하는 것을 원칙으로 하되, 필요한 경우 한자를 병기한다."에 따라 '京都'는 '교토'로 표기한다. 다만, 제4장 제2절 제4항 "중국 및 일본의 지명 가운데 한국 한자음으로 읽는 관용이 있는 것은 이를 허용한다."는 규정에 따라 '경도'로 적는 것도 허용한다.
② 외래어 표기법 제3항에 따라 '東京'은 '도쿄'로 표기한다. 다만, 제4장 제2절 제4항에 따라 '동경'으로 적는 것도 허용한다.

③ 외래어 표기법 제4장 제2항 "중국의 역사 지명으로서 현재 쓰이지 않는 것은 우리 한자음대로 하고, 현재 지명과 동일한 것은 중국어 표기법에 따라 표기하되, 필요한 경우 한자를 병기한다."에 따라 '黃河'는 '황허'로 표기한다. 다만, 제4장 제2절 제4항에 따라 '황하'로 적는 것도 허용한다.

⑤ 'Birmingham'은 [bə́ːrmiŋəm]으로 발음되므로 외래어 표기법 제2장 표1에 따라 '버밍엄'으로 적는다.

041 ①
정답 해설

'속리산'은 [송니산]으로 발음되는데 국어의 로마자 표기법 제3장 제1항 "음운 변화가 일어날 때에는 변화의 결과에 따라 다음 각 호와 같이 적는다."에 따르면 비음화와 유음의 비음화는 표기에 반영하도록 되어있다. 따라서 'Songnisan'은 올바른 표기이다.

오답 해설

② '낙성대'는 [낙썽대]로 발음되는데 로마자 표기법에서 된소리는 표기에 반영하지 않으므로 'Nakseongdae'로 적어야 한다.
③ '석빙고'는 [석삥고]로 발음되는데 로마자 표기법에서 된소리는 표기에 반영하지 않으므로 'Seokbinggo'로 적어야 한다.
④ '극락전'은 [긍낙쩐]으로 발음되는데 로마자 표기법에서 비음화와 유음의 비음화는 표기에 반영하고, 된소리는 반영하지 않으므로 'Geungnakjeon'으로 적어야 한다.
⑤ '한려^수도'는 [할려수도]로 발음되는데 표기법에서 유음화는 표기에 반영하므로 'Hallyeosudo'로 적어야 한다.

042 ③
정답 해설

'동토의 해빙과 빙하가 무너져 내리는'에서 구인 '동토의 해빙'과 문장인 '빙하가 무너져 내리다'가 연결되어 있어서 어법에 맞지 않는다. '동토의 해빙이 일어나고 빙하가 무너져 내리는'과 같이 수정해야 옳다.

▶ 출처 이익섭, 채완(2000), 국어문법론강의, 학연사

043 ⑤
정답 해설

㉤의 '인간의 또 다른 이름은 동물이며, 인간다움의 양심을 버리고 역사에서 교훈을 얻지 못하는 어리석은 존재이다.'는 '어리석은 존재이다'에 해당하는 주어가 없으므로 '인간은'을 넣어 '인간의 또 다른 이름은 동물이며, <u>인간은</u> 인간다움의 양심을 버리고 역사에서 교훈을 얻지 못하는 어리석은 존재이다.'와 같이 수정해야 한다.

▶ 출처 이익섭, 채완(2000), 국어문법론강의, 학연사

044 ⑤
정답 해설

관형격 조사는 중의성을 야기하는 경우가 많으나 '철수의 동생'에는 중의성이 없다.

오답 해설

① '매우 단 음식을 좋아한다'와 '단 음식을 매우 좋아한다'는 두 가지 의미로 해석될 수 있다.
② '민수'가 '철수'와 '영희' 두 사람을 각각 따로 만나는 경우와 '철수와 영희' 두 사람을 함께 만나는 경우로 해석될 수 있다.
③ '젊은'이 '남자'만을 수식하는 경우와 '남자와 여자'를 수식하는 경우로 해석될 수 있다.
④ '담임 선생님이 보고 싶어 하는 학생'과 '담임 선생님을 보고 싶어 하는 학생'이라는 의미로 해석될 수 있다.

045 ②
정답 해설

'에 대하여'를 '에 관하여'로 고친 것인데 이는 적절하게 고쳤다고 보기 어렵다. 이 경우 '에 대하여'를 불필요한 번역 투 사용으로 본다면 '에 대하여'가 들어가지 않는 '향후 계획 등을 반복적으로 질문하였다.' 정도의 문장으로 바꾸어 쓰는 것이 좋다.

오답 해설

① 번역 투인 '부상으로 인해'를 '부상으로'와 같이 적절한 조사로 바꾼 것이다.
③ '전망되어진다'는 불필요한 이중피동 표현이므로 '전망된다'로 고친 것은 적절하다.
④ 번역 투인 '운영함에 있어'를 연결어미를 이용하여 '운영하면서'로 고친 것은 적절하다.
⑤ '악용하여 행해져 온'은 이중피동 표현이므로 '악용한'으로 고친 것은 적절하다.

▶ 출처 김미선, 김지용(2018), 공공언어 문장 오류 유형 분석 연구, 인문과학연구 58집

쓰기 046번~050번

기출문제집 p.161

| 046 | ② | 047 | ⑤ | 048 | ① | 049 | ③ | 050 | ② |

046 ②

정답 해설

윗글에서 문해력 진단 방법에 대한 내용을 얘기하고 있지는 않으므로 자신의 문해력 수준을 진단할 수 있는 방법을 제시해야 한다는 계획은 윗글에 반영되지 않았다. 따라서 정답은 ②이다.

오답 해설

① 첫 번째 문단에서 문해력 저하가 문제로 대두됨을 얘기하고 있다.
③ 윗글의 두 번째, 세 번째 문단에서 문해력 저하의 원인과 학생들의 국어능력 저하에 대해 얘기하고 있다.
④ 네 번째 문단에서 문해력을 키우기 위한 방법에 대해 얘기하고 있다.
⑤ 다섯 번째 문단에서 요즘에 필요한 디지털 문해력에 대해 얘기하고 있다.

▶ 출처
- 박유신 외(2021), 인문잡지 한편6 '권위', 민음사, p.177~189
- 정은상 맥아더스쿨 교장(2022.05.09.), [정은상의 창직 프리즘] 디지털 문해력을 키우는 방법, 이넷뉴스
- 김제림 기자(2022.05.04.), [EDU journal] 영어도 아니고 한글인데, 읽어도 읽어도 '깜깜'…문제는 문해력이야, 매일경제
- 윤혜인 기자(2022.04.09.), "선생님 정의가 뭐예요?" 학생들 독서 안 해 문해력 70점대, 중앙선데이
- 신아연 기자(2022.03.24.), [AT 에듀] 초등 학부모 97% "문해력 학습 필요"…교육업계 시장 쟁탈전 '활활', 아시아타임즈

047 ⑤

정답 해설

문해력 향상을 위한 실천 방법의 구체적 사례로 (다)를 제시한다고 하였으나 (다)에는 구체적인 사례가 제시되고 있지 않다.

오답 해설

① (가)-(1)에는 문해력 저하의 다양한 원인이 나타나 있다.
② (가)-(2)에서 코로나19로 인해 국어 과목에서 기초학력 미달 학생의 비율이 증가하고, 보통 학력 이상의 학생 비율이 감소한 것을 알 수 있다. (나)는 영상에 익숙하여 학생들이 단어의 문맥상 의미를 파악하지 못하고, 어휘력이 부족하고, 줄글 자료를 이해하지 못하고, 요약하지 못하는 상황이라는 내용의 인터뷰이다. 따라서 문해력 저하의 심각성을 부각하는 자료로 적절하다.
③ (가)-(2)에서 코로나19로 인해 국어 과목에서 기초학력 미달 학생의 비율이 증가하고, 보통 학력 이상의 학생 비율이 감소한 것을 알 수 있다.
④ (나)는 영상에 익숙하여 학생들이 단어의 문맥상 의미를 파악하지 못하고, 어휘력이 부족하고, 줄글 자료를 이해하지 못하고, 요약하지 못하는 상황이라는 내용의 인터뷰이므로 (가)-(1)의 교사가 꼽은 문해력 저하의 가장 큰 원인인 '유튜브 등 영상 매체에 익숙해져서'를 부각하는 자료로 활용할 수 있다.

▶ 출처 윤혜인 기자(2022.04.09.), "선생님 정의가 뭐예요?" 학생들 독서 안 해 문해력 70점대, 중앙선데이

048 ①

정답 해설

문해력 향상 방법과 관련한 내용에서 문제집은 '영양제'로, 독서는 '식사'로 비유하여 설명하고 있다.

오답 해설

② 성인들의 문해력 실태를 보여주는 수치는 제시되지 않고 있다.
③ 문해력 저하 현상의 원인을 분류하여 설명하고 있지 않다.
④ 전통적 문해력을 지칭하는 용어들이 아닌 디지털 문해력을 지칭하는 용어들이 나열되고 있다.
⑤ 문해력의 가치에 대해 점층적인 서술 방식을 통해 설명하고 있지 않다.

049 ③

정답 해설

'그래서'는 인과관계를 나타내는 접속 부사이기 때문에 문맥을 고려할 때 조건을 덧붙이는 내용의 의미를 지닌 '다만'이 적절한 표현이므로 수정할 필요가 없다.

오답 해설

① '전파'는 '전하여 널리 퍼뜨림'의 뜻을, '확산'은 '흩어져 널리 퍼짐'의 뜻을 지닌다. 문맥상 디지털 미디어 환경이 널리 퍼진 것이 더 자연스러움으로 적절한 내용이다.
② '영양제'는 문제집을 비유한 내용으로 영양제를 다양하게 준비해야 한다는 내용은 전체적인 내용에 어긋나기 때문에 삭제해야 한다.
④ '이러한'이라는 지칭어가 의미하는 개념들이 뒤 문장에 나오므로 순서를 바꾸는 것이 적절하다.
⑤ 주어가 '디지털 문해력'이고, 문맥상 피동의 의미를 가지고 있으므로 서술어가 '강조된다'로 수정하는 것이 적절하다.

050 ②

정답 해설
윗글에서는 디지털 문해력에 대한 개념과 중요성까지 설명하고 있지만, 디지털 문해력 향상 방법에 대해서는 따로 제시되지 않고 있다. 따라서 글의 효용성을 높이기 위해 디지털 문해력 향상 방법을 제안한다는 내용은 적절하다.

오답 해설
①, ③ 이미 '교육부에 따르면'이라고 출처가 제시되어 있고, '6.4%, 2.6%'와 같이 구체적인 수치들이 제시되고 있다.
④ 글 전반에서 학생들에 대한 문해력 저하에 대해 설명하고 있으므로 학생들이 문해력 향상이 필요한 대상들은 밝혀져 있다.
⑤ '디지털 정보 중에서도 수많은 사회관계망서비스(SNS) 플랫폼에 올라오는 글은 모두 디지털 문해력과 밀접한 관계가 있다.'라는 내용과 함께 결론 부분에서 문해력의 중요성에 대해 밝히고 있으므로 이미 문해력이 현대 사회에서 중요한 이유를 제시하고 있다.

창안 051번~060번

기출문제집 p.164

| 051 | ④ | 052 | ② | 053 | ② | 054 | ⑤ | 055 | ④ |
| 056 | ③ | 057 | ① | 058 | ④ | 059 | ④ | 060 | ④ |

051 ④

정답 해설
'절차탁마(切磋琢磨)'는 '옥이나 돌 따위를 갈고 닦아서 빛을 낸다는 뜻으로, 부지런히 학문과 덕행을 닦음을 이르는 말'이므로 충분히 연습해서 실전에서 사용할 수 있도록 해야 한다는 ㉠의 내용과 가장 가깝다고 할 수 있다.

오답 해설
① '명경지수(明鏡止水)'는 '맑은 거울과 고요한 물'이라는 의미이다.
② '사리사욕(私利私慾)'은 '사사로운 이익과 욕심'이라는 의미이다.
③ '아전인수(我田引水)'는 '자기 논에 물 대기라는 뜻으로, 자기에게만 이롭게 되도록 생각하거나 행동함을 이르는 말'이다.
⑤ '주마간산(走馬看山)'은 '말을 타고 달리며 산천을 구경한다는 뜻으로, 자세히 살피지 아니하고 대충대충 보고 지나감을 이르는 말'이다.

▶ **출처** 하네다 오사무(2007), 『매듭법』, 진선출판사

052 ②

정답 해설
(가)의 '오버핸드 매듭'은 강도가 약하다는 단점이 있지만 연속해 매면 강도가 높아진다고 했으므로 이를 통해, 미진한 부분에 대해 대비책을 준비하여 업무의 완성도를 높일 수 있다는 논리를 주장할 수 있다.

오답 해설
① (가)의 '오버핸드 매듭'은 누구나 가장 쉽게 익힐 수 있는 매듭법이라고 했으므로 진입 장벽이 높은 업무에 비유하는 것은 적절하지 않다.
③ (나)의 '8자 매듭'은 기본적인 매듭법 보다 연습이 필요하다고 했으므로 처음에 서투른 것에는 비유할 수 있지만, 자연스레 업무에 능숙해지는 것이 아니라 훈련이 필요하다는 논리가 적절하다.
④ (나)의 '8자 매듭'을 통해 뛰어난 리더 혼자일 때 업무 효율성을 높일 수 있다는 논리를 주장하기는 어렵다.
⑤ (나)의 '8자 매듭'은 연습이 필요하다고 했으므로 빠른 업무 처리 방식과 관련이 없으며, 매듭이 강하게 조여지거나 물에 젖을 경우 풀기 어렵다고 했으므로 돌발적으로 발생하는 문제에 대응하는 것과 관련시키기 어렵다.

053 ②

정답 해설
'모든 매듭은 완성되기까지의 가닥이 꼬이지 않게 차근차근 매는 것이 중요하다'고 하였으므로 보이지 않는 과정도 중요하다는 내용을 추론할 수 있다. 따라서 보이지 않는 과정보다 겉에 드러나는 성과를 중시하는 자세를 추론하기는 어렵다. 정답은 ②이다.

오답 해설
① '매듭을 쓰는 중에도 매듭의 안전성을 자주 점검해야' 한다고 하였으므로 이를 통해, 조직의 운영이 안정기로 접어들어도 안주하지 않는 자세를 추론할 수 있다.
③ '매듭을 지은 후에' 끝부분에 '여유가 있어야 매듭이 끊어져도 남는 부분에 다른 줄을 이을 수 있'다고 하였으므로 새로운 상황에 대처할 수 있도록 변화 가능성을 허용하는 자세를 추론할 수 있다.
④ '매듭법은 용도에 따라 매우 다양하다'고 하였으므로 구성원 개별 능력에 따른 업무 분장을 추론할 수 있다.
⑤ '매듭을 쓰는 중에도 매듭의 안전성을 자주 점검해야 하며, 어떤 매듭을 한 다음에 끝처리로 오버핸드 매듭을 지어 매듭이 풀리는 것을 예방할 수 있다'고 하였으므로 일을 원활히

진행하는 것 못지않게 꼼꼼하게 마무리 하는 자세를 추론할 수 있다.

054 ⑤
정답 해설

꽃다발은 그 쓰임에 따라 꽃다발을 구성하는 꽃의 종류가 달라진다. 따라서 개별 요소인 꽃을 제대로 선택해서 꽃다발을 구성해야 목적에 부합하는 꽃다발이 완성된다. 이러한 논지에 따라 정답은 ⑤이다.

055 ④
정답 해설

그림 (가)는 만개한 꽃들을 모아 놓은 꽃다발로서, 가장 아름다운 순간의 꽃들을 한데 모아 하나를 이루었다는 것이 핵심이다. 이를 바탕으로 '지금은 미약하지만'이라고 표현하는 것은 만개한 꽃을 표현하기에 적절하지 않다.

오답 해설

① 그림 (나)는 꽃이 피려는 화분 그림이다.
② 그림 (가)는 가장 아름다운 순간인 만개한 상태의 꽃들을 한데 모아 꽃다발 하나를 이룬 것이다.
③ 화분의 꽃을 피우기 위해서는 물을 주는 등의 정성을 들이는 과정이 필요하다.
⑤ 꽃이 피기까지 시간이 걸리더라도 물을 주며 정성을 들인다면 꽃이 피는 성과를 얻을 수 있다.

056 ③
정답 해설

주로 꽃다발은 화분의 꽃에 비해 빨리 시든다. 이에 비해 화분의 꽃은 꽃이 피기까지 오랜 시간이 걸리지만, 꽃이 피는 과정에서 다양한 감정을 느낄 수 있다. 따라서 그림 (가)의 꽃다발을 부정적으로, 그림 (나)의 화분의 꽃을 긍정적으로 활용하여 이끌어낼 수 있는 아이디어로 적절한 것은 ③번이다.

오답 해설

① 그림 (나)를 활용하지 않았으므로 적절하지 않다.
② 그림 (가)의 꽃다발을 긍정적으로, 그림 (나)의 화분의 꽃을 부정적으로 활용하여 이끌어낸 아이디어이므로 적절하지 않다.
④ 그림 (가)를 활용하지 않았으므로 적절하지 않다.
⑤ 그림 (가)와 (나)를 모두 긍정적으로 활용하여 이끌어낸 아이디어이므로 적절하지 않다.

057 ①
정답 해설

그림 (가)는 임산부를 배려하기 위한 좌석을 나타내는 그림이고, (나)는 두루미와 여우가 서로의 신체적 특징을 배려하여 함께 식사하는 모습을 나타내는 그림이다. 그림 (가)와 (나)는 모두 '배려'를 나타내고 있다. ①은 키가 작은 어린이를 배려하여 설치된 개수대이므로 (다)에 들어갈 그림으로 적절하다.

▶ 출처
- (가): http://www.jbnews.com/news/articleView.html?idxno=1220616
- (나): http://vedu.kr/vm1/pdf/vm1g052.pdf
  ① http://vedu.kr/vm1/pdf/vm1g052.pdf
  ② https://univcoop.or.kr/intro/
  ③ http://vedu.kr/vm1/pdf/vm1g052.pdf
  ④ https://cm.asiae.co.kr/article/2019032711081453704
  ⑤ http://vedu.kr/vm1/pdf/vm1g052.pdf

058 ④
정답 해설

지문의 그림은 모두 '배려'를 나타내고 있으므로 타인이 처한 어려움을 살필 줄 모르는 사람에게 지문의 그림을 보여 주기에 적절하다.

059 ④
정답 해설

사람들이 기억하고 지키기 쉽도록 법 이름에 사건이나 사람 이름을 붙이는 것은 언어가 사람의 생각을 형성한다는 이 글의 중심 내용과 관련이 없다.

오답 해설

① '자유 전쟁'은 무엇인가에 종속된 상대 국가의 국민을 자유롭게 해 주기 위한 목적으로 하는 전쟁이라고 인식함으로써 전쟁 행위를 정당화하는 데 이용될 수 있다.
② '부자 증세'라는 용어는 고소득자, 부자가 세금을 더 내도록 하는 제도이므로 정당성을 가질 수 있지만, '징벌적 징세'는 납세자의 입장에서 형평성을 생각하게 하므로 '부자 증세'를 반대하는 입장에서 인식을 전환하기위해 사용할 수 있다.

③ '결손 가정'은 무엇인가 결핍되고 부족한 가정이라는 인식을 주지만 '한 부모 가정'은 그러한 부정적인 인식이 내포되어 있지 않아서 편견을 없앨 수 있다.
⑤ 국민이 세금에 대해 불만을 가지고 있기 때문에 '탄소세'라는 명칭은 세금을 떠올리게 할 수 있지만, '공해 유발 부담금'은 자신이 유발한 공해에 대해 책임을 지기 위한 부담금이라고 인식하게 되어 불만이 줄어들 수 있다.

▶ 출처 고병헌(2017), "살아 있는 언어가 세상을 바꾼다", 월간 인권연대 148호(https://hrights.or.kr/month/?uid=8199&mod=document

060 ④
정답 해설

이 글은 '언어 성형'에 대한 글로 언어에 따라 대상을 접하는 의미가 다르게 느껴질 수 있다는 것이므로 현상의 본질을 언어로 정확히 포착하기 어렵다는 것을 유추할 수 있다.

읽기 061번~090번

기출문제집 p.169

061	③	062	①	063	④	064	⑤	065	②
066	②	067	⑤	068	⑤	069	④	070	②
071	③	072	③	073	⑤	074	④	075	⑤
076	①	077	②	078	⑤	079	⑤	080	②
081	⑤	082	②	083	③	084	③	085	④
086	③	087	⑤	088	④	089	②	090	③

061 ③
정답 해설

1연과 4연이 반복되는 수미 상관의 구조를 통해 싸늘한 달이 비치는 상황에서의 슬픈 아우의 얼굴을 강조하고 있다.

▶ 출처 윤동주(1991), 『하늘과 바람과 별과 詩』, ㈜도서출판 미래사

062 ①
정답 해설

밝은 태양 빛 아래에서 자라야 하는 아우의 얼굴에 서린 '싸늘한 달빛'의 차가움은 냉혹한 현실의 이미지를 나타낸다고 할 수 있다.

오답 해설

② 슬픈 그림과 같은 '아우의 얼굴'은 화자의 슬픈 내면이 투영된 것이라 할 수 있다.
③ '앳된 손'은 세상 물정을 모르는 순수하고 어린 아우를 나타낸다고 할 수 있다.
④ 아우의 대답에서 나온 '사람'은 깊은 생각 없이 나온 대답이라고 할 수 있다.
⑤ 아우의 대답을 '설운 대답'이라고 화자가 판단한 것은 사람이 된다는 것이 쉽지 않음을 나타낸다고 할 수 있다.

063 ④
정답 해설

이 작품은 근대화로 인한 어촌마을의 급격한 현실과 상황을 압축적으로 서술하는 방식이 특징이며, 길고 유장한 문체를 바탕으로, 특히 지역어를 적극적으로 활용한 대화로 인물의 성격과 심리를 실감나게 전달하고 있다. 간결하고 리듬감 있는 문체로 사람들의 심리를 묘사하고 있지는 않으므로 정답은 ④이다.

▶ 출처 이문구, 「해벽」, 『해벽』, 창작과비평사, p.206~209

064 ⑤
정답 해설

조등만은 바다와 무관한 제방공사로 연명하는 삶이나 바다를 떠나 사는 삶을 선택할까 고민하는 등 퇴락한 어촌에서 점차 입지가 좁아지는 어민으로서의 곤궁한 삶에 어떻게 대처할지 고민하며, 실천할 방법을 고민하는 상황에 놓여있다.

오답 해설

① 조등만은 주민들이 제방공사에 참여할 수밖에 없는 선택적 상황을 이해하며, 그런 결정을 비난하지 않고 어쩔 수 없음을 인정하고 있다.
② 조등만은 허울뿐이었던 자신의 지난 행적을 반성하면서 변화된 현실에 주체적으로 대응하는 삶에 대한 의지를 갖고 실천하는 태도를 보인다.
③ 조등만은 아들의 대화에서 외부의 시선에 아랑곳하지 않고, 어민의 삶을 계속할 것을 강조하고, 아들은 몰락한 어민의 삶과 처지를 비관하며 신세 한탄만 하고 좀체 실천하지 않는다. 따라서 전통을 고수하는 아들과의 갈등이 아니라 곤궁한 처지를 어떻게 인식하고 실천할 것인지에 대한 태도의 차이라 할 수 있다.
④ 조등만은 자신의 배를 잃고 난 후, 개펄 개척에 참여한 것이 아니라 초라하지만 맞은편 개펄에 어살[魚箭]을 매는 방식으로 어민의 삶을 다시 이어가고자 하였다.

065 ②
정답 해설
윗글은 사투리를 적극적으로 활용하고 있는데 이런 사투리의 활용은 〈보기〉에서 혈연과 지연에서 비롯한 원시적 정서의 탄력을 받는다고 하였다. 따라서 혈연과 지연이 있는 독자에게 정서적 친밀감을 얻을 수 있으며, 더 많은 공감을 얻을 수 있다. 혈연과 지연이 없는 독자들에게도 정서적 공감을 얻기 수월하다고 볼 수는 없으므로 정답은 ②이다.

▶ 출처 황현산(2013), 『밤이 선생이다』, 문학동네, p.208

066 ②
정답 해설
이 글은 지성사 연구자들이 취한 언어맥락주의라는 방법론의 특징과, 지성사에서 비판하고 있는 논리에 대해 3가지로 설명하고 있다. 지성사 연구는 모든 시공간에 통용되는 보편적인 문제란 없다는 점을 전제로 하고 있기에, '지성사 연구자는 특정한 문제의식이 특정 시공간에 좌우된다고 본다'라는 ②가 정답이다.

오답 해설
① 지성사 연구가 취한 방법론의 핵심과 무관하다.
③ 지성사 연구자들은 중요한 저자의 텍스트를 통해 그 시대를 대표하는 정신을 연구한다는 전제에 동의하지 않기에 오답이다.
④ 지성사적 관점에서는 현재 우리에게 중요한 관심사로부터 과거에 접근해서는 안 된다고 보기 때문에 오답이다.
⑤ 지성사에서는 정전으로 자리 잡은 텍스트를 통해 그 시대의 본질을 알 수 있다고 전제하는 것을 부정하기에 오답이다.

▶ 출처 리처드 왓모어 저, 이우창 역(2021), 『지성사란 무엇인가』, 오월의 봄, p.273~275

067 ⑤
정답 해설
'잘못된 보편성'은 언어맥락주의자들의 입장에서 텍스트, 맥락, 시대의 구분과 상관없이 보편성을 추구하는 것을 비판한 지적이다. '각각의 시공간을 서로 다른 것으로 구별해야 한다고 전제한다'라는 점은 언어맥락주의자의 주장에 해당하기에, '잘못된 보편성'이 의미하는 바가 아니므로 ⑤가 정답이다.

오답 해설
잘못된 보편성은 ① '텍스트 및 맥락과 무관한 보편성을 추구하는 것', ② '보편적인 논쟁 속에 텍스트를 위치시켜 이해하는 것', ③ '중요한 저자의 저작이 해당 시대의 의견을 대표한다고 보는 것'을 의미하고, ④ '구조적 변화의 시기의 모든 논쟁은 그 변화를 대변한다'와 관련된다. 따라서 이들 선지는 '잘못된 보편성'에 해당하기에 오답이다.

068 ⑤
정답 해설
ⓒ "특정한 영역이나 맥락에 나타나는 변화가 다른 영역이나 맥락에 자연스럽게 반영되어 있으리라는 전제는 비판받아야 한다"라는 입장에서는, 특정 시기의 주요 논쟁은 공통적으로 그 당시의 사회경제적 변화를 반영하며 시대적 전환을 이끌었다고 주장하진 않는다. 정답은 ⑤이다.

069 ④
정답 해설
맥락주의자는 사회적 역할의 변화가 성격 변화를 유발할 수 있다고 설명한다. 이혼 전과 후에는 사회적 역할에 변화가 발생하므로 성격 변화가 유발될 수 있다.

오답 해설
① 본질주의자는 성격의 변화를 부정하지 않으며 변화의 원인을 다양한 생물학적 요인에 의한 것으로 설명한다.
② 선택 기제는 성격의 안정성에 대한 상호작용주의자의 설명을 뒷받침한다.
③ 윗글에서 설명하는 상호작용주의는 성격과 환경이 서로 영향을 주고받는 것을 의미하며 환경이 유전에 영향을 미친다는 뜻을 포함하지 않는다.
⑤ 본질주의와 맥락주의는 성격의 변화가 유전적으로 정해진 내재적 성숙에 의한 것인지, 사회적 역할과 적응과제의 변화에 의한 것인지에 따라 구분된다.

▶ 출처 권석만(2017), 『인간 이해를 위한 성격심리학』, 학지사

070 ②
정답 해설
외상 경험 전후의 성격 변화는 맥락주의자의 관점을 지지한다.

오답 해설
① 생물학적 유사성이 더 높은 쌍둥이 사이에 성격의 유사성이 더 높다는 것은 성격과 성격변화의 유전적, 생물학적 영향을 강조하는 본질주의자의 관점을 뒷받침한다.

③ 검사 점수와 재검사 점수의 상관이 높은 것은 순위에 유의미한 변화가 나타나지 않았음을 나타내고 이는 대체로 동일한 내재적 성숙을 뒷받침한다.
④ 동물에게서 나타난 연령 증가에 따른 성향의 변화는 생물학적 요인에 의한 내재적 성숙을 강조하는 본질주의자의 관점을 뒷받침한다.
⑤ 서로 다른 문화권에서 발달적 변화 추세가 유사하다는 것은 성격 변화에 학습과 경험의 영향이 제한적임을 의미하며 결과적으로 성격 변화에 대한 생물학적 영향을 더 부각한다.

071 ③
정답 해설

나이가 많아짐에 따라 성격특질의 안정성이 증가한다는 것은 본질주의자, 맥락주의자, 상호작용주의자 누구의 관점에 의해서도 뚜렷하게 뒷받침되지 않는다.
연령 증가에 따라 성격 특질의 안정성이 증가한다는 것은 20대와 30대 사이에는 외향적이던 사람이 내향적이 되거나 내향적이던 사람이 외향적으로 변하는 것이 더 빈번하게 벌어진다면 40대와 50대 사이에는 그러한 변화가 덜 빈번하게 벌어진다는 것을 의미하므로 이는 본문의 내용으로 추론할 수 없다.

072 ③
정답 해설

긍정적인 생활사건은 외향성에 부합하고 그것을 강화시킴으로써 성격의 안정성을 유지하는 역할을 하므로 이는 선택 기제와 관련된다.

073 ⑤
정답 해설

4문단의 첫 문장 "대립 신경 세포에는 연결 구조는 같지만 흥분성 신호와 억제성 신호가 반대로 연결된 회로도 존재하는데"를 통해 틀린 진술임을 알 수 있다.

오답 해설

① 1문단의 "추상체는 각 세포에 포함된 색소에 따라 그 반응하는 정도가 서로 다르다."를 통해 확인할 수 있다.
② 1문단의 "우리 눈은 빛의 세기에 따라 밝기를 구분하고"를 통해 확인할 수 있다.
③ 1문단의 "추상체는 단파장을 흡수하는 세포의 수가 상대적으로 적으므로"를 통해 확인할 수 있다.
④ 4문단의 "색채 지각 처리는 두 단계를 거쳐 일어난다. 먼저 수용기들이 파장에 대해 각기 다르게 반응하면, 그 이후에 있는 신경 세포들이 수용기로부터 온 흥분성 신호와 억제성 신호를 통합한다."를 통해 확인할 수 있다.

▶ 출처 E. Bruce Goldstein(2010), 감각과 지각, Cengage Learning

074 ④
정답 해설

2문단의 "우리 눈의 망막에는 색소가 서로 다른 3가지 추상체가 있어서 보다 많은 수의 색을 볼 수 있다"를 통해 연결된 추상체가 잘 반응하는 파장이 있다는 것을 알 수 있으며, 4문단에서 "이 대비 회로의 반응성은 수용기들이 가장 잘 반응하는 파장이라는 요인과 흥분성 연접과 억제성 연접의 배열이라는 두 가지 요인에 의해 결정된다."라고 하고 있으므로 연결된 추상체가 잘 반응하는 파장의 빛이 대비될 때 대비 회로의 반응성이 커진다는 것을 알 수 있다.

오답 해설

① 3문단의 내용 "또 다른 회로는 중파장 추상체는 흥분성 신호를 그리고 장파장 추상체는 억제성 신호를 신경절로 보낸다. 이 결과 (녹+적−) 대립 회로가 만들어진다."에서 2개의 추상체만으로도 작동함을 알 수 있다.
② 3문단의 내용 "우리가 두 색을 함께 볼 때 ~"와 마지막 문장 "이 회로들은 두 색이 대비될 때 ~"를 통해 서로 다른 색에 대해서만 작동함을 알 수 있다.
③ 3문단의 "단파장 추상체 ~ 보이게 만든다"의 내용과 4문단 "대립 신경 ~ 크게 보인다"의 내용을 연결하면 틀린 진술임을 알 수 있다.
⑤ 3문단의 내용 "이 회로들은 두 색이 대비될 때 ~ 그 차이가 더 커 보이게 만든다." 4문단의 내용 "이 대비 회로의 ~ 요인에 의해 결정된다."를 통해 특정 파장에만 작동함을 알 수 있다.

075 ⑤
정답 해설

2문단에서 색소가 서로 달라 정반대로 반응하는 두 종류의 간상체가 존재한다고 가정할 경우 두 빛을 구별할 수 있다고 했으므로 우리 눈의 망막에는 추상체가 3종류 있지만 2종류만으로도 색상을 구별할 수는 있음을 추론할 수 있다.

오답 해설

① 1문단에서 우리 눈은 빛의 파장에 의해 색깔을 구분하는데 간상체는 초록색을 띠는 500nm 파장의 빛을 가장 잘 흡수하는 색소만 있다고 했으므로 색상을 구별할 수 없음을 알 수 있다. 또한 2문단에서 "한 가지의 색소를 가진 간상체만으로는 두 개의 파장을 구분할 수 없다."라고 한 것에서 구별할 수 없음을 알 수 있다.

② 1문단에서 추상체는 망막 전반에 걸쳐 분포하고, 간상체는 중심와를 제외한 나머지 영역에 분포한다고 하였다. 그런데 간상체는 초록색에 민감하고 추상체는 붉은색에 민감하다고 하였으므로 중심와는 추상체가 있는 적색 빛에 더 민감함을 알 수 있다.

③ 2문단에서 "태양광 모든 파장의 빛이 고르게 ~ 단일 파장의 빛이라도 밝기가 아주 강하면 3가지 추상체가 모두 동일하게 반응할 수도 있다"고 하였으므로 모든 파장이 있어야 백색을 지각할 수 있는 것이 아님을 알 수 있다.

④ 1문단에서 "추상체는 주로 망막 전반에 걸쳐 분포"한다고 하였으며 2문단에서 "우리 눈의 망막에는 색소가 서로 다른 3가지 추상체가 있어서 보다 많은 수의 색을 볼 수 있다"고 하였으므로 틀린 진술임을 알 수 있다.

076 ①
정답 해설

2문단의 "예컨대 색소가 서로 달라 ~ 이럴 경우에는 빛의 세기가 달라지더라도 두 수용기가 반응하는 비율은 반대로 유지되므로 ~ 빛을 구별할 수 있게 된다. 우리 눈의 망막에는 색소가 서로 다른 3가지 추상체가 있어서 보다 많은 수의 색을 볼 수 있다."를 통해 파장의 다른 빛의 비율이 색상을 결정함을 알 수 있다.

1문단의 "우리 눈은 빛의 세기에 따라 밝기를 구분하고 ~ 감지한다."를 통해 밝기의 차이인 명암은 빛의 세기에 따라 감지함을 알 수 있다. 또한 2단락의 "~ 모든 추상체가 동일하게 반응하므로 백색으로 감지되며 특정 파장을 더 많이 함유한 빛을 보면 색상을 감지할 수 있다. ~ 3가지 추상체가 모두 동일하게 반응할 수도 있다."를 통해 3개의 반응이 같고 밝기 차이만 있으면 동일 색의 명암만을 구별할 수 있음을 알 수 있다.

077 ①
정답 해설

3문단에서 원시 움집은 굴립주 건축이었는데 지면 습기로 인해 기둥이 썩는 단점이 있어 기둥을 지상으로 올리고 기둥 밑에 초석을 놓아 습기를 차단했다는 내용이 있으므로 윗글과 일치함을 알 수 있다.

오답 해설

② 2문단에서 초기 구들은 지면보다 낮아 습기 때문에 불을 지피기 어려웠다고 했으므로 틀린 진술이다.

③ 1문단에서 온도는 난방으로 해결할 수 있지만 습도는 통풍을 이용해 해결할 수밖에 없으며 한국의 기후 조건에서는 가습보다는 제습에 집중해야 한다고 하였으므로 온도 조절보다는 습도 조절에 영향을 받았음을 알 수 있다.

④ 2문단에서 움집은 지면보다 아래로 땅을 파고 내려간 형태라고 했으므로 틀린 진술이다. 통풍을 위해 기둥 밑에 초석을 놓은 것은 목가구 구조법 발달 이후이다.

⑤ 4문단에서 한옥은 처마가 깊어 마당에 떨어진 반사광을 간접적으로 받아들이는 채광 방식이라고 했으므로 틀린 진술이다.

▶ 출처 김왕직(2007), 알기쉬운 한국 건축 용어 사전, 동녘

078 ⑤
정답 해설

4문단에서 "통풍에 가장 좋은 방법은 지면의 습기를 피해 건물을 높여주는 것이고, 이것은 채광에도 도움이 되므로 한옥의 건축에서 자연스레 기단이 도입되었다."라고 했으므로 채광을 유리하게 하였다는 설명은 적절하다.

오답 해설

① 2문단 "하지만 초기 구들은 지면보다 낮아 ~ 구들 위에 방바닥을 두는 온돌 바닥 형식이 생겨났다."의 내용으로 난방의 발달에 따라 온돌이 발생했음을 알 수 있다.

② 3문단 "이렇게 기둥을 ~ 목조 기술의 발달에 따른 것이라고 할 수 있다"를 통해 목가구 구조법이 반대로 기단의 도입을 불러왔음을 알 수 있다.

③ 3문단 "기둥을 지상으로 올리고 기둥 밑에 초석을 놓으면 ~ 기둥이 썩지 않고 오래간다."에서 초석의 도입이 기둥의 수명을 늘린 직접적인 원인임을 알 수 있으며 5문단에서 "한국의 기단은 쾌적한 생활 환경을 위해 도입되었다"를 통해 기단이 건물의 수명을 늘린 것은 아님을 알 수 있다.

④ 5문단 "기단의 내밀기는 보통 처마보다 안쪽으로 둬서 빗물이 기단 위로 떨어지지 않도록 한다"에서 지붕보다 안으로 설치됨을 알 수 있다.

079 ⑤

정답 해설

이 글은 신경과학, 심리학 측면에서 공감의 작동 원리와 이야기(서사예술)가 갖는 공감 능력(기술), 확장 가능성을 서술하고 있으므로 서사예술이 인간의 뇌 영역과 관련된 활동에 의해 만들어지는 기술이라는 내용의 ⑤가 정답이다.

오답 해설

①, ② 공감은 인간의 뇌 영역 활동에 따라 선택적으로 반응하는 지능이자 기술이다. 따라서 타고난 능력이 아니며 노력 여하에 따라 확장 가능한 것이다.
③ 인간의 뇌는 아무것도 하지 않을 때에도 에너지를 소모하며, 자유롭게 기억, 상상, 공감한다. 그러나 한가한 뇌 영역 활동이 가장 창의적인 활동을 담보한다고 단정할 수는 없다.
④ 서사예술은 뇌 영역 활동이 만들어 낸 여가 활동이긴 하나 뇌의 효율적인 에너지 소비에 의한 것은 아니다. 뇌가 효율적으로 에너지 소비를 하려면 쉬고 있는 동안에는 멈춰있어야 하지만 아무것도 하지 않을 때 활성화되는 것이 효율적이라 할 수 없다.

▶ 출처 자밀 자키, 정지인 옮김(2022), 『공감은 지능이다』, 심심, p.165~167

080 ②

정답 해설

시간에서 풀려나는 일은 일종의 정신적 여행이다. 정신적 여행에는 감정을 배제할 수 없다. 정신적 여행을 하면서 떠올리는 모든 것들에는 감정이 함께 하기 마련이므로 감정을 배제한 정신적 여행을 가능하게 한다는 것은 적절하지 않다.

오답 해설

① 시간에서 풀려나기는 주로 아무것도 하지 않을 때 일어나므로 뇌가 자유롭게 몽상하는 것은 자기도 모르게 일어날 수 있다.
③ 정신적 여행이 긍정적인 기억만을 소환하는 것은 아니다. 외상 후 스트레스장애자 혹은 우울증, 불안증 환자들의 경우, 종종 자기도 모르게 과거의 불쾌한 기억에 빨려들어가 부담을 느끼곤 한다.
④ 시간에서 풀려나기는 아직 일어나지 않은 일이나 하지 않은 경험 등을 상상하게 하므로 적절한 진술이다.
⑤ 시간에서 풀려나기는 과거나 미래로 끌려들어 가는 것뿐만 아니라 스스로 자신을 미래로 보내기도 한다.

081 ⑤

정답 해설

윗글은 문학과 예술이 공감에 미치는 영향을 서술하고 있다. 영화 감상은 공감 능력을 키울 수 있겠으나 장르에 따라 뇌의 풀어주기 시스템 활성화 정도가 다르다고 볼 수는 없다.

082 ②

정답 해설

그린택소노미란, 녹색 산업을 뜻하는 그린(green)과 분류학을 뜻하는 택소노미(Taxonomy)의 합성어로, 환경적으로 지속가능한 경제 활동의 범위를 정하는 것이다. 즉, 어떤 산업 분야가 친환경 산업인지를 분류하는 녹색 산업 분류체계로, 녹색 투자를 받을 수 있는 산업 여부를 판별하는 기준으로 활용된다. 따라서 특정 산업의 포함 여부와 그 기준의 타당성을 가늠하는 합리적 토론의 영역에 해당하는 만큼 공감 및 공감의 확장적 이해와 상관이 없다.

▶ 출처 제레미 리프킨 저, 이경남 역(2011), 『공감의 시대』, 민음사, p.22~26

083 ③

정답 해설

안내문 2-② 검사 및 발급 시점을 볼 때, ③의 출발일 기준 2일(48시간) 이내에 실시한 음성확인서만 인정된다.

오답 해설

① 검사 방법에 있어 유전자 증폭 검출 방법만 인정된다. 현재 항원, 항체 검사기법 및 스스로 채취한 자가 진단 키트는 인정되지 않는다.
② PCR 음성확인서만 인정이 된다. 양성인 경우 항공기 탑승이 불가하다.
④ 안내문 4번 항목을 보면 기준 미달 음성확인서 제출 시 항공기 탑승이 불허된다고 안내하고 있으나 모든 해외 입국자가 PCR 음성확인서를 제출해야 하는 것은 아니고 'PCR 음성확인서 제출 예외 대상'이 있으므로 윗글과 일치한다고 보기 어렵다.
⑤ 해외입국자는 PCR 음성확인서를 제출해야 하나, 안내문 3번 항목을 보면 일부 예외 대상이 있다.

▶ 출처 외교부, 해외안전여행, 해외안전정보 - 안전공지 (https://www.0404.go.kr/dev/newest_view.mofa?id=ATC0000000008922&pagenum=1&mst_id=MST0000000000041&ctnm=&div_cd=&st=title&stext=)

084 ③

정답 해설

안내문 3번의 첫 번째 항목을 보면, 동반한 일행이 모두 음성확인서를 제출한 입국일 기준 만 6세 미만의 영, 유아라고 명시되어 있다. 이에 나이를 추론하여 볼 때, 중학생 자녀는 적절하지 않다.

오답 해설

안내문 3번의 PCR 음성확인서 제출 예외 대상을 보면, ① 항공기 승무원, ② 인도적 목적으로 장례식에 참석하기 위한 격리면제서 소지자, ④ 공무를 위해 출장을 다녀온 격리면제서 소지자, ⑤ 우크라이나에서 입국한 내국인의 외국적 배우자의 직계 존속·비속은 제출 예외 대상에 포함됨을 알 수 있다.

085 ④

정답 해설

'맞춤'은 환자의 키와 체형에 맞추어 A, B, C형을 제작했다는 의미로 사용된 것이고 환자들은 이 A, B, C형 중에 본인에게 맞는 것을 '선택'해서 사용하는 것이므로 '맞춤'과 '선택'이 같은 의미로 사용되어 독자에게 혼란을 주고 있다고 보기는 어렵다.

오답 해설

① 이 기사는 제품을 광고할 목적으로 쓰인 광고성 기사이다. 보도문은 객관적 사실을 기반으로 작성되어야 하나 '주목을 받았다.', '이끌 수 있다.' 등의 표현은 사실이 아닌 기자의 의견이다.
② 한국○○병원의 임상실험에 대한 결과가 신뢰할 수 있고 정확한 것인지에 대한 검증 결과 및 세부 내용이 기술되지 않았다.
③ '특허 출원'은 '특허에 대한 원서를 냄'이라는 뜻으로 특허를 획득한 것이 아님에도 이러한 문구를 사용하는 것은 소비자들을 현혹시키기 위한 것이다.
⑤ '발본색원'은 '좋지 않은 일의 근본 원인이 되는 요소를 완전히 없애 버려서 다시는 그러한 일이 생길 수 없도록 함.'이라는 뜻으로 '디스크를 유발하는 원인을 없애 완치한다'의 의미로 해석되므로 제품의 효과를 과장한다고 볼 수 있다.

▶ 출처 김우룡(2000), 미디어 윤리, 나남출판

086 ③

정답 해설

기사의 가장 중요한 내용인 '우한의 교민들을 데려와 격리 생활을 통해 감염 확산을 막았지만 정신질환 약을 제공할 수 없었다는 허점이 있었다'는 부분이 가장 마지막 문단에 나오므로 내용의 중요도를 고려해서 도형으로 나타났을 때 마지막 부분(아래 부분)의 면적이 가장 넓은 피라미드형 구성이 된다.

오답 해설

① 전문은 기사의 앞에서 주요 내용을 요약적으로 제시하는 부분인데, 해당 기사는 전문이 아닌 사례로 내용을 시작하고 있다.
② 혼합형 구성은 처음과 마지막에 중요 내용이 반복되는 것이므로 사례로 기사를 시작하는 것이 혼합형 구성과 공통점이라고 보기는 어렵다.
④ 신문 기사에서 가장 많이 쓰이는 대표적인 구성은 역피라미드형인데, 이 기사는 피라미드형이므로 적절하지 않다.
⑤ 해당 기사는 사건을 자세히 다루고 있고, 사건의 배경과 원인에 대해서도 충분히 설명하기 좋은 피라미드형 구성을 택하고 있으므로 구성을 바꿀 필요가 없다.

▶ 출처
• 김영훈(2020.02.20.), 코로나 감염 확산 막았다지만… 정신질환 치료엔 손 놓았던 격리시설, 한국일보(https://www.hankookilbo.com/News/Read/202002191570715740)
• 장소원 외(2020), 뉴미디어 시대의 미디어 리터러시, 태학사

087 ⑤

정답 해설

환자 본인에게 감염병 확산이라는 비상 상황을 예측하고 필요 이상의 약을 미리 준비하라고 하는 것은 이 기사에 대한 적절한 반응이 아니다.

오답 해설

① 기사에서 '진천군'에서 격리 생활을 한 사람들은 약을 처방받을 수 없었지만 '이천시 국방어학원'에 격리된 사람들은 군의관을 통해 약을 처방받을 수 있었기 때문에 형평성에 어긋난다는 반응은 적절하다.
② '단기적이고 집중적인 치료가 필요한데 치료가 이뤄지지 않으면 오히려 병을 키우고 더 큰 사회적 비용을 초래한다.'는 인터뷰 내용을 통해 호미로 막을 수 있는 것을 가래로 막는다는 속담을 떠올리는 것은 적절한 반응이다.
③ 향정신성의약품은 엄격하게 관리되는 것이 원칙이므로 특수한 상황에서 이러한 기준을 완화하는 것이 부작용을 불러일으킬 수 있다는 추측은 적절한 반응이다.

④ '특수한 상황에서는 제한적으로 F코드 제외가 필요하다'는 부분을 통해 임시적으로라도 환자를 배려할 수 있는 정책의 필요성을 논하는 것은 적절한 반응이다.

088 ④
정답 해설
인원 충족 시 기한 전 마감할 수 있으므로, 기준 인원인 80명이 신청할 경우 7월 15일 이전에 마감될 수 있다.

오답 해설
① 연수 비용은 무료이며 경기도교육청에서 부담한다고 되어 있으므로 경기도청에서 부담하는 것은 아니다.
② 신청 시 핸드폰 번호는 연수 안내 희망자만 기입해도 된다.
③ 2022년 지속가능발전교육 1기 수료자는 25시간 이상 이수하였을 것이므로 '지속가능발전교육 관련 집합연수 15시간 이상 이수자는 제외'한다는 규정에 따라 신청할 수 없다.
⑤ 경기과학고등학교 과학영재연구센터에서 비합숙으로 연수한다.

▶ 출처 경기도 교육청 홈페이지(https://www.goe.go.kr/home/bbs/noticeDetail.do?menuId=100000000000058&bbsMasterId=BBSMSTR_000000000174&menuInit=2,1,0,0,0&bbsId=269538)

089 ②
정답 해설
붙임 파일에 경기과학고등학교 과학영재연구센터 주소가 포함되어 있다는 기술은 글의 내용에 없다.

오답 해설
① 차. 2)에 자료집계시스템 주소는 붙임 파일을 참조하라는 설명이 제시되어 있다.
③ 아. 항목에 연수 내용은 붙임 파일을 참조하라는 설명이 제시되어 있다.
④ 차. 3)에 그 외 우선 선정 대상자 소속은 붙임 파일을 참조하라는 설명이 제시되어 있다.
⑤ 차. 2)에 신청 절차는 붙임 파일을 참조하라는 설명이 제시되어 있다.

090 ③
정답 해설
연수 대상자 명단 통보 방법은 제시되어 있으나 통보 일정은 제시되어 있지 않으므로 명단 통보 일정은 추가 제시되어야 할 정보로 적절하다.

오답 해설
① 신청자들이 경기도교육청 주소를 알 필요는 없다.
② 신청 시 도내 초, 중등학교 명단은 알 필요가 없다.
④ 연수 대상자 명단 통보 방법은 공문발송 및 도교육청 홈페이지 공지라고 이미 제시되어 있다.
⑤ 신청자가 2022년 지속가능발전교육 1기 이수자 명단을 알 필요는 없다.

국어 문화   091번~100번

기출문제집 p.186

091	②	092	④	093	④	094	①	095	⑤
096	③	097	④	098	②	099	③	100	⑤

091 ②
정답 해설
〈국순전〉은 고려 후기에 임춘(林椿)이 지은 가전작품으로 술을 의인화하여 지은 작품이다. 임춘은 이 작품을 통해서 인생과 술의 관계를 문제삼고 있다. 즉, 인간이 술을 좋아하게 된 것과 때로는 술 때문에 타락하고 망신하는 형편을 풍자하고 있다. 그리고 이 작품은 인간과 술의 관계를 통해서 임금과 신하의 관계를 조명해본 것이다. 당시의 여러가지 국정의 문란과 병폐, 특히 벼슬아치들의 발호와 타락상을 증언하고 고발하려는 의도의 산물이다.

오답 해설
① 〈공방전〉은 임춘이 지은 가전체로 '공방'은 둥근 엽전의 가운데에 뚫려있는 네모난 구멍을 의미한다. 인간의 생활에 돈이 요구되어 만들어져 쓰이지만, 그 때문에 생긴 인간의 타락상을 돈의 속성과 관련이 있는 역대의 고사를 동원하였다. 즉, 공방의 존재가 삶의 문제를 그릇되게 하므로 후환을 막으려면 그를 없애야 한다는 주장이다.
③ 〈수성지〉는 조선 중기에 임제가 지은 한문소설로 형이상학적 세계를 고도의 은유적 수법으로 형상화한 가전체소설이다. 임제가 북평사에서 서평사로 옮겨갈 때에 어사의 앞길을 범한 이유로 탄핵을 받고 나서 지었다고 한다.
④ 〈옥단춘전〉은 작자·연대 미상의 고전소설로 이 소설은 평양기생 옥단춘의 순정과 절의, 그리고 이혈룡과 김진희라는

친구 사이의 그릇된 우정 문제를 다루면서, 고난에 찬 주인공의 처지가 마지막에는 행복한 것으로 전환되는 조선시대 소설의 일반적인 유형을 취하고 있다.
⑤ 〈청강사자현부전〉은 고려 후기 이규보가 지은 가전 작품이다. 거북을 의인화하여 지은 작품으로 『동국이상국집』, 『동문선』에 실려 있다. 〈청강사자현부전〉에서는 복무가 삶을 구제할 수 있는 방편이 되지 못함을 드러내고 있다. 미신적 신앙보다는 지족의 처세가 더욱 소중함을 밝히고 있는 작품이다.

▶ 출처   한국민족문화대백과사전

092 ④
정답 해설

〈비 오는 날〉은 전후 상황 속에서 신체적, 정신적 장애를 가진 남매의 모습이 기후적인 조건 등과 결합하여 작품의 독특한 분위기를 조성하고 있다. 또한 폭압적이고 일방적인 전쟁이 개인의 삶에 미치는 영향을 보여주면서 사회적 환경과 인간의 관계에 대한 인식을 심화시키고 있다.

오답 해설

① 〈장마〉는 윤흥길의 작품으로 6·25 전쟁을 배경으로 서술자인 '나'의 시각을 통해 집안에 발생한 이데올로기의 대립과 화해의 과정을 그리고 있다.
② 〈탈향〉은 이호철의 작품으로 6·25 전쟁으로 고향을 버리고 월남한 실향민들의 애환을 그리고 있다. 열아홉의 나이로 홀로 월남하여 부산에서 노동을 하며 생계를 해결해야 했던 작가의 실제 체험이 담겨 있다.
③ 〈사하촌〉은 김정한의 작품으로 수탈당하는 농민의 저항 의식을 사실주의적 수법으로 그린 소설이다. 억압받는 농민들의 끈질긴 삶을 통해 이 땅의 민중에 대한 애정을 보여주고 있으며, 결말 부분에서 모순에 대결하는 민중의 모습을 인상적으로 제시하고 있다.
⑤ 〈병신과 머저리〉는 이청준의 작품으로 서술자의 감정적 개입이 거의 느껴지지 않는 논리적인 문체와 액자식 구성을 취하여 6·25 전쟁을 체험한 세대인 '형'과 전후 세대인 '나'가 지니고 있는 아픔을 형상화하고 있다.

▶ 출처   『한국현대문학사』, 민음사

093 ④
정답 해설

1930년대 후반에 서정주·오장환 등과 함께 3대시인으로 불리기도 하였다. 『오랑캐꽃』과 『이용악집』 등이 있다. 그는 유학시절에 여러 가지 품팔이 노동을 하면서 학비를 조달했는가 하면, 민족해방을 위한 혁명운동에 참여하여 활동하다가 몇 차례 일본 관헌에 잡혀가 고초를 겪기도 하였다고 한다. 이런 생활 체험을 바탕으로 이룩한 그의 시세계는 보다 절박한 시대적 상황 의식을 형상화하고 있다. 식민치하의 우리 민족, 특히 간도 유이민들이 겪었던 비참한 생활실상을 밝혀 신랄하게 비판하고 있다. 또한 그 유이민들이 고국에 돌아와서도 소외되어 궁핍한 삶을 살아가는 모습과 좌절감을 노래하기도 하였다.

오답 해설

① 백석은 자신이 체험한 삶의 모습을 토속적으로 그려 낸 작가로서 여행하면서 겪고 느낀 바를 생생하게 표현한 기행시, 우리 공동체의 삶의 모습이 담긴 체험시, 민요적이면서도 서사적인 모더니즘 시 등을 골고루 남겼다.
② 박두진은 초기에 자연 자체를 탐구하고, 광복 후에는 구도자적 갈망과 사회 부조리에 대한 비판을 담아 내며 자연, 인간, 신이 다층적으로 얽혀 있는 시를 쓴 시인이다. 시집 《청록집》, 《해》 등이 있다.
③ 이상화는 일제강점기 시인이자 언론인, 교사로서 《백조》 동인 및 카프(KAPF)의 일원으로 활동하였다. 초기에는 프랑스 상징주의 영향으로 병적 관능과 퇴폐적 경향이 도드라지는 작품을 주로 발표하였으나, 이후 민족 정서에 기반한 저항시 창작으로 시적 전환을 이루었다.
⑤ 신석정은 김영랑, 박용철, 정지용 등과 《시문학》 동인으로 활동하면서 본격적인 작품활동을 하였다. 1939년 간행한 첫 시집 《촛불》에서는 목가적인 서정시의 세계를 보여주었으나, 《슬픈 목가》 이후에는 전원적 유토피아에서 현실로 눈을 돌리기도 했다. 50년대와 60년대에는 현실참여적 목소리를 담아냈다면 마지막 시집인 《대바람 소리》에서는 자연 서정의 세계로 회귀하면서 시세계를 마무리했다.

▶ 출처   윤여탁 외(2021), 『문학교육을 위한 현대시 작품론』, 사회평론아카데미

094 ①
정답 해설

'사일 동안을 두고 칠시마다 시내 단성사에서' 공연을 하므로 4일 동안 총 네 번의 공연을 한다. 따라서 총 다섯 번 진행한다는 내용은 틀린 내용이다.

오답 해설

② "금 이십삼일부터"를 통해 알 수 있다.
③ "조선극계에 공로가 만흔 토월회"를 통해 알 수 있다.

④ "『톨스토이』씨의 명작인 『산송장』이라 하며 조선극계에 유명한 배우들이 모다 출연하겟슴으로"를 통해 알 수 있다.
⑤ "매우 자미스럽겠다 한다."를 통해 극에 대한 반응을 예측하고 있음을 알 수 있다.

095   ⑤
정답 해설

'업수이 여기난고'는 '업신여기는가'라는 말로, '교만한 마음에서 남을 낮추어 보거나 하찮게 여기다'는 뜻이다.

▶ 출처   김진영 외(1997), 『심청전전집』, 박이정

096   ③
정답 해설

이 언해본에 등장하는 '君군ㄷ字쫑', '快쾡ㅎ字쫑' 등의 표기는 당시 현실음과는 동떨어진 동국정운식 한자음 표기이므로 ③은 틀린 내용이다.

오답 해설

① 'ᄊᆞ르미니라'로 끝나는 어제서문(御製序文)에 이어 초성자 'ㄱ'을 설명하고 있으므로 맞는 내용이다.
② 초성자 'ㄱ'과 'ㅋ'은 모두 어금니 소리(엄쏘리)로 규정하고 있으므로 맞는 내용이다.
④ '並書ㅎ면'은 '글밖쓰면'에 대응되는 것이 맞으며, 그 현대 해석은 '나란히 쓰면'이므로 맞는 내용이다.
⑤ 이 언해본은 15세기 중세국어의 특징적인 표기, 예컨대 글밖쓰면, 처섬 등을 보여주고 있으므로 맞는 내용이다.

097   ④
정답 해설

북한에서는 말줄기의 모음이 'ㅣ, ㅐ, ㅔ, ㅚ, ㅟ, ㅢ'인 경우에는 '여'로 적되, 말줄기 끝소리마디에 받침이 있을 때는 '어, 었'으로 적는다고 하였으므로 '짓다'는 '지여'가 아니라 '지어'로 적는다.

▶ 출처   겨레말큰사전남북공동편찬사업회(2019), 한눈에 들어오는 남북 사전의 올림말 표기 차이, 맵씨터

098   ②
정답 해설

〈보기〉에 제시된 자음과 모음에 따라 '오이'를 표기하면 첫소리 자리에 오는 'ㅇ'는 표기하지 않으므로 ⠤ ⠊ 가 된다. ②에 제시된 '오이'의 점자는 첫소리 자리에 'ㅇ'이 쓰였으므로 틀린 표기이다.

099   ③
정답 해설

제시된 수형 사진은 두 주먹의 1지를 펴서 마주 세웠다가 중앙으로 모아 마주 대는 동작으로 '만나다'를 의미한다.

100   ⑤
정답 해설

앞 문장은 능동문이고 뒤 문장은 피동문이기 때문에 서술어의 형태를 일치시켜야 하지만 '교체했고'를 '교체됐고'로 바꾸면 비문이 된다. 'A시는 이번엔 180억 원을 추가로 들여 철로와 전동차를 전면 교체했고, 이르면 오는 9월 정식 개통합니다.'로 고쳐야 한다.

▶ 출처   장소원 외(2020), 뉴미디어 시대의 미디어 리터러시, 태학사

|2022년 04월 17일 시행|

제66회
KBS한국어능력시험

정답과 해설

제66회 정답과 해설

2022년 04월 17일 시행

듣기·말하기 001번~015번

기출문제집 p.193

001	④	002	①	003	①	004	⑤	005	④
006	③	007	③	008	②	009	②	010	②
011	①	012	③	013	⑤	014	⑤	015	④

001 ④

듣기 대본

1번. 먼저 그림에 대한 설명을 들려 드립니다.
많은 이들이 '세상에서 가장 아름다운 초상화'로 다빈치의 〈모나리자〉를 꼽습니다. 〈모나리자〉는 피렌체 어느 부호의 아내 리자 데 조콘도(Lisa dea Giocondo)를 그린 작품이라고 합니다. 그런데 가장 아름답다는 칭찬의 대상은 그녀의 미모가 아닙니다. 노래 가사나 광고 속 이미지 등 다양한 매체에서 〈모나리자〉를 활용하면서 어느새 그녀는 가장 아름다운 여성을 대표하게 되었습니다. 하지만 〈모나리자〉가 아름다운 이유는 그녀의 외적인 아름다움이 전부는 아닙니다.
다빈치는 〈모나리자〉에서 스푸마토(sfumato)라는 기법을 처음으로 시도했습니다. 그는 자연의 사물에 윤곽 따위는 없다고 생각했습니다. 다빈치의 스푸마토 기법은 당시 많은 이들을 놀라게 했습니다. 다빈치가 다름 아닌 피렌체파 화가였기 때문입니다. 피렌체파 화가들은 데생을 무엇보다 중시했기 때문에 윤곽선이 없는 회화는 그 자체로 매우 새로운 시도였습니다. 참고로 훗날 이탈리아 3대 거장으로 불리는 화가 라파엘로는 그가 서른한 살일 때 감동의 눈물을 흘리며 〈모나리자〉를 모사했다고 전해집니다. 결국 스푸마토 기법의 완벽함이 〈모나리자〉가 아름다울 수 있는 진짜 이유인 셈입니다.

정답 해설

듣기 자료에 제시된 '가장 아름답다는 칭찬의 대상은 그녀의 미모가 아닙니다.'와 '결국 스푸마토 기법의 완벽함이 〈모나리자〉가 아름다울 수 있는 진짜 이유인 셈입니다.'로 볼 때, ④의 '〈모나리자〉가 아름다운 이유'가 설명의 핵심 내용이다.

오답 해설

① 〈모나리자〉에 사용된 기법은 〈모나리자〉가 아름다운 이유를 설명하는 과정에 사용된 예시 자료에 불과하다.
② 〈모나리자〉의 미술사적 가치는 구체적으로 언급되지 않았다.
③ 〈모나리자〉가 대표하는 여성이 아니라 실제 모델이 언급되었다.
⑤ 〈모나리자〉의 문화사적인 가치는 설명 내용에 언급되지 않았다.

▶ 출처   기무라 다이지 저, 최지영 역(2021), 하루 5분, 명화를 읽는 시간, 북라이프

002 ①

듣기 대본

2번. 이번에는 이야기를 들려 드립니다.
소묘를 뛰어나게 잘 그리는 젊은 여성이 있었습니다. 그 여인은 초대 전시회에서 한 평론가에게 이런 말을 들었습니다. "당신 작품은 재능이 있고 마음에 와 닿습니다. 그러나 당신에게는 아직 깊이가 부족합니다." 평론가의 비평이 신문에 실렸습니다. 젊은 여인은 골똘히 생각하기 시작했습니다. 사람들은 비평을 외우고나 있는 듯이 이렇게 말했습니다. "그녀에게는 깊이가 없어요. 나쁘지는 않은데, 애석하게 깊이가 없어요." 그 다음 주 내내 그녀는 전혀 그림에 손을 대지 않았습니다. 머릿속에는 오로지 한 가지 생각뿐이었습니다. '왜 나는 깊이가 없을까?' 마침내는 온몸이 떨려 붓을 물감 통에 집어넣을 수조차 없었습니다. 미술품 상인이 그림 몇 장을 청했을 때, 그녀는 전화에 대고 소리쳤습니다. '나를 내버려두란 말이에요! 나는 깊이가 없어요!' 한때 그렇게 그림을 잘 그렸던 젊은 여인은 순식간에 영락했습니다. 결국 그녀는 스스로 목숨을 끊었습니다. 앞에서 말한 평론가는 젊은 여인이 그렇게 끔찍하게 삶을 마감한 것에 대해 당혹감을 표현하는 단평을 문예란에 기고했습니다. '비극적 종말의 씨앗은 개인적인 것에 있었던 듯하다. 그녀의 초기 작품들에서 이미 충격적 분열이 나타나고 있지 않은가? 사명감을 위해 고집스럽게 조합하는 기교에서, 이리저리 비틀고 집요하게 파고듦과 동시에 지극히 감정적이고 분명 헛될 수밖에 없는 자기 자신에 대한 피조물의 반항을 읽을 수 있지 않은가? 숙명적인, 아니 무자비하다고 말하고 싶은 그 깊이에의 강요를?' 이 이야기가 우리에게 주는 교훈은 무엇일까요?

정답 해설

이야기에서 여인은 한 평론가의 비평으로 인해 자신의 작품에 깊이가 없다고 생각하여 좌절하고 목숨을 끊게 된다. 그러나 여인이 죽은 후 그 평론가는 그녀의 작품에서 깊이가 보인다고 이전 자신의 발언과는 반대로 평론한다. 이 이야기는 우리에게 타인의 평가가 늘 옳은 것은 아니기에 타인의 평가보다는 스스로를 믿고 계속 나아가야 한다고 이야기하고 있다. 따라서 정답은 타인의 평가를 선택적으로 받아들일 필요가 있다는 ①이다.

오답 해설

② 평론가가 그녀에게 깊이가 없다고 평론했을 때도 그녀의 초대 전시회의 작품이었고, 그녀가 죽은 뒤에 평가할 때에도 그녀의 초기 작품들에 대해서 이야기하고 있으므로 개별 작품에 따라 작가를 다르게 평가한다고 보기는 어렵다. 따라서 ②는 적절하지 않다.

③ 그녀는 스스로 평론가의 평가에 사로잡혀 자신감을 잃어가고 더 이상 그림을 그리지 못하게 되어 결국 스스로 목숨을 끊는다. 이 과정에서 그녀는 자멸할 뿐, 다른 사람과 비교하지는 않고 있으므로 ③은 적절하지 않다.

④ 그녀는 평론가의 비평에 너무 사로잡혀 좌절하여 목숨을 끊었다. 따라서 타인의 평가를 적극적으로 수용할 필요가 있다는 ④는 적절하지 않다.

⑤ 평론가의 평가 때문에 그녀가 괴로워한 것은 맞지만, 그렇다고 해서 평론가가 평론을 할 때 윤리적이지 않았다고 보기는 어렵다. 따라서 ⑤는 적절하지 않다.

▶ 출처 파트리크 쥐스킨트(2020), 깊이에의 강요, 열린책들

003 ①
듣기 대본

3번. 이번에는 강연을 들려 드립니다.
사회의 고령화로 인해 노인 치매에 대한 사회적 고민이 대두되고 있습니다. 치매의 대표적인 초기 증상은 기억력 장애입니다. ㉠과거에는 망령, 노망이라고 부르면서 치매를 자연스러운 노화 현상이라고 여겼으나, 최근의 많은 연구에 따르면 분명한 뇌 질환이라고 합니다. 나이가 들면서 생기는 기억력 저하와 치매 증상에는 차이가 있습니다. ㉡일반적인 기억력 저하의 경우 경험한 것의 일부를 잊어버리고, 잊어버린 사실을 스스로 아는 반면 치매의 경우에는 경험한 것의 전체를 잊어버리고 기억 장애가 점차 심해지며 잊어버린 사실 자체를 모릅니다. 치매의 종류 중 대표적인 것은 알츠하이머성으로 전체 치매의 55~70%를 차지합니다. ㉢알츠하이머 병은 매우 서서히 발병하여 점진적으로 악화되는 것이 특징이고, ㉣초기에는 주로 최근 일에 대한 기억력에서 문제를 보이다가 결국에는 모든 일상생활 기능을 상실하게 된다고 합니다. ㉤요즘에는 검사를 통해 알츠하이머 치매 환자에게서 나타나는 뇌 속의 베타 아밀로이드 플라크를 영상으로 확인하여 알츠하이머 치매를 조기 진단할 수 있다고 합니다. 치매를 예방하기 위해서는 뇌를 자극하는 것이 좋습니다. 손놀림을 많이 하고, 음식을 꼭꼭 많이 씹고, 기억하고 배우는 습관을 가지는 것이 도움이 된다고 하니 일상생활 속에서 이를 실천하는 것이 좋겠습니다.

정답 해설

㉢의 내용으로 볼 때, 알츠하이머성 치매는 점진적으로 악화가 진행된다. 따라서 ①은 적절하지 않다.

오답 해설

② ㉠의 내용을 볼 때, 치매는 나이가 들며 나타나는 상태가 아니라 뇌 질환이라는 것을 알 수 있다.

③ ㉡의 내용을 볼 때, 치매가 아닌 기억력 감퇴는 경험한 것의 일부를 잊어버릴 뿐이라는 것을 알 수 있다.

④ ㉣의 내용을 볼 때, 알츠하이머성 치매의 초기 단계에는 최근 일에 대한 기억에서 문제를 보인다는 것을 알 수 있다.

⑤ ㉤의 내용을 볼 때, 검사를 통해 치매 환자 뇌 속의 베타 아밀로이드 플라크를 영상으로 확인할 수 있어 알츠하이머성 치매를 초기 진단할 수 있다는 것을 알 수 있다.

▶ 출처
- 보건복지부지정 노인성치매 임상연구센터 홈페이지
- 박미래(2016.08.04.) 을지병원 치매 조기진단 PET-CT 검사 도입, MEDICAL Observer.(http://www.monews.co.kr/news/articleView.html?idxno=92934)

004 ⑤
듣기 대본

4번. 이번에는 라디오 방송의 일부를 들려 드립니다.
(음악: https://www.youtube.com/watch?v=GqKL2JVDPY0)
어떠셨나요? 잠시나마 마음이 편안해지셨나요? 방금 들려드린 소리는 '싱잉볼' 소리입니다. 노래하는 그릇이라 알려진 싱잉볼은 매우 편안한 느낌을 주는 소리를 가지고 있습니다. ㉠싱잉볼은 종의 일종으로 표면을 문지르거나 두드려 울림 파장을 만듭니다. 이러한 소리와 진동은 우리의 마음을 위로하고, 안정시켜 줍니다. 이런 걸 사운드 힐링이라고 하는데요. ㉡공기 속 진동을 경험하도록 돕고 귀의 감각을 자극해 자기 자신에게 편안한 소리를 발견하도록 돕는 역할을 합니다. ㉢싱잉볼은 소리를 이용한 치유 도구로 티벳, 네팔, 북인도에서는 오랜 전통으로 전해져 왔다고 합니다. 독특한 소리와 울림으로 고유의 하모니를 만들고, 이를 느끼며 명상에 사용하면 좋다고 합니다. ㉣이러한 소리가 감정 완화에 핵심 역할을 하며 자기 조절력에도 큰 도움이 된다고 하니 여러분들도 일상 속에서 잠시 시간을 내어 싱잉볼 소리와 함께 명상을 해 보면 어떨까요?

정답 해설

㉢의 내용을 통해 싱잉볼은 소리를 이용한 치유 도구로 티벳, 네팔, 북인도에서는 오랜 전통으로 전해져 왔다는 사실을 확인할 수 있다. 따라서 오감을 자극하는 치유 도구라는 ⑤의 내용은 적절하지 않다.

오답 해설

① ㉠에서 싱잉볼은 종의 일종임을 알 수 있으며, ㉣에서 싱잉볼의 소리를 느끼며 명상하면 좋다는 것을 확인할 수 있다.
② ㉠에서 싱잉볼의 표면을 문지르거나 두드려 울림 파장을 만든다는 것을 알 수 있다.
③ ㉣에서 싱잉볼의 소리와 울림은 감정 완화와 자기 조절에 도움이 된다는 것을 알 수 있다.
④ ㉡에서 싱잉볼은 귀의 감각을 자극하여 자기 자신에게 편안한 소리를 발견하도록 돕는 역할을 한다는 것을 확인할 수 있다.

▶ 출처
- (사)한국싱잉볼협회(http://koreasingingbowl.com/archives/3044)
- 박지훈(2022.03.11.), 5명 중 1명 코로나 우울증 혹시 나도?, 매일경제
- 김다희(2022.01.26.), "마음 습관도 스트리밍 활용"...싱잉볼 마스터 천시아 X 코끼리 싱잉볼 사운드 테라피 기획전, 에듀동아
- 명상위키(2021.08.03.), 싱잉볼, 명상위키(https://meditationwiki.net/wiki/%EC%8B%B1%EC%9E%89%EB%B3%BC)

005 ④

듣기 대본

5번. 이번에는 글 한 편을 들려 드립니다.

이제 막 사귀려는 이들이 나누는 몸짓.
외치고 중얼대고 웅얼대는 일과 달리 둘 이상 있어야 하고, 둘이 있을 때 잘 해낼 수 있는 일 중 하나.
친해지려는 대상과 신체적 거리가 가까울수록 용이.
가까워 작게 말하게 되므로 비밀을 나누기에도 용이.
정작 하고픈 말을 하지 않아도 무관.
계절이 바뀐 뒤에야 바람이 나무에게, 나무가 우리에게 무슨 일을 한 건지 알게 되는 것처럼.
이 둘이 하는 일 역시 나중에 드러나는 일이 흔함.
고열, 오한, 간지러움, 솜털이 바싹 서는 것 같은 증세도 수반한다고 함.
가장 가까운 데서 벌어지는 가장 먼 곳의 대화.
귓바퀴에 맴도는 호흡.
거울에 난 손자국처럼 서로의 청각에 마음의 지문을 남김.
지문을 따라 조용히 소용돌이치며 감각과 이성을 어지럽힘.
부드럽고 가볍고 은근한 정념.
가끔은 시인들이 가장 잘 해내기도 함.

정답 해설

"이제 막 사귀려는 이들이 나누는 몸짓.", "외치고 중얼대고 웅얼대는 일과 달리 둘 이상 있어야 하고", "친해지려는 대상과 신체적 거리가 가까울수록 용이.", "가까워 작게 말하게 되므로 비밀을 나누기에도 용이.", "계절이 바뀐 뒤에야 바람이 나무에게, 나무가 우리에게 무슨 일을 한 건지 알게 되는 것처럼." "고열, 오한, 간지러움, 솜털이 바싹 서는 것 같은 증세도 수반한다고 함." 등의 구절은 제목이 ④ '속삭임'임을 추측할 수 있게 한다.

오답 해설

① 고백은 마음속에 생각하고 있는 것이나 감추어 둔 것을 사실대로 숨김없이 말한다는 뜻이다. '정작 하고픈 말을 하지 않아도 무관.'하다고 하였기 때문에 적절하지 않다.
② 침묵은 아무 말도 없이 잠잠히 있는 것이므로 '가까워 작게 말하게 되므로 비밀을 나누기에도 용이.', '가장 가까운 데서 벌어지는 가장 먼 곳의 대화.', '거울에 난 손자국처럼 서로의 청각에 마음의 지문을 남김.'의 구절을 보았을 때 적절하지 않다.
③ 이야기는 어떤 사물이나 사실, 현상에 대하여 일정한 줄거리를 가지고 하는 말이나 글을 의미하므로 '정작 하고픈 말을 하지 않아도 무관.', '귓바퀴에 맴도는 호흡.'이라고 했기 때문에 적절하지 않다.
⑤ 군소리는 하지 아니하여도 좋을 쓸데없는 말이라는 뜻으로 '거울에 난 손자국처럼 서로의 청각에 마음의 지문을 남김.', '부드럽고 가볍고 은근한 정념.'이라는 구절을 보았을 때 적절하지 않다.

▶ 출처 김애란(2019), 잊기 좋은 이름, 열림원

006 ③

듣기 대본

이번에는 방송 진행자와 전문가의 대담을 들려 드립니다. 6번은 듣기 문항, 7번은 말하기 문항입니다.

진행자: 오늘은 불면증에 대해 알아보는 시간을 갖도록 하겠습니다. 오늘도 한방 전문의와 함께 하겠습니다. 원장님, 안녕하세요?
원장: 네. 안녕하십니까?
진행자: 먼저, 의학적으로 불면증의 기준은 무엇인가요?
원장: 잠자리에 든 후 잠드는 데 30분 이상 걸린다거나 자다가 5회 이상 깨는 경우, 또는 자다 깨서 다시 잠드는 데 30분 이상 걸린다거나 총 수면 시간이 6시간 미만일 때 보통 불면증을 의심해 봅니다.
진행자: 불면증은 보통 한 가지 증상으로만 나타나는 것인가요?
원장: 아닙니다. 불면증은 입면장애, 수면유지장애, 조조각성 이렇게 세 가지로 나누어 볼 수 있습니다. 입면장애란 잠드는 데 30분 이상이 걸리는 것이며, 수면유지장애란 자는 도중에

잘 깨는 경우이며, 조조각성이란 아침 일찍 깨고 그 후에는 다시 잠들지 못하는 것입니다.
진행자: 그렇다면 불면증은 왜 생기는 걸까요?
원장: 약물 요인과 환경적 요인, 그리고 심리적 요인이 있습니다. 약물 요인의 대표적인 것으로 항암제, 갑상선치료제, 항경련제, 항우울제, 경구용 피임제 등이 있습니다.
진행자: 환경적 요인이라면 무엇을 말씀하시는 건가요?
원장: 자동차 소리, 텔레비전 소리와 같은 것들입니다. 또 방이 너무 밝다거나 침실이 너무 춥거나 더워도 수면을 방해할 수 있습니다. 특히 불규칙한 생활은 상습적인 불면을 유발할 수 있죠.
진행자: 그렇다면 혹시 우울증도 불면증과 관련이 있는 걸까요?
원장: 네. 바로 그렇습니다. 불면증이야말로 심리적 요인에 의한 우울증의 대표적인 증상이라고 할 수 있겠죠. 극심한 스트레스가 불면증을 초래할 수 있고, 걱정이 지나친 경우도 그 걱정 자체가 수면을 방해하게 되는 악순환을 형성하기도 합니다.
진행자: 불면증이 심해지고 장기화되면 어떤 문제를 초래할 수 있을까요?
원장: 불면증은 졸음과 피로감을 유발하여 집중력과 기억력을 떨어뜨립니다. 그리고 성장 부진과 근력 저하를 유발합니다.
진행자: 다른 문제점은 무엇이 있나요?
원장: 정서 불안과 의욕 상실, 우울증, 심하면 환각 증세가 나타날 수 있습니다. 궁극적으로는 면역력 약화를 유발해서 전반적으로 건강을 나쁘게 만들 수 있습니다.

정답 해설

인터뷰 내용 중에 '수면유지장애란 자는 도중에 잘 깨는 경우이며'라는 진술로 볼 때, '불면증 중에서 자는 도중에 잘 깨는 것을 조조각성이라고 한다'라고 진술한 선지 ③의 내용은 원장의 설명과 일치하지 않는다.

오답 해설

① 원장이 '특히 불규칙한 생활은 상습적인 불면을 유발할 수 있죠.'라고 하고 있으므로 옳은 진술이다.
② 불면증이 어떤 문제를 초래할 수 있냐는 진행자의 질문에 '성장 부진과 근력 저하를 유발합니다.'라는 원장의 답변을 보아 옳은 진술이다.
④ '자다 깨서 다시 잠드는 데 30분 이상 걸린다거나 총 수면 시간이 6시간 미만일 때 보통 불면증을 의심해 봅니다.'라는 원장의 진술을 통해 알 수 있다.
⑤ '극심한 스트레스가 불면증을 초래할 수 있고, 걱정이 지나친 경우도 그 걱정 자체가 수면을 방해하게 되는 악순환을 형성하기도 합니다.'라는 원장의 진술을 통해 알 수 있다.

▶ 출처 TBS 라디오(2012.03.13. 08:45), '건강한 화요일'

007 ③

정답 해설

진행자는 인터뷰가 매끄럽게 진행될 수 있도록 청취자가 궁금해 할 만한 내용을 적절하게 배열하여 구체적인 내용에 대한 대답을 이끌어내고 있다. 따라서 ③이 가장 적절한 진술이다.

오답 해설

① 인터뷰 내용에 진행자의 개인적인 경험은 제시되지 않았다.
② 인터뷰 내용에 진행자의 개인적인 생각은 반영되지 않았으며, 자신의 생각과 반대되는 주장을 확인하기 위한 질문도 제시되지 않았다.
④ 인터뷰 내용은 질문 항목에 따라 병렬적으로 진행되었으며 전체 인터뷰 내용을 요약, 정리하는 진술은 제시되지 않았다.
⑤ 구체적인 설명이 필요할 정도의 전문적인 의학 용어가 제시되지 않았으며, 진행자는 의미를 설명하는 말하기를 하지 않았다.

008 ②

듣기 대본

이번에는 드라마의 일부분을 들려 드립니다. 8번은 듣기 문항, 9번은 말하기 문항입니다.
동 대표: (조금 멀리서) 아니, 누가 차를 여기다 대 놨대?
입주민: (다가가) 동 대표님, 무슨 일이시죠?
동 대표: 이거 혹시 자기 차야?
입주민: 네. 그런데요?
동 대표: 경비 아저씨한테 얘기 못 들었나 보구나? 여기 이 자리는 주차하면 안 되는데.
입주민: 왜요?
동 대표: 우리 동 아파트 입구에서 가장 가까운 자리는 내 자리거든.
입주민: (어이없는) 네? 내 자리, 네 자리 있다는 말은 저는 여태껏 들어본 적이 없는데요? 여기 공동 주차장 아닌가요?
동 대표: 공동이니까 내 차를 대야지. 그래야 무슨 일 생기면 재빨리 기동성 있게 움직이지.
입주민: 무슨 말씀을 하시는지 도무지 이해할 수가 없네요. '동 대표는 입구 앞에 주차한다.'는 규정이 이 아파트에는 있나요?
동 대표: 그렇지는 않지. 그런데 내 말은······.
입주민: (말을 끊으며) 잠깐 제 말 좀 들으세요. 먼저 온 사람이 먼저 차를 댄다, 이게 원칙이죠. 제가 먼저 주차했잖아요. 그러니 동 대표님이 다른 곳에 대는 게 맞죠.

동 대표: 그러지 말고 앞으로는 다른 데다 주차해. 저쪽 3동 앞에 자리 늘 비더라.
입주민: 동 대표님이 거기 대시면 되겠네요.
동 대표: 말했잖아. 난 여기다 차를 대야 한다고.
입주민: 정말 이해할 수가 없네요. 동 대표가 무슨 벼슬도 아니고.
동 대표: 뭔가 오해가 있나본데, 나 자리가 탐나서 이러는 거 아니야. 이 자리는 기동성 있게 차를 뺄 수 있는 사람이 세워야 나중에 급한 일 있을 때 별 탈이 없거든.
입주민: 별 탈이라뇨?
동 대표: 가령 이삿짐 차 같은 거 들어오면 바로 빼준다거나, 위급 환자 생기면 실어 나른다거나 그리고 또 장애인 주차 공간 부족하면 양보도 해줘야…….
입주민: (말을 끊으며) 아니, 만약 그런 일 생기면 저한테 연락하세요. 제가 빼드릴 테니. 됐죠?
동 대표: 그게 말처럼 쉬운 게 아니라니까 그러네. 비상사태가 언제 어떻게 일어날지는 모른다니까?

정답 해설
입주민은 공동 주차 구역에서는 특정인이 특정 구역을 차지해서는 안 된다고 보고 있다. 입주민이 동 대표에게 희생정신을 가져야 한다고 강조하는 내용은 제시되어 있지 않다.

오답 해설
① '아파트에 장애인 주차 구역을 제외하고는 내 자리, 네 자리 있다는 말은 저는 여태껏 들어본 적이 없는데요? 여기 공동 주차장 아닌가요?'와 같이 입주민은 일관되게 동 대표가 해당 주차 자리를 독점할 수 없음을 강조하고 있다.
③ '이 자리는 기동성 있게 차를 뺄 수 있는 사람이 세워야 나중에 급한 일 있을 때 별 탈이 없거든.'과 '비상사태가 언제 어떻게 일어날지는 모른다니까?'를 통해 동 대표는 해당 자리에 자신이 주차해야 하며, 비상사태와 같은 예기치 못한 일이 일어날 경우 그에 대응해야 함을 강조하고 있다.
④ '우리 동 아파트 입구에서 가장 가까운 자리는 내 자리거든.'과 같이 동 대표는 해당 자리에 자신이 주차해야 함을 강조하고 있다.
⑤ '경비 아저씨한테 얘기 못 들었나 보구나? 여기 이 자리는 주차하면 안 되는데.'를 통해 경비 아저씨가 해당 구역이 동 대표 주차 구역임을 알고 있음을 확인할 수 있다.

▶ 출처 KBS 무대(2013.06.15.), '층간 소통'

009 ②

정답 해설
동 대표는 해당 자리에 자신이 주차해야 함을 일관되게 강조하고 있다. '그러지 말고 앞으로는 다른 데다 주차해. 3동 앞에 자리 늘 비더라.'라는 말 역시 같은 의도를 지니고 있다. 입주민을 만족시키는 타협안을 제시하고 있지는 않으므로 ②는 적절하지 않다.

오답 해설
① '이삿짐 차 같은 거 들어오면 바로 빼준다거나, 위급 환자 생기면 실어 나른다거나 그리고 또 장애인 주차 공간 부족하면 양보도 해줘야' 등과 같이 자신이 그 자리에 주차해야 하는 구체적 상황을 나열하고 있다.
③ 동 대표는 입구 앞에 주차한다는 규정이 있는지 확인하고 있으므로 뒷받침하는 근거가 있는지 확인하고 있다.
④ 동 대표가 '그런데 내 말은…….', '양보도 해줘야…….' 등의 발언을 하고 있는 중간에 이를 끊고 자신의 의견을 말하고 있다.
⑤ '먼저 온 사람이 먼저 차를 댄다.'는 원칙을 들며 자신의 주차 행위에 문제가 없음을 말하고 있다.

010 ②
듣기 대본
이번에는 강연을 들려 드립니다. 10번은 듣기 문항, 11번은 말하기 문항입니다.
오늘은 미술 속에 담긴 과학에 대해 이야기를 해 보려고 합니다. 19세기 색채와 광학에 대한 과학적 발전은 신인상주의 화가들에게도 영향을 미치게 됩니다. 신인상주의 이전에 인상주의 화가들은 눈에 보이는 순간의 감흥을 표현하기 위해 여러 물감을 혼합해서 칠하기도 하였는데요, 그 결과 화면이 탁해졌습니다. 신인상주의 화가 쇠라는 이러한 문제를 해결하기 위해 당시의 과학적 연구들에 관심을 갖게 됩니다. 그는 색채의 대비에 대한 슈브뢸의 연구뿐만 아니라, 빛의 색과 물감의 색은 서로 다르다는 것을 밝힌 루드의 「현대 색채론」에 대해서도 탐구하였습니다. 빛의 색과 물감의 색은 혼합의 결과가 다른데요, 예를 들어 빛은 섞으면 섞을수록 밝아지는 가산 혼합이 되지만, 물감의 색은 섞으면 섞을수록 탁해지는 감산 혼합이 되지요. 이를 바탕으로 쇠라는 각각의 색점을 화면 위에 찍는 방법을 생각해 내었습니다. 물감을 팔레트에서 섞어 바르면 색이 탁해지지만, 화면에 색점을 찍은 후 멀리서 보면 인간의 눈 위에서 색들이 섞이게 되어 선명한 색을 유지할 수 있기 때문입니다. 예를 들어 주황색 옷을 입은 사람을 표현하기 위해 노란색과 빨간

색을 섞어 주황색을 만들어 칠하는 대신 노란색과 빨간색의 색점을 반복하여 그리는 것입니다. 가까이에서 보면 색점이 구분될 정도로 다른 색이지만 조금 뒤로 떨어져서 보면 그 변화가 은근하게 번지듯이 보이게 됩니다. 이런 기법을 점묘법이라고 부르는데요, 마치 점을 찍듯이 칠했다고 해서 붙여진 이름입니다. 이러한 점묘법의 원리를 눈으로 관찰하기 위해서는, 쇠라의 그림을 가까이에서도 바라보고 멀리서도 바라보며 감상할 필요가 있습니다.

정답 해설
빛은 섞으면 섞을수록 밝아지는 가산 혼합이 되므로, 감산 혼합이 된다는 진술은 적절하지 않다. 따라서 정답은 ②이다.

오답 해설
① 슈브뢸은 색채의 대비에 대해 연구하였음을 제시하고 있다.
③ 루드의 「현대 색채론」은 쇠라의 미술에 영향을 주어 '점묘법'이 나타나게 되었음을 제시하고 있다.
④ 쇠라는 당시의 과학적 연구를 바탕으로 각각의 색점을 화면 위에 찍는 방법을 생각해 내었음을 제시하고 있다.
⑤ 인상주의 화가들은 눈에 보이는 순간의 감흥을 표현하려고 하였음을 제시하고 있다.

▶ 출처 이명옥 외(2017), 『명화 속 흥미로운 과학 이야기』, 시공사

011 ①

정답 해설
9세기 색채와 광학에 대한 과학적 발전과 슈브뢸의 연구, 루드의 「현대 색채론」 등 신인상주의 화가인 쇠라의 점묘법이 등장하게 된 배경을 설명하고 있다. 따라서 정답은 ①이다.

오답 해설
② 점묘법의 등장 배경과 원리에 대해 제시하고 있지만, 점묘법의 장점과 단점을 각각 비교하고 있지는 않다.
③ 점묘법에 담긴 과학적 연구와 등장 배경을 밝히고 있지만, 점묘법의 미술사적 의의와 한계를 제시하고 있지는 않다.
④ 점묘법이 나타난 이후에 변화하게 된 과정이 제시되어 있지는 않다.
⑤ 점묘법에 대해 기존에 잘못 알고 있었던 통념은 제시되어 있지 않다.

012 ③

듣기 대본
이번에는 발표를 들려 드립니다. 12번은 듣기 문항, 13번은 말하기 문항입니다.

차량 구매 시 소비자가 고민하는 것 중 하나가 바로 색상입니다. 다들 한 번쯤 어떤 색의 차를 구매할지 고심해 보셨죠? 국내에서 가장 인기 있는 색은 무엇일까요? 그리고 색상과 사고율은 어떤 관계가 있을까요?
㉠'자료1'을 보시지요. 이 그래프는 한 글로벌 도료 업체가 발표한 '세계 자동차 색상 선호도' 조사 결과입니다. 국내에서 팔린 차의 32%는 흰색이었습니다. 2위는 회색으로 21%, 3위는 검은색으로 16%였습니다. 이는 많은 사람들이 무채색을 선호한다는 뜻입니다.
'자료2'는 경찰청이 공식 블로그에 공개한 차량 색상별 사고율 조사 결과 그래프입니다. ㉡파란색과 녹색의 차량 사고율은 각각 25%, 20%였습니다. 노란색과 밤색이 각각 2%와 3%인 것에 비해 매우 높지요. 회색과 흰색도 시안성이 좋아 사고율이 낮은 편입니다. 그러면 검은색은 어떨까요? 검은색은 반사 효과가 좋지만, 야간 사고율이 다소 높았습니다.
㉢이렇게 차량 색상별로 사고율이 달라지는 건 눈의 굴절률과 초점 기능 때문입니다. ㉣파란색은 빛의 굴절률이 커 망막보다 앞쪽에 상이 맺힙니다. 이때 망막은 초점을 맞추려고 수정체를 오목하게 만들지요. 쉽게 말해, ㉤파란 물체는 실제보다 더 멀고 작게 느껴져, 파란색 차의 사고율이 상대적으로 높다는 의미입니다. 전문가는 파란색 차와 빨간색 차를 같은 거리에 두고 보면 파란색 차가 7m 더 멀리 있는 것처럼 인식하게 된다는 연구 결과가 있다고 했습니다.
그에 비해 황금색이나 노란색은 어떨까요? ㉥대부분의 유치원 차량이나 스쿨버스 등이 노란색인 것 보신 적 있으시지요? 황금, 노란색은 색채 중에 가장 크게 보이는 성질을 가지고 있고 또 망막에 정확히 상이 맺히기 때문에 사고가 적은 것이지요.

정답 해설
㉣을 통해 망막보다 앞쪽에 상이 맺히며, ㉤을 통해 실제보다 더 멀고 작게 느껴진다는 것을 알 수 있으므로 ③은 틀린 진술이다.

오답 해설
① ㉥을 통해 대부분의 유치원 차량이나 스쿨버스 등이 노란색임을 확인할 수 있다.
② ㉠을 통해 국내에서 팔린 차의 32%가 흰색이었음을 확인할 수 있다.

④ ⓒ에서 파란색과 녹색의 차량 사고율은 각각 25%, 20%이고, 노란색과 밤색 차량의 사고율은 2%, 3%임을 확인할 수 있다.
⑤ ⓒ을 통해 차량 색상별로 사고율이 달라지는 것은 눈의 굴절률과 초점 기능 때문임을 확인할 수 있다.

▶ 출처
- 문희철(2022.01.29.), 국내 차 10대 중 3대는 이 색깔... 연비도 좋고 사고율도 낮다고?, 중앙일보(https://www.joongang.co.kr/article/25044614)
- 정태영(2012.02.29.), 자동차 색에 따라 사고발생률 차이, 안전저널(http://www.anjunj.com/news/articleView.html?idxno=4567)
- 신성윤 외 4명(2011), 자동차 사고와 색의 관계, 한국컴퓨터정보학회 하계학술대회논문집 19-2, 한국컴퓨터정보학회(https://scienceon.kisti.re.kr/commons/util/originalView.do?cn=CFKO201129149563562&oCn=NPAP10059481&dbt=CFKO&journal=NPRO00341249)

013   ⑤

정답 해설
연도별 통계는 활용되지 않았으며 따라서 연도별 사고율의 변화도 언급되지 않았다. 따라서 정답은 ⑤이다.

오답 해설
① ⓒ을 통해 색상에 따른 사고율 비교, 대조를 확인할 수 있다.
② ㉠을 통해 시각 자료를 사용하였으며, 통계 수치를 활용하고 있음을 확인할 수 있다.
③ '다들 한 번쯤 어떤 색의 차를 구매할지 고심해 보셨죠?'와 '대부분의 유치원 차량이나 스쿨버스 등이 노란색인 것 보신 적이 있으시지요?'를 통해 확인할 수 있다.
④ '전문가는 파란색 차와 빨간색 차를 같은 거리에 두고 보면 파란색 차가 7m 더 멀리 있는 것처럼 인식하게 된다는 연구 결과가 있다고 했습니다.'를 통해 확인할 수 있다.

014   ⑤

듣기 대본
끝으로 밴드부 부장과 관악부 부장의 대화를 들려 드립니다. 14번은 듣기 문항, 15번은 말하기 문항입니다.

밴드부 부장: 관악부 부장님, 음악 선생님께 얘기 들었죠?
관악부 부장: 예. 저도 지금 막 음악 선생님을 뵙고 오는 길인데, 다음 주부터 음악실 이용을 수요일 방과 후 2시간으로 제한할 수밖에 없다고 하시네요. ㉠그동안은 밴드부가 수요일, 우리 관악부가 금요일에 사용해 왔는데…… 이제 어떡하죠?
밴드부 부장: 관악부 입장이 난처해진 건 알겠는데, 사실 우리 밴드부는 원래부터 수요일에 음악실을 사용해 와서 이번 일이 저희와는 관련이 없다는 생각도 들어요.
관악부 부장: 그렇지 않아요. ⓒ음악 선생님은 저희 두 부서가 논의해서 음악실을 어떻게 사용할 것인지 결과를 알려달라고 하시더라고요. 그래서 논의를 해야 할 것 같아요.
밴드부 부장: 저희 밴드부는 앰프와 전자기타를 사용해야 하고, 또 소리가 크게 나서 반드시 방음이 잘 되는 음악실에서 연습을 해야 해요. 관악부는 음악실 말고 다른 곳에서도 연습할 수 있지 않나요?
관악부 부장: 그렇지 않아요. ⓒ저희도 악기 연주 소리가 크게 나서 방음 장치가 잘 갖춰진 음악실에서 연습을 해야 해요.
밴드부 부장: ㉣밴드부나 관악부 모두 연주 소리가 너무 커서 같이 연습을 할 수도 없고 참 난처하네요. 관악부가 아예 수요일 밤에 연습하는 건 어때요?
관악부 부장: ㉤저희는 밴드부에 비해 인원이 많고, 각자의 일정이 있어서 전원이 밤에 모여서 연습하는 건 불가능해요. 그리고 선생님께서 방과 후 2시간만 가능하다고 하셨잖아요. 흠… 그럼 이건 어떨까요? 두 부서가 공평하게 1시간씩 쓰되, 밴드부가 우리를 위해 고맙게도 배려해주는 거니까 어느 시간을 사용할지는 먼저 정하는 게 어때요? 특히 수요일 5, 6교시는 동아리 시간이니까 밴드부가 먼저 방과 후에 1시간을 쓰면 5, 6교시에 이어서 쭉 활동할 수 있어서 좋을 것 같은데요?
밴드부 부장: 좋네요. 그러면 부원들도 이해해 줄 것 같아요. ㉥그럼 수요일 방과 후 1시간은 저희 밴드부가, 그다음 1시간은 관악부가 쓰는 것으로 하죠.

정답 해설
㉤을 통해 관악부가 밴드부보다 인원이 많음은 알 수 있으나, ⓒ을 통해 관악부가 음악실 외 다른 장소에서 연습할 수 없는 이유가 인원이 많아서가 아니라 연주 소리가 커서라는 것을 알 수 있다. 따라서 정답은 ⑤이다.

오답 해설
① ㉠을 통해 밴드부는 수요일, 관악부는 금요일에 사용했음을 알 수 있다.
② ㉣을 통해 연주 소리가 너무 커 같이 연습을 할 수 없음을 알 수 있다.
③ ㉥을 통해 수요일 방과 후 1시간씩 음악실을 쓰기로 했음을 알 수 있다.
④ ⓒ을 통해 두 부서가 논의하여 결과를 알려 달라고 했음을 알 수 있다.

015 ④

정답 해설

'밴드부가 우리를 위해 고맙게도 배려해주는 거니까'를 통해 감사함을 표현하고 있으며, '특히 수요일 5, 6교시는 동아리 시간이니까 밴드부가 먼저 방과 후에 1시간을 쓰면 5, 6교시에 이어서 쭉 활동할 수 있어서 좋을 것 같은데요?'를 통해 자신의 의견이 상대에게 이득이 됨을 설명하고 있음을 확인할 수 있다.

오답 해설

① 상대의 의견이 객관적인 근거에 기반해 있지 않음을 논리적으로 비판하는 내용은 찾을 수 없다.
② 미안하다는 의사를 반복적으로 제시하는 내용은 찾을 수 없다.
③ 상대보다 자신이 도덕적 우위에 있음을 구체적 수치를 들어 제시하는 내용은 찾을 수 없다.
⑤ 상대의 의견을 적극 수용하는 내용은 찾을 수 없다.

어휘·어법 016번~045번

기출문제집 p.197

016	③	017	②	018	①	019	④	020	②
021	②	022	③	023	①	024	③	025	②
026	②	027	⑤	028	④	029	②	030	①
031	④	032	⑤	033	④	034	⑤	035	①
036	④	037	②	038	⑤	039	①	040	③
041	③	042	③	043	②	044	④	045	③

016 ③

정답 해설

'깨지락거리다'는 "조금 달갑지 않은 음식을 자꾸 억지로 굼뜨게 먹다."와 "조금 달갑지 않은 듯이 자꾸 게으르고 굼뜨게 행동하다."라는 뜻을 가지는 단어이므로 듣는 사람을 불편하게 만들 수 있는 말을 하는 행위와 관련이 없는 표현이다.

오답 해설

① '게두덜거리다'는 "굵고 거친 목소리로 자꾸 불평을 늘어놓다."라는 뜻이다.
② '구시렁거리다'는 "못마땅하여 군소리를 듣기 싫도록 자꾸 하다."라는 뜻이다.
④ '시부렁거리다'는 "주책없이 쓸데없는 말을 함부로 자꾸 지껄이다."라는 뜻이다.
⑤ '이기죽거리다'는 "자꾸 밉살스럽게 지껄이며 짓궂게 빈정거리다."라는 뜻이다.

017 ②

정답 해설

'과문(寡聞)'은 "보고 들은 것이 적음."이라는 뜻이다.

018 ①

정답 해설

'눙치다'는 "마음 따위를 풀어 누그러지게 하다." 또는 "어떤 행동이나 말 따위를 문제 삼지 않고 넘기다."라는 의미이다.

019 ④

정답 해설

'유숙(留宿)'은 "남의 집에서 묵음."을 뜻하는 말로, '자기 집'에서 머무는 것이라는 의미로 사용할 수 없는 단어이다. 따라서 정답은 ④이다.

오답 해설

① '야기(惹起)'는 "일이나 사건 따위를 끌어 일으킴."을 뜻한다.
② '안일(安逸)'은 "편안하고 한가로움. 또는 편안함만을 누리려는 태도."를 뜻한다.
③ '격양(激揚)'은 "기운이나 감정 따위가 세차게 일어나 들날림."을 뜻한다.
⑤ '난타(亂打)'는 "마구 때림."을 뜻한다.

020 ②

정답 해설

"깨끗이 정리되어 가지런하다"라는 의미의 '단정하다'는 물건이나 주변 환경이 잘 정리되어 있을 때 쓰이는 의미이므로 ②는 적절한 쓰임이다.

오답 해설

①, ④, ⑤는 "옷차림새나 몸가짐 따위가 얌전하고 바르다."라는 뜻을 지닌 '단정(端正)하다'의 예이다. ③은 "딱 잘라서 판단하고 결정하다."라는 뜻을 지닌 '단정(斷定)하다'의 예이다.

021 ②
정답 해설

㉠의 '단신'은 한자어 '홑 단(單), 몸 신(身)'으로 '혼자의 몸'을 의미한다.
㉡의 '단신'은 한자어 '짧을 단(短), 몸 신(身)'으로 '키가 작음'을 의미한다.
㉢의 '단신'은 한자어 '짧을 단(短), 소식 신(信)'으로 '짤막한 소식, 즉 뉴스'를 의미한다.
따라서 ②가 정답이다.

022 ③
정답 해설

"아이들은 맨 책뿐인 이곳을 별로 좋아하지 않는다."에 쓰인 '맨'은 "다른 것은 섞이지 아니하고 온통"이라는 뜻의 부사이다. 이와 달리 "산의 맨 꼭대기에는 나무가 전혀 없었다."에 쓰인 '맨'은 "더 할 수 없을 정도나 경지에 있음을 나타내는 말"로 관형사이다. 따라서 둘은 소리는 같으나 뜻은 다른 동음이의어 관계이다.

오답 해설

① 두 문장에 사용된 '뚝'은 모두 "계속되던 것이 아주 갑자기 그치는 모양"을 의미하는 부사이다.
② 두 문장에 사용된 '척'은 모두 "전혀 서슴지 않고 선뜻 행동하는 모양"을 의미하는 부사이다.
④ 두 문장에 사용된 '갓'은 모두 "이제 막"을 의미하는 부사이다.
⑤ 두 문장에 사용된 '꾹'은 모두 "여무지게 힘을 주어 누르거나 죄는 모양"을 의미하는 부사이다.

023 ①
정답 해설

'게재(揭載)'는 "글이나 그림 따위를 신문이나 잡지 따위에 실음."을 의미한다. 그러나 ①의 문맥에서는 "문서 따위에 기록하여 올림."을 의미하는 '기재(記載)'를 사용하는 것이 적절하다.

오답 해설

② '구별(區別)'은 "성질이나 종류에 따라 차이가 남. 또는 성질이나 종류에 따라 갈라놓음."을 의미하므로 적절한 쓰임이다.
③ '기한(期限)'은 "미리 한정하여 놓은 시기"를 의미하므로 적절한 쓰임이다.
④ '제고(提高)'는 "수준이나 정도 따위를 끌어올림."을 의미하므로 적절한 쓰임이다.

⑤ '모사(模寫)'는 "사물을 형체 그대로 그림"을 의미하므로 있는 그대로를 묘사한다는 의미로 사용한 것은 적절하다.

024 ③
정답 해설

'핍진(逼眞)하다'는 "실물과 아주 비슷하다." 또는 "사정이나 표현이 진실하여 거짓이 없다."라는 의미이므로 '핍진하게'가 고유어 '성글게'와 대응한다는 ③은 적절하지 않다.

오답 해설

① '관통(貫通)하다'는 "꿰뚫어서 통하다."를 의미하므로, '꿰뚫다'와 대응한다.
② '단장(丹粧)하다'는 "얼굴, 머리, 옷차림 따위를 곱게 꾸미다."를 의미하므로, '꾸미다'와 대응한다.
④ '선망(羨望)하다'는 "부러워하여 바라다."를 의미하므로, '바라다'와 대응한다.
⑤ '산개(散開)하다'는 "여럿으로 흩어져 벌어지다."를 의미하므로, '흩어지다'와 대등한다.

025 ②
정답 해설

"오랫동안 공부에 손을 놓았더니 머리가 녹슨 것 같았다."에 쓰인 '머리'는 다의어로 여기에서는 '생각하고 판단하는 능력'을 뜻한다. 이와 같은 의미로 사용된 '머리'는 ②이다.

오답 해설

① 다의어로서 여기에서는 '사람이나 동물의 목 위의 부분'을 뜻한다.
③ 다의어로서 여기에서는 '어떤 집단에서 최고의 지위를 갖는 사람'을 뜻한다.
④ 다의어로서 여기에서는 '일의 시작이나 처음을 비유적으로 이르는 말'을 뜻한다.
⑤ 다의어로서 여기에서는 '사물의 앞이나 위를 비유적으로 이르는 말'을 뜻한다.

026 ②
정답 해설

'이도 아니 나서 콩밥을 씹는다'는 "아직 준비가 안 되고 능력도 없으면서 또는 절차를 넘어서 어려운 일을 하려고 달려듦을 비유적으로 이르는 말."이다. 따라서 하는 일마다 척척 해낸다는 뒤의 내용과 연결하여 사용하는 것은 적절하지 않다.

오답 해설

① '개미 쳇바퀴 돌 듯'은 "앞으로 나아가거나 발전하지 못하고 제자리걸음만 함을 비유적으로 이르는 말."이므로 더 나아지지 않는다는 내용과 연결하여 사용하기에 적절하다.
③ '하늘도 끝 갈 날이 있다'는 "무엇이나 끝이 있다는 말."이므로 힘든 시간이 지나면 행복해질 거라는 내용과 연결하여 사용하기에 적절하다.
④ '물도 가다 구비를 친다'는 "사람의 한평생에는 전환기가 있기 마련이라는 말"이므로 지금을 참으면 좋은 기회가 온다는 내용과 연결하여 사용하기에 적절하다.
⑤ '산 넘어 산이다'는 "갈수록 더욱 어려운 지경에 처하게 되는 경우를 비유적으로 이르는 말"이므로 어려운 일을 할 때 마음을 더 굳게 잡을 필요가 있다는 의미와 함께 쓰기에 적절하다.

027　⑤

정답 해설

'춘하지교(春夏之交)'는 "봄과 여름이 바뀌는 때."를 뜻하므로 친구 사이의 두터운 사귐을 나타내는 사자성어와 관계가 없다.

오답 해설

① '관포지교(管鮑之交)'는 관중과 포숙의 사귐이라는 뜻인데 두 사람의 두터웠던 우정에서 유래한 말로 친구 사이의 두터운 사귐을 뜻하는 말이 되었다.
② '금란지교(金蘭之交)'는 쇠처럼 단단하고 난처럼 향기로운 사귐이라는 뜻으로 역시 친구 사이의 두터운 사귐을 뜻하는 말이다.
③ '단금지교(斷金之交)'는 쇠라도 자를 정도로 두터운 사귐을 뜻하는 말이다.
④ '문경지교(刎頸之交)'는 서로를 위해서라면 목이 잘린다 해도 후회하지 않을 정도의 사이라는 뜻으로 두터운 사귐을 뜻하는 말이다.

028　④

정답 해설

'오지랖이 넓다'는 쓸데없이 지나치게 아무 일에나 참견한다는 뜻을 지닌 관용 표현인데, '오지랖'은 웃옷이나 윗도리에 입는 겉옷의 앞자락을 가리키는 말이므로 신체의 부분을 가리키는 단어가 아니다. 참견을 많이 함을 오지랖이 넓은 것에 비유하면서 생긴 관용 표현이다.

오답 해설

① '덜미를 잡히다'는 못된 일 따위를 꾸미다가 발각된다는 뜻을 지닌 관용 표현이다. '덜미'는 목의 뒤쪽 부분과 그 아래 근처를 가리키는 말이다. 발각되는 행위를 덜미를 잡히는 행위에 비유하면서 생긴 관용 표현이다.
② '복장이 터지다'는 몹시 마음에 답답함을 느낀다는 뜻을 지닌 관용 표현이다. '복장'은 가슴의 한복판을 가리키는 말이다.
③ '오금이 저리다'는 저지른 잘못이 들통이 나거나 그 때문에 나쁜 결과가 있지 않을까 마음을 졸인다는 뜻을 지닌 관용 표현이다. '오금'은 뒷무릎 또는 팔오금을 가리키는 말이다.
⑤ '죽지가 처지다'는 기세가 꺾이거나 의기가 없어짐을 뜻하는 관용 표현이다. '죽지'는 팔과 어깨가 이어진 부분을 가리키는 말이다. 또한 새의 날개가 몸에 붙은 부분을 가리키는 말이기도 하다.

029　②

정답 해설

'불입(拂入)'은 돈을 내는 것을 뜻하는 말로 여러 번에 나누어 낸다는 뜻인 '분납(分納)'이 아니라 '납입(納入)'이라는 말로 대신 쓰도록 권장하고 있다.

오답 해설

① '불하(拂下)하다'는 "국가 또는 공공 단체의 재산을 개인에게 팔아넘기다."라는 의미로 '매각하다'로 대신 쓰도록 권장하고 있다.
③ '가료(加療)'는 '치료'와 같은 의미이므로 쉬운 말인 '치료'로 바꾸어 쓰도록 권장하고 있다.
④ '시말서(始末書)'는 "잘못을 저지른 사람이 사건의 경위를 자세히 적은 문서."의 의미인데, 쉬운 말인 '경위서'로 바꾸어 쓰도록 권장하고 있다.
⑤ '지득(知得)하다'는 "깨달아 알다"의 의미이므로 쉬운 말인 '알게 되다'로 바꾸어 쓰도록 권장하고 있다.

▶ 출처　법제처(2021), 알기 쉬운 법령 정비 기준(10판)-부록 정비 권고 용어

030　①

정답 해설

'케어팜(care farm)'은 "신체적·정신적인 질병이 있는 사람이 농작물을 가꾸고 가축을 기르는 등 농업 활동을 하면서 몸과 마

음을 치유할 수 있도록 조성한 농장."을 의미한다. 따라서 이 말은 '유기농 농장'이 아닌 '치유 농장'으로 순화하여 쓰는 것이 바람직하다.

> 오답 해설

② '파운드리(foundry)'는 "외부에서 제품 설계를 넘겨받아 반도체를 조립하여 생산하는 일"을 의미하므로, '조립 생산'으로 순화하여 쓸 수 있다.
③ '제로 베이스(zero base)'는 "어떤 결정에 앞서 전면 재검토 하는 것"을 의미하므로, '원점'으로 순화하여 쓸 수 있다.
④ '네임 밸류(name value)'는 "이름이나 지명도의 가치. 또는 그것을 높게 평가하는 일"을 의미하므로, '지명도'로 순화하여 쓸 수 있다.
⑤ '하드 파워(hard power)'는 "군사력, 경제력 따위를 앞세워 상대방의 행동을 바꾸거나 저지할 수 있는 힘."을 의미하므로, '물리적 영향력'으로 순화하여 쓸 수 있다.

031 ④

> 정답 해설

'힘차게 대들 기세로 벗다'의 의미를 가진 말은 '벗어부치다'이므로 '벗어붙이고'가 아니라 '벗어부치고'로 표기해야 한다. 따라서 정답은 ④이다.

032 ⑤

> 정답 해설

'너울'의 준말은 '널'이 아니라 '놀'이다.

> 오답 해설

① '맘'은 '마음'의 준말로 '맘이 아프다'처럼 쓰인다.
② '엊저녁'은 '어제저녁'의 준말로 '엊저녁에 친구를 만났다'처럼 쓰인다.
③ '낼모레'는 '내일모레'의 준말로 '낼모레면 방학이다'처럼 쓰인다.
④ '막대'는 '막대기'의 준말로 '막대를 잡고 휘두르다'처럼 쓰인다.

033 ④

> 정답 해설

'머물다'는 '머무르다'의 준말이다. 표준어 규정 제16항 '모음 어미가 연결될 때에는 준말의 활용형을 인정하지 않음'에 따라 '머물어, 머물었다'는 인정하지 않으며 '머물러, 머물렀다'와 같이 활용한다.

> 오답 해설

① '곱다'의 경우 한글 맞춤법 제18항 '다만'에 따르면 어간 '곱-'에 어미 '-아'가 결합되어 '-와'로 소리 나는 것은 '-와'로 적어야 하므로 옳은 표기이다.
② '무겁다'는 한글 맞춤법 제18항 "어간의 끝 'ㅂ'이 'ㅜ'로 바뀔 적"에 해당하는 것으로 '무거워'로 불규칙 활용을 한다.
③ '뿌옇다'는 한글 맞춤법 제18항 "어간의 끝 'ㅎ'이 줄어질 적"에 해당하는 것으로 '뿌예서'로 불규칙 활용을 한다.
⑤ '가르다'는 한글 맞춤법 제18항 "어간의 끝음절 '르'의 'ㅡ'가 줄고, 그 뒤에 오는 어미 '-아/-어'가 '-라/-러'로 바뀔 적"에 해당하는 경우로 '갈랐다'로 불규칙 활용을 한다.

034 ⑤

> 정답 해설

보조 용언 구성은 띄어 쓰는 것이 원칙이되 붙이는 것이 허용되지만 '밖이 추운가 보다'와 같은 '종결 어미+보조 용언' 구성의 경우에는 이 규정이 적용되지 않으므로 '추운가보다'로 붙여 쓸 수 없고 반드시 '추운가 보다'로 띄어 써야 한다.

> 오답 해설

① '본용언+-아/어+보조 용언' 구성에서 보조 용언은 띄어 쓰는 것이 원칙이되 붙여 쓰는 것이 허용된다.
② '관형사형+보조 용언(의존명사+하다)' 구성에서 보조 용언은 띄어 쓰는 것이 원칙이되 붙여 쓰는 것이 허용된다.
③ '관형사형+보조 용언(의존명사+하다)' 구성에서 보조 용언은 띄어 쓰는 것이 원칙이되 붙여 쓰는 것이 허용된다.
④ '관형사형+보조 용언(의존명사+하다)' 구성에서 보조 용언은 띄어 쓰는 것이 원칙이되 붙여 쓰는 것이 허용된다.

035 ①

> 정답 해설

'버러지'와 '벌레'는 모두 표준어이므로 비표준어를 수정한 사례로 적절하지 않다.

> 오답 해설

② '저으기'는 '적이'의 비표준어이므로 '적이'로 수정한 것이 적절하다.
③ '빌다'는 '빌리다'의 비표준어이므로 '빌려'로 수정한 것이 적절하다.

④ '여늬'는 '여느'의 비표준어이므로 '여느'로 수정한 것이 적절하다.
⑤ '노다지'는 '언제나'의 비표준어이므로 '언제나'로 수정한 것이 적절하다.

036 ④
정답 해설
문장 안에서 책의 제목을 나타낼 때에는 큰따옴표를 써야 한다. 작은따옴표는 개별 작품의 제목을 나타낼 때 사용한다.

오답 해설
① '그러므로'와 같이 접속을 나타내는 말 다음에 쉼표의 사용이 필요할 경우 사용할 수 있다.
② 보충하는 말을 덧붙일 때 소괄호를 사용할 수 있다.
③ 열거된 항목 중에서 선택될 수 있음을 나타낼 때 중괄호를 쓸 수 있다. 열거된 항목은 쉼표나 빗금으로 구분하는 것이 가능하다.
⑤ 공통 성분을 줄여 하나로 묶을 때 가운뎃점을 쓸 수 있다.

037 ④
정답 해설
'소-'와 '쇠-'를 복수 표준어로 인정하기 때문에 이 둘이 결합된 말인 '소고기'와 '쇠고기'도 모두 표준어이다.

오답 해설
① '둘째'는 표준어이고 '두째'는 비표준어이다.
② '멋쟁이'는 표준어이고 '멋장이'는 비표준어이다.
③ '사글세'는 표준어이고 '삭월세'는 비표준어이다.
⑤ '깡충깡충'은 표준어이고 '깡총깡총'은 비표준어이다.

038 ⑤
정답 해설
'호(胡)콩'과 '땅콩'은 모두 표준어이다.

오답 해설
① '솔'은 '부추'의 방언형으로 경상도, 전라남도 등에 나타난다.
② '여시'는 '여우'의 방언형으로 강원도, 경상도, 전라도 등에 나타난다.
③ '옥시기'는 '옥수수'의 방언형으로 강원도, 경기도, 충청도 등에 나타난다.
④ '진감자'는 '고구마'의 전라남도 방언형이다.

039 ①
정답 해설
'국수'에서 보이는 경음화는 표준 발음법 제23항에 따라 'ㅂ, ㄷ, ㄱ' 뒤에서 일어나는 경음화로 예외 없이 적용되는 순수한 음운 변동에 해당한다. 반면 ②, ③, ④, ⑤의 경음화는 모두 표준 발음법 제28항과 관련된 것으로 명사와 명사가 결합하여 합성 명사를 이루는 과정에서 일어나는 사잇소리 현상에 해당한다.

040 ③
정답 해설
㉠ 탁구 기술을 나타낼 때의 'cut'는 올바른 외래어 표기가 '커트'이다.
㉡ 미용을 목적으로 머리를 자르는 일. 또는 그 머리 모양을 가리킬 때의 'cut'는 '커트'이다.
㉢ 영화 촬영에서, 촬영을 멈추거나 멈추라는 뜻으로 하는 말을 가리키는 'cut'은 '컷'이다.

041 ③
정답 해설
국어의 로마자 표기법에 따르면 '신라'의 경우 유음화가 적용된 발음 [실라]를 기준으로 하되, 'ㄹㄹ'은 'll'로 표기해야 한다. 따라서 '신라'의 로마자 표기는 'Silla'가 맞지만, 'ㄹ'을 모음 앞에서는 'r'로, 자음 앞이나 어말에서는 'l'로 적어야 한다는 규정을 설명한 ③은 잘못된 설명이다.

042 ③
정답 해설
㉢의 문장에서 '국왕 군대와의 협상'과 '항복'은 같은 지위로 연결되어 사용될 수 없다. '협상'은 '국왕 군대'와 하는 것이지만 '항복'은 '국왕 군대'에게 하는 것이므로 '이나'를 기준으로 '협상'과 '항복'이 연결되어 사용될 수 없다. 올바른 문장이 되려면 "그러나 국왕 군대와 평화적 협상을 하거나 국왕 군대에게 항복을 하는 등의 생각은 전혀 하지 않았다." 정도가 되어야 한다.

043 ②

정답 해설
"손님께서 주문한 물건이 도착했습니다."라는 문장에서 "손님"은 높임의 대상이므로 주체 높임 선어말어미 '-시-'가 쓰인 "주문하신"으로 써야 올바른 높임 표현이라고 할 수 있다. 따라서 ②는 높임 표현이 맞게 사용되었다고 할 수 없다.

오답 해설
① '하게체'는 상대를 보통으로 낮추면서 약간 대우하여 주는 종결형으로 어느 정도 나이가 든 사람이 손아랫사람이나 같은 연배의 친숙한 사람에게 쓸 수 있다. 따라서 '다들'이라는 다수의 상대를 약간 대우하여 주는 상황으로 볼 수 있으므로 높임 표현이 맞게 쓰였다고 할 수 있다.
③ 높임의 대상인 주체와 청자는 모두 "어머니"이다. 서술어 "하시지요"의 형태에는 주체 높임 선어말어미 "-시-"가 쓰여 주체인 '어머니'를 높이고 있고, 종결어미 뒤에 보조사 '요'를 사용하여 비격식체 중에서 높임을 나타내는 해요체를 사용하여 청자인 "어머니"를 높이고 있다.
④ 높임의 대상인 "어머니"와 "선생님"에 대한 높임 표현이 문법적인 오류 없이 사용되었다. "모시고"는 목적어인 "선생님"을 높이는 것이고 "오라십니다"의 '-시-'는 주어인 "어머니"를 높이는 표현이다.
⑤ 높임의 대상인 "아버지"와 "할아버지"에 대한 높임 표현이 문법적인 오류 없이 사용되었다. "약주"는 "할아버지"가 드시는 술이므로 높임의 표현인 "약주"로 쓰인 것이고, "드리셨다"의 '-시-'는 "아버지"를 높이기 위해 쓰인 것이므로 적절하다고 할 수 있다.

044 ④

정답 해설
'착한 친구의 강아지가 나를 무척 따른다.'고 하면 친구가 착하다고 해석될 수도 있고 강아지가 착하다고 해석될 수도 있기 때문에 중의적이나 '친구의'가 문장 앞으로 이동하게 되면 중의성이 해소된다. 따라서 ④는 중의적으로 해석되지 않는다.

오답 해설
① '않았다'가 부정하는 것이 '모두'인지 '책'인지, '주다'인지에 따라 다르게 해석이 가능하다. 즉, '책을 준 대상이 모두가 아니다.(일부에게만 주었다.)'로 해석이 되기도 하고, '모두에게 준 것이 책은 아니다.'로 해석이 되기도 한다. 또한 '누구에게도 아무것도 주지 않았다.'로 해석이 될 수도 있다.
② '영희가 많은 친구들을 보고 싶다.'로 해석되기도 하고 '영희를 보고싶어 하는 친구들이 많다.'로 해석되기도 한다.
③ 부사어 '무례하게'의 수식 범위에 따라 2가지 의미로 해석된다. '영수가 선생님께 질문을 무례한 방식으로 했다.'와 '영수가 선생님께 질문한 것은 무례했다.'라고 해석될 수 있다.
⑤ 사동문은 간접 사동과 직접 사동으로 중의적으로 해석이 가능하다. '어머니가 동생에게 보약을 먹으라고 말을 하거나 보약을 지어서 가져다주거나 하는 경우'는 간접 사동이며, '어머니가 직접 동생의 입에다 보약을 먹이는 경우'는 직접 사동이 된다.

045 ③

정답 해설
"다름 아니다"는 일본어를 번역한 표현이다. 이를 수정하면 "다르지 않다"로 표현할 수 있다. 그러나 "다름이 있다"는 "다르다"라는 의미가 되므로 ③은 번역 투 표현을 잘못 수정하여 의미가 달라진 경우이다. 따라서 정확한 수정이라고 할 수 없다.

오답 해설
① 영어의 번역 투 문장으로 부정이 두 번 사용되어 내용 파악이 어렵다. 수정의 표현대로 직접적으로 표현하는 것이 더 바람직하다.
② "투표권이 주어지게 되었다."라는 표현은 '-게 되다'의 이중 피동이 쓰인 표현이다. "주어졌다"와 같이 간단하게 표현할 수 있다.
④ "운동을 요하다"에서 '요하다'는 일본어 표현으로 "운동이 필요하다"로 사용하는 것이 바람직하다.
⑤ "읽고 있는 중이다."에서 "있는"과 "중이다"는 의미가 중복되므로 "읽고 있다." 정도로 수정하는 것이 바람직하다.

쓰기 046번~050번

| 046 | ② | 047 | ⑤ | 048 | ③ | 049 | ① | 050 | ② |

046 ②

정답 해설
간접흡연 노출 지표인 니코틴 농도 등에 대한 언급은 있으나, 측정 방법에 대한 설명은 나와 있지 않다.

오답 해설

① 글을 시작할 때 '간접흡연은 흡연자 주위에서 비흡연자가 흡연자의 담배 연기를 들이마시게 되는 것을 말한다.'라고 정의를 제시하고 있으므로 반영되었다.
③ 공공장소, 직장, 가정 실내에서 간접흡연 피해가 발생한다고 언급하고 있으므로 반영되었다.
④ 간접흡연으로 인한 각종 질환에 대해 3문단에서 예를 들어 제시하고 있으므로 반영되었다.
⑤ 4문단에서 간접흡연으로 인한 피해를 예방하기 위한 제도적 차원에서의 노력이 언급되어 있으므로 반영되었다.

▶ 출처
- 건강보험공단 건강 iN 매거진 2022년 1월호 벗어나기 어려운 간접흡연의 공포(https://www.nhis.or.kr/magazin/177/html/sub1.html)
- 2019년 국민건강통계, 질병관리청 만성질환관리국 만성질환관리과
- 보건복지부, 금연길라잡이(https://www.nosmokeguide.go.kr)

047 ⑤
정답 해설
3문단에서 간접흡연이 유발하는 질환의 종류를 영유아 및 청소년과 성인에 따라 구분하여 나열하였으므로 적절하다.

오답 해설
① 간접흡연 경험의 비율을 제시하지 않았으므로 적절하지 않다.
② 간접흡연이 신체에 영향을 미치는 과정을 단계별로 제시하지 않았다.
③ 간접흡연으로 인해 노출되는 250여 종 이상의 발암성 혹은 독성 화학 물질에 대한 언급은 있으나 그 종류를 열거하지는 않았다.
④ 간접흡연으로 인한 피해 사례를 여성과 남성으로 분류하여 제시하지 않았다.

048 ③
정답 해설
'자료〈3〉'은 '간접흡연'과 관련된 보고서이므로 글의 목적에 부합하고, WHO의 보고서이므로 자료의 정보원이 신뢰할 만하며, 2021년의 자료이므로 최근의 정보를 담고 있다고 볼 수 있다. 따라서 기준 (ㄱ), (ㄴ), (ㄷ)이 모두 옳다고 판단한 ③이 정답이다.

오답 해설
① '자료 〈1〉'은 기준 (ㄱ), (ㄴ), (ㄷ)에 모두 충족하지만 기준 (ㄴ)을 X로 판단하였으므로 적절한 판단이 아니다.
② '자료 〈2〉'는 기준 (ㄴ)과 (ㄷ)의 판단이 옳지 않으므로 적절한 판단이 아니다.
④ '자료 〈4〉'는 기준 (ㄱ)의 판단이 옳지 않으므로 적절한 판단이 아니다.
⑤ '자료 〈5〉'는 기준 (ㄴ)의 판단이 옳지 않으므로 적절한 판단이 아니다.

049 ①
정답 해설
〈자료〉는 모두 비흡연자의 간접흡연의 심각성에 대한 자료이므로 (가)와 (나)를 활용하여 1차 흡연 문제의 심각성을 강조하는 것은 적절하지 않다.

오답 해설
② 3문단에 3차 간접흡연에 대해 언급되어 있는데 그 개념 정의가 나와 있지 않으므로, (가)를 활용하여 3차 간접흡연이 무엇인지 설명하는 것은 적절한 보완 방법이다.
③ 4문단에서 '지속적으로 금연 구역을 확대하여 간접흡연 노출률에 변화를 가져왔다'고 언급하였고, (나)에는 직장과 공공장소 실내의 간접흡연 노출률 수준이 감소되는 경향을 보이는 통계가 제시되었으므로 이를 제시하는 것은 적절한 보완 방법이다.
④ 3문단에는 간접흡연으로 인한 아동의 호흡기 질환에 대한 내용이 제시되어 있으므로, (다)의 전문가 발언을 활용하여 간접흡연에 노출된 아동의 피해가 심각하다는 내용을 수치로 제시하는 것은 객관성을 보완하는 적절한 방법이다.
⑤ (나)를 통해 가정 실내에서도 간접흡연이 일어남을 알 수 있고, (다)를 통해 아이가 있는 가정의 경우 경각심을 가져야 함을 알 수 있다. 4문단에서 간접흡연 예방을 위한 제도적 차원의 노력만 제시되어 있기에 (나)와 (다)를 활용하여 가정 실내 간접흡연의 실태와 예방 대책을 제안하는 것은 적절한 보완 방법이다.

050 ②
정답 해설
수정 전인 〈보기〉에서는 금연이 자신을 보호하는 효과적인 방법임을 나타내지만, 수정 후인 ⓐ에서는 금연이 가족과 사회 구성원 모두를 위한 것임을 드러내고 있다. 따라서 금연이 여러 대상에게 미치는 영향을 강조하기 위해 고쳤다는 것은 적절하다.

오답 해설

① 금연과 간접흡연의 인과적 관계를 강조하고 있지 않다.
③ 금연이 개인뿐 아니라 가족과 사회 구성원 모두를 위한 것이라는 내용으로 수정한 것이므로, 사회적 행위보다 개인적 행위임을 강조한다는 것은 적절하지 않다.
④ 금연이 사회 구성원 모두를 위한 것이라는 내용이므로, 금연을 위해서 사회적 합의가 우선되어야 한다는 것은 적절하지 않다.
⑤ 금연을 위한 교육이 제도적으로 시행되어야 한다는 점을 강조하고 있지 않다.

창안 051번~060번

기출문제집 p.209

| 051 | ⑤ | 052 | ③ | 053 | ④ | 054 | ③ | 055 | ② |
| 056 | ② | 057 | ③ | 058 | ④ | 059 | ⑤ | 060 | ⑤ |

051 ⑤
정답 해설

제시문의 ㉠은 곤포 사일리지를 제조하는 과정을 설명하고 있다. 곤포 사일리지 제조를 통해 영양가 높은 가축의 사료로써 새롭게 활용된다. 버려지는 것의 새로운 가치 창출의 측면에서 연상할 수 있는 내용은 '목표를 준비하는 과정에서 새롭게 배우는 점'과 같이 목표 달성을 통해 부가적으로 얻을 수 있는 점이어야 한다. 목표 달성에 필요한 계획을 세분화하는 내용은 관련성이 적다. 따라서 정답은 ⑤이다.

오답 해설

① 이상적인 발효에 필요한 '적정 수분 함량'은 목표 달성에 필요한 '기초 역량'에 빗댈 수 있다.
② 발효를 돕는 '첨가제의 좋은 균'은 목표 달성을 위한 '외부의 도움'에 빗댈 수 있다.
③ 사료의 기능을 상실하게 하는 '곰팡이'는 부정적인 것으로 목표 달성을 '방해하는 요소'에 빗댈 수 있다.
④ 볏짚을 가축의 사료로 만들기 위해 '적정 발효 시간'이 필요하듯이 목표 달성을 위한 준비 기간은 '성장의 시간'에 빗댈 수 있다.

▶ 출처 ㈜기술과 창조 – 조사료 자료실(http://www.top-cow.com/)
SCIENCE ON 특허 상세정보 – 곤포 사일리지의 제조방법(https://scienceon.kisti.re.kr/srch/selectPORSrchPatent.do?cn=KOR1020130064726)

052 ③
정답 해설

제시문의 ㉡은 대상의 장점과 단점이 공존하는 상황을 나타낸다. 따라서 일면의 장점과 다른 일면의 단점을 통틀어 이르는 말인 '일단일장(一短一長)'의 사자성어가 적절하다.

오답 해설

① 아전인수(我田引水): 자기 논에 물 대기라는 뜻으로, 자기에게만 이롭게 되도록 생각하거나 행동함을 이르는 말
② 일거양득(一擧兩得): 한 가지 일을 하여 두 가지 이익을 얻음
④ 양두구육(羊頭狗肉): 양의 머리를 걸어 놓고 개고기를 판다는 뜻으로, 겉보기만 그럴듯하게 보이고 속은 변변하지 아니함을 이르는 말
⑤ 좌고우면(左顧右眄): 이쪽저쪽을 돌아본다는 뜻으로, 앞뒤를 재고 망설임을 이르는 말

053 ④
정답 해설

곤포 사일리지 제조를 통해 추수 후 남은 볏짚이 첨가제와 적정 발효 시간을 거쳐 영양가 높은 가축의 사료로써 새롭게 활용된다. 하지만 환경 오염의 가능성과 야생 동물의 먹이 부족, 그리고 곤포 사일리지 제조를 위해 볏짚을 모두 거둬들이면 토양의 비옥도가 떨어지는 등의 문제가 발생할 수 있기에 이를 보완하기 위한 부수적인 노력이 필요하다. 즉 사람의 이익과 기존의 자연환경이 함께 공존하기 위해서는 사전에 대비책을 마련하는 자세가 필요하다. 이를 '조직의 혁신'이 필요한 상황에서 발휘할 수 있는 지혜에 빗대면 곤포 사일리지와 같은 '새로운 가치 창출'과 더불어, 자연 환경의 보존이라는 '기존 가치'를 잃지 않도록 대비하는 태도가 필요함을 주장할 수 있다. 따라서 정답은 ④이다.

054 ③
정답 해설

(가)는 지우개로 글씨를 지우는 방식을 보여준다. 지우개는 종이의 글씨를 흔적 없이 지워낼 수 있지만 글씨를 지운 흔적이 지우개에 남는다. 글씨를 지우는 일을 비리를 은폐하는 일에 착안한다면, 글씨를 지울수록 그 흔적이 남아 더러워지는 지우개의 특성은 부정적으로 이해되며 구체적으로는 점차 더러워지는 인간의 양심으로 파악할 수 있다. 따라서 정답은 ③이다.

▶ 출처
- 지우개 그림: https://kuku-keke.com/ko/archives/239881
- 수정테이프 그림: https://www.ac-illust.com/ko/clip-art/22345126/%EC%88%98%EC%A0%95-%ED%85%8C%EC%9D%B4%ED%94%84

055 ②
정답 해설

제시문에서는 글씨를 지우는 지우개와 수정 테이프의 속성에 대해 설명하고 있다. 지우개는 종이의 글씨를 흔적 없이 지우지만 그 흔적이 지우개에 남고, 수정 테이프는 얼룩이 묻지는 않지만 글씨를 지운 흔적이 종이에 남는다. 이는 모두 어떻게든 글씨를 썼던 흔적이 남는다는 것을 의미하므로 ②의 '돌이키고자 해도 돌이킬 수 없는 일이 있다.'는 진술이 제시문을 통해 이끌어낼 내용으로 가장 적절하다.

056 ②
정답 해설

(나)는 수정 테이프로 글씨를 지우는 방식을 보여준다. 수정 테이프는 종이의 글씨를 지울 때 테이프 자국을 흔적으로 남긴다. 글씨를 '악성 댓글'에 착안한다면 글씨를 지웠음에도 남는 테이프 흔적은 악성 댓글의 삭제 가능성 여부와 관계없이 피해자의 마음에 깊이 남은 상처로 착안할 수 있다. 이러한 특성을 활용하여 대조의 방법으로, 평서문으로 진술한 것은 ②이다.

오답 해설
① 대상의 특성과 관련이 없으며, 대조의 방법을 활용하지 않았다.
③ 대조의 방법을 활용하지 않았다.
④ 대상의 특성과 관련이 있고, 대조의 방법을 사용했으나 평서문의 종결 방식을 활용하지 않았다.
⑤ 대상의 특성과 관련이 없으며, 대조의 방법을 활용하지 않았다.

057 ③
정답 해설

그림 (가)는 디지털 기기의 사용을 편리하도록 돕는 거치대이며, 그림 (나)는 마스크의 사용과 보관을 돕는 마스크 줄이다. 즉 (가)와 (나)의 구성은 모두 기존 대상(A)과 기존 대상의 사용을 돕는 보조적인 대상(B)이 합쳐진 상태(C)이다. ③의 그림은 기존 대상(자전거)의 사용을 보조적으로 돕는 대상(보조 바퀴)이 합쳐진 상태라고 할 수 있다. 따라서 정답은 ③이다.

오답 해설
① '프로펠러'는 헬리콥터가 날기 위해 필요한 대상이므로 기존 대상과 보조적 관계가 아니다.
② '손잡이'는 맷돌을 돌리기 위해 필요한 대상이므로 기존 대상과 보조적 관계가 아니다.
④ '끈'은 신발을 신고 움직이는 데 필요한 대상이므로 기존 대상과 보조적 관계가 아니다.
⑤ '시곗바늘'은 시계를 구성하고 시간을 표시하는 데 필요한 대상이므로 기존 대상과 보조적 관계가 아니다.

058 ④
정답 해설

A는 기존 대상이며 B는 기존 대상의 사용 효율성을 높이는 보조적인 대상이라는 관계를 가진다. 없어도 기존 대상을 활용하는 데 문제는 없으나, 있으면 활용을 보조적으로 돕는 방법 또는 도구가 될 수 있기에 '본질과 수단'의 관계에 빗댈 수 있다. 따라서 정답은 ④이다.

059 ⑤
정답 해설

제시문에 나타난 안개꽃의 역할은 자신의 화려함보다는 다른 꽃들을 한층 돋보이게 돕는 역할이다. 여기서 이끌어 낼 수 있는 리더십의 핵심은 리더의 뛰어난 능력보다는, 구성원들을 조력하는 리더십이라고 할 수 있다. 따라서 정답은 구성원의 성장을 이끌어 내는 리더십을 설명하는 ⑤이다.

▶ 출처 네이버 지식백과, 안개꽃[Common Gypsophila], 두산백과 두피디아

060 ⑤
정답 해설

제시문의 ㉠은 다른 꽃들을 돋보이게 해 주는 안개꽃의 속성을 비유한 '배경'이다. '도화지와 물감'에서 '도화지'는 물감이 그리는 그림의 배경이 되므로 그 역할이 '배경'과 가장 가깝다고 할 수 있다. 따라서 정답은 ⑤이다.

읽기 061번~090번

기출문제집 p.215

061	①	062	②	063	②	064	③	065	①
066	⑤	067	⑤	068	⑤	069	①	070	⑤
071	④	072	④	073	⑤	074	④	075	①
076	⑤	077	③	078	④	079	④	080	⑤
081	①	082	②	083	⑤	084	③	085	③
086	②	087	③	088	⑤	089	③	090	⑤

061 ①

정답 해설

'국수가 찬물에 헹궈져 건져 올려지는 동안 / 쯧쯧쯧쯧 쯧쯧쯧쯧', '~ 온 사람도 있다', '~ 말이 있어서'와 같이 동일한 시구를 반복하여 운율을 형성하고 있음을 알 수 있다. 따라서 정답은 ①이다.

오답 해설

② '모처럼 평상에 마주 앉아서'와 같이 시상을 마무리하고 있으므로, 명사로 시상을 마무리하여 시적 여운을 드러내고 있다는 진술은 적절하지 않다.
③ '평상이 있는 국숫집'을 공간적 배경으로 하고 있으나 공간의 이동은 나타나 있지 않으므로, 공간의 이동에 따라 화자의 정서 변화를 나타내고 있다는 진술은 적절하지 않다.
④ 자연 친화적 태도는 드러나 있지 않으므로, 대조의 방식을 활용하여 자연 친화적 태도를 부각하고 있다는 진술은 적절하지 않다.
⑤ 설의적 표현은 나타나 있지 않으므로, 설의적 표현을 활용하여 현실 극복의 의지를 강조하고 있다는 진술은 적절하지 않다.

▶ **출처** 문태준(2006), 가재미(문학과지성 시인선 320), 문학과지성사

062 ②

정답 해설

'세월 넘어온 친정 오빠'는 '평상에 마주 앉은 사람들'을 비유적으로 나타내는 말로 친근감을 드러낸다고 볼 수 있으므로, '세월 넘어온 친정 오빠'는 '평상에 마주 앉은 사람들'에게서 느끼는 단절감을 드러낸다는 진술은 적절하지 않다. 따라서 정답은 ②이다.

오답 해설

① '평상이 있는 국숫집'은 마주 앉아 서로 이야기를 나누는 공간으로, 3행의 '평상에 마주 앉은 사람들'이 17행에서 '우리'로 바뀐 것으로 보아, '평상이 있는 국숫집'은 '우리'라는 동질감을 느끼게 되는 공간이라고 볼 수 있다.
③ '병실에서 온 사람', '식당 일을 손 놓고 온 사람'은 '평상이 있는 국숫집'에 마주 앉은 사람들로, 고단한 일상을 살아가는 사람들을 의미한다고 볼 수 있다.
④ '먼저 더 서럽다'의 서러움은 '마주 앉은 사람'의 어려움과 마음에 대한 공감을 나타내므로, '먼저 더 서럽다'는 '마주 앉은 사람'의 서러움에 대해 공감하고 있음을 드러낸다고 볼 수 있다.
⑤ '쯧쯧쯧쯧 쯧쯧쯧쯧'은 소리를 흉내 내는 말로, '손이 손을 잡는 말', '눈이 눈을 쓸어 주는 말', '세상에 이런 짧은 말', '세상에 이런 깊은 말'에 해당하므로 상대방에 대한 위로와 공감을 드러낸다고 볼 수 있다.

063 ②

정답 해설

서술자는 이야기의 밖에서 이야기 공간 내에 있는 특정 인물인 '정 주사'의 처지를 서술하고 있다. 즉 이야기 공간 내에 있는 '정 주사'가 '애송이한테', '멱살'을 잡히며 곤욕을 치르고 있는 상황을 이야기 밖에 있는 전지적 서술자의 서술 행위를 통해 제시하고 있다. 따라서 전지적 서술자가 특정 인물이 처한 상황을 드러내고 있다고 할 수 있다.

오답 해설

① 지문의 서술자는 이야기 공간 밖에서 작중 인물인 '정 주사'나 '애송이'의 다툼, 그리고 그 다툼을 지켜보는 미두장 주변의 사람들의 행위를 서술하고 있는 것으로 보아, 서술자가 자신의 체험을 직접 드러내는 것은 아니다.
③ '정 주사'와 '애송이'의 사건(다툼)이 이야기 공간 밖에 있는 전지적 서술자의 서술로 제시되지만, 내화와 외화의 겹 구조로 이야기가 구성된 액자식 구성은 아니다.
④ '정 주사'와 '애송이'의 사건(다툼)이 내포하고 있는 이면의 의미가 이야기 공간 밖에 있는 전지적 서술자에 의해 탐색되고 있는 것으로 보아, 서술자의 교체가 이루어진 것은 아니다.
⑤ '군산'과 미두장 주변의 구체적 삶의 공간에 대한 구체적 묘사는 드러나지만, 환상 공간을 제시하여 사건('정 주사'와 '애송이'의 다툼)의 비현실적 면모를 드러내는 것은 아니다.

▶ **출처** 채만식(1995), 「탁류」, 『한국소설문학대계』 14, 동아출판사

064 ③

정답 해설

지문에서 '정 주사'가 '애송이한테, 멱살'을 잡히며 '봉변'을 당하는 장소는 '전후 좌우에는 중매점(仲買店)들이 전화줄로 거미줄을 쳐놓고 앉아 있는' '군산의 심장'인 미두장이다. 따라서 '군산(群山)'의 후미진 변두리에서 '정 주사'가 '봉변'을 당한다는 선지 ③의 진술은 적절하지 않다.

오답 해설

① 지문에서 '군산(群山)'의 이야기는 '마도로스의 정담이나, 정든 사람을 태우고 멀리 떠나는 배 꽁무니에 물결만 남은 바다를 바라보면서 갈매기로 더불어 운다는 여인네의 그런 슬퍼도 달코롬한 이야기는 못 된다.'고 서술된 것으로 보아, 남녀의 정다운 내용을 담은 이야기는 아니다.
② 지문에서 '군산(群山)'의 이야기는 '정 주사(丁主事)'와 같이 '갈 데 없이 그런 사람'의 이야기, 곧 '명일(明日)'이 없는 사람들'의 이야기이다.
④ '미두장' 주변에서 일어난 싸움은 '하루에도 으레 한두 패씩은 얼려 붙는' 일인 것으로 보아, 예사로 일어나는 일로 볼 수 있다.
⑤ '미두장' 주변에서 일어난 싸움은 '심심한 사람이 아니면 별반 구경하는 사람도 없'는 것으로 보아, 사람들의 관심을 끌지 못하고 있음을 알 수 있다.

065 ①

정답 해설

「탁류」는 '정 주사'와 같은 무능한 인물을 풍자와 조롱의 대상으로 형상화하는 방식을 통해 전통적인 가부장 이데올로기와 자본주의 근대를 비판한다. 그러나 ㉠의 내용에서 '정 주사'를 풍자와 조롱의 대상으로 서술하고 있지는 않다. 앞 문장에서 "'명일(明日)'이 없는 사람들…… 이런 사람들은 어디고 수두룩해서 이곳에도 많이 있다."라고 했으므로 ㉠의 문장이 얘기하는 것은 '명일이 없는 사람들'과 '정 주사'가 비슷한 처지임을 설명하는 것인데, '명일이 없는 사람들'이 풍자와 조롱의 대상이 되지 않으므로 ㉠ 역시 ⓐ에 해당하는 부분으로 적절하지 않다.

오답 해설

② ㉡에서 '정 주사'는 '나이 배젊은 애송이한테, 멱살을 당시랗게 따잡혀 가지고는 죽을 봉욕을 당하는' 형국이다. 이를 통해 서술자는 '정 주사'를 '애송이'로부터 봉욕을 당하는 조롱의 대상으로 타자화하고 있음을 알 수 있다.
③ ㉢에서 '정 주사'가 '자식뻘밖에 안 되는 애송이한테 그런 해거를 당하는 것을 되레 고소하다고 빈정거'림을 당하는 것으로 보아, 〈보기〉의 ⓐ에 해당하는 부분이라고 할 수 있다.
④ ㉣에서 '정 주사'가 미두장 주변 사람들로부터 '주산지 고무래주산지 인제는 제발 시장 근처에 오지 말래요.'라는 말을 듣는 것으로 보아, '정 주사'가 풍자와 조롱의 대상으로 타자화된 것임을 알 수 있다.
⑤ ㉤에서 '정 주사'가 '멱살을 잡은 애송이의 팔목에 가 대룽대룽 매달려 발돋움'을 치는 모양으로 형상화된 것으로 보아, ㉤은 〈보기〉의 ⓐ에 해당하는 부분이라고 할 수 있다.

066 ⑤

정답 해설

지문은 '불가침조약' 체결 후 몇 차례에 걸쳐 조인된 비밀 부속 의정서에 폴란드 분할과 발트 3국에 대한 소련의 권한을 인정한다는 내용을 설명한다. 따라서 독소불가침조약의 항목에 폴란드 분할 내용이 포함되었다는 진술은 사실이 아니다.

오답 해설

① 4문단에서 독일의 소련 침공 작전 계획이 스탈린에게 전달되었지만 스탈린은 어떠한 조치도 지시하지 않았다는 내용이 제시되어 있다.
② 1문단에서 1938년 9월 체코슬로바키아 분할을 결정한 뮌헨조약이라는 내용이 제시되어 있다.
③ 2문단에서 1920년대부터 나치당이 내세운 명분은 볼셰비키주의에 맞선 십자군 전쟁이라는 내용이 제시되어 있다.
④ 2문단에서 스탈린은 영국과 프랑스, 미국 정부를 상대로 집단안보체제의 중요성을 강조했으며, 프랑스 및 영국 대표단이 모스크바를 방문하여 회담을 가졌다는 내용이 제시되어 있다.

▶ **출처** 르몽드 디플로마티크(2014), 「독소불가침조약과 역사 수정주의」, 『르몽드 20세기사』, 휴머니스트, p.48~49

067 ⑤

정답 해설

2, 3문단을 보면 소련은 독일에 맞서 영국, 프랑스 등과 동맹을 맺으려 했으나 실패하고 결국 소련과 독일이 조약을 체결한다. 이는 소련이 독일과 한편이 되었음을 의미하는 것이기에 서구 정부는 히틀러와 스탈린 사이의 동맹을 비판했다. 또한 ㉠ 다음에는 공산주의에 대한 내용이 이어진다. 따라서 ㉠에서 서구 정부들이 공산주의 반대운동을 추진했다는 내용이 포함되는 것이 적절하다.

오답 해설
① 2문단에서 소련이 영국과 프랑스, 미국 정부를 상대로 집단 안보체제의 필요성을 제기했다는 내용이 제시되었을 뿐 소련과 독일이 조약을 체결한 후 서구 정부가 미국에 지원을 요청했다는 사실을 추론할 수 있는 내용은 없다.
② 영국, 프랑스 서구 정부들이 독일의 팽창주의를 예의주시하고 있던 상황하에서 독일이 소련과 조약을 체결한 것은 독일의 침략 가능성을 높이는 것이었다. 따라서 서구 정부가 독일과 소련 간의 조약 체결을 옹호할 상황이 아니었다.
③ 영국, 프랑스 서구 정부들이 독일의 팽창주의를 예의주시하고 있던 상황하에서 독일이 소련과 조약을 체결한 것은 독일의 침략 가능성을 높이는 것이었다. 따라서 서구 정부가 독일과 소련 간의 조약 체결을 옹호할 상황이 아니었다.
④ 독일 나치당의 대외 팽창주의에 대해 서구 정부는 이미 반대 입장에 있었기에 소련과 독일의 조약 체결이 나치즘 반대운동으로 이어졌다고 보기 어렵다. 또한 ⊙ 다음에 이어지는 문장은 공산주의에 대한 내용이므로 나치즘 반대운동이 펼쳐졌다는 내용이 포함되는 것은 적절하지 않다.

068 ⑤
정답 해설
독소 불가침 조약 체결과 그 후 몇 차례에 걸쳐 조인된 비밀 부속 의정서에 따르면 발트 3국에 대한 소련의 권한이 인정되었다. 그러나 독일이 소련을 침공함에 따라 불가침 조약과 비밀 의정서의 내용은 유효하지 않게 되었다. 따라서 소련이 발트 3국을 병합한 것은 법적 근거가 없는 조치였다.

오답 해설
① 소련이 발트 3국을 병합한 근거는 독소 불가침 조약 체결 이후 몇 차례 조인된 비밀 의정서로, 이에 따르면 발트 3국에 대한 소련의 권한이 인정된다. 따라서 발트 3국의 동의가 없었기에 임의 병합의 희생자라는 의미보다 독일이 소련을 침공함에 따라 비밀 의정서의 내용이 유효하지 않게 되었으며, 그에 따라 발트 3국의 병합은 법적 근거가 없는 조치였다는 의미가 적절하다.
② 비밀 의정서에 따르면 발트 3국에 대한 권한은 소련에게 있다.
③ 비밀 의정서에 따르면 폴란드 분할 및 발트 3국에 대한 소련의 권한이 인정되었다.
④ 소련이 발트 3국을 병합한 근거는 2차 세계대전 발발 이전에 조인된 비밀 의정서에 근거한다.

069 ①
정답 해설
소송상의 입증책임, 추정 등의 개념을 일상에서 돈을 빌린다거나 귀신이 있다고 말한다거나 하는 예를 들면서 해설하는 방식으로 글이 전개된다.

오답 해설
② 상호 상반된 주장이 제기되는 경우를 들기는 하지만 상반된 견해를 제시하지 않고 따라서 절충적 대안도 나오지 않는다.
③ 논의에 대한 자기 주장을 하기보다는 설명하는 글이다.
④ 몇 가지 대상을 이야기하지만 그들이 중심과 부속의 관계에 놓여 있지도 않고 또한 공통점이나 차이점의 비교도 하지 않는다.
⑤ 일반 상식을 이야기 하지만 그것을 이용할 뿐 분석하여 교정하는 등 주안점을 두는 대상은 아니다.

▶ 출처 최훈(2010), 변호사 논증법, 웅진지식하우스

070 ⑤
정답 해설
주장되는 사실에 대한 진위를 알 수 없을 때 법원은 그 사실을 없는 것으로 취급한다고 하였으므로 신뢰할 사실을 결정하는 것이 아니라 믿지 않는 태도라고 할 수 있다.

오답 해설
① 증명하기 쉬운 쪽에 입증책임을 부담시키는 것이 공평하다고 하고, 강한 어깨에 큰 부담을 지도록 하는 것이 공정하다고 서술하므로 공평과 정의의 원리가 작용한다는 이해는 적절하다고 할 수 있다.
② 입증책임에 관하여 증명이 이루어지 못하여 입게 되는 패소의 불이익이라고 서술하므로 옳은 이해이다.
③ 원고의 증명이 성공하면 상대방이 그에 맞서는 자기주장을 증명해야 하는 상황에 놓이게 된다는 서술이 있으므로 적절하다.
④ 원고의 증명이 성공하기 전까지는 피고에게는 입증책임이 생기지 않는다는 서술이 있으므로 옳은 진술이다.

071 ④
정답 해설
"기업이 명백히 무관하다는 사실을 증명해야 책임을 면할 수 있"다는 서술이 있으므로 추정되는 사실에 맞서는 사실에 대한 증명이 있어도 추정의 효과가 지속되어 사회적 약자를 보호한다는 진술은 적절하지 않다.

오답 해설

① "피해자가 좀 더 용이하게 입증할 수 있게 하는 방안"을 강구하는 예로써 추정 규정을 두는 입법을 이야기한다.
② 인과관계까지 있다는 것으로 추정하는 효과를 예시한다.
③ 추정을 받는 사실에 대하여는 그것을 부정하는 쪽이 입증해야 한다는 설명이 나온다.
⑤ "사회의 보편적인 경험법칙과 다른 주장을 하는 쪽이 그에 관한 사실의 증명을 해야 하는 것"이라는 설명이 있다.

072 ④

정답 해설

먼저 사실을 꺼내 들어 문제 삼는 쪽에서 근거를 제시해야 한다는 원칙은 갑이 입증해야 한다는 근거로 들 만한 것으로 을의 입장에서는 오히려 이를 내세워야 하는 상황이다.

오답 해설

① 을은 내포된 자기주장의 근거로서 담배를 편의점에서 팔 만큼 흡연이 합법적이라는 것을 내세운다.
② "위험의 개연성이 드러난 경우에는 위험이 없다고 주장하는 쪽에게 무해하다는 증명을 하도록 요구하는 것을 당연하게 여긴다"는 서술이 있다.
③ 일반적인 상식과 어긋나는 주장을 하는 쪽에서 입증하여야 한다는 서술이 있다.
⑤ 강한 어깨에 더 무거운 짐을 지워야 하는 원리에서 강자에게 입증책임을 부담시키는 것이 타당하다는 설명을 한다.

073 ⑤

정답 해설

2문단에서 산화물 반도체식 가스 센서에 SnO_2, ZnO 등이 쓰인다고 진술하고 있으나 이 두 물질의 물성 차이에 대해서는 설명하고 있지 않으므로 정답은 ⑤이다.

오답 해설

① 1문단에 따르면 산화물 반도체식 가스 센서의 구조는 〈그림〉과 같이 기판 위에 두 개의 전극이 위치하고 두 전극을 반도체 물질이 두 전극을 연결하고 있는 구조라는 것을 알 수 있다.
② 4, 5문단에 따르면 산화물 반도체식 가스 센서의 성능지표는 민감도, 반응 시간, 선택도, 회복시간이 있다는 것을 알 수 있다.
③ 5문단에 따르면 히터는 흡착한 가스를 다시 떼어내기 위해서 사용됨을 알 수 있다.
④ 4문단에 따르면 CO(일산화탄소)가 흡착하면서 전자를 반도체에 주어 저항을 감소시킨다는 것을 알 수 있다.

▶ 출처 J. Sens(2021), Sci. Technol. Vol. 30. No3, p.175~180

074 ④

정답 해설

5문단에 따르면 다른 원리를 이용하는 가스 센서에 비해 산화물 반도체식 센서의 선택도가 낮은 편이다. 따라서 ④는 올바른 진술이다.

오답 해설

① 2문단에 따르면 SnO_2는 밴드갭이 3.6eV로 실리콘보다 매우 크다.
② 2문단에 따르면 p형 반도체는 정공에 의해서 전류가 흐르고 n형 반도체는 전자에 의해 전류가 흐른다.
③ 4문단에 따르면 가스가 흡착 평형에서 흡착과 탈착을 하지 않는 것이 아니라 흡착과 탈착의 속도가 같아지는 것이다.
⑤ 4문단에 따르면 민감도는 양의 부호를 갖도록 Rair와 Rgas 차이의 절댓값을 Rair로 나눈 값으로 정의된다.

075 ①

정답 해설

ㄱ. 3문단에 따르면 산화성 가스가 n형 반도체 물질 표면에 흡착하면 저항이 증가하고, 환원성 가스가 n형 반도체 물질 표면에 흡착하면 저항이 감소한다. 〈보기〉에서 가스 X의 경우 저항값이 감소하고 가스 Y의 경우 저항값이 증가한다. 따라서 가스 X는 환원성 가스이며 가스 Y는 산화성 가스이다.
ㄴ. 5문단에 따르면 가스 센서의 반응 시간은 흡착 평형을 이루어서 저항값이 얼마나 빨리 일정해지는가를 말한다. 가스에 노출 후 저항값이 100Ω에서 시작하여 같은 기울기로 증가한다면 일정해진 저항인 140Ω까지 증가하는 데 걸리는 시간이 120Ω까지 증가하는 데 걸리는 시간보다 길다. 따라서 센서 A의 반응 시간이 센서 B의 반응 시간보다 길다.
ㄷ. 4문단에 따르면 센서의 민감도는 Rair와 Rgas 차이의 절댓값을 Rair로 나눈 값으로 정의된다. 따라서 가스 X에 대한 센서 A와 B의 민감도는 Rair가 동일하므로 Rair와 Rgas 차이가 클수록 크다. Rair와 Rgas의 차이는 센서 A와 B에 대해 각각 40Ω(100Ω-60Ω)과 70Ω(100Ω-30Ω)이므로 센서 B가 센서 A보다 민감도가 크다.

ㄹ. 5문단에 따르면 가스 센서의 선택도는 가스의 종류가 무엇인지를 구별해 낼 수 있는 능력을 말한다. 〈보기〉의 ㄹ에서 얘기하는 가스의 종류는 하나이므로 흡착 평형에서 저항값이 올라가면 민감도는 올라가지만 선택도와는 아무런 관련이 없다.
따라서 ㄱ과 ㄴ이 적절한 반응이다.

076   ⑤
정답 해설
열전 현상 전에 알려진 현상이 열전 현상과 원리가 같음을 과학적으로 설명하는 내용은 없다.

오답 해설
① 열전 현상의 발견과 변환기기까지의 응용에 대해서 시대별로 통시적으로 설명하고 있다.
② 열에너지를 전기에너지로 바꾸는 제벡 효과와 전기에너지를 열에너지로 바꾸는 펠티어 효과의 두 가지로 분류하였다.
③ 구리, Bi2Te3 등 구체적인 재료가 소개되어 있다.
④ 제벡 상수, 열전도도, 전기전도도 등 열전 효율에 관련된 인자들이 소개되어 있다.

▶ 출처   ETRI(2008), 전자통신동향분석 제 23권 제 6호, ETRI

077   ③
정답 해설
3문단에 따르면 캐리어 농도가 증가할수록 ZT 값이 커지는 것이 아니라 특정 캐리어 농도에서 ZT 값은 최고치를 갖게 된다.

오답 해설
① 1문단에 따르면 구리와 마찬가지로 비스무트는 금속이다.
② 1문단에 따르면 제벡 현상의 발견 10년 후 렌즈(Lenz)가 펠티어 현상을 발견했다.
④ 2문단에 따르면 열전 현상을 에너지 변환기기에 실제로 적용하고자 하는 노력은 1950년대가 지나서야 시작되었다고 하였으므로 열전 현상을 에너지 변환기기에 실제로 적용하고자 한 것은 20세기이다.
⑤ 1문단에 따르면 렌즈가 발견한 펠티어 현상은 전류의 방향에 따라 물방울이 얼기도 하고, 얼었던 물방울이 녹기도 하므로 발열과 흡열 두 가지 현상이 일어난다.

078   ④
정답 해설
ㄱ. 2문단에 따르면 제벡 상수는 단위 온도 차당 발생되는 전압 차를 의미한다고 하였으므로 전압을 온도로 나눈 값의 단위를 갖는다. 따라서 잘못된 진술이다.
ㄴ. 3문단에 따르면 통상 열전도도가 높은 물질들은 거의 모두가 전기전도도 또한 높다고 하였는데 전기전도도는 유지하면서도 열전도도를 크게 낮출 수 있다고 하였으므로 기존의 상호 연관성과 다르다. 따라서 적절한 진술이다.
ㄷ. 2문단에 따르면 ZT 값은 제벡 상수의 제곱에 비례하고 열전도도에 반비례하므로 제벡 상수가 2배 커지면 4배 커지게 되고 여기에 열전도도가 반으로 줄었으므로 2배 커져 결국 8배 커지게 된다. 따라서 적절한 진술이다.

079   ④
정답 해설
4문단에서 "팝아트는 익숙한 이미지와 익숙한 조형 방법이라는 키치의 두 가지 속성을 사용하고 있다는 점에서 키치와 관련이 있다."라고 말하는 것으로 보아, 익숙한 양식과 익숙한 소재를 다루더라도 새로운 해석과 재맥락화가 있으면 예술로 인정받을 수 있음을 알 수 있다.

오답 해설
① 5문단에서 팝아트와 키치의 차이에 대해 설명하고 있으므로 구체적인 맥락에서 구분되지 않는다는 진술은 적절하지 않다.
② 2문단에서 키치를 보는 사람들은 혼란되기보다는 쉽게 일체감과 편안함을 느끼며 아름답고 평온하다는 즉각적인 정서적 반응을 보인다고 말하고 있으므로 감상자의 보편적인 정서를 자극할수록 작가의 개성이 드러나지 않음을 알 수 있다.
③ 1문단에서 키치는 전문가들 사이에서도 예술로 인정을 받지 못하는데도 대중적 호소력이 있다고 말했고, 2문단에서 그 이유로 새로움과 독창성이 없기 때문이라고 말했다. 따라서 새로움이나 독창성보다 대중적 호소력이 더 중요한 예술적 가치라는 것은 알 수 없다.
⑤ 2문단에서 편안함을 느낀다는 것은 키치의 특징이고, 3문단과 4문단에서 마네와 리히텐시타인의 작품은 키치가 아니라고 말했다. 따라서 그 작품들이 관람자에게 편안함을 느끼게 해 준다는 점에서 미술사적 가치가 있다는 것을 알 수 없다.

▶ 출처   박일호(2007), 진지한 예술과 키치, 미학 52, p.149~182

080 ⑤

정답 해설

3문단에서 마네의 작품이 키치가 아닌 이유로 일상생활에서 전에는 주목하지 않고 지나쳐버렸던 것들을 강조하고 강렬화함으로써 실제적인 우리의 일상생활을 보다 가치 있게 만든 데 있다고 말했다. 따라서 일상적 경험을 통해 호소력 있는 새로운 대상을 만든다는 것은 ㉠에 대한 대답이 아니다.

오답 해설

① 3문단에서 마네의 작품은 익숙한 소재들이 등장하는데 왜 키치가 아니냐고 묻고 있다. 따라서 익숙한 주제들을 이용한다는 것은 대중적 호소력을 갖는 이유이다.
② 3문단에서 마네의 작품의 소재들은 세속적인 성격을 상실하고 있기에 키치가 아니라고 말한다. 따라서 평범한 소재의 세속적인 성격을 드러낸다는 것은 대중적 호소력을 갖는 이유이다.
③ 2문단에서 키치가 추구하는 즉각적인 일체감은 그 시대에 가장 관습적이고 이미 시도되어 검증을 거친 조형적 규범에 의해서 쉽고 자연스럽게 달성된다고 말했다. 따라서 관습적이고 이미 검증된 조형 방법을 사용한다는 것은 대중적 호소력을 갖는 이유이다.
④ 1문단에서 양식적으로 조야하며 통속적 이데올로기를 담고 있는 흔한 싸구려 그림을 키치라고 한다고 했다. 예술로 인정을 받지 못함에도 불구하고 분명 대중적 호소력을 갖고 있다고 했으므로 대중적 호소력을 갖는 이유로 볼 수 있다.

081 ①

정답 해설

'진지한 예술'은 키치가 갖는 조건을 넘어서는 것이다. 그런데 2문단에 따르면 '즉각적인 일체감'은 키치가 목표로 하는 것이므로, '진지한 예술'이 갖추어야 할 조건은 아니다.

오답 해설

② 3문단에서 일상의 소재라도 그것을 강조하고 강렬화함으로써 진지한 예술이 된다고 말한다. 따라서 '강렬화'는 '진지한 예술'이 갖추어야 할 조건이다.
③ 2문단에서 키치는 익숙한 소재와 익숙한 조형 방법을 사용한다고 말한다. '비관례성'은 거기서 벗어나는 것이다. 따라서 '비관례성'은 '진지한 예술'이 갖추어야 할 조건이다.
④ 3문단과 4문단에서 익숙한 소재와 익숙한 조형 방법을 사용한다고 하더라도 미술사의 맥락에서 재해석되면 진지한 예술이 된다고 말한다. 따라서 '재맥락화'는 '진지한 예술'이 갖추어야 할 조건이다.
⑤ 3문단과 4문단에서 익숙한 소재와 익숙한 조형 방법을 사용한다고 하더라도 미술사의 맥락에서 재해석되면 진지한 예술이 된다고 말한다. 따라서 '해석'은 '진지한 예술'이 갖추어야 할 조건이다.

082 ②

정답 해설

윗글은 2문단 이후에서 키치가 진지한 예술이 아니라는 이유로 새로운 미적 경험을 하는 것이 예술적 가치임을 강조하고 있다. 그러나 예술적 가치는 익숙한 경험을 즐기는 데서도 있을 수 있다. 따라서 예술적 가치는 새로운 미적 경험에만 있는 것이 아니라 즐거움에도 있다고 말하는 것은 윗글에 대한 비판이 될 수 있다.

오답 해설

① 윗글은 키치와 진지한 예술을 구분하고는 있지만, 키치는 저급하고 진지한 예술은 고급이라는 구분은 하지 않고 있다. 따라서 키치는 저급한 싸구려 예술과 고급문화의 경계를 허무는 작업이라는 것은 적절하지 않은 비판이다.
③ 2문단에서 키치가 대중적인 호소력을 얻는 것은 대중들이 편하게 느끼는 정서적 반응을 일으킨다고 말하고 있다. 따라서 키치가 대중적인 호소력을 얻는 것은 대중들이 편하게 느끼는 정서적 반응을 일으키기 때문이라는 것은 윗글에 대한 비판으로 적절하지 않다.
④ 윗글은 2문단 이후에서 '진지한 예술'을 언급함으로써 나쁜 예술과 진지한 예술의 구분을 이미 전제하고 있다. 따라서 나쁜 예술과 진지한 예술의 구분 여부에 대한 내용을 다루고 있지 않기 때문에 그 구분을 허무는 것도 예술의 중요한 가치 중 하나라고 말하는 것은 적절하지 않은 비판이다.
⑤ 2문단에 따르면 키치 작가들이 익숙한 양식적 관습에 의존하는 것은 맞는 말이다. 그러나 그 이유가 예술의 재창조를 위한 것인지는 언급이 없다. 따라서 키치 작가들이 익숙한 양식적 관습에 의존하는 것은 예술의 재창조를 위한 것이라는 것은 적절하지 않은 비판이다.

083 ⑤

정답 해설

주말에는 생산과 출고가 없으므로 토요일에 배송을 예약할 수 없다.

오답 해설

① 직배송의 경우 수도권, 평일 기준 오후 3시 이전 주문 건은 다음날 생산하여 생산일에 출고되고, 출고한 당일 저녁에서

자정 사이 배송 완료되어 수령할 수 있으므로 생산일과 출고일, 수령일이 동일하다.
② 직배송의 경우 수도권, 평일 기준 오후 3시 이전 주문 건은 주문한 다음날 생산하여 생산일에 출고되고, 출고한 당일 저녁에서 자정 사이 배송 완료되어 수령할 수 있으므로 주문한 다음날에 받을 수 있다.
③ 직배송의 경우에만 공동 현관 비밀번호가 필요하고 택배 배송의 경우 공동 현관 비밀번호가 필요하지 않다.
④ 수도권 지역만 직배송이 되므로 그 외 지역은 택배 배송만 가능하다.

▶ 출처 푸드케어 배송일정 안내(https://www.11st.co.kr/products/1214825305?trTypeCd=21&trCtgrNo=585021)

084 ③
정답 해설
주말 주문 건은 월요일 15시 이전 주문 건과 함께 생산되므로 15일 주문 건은 16일 주문 건과 함께 17일에 생산하여 17일에 출고된다.

오답 해설
① 5일은 공휴일(어린이날)이므로 출고되지 않는다.
② 7일(주말) 주문 건은 월요일 15시 이전 주문 건과 함께 생산되므로 9일 주문 건과 함께 10일에 생산되어 10일에 출고된다.
④ 18일 15시 이전 주문 건은 19일에 생산되므로 19일에 출고된다.
⑤ 주말에는 생산 및 출고가 이루어지지 않으므로 금요일 주문 건은 월요일에 생산·출고된다. 따라서 27일 15시 이전 주문 건은 30일에 출고된다.

085 ③
정답 해설
광고에서 사용된 토끼 귀는 상대방의 말을 귀를 기울여 잘 들어야 한다는 의미로 사용한 것이지 상대를 배려하는 말이 잘 들린다는 의미로 사용한 것이 아니다. 따라서 정답은 ③이다.

오답 해설
① 광고에 사용된 '듣기 평가 문제지'는 사람들이 서로의 말을 잘 듣지 않으므로 얼마나 잘 듣고 있는지를 되돌아보라는 의미로 사용되었으므로 적절한 반응이다.
② 광고에 제시된 상황은 모두 상대방의 말을 끝까지 듣지 않아 소통이 되지 않는 경우이므로 말하기보다 듣기가 먼저라는 의미를 담고 있다.
④ 광고에 제시된 상황은 모두 상대방의 말을 제대로 듣지 않는 경우이므로 적절한 반응이다.
⑤ 광고에서 제시한 듣기 평가 문제는 소통이 안 되는 상황이며 그 답은 서로의 말을 잘 들어야 한다는 것이므로 적절한 반응이다.

▶ 출처 공익광고협의회(https://www.youtube.com/watch?v=U2NwHnKNwY8) 캡처

086 ②
정답 해설
필자는 평화도 선택적인 것인지, 평화도 오리엔탈리즘에 포획된 것은 아닌지 우려한다. 이에 대한 증거로 필자는 이라크나 아프가니스탄에서 많은 사람들이 죽어 갈 때 우크라이나 전쟁에서만큼 정서적으로 공감했는지 의심을 한다. 어느 지역에서 전쟁이 일어났는지에 따라 그것을 대하는 태도가 달랐던 것이다. 따라서 모든 전쟁에서 평화와 반전을 대하는 태도가 같았다고 할 수 없다.

오답 해설
① 글의 마지막 문장에 '최대 수혜자는 전쟁 산업'이라는 내용이 보인다. 필자는 우크라이나 전쟁이 전쟁 산업의 이익을 위한 것이라는 결론을 내린다.
③ 나토, 즉 북대서양조약기구는 동진을 추구해 왔고, 이는 갈등과 긴장을 낳았다. 이로 인한 전쟁으로 경제적 이득을 얻는 곳은 나토의 동진을 바랄 수 있다.
④ 오리엔탈리즘은 서양인의 시각에서 동양을 바라보는 왜곡된 관점을 뜻한다. 필자는 '평화도 오리엔탈리즘에 포획된 것일까'라고 의문을 제기한다.
⑤ 프로이센의 군인 클라우제비츠의 '전쟁은 다른 수단에 의한 정치의 계속'이라는 말이 인용돼 있다. 또 나토가 동진하지 않겠다는 약속과 러시아의 우려 등을 전한 내용을 통해 확인할 수 있다.

▶ 출처 이해영(2022.03.07.), 우크라이나 전쟁, '정치의 계속'인가, 서울신문 (https://www.seoul.co.kr/news/newsView.php?id=20220307031014)

087 ③
정답 해설
㉠ 뒤에 "우크라이나 전쟁은 훨씬 전부터 예측 가능했고, 피할 수 있었다. 하지만 국제정치는 실패했다."라는 문장과 우크라이나 전쟁 이전의 국제정치 상황을 설명한 데서 정치의 수단 중

하나가 전쟁이라는 것을 알 수 있다. 따라서 정답은 ③이다.

오답 해설
① 전쟁의 최대 수혜자는 전쟁 산업이라고 얘기했으며, ㉠에서 얘기하는 의미와는 관련이 없다.
② 우크라이나 전쟁은 예측 가능했고 피할 수 있었다고 했다.
④ 우크라이나 전쟁이 나토의 동진을 가속화하는 것이 아니라 나토의 동진이 우크라이나 전쟁의 촉매가 된 것으로 볼 수 있다.
⑤ 정서적 편향이 이번 전쟁의 원인이 된 것이 아니라 이번 전쟁에 대한 세계의 반응을 통해 세계의 정서적 편향을 확인하게 된 것이라 볼 수 있다.

088 ②

정답 해설
㉡ 카탈로그(catalogue)는 '목록', '일람표', '상품 안내서' 등으로 다듬어 쓸 수 있다. 이 공고문에서는 문맥상 '목록'으로 다듬는 것이 적절하다.

오답 해설
① ㉠ 렌털(rental)의 순화어는 '대여'이다.
③ ㉢ 그린 카(green car)의 순화어는 '친환경 차'이다.
④ ㉣ 팝업(pop-up) 창의 순화어는 '알림 창'이다.
⑤ ㉤ 이메일(e-mail)의 순화어는 '전자 우편'이다.

▶ 출처   서울특별시 「2022년도 상반기 전기자동차 민간 보급사업 변경 공고」

089 ③

정답 해설
'4. 구매 지원 신청'의 '신청 방법'을 보면, 구매자가 제작·수입사와 구매계약을 체결하고, 자격 부여일로부터 3개월 이내에 출고·등록이 가능할 경우 구매 지원 신청서를 작성하여 제출하도록 안내되어 있다. 따라서 구매 지원 신청을 하기 위해서는 우선 구매자가 구매 계약을 체결해야 한다.

오답 해설
① '2. 지원 자격 및 대상'의 '지원 대상별 기준'에서 개인 사업자의 경우 2대 이상은 대표자 주소지와 사업장 주소지가 모두 ○○시일 경우라고 했으므로 최대 2대가 아니라 2대 이상도 가능하다.
② '2. 지원 자격 및 대상'의 '지원 대상별 기준'에서 법인의 경우 ○○시에 주소를 둔 사업자만 지원 받을 수 있으므로 주소지가 타 지역인 법인은 지원할 수 없다.
④ '2. 지원 자격 및 대상'에서 '공통 자격'을 보면 구매 지원 신청서 접수일 기준 연속하여 30일 이상 ○○시에 거주한 사람은 신청할 수 있다. 신청 기간이 2022년 2월 1일부터라는 점을 고려하면, 2022년 1월 1일부터 거주한 경우 거주 기간이 30일 이상이므로 지원받을 수 있다.
⑤ '4. 구매 지원 신청'에서 '신청 방법'을 보면 자격 부여일로부터 3개월 이내에 출고·등록이 가능할 경우 구매 지원 신청서를 작성하도록 안내하고 있다. 즉 차량이 실제로 출고·등록되지 않았더라도, 3개월 이내에 출고·등록될 예정이라면 구매 지원 신청서를 제출할 수 있다.

090 ⑤

정답 해설
〈보기〉에서 배출 가스 5등급 차량을 전기자동차로 대체 구매할 경우 1대당 70만 원의 시비 추가 보조금을 받을 수 있으며, 국가유공자인 경우 1인당 1회에 한정하여 100만 원의 시비 추가 보조금이 지급된다. 따라서 총 170만 원의 추가 보조금을 받을 수 있다. 또한 지원 요건 중복 시 최대 200만 원 한도 내에서 지급한다고 했으므로 270만 원을 받을 수는 없다.

오답 해설
① 윗글에서 시비 구매 보조금은 차량 1대 당 200만 원이다. 그런데 추가 보조금을 받을 경우, 〈보기〉에 따르면 최대 200만 원 한도 내에서 지급하는 것으로 나타나 있다. 따라서 추가 보조금까지 합산한다면, 차량 1대를 구매할 때 최대로 받을 수 있는 시비 보조금은 총 400만 원이다.
② 〈보기〉에서 차상위 이하 계층이 구매할 경우 국비 지원액의 10%를 추가 지원하는 것으로 나타나 있다. 윗글에서 국비 보조금은 700만 원이므로, 국비 추가 보조금은 이에 10%인 70만 원이 된다. 따라서 차상위 이하 계층이 차량 1대를 구매할 경우 받을 수 있는 국비 보조금의 총합은 770만 원이다.
③, ④ 〈보기〉에 따르면 배출가스 5등급 차량을 전기자동차로 대체 구매할 경우, 녹색 교통 지역 거주자는 1대당 100만 원, 그 외 지역 거주자는 1대당 70만 원의 시비 추가 보조금을 받을 수 있다. 따라서 거주 지역에 따라 보조금이 달라진다는 설명은 옳은 설명이다. 만약 2대를 대체 구매한다면 녹색교통 지역 거주자는 총 200만 원, 그 외 지역 거주자는 140만 원의 시비 추가 보조금을 받게 된다. 따라서 배출가스 5등급 차량 2대를 전기자동차로 대체 구매할 경우 받을 수 있는 시비 추가 보조금은 최소 140만 원이다.

국어 문화 091번~100번

기출문제집 p.234

| 091 | ② | 092 | ① | 093 | ④ | 094 | ④ | 095 | ① |
| 096 | ② | 097 | ① | 098 | ① | 099 | ② | 100 | ⑤ |

091 ②

정답 해설
〈보기〉에서 설명하고 있는 문학 작품은 〈누항사〉이다.

오답 해설
① 〈선상탄〉은 박인로가 통주사로 부산에 부임할 때, 전선에서 전쟁의 비애와 평화를 추구하는 심정을 노래한 작품이다.
③ 〈태평사〉는 박인로가 경상도 좌병사 성윤문의 지휘 아래 왜적을 막고 있을 때 지은 작품으로, 수군을 위로하기 위한 내용을 담고 있다.
④ 〈상춘곡〉은 정극인의 작품으로 속세를 떠나 자연에 몰입하여 인생을 즐기는 낙천적인 내용의 노래이다.
⑤ 〈속미인곡〉은 정철이 지은 것으로, 군왕을 그리워하는 심정을 은유적으로 노래한 작품이다.

▶ 출처 네이버 지식백과, 누항사[陋巷詞], 한국민족문화대백과, 한국학중앙연구원

092 ①

정답 해설
〈보기〉에서 설명하는 문학 작품은 〈흙〉이다.

오답 해설
② 이광수의 〈무정〉은 근대문학사상 최초의 장편소설로 간주되는 작품으로, 자아의 각성을 바탕으로 남녀 간의 애정 문제를 민족에 대한 각성으로까지 확대한 작품으로 인정된다.
③ 이광수의 〈유정〉은 애정 문제를 소재로 한 연애 소설이라는 점에서 〈무정〉과 유사하지만, 1인칭 서술로 되어 있고 여행의 주제를 아울러 사용한 특징을 지니는 작품이다.
④ 이광수의 〈개척자〉는 젊은 과학도의 험난한 고투의 과정을 그린 의욕적 작품이지만, 국한문혼용체를 사용하였다는 점에서 문체적으로 퇴보하였고 작품 후반에서 애정 문제가 주조를 이루었기에 통일성이 결여되었다는 평가를 받는 작품이다.
⑤ 〈젊은 그들〉은 김동인의 작품으로 대원군 시대를 대상으로 하였으나, 본질적인 역사소설이라기보다는 통속 소설에 머물렀다는 평가를 받는다.

▶ 출처 네이버 지식백과, 흙, 한국민족문화대백과, 한국학중앙연구원

093 ④

정답 해설
〈보기〉에서 설명하는 작가는 김광균이다.

오답 해설
① 이육사는 일제강점기에 활동한 독립운동가이자 시인이다. 대표작으로 〈청포도〉, 〈절정〉, 〈광야〉 등이 있다.
② 유치환은 남성적 어조로 일관하여 생활과 자연, 애련과 의지 등을 노래한 생명파 시인이다. 대표작으로 〈깃발〉, 〈그리움〉, 〈일월〉 등이 있다.
③ 김기림은 일제 강점기에 활동한 시인이자 문학 평론가이다. 주지주의 시의 도입, 민족 및 사회 현실의 수용과 모더니즘의 극복 등이 문학사에 미친 긍정적 영향이다.
⑤ 조지훈은 박두진, 박목월과 더불어 청록파로 일컬어지는 시인이다. 대표적 시집으로 ≪청록집≫, ≪풀잎단장≫이 있다.

▶ 출처 네이버 지식백과, 김광균[金光均], 한국민족문화대백과, 한국학중앙연구원

094 ④

정답 해설
이 글은 신채호의 소설가의 역할에 대해 논의하고 있는 글이다. 소설은 지남철(나침반)과 같은 것으로 소설가가 국민을 올바른 곳으로 인도하기 위해 소설을 쓸 것을 강조하고 있고, 음풍 소설을 쓰는 작가는 국민을 사특한 곳으로 인도한다고 논의하면서 소설가의 올바르지 못한 태도를 비판하며 소설가의 역할에 대해 얘기하고 있다.

095 ①

정답 해설
'알현'은 "지체가 높고 귀한 사람을 찾아가 뵘."을 의미하는 말이다. "일정한 임무를 띠고 가는 사람을 따라감."의 의미를 가진 말은 '수행'이다.

096 ②

정답 해설
'시러'는 현대어로 '능히'라는 의미이다.

오답 해설
① '스뭇디'는 '스뭇(← 스몿)-디'의 결합형으로, 동사 '스몿다'는 의미상 현대어의 '통하다'에 대응한다.

③ '하니라'는 '하-니라'의 결합형으로, 여기서의 '하다'는 현대어의 '많다'에 대응하는 의미를 지닌 형용사이다. 따라서 '하니라'에 대응하는 현대어는 '많으니라'이다.
④ '어엿비'에 대응하는 현대어는 '불쌍하게' 또는 '가엽게'이다. '어엿비'는 형용사 '어엿브다'에서 파생한 부사인데 형용사 '어엿브다'는 '불쌍하다' 또는 '가엽다'의 의미를 지닌다.
⑤ '니겨'는 '익다'를 뜻하는 '닉다'의 사동형 '니기다'의 어간 '니기-'에 연결어미 '-어'가 결합한 것이다. 이에 대응하는 현대어는 '익혀'이다.

097 ①
정답 해설

한글 맞춤법 제47항에 따르면 보조 용언은 띄어 씀을 원칙으로 하되, 경우에 따라 붙여 씀도 허용한다. 보조 용언도 하나의 단어이므로 띄어 쓰는 것이 원칙이다. 다만 다음 두 가지 경우에 한하여 붙여 쓰는 것을 허용한 것이다. 먼저 "먹어 보았다/먹어보았다"와 같이 '본용언+-아/-어+보조 용언' 구성일 경우 붙여 쓰는 것을 허용한다. 다음으로 "아는 체하다/아는체하다"와 같이 '관형사형+보조 용언(의존 명사+-하다/싶다)' 구성일 경우에도 붙여 쓰는 것을 허용한다. 그런데 '본용언+-고+보조 용언' 구성은 이에 해당하지 않으므로 반드시 띄어 써야 한다.

▶ **출처** 리규찬 외, 『단어유래집』, 2019(주체108), 과학백과사전출판사 (북한 서적)

098 ①
정답 해설

㉠에 들어갈 말은 '드리다'이다. 〈보기〉의 설명에서 예의를 갖추거나 존경의 태도를 갖추고자 할 때는 동작이 위로 향하게 된다고 하였다. '주다'의 동작을 위쪽으로 향하여 하면 '주다'의 높임 표현인 '드리다'가 된다.

099 ②
정답 해설

〈보기〉의 설명에 따르면 초성의 'ㅅ'은 점형이 오른쪽에만 있으므로 종성의 'ㅅ'은 점형을 왼쪽으로 이동한 모양이어야 한다. 따라서 정답은 ②이다.

100 ⑤
정답 해설

공식적인 피해 집계는 이루어지지 않았다고 하였으므로 공식적인 피해 건수를 밝힐 수 없다. 또한 전국에 진동 발생 신고가 1만여 건 들어온 것은 피해 집계와 직접적으로 연결할 수 있는 내용이 아니므로 적절하지 않다.

오답 해설
① 재난 방송은 해당 지역과 그 지역의 상황 등을 정확하게 알릴 필요가 있으므로 '바다 건너 지역 일대' 대신 정확하고 구체적인 지명을 밝혀 재난에 대비할 수 있게 해야 한다.
② 기자가 말하는 '당사'는 언론사를 의미하므로 언론사에 신고된 전화 건수가 아니라 '국민안전처'에 접수된 신고 건수를 보도하는 것이 보도의 신뢰성을 높일 수 있다.
③ '비명을 지르며 아파트 밖으로 뛰쳐나왔고', '거북이처럼 조심스럽게' 등은 오히려 국민들이 불안을 느끼게 하는 요소가 될 수 있으므로 객관적인 표현을 사용하여 보도하는 것이 객관성을 높일 수 있다.
④ '트래픽'은 모든 국민이 이해하기에 어려운 단어일 수 있으므로 '통화량'처럼 쉬운 말로 바꾸어 쓰는 것이 좋다.

|2022년 02월 19일 시행|

제65회
KBS한국어능력시험

정답과 해설

2022년 02월 19일 시행

제65회 정답과 해설

듣기·말하기 001번~015번

기출문제집 p.241

001	②	002	②	003	③	004	⑤	005	①
006	⑤	007	①	008	⑤	009	③	010	⑤
011	④	012	⑤	013	②	014	④	015	⑤

001　②

듣기 대본

1번. 먼저 그림에 대한 설명을 들려 드립니다.
㉠이 그림은 18세기 영국의 주택 모습을 스케치한 것입니다. ㉡영국에서는 시민 혁명 후 상인, 법률가, 사무원과 같은 중산 계층이 런던과 같은 도시를 중심으로 증가했습니다. 이에, 이들이 사는 주택의 유형이 등장했습니다. 규모가 큰 저택과 막사 형태 집의 중간 수준인 주택이 세워진 것입니다. 이러한 주택은 투기를 목적으로 하는 업자들이 지은 경우가 많았는데 대개의 경우 상업에 관심이 있는 귀족들이 제공한 부지에 건설되었습니다. ㉢건물의 외관을 보자면, 1층 입구에는 계단식 단을 설치하고 장식적인 문을 달았습니다. 건축학적으로 가장 탁월한 층인 2층은 테라스와 창문의 배치가 특징입니다. 1층과 2층은 다른 층에 비해 층고가 높은데 ㉣1층에는 응접실을, 2층에는 손님이 거처할 수 있는 객실을 배치했습니다. 그리고 3층에는 가족이 사용하는 침실이, 지붕층에는 하인들이 기거하는 침실이 있었습니다. 건물마다 지하실이 있는 것도 이 시기 영국 중산 계층 주택의 특징 중 하나입니다. ㉤지하실은 부엌으로 사용되었는데 작은 마당과 연결되어 있어 필요한 물품을 운반할 수 있었습니다.

정답 해설

건물의 외관에 대해서는 ㉢에서 부분적으로 설명하고 있으나 어떤 건축 양식을 따른 것인지는 언급하고 있지 않다.

오답 해설

① ㉣과 ㉤에서 각 층이 응접실, 객실, 가족 침실, 하인 침실, 부엌으로 사용된다고 하였다.
③ ㉠에서 "18세기 영국의 주택 모습"이라고 언급하였다.
④ ㉡의 "중산계층이 런던과 같은 도시를 중심으로 증가했"다는 언급과 "이에, 이들이 사는 주택의 유형이 등장했"다는 내용을 통해 이러한 유형의 주택이 등장한 배경을 밝히고 있다.
⑤ ㉡에서 "상인, 법률가, 사무원과 같은 중산계층"을 언급함으로써 이러한 주택에 거주하는 이들의 사회적 지위를 설명하였다.

▶ **출처**　빌 리제베로 저, 오덕성 역(2000), 서양 건축 이야기, 한길아트, p.272~274

002　②

듣기 대본

2번. 이번에는 이야기를 들려드립니다.
동물 왕국에 극심한 병이 돌고 있었습니다. 동물들은 누군가가 나쁜 짓을 저질렀기 때문에 신이 벌을 내린 거라고 생각했습니다. 그래서 각자의 죄를 자백하기로 했습니다. 동물의 왕 사자가 말했습니다. "나는 다리를 다친 얼룩말을 잡아먹은 적이 있다." 그러자 여우가 말했습니다. "그건 나쁜 짓이 아닙니다. 왕은 원래 육식을 하시는 분이니 사냥을 하는 것은 당연합니다. 게다가 그 얼룩말은 부상 때문에 어차피 곧 죽었을 것입니다." 이후 모든 육식 동물들이 자백을 했지만 그것이 질병을 초래할 정도의 죄는 아니라고 동물들은 판단했습니다. 이제 초식 동물의 차례가 되어 당나귀가 말했습니다. "며칠 전에 늘 먹던 풀이 아닌, 나무의 새싹을 먹은 적이 있습니다. 혹시 그것이 죄가 될까요?" 그러자 육식 동물들이 말했습니다. "그건 큰 잘못이다. 풀을 먹어야 할 당나귀가 나무의 새싹을 먹다니. 우리 육식 동물들이 초원의 풀을 먹는 것과 같지 않은가. 그야말로 신이 정한 규정을 어긴 것이다." 이렇게 해서 육식 동물들은 신에게 용서를 구한다는 이유로 당나귀를 처형하기로 하고 당나귀를 먹어 버렸습니다.

정답 해설

이 이야기는 인간 사회의 강자와 약자의 관계를 동물 왕국의 육식 동물과 초식 동물의 관계에 빗대어 풍자하고 있다. 동물들은 자신들이 처한 재난의 원인을 특정한 이에게서 찾으려는 데 목적이 있었고, 결국 힘이 약한 초식 동물이 지목되었다. 따라서 약자의 희생으로 공동체의 문제를 해결해서는 안 된다는 ②가 정답이다.

오답 해설

① 당나귀는 강자인 육식 동물에 의해 잡아먹혔으므로 동료의 도움을 받지 못했으나 이 이야기에서 얘기하고자 하는 것은 약자를 희생시켜서는 안 된다는 것이지 자신을 보호하는 방법에 대해 얘기하는 것이 아니다.

③ 육식 동물들은 자의적으로 당나귀에게 죄가 있다고 판단하고 신에게 용서를 구한다는 명목으로 당나귀를 잡아먹었다. 이는 강자의 입장에서 판단한 것이지 원칙이 적용된 것이라고 볼 수 없다.
④ 육식 동물인 사자가 얼룩말을 잡아먹은 것은 당연하고 당나귀가 나무의 새싹을 먹은 것은 죄라고 하였다. 이는 강한 자의 논리와 규칙만이 통하는 상황이므로 구성원의 일관된 행동이라고 볼 수 없다.
⑤ 육식 동물들과 당나귀의 강자-약자 관계 때문에 당나귀의 고백이 죽음을 초래하기는 했지만 당나귀가 죽은 것은 당나귀의 말 때문이 아니라 나무의 새싹을 먹은 행동 때문이다.

▶ 출처   다니구치 에리야 저, 김명수 역(2020), 라퐁텐 우화, 황금부엉이, p.109~112

003   ③

듣기 대본

3번. 이번에는 강연을 들려드립니다.

우리 인간을 포함해 거의 모든 동식물은 물 없이는 생존하기 어렵습니다. 하지만 상당 시간 동안 물 없이 버틸 수 있는 종들이 있습니다. ㉠대표적인 식물로 치와와 사막 등을 비롯한 건조한 지역에서 서식하는 '부활초'를 들 수 있습니다. 이름처럼 완전히 죽었다가 되살아나는 것은 아니고, 매우 건조한 환경에서 일종의 휴면 상태를 유지해 물 없이도 몇 년간 생존할 수 있습니다. ㉡이 식물은 물이 없으면 어두운 갈색으로 변하면서 줄기가 공처럼 둥글게 말렸다가 습한 환경에 노출되면 수분을 흡수해 원래의 모양과 색상으로 돌아옵니다. ㉢휴면 상태에 들어가면 체내에서 특수한 물질을 합성해 조직과 세포의 손상을 방지하는 것으로 보입니다. ㉣이 식물이 물 없이도 버틸 수 있는 원리를 완전히 밝혀낸다면 가뭄에 강한 농작물을 개량해 식량난 해소가 가능할지도 모릅니다. ㉤일반적으로 식물에 비해 동물의 경우 물 없이 사는 것이 더 어렵다고 여겨집니다. 하지만 또 예외가 있습니다. '폐어'라고 하는 물고기인데, 부활초와 마찬가지로 물이 없는 환경에서 휴면 상태를 유지합니다. 폐어는 아가미가 아닌 부레를 통해 공기 호흡을 할 수 있습니다. 더욱 놀라운 점은 ㉥폐어 중에는 물이 없는 상태에서 유도 동면 상태에 들어가 몇 개월 이상 생존할 수 있는 종이 있다는 것입니다.

정답 해설

부활초는 ㉠에서 치와와 사막과 같은 건조한 지역에서 서식한다고 언급하였으며, 폐어의 경우는 어디에 서식하는지 언급하지 않았기 때문에 ③은 적절하지 않다.

오답 해설

① ㉡에서 물이 없으면 색상과 모양이 바뀐다고 언급했기 때문에 ①은 적절한 내용이다.
② ㉥의 '폐어 중'에는 물이 없는 상태에서 유도 동면 상태에 들어가 몇 개월 이상 생존할 수 있는 종이 있다는 언급에 따라 ②는 적절하다.
④ ㉢의 휴면 상태의 부활초는 특수한 물질을 체내에서 합성하여 조직과 세포의 손상을 방지하는 것 같다는 언급과 ㉣의 부활초가 물 없이 버틸 수 있는 원리를 밝혀내면 가뭄에 강한 농작물을 개량해 식량난 해소가 가능할지도 모른다는 언급에 따라 ④는 적절한 내용에 해당한다.
⑤ ㉤에서 일반적으로 식물에 비해 동물의 경우 물 없이 사는 것이 더 어렵다고 여겨진다고 했으므로 ⑤는 적절하다.

▶ 출처   최성우(2021.12.24.), 인간과 함께 한 물의 신비 (10), 「사이언스타임즈」(https://www.sciencetimes.co.kr/news/%EC%9D%B8%EA%B0%84%EA%B3%BC-%ED%95%A8%EA%BB%98-%ED%95%9C-%EB%AC%BC%EC%9D%98-%EC%8B%A0%EB%B9%84-10/?cat=29)

004   ⑤

듣기 대본

4번. 이번에는 라디오 방송의 일부를 들려 드립니다.

범 내려온다 범이 내려온다 / 송림 깊은 골로 한 짐생이 내려온다 / 누에머리를 흔들며 / 양 귀 쭉 찢어지고 / 몸은 얼쑹덜쑹 꼬리는 잔뜩 / 범 내려온다

여러분이 지금 들으신 곡은 이날치 밴드의 '범 내려온다'입니다. ㉠'이날치'라는 이름은 조선 후기 8대 판소리 명창 중 한 명의 이름을 딴 것입니다. 이 노래는 입소문과 유튜브를 통해 널리 알려졌습니다. ㉡2020년 한국관광공사가 외국인을 대상으로 제작한 홍보 영상에 사용된 것으로도 유명하지요. ㉢'범 내려온다'의 가사는 판소리 〈수궁가〉 중에서 별주부가 세상에 나와 호랑이를 만나는 장면을 재해석한 것입니다. '이날치 현상'이라고도 하는 이 밴드의 인기 요인은 무엇일까요? ㉣국악과 대중음악, 판소리와 밴드 음악, 홍보 영상과 뮤직비디오, 이처럼 서로 다른 두 영역이 합쳐져 경계를 넘어서는 매력을 꼽을 수 있습니다. 그리고 이전의 전통적인 판소리에서는 소리꾼 한 명의 소리에 집중되었다면 이날치 밴드의 무대는 여러 명의 소리꾼과 드럼, 베이스 연주자로 구성됩니다. ㉤이들의 소리와 리듬에, 신선한 의상을 입은 전문 무용단의 춤이 더해져, 보다 시각적인 무대를 제공하는 것도 이날치 현상을 설명할 수 있을 겁니다.

정답 해설

㉠에서 '이날치'라는 이름은 조선 시대 유명한 명창의 이름에서 가져온 것이라고 하였다. "8대 판소리 명창 중 한 명"이라고 설명했기 때문에 여러 명으로 이루어진 집단이 아니었음을 알 수 있으므로 ⑤는 적절하지 않다.

오답 해설

① ㉣에서 국악과 대중음악, 판소리와 밴드 음악과 같이 서로 다른 두 영역이 합해진 특성을 언급했으므로 ①의 내용은 적절하다.
② ㉢에서 판소리 〈수궁가〉의 일부를 재해석한 내용임을 언급했으므로 ②는 적절한 내용에 해당한다.
③ ㉡에서 "한국관광공사가 외국인을 대상으로 제작한 홍보 영상에 사용"되었다고 했으므로 ③은 적절한 내용이다.
④ ㉤에서 소리와 리듬과 함께 "신선한 의상을 입은 전문 무용단의 춤이 더해져, 보다 시각적인 무대를 제공하는 것도" 이날치의 인기 요인이라고 설명해주므로 ④는 적절하다.

▶ 출처
- 세계일보(2022.01.09.), 이날치 밴드 '범 내려온다' 성공 비결?… 경계 넘어선 발상(http://www.segye.com/newsView/20220109507064?OutUrl=naver)
- 경향신문(2020.10.14.), 이날치 밴드(https://www.khan.co.kr/opinion/yeojeok/article/202010142037005)

005 ①

듣기 대본

5번. 이번에는 시 한 편을 들려 드립니다.

내게 행복이 온다면
나는 그에게 감사하고,
내게 불행이 와도
나는 또 그에게 감사한다.

한 번은 밖에서 오고
한 번은 안에서 오는 행복이다.

우리의 행복의 문은
밖에서도 열리지만
안에서도 열리게 되어 있다.

내가 행복할 때
나는 오늘의 햇빛을 따스히 사랑하고
내가 불행할 때
나는 내일의 별들을 사랑한다.

이와 같이 내 생명의 숨결은
밖에서도 들이쉬고
안에서도 내어쉬게 되어 있다.

이와 같이 내 생명의 바다는
밀물이 되기도 하고
썰물이 되기도 하면서
끊임없이 끊임없이 출렁거린다!

정답 해설

시에서 "우리의 행복의 문은 / 밖에서도 열리지만 / 안에서도 열리게 되어 있다."와 "내가 행복할 때 / 나는 오늘의 햇빛을 따스히 사랑하고 / 내가 불행할 때 / 나는 내일의 별들을 사랑한다."라는 부분을 보면, 결국 화자는 행복과 마음가짐이 밀접한 관련이 있다고 말하고 있다. 따라서 ①의 내용처럼 '행복은 마음가짐에 달려 있다.'는 진술이 시 전체의 주제와 가장 가까운 진술이라고 볼 수 있다.

오답 해설

② 낭독된 내용은 행복이 각자의 마음에 달려 있음을 강조했지만 '행복한 사람들을 본받자'는 당부와 권고의 내용을 찾을 수는 없다.
③ 낭독된 내용은 행복을 대하는 마음가짐을 강조하고 있을 뿐, '대세를 따르라'는 처세술을 전하고 있지는 않다.
④ 낭독된 내용에서 행복과 '운명'의 관계에 대해 언급한 부분은 찾을 수 없다.
⑤ 낭독된 내용에서 '행복하게 사는 것이 인생의 목적'이라는 화자의 의도가 제시된 바 없으므로 적절한 내용이 아니다.

▶ 출처 김현승(1975), 『지각』 -행복의 얼굴- , 『현대문학』(1975년 2월호)

006 ⑤

듣기 대본

이번에는 방송 진행자와 전문가의 대담을 들려 드립니다. 6번은 듣기 문항, 7번은 말하기 문항입니다.

MC: 과일을 어떻게 보관해야 오래 두고 맛있게 먹을 수 있을까요? 한국농산물연구소의 김지현 소장과 말씀을 나눠 보겠습니다. 우선 우리나라 사람들이 가장 많이 즐기는 과일은 무엇입니까?
소장: ⓐ 2018년도 국민건강영양조사 결과에 따르면, 우리나라 사람들의 하루 평균 과일 섭취량 중 사과가 40g으로 가장 많았고 감귤이 16g으로 그 뒤를 이었습니다.
MC: 그렇군요. ⓑ 사과를 다른 과일과 함께 보관하면 다른 과일을 상하게 만들 수 있다고 알고 있는데, 맞습니까?

소장: 네, 맞습니다. ㉠사과는 숙성되거나 익으면서 에틸렌이라는 성분을 생성하는데요, 사과는 수확된 후에도 에틸렌 가스를 배출하기 때문에 사과를 다른 과일이나 채소와 함께 보관하면 다른 과일이나 채소를 성숙시키거나 노화를 촉진해 품질에 영향을 줄 수 있습니다.
MC: 사과 말고 에틸렌을 만들어 내는 과일이 또 있습니까?
소장: ㉡토마토, 바나나, 살구, 복숭아, 자두, 망고 등이 있습니다. 따라서 ㉢이러한 과일을 에틸렌에 민감한 키위, 감, 배, 오이 등과 같이 보관하면 성숙과 노화를 촉진해 쉽게 부패될 수 있어 주의해야 합니다.
MC: ⓒ에틸렌이 과일이나 채소의 성숙과 노화를 촉진하는군요. 또 다른 영향은 없나요?
소장: 에틸렌은 엽록소를 분해시키기 때문에 채소의 품질을 저하시키기도 합니다. 브로콜리, 시금치와 같은 초록색 채소를 누렇게 변색시키기도 하고, ㉣양상추에는 반점이 생기게 하며, 당근에는 쓴맛을 증가시키고 양파의 경우는 발아를 촉진시킵니다. 에틸렌을 생성하는 과일은 다른 채소들과 함께 보관하면 품질에 영향을 줄 수 있으니 주의하시는 것이 좋습니다.
MC: ⓓ이런 과일이나 채소를 보관할 때 유의할 점이 청취자분들에게 매우 유용할 것 같은데요, 몇 가지 안내해 주시죠.
소장: 에틸렌 발생량이 많은 과일은 되도록 다른 과일과 따로 보관하시고요, 상처를 입거나 병충해에 걸린 과일은 보관 전에 골라내는 것이 좋습니다. ㉤또한 에틸렌은 낮은 온도와 8% 이하의 낮은 산소 농도 그리고 2% 이상의 높은 이산화 탄소 농도 조건에서 적게 발생합니다. 따라서 개별 포장해 저온에서 보관하면 오래 보관할 수 있고요, 덜 익은 바나나, 떫은 감을 에틸렌 생성이 많은 과일·채소와 같이 보관하면 오히려 후숙에 도움이 될 수 있으니까 덜 익은 과일을 익히고 싶다면 사과, 복숭아, 망고와 같이 보관하는 것도 좋습니다.
MC: 겨울철 대표 과일인 감귤은 상자로 사서 드시는 분들이 많은데요, ⓔ저도 보관하다보면 꼭 어느 정도는 상하게 되더라고요. 어떻게 보관해야 마지막까지 맛있게 먹을 수 있을까요?
소장: 상자 안에 곰팡이가 있는 감귤이 보인다면 빨리 골라내 버려야 합니다. 이미 곰팡이가 깊숙이 침투해 있을 가능성이 있기 때문에 다른 귤도 상하게 할 수 있기 때문입니다. ㉥감귤은 적정 보관 온도가 3~4℃이고 1℃ 이하에서는 냉해를 입을 수 있어 주의해야 합니다.
MC: 오늘 말씀 고맙습니다.

정답 해설
㉤에서 산소 농도는 8% 이하, 이산화 탄소 농도는 2% 이상인 조건에서 에틸렌이 적게 발생한다고 했으므로 ⑤는 맞는 내용이다.

오답 해설
① ㉥에서 감귤의 적정 보관 온도는 3~4℃이고 1℃ 이하에서는 냉해를 입을 수 있다고 했으므로 ①은 적절하지 않은 내용이다.
② ㉠에서 사과는 숙성되거나 익으면서 에틸렌을 생성하고, 수확된 후에도 에틸렌 가스를 배출한다고 했으므로 수확된 후에 에틸렌 가스를 생성한다고 한 ②는 적절하지 않은 내용이다.
③ ㉡에서 토마토는 에틸렌을 만들어내는 과일이라고 하였고, ㉢에서 감은 에틸렌에 민감한 과일이라고 하였으므로, ③은 적절하지 않은 내용이다.
④ ㉣에서 에틸렌으로 인해 양상추는 반점이 생기고 당근은 쓴맛이 증가한다고 하였으므로, ④는 적절하지 않은 내용이다.

▶ 출처 YTN FM(2021.12.30.), '슬기로운 라디오 생활'

007 ①

정답 해설
통계 자료를 인용하는 것은 ⓐ에서처럼 소장의 답변이고 진행자는 통계를 인용하여 질문하는 부분이 없으므로 ①은 적절하지 않은 내용이다.

오답 해설
② ⓒ에서처럼 진행자는 소장이 답변한 내용을 반복하며 추가로 질문하고 있으므로, ②는 맞는 내용이다.
③ ⓔ에서처럼 진행자는 자신이 감귤을 보관하다가 상하게 된 경험을 활용하여 질문하고 있으므로, ③은 맞는 내용이다.
④ ⓑ에서처럼 진행자는 사과가 다른 과일을 상하게 만들 수 있다는 자신이 알고 있는 지식을 활용하여 질문하고 있으므로, ④는 맞는 내용이다.
⑤ ⓓ에서처럼 진행자는 과일이나 채소를 보관할 때 유의할 점에 대한 정보가 청취자에게 유용할 것임을 언급하며 소장에게 정보를 요청하고 있으므로 ⑤는 맞는 내용이다.

008 ⑤

듣기 대본
이번에는 드라마의 일부분을 들려 드립니다. 8번은 듣기 문항, 9번은 말하기 문항입니다.
(E 초인종 소리)
남: 누구지, 밤에? 누구세요?
여: 501혼데요, 바로 아래층이요. 엊그제께 이사 오셨죠?

남: 네, 맞아요. 안녕하세요?
여: (따지는 목소리로) 안녕이고 뭐고 지금 뭐 하세요? 밤 열 시가 다 돼 가는데 가구 옮기시는 거예요?
남: ㉠아아. 네……. 소파 좀 옮기느라고…… 시끄러우셨어요? 열 시 전까진 괜찮을 줄 알았는데…… 죄송합니다.
여: ㉡괜찮다니요? 열 시면 일찍 자는 집은 다 자요. ㉢백 보 양보해서 열 시는 뭐 그렇다 쳐요. 근데 삼 일 내내 새벽에 시끄럽게 하시면 어떡해요?
남: 네?
여: 참다 참다 올라왔어요. 새벽에 게임하고 영화 보시죠? 이웃 생각도 좀 하셔야죠. 무슨 공룡 소린지 폭격기 소린지. 얼마나 크게 들리는지 아세요? 저희가 잠을 못 잡니다, 잠을!
남: 잘못 찾아오신 것 같은데요? 저희도 이사 오는 날부터 계속 밤에 이상한 소리를 들었거든요. 401호에 얘기해 보셨어요?
여: 그렇게 발뺌하지 마시고…… 앞으론 조심해주세요. 우리 애, 고 삼인데 얼마나 고생했는지 아세요? 이 동네 부자 동넨 아니어도 얼마나 살기 좋고 정 많은 덴데…… ㉣댁이 이사 오기 전까진 분명히 아주 조용했다고요. (작은 목소리로) 미꾸라지 한 마리가 물 흐린다더니…….
남: (발끈한 목소리로) 아주머니! 저희가 아니라니까요.
여: 아이고, 됐고, 우리가 한 얘기 잘 들었죠? 오늘부터는 우리 애 공부 좀 할 수 있게…… 협조 부탁드려요.

정답 해설

여자는 새벽에 시끄러운 이유가 윗집 남자가 새벽에 게임하고 영화를 보기 때문이라고 생각하여 남자의 집에 항의하러 왔고, 남자는 잘못 찾아왔다고 말하면서 오히려 다른 집에서 나는 소리가 아닌지 찾아보라고 말하고 있다. 따라서 새벽에 난 소음이 남자 집에서 발생했는지 여부에 대한 두 사람의 시각이 갈리고 그로 인해 갈등이 발생한 것으로 볼 수 있으므로 정답은 ⑤이다.

오답 해설

① 여자는 새벽에 시끄러운 것에 대해 항의하지만 남자도 새벽에 시끄러운 소음이 용인된다는 입장을 말하고 있지는 않으므로 새벽에 난 시끄러운 소음이 용인되는지에 대한 시각 차이가 있다는 ①은 적절하지 않다.
② 남자도 새벽에 이상한 소리를 들었다고 말하고 있으므로 소음이 실제로 발생했는지 여부에 대해서 시각 차이가 있다는 ②는 적절하지 않다.
③ 여자는 삼 일 내내 새벽에 시끄럽다고 말하고 남자도 이사 오는 날부터 계속 밤에 이상한 소리를 들었다고 말하므로 새벽에 소음이 삼 일 내내 발생되었는지 여부에 대해 시각 차이가 있다는 ③은 적절하지 않다.
④ 여자는 새벽에 시끄러운 것이 게임 때문인 것으로 짐작하지만 남자는 소음의 원인에 대해 다른 입장을 말하지 않으므로 소음의 원인이 게임인지에 대한 시각 차이가 있다는 ④는 적절하지 않다.

▶ **출처** KBS 무대(2021.06.26.), 당신들의 지옥(https://program.kbs.co.kr/scr/radio/stage/pc/board.html?smenu=d444c1&bbs_loc=R2002-0172-03-672566,list,none,1,0)

009 ③

정답 해설

㉢에서 여자는 며칠 동안 새벽에 시끄러웠다고 말하였으므로 며칠 동안 계속 밤 열 시까지 시끄러웠다고 말한 ③의 내용은 여자의 생각으로 적절하지 않다.

오답 해설

① ㉠에서 남자는 열 시 전까진 괜찮을 줄 알았다고 말했으므로 ①의 내용은 남자의 생각으로 적절하다.
② ㉠에서 남자는 소파를 옮기느라 시끄럽게 한 것에 대해 사과를 했으므로 ②의 내용은 남자의 생각으로 적절하다.
④ ㉣에서 여자는 남자가 이사 오기 전에는 분명히 조용했다고 말하기 때문에 ④의 내용은 여자의 생각으로 적절하다.
⑤ ㉡에서 여자는 열 시면 일찍 자는 집은 다 잔다고 말하므로 ⑤의 내용은 여자의 생각으로 적절하다.

010 ⑤

듣기 대본

이번에는 강연을 들려 드립니다. 10번은 듣기 문항, 11번은 말하기 문항입니다.

안녕하세요, 여러분. 겨울철에 더욱 심해지는 미세먼지 현상에 대해 알아보겠습니다. 최근 고농도 미세먼지 현상이 지속될 때, 대기 혼합고가 낮았다는 연구 결과가 보고되고 있습니다. 과연 대기 혼합고란 무엇이고, 미세먼지 농도와는 어떤 관련이 있을까요? 우선 이해를 돕기 위해, ⓐ같은 바닥 넓이에 천장 높이만 다른 두 공간에서 모닥불을 피워 미세먼지가 발생하는 상황을 가정해 봅시다. 천장이 높을수록 공간이 넓어져 미세먼지 농도가 낮아질 것이고, 천장이 낮을수록 공간이 좁아져 미세먼지 농도는 높아질 것입니다. ㉠대기 혼합고는 이런 천장 역할을 하는 것으로, 대기가 연직으로 혼합될 수 있는 높이를 말합니다. 겨울철에 고농도 미세먼지 현상이 자주 발생하는 이유에는 계절풍의 영향, 난방 등 화석 연료 사용의 증가 등 여러 가지가 있지만 이 중 ㉡대기 혼합고는 미세먼지가 희석될 수 있는 대기의 전체 부피를 결정하기 때문에 대기 중 미세먼지 농도를 결정하는 중요한 요인이 될 수 있습니다. 또한 미세먼지 중에는 질산염, 황산염, 암모늄과 같이 가스 형태의 오염 물질이 대기 중 반응에 의해 미세먼지로 변화되기도 하는데, ⓒ대기 혼합고가 낮아지면 오염 물질이 서로 만날 수 있는 확률이 높아져 미세먼지 농도를 증가시킬 수 있습니다. 대기 혼합고는 지표면의 온도에 영향을 받는데, ⓓ지표면 가열이 활발한 낮이나 여름철에 높아지고, 지표면이 냉각되는 밤이나 겨울철에 낮아집니다. 일반적으로 대기 혼합고는 지표면으로부터 1,000~2,000미터 높이로 알려져 있으나, 겨울철 야간에는 200~300미터 높이까지 낮아진다는 보고가 있습니다.

정답 해설
ⓒ에서처럼 대기 혼합고가 낮아지면 오염물이 서로 만날 수 있는 확률이 높아지므로, ⑤는 적절하지 않다.

오답 해설
① ⓓ에서처럼 대기 혼합고는 지표면이 냉각되는 밤보다 지표면 가열이 활발한 낮에 높으므로, 맞는 내용이다.
② ⓓ에서처럼 대기 혼합고는 지표면 가열이 활발한 여름철보다 지표면이 냉각되는 겨울철에 낮으므로, 맞는 내용이다.
③ ㉠에서처럼 대기 혼합고는 대기가 연직으로 혼합될 수 있는 높이이므로, 맞는 내용이다.
④ ⓑ에서처럼 대기 혼합고는 미세먼지가 희석될 수 있는 대기의 전체 부피를 결정하므로, 맞는 내용이다.

▶ 출처 한국경제신문 – 생글생글(2021.12.10.), 겨울철 미세먼지 농도 좌우하는 '대기 혼합고'란

011
④

정답 해설
ⓐ에서처럼 같은 바다 넓이에 천장 높이만 다른 두 공간에서 모닥불을 피워 미세먼지가 발생하는 상황을 가정하여 천장이 높을수록 미세먼지 농도가 낮아지고, 천장이 낮을수록 미세먼지 농도가 높아짐을 설명하고 있으며 대기 혼합고는 천장의 역할을 한다고 언급하였다. 따라서 ④는 맞는 내용이다.

오답 해설
① 이 강연에서 미세먼지 현상에 대처하는 방법은 소개하고 있지 않다.
② 미세먼지 현상을 대기 혼합고로 설명하고 있으나, 그것의 한계를 지적하고 있지 않다.
③ 이 강연에서 미세먼지 현상에 대해 잘못 알려진 통념은 언급하고 있지 않다.

⑤ 미세먼지 현상이 겨울철에 집중되는 이유를 지리적 특징이 아닌 대기 혼합고를 중심으로 설명하고 있다.

012
⑤

듣기 대본
이번에는 발표를 들려 드립니다. 12번은 듣기 문항, 13번은 말하기 문항입니다.

안녕하세요. 오늘은 보이스 피싱 사기범들이 피해자들을 어떻게 속이는지 알아보기 위해 그들의 말을 알아보겠습니다. 금융감독원 홈페이지에 올라와 있는 대화 5백여 건을 분석해 사기범들이 대화의 의중을 전달하고 맥락을 강조하는 수법에 대해 살펴보았습니다.

사기범들의 말을 자세히 들여다보니 ㉠피해자들을 혹하게 만들기 위해 사용하는 부사들이 있었습니다. 대화에서 부사는 387개, 모두 2만 5,432번 등장했습니다. 그중 ㉡사기범들이 가장 많이 쓴 부사는 '지금', '이제'였습니다만 ㉢일반 대화에서 쓰인 비율과 비교하면 사기범들이 일반인보다 더 자주 사용하는 부사는 '혹시'와 '일단'이었습니다. 기관 사칭 보이스 피싱의 경우 '혹시'라는 단어를 이용해 어떤 가능성이나 여지를 주기도 하지만 동시에 피해자가 평정심을 잃도록 하는 데에도 활용하고 있는 것으로 분석됐습니다. 또 사기범들은 피해자에게 접근할 때 깊이 생각하지 말고 먼저 해 보라는 의미로 '일단'을 쓰고 있었습니다. 이 외에도 ㉣피해자를 안심시킬 때 등장하는 '전혀'와 피해자의 상황을 모두 알고 있다고 암시하는 '현재' 등도 사기범들이 많이 사용한 단어입니다.

범죄학에서는 이와 같은 현상을 문턱 효과라고 표현하는데요, ㉤사기범이 피해자가 설정해 놓은 첫 번째 문턱, 즉 '보이스 피싱으로 의심되는 전화가 오면 아무 대응을 하지 말아야지.'라는 생각을 한번 뛰어넘기만 하면 이후 상황은 크게 달라질 수 있는 것입니다. 사기범의 '일단 한번 해보시라'나 '혹시 이렇지 않냐'고 물어보고 유혹을 해도 처음부터 흔들려서는 안 되는 이유도 여기에 있습니다. 의심되는 전화를 받게 되면 '일단' 전화를 끊는 게 가장 현명한 대처법인 셈입니다. 이상 발표를 마치겠습니다.

정답 해설
㉤에서 사기범이 피해자가 설정해 놓은 문턱을 넘으면 상황이 달라진다고 언급하고 있는데, 문턱을 설정하는 것은 피해자이고 사기범은 피해자들을 유혹하기 위해 피해자가 설정해 놓은 문턱을 넘는 것이므로 ⑤는 발표의 내용과 일치하지 않는다.

오답 해설

① ㉣에서 사기범들이 피해자들을 안심시킬 때 '전혀'라는 부사가 등장한다고 언급하고 있으므로 발표 내용과 일치한다.
② ㉢에서 사기범들은 일반인보다 '혹시'와 '일단'을 더 많이 쓴다고 언급하고 있으므로 발표 내용과 일치한다.
③ ㉡에서 분석 결과 사기범들이 가장 많이 언급한 부사는 '지금'과 '이제'라고 하고 있으므로 발표 내용과 일치한다.
④ ㉠에서 사기범들은 피해자들을 혹하게 만들기 위해 부사를 사용한다고 언급하고 있으므로 발표 내용과 일치한다.

▶ 출처 KBS 뉴스(2021.07.08.), [그들의 사기공식] ③ '일단'과 '혹시'에 넘어가지 않으려면(https://news.kbs.co.kr/news/view.do?ncd=5228261)

013 ②

정답 해설

발표의 도입부에서 금융감독원 홈페이지에 올라와 있는 대화 5백여 건을 분석했다고 얘기하고 있으므로 자료의 출처를 명시했다는 ②의 내용은 적절하다.

오답 해설

① 발표에서 전문가의 말을 인용하거나 예방법을 소개하지 않으므로 적절하지 않다.
③ 발표에서는 부사가 사용된 맥락을 설명하고 있지만 실제로 일어난 보이스 피싱의 피해 사례를 구체적으로 제시하지는 않으므로 적절하지 않다.
④ 발표의 마무리에서 문턱 효과라는 특정 이론을 언급하고는 있지만 이 이론을 활용하여 자료를 분류하지 않으므로 적절하지 않다.
⑤ '혹시' 등 여러 부사를 제시하고 있고 부사가 쓰인 맥락을 설명하고 있지만 해당 단어의 사전적 의미를 소개하지 않으므로 적절하지 않다.

014 ④

듣기 대본

끝으로 학교 측과 동호회 측의 대화를 들려 드립니다. 14번은 듣기 문항, 15번은 말하기 문항입니다.
학교 측: 우리 학교의 강당 이용에 대해 드릴 말씀이 있어요. 그동안 강당을 늦은 시각까지 개방하다 보니 관리에 어려움이 많았어요. 그래서 다음 달부터는 밤 8시까지 개방하던 강당을 7시까지만 개방했으면 합니다.
동호회 측: ㉠저희 동호회 회원들이 대부분 직장에 다니고 있어서 7시까지만 개방하면 운동 시간이 줄었다고 불만을 가지는 회원들이 많아질 겁니다. ㉡체육 시설 관리가 문제라면 저희 동호회에서 순번을 정해서 관리할 수 있습니다.
학교 측: ㉢체육 시설 관리도 문제지만 더 큰 문제는 늦게까지 강당을 이용하다 보니 관리비가 추가적으로 발생하고 있는데, 현재 동호회에서 납부하는 이용료로는 부족하다는 것입니다. 특히 여름과 겨울에 전기 요금이 많이 나오는데 학교에서 이를 거의 부담하고 있습니다. 그러니 강당을 7시까지만 이용하는 게 어려우시다면 야간 시간에 발생하는 관리 비용을 동호회에서 모두 부담하는 건 어떨까요?
동호회 측: 그건 곤란합니다. 강당을 주로 동호회에서 이용하긴 하지만 학생과 선생님들이 이용하는 경우도 종종 있거든요. 야간 시간에 발생하는 관리 비용을 저희가 모두 부담하는 건 지나친 요구 같아요. 혹시 관리 비용의 반 정도를 저희 동호회가 부담하는 건 어떨까요? 대신 강당 이용 시간을 9시까지로 연장해 주셨으면 합니다. 그렇지 않아도 강당 이용 시간이 늘어났으면 하는 회원들의 목소리가 있었거든요.
학교 측: ㉣관리비의 반을 동호회에서 부담해 주신다면 밤 9시까지로 연장하는 것도 가능하지만 조건이 있습니다. 저희 학교 학생들도 야간에 강당에서 운동을 하고 싶어 하는 학생들이 있는 편입니다. 밤 9시까지로 연장하는 대신 매주 수요일은 강당을 이용하지 않으시는 건 어떨까요?
동호회 측: ㉤밤 9시까지 이용 시간이 연장된다면 일주일에 하루 정도 동호회 운영을 하지 않는 건 가능할 것 같습니다.
학교 측: 좋습니다. 체육 시설이 자주 파손되어 보수에 어려움이 있지만, 동호회 측에서 협조해 주셨으니 체육 시설 관리는 기존대로 저희가 맡아서 하도록 하겠습니다.
동호회 측: 감사합니다. 학교의 체육 시설이 그렇게 자주 파손되는지 몰랐네요. 회원들이 체육 시설을 좀 더 소중하게 아껴서 이용하도록 안내하겠습니다.

정답 해설

㉠에서 강당 이용 시간이 줄면 불만을 가진 회원들이 많아질 것이라고 동호회 측이 언급하였으므로, ④는 맞는 내용이다.

오답 해설

① ㉢에서 학교 측은 체육 시설 관리보다 더 큰 문제는 추가적으로 발생하는 관리비가 동호회에서 납부하는 이용료로는 부족하다는 것이라고 언급하였으므로 적절하지 않은 내용이다.
② ㉡에서 동호회 측은 동호회에서 순번을 정해 체육 시설을 관리할 수 있다고 하였으므로 적절하지 않은 내용이다.
③ ㉣에서 학교 측은 동호회에서 관리비의 반을 부담한다면 밤 9시까지로 강당 개방 시간을 연장하는 것이 가능하다고 하였으므로 적절하지 않은 내용이다.

⑤ ⓜ에서 동호회 측은 이용 시간이 연장된다면 일주일에 하루 정도 동호회 운영을 하지 않는 것은 가능하다고 하였으므로 적절하지 않은 내용이다.

015 ⑤

정답 해설

동호회 측이 파손된 체육 시설의 보수에 관여하지 않았던 것은 맞으나 협상을 통해 관리비의 반을 동호회에서 부담하기로 했으므로, 보수 비용 전액을 부담하도록 했다는 ⑤의 내용은 적절하지 않다.

오답 해설

① 학교 측은 기존에 체육 시설 관리 업무를 담당하고 있었고, 동호회 측에서 협조해 주었으니 기존대로 체육 시설 관리를 담당하겠다고 했으므로 적절한 내용이다.
② 동호회 측은 학교에 이용료를 납부하고 있었으나, 그 이용료로는 부족하다며 관리비 모두를 부담해 달라는 학교 측의 요구에 대한 조정안으로 관리비의 반을 납부하기로 했으므로 적절한 내용이다.
③ 학교 측은 동호회 측이 관리비의 반을 부담하고 매주 수요일에 강당을 이용하지 않는 조건으로 밤 9시까지 강당을 개방하기로 했으므로 적절한 내용이다.
④ 동호회 측은 매일 강당을 이용하고 있었으나, 밤 9시까지 이용 시간을 연장하는 대신 매주 수요일은 강당을 이용하지 않겠다고 했으므로 적절한 내용이다.

어휘·어법 016번~045번

기출문제집 p.245

016	②	017	⑤	018	②	019	⑤	020	⑤
021	④	022	⑤	023	②	024	⑤	025	③
026	①	027	②	028	⑤	029	④	030	②
031	⑤	032	①	033	②	034	⑤	035	②
036	⑤	037	②	038	①	039	④	040	②
041	③	042	③	043	①	044	⑤	045	④

016 ②

정답 해설

'몽니'는 "받고자 하는 대우를 받지 못할 때 내는 심술."을 의미하는 말이므로 ②가 정답이다.

오답 해설

① '깜냥'은 "스스로 일을 헤아림. 또는 헤아릴 수 있는 능력."을 의미하는 말이다.
③ '부아'는 "노엽거나 분한 마음."을 의미하는 말이다.
④ '변죽'은 "그릇이나 세간, 과녁 따위의 가장자리."를 의미하는 말이다.
⑤ '아양'은 "귀염을 받으려고 알랑거리는 말. 또는 그런 짓."을 의미하는 말이다.

017 ⑤

정답 해설

'결재(決裁)'는 "결정할 권한이 있는 상관이 부하가 제출한 안건을 검토하여 허가하거나 승인함."을 의미하는 말이다. "증권 또는 대금을 주고받아 매매 당사자 사이의 거래 관계를 끝맺는 일."을 의미하는 말은 '결제(決濟)'이므로 정답은 ⑤이다.

018 ②

정답 해설

'못내'는 "자꾸 마음에 두거나 잊지 못하는 모양."이라는 부사이므로 정답은 ②이다.

019 ⑤

정답 해설

'묘령(妙齡)'은 "(흔히 '묘령의' 꼴로 쓰여) 스무 살 안팎의 여자 나이."를 의미하는 말이므로 '묘령의 중년 부인'이라는 ⑤의 쓰임은 적절하지 않다.

오답 해설

① '공포(公布)'는 "이미 확정된 법률, 조약, 명령 따위를 일반 국민에게 널리 알리는 일."을 의미하는 말이므로 '특별법 시행령을 공포했다.'는 쓰임은 적절하다.
② '간여(干與)'는 "어떤 일에 관계하여 참견함."이라는 의미이므로 군이 정치에 간여한다는 의미의 쓰임은 적절하다.
③ '교정(矯正)'은 "교도소나 소년원 따위에서 재소자의 잘못된 품성이나 행동을 바로잡음."이라는 의미이므로 적절한 쓰임이다.
④ '자처(自處)'는 "자기를 어떤 사람으로 여겨 그렇게 처신함."이라는 의미이므로 '중재자를 자처'했다는 쓰임은 적절하다.

020 ⑤

정답 해설
'계란유골(鷄卵有骨)'은 "달걀에도 뼈가 있다는 뜻으로, 운수가 나쁜 사람은 모처럼 좋은 기회를 만나도 역시 일이 잘 안됨을 이르는 말."이다. 반면 '말 속에 뜻이 있고 뼈가 있다'는 "말 뒤에 겉에 드러나지 아니한 숨은 뜻이 있다는 말."을 의미하는 속담으로 같은 의미를 뜻하는 연결이 아니므로 ⑤가 정답이다.

오답 해설
① '풍전등화(風前燈火)'는 "바람 앞의 등불이라는 뜻으로, 사물이 매우 위태로운 처지에 놓여 있음을 비유적으로 이르는 말."이므로 적절한 연결이다.
② '생구불망(生口不網)'은 "산 입에 거미줄을 치지는 아니한다는 뜻으로, 아무리 곤궁하여도 그럭저럭 먹고살 수 있음을 이르는 말."이므로 적절한 연결이다.
③ '오비이락(烏飛梨落)'은 "까마귀 날자 배 떨어진다는 뜻으로, 아무 관계도 없이 한 일이 공교롭게도 때가 같아 억울하게 의심을 받거나 난처한 위치에 서게 됨을 이르는 말."이므로 적절한 연결이다.
④ '당랑거철(螳螂拒轍)'은 "제 역량을 생각하지 않고, 강한 상대나 되지 않을 일에 덤벼드는 무모한 행동거지를 비유적으로 이르는 말."로 사마귀가 앞발을 들고 수레바퀴를 멈추려 했다는 데서 유래하여 '사마귀가 수레를 버티는 셈'이라는 속담과 의미가 통하므로 적절한 연결이다.

021 ④

정답 해설
㉠은 "올바르지 아니하거나 옳지 못함."을 뜻하는 '부정(不正)'이 사용된 예이다. ㉡은 "사람이 죽는 따위의 불길한 일."을 뜻하는 '부정(不淨)'이 사용된 예이다. 이 '부정(不淨)'은 "깨끗하지 못함. 또는 더러운 것."이라는 뜻으로도 사용된다. ㉢은 "그렇지 아니하다고 단정하거나 옳지 아니하다고 반대함."을 뜻하는 '부정(否定)'이 사용된 예이다. 따라서 ④가 정답이다.

022 ⑤

정답 해설
⑤의 첫 번째 문장의 '묻다'는 "물건을 흙이나 다른 물건 속에 넣어 보이지 않게 쌓아 덮다."라는 뜻이고 두 번째 문장의 '묻다'는 "무엇을 밝히거나 알아내기 위하여 상대편의 대답이나 설명을 요구하는 내용으로 말하다."라는 뜻으로 두 뜻 사이에 의미상 유사성이 없으므로 동음이의어의 관계이다. 뒤에 어미 '-어'가 올 때도 각각 '묻어', '물어'로 다르게 활용하는 전혀 다른 단어이다.

오답 해설
① '돌다'의 첫 번째 문장에서는 "물체가 일정한 축을 중심으로 원을 그리면서 움직이다."라는 뜻으로 쓰였고, 두 번째 문장에서는 "돈이나 물자 따위가 유통되다."라는 뜻으로 쓰였다. 이 둘은 의미의 유사성이 있으므로 다의어 관계에 있다고 할 수 있다.
② '달다'는 첫 번째 문장에서는 "타지 않는 단단한 물체가 열로 몹시 뜨거워지다."라는 뜻으로 쓰였고, 두 번째 문장에서는 "안타깝거나 조마조마하여 마음이 몹시 조급해지다."라는 뜻으로 쓰였다. 이 둘은 첫 번째 문장에 쓰인 '달다'의 뜻의 사용 범위가 확대되면서 두 번째 '달다'의 뜻으로도 쓰이게 된 것이어서 뜻 사이에 연관이 깊다. 이런 경우는 동음이의어가 아니라 다의어의 예로 간주한다.
③ '곱다'는 각각 "소리가 듣기에 맑고 부드럽다.", "상냥하고 순하다."라는 뜻으로 쓰였다. 역시 다의어의 예이다.
④ '쓰다'는 각각 "붓, 펜, 연필과 같이 선을 그을 수 있는 도구로 종이 따위에 획을 그어서 일정한 글자의 모양이 이루어지게 하다.", "머릿속의 생각을 종이 혹은 이와 유사한 대상 따위에 글로 나타내다."라는 뜻으로 쓰였다. 역시 다의어의 예이다.

023 ②

정답 해설
'벌리다'는 "둘 사이를 넓히거나 멀게 하다."라는 동사와 '벌다'의 피동사인 "일을 하여 돈 따위가 얻어지거나 모이다."라는 의미를 가진 동사가 있다. ②의 의미는 문맥상 식당을 개업했다는 의미이므로 "일을 계획하여 시작하거나 펼쳐 놓다."라는 의미인 '벌이다'를 써야 한다. 따라서 적절하지 않은 것은 ②이다.

오답 해설
① '다르다'는 "비교가 되는 두 대상이 서로 같지 아니하다."라는 의미이므로 적절하게 사용되었다. "셈이나 사실 따위가 그르게 되거나 어긋나다."라는 의미의 '틀리다'를 사용하는 것은 적절하지 않다.
③ '졸였다'는 "(주로 '마음', '가슴' 따위와 함께 쓰여) 속을 태우다시피 초조해하다."라는 의미이므로 적절한 쓰임이다.
④ '들리다'는 "병에 걸리다."라는 의미이므로 적절하게 사용되었다.
⑤ '깨치다'는 "일의 이치 따위를 깨달아 알다."라는 뜻이므로 적절하게 쓰인 예이다.

024 ⑤
정답 해설

'마름질'과 '재단(裁斷)'은 모두 "옷감이나 재목 따위를 치수에 맞도록 재거나 자르는 일."이라는 의미를 가진 단어이므로 ⑤가 정답이다.

오답 해설

① '춘장'은 '남의 아버지'를 높여 이르는 말인데 이는 '우리 아버지'와 같은 의미가 아니므로 오답이다.
② '자당'은 '남의 어머니'를 가리키는 것인데 이것은 '우리 어머니'와는 같은 의미가 아니므로 오답이다.
③ '협로'는 '작고 매우 좁은 길'을 가리키는 것인데 이것은 '가파른 길'과는 같은 의미가 아니므로 오답이다.
④ '조소'는 '비웃음'을 가리키는 것인데 이것은 '쓴웃음'과는 같은 의미가 아니므로 오답이다.

025 ③
정답 해설

문제에서 예로 제시된 '불리다'는 "분량이나 수효를 많아지게 하다."라는 뜻으로 '붇다'의 사동사이다. ③에서 '불리다'가 이와 같은 뜻의 '불리다'가 사용된 예이므로 ③이 정답이다.

오답 해설

① "'밤골'이라고 불렸다."에 사용된 '불리다'는 "무엇이라고 가리켜 말해지거나 이름이 붙여지다."라는 뜻이다.
② "단소를 불렸다"에서 사용된 '불리다'는 "관악기에 입을 대고 숨을 내쉬어 소리를 내게 하다."라는 뜻이다.
④ "선생님에게 불려 갔으니"에 사용된 '불리다'는 "말이나 행동 따위에 주위가 끌리거나 가게 되다."라는 뜻이다.
⑤ "배라도 불립시다."에서 '불리다'는 "많이 먹게 하여 속이 꽉 찬 느낌이 들게 하다."라는 뜻이다.

026 ①
정답 해설

'망건 쓰자 파장'은 "준비를 하다가 그만 때를 놓쳐 소기의 목적을 이루지 못하게 됨을 비유적으로 이르는 말."이므로 여유를 가지고 신중하게 준비하자는 문장과 함께 사용될 수 없다.

오답 해설

② '바늘 가는 데 실 간다'는 "바늘이 가는 데 실이 항상 뒤따른다는 뜻으로, 사람의 긴밀한 관계를 비유적으로 이르는 말."이다.
③ '약방에 감초'는 "어떤 일에나 빠짐없이 끼어드는 사람 또는 꼭 있어야 할 일이나 물건을 비유적으로 이르는 말"이다.
④ '울며 겨자 먹기'는 "맵다고 울면서도 겨자를 먹는다는 뜻으로, 싫은 일을 억지로 마지못하여 함을 비유적으로 이르는 말"이다.
⑤ '다람쥐 쳇바퀴 돌듯'은 "앞으로 나아가거나 발전하지 못하고 제자리걸음만 함을 비유적으로 이르는 말"이다.

027 ②
정답 해설

①의 '갑남을녀'는 "갑이란 남자와 을이란 여자라는 뜻으로, 평범한 사람들을 이르는 말.", ③의 '장삼이사'는 "장씨(張氏)의 셋째 아들과 이씨(李氏)의 넷째 아들이라는 뜻으로, 이름이나 신분이 특별하지 아니한 평범한 사람들을 이르는 말.", ④의 '초동급부'는 "땔나무를 하는 아이와 물을 긷는 아낙네라는 뜻으로, 평범한 사람을 이르는 말.", ⑤의 '필부필부'는 "평범한 남녀."라는 뜻으로 이 네 사자성어는 모두 평범한 사람들을 일컫는 말로 쓰인다. ②의 '동량지재'는 "마룻대와 들보로 쓸 만한 재목이라는 뜻으로, 집안이나 나라를 떠받치는 중대한 일을 맡을 만한 인재를 이르는 말."이라는 뜻이므로 나머지 넷과 의미가 다르다. 따라서 ②가 정답이다.

028 ⑤
정답 해설

'발이 짧다'는 "부끄러움이 많아 사람을 만나기를 꺼려한다."라는 의미가 아닌 "먹는 자리에 남들이 다 먹은 뒤에 나타나다."의 의미를 지닌 관용구이다.

029 ④
정답 해설

'미연'은 "어떤 일이 아직 그렇게 되지 않은 때."라는 뜻이다. '물샐틈없이'로 바꾸는 것은 적절하지 않다.

030 ②
정답 해설

②의 '멘티(mentee)'는 '멘토(→ 조언자)에게 지도나 조언을 구하여 도움을 받는 사람'을 의미한다. 따라서 '멘티'는 '조언을 받는 사람'으로 풀어 쓰거나 '피조언자'로 순화하는 것이 적절하다. '상담원(사)'는 '컨설턴트(consultant)'의 순화어이다.

오답 해설

① '간지[← 感(かん)じ]'는 일본어에서 유래한 말로, '멋'이나 '느낌'을 속되게 이르는 말이다. 따라서 '간지(가) 나다'는 '멋지다'나 '느낌(이) 있다'로 순화하는 것이 적절하다.
③ '언택트(← uncontact)'는 '사람을 직접 만나지 않고 물품을 구매하거나 서비스 따위를 받는 일'을 의미하므로, '비대면'으로 순화하는 것이 적절하다.
④ '레트로(retro)'는 '과거의 모양, 정치, 사상, 제도, 풍습 따위로 돌아가거나 그것을 본보기로 삼아 그대로 좇아 하려는 것'을 의미하므로, '복고'로 순화하는 것이 적절하다.
⑤ '가스라이팅(gaslighting)'은 '타인의 심리나 상황을 교묘하게 조작해 판단력을 잃게 만들고, 타인에 대한 통제력이나 지배력을 강화하는 행위'를 의미하므로 '심리(적) 지배'로 순화하는 것이 적절하다.

031 ⑤

정답 해설
⑤의 '쪽집게'는 '족집게'로 적어야 한다. 발음이 [족찝께]이므로 '족'을 '쪽'으로 적을 이유가 없다. 또한 한 단어 안에서 'ㄱ, ㅂ' 받침 뒤에 나는 된소리는 된소리로 적지 않는다는 '한글 맞춤법 제3장 제1절 제5항'의 '다만'에 따라서 '족찝게'가 아닌 '족집게'라고 표기하는 것이 적절하다.

오답 해설
① '곱빼기'는 '곱'에 접미사 '-빼기'가 결합된 단어로 다른 형태소 뒤에서 [빼기]로 발음되는 것은 모두 '빼기'로 적는다는 '한글 맞춤법 제54항'의 해설에 따라 적었으므로 올바른 표기이다.
②, ③ 한 단어 안에서 'ㄱ, ㅂ' 받침 뒤에 나는 된소리는 된소리로 적지 않고 'ㄴ, ㄹ, ㅁ, ㅇ' 받침 뒤에서 나는 된소리는 된소리로 적는다는 '한글 맞춤법 제3장 제1절 제5항'에 따라 올바른 표기이다.
④ '떨다'는 달려 있거나 붙어 있는 것을 쳐서 떼어 낸다는 뜻으로, '먼지, 재' 등과 같이 떨어져 나가는 대상을 목적어로 취한다. 따라서 '재떨이'가 옳은 표기이다.

032 ①

정답 해설
'놓아'는 '놓-'에 'ㅎ'이 줄고 연결어미 '-아'와 결합하여 '놔'로 줄어들 수 있으므로 '놓아두렴/놔두렴'은 모두 올바른 표기이다.

오답 해설
② '트이었다'는 '틔었다' 또는 '트였다'로 줄어들 수 있지만 '틔였다'가 될 수는 없다.
③ '쏘이고'는 '쐬고'로 줄어들 수 있다. '쏘이고'가 줄어 '쐐고'가 될 근거는 없으므로 불가능하다.
④ '누이었다'는 '뉘었다' 또는 '누였다'로 줄어들 수 있지만 '뉘였다'가 될 수는 없다.
⑤ '파이어'는 '패어' 또는 '파여'로 줄어들 수 있지만 '패여'가 될 수는 없다.

033 ②

정답 해설
"값을 치르고 어떤 물건이나 권리를 자기 것으로 만들다."라는 의미의 '사다'는 기본형이 '사다'이므로 명사형으로 활용을 하면 '삼'이 된다. '삶'은 "생명을 지니고 있다."라는 의미의 동사 '살다'를 명사형으로 활용했을 때의 형태이다.

오답 해설
① '졸다'는 어간이 '졸-'이므로 명사형 어미 '-ㅁ'이 오면 '졺'으로 적는다.
③ '말다'는 어간이 '말-'이므로 명사형 어미 '-ㅁ'이 오면 '맒'으로 적는다.
④ '밀다'는 어간이 '밀-'이므로 명사형 어미 '-ㅁ'이 오면 '밂'으로 적는다.
⑤ '울다'는 어간이 '울-'이므로 명사형 어미 '-ㅁ'이 오면 '욺'으로 적는다.

034 ⑤

정답 해설
'할 수밖에 없다'의 '밖에'는 뒤에 부정을 나타내는 말이 올 때 '피할 수 없는'의 뜻을 나타내는 보조사이므로 앞말과 붙여 쓴다. '이리 늙으실밖에'의 '-ㄹ밖에'는 '다른 수가 없다'는 뜻을 나타내는 하나의 종결 어미이므로 붙여 써야 하며 '늙으실∨밖에'로 띄어 쓰는 것은 올바르지 않다.

오답 해설
① 체언 뒤에 쓰이는 '대로'는 조사이므로 붙여 쓰고 관형사형 뒤에 쓰이는 '대로'는 의존 명사이므로 띄어 쓴다.
② 막연한 의문을 나타내는 '-는지'는 어미이므로 붙여 쓰고 시간의 경과를 나타내는 '지'는 의존 명사이므로 띄어 쓴다.

③ 체언 뒤에 쓰이는 '만큼'은 조사이므로 붙여 쓰고 관형사형 뒤에 쓰이는 '만큼'은 의존 명사이므로 띄어 쓴다.
④ 관형사형 뒤에 쓰이는 '듯'은 의존 명사이므로 띄어 쓴다.

035 ②
정답 해설
'내음'은 문학적 표현에 널리 쓰이면서 '냄새'의 문학적 표현으로 표준어가 되었다.

오답 해설
① '센바람'은 "풍력 계급 7의 바람."을 의미하는 말로 '강풍'과 동의어 관계이다.
③ '동무'는 "늘 친하게 어울리는 사람."을 의미하며, '친구'는 "가깝게 오래 사귄 사람."을 의미하여 둘은 유의어 관계에 있지만 '친구'의 문학적 표현이 '동무'는 아니다.
④ '가을걷이'는 "가을에 익은 곡식을 거두어들임."이라는 의미로 '추수'와 같은 말이다.
⑤ '별똥별'은 '유성'을 일상적으로 이르는 말이다.

036 ⑤
정답 해설
괄호 안에 또 괄호를 쓸 필요가 있을 때 바깥쪽의 괄호는 대괄호로 쓴다. 따라서 ⑤는 '[윤석중 전집(1988) 참조]'로 써야 한다.

오답 해설
① 우리말 표기와 원어 표기를 아울러 보일 때는 소괄호를 쓰므로 적절하다.
② 고유어에 대응하는 한자어를 나타낼 때는 한자어를 한자로 쓰지 않아도 대괄호를 쓰므로 적절하다.
③ 열거된 항목 중 어느 하나가 자유롭게 선택될 수 있음을 보일 때는 중괄호를 쓰므로 적절하다.
④ 생략할 수 있는 요소임을 나타낼 때 소괄호를 쓰므로 적절하다.

037 ②
정답 해설
㉠은 'ㅣ' 모음 역행 동화 현상이 일어난 형태를 표준어로 삼은 경우이다. '아지랭이'는 표준어로 인정되지 않으며, '아지랑이'가 표준어이다. 따라서 '아지랭이'는 ㉠에 해당하지 않는다.

오답 해설
'풋내기, 소금쟁이, 담쟁이덩굴, 동댕이치다'는 모두 표준어 규정 제9항에서 표준어로 인정하고 있는 예들이다.

038 ①
정답 해설
'가뭄'과 '가물'은 같은 의미를 가지는 두 형태를 모두 표준어로 인정하는 '복수 표준어'의 예에 속하며, 둘 다 표준어로 인정된다.

오답 해설
② '귀밑머리'와 '귓머리' 중에서는 '귀밑머리'만 표준어로 인정된다.
③ '부스러기'와 '부스럭지' 중에서는 '부스러기'만 표준어로 인정된다.
④ '빈대떡'과 '빈자떡' 중에서는 '빈대떡'만 표준어로 인정된다.
⑤ '샛별'과 '새벽별' 중에서는 '샛별'만 표준어로 인정된다.

039 ④
정답 해설
'신기다'는 '신-' 뒤에 접미사 '-기-'가 결합된 말이다. 표준 발음법 제24항에 따르면 어간 받침 'ㄴ, ㅁ' 뒤에 피동, 사동의 접미사 '-기-'는 된소리로 발음하지 않는다고 규정하고 있다. 따라서 된소리로 발음한 [신끼지]는 표준 발음이 아니다.

오답 해설
표준 발음법 제24항에 따르면 'ㄴ(ㄵ), ㅁ'으로 끝나는 용언 뒤에 어미가 오면 어미의 첫소리 'ㄱ, ㄷ, ㅅ, ㅈ'은 된소리로 발음한다. ①, ②, ③, ⑤는 이러한 조건을 모두 충족시키므로 표준 발음에 해당한다.

040 ②
정답 해설
외래어 표기법 2장 표1에 따라 'narrator'를 발음대로 적으면 '내레이터'가 되므로 맞는 표기이다.

오답 해설
① 외래어 표기법 2장 표1에 따라 'mammoth'를 적으면 '맘모스'가 아니라 '매머드'이다.

③ 외래어 표기법 2장 표1에 따라 'comedy'를 적으면 '코메디'가 아니라 '코미디'이다.
④ 외래어 표기법 2장 표1에 따라 'symposium'을 적으면 '심포지움'이 아니라 '심포지엄'이다.
⑤ 외래어 표기법 2장 표1에 따라 프랑스어 'encore'를 적으면 '앵콜'이 아니라 '앙코르'이다.

041 ③
정답 해설

로마자 표기법 제2장 표기 일람 제1항과 제2항과 제3장 제6항에 따르면 '영화교'는 'Yeonghwagyo'로 표기해야 한다.

오답 해설

① 로마자 표기법 제2장 표기 일람 제1항과 제2항과 제3장 제1항에 따르면 '묵호'는 'Mukho'로 표기하는 것이 맞다.
② 로마자 표기법 제2장 표기 일람 제1항과 제2항과 제3장 제1항에 따르면 '죽변'은 'Jukbyeon'으로 표기하는 것이 맞다.
④ 로마자 표기법 제2장 표기 일람 제1항과 제2항과 제3장 제1항 그리고 제6항에 따르면 '촉석루'는 'Chokseongnu'로 표기하는 것이 맞다.
⑤ 로마자 표기법 제2장 표기 일람 제1항과 제2항과 제3장 제5항에 따르면 '퇴계로'는 'Toegyero'로 표기하는 것이 맞다.

042 ③
정답 해설

ⓒ에서 주어는 '모유의 영양 성분'이고, 이 주어에 대한 서술어는 '필요하며'이다. 그러나 문장을 마치는 서술어는 '음식이다'인데, 이에 대한 주어는 이 문장에 존재하지 않는다. 따라서 주어와 서술어의 호응이 완전한 문장으로 볼 수 없으므로 문법적으로 적절하지 않은 문장이 된다. 문법적으로 적절한 문장이 되기 위해서는 "모유의 영양 성분은 아기에게 꼭 필요하며 따라서 모유는 건강한 성장을 위해 반드시 섭취해야 하는 음식이다." 정도가 되어야 한다.

오답 해설

① ㉠에는 서술어와 주어 그리고 부사어가 문법에 맞게 제시되어 있다.
② ㉡에는 서술어와 주어 그리고 부사어가 문법에 맞게 제시되어 있다.
④ ㉣에서 '영양실조가 발생하다.'라는 구문이 문법적으로 어색해 보일 수도 있으나 '영양실조'는 질병명이고 '질병이 발생하다.'라는 표현은 자연스러운 표현이다. 따라서 문장 전체는 문법에 맞다.
⑤ ㉤에는 서술어와 주어 그리고 부사어가 문법에 맞게 제시되어 있다.

043 ①
정답 해설

①의 문장에서 '가리다'는 자동사로 사용되어 주어 '해가'와 적절히 호응된다.

오답 해설

② '결코'는 부정문이 아닌 문장에 쓰이는 것이 자연스럽지 않다. '아니다', '없다', '못하다'와 같은 부정어와 함께 쓰이는 것이 자연스럽다.
③ '이유는'은 주어로서 '늦잠을 잤다'와 호응하기에 적절하지 않다. '늦잠을 잤기 때문이다'와 같이 서술어를 교체하면 문장이 자연스러워진다.
④ '꽂아 두는 것은'은 주어부로서 서술부 '운전할 가능성이 있다'와 호응하기에 적절하지 않다. '꽂아 두면'과 같이 조건문으로 교체하면 문장이 자연스러워진다.
⑤ '비록'과 호응하는 표현은 '-면'과 같은 조건문이 아니라 '-라도'와 같이 양보의 표현이다. '비록'을 '만약'과 같은 조건문에 어울리는 부사로 교체해야 한다.

044 ⑤
정답 해설

'민아'와 '영희'가 문장에서 기술되는 사건에 모두 동시에 참여하고 있다는 해석만이 가능하므로 중의성이 발생하지 않는다.

오답 해설

① 부정의 범위가 "하루 종일 일하지" 전체를 포함하는지, "일하지"만을 포함하는지에 따라 다른 해석이 가능하다.
② "책 한 권"이 동일한 대상을 지시하는지, 각각 다른 대상을 지시하는지에 따라 다른 해석이 가능하다.
③ 관형절인 "맛있는"이 "사과"만을 수식하는지, "사과와 배"를 수식하는지에 따라 다른 해석이 가능하다.
④ "선생님이"를 주어로 이해하는지 목적어로 이해하는지에 따라 다른 해석이 가능하다.

045 ④

정답 해설

'에 있어서'는 일본어 번역 투로 '에'로 고치는 것이 적절하다. '에 대하여' 역시 일본어 번역 투이다.

오답 해설

① '에 다름 아니다'는 일본어 번역 투로 '와 다르지 않다' 또는 '와 다름없다'로 고치는 것이 적절하다.
② '고 있는 중이다'는 '고 있는'과 '중'의 의미가 중복되므로 '고 있다'로 고치는 것이 적절하다.
③ '시간'에 '가지다'를 사용하는 것은 영어 번역 투로 '생각할 시간을 가지고'는 '생각해 보고'로 고치는 것이 적절하다.
⑤ '에 의해서'는 영어 번역 투이다. '에 따라'로 고치는 것이 적절하다.

쓰기 046번~050번

기출문제집 p.254

| 046 | ④ | 047 | ⑤ | 048 | ③ | 049 | ③ | 050 | ④ |

046 ④

정답 해설

사막화의 유형과 단점에 대해 언급하는 것은 주제와 목적을 고려할 때 적절하지만, 사막화의 장단점을 균형 있게 제시한다는 것은 사막화의 심각성을 부각하는 글에 적절하지 않다.

오답 해설

① '사막화'를 소재로 한 글이기 때문에 사막화의 의미가 무엇인지 설명하는 것은 적절하다.
② 사막화 진행 실태를 구체적인 수치를 근거로 들어 제시하는 것은 사막화의 심각성을 부각하기 때문에 적절하다.
③ 사막화가 나타난 국가나 지역의 예를 다양하게 제시하는 것은 사막화의 심각성을 드러내기 때문에 적절하다.
⑤ 사막화 방지를 위한 노력을 사례를 들어 제시하는 것은 사막화 문제 해결에 대한 관심을 촉구하기에 적절하다.

047 ⑤

정답 해설

(나)를 통해 사막화 방지 협약이 사막화 현상을 방지하고 녹지화하기 위한 국제적 노력임을 알 수 있고, (다)를 통해 사막화는 자연적 요인에 의한 결과이기도 하지만, 과도한 경작이나 방목, 산업화와 같은 인간의 욕심에 의한 결과라는 것을 알 수 있다. 그러나 사막화 방지 협약이 자연적인 요인에 의한 사막화 현상만을 방지하기 위한 것이라고 한정하는 것은 적절하지 않다.

오답 해설

① (가)를 통해 몽골과 같이 사막화의 피해가 심각한 지역을 사례로 드는 것은 사막화의 심각성을 부각하기에 적절하다.
② (나)를 통해 사막화 방지 협약과 같이 국제적 노력을 통해 사막화를 방지하려는 노력이 이루어지고 있음을 알 수 있기 때문에, 이를 제시하는 것은 적절하다.
③ (다)를 통해 농업 생산력의 감소나 황사와 같이 사막화로 인한 피해의 예를 알 수 있고, 가뭄이나 과도한 경작, 방목 등의 원인으로 사막화가 일어난다는 것을 알 수 있기 때문에 이를 제시하는 것은 적절하다.
④ (가)를 통해서 사막화가 아시아나 아프리카를 비롯하여 전 세계적인 환경 문제임을 알 수 있고, (나)를 통해 사막화 방지를 위한 국가 간 협력적인 노력이 이루어지고 있음을 알 수 있기 때문에 적절하다.

▶ 출처
- 임호동 기자(2017.05.25.), '현실이 된 지구의 사막화'(http://www.ecofuturenetwork.co.kr/news/articleView.html?idxno=14136)
- '사막화 방지의 날', 두산백과(https://m.terms.naver.com/entry.naver?docId=1222776&cid=40942&categoryId=32179)
- '사막화', 두산백과(https://terms.naver.com/entry.naver?docId=1172773&cid=40942&categoryId=32298)

048 ③

정답 해설

사막화 방지 협약을 통한 국제적 노력은 사막화 방지를 위한 노력에 해당되므로 글의 맥락에 부합한다. 따라서 삭제한다는 것은 적절하지 않기 때문에 ③이 정답이다.

오답 해설

① 녹지화를 위한 나무 심기는 사막화 방지를 위한 노력에 해당되기 때문에 Ⅲ의 하위 항목으로 옮기는 것은 적절하다.
② 사막화의 심각성을 제시하는 글의 논리적 흐름을 고려하고, Ⅱ의 하위 항목을 고려할 때, '사막화로 인한 피해'로 바꾸는 것이 적절하다.
④ 사막화 현상의 원인은 사막화 방지를 위한 노력에 해당된다고 보기 어렵기 때문에 상위 항목과의 연관성을 고려하여 Ⅰ의 하위 항목으로 옮기는 것은 적절하다.

⑤ 사막화의 원인을 언급하고 있지만, 사막화로 인한 피해와 해결 노력에 대한 내용으로 전개되는 글의 맥락을 고려할 때 '사막화 문제 해결에 대한 관심 촉구'로 수정하는 것은 적절하다.

049   ③

정답 해설
앞 문장과 ㉢은 모두 '사막화 현상이 진행되면' 일어나는 피해에 해당되므로 '또한'의 쓰임은 적절하다. 따라서 서로 일치하지 않거나 상반되는 사실을 나타내는 두 문장을 이어 줄 때 쓰는 '하지만'으로 바꾸는 것은 적절하지 않으므로 정답이다.

오답 해설
① 무분별한 경작이나 산업화, 도시화 등과 같은 요인은, '사람의 힘을 가하지 아니한 상태 그대로 있는'을 뜻하는 '천연적'인 것으로 보기 어렵기에, '자연의 힘이 아닌 사람의 힘으로 이루어지는'을 의미하는 '인위적'으로 바꾸는 것이 적절하다.
② 앞 문장에서는 사막화의 원인을 언급하였고, 뒤 문장에서는 전 세계적으로 사막화가 심각하다는 실태를 제시하고 있다. 따라서 뒤 문장과 순서를 바꾸어, 사막화의 실태를 먼저 제시하고 그중에서도 그 정도가 심각한 몽골의 사례를 제시하는 것은 적절하다.
④ 사막화 현상으로 인한 피해의 사례로 황사를 제시하고 있는 글이기에, 황사를 잘못된 정사로 인한 하늘의 응징으로 보았다는 내용은 글의 통일성을 해치기에 삭제하는 것이 적절하다.
⑤ '황폐화되어진'에는 불필요하게 이중 피동이 사용되었으므로, '황폐화된'으로 수정하여 피동 표현을 중복하여 사용하지 않는 적절한 피동 표현으로 바꿀 필요가 있다.

050   ④

정답 해설
기업과 사회단체의 식수 작업과 방풍림 건설 사례는 사막화 방지를 위한 국가적 노력 외에 다른 주체의 노력에 해당하므로 정답이다.

오답 해설
① 사막화의 심각성 인식을 촉구하는 내용을 추가할 수 있으나 이는 다른 주체의 노력 사례로 볼 수 없기에 정답이 아니다.
② 사막화의 심각성에 대해 인식하도록 하는 내용을 추가하는 것은 정보 전달의 목적을 부각한다고 보기 어렵고, 사막화 방지를 위한 다른 주체의 노력이라 보기 어렵기에 정답이 아니다.
③ 기업의 난개발이 지구온난화 및 사막화의 원인이 된다는 실태를 사례를 들어 제시하는 것은 사막화 방지를 위한 노력이 아니므로 정답이 아니다.
⑤ 사막화 방지 협약은 사막화 방지를 위한 세계적 노력에 해당하고, 채택 과정에 대한 구체적인 제시는 사막화의 심각성을 알리려는 다른 노력에 대한 추가라 볼 수 없으므로 정답이 아니다.

창안   051번~060번

기출문제집 p.257

| 051 | ⑤ | 052 | ② | 053 | ⑤ | 054 | ③ | 055 | ③ |
| 056 | ① | 057 | ④ | 058 | ③ | 059 | ⑤ | 060 | ⑤ |

051   ⑤

정답 해설
제시문의 애쉬의 실험에서 알 수 있는 '동조 현상'은 집단의 힘 앞에서 개인이 자발적인 판단을 포기하고 대중의 추세를 좇는 현상을 보여준다. 유행하는 패딩을 사러 갔지만 패딩을 사지 않고 자신의 마음에 드는 모자를 산 사람은 다수의 의견에 동조하기 보다는 구매에서 자발적인 선택을 한 사람이다. 따라서 정답은 ⑤이다.

오답 해설
① 버려진 음료 캔들은 제시문의 '바람잡이'와 같은 것이며 이를 보고 자신의 캔도 버리고 갔으므로 동조 현상에 영향을 받은 사람이라 할 수 있다.
② 차례로 줄을 선 모습을 보고 새치기를 포기하는 것은 다수의 행동을 따라 한 것으로 볼 수 있으므로 동조 현상에 영향을 받았다고 할 수 있다.
③ 뒷담화를 하는 무리를 보고 소외되지 않기 위해 동참하는 것은 여럿의 모습을 따라 하는 것이므로 동조 현상의 영향을 받은 것이라 할 수 있다.
④ 부서 사람들이 시키는 음식과 같은 음식을 시키는 것은 여러 사람의 의견에 따라 가는 것이므로 동조 현상에 영향을 받은 것이라 할 수 있다.

▶ 출처   장원청 저, 김혜림 역(2022), 〈심리학을 만나 행복해졌다〉, 미디어숲

052

②

정답 해설

제시문의 ㉠을 통해 알 수 있는 내용은 개인이 다수의 의견에 심리적인 압박을 받아 정답이 분명한데도 자신의 의견에 확신이 없어지고 다수의 거짓된 의견에 동조하게 된다는 것이다. 이를 인간 사회에 유비한다면 다수의 의견을 무조건적으로 따르기 보다는 비판적이고 이성적으로 판단하는 자세가 필요하다는 내용을 생성할 수 있다. 따라서 정답은 대중의 행동을 모방하기 전에 객관적인 시각으로 판단한다는 ②이다.

오답 해설

① 대중의 안목보단 자신의 안목을 믿는 자세가 필요하므로 오답이다.
③ 잘못된 선택이 집단의 구성원들을 긍정적으로 이끈다는 내용은 알 수 없으므로 오답이다.
④ 우유부단한 태도의 개선을 위해 집단의 압력이 필요하다는 것은 제시문과 관계가 없으므로 오답이다.
⑤ 확실한 정답을 알더라도 다수의 의견에 동조하게 되는 상황이며, 손해를 보는 것과 관계가 없으므로 오답이다.

053

⑤

정답 해설

제시문에서 추론할 수 있는 '동조 현상'의 속성은 사람들이 다수가 선택하는 쪽으로 행동을 따라가게 되는 성향을 말한다. 이를 활용하여 '바람직한 인터넷 댓글 문화'를 조성하기 위한 교훈은 다수가 공감하는 댓글이라도 정당하지 않은 비난은 아닌지, 허위 사실 유포는 아닌지 등 비판적인 자세로 살펴봐야 한다는 것이다. 따라서 정답은 다른 사람들을 따라 생각 없이 '좋아요'를 누르는 것과 같이 동조 현상에 휘둘리는 상황의 위험성을 언급하는 ⑤이다.

오답 해설

①, ②, ③, ④에 언급되는 내용은 모두 바람직한 인터넷 댓글 문화를 조성하는 데 필요한 자세이지만, 개인적인 선에서 이루어지는 바람직한 언어 사용의 모습이다. 다수의 영향력이자 집단의 힘인 '동조 현상'에 휘둘리는 모습이 나타나지 않으므로 오답이다.

054

③

정답 해설

그림 (가)의 액체 방향제는 나무 막대 개수를 많이 꽂을수록 향기의 강도가 짙어지며, 그림 (나)의 향초는 초를 피우는 시간이 길수록 향기의 강도가 짙어진다. '향기의 강도'와 '타인에게 자신의 속마음을 개방하는 것을 선호하는 정도'가 비례 관계이므로, 향기의 강도가 셀수록 자신의 속마음을 개방하는 것을 선호하는 사람이며 향기의 강도가 약할수록 자신의 속마음을 숨기는 것을 선호하는 사람이다. 또한 향기의 적정 강도는 타인과의 관계가 공적인지, 사적인지, 친밀도는 어떠한지 등에 따라 달라질 수 있으므로 정답은 ③이다.

오답 해설

① 향기의 강도는 상황에 따라 나무 막대 개수와 초를 피우는 시간을 조절하는 등 개인이 조절할 수 있기에 오답이다.
② 강한 향기를 좋아하는 사람은 타인에게 자신의 속마음을 개방하는 것을 선호하는 사람이므로 공적인 관계보다 사적인 관계를 선호하기에 오답이다.
④, ⑤ 향기를 선호하지 않는 사람, 약한 향기는 타인에게 자신의 속마음을 개방하는 것을 선호하지 않는 사람이므로 진솔한 대화, 솔직하게 속마음을 드러내는 대화의 내용은 오답이다.

055

③

정답 해설

제시문에서 향수는 세 단계에 따라 발향이 이루어짐을 설명하고 있다. 첫 단계는 뿌리자마자 느껴지는 즉각적인 향, 중간 단계는 즉각적인 향 이후 느껴지는 향수의 본질적이고 개성적인 향, 마지막 단계는 은은하게 남는 잔향이다. 이러한 '단계별 발향의 특징'을 사람의 '성품이나 특성'에 빗대면 첫 단계의 향은 사람의 첫인상에, 중간 단계의 향은 만나보며 느끼는 사람의 인상에, 마지막 단계의 향은 사람에 대한 평가나 남는 인상에 빗댈 수 있다. 중간 단계의 향의 개성이 확실하다는 것은 사람이 보여주는 인상과 개성 역시 확실하다는 것이다. 그런데 '매사에 긍정적으로 행동하는 사람'은 개성이 확실한 것과 관계가 없으므로 적절하지 않다. 따라서 정답은 ③이다.

오답 해설

① 첫 단계의 향이 강하게 느껴지는 향수는 사람에 대한 첫인상이 강렬한 상황에 빗댈 수 있으므로 '보자마자 열정과 에너지가 넘치는 강렬한 사람'에 비유하는 것은 적절하다고 할 수 있다.
② 첫 단계보다 이후 향이 좋게 느껴지는 향수는 첫인상은 그다지 인상에 남지 않지만 시간이 흐를수록 그 사람에 대한 인상이 좋아진 상황에 빗댈 수 있으므로 '만날수록 점차 매력을 발휘하는 사람'에 비유하는 것은 적절하다고 할 수 있다.

④ 마지막 단계의 잔향이 길게 남는 향수는 사람에 대한 인상이 은은하게 기억 속에 남아있는 상황에 빗댈 수 있으므로 '사람들 사이에서 오랫동안 기억되는 사람'에 비유하는 것은 적절하다고 할 수 있다.
⑤ 마지막 단계까지 좋은 향기를 이끄는 향수는 처음부터 끝까지 인간관계를 좋게 이끄는 상황에 빗댈 수 있으므로 '원만한 대인관계를 유지할 줄 아는 사람'에 비유하는 것은 적절하다고 할 수 있다.

056 ①
정답 해설
제시문의 밑줄 친 ㉠의 내용은 각 단계에서의 여러 가지 향의 조합과 비율의 차이에 따라 각기 다른 향기를 만들어낼 수 있게 된다는 것이다. 즉 어떤 향기를 어떻게 섞느냐에 따라 좋은 향기, 일반적인 향기, 독한 향기, 매력적인 향기 등이 만들어질 수 있다. 〈보기〉의 공익 광고 문구 역시 인생을 살아가며 겪는 삶의 경험과 생각의 방식에 따라 삶의 향기가 달라질 수 있다고 언급하고 있다. 결국 두 내용의 공통점은 인생은 스스로 어떻게 만들어 가느냐에 따라 달라질 수 있다는 것이므로 정답은 ①이다.

오답 해설
②, ③, ④, ⑤는 '어떤 삶을 경험하고 어떤 생각을 하는가에 따라 삶의 방식이 달라진다'는 내용이 드러나지 않으므로 오답이다.

057 ④
정답 해설
(가)의 그림은 배경 지식에 따라 다르게 해석할 수 있는 그림이다. 우물 안 개구리처럼 사람들은 자신의 경험이나 관심사에 기대어 세상을 이해하는 존재라는 것을 보여준다. 그러므로 (가)의 주제는 세상은 넓고 복잡하며 사람들의 생각은 다양하다는 것이므로 자신의 신념을 바꾸지 않는 삶의 태도가 필요하다는 ④는 적절하지 않다.

▶ 출처
• (가) 고등학교 「독서」, 지학사
• (나) 공익 광고, 이제석

058 ③
정답 해설
(가)의 그림은 같은 그림을 보고도 배경 지식이나 경험에 따라 다르게 받아들일 수 있다는 것을 보여준다. (나)의 광고는 비장애인에게는 쉽게 올라갈 수 있는 계단이지만 장애인의 관점에서 보면 높은 에베레스트산처럼 느껴질 수 있다는 것이므로 (가)와 (나)에서 공통으로 이끌어 낼 수 있는 내용은 같은 대상도 관점에 따라 다르게 볼 수 있다는 것이다. 그러므로 이것을 지도자의 자질에 빗대어 생각해본다면 '구성원의 다양한 관점과 상황을 폭넓게 이해해야 한다.'는 ③이 적절하다.

059 ⑤
정답 해설
지문은 지구상에 존재하는 모든 생명체가 동등한 가치를 지니고 있으며, 특히 동물과 인간을 구분하여 인간만이 특별하다고 여기는 태도가 옳지 못함을 말하고 있다. ㉠은 인간만이 가지고 있다고 생각하는 능력이 사실 알고 보면 동물들의 세계에서도 발견되고 있음을 말하는 부분이다. ⑤에서 말하는 흰동가리의 성 전환은 인간 세계에서는 불가능한 능력이다. 따라서 이는 ㉠에 해당한다고 보기 어렵다.

오답 해설
①은 곡식을 재배하는 인간의 능력이 개미 사회에서도 발견되고 있음을, ②는 연대하고 조력하는 능력이 고래 사회에도 있음을, ③은 의사소통 능력이 꿀벌 사회에도 있음을, ④는 도구를 사용하고 기술을 전수하는 능력이 침팬지 사회에도 있음을 나타내고 있다. ①~④는 인간만이 가지고 있는 능력이라고 생각할 수 있는 것들이 동물 세계에서도 발견되고 있는 예로 적절하다.

▶ 출처 최재천(2018), 『생명, 알면 사랑하게 되지요』, 더큰아이

060 ⑤
정답 해설
지문은 지구상에 존재하는 모든 생명체가 동등한 가치를 지니고 있으며, 특히 동물과 인간을 구분하여 인간만이 특별하다고 여기는 태도가 옳지 못함을 말하고 있다. 따라서 ⑤와 같이 모든 생명체를 귀하게 여기는 마음으로 존중하며 자연 앞에 겸손한 태도를 가져야 한다는 것이 필자의 의도에 가장 부합한다고 할 수 있다.

오답 해설
① 어려운 현실 속에서 희망의 끈을 놓지 말자는 의미이다.
② 동물의 삶이 인간의 삶보다 우월하다는 것은 인간만이 특별한 존재가 아니라는 지문의 내용과는 차이가 있다.
③ 거대한 자연 현상 앞에 무력한 인간의 모습을 나타내는 표현이다.
④ 자연스러운 시대의 변화나 세상의 변화를 나타내는 말이다.

읽기 061번~090번

061	④	062	①	063	①	064	②	065	③
066	④	067	②	068	⑤	069	④	070	③
071	①	072	④	073	②	074	④	075	⑤
076	③	077	②	078	④	079	④	080	④
081	③	082	③	083	④	084	③	085	②
086	④	087	③	088	③	089	④	090	⑤

061 ④

정답 해설

2행, 3행, 6행을 보면 '어디로 갔나.'라는 시구가 반복되고 있으며, 동일한 시구를 반복하여 대상의 부재라는, 화자가 처한 상황을 드러내고 있음을 알 수 있다.

오답 해설

① 앞부분과 뒷부분이 서로 동일한 내용이 아니므로, 수미상관의 방식을 통해 주제를 강조하고 있다는 진술은 적절하지 않다.
② 계절적 배경이 드러난 시어가 활용되지 않았으므로, 계절적 배경을 활용하여 화자의 의지를 부각하고 있다는 진술은 적절하지 않다.
③ 다양한 심상을 활용하여 화자의 상황과 정서를 드러내고 있으나 색채 대비는 활용되지 않았으므로, 색채 대비를 활용하여 자연 친화적 태도를 나타내고 있다는 진술은 적절하지 않다.
⑤ 독백적 어조를 활용하여 화자의 내면을 드러내고 있으므로, 의인화된 대상에게 말을 건네는 방식을 통해 친밀감을 높이고 있다는 진술은 적절하지 않다.

▶ 출처 김춘수(2001), 「강우」, 『거울 속의 천사』, 민음사

062 ①

정답 해설

'조금 전까지 거기 있었는데'를 보면, '조금 전'은 아내가 존재했던 과거의 시간을 의미한다는 것을 알 수 있다. 또한 마지막의 '지금은 어쩔 수가 없다고.'를 보면, '지금'은 아내의 부재로 인해 상실감을 느끼는 현재의 시간임을 알 수 있다. 따라서 '조금 전'이 아내의 부재로 인해 상실감을 느끼는 시간이라는 진술은 적절하지 않다.

오답 해설

② '내 목소리만 내 귀에 들린다.'는 아내의 말은 들리지 않고 자신의 목소리만 들리는 상황을 통해 아내의 부재를 드러내고 있음을 알 수 있다.
③ '이번에는 그게 아닌가 보다.'를 보면, '이번'은 아내의 부재를 절실히 깨닫게 되는 순간임을 알 수 있다.
④ '혹시나 하고 나는 밖을 기웃거린다. / 나는 풀이 죽는다.'를 보면, '밖'은 아내를 찾아보기 위해 기웃거리지만, 아내의 부재를 확인하게 되는 공간임을 알 수 있다.
⑤ '한 치 앞을 못 보게' 퍼붓는 '빗발'은 내리는 비를 의미함과 동시에 화자의 눈물을 떠올리게 한다. 따라서 '빗발'은 아내의 죽음으로 인한 화자의 슬픔을 드러내는 것임을 알 수 있다.

063 ①

정답 해설

[A]에서는 이야기 내부의 인물이 아닌, 이야기 밖에 있는 전지적 서술자의 논평을 통해 등장인물인 '윤 직원 영감'의 내면, 곧 손자인 종학이 '사회주의를 한다는 그 한 가지 사실'로 인해 충격을 받은 내면을 드러내고 있다. 따라서 서술자의 논평을 통해 등장인물인 '윤 직원' 영감의 내면이 제시된다는 진술의 ①이 정답이다.

오답 해설

② [A]에서는 등장인물의 충격을 전지적 서술자의 서술로 드러낼 뿐, 추측이나 요약을 통해 등장인물인 '윤 직원 영감'의 과거 내력을 드러내는 것은 아니라는 점에서 적절하지 않다.
③ 이야기 상황 자체가 전지적 서술자의 논평에 따라 등장인물의 내면이 드러나는 것일 뿐, 공간에 따라 서술자를 달리하여 사건의 다층적 면모를 보여 주지 않으므로 적절하지 않다.
④ 등장인물인 '윤 직원 영감'의 '분하고', '무서워'하는 내면은 드러나나 '윤 직원 영감'의 외양을 묘사하여 인물의 탐욕스러운 면모를 드러내는 장면은 제시되지 않는다.
⑤ 이야기 상황을 전달하는 서술자는 이야기 내부의 인물이 아닌 이야기 밖의 전지적 서술자이므로 적절하지 않다.

▶ 출처 채만식(1995), 「태평천하」, 『한국소설문학대계』 15, 동아출판사

064 ②

정답 해설

[B]에서는 우리 민족이 처한 일제 강점기의 현실을 '거리거리 순사요, 골골마다 공명한 정사(政事)'로 인식하는 '윤 직원 영감'의 그릇된 현실 인식이 단적으로 드러난다. 따라서 '윤 직원 영감'이 갖고 있는 현실 인식의 한계가 부각되고 있다고 할 수 있다.

오답 해설

① [B]에서는 '윤 직원 영감'이 탈속적 삶을 지향하는 인물이라 기보다는 '떵떵거리구 편안허게 살 것'을 지향하는 세속적 인물로 서술되므로 적절한 진술이 될 수 없다.
③ '윤 직원 영감'이 처한 암울한 현실을 연민하게 하는 기능을 하는 장면이라기보다는 일제 치하의 현실을 '태평천하'로 인식하는 '윤 직원 영감'을 비판하는 장면이라는 점에서 적절한 진술이 될 수 없다.
④ '윤 직원 영감'은 일제 강점기를 '말세(末世)'가 아닌 '좋은 세상'으로 왜곡된 인식이나마 하고 있다는 점에서 시대 변화에 무감한 인물이 아니라는 점이 드러난다.
⑤ [B]에서 서술자는 일제 강점기를 '태평천하'로 인식하고 있는 '윤 직원 영감'을 독자로 하여금 풍자의 대상이 되게 하지만 풍자가 '윤 직원 영감'을 연민하게 하는 기능을 하지는 않는다.

065 ③
정답 해설

'윤 직원 영감'이 손자인 '종학'이 '부랑당패', 곧 사회주의를 신봉하는 사람들과 어울려 다니다가 피검된 소식을 듣고 울분을 토한다. 그러나 '윤 직원 영감'의 이러한 울분은 부유층으로서의 사회적 책임과 의무를 다하지 못해 울분을 드러내는 것이라기보다는 '세상 망쳐 놀 부랑당패'와 어울리다가 가문을 망칠 것을 우려했기 때문이다. 따라서 부유층의 사회적 책무를 중시하는 '윤 직원 영감'의 인식은 드러나지 않는다고 할 수 있다.

오답 해설

① '윤 직원 영감'은 '종학'이가 사회주의 사상에 물들어 피검이 된 사실을 알게 되자, '땅'이 꺼지는 듯한 '정신'적 충격을 받는다. 따라서 적절한 진술이라고 할 수 있다.
② '윤 직원 영감'은 '종학'이 사회주의 사상에 물들어 피검된 소식을 듣자, "그게 어디 당헌 것이라구 지가 사회주의를 히여?"라며 충격에 빠지고 사회주의를 '세상 망쳐 놀' 사상으로 치부한다. 따라서 '윤 직원 영감'은 사회주의에 대한 거부감을 갖고 있다는 진술은 적절하다고 할 수 있다.
④ '윤 직원 영감'은 자신의 '삼천 석 거리' 재산을 "경찰서다가 주어 버릴걸!"이라며 한탄을 한다. 이를 통해 '윤 직원 영감'이 손자인 '종학'에 대한 실망감을 감추지 못하고 있음을 알 수 있다.
⑤ '윤 직원 영감'은 '만석꾼의 집 자식'이 '세상 망쳐 놀' 사회주의자들과 어울려 다닌 사실을 듣고 '포효'에 가까운 울분을 드러내며, 집안의 사람들은 '윤 직원 영감'의 울분 소리에서 오히려 '암담한 여운'을 느끼게 된다. 이를 통해 앞으로 '윤 직원 영감' 가문의 순탄치 않은 상황이 예견되고 있다고 할 수 있다.

066 ④
정답 해설

지문은 사망률이 높을지라도 전파 규모가 세계적이지 않으면 팬데믹으로 분류되지 않는다고 설명하고 있다. 따라서 사망률의 정도는 팬데믹 여부를 판단하는 척도가 아니다.

오답 해설

① 2문단에서 세계보건기구의 목록에는 포함되지 않았지만 세계보건기구가 창립되기 전인 20세기 이전에도 팬데믹은 존재했음을 보여주고 있다.
② 3문단에서 흑사병은 유사 이래 처음으로 창궐했던 페스트균에 의한 전염병이 아니며 또한 최초의 팬데믹도 아니라는 내용을 제시하고 있다.
③ 1문단에서 사스는 팬데믹이 아니며, 2문단에서 신종플루는 팬데믹이라고 설명하고 있다.
⑤ 2문단에서 흑사병은 높은 치사율과 확산의 지역적 규모 면에서 인간 사회에 창궐했던 대표적인 팬데믹으로 거론됨을 이야기하고 있다.

▶ 출처 이상동(2020), 「유사 이래 최초의 팬데믹: 유스티니아누스 역병」, 『역사비평』 132호, p.98~120

067 ②
정답 해설

㉠에서 "사망한 것으로 여겨진다"고 기술한 것에서 알 수 있듯이 오늘날과는 달리 1346-53년 당시의 사망자 정도를 정확히 파악할 수 있는 기록은 존재하지 않는다. 남아 있는 소수의 자료를 바탕으로 전체 사망자의 정도를 가늠할 수 있을 뿐이다. 따라서 제한된 자료를 통해 역사적 추정을 할 수밖에 없으므로 ②가 정답이다.

오답 해설

① 역사가는 제한된 문헌 자료와 고고학적 자료 등을 바탕으로 역사를 재현하고자 한다. 이 과정에서 역사가의 상상력은 배제될 수 없다.
③ 역사가는 제한된 자료를 바탕으로 역사적 사실을 재현하고자 한다. 이 과정에서 자료에 대한 역사가의 해석은 불가피하다.

④ 많은 데이터를 수집하고 저장할 수 있는 오늘날과 달리 과거에는 데이터를 기록하는 데 한계가 있었다. 사망 정도를 정확히 확인할 수 있는 기록을 남기는 것은 불가능했다.
⑤ 과거의 기록은 제한적일 수밖에 없는 상황에서 명확한 자료에 기반을 두어 역사를 재현하는 것은 불가능하다.

068   ⑤
정답 해설

'유스티니아누스 역병'은 541년 이집트의 항구 도시 펠루시움에서 시작한 것으로 알려지며, 542년이 되면 비잔티움 제국의 수도인 코스탄티노폴리스 등으로 퍼져갔다고 하였으므로 비잔티움 제국의 수도에서 처음 시작되었다는 ⑤의 진술은 적절하지 않다.

오답 해설

① , ④ "중세 흑사병 창궐 이전에도 페스트균이 야기한 팬데믹이 존재했다. …… '유스티니아누스 역병'으로 부르는 재난이 그것이다."라는 부분에서 알 수 있다.
② 541년 여름에 시작하여 700년대 중반까지 반복적으로 창궐했다고 하였으므로 적절한 진술이다.
③ "서쪽으로는 아일랜드와 잉글랜드, 동쪽으로는 사산조 페르시아까지 퍼져갔다."라고 하였으므로 적절한 진술이다.

069   ④
정답 해설

지문의 마지막 문단에서 "외국인이라도 사람이라면 당연히 갖게 되는 우리 헌법상 국민의 권리로 되어 있는 기본적 인권을 누린다."고 하고 있으므로, 다른 나라의 해적이라도 한국에서는 대한민국 헌법상의 기본권을 누린다. 따라서 ④는 적절하지 않다.

오답 해설

① 지문의 마지막 문단에서 "사전적 의미라 할 수 있는, 대한민국 국적을 가진 사람이란 뜻"이라 하고 있으므로 적절하다.
② 지문의 인용문에서 "윤치영 의원은 '인민이라는 말은 공산당의 용어인데 어째서 그러한 말을 쓰려 했느냐, 그러한 말을 쓰고 싶어 하는 사람의 '사상'이 의심스럽다'고 공박하"였다는 내용이 나오고, 결론적으로 "결국 우리는 좋은 단어 하나를 공산주의자에게 빼앗긴 셈이다."라고 하고 있으므로 적절하다.
③ 지문 2문단에서 "'인'과 '민'은 다 사람이란 의미가 있다."고 하면서 "'민'은 무리로서의 사람"이라고 하고 있으므로 적절하다.
⑤ 지문 1문단에서는, 미국 헌법 전문이 "우리 미합중국 사람들은"이라 번역될 수 있는 말로 시작한다고 하면서, 그에 해당하는 우리 헌법의 표현이 '대한국민'이라 서술한다. 그리고 이후에 사람들을 뜻하는 인민을 대체하는 용어로 국민이 되었다는 설명을 하고 있으므로, 국민은 사람들에 해당한다.

▶ 출처   한인섭(2019), 『100년의 헌법』, 푸른역사, p.196~204

070   ③
정답 해설

"미국헌법에 있어서도 인민(people, person)은 국가의 구성원으로서의 시민(citizen)과는 구별되고 있다."면서 "국민은 국가의 구성원으로서의 인민을 의미"한다고 하고 있으므로 적절한 진술이다.

오답 해설

① 공산주의자들이 쓰는 용어라 할 뿐이고, 오히려 "인민이라는 말은 구 대한제국 절대 군권하에서도 사용되던 말"이라 하므로 적절하지 않다.
② 유진오의 회고에서는 "국민은 국가의 구성원으로서의 인민을 의미"한다는 곧, 국민도 인민의 범주 안에 있다는 원칙적인 설명을 하고 있으므로 적절하지 않다.
④ 현행 헌법 전문은 "유구한 역사와 전통에 빛나는 우리 대한국민은"이라 하고 유진오 초안은 "유구한 역사와 전통에 빛나는 우리들 조선 인민은"이라 하여 일치된 문구를 보일 뿐 아니라 이 인민을 국회 심의 과정에서 용어의 대체 차원에서 인민 대신 국민이라 한 것이기 때문에 유진오 입장에서는 대체 가능한 같은 의미라 할 수 있다.
⑤ 국민이라는 용어 자체가 국가의 우월성이 나타나는 말이라는 것이지 그것을 실현하기 위해 국민이라는 용어를 채택한 것은 아니므로 적절하지 않다.

071   ①
정답 해설

지문의 마지막 문단에서 국적자를 뜻하는 국민과 사람들의 뜻을 갖는 인민으로서의 국민을 한 단어로 쓰게 된 데서 나오는 혼재 상황을 설명하고 있다. 그리고 이는 유진오의 초안에서 인민이라 했던 것을 국민으로 바꾸어 확정한 데 따른 것이라는 설명을 앞 단락에서 하고 있으므로 ①은 적절하다.

오답 해설

② 헌법에서의 국민이 인간 자체라는 뜻까지 갖게 된 상황을 표현한 것이므로 적절하지 않다.
③ 인민이라는 말이 변형된 형태가 아니라 본래의 의미까지 국민이라는 말이 의미하게 되었다는 것이므로 적절하지 않다.
④ 인민의 의미 자체에 대하여는 공산주의자들과의 입장 차이가 나타나지 않고, 이는 국민의 경우에도 마찬가지라 할 수 있으므로 적절하지 않다.
⑤ 현행 헌법상의 국민은 주권자이지만 대한제국 때는 국왕이 주권자라서 의미가 다른 것은 사실이나 여기서는 그것을 설명하려는 것은 아니므로 적절하지 않다.

072　④
정답 해설
국민이 인민의 뜻을 가질 때에는 사람들로 바꿀 수 있지만 대한민국 국적자를 기반으로 하는 경우에는 인민이나 사람으로 바꿀 수 없다. 지문의 마지막 문단에서 외국인인 경우 "투표를 하는 데는 제한을 받을 수 있"다고 하여 선거권은 국적을 바탕으로 하는 권리라는 것을 알 수 있다. 따라서 ㄹ은 적절하지 않다.

오답 해설
ㄱ. 평등권, ㄴ. 신체의 자유, ㄷ. 양심의 자유, ㅁ. 재판을 받을 권리는 인간으로서 누려야 할 권리라 할 수 있으므로 '사람'으로 바꾸어 쓸 수 있다.

073　②
정답 해설
3문단에 따르면 하이젠베르크가 불확정성의 원리를 정립하였고, 2문단과 3문단에 걸쳐 미시적 세계의 전자와 같이 크기가 작은 물체의 측정에는 불확정성의 원리가 적용됨을 설명하고 있다. 따라서 '특정 인물에 의해 정립된 이론이 갖는 문제점을 제시하고 있다'는 진술은 올바르지 않다.

오답 해설
① 3문단에서 위치와 운동량이 두 물리량이고 이 두 물리량의 예를 들어 불확정성의 원리를 설명하고 있다.
③ 1문단에서 일상생활에서 우리가 물체를 만질 때의 상황을, 2문단에서 일상의 크기의 물체를 보는 경우의 상황을 물리적 이론에 의거하여 설명하고 있다.
④ 3문단에서 불확정성의 원리를 전자에 대한 측정의 예를 들어 위치와 운동량 두 물리량에 입각해서 설명하고 있다.
⑤ 1문단과 2문단에서 일상의 물체와 전자와 같은 크기의 물체에 대한 측정의 속성이 물체에 영향을 주거나 안 주거나로 달라짐을 설명하고 있으며 4문단에서 우리의 일상생활에서의 물체는 거시적 세계에, 전자와 같은 크기가 아주 작은 물체는 미시적 세계에 각각 해당함을 알 수 있다.

▶ 출처　이일수(2015), 『첨단기술의 기초』, 글고운, p.23~24

074　④
정답 해설
3문단에 따르면 물체의 위치를 정확히 측정하려면 운동량의 불확실성이 커지고, 운동량을 정확히 측정하고자 하면 위치의 불확실성이 커진다. 따라서 전자의 위치 측정을 정확히 할수록 전자의 운동량 측정이 더욱 정확해지는 것은 아니다.

오답 해설
① 1문단에 따르면 우리가 물체를 만지는 경우 물체에 힘이 가해져 물체의 운동량이 바뀐다.
② 3문단에서 위치 측정의 불확실성과 운동량 측정의 불확실성의 곱이 프랑크 상수를 4π로 나눈 값 이상의 불확실성이 존재한다고 했으므로 프랑크 상수를 4π로 나눈 값이 위치 측정의 불확정성과 운동량 측정의 불확실성의 곱의 최솟값이다.
③ 1문단에서 물체를 눈으로 본다는 것은 광자가 물체와 충돌한 후에 산란된 빛, 즉 광자를 관측하는 것이라고 했으므로 눈으로 물체의 위치를 파악하기 위해서는 광자가 필요하다.
⑤ 4문단에 따르면 양자 역학에서는 불확정성 때문에 단지 물체를 특정 지점에서 발견할 수 있는 확률만을 알 수 있게 해 준다.

075　⑤
정답 해설
전자구름으로 표현한 모형은 (나)에 해당하며 이것은 불확정성의 원리에 따라 전자의 위치를 확률로 나타낸 것이다. 3문단에 따르면 더 긴 파장을 이용하면 광자의 에너지가 작아 운동량 측정의 불확정성이 더 줄어든다는 것을 알 수 있다.

오답 해설
① 4문단에서 전자의 위치를 확률로 표현함을 알 수 있고, 〈보기〉에서 전자구름은 확률을 도입한 개념이므로 전자구름은 전자의 수가 많음을 표현한 것이 아니다.

② 4문단에 따르면 양자 역학에서는 전자의 위치를 확률로써 나타내야 한다. 따라서 전자를 명백한 궤도에 존재하는 그림으로 표시하는 것은 고전 역학에 기반을 둔 모형임을 알 수 있다. 따라서 전자의 위치 측정의 불확정성 때문에 궤도로 표시한 것은 아니다.

③ 4문단에 따르면 양자 역학에서는 전자의 위치가 변화하여 불확정이 생기는 것은 광자의 운동량이 전자에 전해지기 때문이다. 그림 (가)는 명백한 궤도로 전자의 위치를 확정하고 있으므로 측정에 의해 전자의 운동량의 불확정성이 변화하는 것을 의미하는 것은 아니다.

④ 4문단에서 불확정성 때문에 특정 지점에서 물체를 발견할 확률로만 알 수 있다고 했으므로 전자구름은 확률의 개념을 이용하여 불확정성을 반영하여 표현한 것이지 불확정성이 해소된 것이라고는 볼 수 없다.

076 ③
정답 해설
㉠, ㉡, ㉣, ㉤은 모두 문맥상 '측정하다'의 의미이나 ㉢의 '끼치는'은 문맥상 '영향을 당하거나 입게 하다'의 의미이므로 정답은 ③이다.

077 ②
정답 해설
2문단에 따르면 주사위 던지기와 정상적인 동전 던지기를 고려할 때 주사위의 한 숫자가 나오는 정보량이 동전 던지기의 한 면이 나오는 정보량보다 크다. 3문단에 따르면 기댓값은 개별 정보량에 확률을 곱해서 얻는다. 따라서 주사위 던지기와 동전 던지기는 각각 한 숫자가 나오는 정보량과 한 면이 나오는 정보량이 기댓값과 같으며 경우의 수가 많을 때 정보 엔트로피가 큼을 알 수 있다. 따라서 경우의 수가 세 가지인 가위바위보 게임이 동전 던지기에 비해 정보 엔트로피가 큼을 알 수 있다.

오답 해설
① 1문단에 따르면 정보량은 사건이 일어날 확률에 반비례한다고 했으므로 어떤 사건의 발생이 확실한 정도에 반비례함을 알 수 있다.
③ 2문단에 의하면 정보량은 음수가 될 수 없다.
④ 3문단에 의하면 평균 정보량은 개별 사건에 대한 정보량과 확률을 곱하여 모두 더하여 얻을 수 있다. 따라서 개별 정보량의 산술적인 합은 평균 정보량이 아니다.

⑤ 1문단에 따르면 일어날 확률이 더 작은 일이 일어날 때 더 많은 정보를 제공해 준다고 했으므로 가을에 얼음이 어는 일이 생겼을 때 더 큰 정보량을 준다.

▶ 출처 정보 엔트로피 – 위키백과, 우리 모두의 백과사전(wikipedia.org)

078 ④
정답 해설
ㄴ. 일본이 한국에 승리하는 경우가 비기는 경우보다 확률이 더 작으므로 더 놀라운 사건이고 따라서 정보량이 더 크다.
ㄷ. 비기는 사건은 일어나지 않으므로 불확실성이 없다. 불확실성이 없다면 정보 엔트로피는 0이라 했으므로 올바른 진술이다.

오답 해설
ㄱ. 한국의 승, 패, 비김의 세 사건의 각각 확률이 1/3이므로 이 값을 정보량인 1.58에 각각 곱하여 더하면 1.58이 평균 정보량이 된다. 따라서 신문 기사의 내용에 대한 평균 정보량보다 이 값은 크다.

079 ④
정답 해설
3문단에서 "다른 사람의 마음을 추론하는 것도 이와 마찬가지로 빈약한 것이다."라고 말하고 있다. 빈약한 논증은 다른 사람의 마음을 추론하는 것이지 다른 사람의 마음 문제가 아니다. 다른 사람의 마음 문제는 바로 이런 생각에 근거해서 다른 사람의 마음을 추론할 수 없다고 주장하는 것이다. 따라서 옳지 않은 진술이다.

오답 해설
① 4문단에서 "다른 사람의 마음 문제는 다른 사람이 마음을 가지고 있다는 우리의 지식을 의심하는 회의론이다."라고 말하고 있다. 따라서 옳은 진술이다.
② 4문단에서 다른 사람의 마음 문제는 "당황스럽다"라고 말하고, 이어서 "우리의 행동이 곧 마음이라고 주장하는 행동주의를 받아들이면 이 당혹스러움을 쉽게 해결할 수 있다."라고 말하고 있다. 따라서 옳은 진술이다.
③ 1문단에서 이 문제는 "우리는 자신의 마음만을 직접 알 수 있기에 다른 사람의 마음을 알 수 있는 합리적 근거가 없다는 철학적 문제이다."라고 말하고 있다. 이를 통해 다른 사람의 마음 문제는 자신의 마음 문제에는 적용되지 않음을 알 수 있다. 따라서 옳은 진술이다.

⑤ 1문단에서 "내가 다른 사람의 느낌을 직접 들여다보거나 경험할 수는 없기에" 이 문제가 생긴다고 말하고 있다. 따라서 옳은 진술이다.

▶ 출처 최훈(2021), 『1페이지 철학』, 빅피시, p.77, 108

080 ④

정답 해설

2문단의 유비 논증의 구조는 다음과 같다.
'이미 알고 있는 대상' → '몇 가지 점' 소유 → '다른 측면' 소유
'설명하려고 하는 대상' → '몇 가지 점' 소유 → '다른 측면' 소유?
다른 사람의 마음 문제를 위 구조에 대입하면 다음과 같다.
'나' → '특정한 말이나 행동' 소유 → '(나의) 마음' 소유
'다른 사람' → '특정한 말이나 행동' 소유 → '(다른 사람의) 마음' 소유?
따라서 '설명하려고 하는 대상'은 '다른 사람', '이미 알고 있는 대상'은 '나', '몇 가지 점'은 '특정한 말이나 행동', '다른 측면'은 '다른 사람의 마음'임을 알 수 있다.

081 ③

정답 해설

3문단에 따르면 비트겐슈타인의 딱정벌레 비유는 "단 하나의 사례에 근거한 매우 빈약한 논증"이다. 내가 관찰할 수 있는 상자는 나의 상자에 불과한 것이다. 내 상자에 딱정벌레가 아무리 많이 들어 있어도 여전히 빈약한 논증일 것이다. 그러므로 적절하지 않은 진술이다.

오답 해설

① 2문단에 따르면 다른 사람의 마음을 추론하는 것은 "내가 아프다는 느낌이 있을 때 특정한 말이나 행동이 생기는 것을 보고, 다른 사람도 똑같은 말이나 행동을 하니 그도 역시 같은 마음을 가지고 있을 것이라고 추론하는 것이다." 3문단에 따르면 비트겐슈타인의 딱정벌레 비유는 "수많은 사람들이 똑같이 생긴 종이 상자를 들고 있는데, 그중 내 상자에 딱정벌레가 들어 있으니 다른 상자들에도 딱정벌레가 들어 있으리라고 추론하는 것"이다. 따라서 똑같이 생긴 종이 상자는 똑같은 말과 행동을 비유한다.
② 1문단에 따르면 "다른 사람이 아프다는 느낌은 직접 알지 못한다."라고 말한다. "다른 사람의 상자 속"이 다른 사람의 마음에 해당하니 적절한 진술이다.
④ 2문단에서 "유비 논증은 이미 알고 있는 전제에서 새로운 결론을 도출한다"라고 말했는데, 딱정벌레 유비에서 이미 알고 있는 전제는 "내 상자에 딱정벌레가 들어 있"다는 것이니 적절한 진술이다.
⑤ 3문단 마지막에서 "이 추론은 단 하나의 사례에 근거한 매우 빈약한 논증이다. 다른 사람의 마음을 추론하는 것도 이와 마찬가지로 빈약한 것이다."라고 말하는 것으로 보아 적절한 진술이다.

082 ③

정답 해설

4문단에 따르면 행동주의는 "우리의 행동이 곧 마음이라고 주장하는" 이론이다. 그런데 우리의 행동이 곧 마음이라고 볼 수 없다면, "이 당혹스러움을 쉽게 해결할 수 있다"는 것이 비판될 것이다.

오답 해설

① 겉으로 드러나는 행동이 마음인가가 초점이다. 그런데 "배가 고프면 모두가 허겁지겁 밥을 먹지 않는가?"라는 비판에는 마음에 대한 언급이 전혀 없다. 따라서 이 진술은 비판이 될 수 없다.
② 손을 베였을 때는 누구나 "아얏!"하고 손을 움츠린다는 것은 다른 사람의 마음 문제가 동의하는 바이다. 따라서 이 진술은 비판이 될 수 없다.
④ 다른 사람의 마음은 겉으로 드러나는 행동을 통해 관찰할 수밖에 없다는 것은 다른 사람의 마음 문제가 동의하는 바이다. 따라서 이 진술은 비판이 될 수 없다.
⑤ 내가 아플 때 하는 행동과 비슷한 행동은 수많은 사람들을 통해 관찰한다는 것은 다른 사람의 마음 문제가 동의하는 바이다. 따라서 이 진술은 비판이 될 수 없다.

083 ④

정답 해설

"보이스 피싱 사례"의 ①에서 "국제 전화번호(006으로 시작)로 ARS 전화를 발신하여"라고 하였으므로 맞는 진술이다.

오답 해설

① "보이스 피싱 사례"의 ②에서 "0번을 누르면 상담원과 연결되며, 상담원이 휴대전화 기종에 대해서 물어본 후 바로 전화를 끊"는다고 하였으므로 틀린 진술이다.
② "보이스 피싱 사례"의 ①에서 "ARS 전화를 발신하여 음성 안내로" 안내한다고 하였으므로 바로 상담원이 안내를 해 준다는 것은 틀린 진술이다.

③ "보이스 피싱 사례"의 ②에서 "상담원이 휴대 전화 기종에 대해 물어본 후 바로 전화를 끊"는다고 하였으므로 틀린 진술이다.
⑤ "보이스 피싱 사례"의 ①에서 출입국 관리소에서 우편물을 보관 중이라고 하는 것은 실제 우편물을 보관 중인 것을 알고 전화를 거는 것이 아니라 상대방을 속이기 위해 거짓으로 하는 말이므로 틀린 진술이다.

▶ 출처 법무부 출입국·외국인정책본부 홈페이지

084 ③
정답 해설

사기 문자를 받았거나 악성 코드 감염이 의심되는 경우에 118 상담 센터에 문의하고, 보이스 피싱이 의심되는 경우에는 수사 기관인 경찰청이나 검찰청 등의 수사 기관에 신고해야 하므로 ③이 정답이다.

오답 해설

① 출입국·외국인정책본부 사칭 보이스 피싱으로 어플을 설치하거나 링크를 클릭하면 악성 코드에 감염되어 금전 피해가 발생할 수 있다.
② 보이스 피싱 전화로 어플을 설치하거나 링크를 클릭하면 악성 코드에 감염될 수 있으므로 어플 설치나 링크 클릭을 하지 말아야 한다.
④ 출입국·외국인정책본부에서는 핸드폰 기종, 주민등록번호, 계좌 번호 등의 개인정보를 묻지 않으므로 이를 묻는 전화는 출입국·외국인정책본부 사칭 보이스 피싱이라고 볼 수 있다.
⑤ 출입국·외국인정책본부는 민원인에게 전화할 때 국제 전화번호를 사용하지 않고 우편물 발송 관련 ARS 서비스도 운영하지 않으므로 국제 전화번호로 걸려오는 ARS 전화는 출입국·외국인정책본부 사칭 보이스 피싱 전화로 볼 수 있다.

085 ②
정답 해설

대한민국 국적 여성 중에서 만 56세~만 74세의 여성으로 응시 자격이 제한되므로 대한민국 여성 누구나 신청할 수 있는 것은 아니다.

오답 해설

① 고정된 직업이 없는 사람에게 가산점을 부여하는 우대 사항이 있다.
③ 우편 접수 기간은 2022년 1월 5일부터이고 온라인 접수 기간은 2022년 1월 24일부터이므로 온라인 접수가 우편 접수보다 늦게 시작한다.
④ 제출 서류 중 기타 서류로 전입 일자가 표기된 주민 등록 초본 1부를 제출하도록 되어 있다.
⑤ 지원자는 공고일 전일 주민 등록상 주소지로 응시해야 한다.

▶ 출처 문화체육관광부 홈페이지(https://www.mcst.go.kr/kor/s_notice/notice/noticeView.jsp?pSeq=16269&pMenuCD=0301000000&pCurrentPage=3&pFlagJob=N&pTypeDept=&pSearchType=01&pSearchWord=)

086 ④
정답 해설

제시문은 그동안 무심코 써 왔던 단어들이 사실은 차별적 관점을 담고 있는 단어들인 경우가 있고, 이를 바로잡아야 한다는 얘기를 하고 있다. 따라서 이 글의 관점은 언어를 사용할 때 그 단어에 전제된 의미가 무엇인지 살펴볼 필요가 있다는 ④의 내용이 적절하다.

▶ 출처 박신영(2018.4.16.), 「서울시, '미망인'·'조선족' 등 차별적 행정 용어 바꾼다」, 『서울경제』(https://www.sedaily.com/NewsView/1RYA0U79XH)

087 ③
정답 해설

'주요(主要)'는 '주되고 중요함'이라는 의미이고, '명문(名門)'은 '이름 있는 문벌. 또는 훌륭한 집안. 이름난 좋은 학교.'라는 의미이다. 따라서 '주요 대학'을 '명문 대학'으로 바꾸는 것은 객관적인 말로 수정하는 것이 아니므로 적절하지 않다.

오답 해설

① '효자(孝子)'는 '부모를 잘 섬기는 아들'이란 의미로 성별에 따른 차별적 의미가 있는 단어이다. 따라서 잘 팔리는 상품은 '효자 상품' 대신 '인기 상품'이라고 하는 것이 차별을 전제하지 않는 객관적인 말이라 할 수 있다.
② '처녀(處女)'는 '결혼하지 아니한 성년 여자'라는 의미로 성별에 따른 차별적 의미가 있는 단어이다. 따라서 '처녀' 대신 '처음'으로 사용하는 것이 적절하다.
④ '결손(缺損)'은 '어느 부분이 없거나 잘못되어 불완전함'이란 의미이므로 '결손 가정'은 부모 중 한 명이 없는 가정을 불완전한 가정으로 인식하는 것이 전제된 표현이라 할 수 있다.

따라서 객관적인 표현으로 '한부모 가정'이라고 하는 것이 적절하다.
⑤ '용병(傭兵)'은 '지원한 사람에게 봉급을 주어 병력에 복무하게 함. 또는 그렇게 고용한 병사.'라는 의미이므로 봉급을 받고 일을 하는 사람을 군인에 비유하면 모든 프로 선수들이 해당될 수 있는 말이다. 따라서 '용병' 대신 '외국인 선수'라는 객관적인 단어를 사용하는 것이 적절하다.

088 ③
정답 해설
'가이드북(guidebook)'의 순화어는 '안내서, 지침서, 길잡이'이므로 '고시문'으로 순화한 ③은 적절하지 않다.

오답 해설
① '핫라인(hotline)'의 순화어는 '직통 전화, 비상 직통 전화' 또는 '직통 회선'이므로 '직통 전화'로 순화한 것은 적절하다.
② '홈페이지(homepage)'의 순화어는 '누리집'이므로 적절하다.
④ '다운로드(download)하다'의 순화어는 '내려받다'이므로 '다운로드하여'를 '내려받아'로 순화한 것은 적절하다.
⑤ '플래카드(placard)'의 순화어는 '현수막, 펼침막'이므로 '현수막'으로 순화한 것은 적절하다.

▶ 출처 정부24 홈페이지 고시문 참고

089 ④
정답 해설
공공기관에서 비치·관리하고 있는 각종 공부상 주소는 해당 기관에서 도로명 주소로 변경하도록 안내하고 있으므로 관련 기관이 직접 도로명 주소로 수정하여야 한다고 한 ④의 내용은 적절하지 않다.

오답 해설
① 공동 주택의 경우도 도로명 주소로 공부상 주소를 전환한다고 안내하고 있으므로 도로명 주소로 전환하지 않는다는 내용은 적절하지 않다.
② 도로명이 고시된 날부터 3년이 지난 후에 변경할 수 있다고 안내하고 있으므로 고시일인 2022년 3월 1일부터 2025년 2월 28일까지 도로명 주소를 변경할 수 없고, 2025년 3월 1일부터는 변경할 수 있다. 따라서 2023년 2월 28일부터 변경할 수 있다고 한 내용은 적절하지 않다.
③ 표에서 도로명 주소 효력 발생일은 도로명 주소마다 각기 다르므로 동일한 날부터 효력이 발생한다고 한 내용은 적절하지 않다.
⑤ 고시 내용 및 기타 자세한 사항은 시청 도로과가 아니라 토지과에 문의하도록 안내하고 있으므로 적절하지 않다.

090 ⑤
정답 해설
문제에 제시된 도로명주소법 제6조의 내용은 도로명 주소를 부여하기 위하여 해당 도로나 건물 등의 위치에 대한 기초조사를 할 수 있다는 것이다. 윗글의 표에 도로명 부여 사유가 제시되어 있으므로 이를 통해 해당 도로명 주소를 부여하기 위해 어떠한 내용의 기초조사를 하였는지 확인하여 추론할 수 있다. ⑤의 '해당 지역에 전해 내려오는 설화'는 윗글의 5개의 도로명 주소 부여 사유 중에서 찾아볼 수 없다. 따라서 도로명 부여를 위한 기초조사에 '해당 지역에 전해 내려오는 설화'는 포함되지 않는다.

오답 해설
① 도로명 주소가 '버들길'로 부여된 사례는 산맥이 버드나무 가지와 같이 뻗은 지형을 반영한 것이므로 도로명 부여를 위한 기초조사에서 '해당 지역의 지형'을 조사한 것임을 알 수 있다.
② 도로명 주소가 '삼삼길'로 부여된 사례는 해당 길의 전체 길이가 33km임을 반영한 것이므로 도로명 부여를 위한 기초조사에서 '해당 도로의 길이'를 조사하였음을 알 수 있다.
③ 도로명 주소가 '개나리길'로 부여된 사례는 마을에 개나리꽃이 많다는 자연환경을 반영한 것이므로 도로명 부여를 위한 기초조사에서 '해당 지역의 자연환경'을 조사한 것임을 알 수 있다.
④ 도로명 주소가 '사찰길'로 부여된 사례는 해당 길이 사찰로 이어지는 방향의 길임을 반영한 것이므로 도로명 부여를 위한 기초조사에서 '해당 도로가 이어지는 방향'을 조사하였음을 알 수 있다.

국어 문화 091번~100번

기출문제집 p.278

| 091 | ⑤ | 092 | ② | 093 | ③ | 094 | ⑤ | 095 | ② |
| 096 | ① | 097 | ④ | 098 | ① | 099 | ⑤ | 100 | ③ |

091 ⑤
정답 해설
〈보기〉의 표를 보면 북한에서는 아이가 생긴 뒤의 호칭이 자녀의 이름을 넣어 'ㅇㅇ 아버지', 'ㅇㅇ 어머니'라고 되어 있으므로 'ㅇㅇ 아빠', 'ㅇㅇ 엄마'라고 부를 수 있다는 설명은 적절하지 않다.

092 ②
정답 해설
〈보기〉에서는 대담·토론프로그램에서 타인을 조롱 또는 희화화하면 안 된다는 방송심의에 관한 규정을 얘기하고 있다. ②의 "일본과의 경기는 목숨을 걸고 한다는 말이 있었"다는 것은 타인을 조롱하거나 희화화하는 표현을 사용한 사례가 아니므로 〈보기〉에 해당하는 사례라 할 수 없다.

오답 해설
① 타인의 행동을 '어린아이들의 병정놀이'에 비유하였으므로 조롱이라 할 수 있다.
③ 상대의 말을 '꽉 막히는 고구마' 같다고 하였으므로 조롱 또는 희화화한 표현이라 할 수 있다.
④ 상대의 지식에 대해 폄하하고 있으므로 조롱 또는 희화화한 표현이라 할 수 있다.
⑤ 상대에게 '뻐꾸기처럼 일방적으로' 말한다고 표현하였으므로 조롱 또는 희화화하였다고 할 수 있다.

093 ③
정답 해설
〈보기〉에서는 수어의 단어가 하나의 형태소로 이루어지기도 하지만, 두 개 이상의 형태소가 모여 한 단어를 이루기도 한다고 설명하고 있다. 따라서 '반대'라는 수어는 '생각'과 '다르다'라는 두 형태소가 모여서 '생각이 다르다'라는 의미를 표현한 것이고, '깨닫다'라는 수어는 '생각이 뜨이다'라는 의미를 표현한 것임을 유추할 수 있다. 따라서 정답은 ③이다.

094 ⑤
정답 해설
〈보기〉는 한글 점자 규정 제1절 제2항으로, 'ㅇ'이 첫소리(초성)에 올 때에는 표기하지 않음을 명시한 규정이다. 따라서 초성으로 오는 'ㅇ'은 따로 표기하지 않으며, 종성으로 오는 'ㅇ'만 표기한다는 점을 유의해야 한다. ⑤에서 '잉여'의 '잉'은 초성 'ㅇ'을 표기하지 않으므로 'ㅣ'와 종성 'ㅇ'만 표기하고, '여' 또한 초성 'ㅇ'은 표기하지 않고 'ㅕ'만 표기해야 한다. 따라서 '잉여'의 올바른 점자 표기는 ⠕ ⠶ ⠱ 이다.

오답 해설
① '여우'에서 '여'와 '우' 모두 초성이 'ㅇ'이므로 'ㅕ'와 'ㅜ'만 표기해야 하므로 맞는 표기이다.
② '우유'에서 '우'와 '유' 모두 초성이 'ㅇ'이므로 'ㅜ'와 'ㅠ'만 표기해야 하므로 맞는 표기이다.
③ '임무'에서 '임'은 초성이 'ㅇ'이므로 'ㅣ'와 종성 'ㅁ'만 표기하고, '무'는 초성 'ㅁ'과 'ㅜ'를 표기해야 하므로 맞는 표기이다.
④ '미움'에서 '미'는 초성 'ㅁ'과 'ㅣ'를 표기하고, '움'은 초성이 'ㅇ'이므로 'ㅜ'와 종성 'ㅁ'만 표기해야 하므로 맞는 표기이다.

095 ②
정답 해설
초성자 'ㄴ'은 혀끝이 치조(치경)에 닿는 모양을 본떠 만든 글자이므로 혀끝이 아랫잇몸에 닿는 모양이라는 ②는 적절하지 않다.

096 ①
정답 해설
〈보기〉에서 설명하는 작품은 〈관동별곡〉으로 송강 정철이 강원도 관찰사로 부임하여, 내금강·외금강·해금강과 관동팔경을 두루 유람하고 뛰어난 경치와 그에 따른 감흥을 표현한 작품이다.

오답 해설
② 〈사미인곡〉은 정철이 지은 가사로 고향에 은거하던 중 임금을 사모하는 정을 한 여인이 그 남편을 생이별하고 연모하는 마음에 기탁하여, 자신의 충절과 연군의 정을 고백한 작품이다.
③ 〈속미인곡〉은 정철이 지은 가사로 군왕을 그리워하는 심정을 갑녀와 을녀의 대화체를 빌려 은유적으로 노래하였다.

④ 〈면앙정가〉는 조선 중기에 송순이 지은 가사로 작자가 관직에서 잠시 물러나 전라도 담양에 있을 때, 제월봉 아래에 면앙정을 짓고 그 주변 산수 경개와 계절에 따른 아름다운 모습을 감상하며 즐긴 것을 노래한 가사이다.

⑤ 〈훈민가〉는 정철이 지은 가사로 작자가 강원도 관찰사로 재임하던 시절에 백성들을 계몽, 교화하기 위하여 지은 작품으로 일명 〈경민가〉, 〈권민가〉라고도 한다. 귀에 익은 생활용어를 선율에 얹어 입에서 입으로 전수되는 가운데 절로 깨우치고 실천하게 하였다.

097 ④

정답 해설

〈술 권하는 사회〉는 1921년 잡지 『개벽(開闢)』에 발표된 현진건의 단편소설로, 3·1 운동이 끝났지만 일제 치하에서 아무 것도 하지 못하는 지식인의 절망과 좌절을 보여주는 작품이다. 절담한 식민지 사회에서 지식인은 주정꾼 노릇밖에 할 일이 없으므로, 결국 조선 사회가 술을 권한다는 풍자적인 내용을 담고 있다.

오답 해설

① 〈빈처〉는 1921년 『개벽(開闢)』에 발표된 현진건의 단편소설로, 가난한 무명작가와 양순하고 어진 아내의 이야기를 그린 작품이다. 물질적인 가치를 따지는 경쟁적인 인물들과의 대조를 통해서 가난한 지식인 부부의 정신추구의 생활을 형상화한 자전적인 소설로 사실주의 경향이 짙은 작품이다.

② 〈무영탑〉은 『동아일보』에 연재된 현진건의 장편소설로, 신라 경덕왕(景德王) 때 왕 일행에 끼여 온 구슬아기와 왕 앞에 나온 석공 아사달의 사랑 이야기이다. 이 소설은 한 석공의 사랑과 예술을 다루었다는 점에서 특이하고, 낭만적인 향기가 높은 작품으로 평가된다.

③ 〈운수 좋은 날〉은 1924년에 발표된 현진건의 사실주의 단편소설이다. 인력거꾼에게 다가온 작은 행운이 결국 아내의 죽음이라는 불행으로 역전되는 내용으로, 결말의 비극성과 사회적 주제를 뚜렷이 드러낸 작품이다.

⑤ 〈B사감과 러브레터〉는 1925년 『조선문단』에 발표된 현진건의 단편소설로, 기숙생에게 온 '러브 레터'를 B사감이 혼자 연출한다는 내용이다. 매섭고 딱딱한 B사감의 모순된 성격을 사실적으로 그린 작가의 대표작이다.

▶ 출처 「술 권하는 사회」, 『한국민족문화대백과사전』, 한국학중앙연구원 (http://encykorea.aks.ac.kr/)

098 ①

정답 해설

〈원고지〉, 〈아벨만의 재판〉, 〈국물 있사옵니다〉 등의 작품을 저술한 이근삼은 해방 이후의 대표적인 극작가로, 그의 대표작인 〈원고지〉는 현대인들의 무의미하고 반복적인 일상과 부조리한 현실을 풍자하여 부조리극의 대표적인 작품으로 꼽힌다.

오답 해설

② 이강백은 1970년대부터 활동한 극작가로, 억압적인 정치·사회 상황에서의 제도적 폭압 체계를 상징적으로 풀어낸 작가이다. 대표 작품으로는 〈파수꾼〉, 〈결혼〉, 〈들판에서〉 등이 있다.

③ 나도향은 식민지기에 활동한 소설가로, 1921년 〈백조〉 동인으로 등단하여 객관적 사실주의 경향의 작품을 발표하였다. 대표 작품으로는 〈벙어리 삼룡이〉, 〈뽕〉, 〈물레방아〉 등이 있다.

④ 유치진은 식민지 시기부터 한국전쟁 전후까지 활동한 극작가이자 연출가로, 극예술연구회를 창립하여 본격적인 희극 창작 및 연극 활동을 시작하였다. 대표 작품으로는 〈토막〉, 〈소〉 등이 있다.

⑤ 주요섭은 식민지 시기부터 한국전쟁 전후까지 활동한 소설가이자 영문학자로, 날카로운 현실 인식과 강한 휴머니즘을 드러내는 작품을 서술하였다. 대표 작품으로는 〈인력거꾼〉, 〈아네모네의 마담〉, 〈사랑 손님과 어머니〉 등이 있다.

▶ 출처
- 김성희(2014), 『한국 동시대 극작가들』, 박문사
- 민족문학사연구소(2009), 『새 민족문학사 강좌 2』, 창비

099 ⑤

정답 해설

〈보기〉는 『조선중앙일보』 1933년 6월 21일 자 2면에 수록된 것으로서 극예술연구회 창립 2주년 기념으로 1933년 6월 27, 28일 이틀 동안 공연을 진행한다는 기사이다. 이 기사에는 공연을 여는 의의, 공연 장소, 공연 작품, 공연 관람료 등에 대한 정보가 제시되어 있으며 공연 후원 단체에 대한 정보는 제시되어 있지 않다.

오답 해설

① "극예술연구회에서는 7월 17일이 창립 제2주년 기념일으로 이를 기념코자"에서 공연을 여는 의의를 알 수 있다.

② "시내 장곡천정 공회당"에서 공연 장소를 알 수 있다.

③ "상연목록은 저간 동양방문 당시에 일반에게 열광적 환영을 바든 영국의 풍자문호 버-너드 쇼 작 김광섭 장계제 박룡철

공역『무고와 인간』(3막)이라 하며"에서 공연 작품을 알 수 있다.
④ "관극료는 백권 70전 청권 50전 학생권 30전이고"에서 공연 관람료를 알 수 있다.

100

정답 해설

'한 길'의 '길'은 길이의 단위로서 '한 길'은 사람의 키 정도의 길이이다. 그러므로 '사람들이 다니지 않는 길'이라는 ③은 적절하지 않다.

▶ **출처** 김진영·김현주 역주(1997), 『심청전』, 박이정

여러분의 작은 소리
에듀윌은 크게 듣겠습니다.

본 교재에 대한 여러분의 목소리를 들려주세요.
공부하시면서 어려웠던 점, 궁금한 점,
칭찬하고 싶은 점, 개선할 점, 어떤 것이라도 좋습니다.
에듀윌은 여러분께서 나누어 주신 의견을
통해 끊임없이 발전하고 있습니다.

에듀윌 도서몰 book.eduwill.net
- 부가학습자료 및 정오표: 에듀윌 도서몰 → 도서자료실
- 교재 문의: 에듀윌 도서몰 → 문의하기 → 교재(내용, 출간) / 주문 및 배송

KBS한국어능력시험 1년 6회분을 다 담은 통기출 600제

발 행 일	2023년 12월 8일 초판
저 자	KBS한국어진흥원
펴 낸 이	양형남
개 발	정상욱, 김성미, 이원경
펴 낸 곳	(주)에듀윌
등록번호	제25100-2002-000052호
주 소	08378 서울특별시 구로구 디지털로34길 55 코오롱싸이언스밸리 2차 3층

* 이 책의 무단 인용·전재·복제를 금합니다.

www.eduwill.net
대표전화 1600-6700

KBS한국어능력시험 답안란 (ANSWER SHEET)

KBS한국어능력시험

기 록 란 (DATA SHEET)

성 명	

응시일자 : 20 년 월 일

수험번호					
0	0	0	0	0	0
1	1	1	1	1	1
2	2	2	2	2	2
3	3	3	3	3	3
4	4	4	4	4	4
5	5	5	5	5	5
6	6	6	6	6	6
7	7	7	7	7	7
8	8	8	8	8	8
9	9	9	9	9	9

생 년 월 일					
0	0	0	0	0	0
1	1	1	1	1	1
2	2	2	2	2	2
3	3	3	3	3	3
4	4	4	4	4	4
5	5	5	5	5	5
6	6	6	6	6	6
7	7	7	7	7	7
8	8	8	8	8	8
9	9	9	9	9	9

감독관 확인

수험생이 지켜야 할 일

1. 답안지에는 반드시 연필을 사용하여 표기해야 합니다.
2. 표기란에는 "●"와 같이 바르게 표기해야 합니다. (잘못된 표기 예시 → ⊘ ◐ ◑ ◒)
3. 표기란 수정은 지우개만을 사용하여 완전(깨끗)하게 수정해야 합니다.

KBS 한국어진흥원 Korean Broadcasting System Korean Language Center

답 안 란 (ANSWER SHEET)

문항	1	2	3	4	5	문항	1	2	3	4	5	문항	1	2	3	4	5	문항	1	2	3	4	5	문항	1	2	3	4	5
1	1	2	3	4	5	21	1	2	3	4	5	41	1	2	3	4	5	61	1	2	3	4	5	81	1	2	3	4	5
2	1	2	3	4	5	22	1	2	3	4	5	42	1	2	3	4	5	62	1	2	3	4	5	82	1	2	3	4	5
3	1	2	3	4	5	23	1	2	3	4	5	43	1	2	3	4	5	63	1	2	3	4	5	83	1	2	3	4	5
4	1	2	3	4	5	24	1	2	3	4	5	44	1	2	3	4	5	64	1	2	3	4	5	84	1	2	3	4	5
5	1	2	3	4	5	25	1	2	3	4	5	45	1	2	3	4	5	65	1	2	3	4	5	85	1	2	3	4	5
6	1	2	3	4	5	26	1	2	3	4	5	46	1	2	3	4	5	66	1	2	3	4	5	86	1	2	3	4	5
7	1	2	3	4	5	27	1	2	3	4	5	47	1	2	3	4	5	67	1	2	3	4	5	87	1	2	3	4	5
8	1	2	3	4	5	28	1	2	3	4	5	48	1	2	3	4	5	68	1	2	3	4	5	88	1	2	3	4	5
9	1	2	3	4	5	29	1	2	3	4	5	49	1	2	3	4	5	69	1	2	3	4	5	89	1	2	3	4	5
10	1	2	3	4	5	30	1	2	3	4	5	50	1	2	3	4	5	70	1	2	3	4	5	90	1	2	3	4	5
11	1	2	3	4	5	31	1	2	3	4	5	51	1	2	3	4	5	71	1	2	3	4	5	91	1	2	3	4	5
12	1	2	3	4	5	32	1	2	3	4	5	52	1	2	3	4	5	72	1	2	3	4	5	92	1	2	3	4	5
13	1	2	3	4	5	33	1	2	3	4	5	53	1	2	3	4	5	73	1	2	3	4	5	93	1	2	3	4	5
14	1	2	3	4	5	34	1	2	3	4	5	54	1	2	3	4	5	74	1	2	3	4	5	94	1	2	3	4	5
15	1	2	3	4	5	35	1	2	3	4	5	55	1	2	3	4	5	75	1	2	3	4	5	95	1	2	3	4	5
16	1	2	3	4	5	36	1	2	3	4	5	56	1	2	3	4	5	76	1	2	3	4	5	96	1	2	3	4	5
17	1	2	3	4	5	37	1	2	3	4	5	57	1	2	3	4	5	77	1	2	3	4	5	97	1	2	3	4	5
18	1	2	3	4	5	38	1	2	3	4	5	58	1	2	3	4	5	78	1	2	3	4	5	98	1	2	3	4	5
19	1	2	3	4	5	39	1	2	3	4	5	59	1	2	3	4	5	79	1	2	3	4	5	99	1	2	3	4	5
20	1	2	3	4	5	40	1	2	3	4	5	60	1	2	3	4	5	80	1	2	3	4	5	100	1	2	3	4	5

✂ 자르는 선

기출을 제대로 끝내는
오답 노트

활용 예시

문제 정리

밑줄 친 고유어의 기본형이 지닌 의미를 바르게 풀이하지 못한 것은?

① 집 안에는 간장을 <u>달이는</u> 구수한 냄새가 가득 차 있었다. → 액체 따위를 끓여서 진하게 만들다.
② 나는 잠자는 시간을 <u>쪼개서</u>라도 반드시 논문을 완성하겠다고 다짐했다. → 시간이나 돈 따위를 아끼다.
③ 해가 넘어가자 할머니는 저녁 준비를 위해 군불을 <u>지피셨</u>다. → 아궁이나 화덕 따위에 땔나무를 넣어 불을 붙이다.
④ 초등학생인 동생은 자기를 <u>제쳐</u> 두고 여행 계획을 짜는 것을 못마땅해 했다. → 받아들이지 아니하고 물리쳐 제외하다.
⑤ 그는 도시에서 가난하게 살고 있으면서도, 고향에 돌아가면 출세했다고 <u>뻐기기</u>에 바빴다. → 얄미울 정도로 매우 우쭐거리며 자랑하다.

문항 번호	
16번	

틀린 영역

☐ 듣기·말하기   ☐ 창안
☑ 어휘·어법   ☐ 읽기
☐ 쓰기   ☐ 국어 문화

틀린 유형

고유어의 사전적 의미

개념 정리

① 달이다: 액체 따위를 끓여서 진하게 만들다.
② 쪼개다: 시간이나 돈 따위를 아끼다.
③ 지피다: 아궁이나 화덕 따위에 땔나무를 넣어 불을 붙이다.
④ 제치다: 「1」 거치적거리지 않게 처리하다. 「2」 일정한 대상이나 범위에서 빼다.
　　　　 「3」 경쟁 상대보다 우위에 서다. 「4」 일을 미루다.
⑤ 뻐기다: 얄미울 정도로 매우 우쭐거리며 자랑하다.

하나. KBS한국어능력시험은 문항마다 출제 영역이 고정되어 있습니다. 어느 영역에서 자주 틀리는지 확인하세요!
둘. KBS한국어능력시험은 출제 영역마다 유형이 패턴화되어 있습니다. 자주 틀리는 유형을 확인하세요!
셋. 오답 노트로 틀린 문제 복습과 함께 개념도 정리하세요!
넷. 오답 노트는 틈새시간 복습, 시험 막판 정리에 활용하세요!

제   회 기출문제 오답 노트

영역	오답 개수	약점 체크	
[1~15] 듣기·말하기	15문항 중 _____개		
[16~45] 어휘·어법	30문항 중 _____개		
[46~50] 쓰기	5문항 중 _____개		
[51~60] 창안	10문항 중 _____개		
[61~90] 읽기	30문항 중 _____개		
[91~100] 국어 문화	10문항 중 _____개		

		문항 번호	
문제 정리			
		틀린 영역	
		☐ 듣기·말하기	☐ 창안
		☐ 어휘·어법	☐ 읽기
		☐ 쓰기	☐ 국어 문화
		틀린 유형	
개념 정리			

문제 정리		문항 번호	
		틀린 영역	
		☐ 듣기·말하기	☐ 창안
		☐ 어휘·어법	☐ 읽기
		☐ 쓰기	☐ 국어 문화
		틀린 유형	
개념 정리			

문제 정리		문항 번호	
		틀린 영역	
		☐ 듣기·말하기	☐ 창안
		☐ 어휘·어법	☐ 읽기
		☐ 쓰기	☐ 국어 문화
		틀린 유형	
개념 정리			

문제정리		문항 번호	
		틀린 영역	
		☐ 듣기·말하기 ☐ 어휘·어법 ☐ 쓰기	☐ 창안 ☐ 읽기 ☐ 국어 문화
		틀린 유형	
개념정리			

문제정리		문항 번호	
		틀린 영역	
		☐ 듣기·말하기 ☐ 어휘·어법 ☐ 쓰기	☐ 창안 ☐ 읽기 ☐ 국어 문화
		틀린 유형	
개념정리			

문제정리		문항 번호	
		틀린 영역	
		☐ 듣기·말하기 ☐ 어휘·어법 ☐ 쓰기	☐ 창안 ☐ 읽기 ☐ 국어 문화
		틀린 유형	
개념정리			

문제정리		문항 번호	
		틀린 영역	
		☐ 듣기·말하기 ☐ 어휘·어법 ☐ 쓰기	☐ 창안 ☐ 읽기 ☐ 국어 문화
		틀린 유형	
개념정리			

문제정리		문항 번호	
		틀린 영역	
		☐ 듣기·말하기	☐ 창안
		☐ 어휘·어법	☐ 읽기
		☐ 쓰기	☐ 국어 문화
		틀린 유형	
개념정리			

문제정리		문항 번호	
		틀린 영역	
		☐ 듣기·말하기	☐ 창안
		☐ 어휘·어법	☐ 읽기
		☐ 쓰기	☐ 국어 문화
		틀린 유형	
개념정리			

문제 정리		문항 번호	
		틀린 영역	
		☐ 듣기·말하기	☐ 창안
		☐ 어휘·어법	☐ 읽기
		☐ 쓰기	☐ 국어 문화
		틀린 유형	
개념 정리			

문제 정리		문항 번호	
		틀린 영역	
		☐ 듣기·말하기	☐ 창안
		☐ 어휘·어법	☐ 읽기
		☐ 쓰기	☐ 국어 문화
		틀린 유형	
개념 정리			

✂ 자르는 선

문제정리		문항 번호	
		틀린 영역	
		☐ 듣기·말하기	☐ 창안
		☐ 어휘·어법	☐ 읽기
		☐ 쓰기	☐ 국어 문화
		틀린 유형	
개념정리			

문제정리		문항 번호	
		틀린 영역	
		☐ 듣기·말하기	☐ 창안
		☐ 어휘·어법	☐ 읽기
		☐ 쓰기	☐ 국어 문화
		틀린 유형	
개념정리			

✂ 자르는 선

문제정리		문항 번호	
		틀린 영역	
		☐ 듣기·말하기	☐ 창안
		☐ 어휘·어법	☐ 읽기
		☐ 쓰기	☐ 국어 문화
		틀린 유형	

개념정리

문제정리		문항 번호	
		틀린 영역	
		☐ 듣기·말하기	☐ 창안
		☐ 어휘·어법	☐ 읽기
		☐ 쓰기	☐ 국어 문화
		틀린 유형	

개념정리

문제정리		문항 번호	
		틀린 영역	
		☐ 듣기·말하기	☐ 창안
		☐ 어휘·어법	☐ 읽기
		☐ 쓰기	☐ 국어 문화
		틀린 유형	
개념정리			

문제정리		문항 번호	
		틀린 영역	
		☐ 듣기·말하기	☐ 창안
		☐ 어휘·어법	☐ 읽기
		☐ 쓰기	☐ 국어 문화
		틀린 유형	
개념정리			

문제 정리		문항 번호	
		틀린 영역	
		☐ 듣기·말하기	☐ 창안
		☐ 어휘·어법	☐ 읽기
		☐ 쓰기	☐ 국어 문화
		틀린 유형	
개념 정리			

문제 정리		문항 번호	
		틀린 영역	
		☐ 듣기·말하기	☐ 창안
		☐ 어휘·어법	☐ 읽기
		☐ 쓰기	☐ 국어 문화
		틀린 유형	
개념 정리			

문제정리		문항 번호	
		틀린 영역	
		☐ 듣기·말하기 ☐ 어휘·어법 ☐ 쓰기	☐ 창안 ☐ 읽기 ☐ 국어 문화
		틀린 유형	
개념정리			

문제정리		문항 번호	
		틀린 영역	
		☐ 듣기·말하기 ☐ 어휘·어법 ☐ 쓰기	☐ 창안 ☐ 읽기 ☐ 국어 문화
		틀린 유형	
개념정리			

꿈을 현실로 만드는 에듀윌

공무원 교육
- 선호도 1위, 신뢰도 1위! 브랜드만족도 1위!
- 합격자 수 2,100% 폭등시킨 독한 커리큘럼

자격증 교육
- 7년간 아무도 깨지 못한 기록 합격자 수 1위
- 가장 많은 합격자를 배출한 최고의 합격 시스템

직영학원
- 직영학원 수 1위, 수강생 규모 1위!
- 표준화된 커리큘럼과 호텔급 시설 자랑하는 전국 27개 학원

종합출판
- 4대 온라인서점 베스트셀러 1위!
- 출제위원급 전문 교수진이 직접 집필한 합격 교재

어학 교육
- 토익 베스트셀러 1위
- 토익 동영상 강의 무료 제공
- 업계 최초 '토익 공식' 추천 AI 앱 서비스

콘텐츠 제휴·B2B 교육
- 고객 맞춤형 위탁 교육 서비스 제공
- 기업, 기관, 대학 등 각 단체에 최적화된 고객 맞춤형 교육 및 제휴 서비스

부동산 아카데미
- 부동산 실무 교육 1위!
- 상위 1% 고소득 창업/취업 비법
- 부동산 실전 재테크 성공 비법

공기업·대기업 취업 교육
- 취업 교육 1위!
- 공기업 NCS, 대기업 직무적성, 자소서, 면접

학점은행제
- 99%의 과목이수율
- 15년 연속 교육부 평가 인정 기관 선정

대학 편입
- 편입 교육 1위!
- 업계 유일 500% 환급 상품 서비스

국비무료 교육
- '5년우수훈련기관' 선정
- K-디지털, 4차 산업 등 특화 훈련과정

에듀윌 교육서비스 **공무원 교육** 9급공무원/7급공무원/경찰공무원/소방공무원/계리직공무원/기술직공무원/군무원 **자격증 교육** 공인중개사/주택관리사/감정평가사/노무사/전기기사/경비지도사/검정고시/소방설비기사/소방시설관리사/사회복지사1급/건축기사/토목기사/직업상담사/전기기능사/산업안전기사/위험물산업기사/위험물기능사/도로교통사고감정사/유통관리사/물류관리사/행정사/한국사능력검정/한경TESAT/매경TEST/KBS한국어능력시험/실용글쓰기/IT자격증/국제무역사/무역영어 **어학 교육** 토익 교재/토익 동영상 강의/인공지능 토익 앱 **세무/회계** 회계사/세무사/전산세무회계/ERP정보관리사/재경관리사 **대학 편입** 편입 교재/편입 영어·수학/경찰대/의치대/편입 컨설팅·면접 **공기업·대기업 취업 교육** 공기업 NCS·전공·상식/대기업 직무적성/자소서·면접 **직영학원** 공무원학원/경찰학원/소방학원/공인중개사 학원/주택관리사 학원/전기기사학원/세무사·회계사 학원/편입학원/취업아카데미 **종합출판** 공무원·자격증 수험교재 및 단행본 **학점은행제** 교육부 평가인정기관 원격평생교육원(사회복지사2급/경영학/CPA)/교육부 평가인정기관 원격 사회교육원(사회복지사2급/심리학) **콘텐츠 제휴·B2B 교육** 교육 콘텐츠 제휴/기업 맞춤 자격증 교육/대학 취업역량 강화 교육 **부동산 아카데미** 부동산 창업CEO과정/실전 경매 과정/디벨로퍼과정 **국비무료 교육 (국비교육원)** 전기기능사/전기(산업)기사/소방설비(산업)기사/IT(빅데이터/자바프로그램/파이썬)/게임그래픽/3D프린터/실내건축디자인/웹퍼블리셔/그래픽디자인/영상편집(유튜브)디자인/온라인 쇼핑몰광고 및 제작(쿠팡, 스마트스토어)/전산세무회계/컴퓨터활용능력/ITQ/GTQ/직업상담사

교육문의 1600-6700 www.eduwill.net

- 2022 소비자가 선택한 최고의 브랜드 공무원·자격증 교육 1위 (조선일보) • 2023 대한민국 브랜드만족도 공무원·자격증·취업·학원·편입·부동산 실무 교육 1위 (한경비즈니스)
- 2017/2022 에듀윌 공무원 과정 최종 환급자 수 기준 • 2022년 공인중개사 직영학원 기준 • YES24 공인중개사 부문, 2023 공인중개사 심정욱 필살키 최종이론&마무리100선 민법 및 민사특별법(2023년 10월 월별 베스트) 그 외 다수 교보문고 취업/수험서 부문, 2020 에듀윌 농협은행 6급 NCS 직무능력평가+실전모의고사 4회 (2020년 1월 27일~2월 5일, 인터넷 주간 베스트) 그 외 다수 YES24 컴퓨터활용능력 부문, 2024 컴퓨터활용능력 1급 필기 초단기끝장(2023년 10월 3~4주 주별 베스트) 그 외 다수 인터파크 자격서/수험서 부문, 에듀윌 한국사능력검정시험 2주끝장 심화 (1, 2, 3급) (2020년 6~8월 월간 베스트) 그 외 다수 • YES24 국어 외국어사전 영어 토익/TOEIC 기출문제/모의고사 분야 베스트셀러 1위 (에듀윌 토익 READING RC 4주끝장 리딩 종합서, 2022년 9월 4주 주별 베스트) • 에듀윌 토익 교재 입문~실전 인강 무료 제공 (2022년 최신 강좌 기준/109강) • 2022년 종강반 중 모든 평가항목 정상 참여자 기준, 99% (평생교육원, 사회교육원 기준) • 2008년~2022년까지 약 206만 누적수강학점으로 과목 운영 (평생교육원 기준) • A사, B사 최대 200% 환급 서비스 (2022년 6월 기준) • 에듀윌 국비교육원 구로센터 고용노동부 지정 "5년우수훈련기관" 선정 (2023~2027) • KRI 한국기록원 2016, 2017, 2019년 공인중개사 최다 합격자 배출 공식 인증 (2023년 현재까지 업계 최고 기록)

에듀윌 KBS한국어능력시험
1년 6회분을 다 담은
통기출 600제

목표 등급 달성팩

1 많이 풀수록 점수는 UP! 한 해의 기출을 통째로 담은 600제 수록
   산출근거 YES24 국어 외국어 사전 한국어 능력시험 분야 최다 문항 수록 기출문제집 (2023년 11월 28일 기준)

2 기출분석을 토대로 상세한 정답해설과 오답풀이 제공
   자세한 기출 해설을 통해 아는 내용은 다시 확인, 부족한 부분은 추가 학습!

3 기출의 모든 것을 분석한 기출 해설 무료특강 제공!
   출제 경향 및 기출의 핵심포인트를 짚어 주는 제70회~65회 기출 해설 특강 무료 제공
   혜택받기 에듀윌 도서몰(book.eduwill.net) ▶ 동영상강의실 ▶ KBS 검색

2023, 2022, 2021 대한민국 브랜드만족도 KBS한국어능력시험 교육 1위 (한경비즈니스)
2020, 2019 한국브랜드만족지수 KBS한국어능력시험 교육 1위 (주간동아, G밸리뉴스)

고객의 꿈, 직원의 꿈, 지역사회의 꿈을 실현한다

펴낸곳 (주)에듀윌   **펴낸이** 양형남   **출판총괄** 오용철   **에듀윌 대표번호** 1600-6700
주소 서울시 구로구 디지털로 34길 55 코오롱싸이언스밸리 2차 3층   **등록번호** 제25100-2002-000052호
협의 없는 무단 복제는 법으로 금지되어 있습니다.

| 에듀윌 도서몰 | • 부가학습자료 및 정오표: 에듀윌 도서몰 > 도서자료실 |
| book.eduwill.net | • 교재 문의: 에듀윌 도서몰 > 문의하기 > 교재(내용, 출간) / 주문 및 배송 |